泽州年鉴

2017

泽州县史志办公室 编

方志出版社
Publishing House Of Local Records

图书在版编目（CIP）数据

泽州年鉴 . 2017/ 泽州县史志办公室编 . -- 北京：方志出版社，2018.4

ISBN 978-7-5144-3047-9

Ⅰ . ①泽… Ⅱ . ①泽… Ⅲ . ①泽州县 -2017- 年鉴 Ⅳ . ①Z522.54

中国版本图书馆 CIP 数据核字（2018）第 077938 号

泽州年鉴（2017）

编　　者：泽州县史志办公室
责任编辑：王海荣

出 版 人：冀祥德
出 版 者：方志出版社
地址　北京市朝阳区潘家园东里 9 号（国家方志馆 4 层）
邮编　100021
网址　http://www.fzph.org
发　　行：方志出版社图书经销中心
电话（010）67110500
经　　销：各地新华书店
印　　刷：北京艺堂印刷有限公司

开　　本：889 × 1194　1/16
印　　张：31.25
字　　数：664 千
版　　次：2018 年 4 月第 1 版　2018 年 4 月第 1 次印刷
印　　数：0001~1000 册

ISBN 978-7-5144-3047-9　**定价：**120.00 元

1月11日，县委书记赵新年（左二）在兴达铸件有限公司调研

1月5日，县长高喜全（左三）在丹河龙门湿地公园实地调研

1 月 26 日，县委四届六次全体会议暨全县经济工作会议召开

2 月 14 日，县委书记赵新年（前左二）在丹河龙门湿地公园调研项目建设进展情况

2月22日，市委书记张九萍（右二）、县委书记赵新年（左一）、县长高喜全（左二）等在凤西广场活动点与群众一起观赏民俗展出和表演

2月26日，泽州县召开三级干部暨劳动模范表彰大会

3月11日，市委书记张九萍、县委书记赵新年（右一）等与干部群众一同参加义务植树活动

3月16日，市委常委、常务副市长武宏文（左）与县委书记赵新年（右）为泽州装备制造产业服务窗口平台揭牌

3月28日，泽州县举行“慈善一日捐”活动启动仪式

3月30日，县委书记赵新年（左二）在晋钢集团调研

4月20日，山西省人大常委会副主任田喜荣（左四）等在泽州县检查一法一条例贯彻实施情况

5月23日，县委书记赵新年（右一）在李寨栖龙湾景区调研

5月19日，县长高喜全（中）在南村镇金万盛铸造厂督察工作

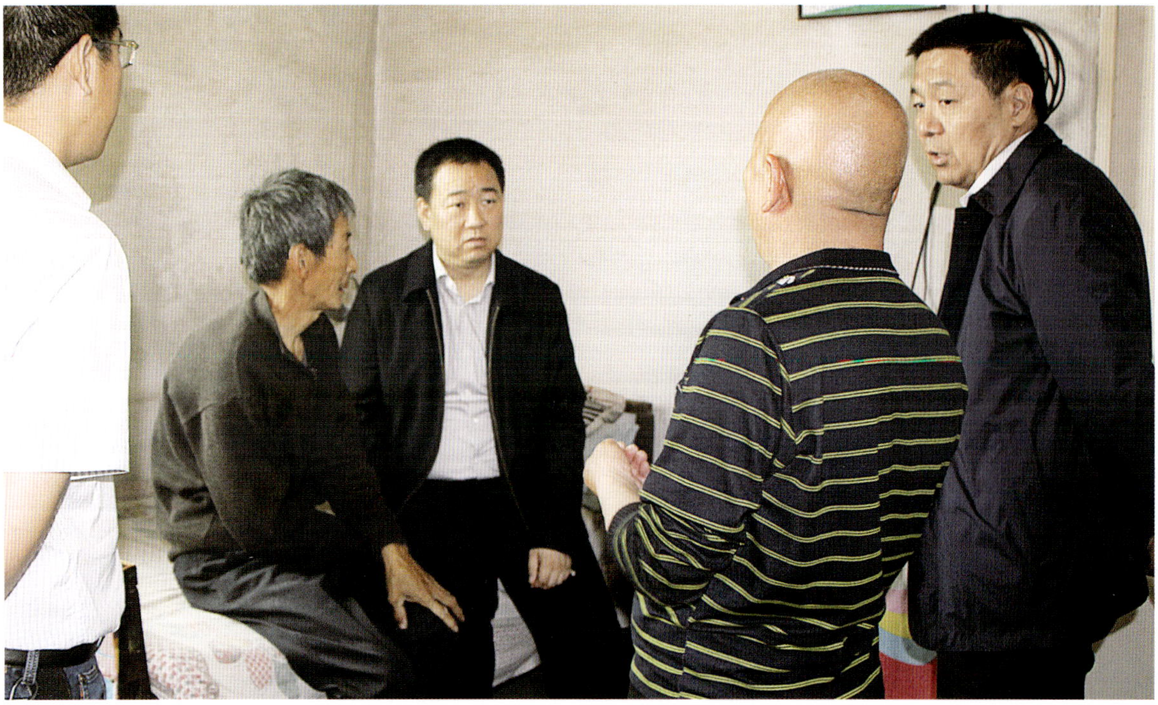

5 月 25 日，县委书记赵新年（左三）在山河镇就脱贫攻坚工作展开调研指导

5 月 30 日，县长高喜全（前右）调研南岭乡综改工作

6月1日，县委书记赵新年（左二）在巴公三村小学亲切看望慰问少年儿童

6月1日，县长高喜全（右四）在金村小学与孩子们共度“六一”儿童节

6月7日，县委书记赵新年（右二）、县长高喜全（右三）在泽州县第一中学考点巡视高考工作

6月23日，中国共产党泽州县第五次代表大会召开

县委书记赵新年代表中国共产党泽州县第四届委员会作工作报告

6 月 23 日，县委五届一次全会选举产生的新一届县委常委合影

6 月 25 日，政协第六届泽州县委员会第一次会议在县政府小礼堂召开

6月25日，县政协主席樊秋宝在县政协六届一次会议上作工作报告

6月26日，泽州县第六届人民代表大会第一次会议在县政府小礼堂召开

6月26日，县长高喜全在泽州县第六届人民代表大会第一次会议上作政府工作报告

6月27日，县人大常委会主任陈晋勇在县人大六届一次会议上作工作报告

6月30日，县委书记赵新年（右一）领誓入党誓词

6月30日，泽州县纪念建党95周年暨农村党建“一带三创五化”动员会召开

7月10日，市县领导茹栋梅（左二）、赵新年（左一）、高喜全（右一）等参加环城生态圈绿道开放仪式并参与健步走活动

“八一”前夕，县四大班子领导与市武警支队官兵座谈

县委书记赵新年、县长高喜全参加军事日活动

泽州县庆“八一”双拥晚会在月星广场举行

8月10日，山西省人大常委会副主任张茂才（中）深入县交警大队巴公中队调研道路交通安全工作

8月19日，县委书记赵新年（右四）、县委副书记席学武（左一）等在柳树口镇东石瓮和北石瓮村就脱贫攻坚工作展开调研

8月18日，县长高喜全（中）在晋庙铺小口村就易地扶贫搬迁工作进行调研

8月23日，中国海外控股集团总裁孙斌(右二)一行在泽州县参观考察，县长高喜全(右一)陪同考察

9月13日，泽州首届文化旅游节暨珏山第十六届中秋赏月文化节开幕

9月13日，市县领导共同启动泽州县首届文化旅游节暨珏山第十六届中秋赏月文化节

9月28日，县长高喜全（中）出席泽州县晋庙铺镇纪念孔子系列活动

9月29日，泽州县周村镇石淙头乡村美食节开幕

9月30日，县委书记赵新年（右一）考察泽州名优特产品展销会

9月30日，泽州县在县烈士陵园隆重举行烈士公祭活动

10月1日，第五届泽州乡村摄影展在西黄石村开幕

10月9日，重阳节这天，县委书记赵新年（左一）看望百岁老人李桃孩

10月9日，泽州县与山西国新能源发展集团有限公司在太原签订战略合作框架协议

10月28日，省国土资源厅厅长许大纯（右三）等在泽州县高都国土所调研

11月7日，县委召开中心组扩大会议

11月8日，高平市党政考察团在泽州参观考察

11月11日，市长武宏文（前左一）在丹河湿地调研

11月12日，市委常委、宣传部部长赵沂旸（前排左二）在山河镇洞八岭村谢氏古堡调研

11月17日，市委巡察第二组巡察泽州县工作动员会召开

11月30日，县委书记赵新年（左二）深入东石瓮村调研脱贫攻坚工作

12月6日，县委书记赵新年（右三）在天泰坤达煤业检查指导安全生产工作

编纂说明

一、《泽州年鉴（2017）》坚持以马克思列宁主义、毛泽东思想、邓小平理论、“三个代表”重要思想、科学发展观、习近平新时代中国特色社会主义思想为指导，坚持辩证唯物主义和历史唯物主义的立场、观点、方法，存真求实，全面、客观、系统地记载了上年度泽州县的自然、经济、政治、文化、社会等发展情况。为县委、县政府提供基础信息和决策依据。

二、《泽州年鉴（2017）》资料收录时间范围为2016年1月1日至2016年12月31日。特载栏目选载县委、县人大、县政府、县政协、县法院、县检察院工作报告及全县国民经济和社会发展计划、财政预决算报告。

三、《泽州年鉴（2017）》采用分类编排法，共分三个层次编排，即类目、分目、条目，划分栏目、分目主要考虑便于读者分部类系统阅读和检索。该年鉴共设立24个类目，148个分目，886个条目。

四、《泽州年鉴（2017）》统计资料数据均使用法定计量单位，以县统计局公布的数字为准。图片以时间先后顺序排列。

五、该年鉴资料均由泽州县各单位、各乡镇提供。

目　录

特　载

中共泽州县委常委会工作报告……1
泽州县人民政府工作报告……8
泽州县人民代表大会常务委员会工作报告……22
中国人民政治协商会议第五届泽州县委员会常务委员会工作报告……30
泽州县人民法院工作报告……39
泽州县人民检察院工作报告……46
关于2015年国民经济和社会发展计划执行情况与2016年国民经济和社会发展计划草案的报告……52
关于泽州县2015年预算执行情况和2016年预算草案的报告……60
泽州县2016年国民经济和社会发展统计公报……72

大事记

1月……78
2月……79
3月……79
4月……80
5月……81
6月……82
7月……84
8月……85
9月……86
10月……87
11月……88
12月……90

县情概况

自然地理……93
位置·境域……93
气候·气温……93
建置区划……93
历史……93
人口·民族……94
生态环境……94
经济建设……95
综述……95
农业……95
工业和建筑业……96
财政、金融贸易、保险……96
交通、邮电和旅游……96

社会建设……97
教育和科学技术……97
文化·卫生……97
人民生活和社会保障……97
精神文明建设……98
泽州县县级机构设置和领导人名录……98

中国共产党泽州县委员会

中国共产党泽州县委员会……98
泽州县人民代表大会常务委员会……98
泽州县人民政府……99
中国人民政治协商会议泽州县委员会……99
中国共产党泽州县纪律检查委员会……100
泽州县人民法院……100
泽州县人民检察院……100
泽州县人民武装部……100
办公室……101
概述……101
公务活动……101
公文办理……101
文稿工作……101
督促检查……101
落实领导干部外出请假制度……102
组织……102
概述……102
干部教育……102
干部选用……102
队伍建设……103
干部管理……103
组织建设……103
党员管理……103
人才工作……103
自身建设……104
干部下乡……104
宣传……106
概述……106
理论武装……106
宣传活动……107
舆论引导……107
精神文明建设……108
文化建设……108
统战……109
概述……109
思想政治教育……109
党派工作和建言献策……110
服务社会……110
党外代表人士队伍建设……111
民族宗教工作……111
统战重要活动……112
政法……112
概述……112
维护社会稳定……113
平安泽州建设……114
化解社会矛盾……116
服务保障大局……117
法治泽州建设……118
政法队伍建设……122
机构编制……123
概述……123
简政放权和政府职能转变……123
深化行政审批制度改革……124
事业单位分类改革……124
机构编制管理……124

参谋助手作用……125
事业单位登记管理……125
自身建设……125
县直机关工委……126
概述……126
基层党组织建设……127
党员、干部和入党积极分子培训……127
反腐倡廉……127
精神文明建设……127
荣誉表彰……127
老干部……128
概述……128
完善工作机制……128
政治待遇……128
离退休党组织建设……128
加强教育引导工作……129
离休干部生活待遇落实……130
深化老干部服务管理工作……130
老干部活动阵地建设以及文体活动情况……130
自身建设……130
信访……131
概述……131
群众信访……132
矛盾排查……132
案件化解……132
制度建设……132
台湾事务……132
概述……132
招商引资……132
对台交流……133
对台宣传……133
党校教育……133
概述……133
干部培训……133
教学改革……134
外宣工作……135
史志……136
概述……136
编研成果……136
服务社会……136
党的建设……137
文明创建……137
和谐创建……137
概述……137
和谐宣传……138
惠民服务……138
创建活动……138
机构设置和领导名录……138

泽州县人民代表大会常务委员会

概述……139
重要会议……140
换届选举工作……144
依法履职……145
司法监督……146
执法检查……146
法治建设……146
任免干部……146
建议督办……146
服务代表……147
信息宣传……147
工作机构及正职名录……147

泽州县人民政府

办公室 148
概述 148
政务工作 148
会议及督察活动 149
议案办理和信访 149
政府值班 149
应急管理 149
法治工作 149
人防工作 149
队伍建设 149
统计 149
概述 149
基础工作 150
依法统计 150
数据质量 150
统计服务 150
统计监测 150
统计调查 150
“四大工程” 151
机关事务管理 151
概述 151
节能降耗 151
房产管理 152
财务管理 152
安全管理 153
公车管理 153
保障服务 153
宾馆接待 154
档案 155
概述 155
档案信息化建设与档案服务 155
档案管理 155
档案执法 155
档案馆建设 156
档案宣传、教育培训 156
政务集中管理 156
概述 156
行政审批 157
审批服务 157
信息中心 157
概况 157
政府网站 157
电子政务网络平台 158
中国・泽州网站建设 158
政府采购 158
概述 158
采购业务 159
信息公开 159
重点采购项目 159
民生采购 160
协议供货 160
规范管理 160
工作机构及正职名录 161

中国人民政治协商会议泽州县委员会

概述 162
政协全会 162
协商议政 163
调研视察 163
提案工作 164
社情民意信息工作 164

文史工作 164
民主监督 165
界别建设 165
宣传与交流工作 165
组织建设 166
工作机构及正职名录 166

中国共产党泽州县纪律检查委员会

概述 167
专项整治 167
案件查处 167
纠风治乱 168
党风廉政建设 168
自身建设 168

泽州县人民武装部

首长考察 169
征兵工作 169
军民融合 170
党管武装 170
“太行—2016”战役集训 171
战备训练考核 171
“六个一”活动 172
访贫济困 172

法　治

公安 173
　概述 173
　维护社会稳定 173
　打击刑事犯罪 173
　社会治安管理 174
　基层基础建设 174
　信息化建设 174
　规范化建设 175
　队伍建设 175
公安交管 175
　概述 175
　交通事故 176
　违法行为查处 176
　车驾管业务 176
　交通宣传 176
　综合治理 176
　智能管理 177
　安全防控体系 177
　黄标车及老旧车淘汰工作 177
　大气污染专项治理 178
检察 178
　概述 178
　批捕起诉 178
　查办和预防职务犯罪 179
　法律诉讼监督 179
　队伍建设 180
　司法改革 180
法院 180
　概述 180
　刑事审判 181
　民商事审判 181
　行政审判 181
　执行工作 181
　质效工程 181
　司法体制改革 182

司法民主……182
诉讼调解……183
涉诉信访……183
能力建设……183
审判监督……184
司法行政……184
概述……184
法治宣传……184
人民调解……185
社区矫正……185
安置帮教……186
村（居）法律顾问工作……186
律师工作……186
公证工作……186
法律援助……186
机构设置和领导人名录……186

民主党派

民革泽州县委员会……187
民盟泽州县委员会……187
民建泽州县委员会……187
民进泽州县委员会……187
农工党泽州县委员会……188
九三学社泽州县委员会……188

社会团体

泽州县总工会……189
概述……189
表彰活动……189
自身建设……190
生活保障工作……191
劳动保护工作……192
法律和集体合同工作……192
经济技术工作……192
民主管理……193
宣教工作……193
组织工作……193
女工工作……193
共青团泽州县委员会……194
概述……194
青少年思想教育……194
创新创业……194
组织建设……195
服务社会……195
权益维护……195
泽州县妇女联合会……196
概述……196
巾帼建功行动……196
巾帼维权行动……197
巾帼关爱行动……197
巾帼文明行动……198
强基固本工程……198
泽州县科学技术协会……199
概述……199
科普宣传……199
科普惠农……199
科普益民……199
科普强企……199
科普助教……199
组织建设……200
纲要实施……200
泽州县文学艺术界联合会……200

泽州县归国华侨联合会……201
概述……201
“两学一做”学习教育活动……201
送温暖献爱心……201
参政议政……201
主题教育……201
统计海外留学人员……201
弘扬中华文化……202
转变作风……202
“双百计划”……202
精神文明创建……203
泽州县工商业联合会……203
参政议政……203
自身建设……203
商会建设……203
交流合作……203
银企合作……204
法律服务……204
人才招聘与助学活动……204
信息平台建设……204
慈善公益活动……204
泽州县残疾人联合会……204
办实事工程……204
康复工作……205
教育工作……205
基层组织……205
就业工作……205
扶贫工作……205
宣传工作……206
专项调查工作……206
信访维权工作……206
文化体育工作……206
泽州县关心下一代工作委员会……206
概述……206
工作业绩……207
泽州县红十字会……208
概述……208
宣传工作……208
“博爱幸福工程”……209
培训工作……209
提高公信力……209
捐献工作……209
肾病扶助……209
团体名称和领导人名录……209

经济管理与监督

宏观调控……210
概述……210
“十三五”规划纲要公布实施……210
新型城镇化试点……211
国土资源管理……211
概述……211
用地保障……211
耕地保护……212
矿产资源管理……213
地灾防治……213
地质公园建设……214
执法检查……214
地籍、地价管理……215
测绘管理……215
亮点工作……215
自身建设……217
审计……218

概述......218
国家重大政策措施落实情况跟踪审计......218
财政审计......218
投资建设项目审计......219
经济责任审计......219
开展扶贫专项审计......219
其他交办事项......220
整改工作......220
支部建设......220
信息化建设......221
安全生产监督......221
概述......221
责任目标......221
执法检查......222
安全许可......222
标准化建设......223
应急管理......223
“安全生产月”活动......223
宣传教育培训......224
工商和质量监督管理......224
概述......224
商事制度改革......225
事中事后监管......225
消费维权工作......225
市场监管执法......225
特种设备安全......226
质量强县战略......226
商标兴县工作......226
非公党建工作......226
法治建设......226
文明单位创建......226
物价管理......227
价格监测......227
价格分析......227
价格调控......227
价格调整......227
价格监管......228
价格认定......228
价格调研......229
食品药品监管......229
概述......229
行政许可和备案......230
“四化”管理......230
“四品一械”监管......231
案件稽查......232
机构设置和领导人名录......232

工业经济

经济和信息化......233
概述......233
工业经济运行......233
工业转型......234
项目建设......234
节能降耗......234
电力......235
概述......235
机构队伍......235
电网建设......235
经营管理......236
安全生产......236
党建和精神文明建设......237
城镇集体工业......238
概述......238

经济发展……238
民生保障……238
党建工作……238
民营经济……239
概述……239
经济指标……239
发展环境……240
重点项目建设……240
创业创新……240
融资创新……241
公共服务……241
人才建设……242
对外交流……242
招商引资……243
概述……243
区域合作……243
外出招商……244
网络建设……244
对外贸易……245
工业园区……245
巴公装备制造工业园区……245
概述……245
优势条件……246
年度重点工作……247
发展目标及主要措施……247
南村铸造工业园区……248
周村镇工业园区……249
概述……249
土地征用……249
经济发展……249
招商项目……249
配套设施……250
面临问题……250
下步打算……250
天泰能源公司……251
概述……251
经营情况……251
建设情况……251
安全生产……251
稳产增效……251
提质增效……252
确保稳定……252
改革创新……252
廉政建设……253
机构设置和领导人名录……253

农业经济

农业……254
概述……254
粮食生产……254
农民增收……255
农产品加工……255
农业产业化项目……255
招商引资……256
特色产业……256
清洁工程……256
新农村建设……256
下乡驻村活动……256
农业生产安全……257
新型农业经营体制……257
土地确权和流转……257
“三资”管理……258
信息宣传……258

脱贫攻坚 258
概述 258
指标完成情况 258
工作措施 259
蔬菜生产 262
概述 262
项目建设 262
强化服务 262
出台优惠政策 263
大胆创新、探索新模式 263
组织参观学习 264
助力产业扶贫 264
鼓励基地开展各种活动 264
加强教育培训 264
加强蔬菜安全生产 265
农业综合开发 265
概述 265
土地治理项目 265
产业化经营项目 265
中药材产业工程 266
畜牧 266
概述 266
主要指标 266
惠农政策 266
项目建设 266
养殖场标准化创建 267
安全监管 267
队伍管理 268
农机 268
概述 268
农机化装备 269
农机化作业 269
农机化新技术应用 269
农机化服务组织建设 270
农机安全监督管理 270
农机化培训 271
农机化投入 271
队伍建设 271
林业 272
概述 272
造林绿化 272
产业发展 272
森林防火 272
灾害防治 273
资源保护 273
林业改革 273
机制建设 274
水务 274
概述 274
水务改革 275
农村饮水安全 275
水库、河流综合整治 275
水生态建设 275
农田水利建设 275
防汛抗旱 276
水资源管理 276
农村水电电气化 276
水产品养殖与监管 276
机构设置和领导人名录 276

住房和城乡建设环境保护

住房保障和城乡建设 277
新型城镇化建设 277

金村新区城建重点工程建设……278
建筑市场管理……279
安全生产监督管理……279
煤层气推广利用和集中供热……280
保障性住房……280
危房改造和公租房建设……281
房地产市场管理……281
环境保护……281
概述……281
主要环境指标……282
重要工作……282
机构设置和领导人名录……285

交通运输·邮电

交通运输……286
概述……286
重点工程建设和惠民实事……286
公路养护……287
运输管理……287
路政管理……288
治超工作……288
海事管理……289
安全管理……289
依法行政……290
节能低碳环境治理……290
邮政……291
概述……291
目标完成……291
党风廉政建设……293
移动……293
通信能力建设……293
市场经营……294
网络建设……294
队伍建设……295
联通……295
市场经营……295
网络运维……295
综合管理……295
机构设置和领导人名录……296

商业·贸易

商业……297
概述……297
提质增效……297
惠及民生……298
党建引领……298
粮食……299
概述……299
粮食购销……299
价格监测……299
应急体系建设……299
项目建设……300
储粮安全……300
行业安全生产……300
行政执法……300
供销……300
概述……300
加快综合改革进程……301
基层社和直属企业建设……301
新网工程建设……302
项目建设……302
组织建设……302

烟草 303
概述 303
市场营销 304
终端建设 304
市场监管 304
企业管理 305
机构设置和领导人名录 307

财政·税务

财政 308
概述 308
收支情况 308
财源建设 308
改革管理 309
政府采购 309
民生支出 309
国税 310
概述 310
税收工作 311
税收征管 312
税收服务 312
活动开展 313
队伍建设 313
纳税服务 314
地税 315
概述 315
税收征管 315
执法督察 315
深化合作 316
综合治税 316
党建工作 316
队伍建设 317
文明创建 317
机构设置和领导人名录 317

金融·银行·保险

金融 318
概述 318
企业帮扶 318
业务指标 319
金融改革 319
金融创新 319
金融管理 320
银行 320
泽州县农商银行 320
概述 320
业务指标 320
创新发展 321
综合管理 321
中国建设银行泽州县支行 323
概述 323
党建工作 325
中国农业发展银行泽州县支行 326
概述 326
经营指标 326
主要做法 326
晋城银行泽州县支行 330
概述 330
指标完成情况 330
业务工作 330
中国农业银行泽州县支行 331
概述 331

工作业绩 331
主要措施 332
泽州浦发村镇银行 334
概述 334
业务指标 334
经营管理 334
党建和企业文化 335
履行社会责任 336
保险 318
人保财险泽州支公司 336
概述 336
经营指标完成情况 336
主要工作与做法 336
机构设置和领导人名录 339

教育·科技

教育 340
概述 340
经费投入 340
学前教育 341
义务教育 341
高中阶段教育 341
成人教育 342
民办教育 342
科技事业 342
教育科研 343
素质教育 343
学校安全 344
师资队伍 345
党建工作 346
教师进修校 347
泽州县第一中学 348
概述 348
队伍建设 348
教学改革 349
立德树人 351
标准化建设 352
泽州县第二中学 353
泽州县高级职业中学 355
科技 357
概述 357
项目建设 357
科技创新 358
专利工作 358
科技合作 358
新能源推广 359
科普宣传 359
防震减灾 359
科技研究 360
科技推广 360
基地建设 361
科技服务 361
机构设置和领导人名录 361

文化·媒体·体育·医卫

文化 362
概述 362
行政职责 362
行政执法 362
文化宣传 363
公共服务 364
群众文化 367

文化资料工作……367
文化产业……367
泽州县影剧院……367
上党梆子剧团……368
广播电视……369
概述……369
重大主题宣传……370
公益宣传……371
文风改进……371
队伍建设……371
栏目创新……372
基础建设……372
产业发展……373
《泽州报》……373
概述……373
主题宣传……374
民生报道……375
“走转改”活动……375
旅游文物……376
旅游……376
文物……377
体育……378
全民健身运动……378
群众体育……379
学校体育……379
协会体育……379
场地建设……379
体育组织……379
青少年活动……380
体育设施……380
竞技体育……380
赛事承办……380
体育人才……380
体彩销售……380
卫生……381
概述……381
新型农村合作医疗……381
基本药物制度……381
公共卫生服务……382
卫生网络建设……382
队伍建设……382
中医药建设……383
卫生应急……383
卫生监督……383
卫生惠民实事……383
县级公立医院改革和分级诊疗……383
泽州县人民医院……384
泽州县妇幼保健院……384
泽州县第二人民医院……385
疾病防控……386
概述……386
传染病防控……386
艾滋病防治……387
结核病防治……387
地方病与寄生虫病防控……387
慢性非传染性疾病防控……387
监测、检验能力……388
爱卫工作……388
概述……388
农村清洁工程……388
农村环境卫生体制改革……388
爱国卫生运动……389
机构设置和领导人名录……389

社会生活

民政 390
概述 390
城乡低保 390
五保供养 391
医疗救助 391
临时救助 392
灾害应急 392
养老事业 393
孤儿救助 393
优抚安置 393
村务公开 394
社区建设 395
社团管理 395
界线管理 395
地名管理 396
婚姻登记 396
殡葬改革 396
人力资源和社会保障 397
概述 397
就业再就业 397
职业技能培训 397
创建创业型城市工作 398
社会保险 399
信息化建设 399
公务员管理 399
事业单位管理 399
招才引智 399
人事培训 400
收入分配 400
执法检查 400
信访仲裁 401
人才服务 401
人口和计划生育 402
民族宗教 403
概述 403
民族基本情况 403
宗教基本情况 403
民族宗教法规政策学习宣传活动 404
和谐寺观教堂创建活动 404
公益慈善活动 404
矛盾纠纷排查 404
宗教活动场所财务监督 404
宗教团体建设 405
清真食品监管 405
应急管理 405
老龄工作 405
机构设置和领导人名录 406

乡镇概览

下村镇 407
概述 407
综合经济 407
城镇化建设 407
农林牧业 408
安全稳定 408
基层党建 409
大东沟镇 409
概述 409
综合经济 409
特色农业 409
现代工业 410

文化艺术 410
教育事业 410
医疗卫生 410
广播电视 410
文物旅游 411
川底乡 411
概述 411
综合经济 411
农业 411
工业 411
城镇建设 412
金融保险 412
教育 412
文化 412
劳动就业 412
计生 412
卫生 412
交通 413
旅游 413
人民生活 413
周村镇 413
概述 413
综合经济 413
工业 414
周村工业园区 414
农业工程 415
财政金融贸易 417
教育 417
科技 417
文化 418
劳动就业 418
卫生 418
交通 418
旅游 418
人民生活 419
李寨乡 419
概述 419
种植业 420
养殖业 420
水利工程 420
道路街巷建设 420
加工业 420
工业 421
旅游业 421
教育 422
文化 422
医疗卫生 423
社会保障 423
南岭乡 423
概述 423
林果产业 423
项目建设 424
转型综改 424
乡村旅游 424
民生改善 425
犁川镇 425
概述 425
综合经济 425
农业 426
工业 426
交通 426
卫生 427
旅游 427
人民生活 427

山河镇 …… 428
概述 …… 428
经济指标 …… 428
产业结构 …… 428
土地确权 …… 429
招商引资 …… 429
重点工程 …… 429
全民创业 …… 429
人居环境改善 …… 429
脱贫攻坚 …… 430
乡村旅游 …… 430
社会事业 …… 430
晋庙铺镇 …… 431
概述 …… 431
农业 …… 431
财税保险 …… 431
教育 …… 431
劳动就业 …… 432
卫生 …… 432
交通 …… 432
旅游 …… 432
人民生活 …… 432
大箕镇 …… 433
概述 …… 433
综合经济 …… 433
农业 …… 433
工业 …… 433
乡村旅游 …… 434
脱贫攻坚 …… 434
交通 …… 435
生态环境 …… 435
组织建设 …… 435
南村镇 …… 436
概述 …… 436
综合经济 …… 436
重点工程 …… 436
农业生产 …… 436
新型城镇化 …… 436
人居环境 …… 437
五项活动 …… 437
金村镇 …… 437
概述 …… 437
产业发展 …… 438
城镇建设 …… 439
环境整治 …… 440
民生事业 …… 440
安全生产 …… 441
组织建设 …… 442
柳树口镇 …… 444
概述 …… 444
产业调整 …… 444
交通邮电 …… 444
教育 …… 444
文化 …… 444
卫生 …… 445
旅游 …… 445
劳动就业 …… 445
人民生活 …… 445
高都镇 …… 445
概述 …… 445
农业经济 …… 445
城镇化建设 …… 446
人居环境 …… 446
社会事业 …… 446

活动开展 446
北义城镇 447
概述 447
综合经济 447
农业 447
工业 447
财政、金融贸易、保险 448
交通邮电 448
教育 448
科学技术 448
文化 448
卫生 449
旅游 449
劳动就业 451
人民生活 451
巴公镇 451
概述 451
“两个试点”建设 452
项目建设 452
生态建设 452
民生改善 453
大阳镇 453
概述 453
综合经济 453
农业 453
工业 453
交通 454
教育 454
文化 454
卫生环保 454
旅游 454
社会保障 455
机构设置和领导人名录 455

特 载

中共泽州县委常委会工作报告

中共泽州县委书记 赵新年

（2016年1月26日）

一、突出全面从严治党，切实把抓好党建作为最大的政绩

一年来，县委常委会牢牢把全面从严治党的责任记在心上、扛在肩上、抓在手上，坚持把抓好党建作为最大政绩，切实履行管党治党责任，努力开创了党建工作新局面。

一是始终把政治坚定放在首位，坚决与中央和省市委保持高度一致。坚持把学习习近平总书记系列重要讲话精神作为首要政治任务，采取县委常委会议、中心组会议、全县领导干部大会等多种形式，及时传达、认真贯彻、坚决落实。以省委“五句话”总要求为主题，以保持高压反腐、全面刷新吏治、实施“六权治本”、推动“六大发展”为重点，县委常委以上率下、身体力行，深入开展学习讨论落实活动，进一步统一了思想，凝聚了共识。坚持问题导向，扎实开展“三严三实”专题教育，进行了10次中心组集中学习，开展了4次专题学习研讨，列出了问题和整改“两个清单”，召开了高质量的专题民主生活会，进一步强化了党性修养，明确了努力方向，增强了践行“三严三实”的思想自觉和行动自觉。注重“三严三实”向基层延伸，出台了《关于开展深化县级“三严三实”专题教育着力解决基层干部不作为乱作为等损害群众利益问题专项整治的实施方案》，带动广大党员干部真正从思想和作风上严起来，实起来。认真学习贯彻党的十八届五中全会、省委十届七次全会和市委六届六次全会暨经济工作会议精神，积极开展县委“十三五”规划建议起草制定工作。

二是从严从实落实“两个责任”，大力营造反腐高压态势。认真贯彻落实党风廉政建设“两个责任”，制定出台了落实县委主体责任和纪委监督责任两个意见，构建了横向到边、纵向到底的责任体系。县委书记集体约谈了各乡镇党委书记、纪委书记，传递责任、传导压力，对落实“两个责任”不到位的个乡镇党委书记和纪委书记进行了约谈。组织乡科级主要领导干部向县纪委全委会述“主体责任”，采取当面述职、当面质询的形式，推动“主体责任”落实。认真整改落实省委巡视组反馈意见，先后5次召开县委常委会研究推进，对照梳理出大方面17个问题，制定了62项整改措施，目前已有13个全面整改完成，其余4个问题整改阶段的任务已完成，取得阶段性成效。切实把纪律和规矩挺在前面，大力开展学习党规党纪活动，警示党员干部“规矩”不离身、“红线”不触碰。以农村“两个专项整治”为契机，着力推动反腐败斗争向基层延伸，全年共查处发生在群众身边的“四风”问题和腐败案件146件，给予党纪政纪处分196人，“乡村治、百姓安”的长效机制正在逐步建立。全力支持纪检机关加快“三转”，制定了关于纪检监察组织机构建设的3个实施意见和纪检监察干部3个提名考察办法，将68个议事协调机构清理调整为8个，为纪检机关落实监督责任提供了有力保障。认真学习和贯彻执行《中国共产党廉洁自律准则》和《中国共产党纪律处分条例》，不断加大查案治本力度，全年共立案查处154件，同比增长65.6%，209名党员干部受到党纪政纪处分，同比增长78.6%，其中重处分62人，占29.7%，同比增长34.8%；科级以上干部29人，占13.9%，同比增长107%；移送司法机关8人，形成了较强的震慑效果，持续保持了惩治腐败的高压态势。

三是聚焦党建主责主业，切实加强基层党组织建设。深入贯彻落实省、市农村党建工作会议精神，召开了全县农村党建工作会议，出台了《关于进一步加强农村基层党组织建设的实施意见》。扎实推进“三级述职述评述考”，进一步落实了抓基层党建工作责任制。采取政策倾斜、投入倾斜、工作倾斜等措施，统筹解决基层党组织队伍建设、工作经费、报酬待遇、活动场所等问题。扎实抓好农村“领头雁”、非公企业党务工作者、机关和国有企业党组织书记三项培训，做好选派85名“第一书记”到村任职和大学生村官工作。引深推进“雏燕工程”，从选拔、培养、管理、使用四个方面，强化村级后备干部队伍建设。以组织建设、阵地规范、经费保障、制度完善为抓手，持续整顿软弱涣散基层党组织，完成63个后进村整顿任务。大力实施农村集体经济“破零”工程，村级组织“无钱办事”的问题得到一定程度的缓解。狠抓农村集体“三资”清理整治，认真落实“四议两公开”工作法，进一步规范村务监督委员会工作，持续推进“廉洁乡村、制度乡村”建设。不断创新乡村治理模式，将下村镇史村村党支部扩建为党总支，以八村联建模式组建了犁川镇崔河村党总支，探索出了“支部联建、党员联管、产业联创、资源联享”四联机制，形成了“1+1 > 2”的可喜局面。大力实施典型培树“双百”工程，统筹推进农村、机关、企业、学校等基层党建工作，不断扩大“两新”党组织覆盖面，党建科学化水平显著提升。

四是打好“三个一批”组合拳，全面加强班子和干部队伍建设。始终把“三个一批”贯穿干部选任工作全过程，通过“六查”对161名干部进行了甄别，查出有各种问题的干部17人，其中处理7人，调整退出8人，掌握使用了一批好干部。制定了干部工作“1+8”实施意见，进一步强化县委在干部选拔作用工作中的集体把关作用。完成了新一轮政府机构改革，涉改单位主要领导调整配备到位。职务与职级并行工作正在有序推进，乡镇工作补贴制度全面实行，树立了加强基层工作、关心基层干部的鲜明导向。从严加强干部管理监督，认真做好“一倒查六整治”工作，并以“三龄两历一身份”为重点，完成了全县所有干部人事档案认定。对全县超职数配备干部情况进行了核查，解决了9名干部的混岗问题。严格执行《党政领导干部任用条例》，严格按规定的方法、程序、纪律选人用人，全年常委会共研究干部3次，调整科级干部20人。其中：提拔2名（正科1名、副科1名）；平职交流12名（正科9名，副科3名），解决大学生村干部公选任职4名，免职2名。同时，解决了29名干部的遗留问题，鼓舞了士气，激发了干事创业的积极性。

五是加强宣传思想文化工作，进一步凝聚改革发展正能量。坚持和完善县委中心组学习制度，坚持以习近平总书记系列重要讲话精神和中央、省、市重大决策部署武装头脑、指导实践。成了以上率下的学习风气。深入开展社会主义核心价值观宣传教育，组织了纪念中国人民抗日战争暨世界反法西斯战争胜利70周年等活动，开展了“弘扬价值观、唱响中国梦”“知荣辱、树新风、我行动”等系列主题活动，城乡文明程度不断提升。大力实施文化低保和文化惠民工程，不断丰富广大群众精神文化生活，全年组织送戏下乡和文艺巡演253场。出台了《泽州县支持文化产业快速发展若干措施》，实现了珏山大景区的统一开发和运营。成功举办了“太行神韵、记住乡愁”第四届泽州乡村摄影展、“江山多娇·栖龙湾”首届国际航拍摄影大赛，中国古镇系列之《走遍中国·大阳》在央视播出，太极飞虹、丹水芦语、府城星辉入选晋城新八景，极大提升了泽州的知名度和美誉度。

六是大力发展社会主义民主政治，加快法治泽州建设。切实加强对人大和政协工作的领导，支持县人大及其常委会依法履行职责，支持县政协开展政治协商、民主监督、参政议政。狠抓基层民主，进一步落实党务、政务、村务公开等制度，不断扩大群众知情权和监督权。高度重视统战工作，全面贯彻党的民族宗教政策，不断加强和改进新形势下工商联、侨务、对台等各项工作。全面落实党管武装责任，深入开展双拥共建，连续三次荣获全省“双拥模范县”称号。大力推进法治泽州建设，圆满完成了“六五”普法验收，积极推进“一村一法律顾问”工作。特别是把实施“六权治本”作为法治泽州建设的重要举措，围绕“三清单、两平台、一监督”，县直行政权力清单初审全部完成，确认行政权力事项3910项，政务平台和公共资源交易平台建设进展顺利，加强对公共权力运行的监督制约，健全了惩防体系数字化监管中心和惩防体系信息网，形成了跨越时间、地域、部门的全方位科技监督体系。继续推进平安泽州建设，着力抓好以“打黑除恶”为重点的严打整治工作，扎实推进治安防控“六网”工程，不断引深“六安”联创活动，进一步增强了人民群众的安全感。

二、主动适应新常态，着力推动经济社会持续健康发展

面对严峻复杂的经济形势，特别是煤炭价格持续下滑的困难局面，认真落实中央和省、市各项决策部署，全力以赴稳增长、促改革、调结构、惠民生、防风险，全县经济社会保持了持续健康发展的态势。2015年，全县生产总值完成215.7亿元，增长2.51%；公共财政预算收入完成11.5亿元，同比下降7.3%；固定资产投资完成210.3亿元，增长16%；社会消费品零售总额36.1亿元，增长5.4%；预计城镇、农村常住居民人均可支配收入分别达到27600元、12200元，增长7.7%和9%。

*一是全面深化改革，增强发展动力。*国家级农村集体经营性建设用地入市试点工作已由“建制度”全面转入“试制度”阶段。巴公镇省级转型综改扩权强镇试点扎实推进，规划办、国土分局、环保分局、公安分局挂牌成立，市县下放的54项权利得到有效承接。南岭乡贫困地区转型综改试点步伐加快，制定完成了《南岭乡农业农村综合改革发展总体规划》，出台了实施方案和扶持办法，加快发展庄园经济、农旅一体。全面启动了农村土地确权登记工作，建立了乡镇基本财力保障机制，挂牌成立了全市首家农村商业银行，设立运行了五险统筹征收基金账户，稳步推进了公务用车改革，规范了国有资本金收益管理，建立了企业重大事项报告约束机制。通过深入推进各项重点领域改革，为全县发展注入了新动力，增添了新活力。

*二是加快结构调整，推动转型升级。*积极应对煤炭市场疲软困局，扎实推进“六型转变”，千方百计保障煤炭企业健康运营，全年煤炭总产达到500万吨。不断巩固提升冶铸及装备制造产业，南村铸造工业园建设稳步推进，巴公装备制造工业园基础设施进一步完备，正式组建了山西天恒铸业有限公司，天巨重工、清慧制造等龙头企业核心竞争力不断提升。加快发展新型工晋煤华昱清洁能源一体化、天泽4060、兰花20万吨己内酰胺、兰花50万吨纳米碳酸钙、华电100兆瓦风力发电、万鑫顺达30兆瓦光伏发电、晶耀50兆瓦分布式光伏发电等项目进展顺利。农业稳步发展，全年完成粮食总产5.39亿斤，生猪出栏100.2万头，重点农产品加工龙头企业销售收入10.8亿元，同比增长12.5%。注重发展文化旅游和商贸物流等服务产业，与山西国瑞集团签署了3亿元李寨风景区投资协议，与北京立根集团和博雅集团签署了5亿元大阳古镇投资协议，晋庙铺聚寿山景区正式对外开放，月星商业广场正式运营，义乌小商品城项目全面开工，兰花物流园项目通过海关验收，全县产业结构进一步优化，为构建“两带四板块”产业发展新格局奠定了坚实基础。

*三是狠抓基础设施，建设新型城镇。*金村新区建设加快推进，府城街、丹河西路、龙化路全部完工，太岳街东段、碧水街前期进展顺利，学苑街已完成相关手续批复，丹河龙门湿

地公园已形成绿化景观，全力支持配合太焦客专和通用机场建设。狠抓水、路、气、暖等关乎群众切身利益的基础设施建设，完成农村饮水安全工程22处，解决了2.26万人饮水安全问题；完成大甘线、南高线、牛泊线高都至泊村段等道路改造工程，涉及17个乡镇32条100千米道路完善提质工程全部完工；全年新增煤层气用户达10648户，村庄覆盖率达到33%，新增供热面积63万平方米，集中供热面积达到182万平方米，惠及全县1.8万户农民。

*四是扶持民营经济，推动创业创新。*始终把民营经济作为就业经济、富民经济来抓，不断强化创业基地孵化功能，锦绣鑫源、新中原、巴公采村等创业基地建设持续加快，入驻企业达40余家，提供就业岗位500余个，帮助更多的创业者实现了“拎包创业”。继续开展“助保金”和“聚力贷”业务，为23家民营企业累计解决资金3.5亿元；规范了6家金融机构的收费业务，为企业减免各类费用500万元；启动5000万元还贷周转金，为29家企业周转使用还贷资金3.09亿元，帮助企业周转贷款4.84亿元；大力扶持青年创业，为520名创业者提供创业贴息贷款5000余万元。先后召开了“潜力企业、潜力产品、潜力人才”创新发展座谈会、“青春聚力、扬帆泽州”青年创业报告会、乡镇巡回报告会，成立了青年创业商会，举办了青年创业项目大赛，营造“大众创业、万众创新”的浓厚氛围。

*五是积极招商引智，扩大对外开放。*坚持把招商引资作为加快发展的源头活水，积极开展推介会、项目对接会、小分队招商等一系列招商活动，不断拓宽招商引资领域，加大对外招商力度，全年签约项目23个，资金到位85.94亿元。不断加大招才引智力度，出台了《泽州县引进高层次人才实施办法（试行）》，县财政列出专项资金，用于高层次人才引进、创新平台建设和重大人才工程投入，全年引进中高级人才46名。大力发展外向型经济，全年外贸进出口总额完成26550万美元，连续五年位居全市第一。

*六是注重民生改善，增进群众福祉。*全年用于民生事业支出达23.49亿元，同比增长33%。坚持优先发展教育，投入8849万元推进薄弱学校改造，李寨乡国家级示范性综合实践基地开工建设，全县中小学校办学条件不断改善，教育教学质量稳步提升，在全市率先实现学前教育到高中阶段“15年全免费”。大力发展卫生事业，实施了分级诊疗和双向转诊试点，深入推进公立医院改革，不断加强医疗卫生基础设施建设，县医院综合门诊楼投入使用，犁川、山河、柳口等9家乡镇卫生院污水处理及环境整治项目全部完成。统筹推进社会保障体系建设，城镇职工基本养老、城镇基本医疗、失业、工伤、农村养老保险等全部完成市下达任务。实施积极就业政策，城镇新增就业6770人，转移农村劳动力4890人。认真落实8项惠民工程和8件惠民实事，进一步提升了人民群众的获得感和幸福指数。大力实施精准扶贫、精准脱贫，易地扶贫移民搬迁1500人，完成“百企千村”产业扶贫开发项目投资1.05亿元，减少贫困人口2500人。毫不松懈抓好安全生产，加大安全生产“四责”教育，深入开展安全生产大检查、安全生产落实年活动、打非治违专项行动，全年安全生产状况总体平稳。

三、深入开展"五项活动"，大力提振全县干部的精气神

围绕提振精气神、全力抓发展，在全县上下深入开展了思想大解放、纪律大整顿、环境大改善、矛盾大排查、项目大发展"五项活动"，进一步强化了勇于担当、敢于负责的责任意识，营造了攻坚克难、狠抓落实的浓厚氛围，为攻坚全年各项目标任务提供了坚实保障。

深入开展"思想大解放"活动，创新思路打开视野。通过组织开展学习考察、专题讲座、主题征文、演讲比赛和知识竞赛等活动，冲破了思想藩篱，统一了思想行动，凝聚了广泛共识。依托"思想解放在泽州"论坛，先后邀请多名省内外学者到泽州讲学。组团赴浙、苏、鲁、陕等地进行了学习考察，多次组织开展招商项目推介会，进一步拓展了视野，打开了思路。举办了"思想大解放"主题报告会，"不甘人后，勇争第一"的泽州精神再一次被叫响叫亮。集中开展了"我为泽州发展献一策"活动，收集建议102篇300余条，集全县之力献计问策，为做好"十三五"规划编制提供了有力保证。

深入开展"纪律大整顿"活动，弛而不息正风肃纪。针对"庸""懒""散""空""玩""奢"六大问题，深入开展纪顿，进一步将作风建设引向深入。对5个乡镇和4个县直单位22名工作人员违反工作纪律等行为进行了通报批评；对违规发放补助、违规报销差旅费、同城接待等问题进行了核查，责成13家单位进行了整改；对46个县直单位、13个乡镇，15个基层站所节假日值班、公车封存、乡镇干部跑堂等情况进行了督察，对10家单位进行了通报批评；对13家窗口单位提出行政效能整改意见36条；对9起违反中央"八项规定"精神案件进行了查处，给予16人党政纪处分，其中科级干部4人。全年婚丧喜庆报告46人次，诫勉谈话33人次，88个进入会计结算中心的县直单位按时以文件和公示栏形式进行了张贴公示，15343名干部提交了"红包"及购物卡零持有报告，开通了"35581"廉政账户，共收到上缴款项14.9万元。通过持之以恒查纠"四风"，有力地推动了干部作风转变。

深入开展"环境大改善"活动，加快建设美丽泽州。全年完成造林8458.9亩，通道绿化5千米，绿化率达到50.46%，东四义至白马寺20千米绿道全部完工并投入使用；配备保洁员3413名、垃圾清运车709台，处理四堆7500处，改厕6000座，对62.8千米国道、105.3千米省道、1160千米县乡道路、813千米村道进行了集中卫生整治；周村、川底、北义城3个垃圾填埋场主体工程全部完工，下村、东沟、北义城3个污水治理设施启动建设，48处病死畜禽无害化处理设施和13个收集站点投入运行；取缔土小企业7家，对6家重点企业除尘设施进行了升级改造，对5个不符合环保要求的项目进行了否决。目前，全县共建成22个宜居示范片，涉及252个村、25万口人，分别占全县的40%、50%。

深入开展"矛盾大排查"活动，促进社会和谐稳定。以"一手抓有效化解、一手抓依法处置"为抓手，按照"县不漏乡、乡不漏村、村不漏户、户不漏人"的原则，累计排查各类矛盾纠纷283件，其中到期应办结的信访案件173件，现已办结169件，结案率98%。建立

健全了矛盾纠纷排查化解、领导接访、县级领导包案责任制、律师参与信访案件处理等7项信访工作制度，有力地促进了全县信访稳定工作。持续加大依法处置力度，2015年8月份以来对35人次进行了依法处置，有效遏制了非访高发势头。2015年下半年，全县到京非访大幅下降，到省到京越级集体访为零，到市越级集体访显著下降，连续6个月退出到市集体访第一的位置，到市集体访同比批次下降63%，人次下降47%。

*深入开展“项目大发展”活动，切实增强发展后劲。*按照“三联五解一报告”制度要求，将112个项目分解到了县级领导、责任单位和包联干部头上，及时解决项目推进中的实际困难，全力服务和推动项目建设。以项目提质增效年为引领，认真执行重点工程“六位一体”工作机制，2015年1—11月份，项目储备完成2414.5亿元，完成率100%；项目签约完成304.9亿元，完成率106%；项目落地完成200.3亿元，完成率135.3%；项目开工完成190.6亿元，完成率114.1%；项目建设完成176.77亿元，完成率116.4%；项目投产完成158.5亿元，完成率110.1%，提前一个月全面完成全年目标任务。同时紧盯上级资金投向，积极向上争取项目资金2178万元。

同志们，全年工作的开展和成绩的取得，是市委坚强领导的结果，是全县各级党组织、广大党员干部群众努力奋斗的结果，各位委员和各级各部门负责同志，做了大量富有成效的工作，对县委常委会给予了真诚帮助和大力支持。在此，我代表县委常委会，向大家表示衷心感谢！

在充分肯定成绩的同时，我们也清醒地认识到，工作中仍然存在不少差距，发展中还面临许多难题。主要是：反腐败斗争形势依然严峻复杂，农村党风廉政建设还有差距，不敢腐、不能腐、不想腐的长效机制远未形成；部分基层党组织领导核心作用发挥不足，致富带富能力不强，基层基础工作还有不少短板；一些干部不能够完全适应从严治党新常态，廉而不勤、担当不够、精神萎靡等现象仍然比较突出，影响和制约了工作推进；经济下行压力持续加大，“一煤独大”的粗放模式仍然没有彻底改变，转型发展任重道远；信访压力较大，保障民生、维护稳定的任务繁重；安全生产形势不容乐观，仍然存在诸多隐患。对此，要高度重视，认真加以解决。

同志们，新的一年，面对新形势、新任务，我们要倍加珍惜来之不易的发展成果和团结稳定的大好局面，紧密团结在以习近平同志为总书记的党中央周围，高举中国特色社会主义伟大旗帜，深入学习贯彻习近平总书记系列重要讲话精神，全面落实中央和省市委决策部署，振奋精神，坚定信心，攻坚克难，创新实干，为“十三五”全面建成小康社会，实现“弊革风清、富民强县”目标而努力奋斗！

请同志们对县委常委会的工作提出意见和建议。

泽州县人民政府工作报告

——2016年6月26日在泽州县第六届人民代表大会第一次会议上

县　长　高喜全

一、2015年和“十二五”时期工作回顾

2015年，县政府在县委的坚强领导下，紧密团结和依靠全县广大干部群众，主动适应经济发展新常态，积极应对经济下行压力，着力稳增长、防风险、促改革、调结构、惠民生，全县经济社会平稳健康发展。地区生产总值同比增长2.5%；规模以上工业增加值同比下降3%；社会消费品零售总额同比增长5.4%；固定资产投资同比增长16%；公共财政预算收入同比下降7.3%；城乡常住居民人均可支配收入同比分别增长6.7%和8.5%。

一年来，我们致力于稳增长，千方百计保障实体经济发展，经济基本面总体平稳。全力稳定传统支柱产业。积极推进煤矿复工复产，加快煤化联合，延伸产业链，提升附加值，全年煤炭产量完成714.3万吨，同比增长11%。南村铸造园区建设加快推进，组建了产业联盟，改进了生产工艺，全年铸件产量完成142万吨，与上年基本持平。粮食总产量完成5.32亿斤，同比增长28.4%；生猪出栏突破100万头，同比增长11.7%；新增省市“一村一品”专业村56个、农民专业合作社273家；“泽州山楂红酒”成功申报国家地理标志产品。大力帮扶实体企业。取消和规范6家金融机构收费业务，为企业减免费用2000余万元。设立了5000万元中小企业还贷周转金，帮助35家企业倒贷6.11亿元，节约资金3000余万元。深化“助保金”“聚力贷”业务，为21家企业发放贷款3亿元；出资1000万元入股“红土创业投资基金”，为520名创业者提供产业贴息贷款5000余万元。全面推行“三证合一”“一照一码”登记制度，新增市场主体2665户，新创办实体企业453家，培育省级创业基地1家。积极防范金融风险。化解铸造企业资金链联保互保断链的风险，逐步剥离煤企之间互保、国企民企担保，减少了天泰公司为2家企业的担保贷款5000万元。及时查封1家非法集资小额贷款公司，有效稳定了全县金融秩序。

一年来，我们致力于调结构，深入开展“项目提质增效年”活动，“两带四板块”“四化”同步推进产业新格局初见成效。全年实施重点项目116项，完成投资186.8亿元，签约招商项目23个304.9亿元。扎实推进“两带四板块”建设。长河经济带，完成规划编制，晋煤高硫煤洁净利用循环经济工业园累计完成投资50亿元，岸村新区15栋楼全部开工建设，7栋主体完工；天泽4060项目试生产，都宝王坡5×1500千瓦瓦斯电厂主体完工。丹河生态旅

游文化产业带，组建了珏山大景区，丹河人工湿地四期完工，任庄水库大坝改建除险加固工程主体完工，与高都古镇旅游开发一并完成签约。巴公板块，兰花己内酰胺和纳米新型材料试生产，清慧制造、兴达铸件等企业产品远销海外，万鑫顺达30兆瓦光伏发电项目获省发改委批复，李村堡、东部整村搬迁项目进展顺利。金村板块，城东物流园区加快推进，月星城市广场投入运营，兰花国际物流园保税中心试运营，中国青年城全面开工，龙化路建成通车，太焦城际铁路完成前期，柳泉通用机场通过空域论证。南村板块，铸造园区正在办理土地手续，晶耀20兆瓦光伏发电项目获省发改委批复，赵树理街主体竣工。南部山区板块，庄园经济、农旅一体发展模式加快推进，建成146家星级农家乐，欣阳6兆瓦光伏发电项目开工建设。旅游产业异军突起，成功举办了第四届乡村摄影节和首届国际航拍摄影大赛，中国古镇系列之《走遍中国·大阳》在央视播出，大阳古镇、李寨栖龙湾景区分别引进新的开发主体并开工建设，聚寿山成功创建国家AAA级旅游景区，东四义至白马寺20千米绿道投入使用，“古韵泽州”知名度进一步提升。全年接待游客605万人次、同比增长13.6%，旅游收入53.6亿元、同比增长16.1%，均创历史新高。

一年来，我们致力于促改革，聚焦重点领域和关键环节持续发力，全县经济发展活力和动力显著增强。深化国企改革，制定出台了《泽州县国有企业资产监督管理办法》《天泰公司章程》，进一步理顺了管理体制。加快园区体制改革，新型产业、铸造、装备制造、煤化工“四大园区”挂牌成立。加强金融体制改革，泽州农商行成功改制，年上缴税金8051万元，是改制前的5.2倍，存款突破100亿元。强化行政体制改革，编制完成权力清单、责任清单，明确36个单位3591项权责事项。加强农村综合改革，农村集体经营性建设用地由“定制度”向“试制度”转变，7宗土地成功入市，农村土地承包经营权确权登记颁证和宅基地登记全面铺开。深化收入分配制度改革，全力保障了乡镇办公经费，为离退休人员增资1702万元，为机关事业人员交养老保险、涨工资、补发两年度考核奖2.25亿元。公车改革全面完成。巴公省级综改扩权强镇试点，承接了市、县54项审批权限，巴公金库独立运行，分支机构全部挂牌成立。南岭贫困地区转型综改试点，制定出台了实施方案。年初确定的“1+8”改革任务全面完成，激发了全县经济社会发展的活力和动力。

一年来，我们致力于抓统筹，全面推进国家级新型城镇化综合试点工作，城乡一体建设稳步推进。被列入国家级新型城镇化综合改革试点，向市里争取到了除金村新区核心区以外的规划审批权。举全县之力建设金村新区，县城迁址已上报，丹河龙门湿地公园一期主体完工，府城街、丹河西路建成通车，碧水街开工建设，与中国五矿集团签订了合作框架协议。融城步伐加快，兰花片区南洋花城一期全部封顶，7个“城中村”改造项目全面启动。投资1.36亿元，大打农村人居环境改善硬仗，深入推进“美丽乡村”建设，西陈庄、杨山采煤沉陷区治理建设完工，新增煤层气用户1.07万户、集中供热面积63万平方米，新建垃圾填埋场3个，80%的村推行了“一车一桶一队伍”

垃圾不落地模式。巴公镇荣获“全国文明村镇”称号、被确定为国家新型城镇化综合试点，金村镇成为全国首批建制镇示范乡镇。

一年来，我们致力于惠民生，全力抓好惠民实事工程，群众幸福指数进一步提升。民生领域支出突破20亿元，达到23.5亿元，同比增长33%。8项惠民工程和8件惠民实事圆满完成。新增城镇就业人数6770人，培训农民1万余人；全面改善185所农村薄弱学校基本办学条件；县人民医院综合门诊楼投入使用，兑现新农合补偿金1.62亿元，为6.7万名农村老人免费体检；发放低保金6967.5万元；新增8条城乡客运班线；解决了2.26万人的饮水安全问题；改造农村危房200户，移民搬迁1500人，提升农村道路100千米，建成病死畜禽无害化处理厂。实施“天网”工程，推进“一村一法律顾问”制度，平安泽州创建成效显著。安全生产持续稳定，信访积案有效化解，全县保持了和谐稳定的良好局面。老龄、侨务、气象、史志、档案、慈善等各项工作得到了加强，宗教、人武、群团、残疾人等工作取得了新进展。

一年来，我们致力于强作风，全面打造廉洁有为政府，行政效能逐步提高。严格落实全面从严治党各项部署，扎实开展“三严三实”专题教育，认真贯彻落实中央“八项规定”，坚决反对“四风”，严控“三公”经费，政府机关作风明显改善。服从县委领导，接受人大监督，支持政协履职，加强与各民主党派、工商联和无党派人士的联系沟通，全年办理人大建议110件，政协提案116件，办结率100%，满意率96%。扎实推进“六权治本”，依法行政、依法决策进一步规范。加强党风廉政建设，强化行政监察和审计监督，加大行政问责力度，反腐倡廉工作进一步深入。

各位代表，2015年工作任务的完成，为“十二五”画上了完满的句号。“十二五”时期，是我县发展历史上充满挑战、极不平凡的五年。五年来，面对国内外复杂形势和一系列重大挑战，全县上下在县委的正确领导下，经济社会发展在诸多方面取得了重大突破，进入了一个崭新的发展阶段。

综合实力不断增强。全县地区生产总值由2010年的156.1亿元提高到2015年的215.7亿元，年均增长8.5%。公共财政预算收入由2010年的9.3亿元提高到2015年的11.48亿元，年均增长4.2%，2013年最高达到13.3亿元。社会消费品零售总额由2010年的19.6亿元提高到2015年的36.1亿元，年均增长12.9%。全社会固定资产投资累计完成760亿元，年均增长20.8%。外贸进出口总额连续五年位居全市第一。

产业结构持续优化。形成了“优农、稳煤、强铸、兴旅、育新”产业发展新体系和“两带四板块”“四化”同步推进产业新格局。现代农业迈上新台阶，园区经济、庄园经济成为新亮点，先后荣获“全国生猪调出大县”“全国粮食生产先进大县”等称号。资源型产业向精深加工转化，天泽4060、兰花己内酰胺、纳米新型材料、晋煤高硫煤洁净利用循环经济工业园等一批煤化工项目相继落地，煤化工企业合成氨产能达到150万吨，与2010年相比提高41.5%。装备制造业向中高端发展，被中铸协确定为“中国铸造行业集群试点县”。现代服务业、文化旅游业迈出新步伐，城东物流园区成效初显，珏山、青莲寺、围滩、太极湖四大景区整合组建为珏山大景区。三次产业比例由2010年的5.0∶68.8∶26.2调整为2015年的6.0∶63.9∶30.1，一产比重提高了1个百分点，三产比重提高了3.9个百分点。

发展活力明显增强。政府机构改革全面完成，行政审批制度改革顺利推进，在事业单位全面推行了岗位设置管理制度，原商品公路局234人全部分流到位；深化国有资产经营管理体制改革，规范了国有资本金收益管理，共收取了7.04亿元。建立了企业重大事项报告约束机制；扎实推进了9个国家和省级改革试点，在卫生、金融、财税、土地等领域推出了一系列改革举措。

城乡面貌大为改观。全力推进县城选址变更工作。编制完成了《泽州县城镇空间协调发展规划》，全县城镇化率达到45.5%，比2010年提高了8.5个百分点。两轮“五个全覆盖”全面完成，新改建农村公路2288千米；煤层气用户增加到6万户，比“十一五”时期增长了3倍多；“十二五”时期集中供暖实现了零的突破，供暖面积发展到182万平方米；解决了7.44万人的饮水安全问题。居民用水实现了城乡同价。人居环境得到全面改善，治理长河、丹河河道31.4千米，建成了8个乡镇生活垃圾卫生填埋场，所有乡镇都组建了环卫站。我县先后获得“全国新农村建设示范县”“国家新型城镇化综合试点县”等荣誉。

民生事业显著改善。民生投入逐年递增，累计支出66.7亿元，是“十一五”时期的2.7倍。城乡常住居民人均可支配收入分别达到27381元、12217元，是2010年的1.7倍和1.8倍。率先普及15年免费教育，全面建成国家义务教育发展基本均衡县；连续七次被命名为“全国科技进步先进县”；26个乡镇卫生院全部完成达标建设；新增了16条乡村公交线路，170个偏远山村开通公交车；一批事关群众切身利益的就学、看病、居住、出行等难题得到有效解决。生态环境显著改善，森林覆盖率达到36.7%，比2010年提高了3.9个百分点，成功创建省级林业生态县。安全生产形势持续稳定，保持了和谐稳定的良好局面。连续三年荣获全省双拥模范县称号。

各位代表，五年的奋斗伴随艰辛，五年的成绩令人鼓舞。我们感到，做好政府工作，必须把认识新常态、适应新常态、引领新常态作为今后一个时期经济发展的大逻辑，在观念上适应、认识上到位、方法上对路、工作上得力，确保在新常态的考验面前保持定力、精准发力、积极作为；必须摆脱“速度情节”，克服“换档焦虑”，自觉践行“三严三实”，多做打基础、利长远的工作，以咬定青山不放松的“钉钉子”精神，抓住不放、持续用力、善做善成；必须清醒地认识到煤炭主导产业面临市场挤压、量价齐跌、经营困难的严峻局面，困难与风险可能会构成持续挑战，结构调整任重道远，要切实增强转型升级的忧患意识和危机意识，敢于担当、迎难而上、一往无前；必须要有闯关夺隘的勇气和魄力，着力推进供给侧结构性改革，有力有效化解过剩产能，多措并举降低企业成本，统筹防范化解金融风险，全面提升经济发展的质量和效益；必须坚持统筹兼顾惠民生，越是困难时期，越要关心群众生活，下大力气解决事关群众切身利益问题，让人民群众共享更多的改革发展成果，不断提升幸福指数。

各位代表，历尽天华成此景，人间万事出艰辛。取得这样的成绩，是县委统揽全局、协调各方，四大班子齐心协力抓落实的结果，是全县广大干部群众团结奋斗、开拓进取的结果，凝结着各位人大代表、政协委员的心血和汗水，离不开各民主党派、人民团体及离退休老干部的大力支持和帮助。在此，我代表县人民政府，向全县广大干部群众，向给予政府工作大力支持的人大代表、政协委员、各民主党派、工商联、无党派人士、各人民团体、驻泽部队、武警官兵和社会各界人士，向所有关心和支持泽州发展的同志们、朋友们，表示衷心的感谢和崇高的敬意！

在总结成绩的同时，我们也清醒地看到发展中的问题和不足：我县传统优势正在改变，县域经济核心平台缺失的短板凸显，生产要素聚合能力低，核心竞争力不强，支撑经济发展的大项目、好项目缺乏，稳增长压力持续加大；经济发展仍未摆脱资源路径依赖，工业产品大多处于产业价值链中低端，调结构任重道远；农村基础薄弱，生态环境仍然脆弱，社会事业欠账较多，脱贫攻坚任务还比较艰巨，惠民生短板突出；财税收支矛盾加大，企业贷款互保联保、群体性突发事件、安全生产、网络舆情等领域潜在隐患较多，防风险有待加强；思想解放不够，改革试点进展不快，创新创业氛围不浓，促改革办法不多；政府职能转变还不够到位，不严不实问题还不同程度存在，转作风仍需加强。病之所在，治之所要；民之所望，施政所向。我们将牢记责任使命，进一步增强忧患意识和担当意识，扎实有效解决问题，绝不辜负人民群众厚望！

二、“十三五”时期基本思路和主要任务

“十三五”时期，是全面建成小康社会的决胜阶段。根据县委《关于制定泽州县国民经济和社会发展第十三个五年规划的建议》和县委五届党代会精神，县政府制定了《泽州县国民经济和社会发展第十三个五年规划纲要（草案）》，提请大会审议。经本次大会批准后，县政府将认真组织实施。

“十三五”时期我县发展的总体要求是：高举中国特色社会主义伟大旗帜，全面贯彻党的十八大和十八届三中、四中、五中全会精神，坚持以马克思列宁主义、毛泽东思想、邓小平理论、“三个代表”重要思想、科学发展观为指导，深入贯彻落实习近平总书记系列重要讲话精神，牢固树立“五大发展”理念，着力推动“六大发展”，紧紧瞄准“打造新型城镇化示范县、率先全面建成小康社会”这个目标，致力在优化产业结构上走在前列，在统筹城乡一体上走在前列，在深化改革开放上走在前列，在发展民营经济上走在前列，在建设美丽泽州上走在前列，在决胜脱贫攻坚上走在前列，以“一带三创五化”为抓手，大力实施党建“引领力工程”，聚焦改革，聚力发展，从严治党，重振雄风，奋力开创“弊革风清、富民强县”新局面。主要目标是：全县地区生产总值比2010年翻一番，达312亿元，年均增长7.2%；公共财政预算收入达13.3亿元，年均增长3%；社会消费品零售总额达49.5亿元，年均增长6.5%；固定资产投资达371亿元，年均增长12%；城镇常住居民人均可支配收入达38770元，年均增长7.2%；农村常住居民人均可支配收入达17300元，年均增长7.2%。约束性指标完成市下达目标。

遵循这一总体要求和确定的主要目标，今后五年全县经济社会发展的主要任务是：

——坚持创新发展，围绕“优农、稳煤、强铸、兴旅、育新”产业新体系，打造“两带四板块”“四化”同步推进产业新格局。围绕供给侧改革，实施创新驱动发展战略，全面编制完成全县“两带四板块”总体规划，增添新的发展动能。以“优农”为着力点，用足环市区区位优势，编制完成南部山区板块发展规划，实施“互联网+现代农业”行动计划，加快发展生态绿色农业，把南部山区板块和北部乡镇打造成为全市的优质农产品生产加工基地。以“稳煤”为着力点，加快煤炭“六型”转变，实施长河经济带产业发展规划，实现各主体企业之间的“四联合”，推进晋煤高硫煤洁净利用循环经济工业园建成投产，把长河经济带打造成为全省重要的煤炭清洁循环利用基地。以“强铸”为着力点，全面落实“中国制造2025”山西省行动计划，建成铸造产品研发中心和铸造检测中心，两年内建成南村铸造园区，国道207沿线铸造企业全部进驻园区，引进大型汽配企业进驻巴公板块，把南村板块和巴公板块打造成全国先进铸造产业基地。以“兴旅”为着力点，唱响“古韵泽州·全域旅游”品牌，振兴全县旅游产业。以“育新”为着力点，发挥区位、生态、人文优势，加强校企地合作，推进太焦城际铁路、柳泉通用机场、晋城海关建设，开展科技、人才、金融、业态创新，把金村板块打造成为全市的科技创新创意基地。

——坚持协调发展，突出金村低碳示范区城镇化建设龙头，打造新型城镇化示范县。牢固树立精明增长理念，突出产城融合和城乡联动，加快城乡一体化发展，力争到2020年常住人口城镇化率达到60%，集中供气、供暖实现17个乡镇所在地和主要中心村全覆盖。紧抓金村低碳示范区建设龙头，坚持高起点规划、高品质设计、高标准建设、高效率推进的原则，突出低碳、智慧、生态的理念，创新建设模式，创新投融资模式，力争2020年全面建成金村新区；按照《泽州县新型城镇化试点实施方案》，积极创新，勇闯新路，到2017年底创造出可复制、可推广的典型经验，为全省乃至全国全面推进新型城镇化建设积累经验。大力推进农村人居环境改善，建成100个美丽宜居示范村。统筹推进交通、能源、通信、水利、安全保障等基础设施建设。进一步完善“四纵四横”公路主骨架，全面建成“两纵四区”供水网络，加快推进城乡配电网改造。

——坚持绿色发展，全面加强生态泽州建设，争创国家级“全域旅游示范县”。严守环境质量底线、生态保护红线，全面加强生态保护和修复，坚定不移地走绿色低碳循环发展之路，加快生态景观建设，全面提升泽州县宜居宜业宜游水平。以“古韵泽州·全域旅游”为品牌，以“珏山月、古镇情、峡谷秀、绿道美”为抓手，以丹河生态旅游文化产业带、阳阿古镇、沁河峡谷、环城绿道为重点，以旅游道路建设为突破，全面整合旅游资源，集中力量打造精品线路，争创国家级“全域旅游示范县”。

——坚持开放发展，用足用活先行先试政策，力争市级转型综改试点县建设走在全省前列。加快转型综改试验区建设，紧紧围绕产业转型、生态修复、城乡统筹、民生改善四大任务，完成“十三五”综改试验工作；深入推进巴公省级转型综改扩权强镇试点工作，在“四化”同步发展上走出一条新路。积极推进金村低碳示范区试点工作，打造低碳产业、低碳建筑、低碳交通、低碳生活等发展新模式，努力建成低碳发展新城。加快推进南岭贫困地区转型综改试点，充分发挥生态资源优势，大力发展乡村旅游、生态庄园经济，走出贫困地区全面建成小康社会新路。

——坚持共享发展，补齐民生短板，率先全面建成小康社会。坚持精准扶贫、精准脱贫，确保2017年年底24个贫困村、6331户、13136名贫困人口全部脱贫。以“普惠性、保基本、均等化、可持续”为方向，以就业、就学、就医和社保、医保、低保为重点，完善制度安排、强化政策兜底、增加公共服务，让广大人民群众在共建共享中有更多的获得感、幸福感和自豪感。到2020年，实现农村安全饮水、村村通公交车、室外健身设施更新、成边道路和500人以上行政村老年日间照料中心“五个全覆盖”。力争提前两年率先全面建成小康社会。

——坚持廉洁和安全发展，强化底线意识，着力营造良好发展环境。坚持发展必须廉洁、廉洁促进发展，始终保持惩治腐败、狠刹“四风”、打黑除恶高压态势，严格落实“两个责任”，深入推进“六权治本”，营造廉洁发展环境。强化安全生产红线意识，全力实施安全“四化”建设，夯实安全生产基础。健全公共安全保障体系，强化社会治安综合治理，依法打击严重刑事犯罪活动。推进严格执法、公正司法、全民守法，加快建设法治泽州。全面加强政府自身建设，推进简政放权，提高政府效能。

三、2016年重点工作

五年看三年，三年看头年。2016年是实施“十三五”规划的开局之年，也是推进供给侧结构性改革的攻坚之年。做好今年的工作，我们要认真贯彻落实党的十八大，十八届三中、四中、五中全会和习近平总书记系列重要讲话以及中央、省、市经济工作会议精神，紧紧围绕县委“161”发展战略和“双一双五”年度工作重点，坚持稳中求进工作总基调，着力加强供给侧结构性改革，确保“十三五”开好局、起好步。

2016年全县主要预期目标是：地区生产总值增长6%左右；规模以上工业增加值增长3.5%左右；固定资产投资增长12%；公共财政预算收入增长3%；城镇常住居民人均可支配收入增长6%；农村常住居民人均可支配收入增长6%以上。节能减排等约束性指标完成市下达目标。

实现上述目标任务，必须着力做好六方面工作：

（一）着力保增长防风险，积极化解经济下行压力。坚持供需两端发力，突出供给侧结构性改革，保防并举，“稳”字当头，保障企业健康运营，保障财政收支平衡，防范区域风险。

千方百计保生产。加强对煤炭企业的支持力度，在落实276个工作日的基础上，组织好生产矿井的正常生产，推进停产和基建矿井尽快复工复产，确保我县监管煤炭企业全年煤炭产量完成420万吨。继续落实省企业减负60条、市企业减负20条，出台我县企业减负具体措施，建立完善涉企收费清单制度，最大限度减轻企业负担，提高市场竞争力。引导企业加强内部管理，削减非生产性开支，降低人工、物流、财务等综合成本。政府采购优先使用本地产品，帮助企业融通资金、开拓市场、稳定生产。严厉打击损害投资者合法权益的违法犯罪活动，营造良好的市场氛围。

全力以赴保企业。贯彻《晋城市2016“1533”工业行动方案》，制定我县帮扶措施，对工业企业在上缴资金、生产用水用电、交通运输成本等方面给予免、缓、减政策支持，对进入工业园区的项目，根据新增用地亩均投资强度给予奖励扶持；开展“千人万户”帮企业活动，加大“一企一策”帮扶力度，帮助企业解决实际问题；争取中央设立的1000亿元工业企业结构调整专项奖补资金，用好省“三去一降一补”政策，化解煤炭等行业过剩产能，做好困难企业人员转岗安置工作，支持有市场、有前景的企业渡过难关、焕发生机。

多措并举保运转。强化财源建设，推进综合治税工作，加强财税征管和协税护税力度，确保应收尽收；全力争取中央省市各类转移支付，积极争取国债资金2.5亿元，盘活财政存量资金。牢固树立“过紧日子”的理念，坚决杜绝超范围、超设计、超预算“三超”现象的发生。严格支出管理，压缩“三公”经费，一般公用经费实现“零增长”。

输氧造血防风险。减少煤炭企业间联保互保，继续剥离煤企向民企的担保，有效化解企业潜在风险。在去年的基础上，再增资5000万元，拿出1亿元设立还贷周转金，帮助全县所有中小企业解决融资问题。拓展“助保金”“聚力贷”业务，搭建政府、企业、银行合作平台。设立200万元创新奖励基金，用好创业担保贷款贴息政策，发挥好“红土创业投资基金”和锦绣鑫源、巴公来村等创业孵化基地的作用，支持企业创新发展。鼓励企业设立创新创意中心和跨境电商中心，发展众包、开展众筹。加大对全县金融机构的监管力度，严厉打击非法集资行为，稳定全县金融秩序。

（二）着力打造产业新体系新格局，推进产业结构优化升级。“优农、稳煤、强铸、兴旅、育新”产业新体系和“两带四板块”“四化”同步推进产业新格局，两者之间紧密相连、相互融合，是全县优化产业结构、加快经济发展的方向。

绿色健康优农。以南部山区板块和北部乡镇建设为重点，大力发展休闲农业、观光农业、采摘农业等新型业态，促进一、二、三产融合发展。南部山区板块，重点发展健康、绿色农产品及农副产品加工业。北部乡镇，以现代农业、规模农业、设施农业为主，抓好农业园区建设，全年建成3个市级蔬菜示范园，打造市区的绿色“菜篮子”。抓好“鲁村小米”“南义城红薯”“大兴小米”“彤康食品”等产品品牌的保护和申报。继续与山西农大合作开展“一地一站五院”项目，积极推进与山西中医院合作建设中药材基地。全面落实粮食安全责任，确保粮食总产量稳定在4.5亿斤左右。大力开展农业技术、经营管理等培训，培训新型职业农民2000人。健全农产品质量管理体系，打造从田间到餐桌的食品安全链条。

“六型”转变稳煤。以推进长河经济带发展为重点，科学预判煤炭市场及供需矛盾，推进全县煤炭企业“六型”转变，推动煤炭管理体制和管理能力现代化，稳固煤炭主体地位。

实施长河经济带产业规划，推动煤电、煤化、煤企联盟，加快推进长河百万吨洗煤厂、晋煤高硫煤洁净利用循环经济工业园、都宝王坡瓦斯发电、晋城油库迁建等项目建设，确保天泽4060和兰花己内酰胺、纳米新型材料等项目正式投产，促进煤炭清洁高效利用，稳定煤炭市场份额。

集群发展强铸。制定全县铸造制造产业五年行动计划，做强做优南村板块和巴公板块。抓好南村铸造园区建设，推进产业联盟，在生产、经营、品牌和销售上实现统一。建设山西省铸造产品质量监督检验中心，与中铸协、太原科大等单位合作建设铸造产品研发中心，在产品、工艺和技术上实现上档升级。抓好巴公板块建设，加快清慧国家级装备制造窗口的申报，引进装备制造产业的上下游产业，培育先进制造业产业集群，做精泽州县装备制造业。推进福盛、清慧、兴达、金工等企业精细化、集团化、品牌化发展。

全域旅游兴旅。按照“全景、全业、全时、全民”模式，整合旅游资源，把全县作为一个大景区来打造。设立5000万元旅游产业发展资金，支持完善旅游基础设施、编制旅游产业发展规划、开展旅游宣传推广等项目，开发一批全天候、全方位、体验型旅游产品，推出更多独特旅游商品，叫响叫亮“古韵泽州·全域旅游”。以北义城、高都、金村至省界旅游道路建设为轴线，抓好丹河生态旅游文化产业带建设。推进珏山大景区新主体引进和国家AAAAA级旅游景区争创，加快丹河龙门湿地公园建设、任庄水库和高都古镇整体开发。以环城绿道、南部山区步道为轴线，加快大阳古镇、周村古镇、栖龙湾景区开发建设，完成山里泉国家AAAA级旅游景区和乾明寺国家AAA级旅游景区创建；筹建聚寿山大景区，抓好天井关、孔子回车、老翁山等景点的连线开发。做好白马寺至东四义、东四义至龙门、伊侯山至道庄的三条绿道（步道）管理运营工作，新建二仙掌至伊侯山步道、龙门至枣园绿道、南部山区步道。开发泽州铁器、泽州小米、娲皇玉、面塑、“泽州红”山楂等本土特色旅游产品。

低碳智慧育新。抓住晋城市被列为“国家级智慧城市”试点和金村低碳示范区的机遇，以金村板块、南村板块建设为重点，坚持创新驱动，培育新型产业。强化科技创新。加强与省社科院、太原科技大学晋城校区等院校的合作，培养科技创新人才和团队。用好晋煤国家级实验室这个平台，支持清慧、彤康升级科技研发平台，提升企业研发能力。做大做优现代服务业。加快城东物流园区建设，推进月星城市广场二期、中国青年城、世沃国际等项目，打造全市最大的现代物流园区。加快晋城中专的建设进度，完善太原科技大学晋城校区基础设施，打造晋城市教育园区。加快推进“互联网+”行动。召开电商大会，组建电商协会，实施“互联网+制造业”行动，深入推进“两化融合”，促进“泽州制造”向“泽州智造”转变。实施“互联网+商贸”行动，抓好乐村淘、微云推客网商平台等载体建设，加快城东物流园区互联网经济产业园建设，支持网商网店销售“泽州产品”。实施“互联网+旅游业”行动，推动智慧景区建设，推广旅游线路和景点，发展在线旅游。实施“互联网+农业”行动，依托京东商城平台，开展农业物联网示范应用建设试点，搭建农业云服务、农技推广平台，把“泽州坊”品牌打出去。加快发展新型产业。重点抓好欣阳、晶耀、万鑫顺达等光伏发电项目。扶持硕阳光电、天巨重工、景柏制衣、科通衡器等企业做强做大。

（三）着力推进改革开放，破解制约经济社会发展难点和焦点。啃硬骨头抓改革，破除藩篱促开放，释放深化改革新红利，增创扩大开放新优势。

推动国企改制和民企股改。设立5000万元专项奖补资金。组建国有资本投资运营公司，剥离天泰公司所属三级子公司成为二级法人，支持天泰公司及所属珏山、路宝铝轮毂等国有企业的改革，推动胜凯车轴、兰花纳米、兴达铸件等企业上市融资。实施国有企业负责人薪酬和待遇改革。释放民营经济活力，落实山西省加快民营经济发展的33条措施，从项目、财税、金融等方面加大支持力度，进一步放宽市场准入，鼓励民营企业依法进入更多领域。

深化农村综合改革。完成农村土地承包经营权确权登记颁证工作。完成农村宅基地和集体建设用地使用权确权登记发证工作。加快推进农村集体经营性建设用地入市与城乡建设用地增减挂钩、工矿废弃地复垦利用、矿业用地整合等试点相结合，建设用地交易平台，力争实现10宗土地入市交易和使用周转指标500亩。全面开展永久基本农田划定工作。健全农村集体“三资”管理监督和收益分配制度，发展壮大农村集体经济。

深化金融体制改革。创新公共基础设施投融资体制，鼓励引导社会资本服务地方经济建设，支持泽州农商行、浦发银行、晋城银行等金融机构，打造具有泽州特色的金融产品。转变融资观念，打好“财政·银行·担保”组合拳，提高资金使用效益。发布政府与社会资本合作（PPP）项目清单，完善风险共担、利益分配等机制，引导社会资本投向市政、交通、生态等领域，充分释放民间资本的创富活力。

推进行政管理体制改革。做好“三清单、两平台、一监督”工作，进一步简化审批流程，减轻企业负担，增添企业活力。推行OA电子办公系统，采用掌上APP、电子签章等方式，优化流程、提高效率，实现政务与“互联网+”相结合。

实施开放带动战略。加强区域合作，主动对接国家“一带一路”，积极融入中原经济圈，努力建设山西面向中原的桥头堡。列支2000万元专项资金，加快项目土地的收储，确保有意向企业一周进地施工。认真落实省市支持承接加工贸易产业转移政策措施，承接好发达地区装备制造、节能环保、新材料等产业转移和技术转移。搭建开放平台，壮大外贸经营主体，提升装备制造、铸管铸件等产品档次，打造全面开放新格局。强化招商引资，做好全国民营企业助推山西转型创新发展投资洽谈会工作，实施专业化、产业链、精准招商和网络招商，大力开展“泽商回归”行动，引老乡回家乡、建故乡，突出引进战略投资者，点对点招引百强央企和500强民企，加强与晋煤、兰花等本土大企业合作。全年力争引进3个10亿元以上项目。

（四）着力加快国家级新型城镇化试点建设，统筹城乡一体发展。紧紧抓住国家新型城镇综合试点县建设的契机，超前谋划，主动作为，坚持以城带乡、以镇带村、以点带面，加快统筹城乡、融城连城。

全面启动国家新型城镇化综合试点。推进城乡规划设计。编制全县新型城镇化总体规划，修编乡镇总体规划和乡镇土地利用总体规划，初步建立覆盖城乡、融城同城的规划管理体系。创新体制机制。强化问题导向，积极推进户籍制度、集体土地、投融资、社会治理、公共服务等方面的体制机制创新，系统性解决好城镇化体制机制障碍。制定实施方案。以融城为方向，聘请专家学者，落实国家省市相关政策，立足我县发展基础、资源优势和特殊区位条件，细化各项目标任务，积极探索新型城镇化推进模式，尽快形成在全国、全省可复制、可推广的经验。

加快推进金村低碳示范区新型城镇化建设。服务好太焦城际铁路及连接线、国道207改线、柳泉通用机场建设，确保太焦城际铁路和柳泉通用机场如期开工、国道207改线年底竣工。加快太岳街、金村大道南段、西岭街等道路建设，完善配套供热、供气、污水处理设施，增强新区综合承载能力。抓好县城迁址变更、教育园区建设、丹河龙门湿地公园二期和三期、“两馆一中心”等建设。创新融资模式，围绕基础设施、社会事业等领域加快推进PPP合作。创新体制机制，大胆先行先试，探索低碳发展新模式，打造低碳发展试验区。

扎实推进巴公新型城镇化试点和扩权强镇综改试点建设。推进“工业园区化、园区社区化、社区城镇化、城镇特色化”发展，在项目审批、管理机制体制、土地收储、“五规合一”等方面取得突破。梳理巴公承接的54项权力，对因缺乏专业人员而无法有效承接的权力，给予充实人员；对确实无法承接的权力，收回县里；对还需配套的权力，县里坚决下放到位。进一步简化审批程序，减少审批环节，缩短办理时限，力争实现“管的最少、管的最好”。加快推进巴公镇综合执法队伍组建，东四义集体经营性建设用地入市试点，巴公河治理，民生路续建，龙司线改造，李村堡和东部整村搬迁等工作。

切实加强基础设施建设。协调推进晋阳一级路、国道207山河段改造，实施园区道路畅通、旅游道路提档、乡村道路升级工程，解决交通制约瓶颈。抓好碗周线周村工业园区段、巴马线大阳镇区段、山里泉旅游公路改造。积极对接供暖、供气等市政设施，力争全年新增供暖面积30万平方米，新增煤层气用户5000户。切实加强小城镇和中心村建设，整合资源，节约用地，促进公共服务和基础设施资源共建共享，积极引导农村人口向小城镇和中心村聚集，推动农民就近城镇化。加快土地流转和基础设施建设，逐步解决“空心村”问题。

继续改善农村人居环境。实施农村清洁工程，推进巴公、金村、周村、大阳、南岭5个乡镇环卫体制改革试点，坚持市场化运作，引入第三方主体，建立健全长效管护机制，推进生活垃圾和建筑垃圾减量化、无害化、资源化处置。继续加大“脏、乱、差”整治力度，加快垃圾污水处理、畜禽粪便无害化处理、农村地质灾害治理、安居宜居工程建设，完成3个乡镇垃圾填埋场后续工程、4个生活污水处理工程和6000座卫生厕所建设。推进符合条件的乡镇城中村和中心村改造，完成100个美丽村庄建设。加强古村落保护，传承古韵遗风，让历史文化“活起来”。

（五）着力推进环境综合治理，全力建设生态泽州。坚持发展、保护并重，多措并举，加强生态建设，改善人居环境。

打好环境保护攻坚战。严格落实新环保法“四个配套办法”和山西省委“三项环保文件”，对环保部和市环保委通报泽州县的环保问题，举一反三、自查自纠、坚决整改，强化党政同责、一岗双责、失职追责。全力推进煤炭、化工、电力、供热等重点行业、重点企业的脱硫、脱硝环保设施升级改造，实现在线监测平台全覆盖。全面整治交通运输、建筑施工、堆场料场等扬尘污染，坚决取缔市区周边燃煤锅炉，逐步淘汰劣质煤使用。全面完成黄标车、老旧车淘汰任务。深入贯彻落实《山西省水污染防治2016年行动计划》，全面加强水环境治理和水质监测。坚决打赢打胜环境保护攻坚战，确保我县大气、水、土壤环境质量取得明显改善，确保顺利通过国家、省、市环保部门督察检查，确保全县人民共享碧水蓝天！

加强资源节约和节能减排。强化新上项目节能评估审查，严格环境准入，严控“两高”行业新增产能。积极培育节能产业，促进煤矸石、粉煤灰、脱硫石膏等大宗工业固废综合利用，加强废旧家电分类回收和再生资源回收利用。落实水资源“三条红线”，加强水质、水量、节水管理。深入开展节能、节地、节材活动，争创节约型机关、节约型企业。

加强生态文明建设。牢固树立“绿水青山就是金山银山”的理念，不断加强生态保护建设。实施丹河龙门湿地公园景观工程、生态廊道、森林防火隔离带、干果经济林提质增效、“四区”再提升绿化五大林业工程，全年完成造林5000亩。加强水保综合治理和生态修复，以PPP模式推进丹河全流域生态综合治理，抓好长河流域的河道治理、湿地修复和水生态修复工程，完成国家农业水保和下村刘村、东沟河底等小流域治理，开工建设圪套水库提水工程和石河水库。继续推进矿山生态环境治理和地质灾害防治工作。培育生态文化，倡导勤俭节约、绿色低碳的生活方式和消费模式。

（六）着力打好脱贫攻坚硬仗，全力保障和改善民生。以实施民生工程为重点，加快健全基本公共服务，维护社会和谐稳定。

打好脱贫攻坚硬仗。制定脱贫攻坚路线图和时间表，建立责任落实机制。按照“五个一批”“六个精准”要求，深入实施产业扶贫、光伏扶贫、电商扶贫、基础设施、生态补偿、素质培训、易地搬迁、兜底保障八大工程。全面启动有条件贫困村光伏发电项目，建成高都大泉河村、南岭李沟村、晋庙铺北罗西村、柳口东石瓮村四个光伏产业扶贫项目。全年完成异地移民搬迁扶贫1697人，发展产业带动贫困户脱贫1000人，教育扶贫脱贫300人，社会保障兜底救助2003人。

强化就业和社会保障。全力扩大就业，全年城镇新增就业5760人，转移农村劳动力4450人，招聘政府购买基层公共服务岗位150人，城镇登记失业率控制在4.2%以内。突出高校毕业生、城镇困难人员、退伍军人等重点群体，加大创业就业政策帮扶力度，充分利用各级创业就业专项资金。强化社会保障，完善城镇职工和城乡居民基本养老保险制度，进一步做好参保扩面工作。完善新农合大病保险制度。完善社会救助体系，全面开展重特大疾病医疗救助。鼓励扶持民办养老机构建设，扩大居家养老服务的覆盖面和受益面。

加快社会事业发展。提升公共文化水平。开展“书泽州、画泽州”、乡村摄影节等文化宣传活动，加大“非遗”和文物保护力度，建立“非遗”传承基地，打造具有泽州符号的文化品牌。提升教育质量水平。组建教育联盟，统筹教育资源，加强职业教育，实施好校长、教师交流制度，实现教育均衡发展。重点抓好李寨实践教育基地、泽州一中数字化校园建设、泽州二中学生宿舍和师生食堂建设。提升医疗水平。抓好巴公、高都等4个乡镇卫生院和县妇幼院改造工程，筹建县中医院。强化社会综合治理。加强信访工作，加强社会治安管理，深入推进打黑除恶专项斗争，全力维护社会和谐稳定。高度重视安全生产工作。牢记“四个每一次”，做到“四个必须”，以安全“四化”建设为重点，全面落实各级安全生产责任，深入开展安全生产隐患排查治理，确保安全生产形势持续稳定好转。强化食品药品安全责任制，创建省级食品安全县。统筹军民融合发展，做好优抚安置工作。发展群团、老龄、红十字会和慈善等事业，做好民族宗教、对台、气象、科普、史志等工作。

着力办好十件惠民实事。新建川底、东沟、南岭3所乡镇敬老院，新建25个农村老年日间照料中心；完成1.4万人的饮水安全工程，自来水普及率达到95.5%以上；组建泽州县汇安公共交通有限公司，开通泽州至陵川公交线路，完成50个行政村的村村通公交车任务；村级室外健身设施完成130个；戍边道路力争完成11条、75千米，生命安保工程全年力争完成110千米，开工建设磨滩沁河大桥；继续对60岁以上农村老人进行免费体检；完成农村危房改造210户；为残疾人发放护理及生活补贴，一、二级残疾人护理补贴每人每月50元，三、四级残疾人生活补贴每人每月20元；开工建设15个采煤沉陷区治理搬迁安置工程；完成二仙掌至伊侯山步道、龙门至枣园绿道、南部山区步道3条绿道（步道）建设。我们要通过办好一件件、一桩桩民生实事，坚决托住民生底线，让广大群众幸福感、获得感更加强烈浓厚！

四、加强政府自身建设

打铁还要自身硬，干事更需步子实。面对这幅秀美的蓝图，肩负全县父老的殷殷厚望，我们唯有恪尽职守、夙夜在公，才能不辱使命，不负重托。

（一）讲廉洁，守底线。牢固树立政治意识、大局意识、核心意识、看齐意识，坚持把纪律和规矩挺在前面，全面落实政府系统党风廉政建设“两个责任”，严格执行“一岗双责”。巩固“三严三实”专题教育成果，扎实开展“两学一做”学习教育，严守《中国共产党章程》《条例》《准则》和“八项规定”，坚决反对“四风”，认真践行“八个做到”。全面落实“六权治本”，在“中国·泽州”网站上对外公布各部门“三个清单”，真正把权力关进制度的“笼子”。围绕国土、交通、住建等重点领域和资源配置、工程招投标、政府采购、资金分配等关键环节，严肃查处各类违纪违法行为，坚决遏制腐败现象滋生蔓延。

（二）建机制，提效能。牢固树立“以结果为导向，以实绩论英雄，实行目标管理，加强自我控制”理念，健全完善管理机制，不断提升服务水平。依法健全重大行政决策制度，充分发挥泽州县重大事项决策委员会和政府特聘法律顾问的作用，全程参与政府“三重一大”工作决策，促进决策的科学化、民主化和规范化。全面落实行政执法责任制和责任追究制度，规范行政执法行为。加快实施《泽州县机关事业单位一般干部交流规定》，进一步完善政府绩效考核机制，切实提高行政效能，确保人尽其用、人尽其责。

（三）勇担当，有作为。优化政务环境。深化“放管服”改革，坚决打击强买强卖、强揽工程、阻挠施工的违法行为，坚决整治吃拿卡要、慵懒推拖的工作作风，打通“最后一千米”。推行“一线工作法”，深入一线了解和解决问题，有的放矢、精准施策。推行“清单工作法”，挂图作战，把权力细化到条款，把责任落实到岗位，把任务明确到人头。推行“包联工作法”，继续实施“一个项目、一名领导、一套班子”代办机制，全力服务企业。

（四）求突破，争一流。充分发扬“不甘人后、勇争第一”的泽州精神，大胆解放思想，破除工作惯性，围绕打造“两带四板块”“四化”同步推进产业发展格局，在引进战略投资者、加快传统产业升级、培育新的增长点上求突破、争一流。勇于开拓创新，破除思维定式，放胆放活放利益，在打破旧有格局、扫清体制障碍、激发内生动力上求突破、争一流。善于闯出新路，破除路径依赖，比强比快比晋位，在化解资金瓶颈、要素制约、民生短板上求突破、争一流。敢于先行先试，破除畏难情绪，在国家级新型城镇建设、土地制度改革等试点上求突破、争一流。

（五）重法治，强规范。推进政务公开，树立互联网思维，加强网上政府、掌上政府建设，让数据多跑路，让群众少跑腿。服从县委领导，自觉接受人大及其常委会监督，主动接受政协民主监督。凡是政府的重要安排、部门的主要工作，及时向人大报告、向政协通报。广泛听取民主党派、工商联、无党派人士、人民团体意见，自觉接受社会监督和舆论监督，强化监察、审计内部监督。

各位代表，经过“十二五”的洗礼，泽州站在了一个新的更高的起点上。打造新型城镇化示范县、率先全面建成小康社会的历史重任，已经光荣地落在了我们肩上。这是一项神圣的使命，这是一场严峻的考验，这更是一次接力赛跑。我们深知，前进的道路上不会一帆风顺，这样那样的困难，时刻考量着我们攻坚克难、夺取胜利的决心、毅力和智慧。我们坚信，只要我们有“前人栽树、后人乘凉”的胸襟，有“明知山有虎、偏向虎山行”的担当，有“踏石留印、抓铁有痕”的干劲，同心同德，锐意进取，守正笃实，久久为功，就一定能够无愧于这个伟大的时代！一定能够无愧于泽州53万人民的厚望！

各位代表，激情创业正当时，时来天地皆同力。让我们在县委的坚强领导下，以更加坚定的意志迎接挑战，以更加饱满的热情开拓创新，以更加务实的作风勤勉工作，奋力开创全县经济社会发展新局面，为建设泽州更加美好的明天而努力奋斗！

泽州县人民代表大会常务委员会工作报告

——2016 年 6 月 27 日在泽州县第六届人民代表大会第一次会议上

县人大常委会主任　陈晋勇

过去五年工作回顾

五年来，在中共泽州县委的领导下，县五届人大常委会坚持以邓小平理论、“三个代表”重要思想、科学发展观为指导，深入贯彻落实党的十八大和十八届三中、四中、五中全会以及习近平总书记系列重要讲话精神，始终坚持党的领导、人民当家做主和依法治国的有机统一，服务工作大局，践行群众路线，弘扬务实作风，认真履行宪法和法律赋予的职责。共组织召开人民代表大会会议 5 次，常委会会议 49 次，主任会议 80 次，听取和审议“一府两院”专项工作报告 68 项，作出决议决定 36 项，作出审议意见 46 项，为保障全县改革发展、促进社会和谐稳定、推进民主法治建设发挥了积极作用。

一、坚持发展第一要务，服务全面深化改革，努力保障全县经济平稳运行

常委会坚持把支持经济社会发展作为首要任务，依法履职、主动作为，为进一步夯实富民强县基础发挥作用。

*着眼促进经济社会稳步发展，围绕计划预算编制执行依法履职。*常委会每年两次听取和审议国民经济和社会发展计划执行情况的报告，针对计划执行过程中存在的突出问题作出决议、决定，督促县政府采取措施加以解决，确保全县经济社会发展稳中有进。高度重视对财政预决算的审查监督，健全完善了全口径、全覆盖、全过程、全公开的预决算审查监督机制。全面贯彻新预算法，对财政预算、决算、执行及政府性举债作了进一步的规范。每年听取和审议财政决算、预算执行和调整情况的报告，督促县政府及有关部门大力增收节支，保障重点支出，进一步提高财政预决算的科学化水平。连续三年听取审计查出问题整改情况的报告，强化问题跟踪整改，促进了财政管理制度的完善和财政资金使用效益的提高。围绕科学制定“十三五”规划，听取了“十三五”规划纲要编制情况报告，为本次会议审查批准“十三五”规划纲要做了充分准备。

*着眼转变经济发展方式，围绕转型综改依法履职。*常委会高度重视转型综改试点建设，及时审查批准了转型综改试验区实施方案，支持县政府先行先试，大胆探索，深入推进全县财税、金融、土地、医疗卫生等重点领域改革，加快巴公扩权强镇、金村低碳示范区、南岭贫困山区转型综改步伐，全县转型综改试点工作

取得了新进展。认真听取和审议了旅游工作情况的报告，要求县政府加大珏山景区、李寨景区和大阳古镇的开发力度，完善基础设施，提高服务质量，进一步发展壮大全县的新型产业。密切关注招商引资工作，督促县政府优化投资环境，强化内生外引，拓展招商渠道。

*着眼加快现代农业发展，围绕农业增效农民增收依法履职。*解决好“三农”问题是全县工作的重中之重。常委会听取和审议了“一村一品”、一县一业、土地流转、蔬菜产业发展、农机服务体系建设等专项工作报告，督促县政府设立了农业项目专项扶持资金，制定出台了“一村一品”和生猪养殖示范县建设规划。针对干果经济林建设中存在的财政投入不足、技术力量薄弱、“重栽轻管”现象严重等问题，及时提出审议意见并跟踪督办，要求县政府增加管护经费，狠抓技术培训，促进了全县干果经济林产业的健康发展。

*着眼推进城乡一体化发展，围绕加快新型城镇建设依法履职。*常委会专题听取和审议了城乡一体化建设情况的报告，要求县政府量化目标任务，完善管理体制，强化社会保障，确保工作有序推进。高度重视金村新区建设中的机制创新、土地利用、资金融通等问题，督促县政府加大工作力度，加快建设进度。目前，金村大道、府城街、丹河西路和龙化路基本建成，丹河龙门湿地公园顺利开园，金村新区建设取得了重大进展。密切关注全县交通路网和街巷硬化建设，督促县政府强化工作责任，加快工程进度。五年来，全县共新建和改建农村公路2288千米，为新型城镇化发展奠定了坚实基础。

二、牢固树立共享理念，推动民生持续改善，努力维护人民群众的根本利益

常委会始终坚持民生导向，积极回应社会关切，着力解决群众最关心、最直接、最现实的利益问题，努力提升全县人民群众的幸福指数。

城乡环境改善关系民生福祉。常委会连续三年把改善城乡环境作为重要监督议题，督促县政府加大工作力度，增加资金投入，努力改善城乡人居环境。2013年，针对建立健全农村环境整治工作的长效机制问题，在第二十一次常委会议上首次开展了专题询问，组成人员围绕环卫队伍建设薄弱、生活污水处理不当、财政资金投入不足等突出问题提出询问，县政府15个部门负责人现场作答，并在会后认真整改，取得了良好的效果。2014年，听取和审议了改善农村人居环境工作情况的报告，就认真制定规划、加强政策引导等方面提出意见，促使全县环境整治工作向纵深推进。2015年，围绕“环境大改善”工作开展专题调研，督促县政府认真解决镇村推进不平衡、长效机制不健全等问题，推动全县“环境大改善”工作走上了制度化、常态化轨道。

常委会在推动全县医疗卫生事业发展上倾心注力，每年都要重点选取一至两个议题连续跟踪监督。2011年，专题听取和审议了医药卫生体制改革的情况报告，针对群众普遍反映的基本药物品种少、部分药品价格偏高的问题提出审议意见，督促县政府协调解决，从而使基本药物品种得到增加，价格实现零差率，保障了群众的基本用药需求。2012年，为尽快改善全县医疗卫生基础设施状况，及时审查批准了县政府利用开行贷款采购医疗设备的情况报告，确保了县医院综合门诊楼在去年12月投入使用，乡村医疗器械配备也得到了进一步健全完善。2013年以来，先后围绕新型农村合作医疗制度和乡村医疗队伍建设开展专题调研，督促县政府提高了大病医疗补偿额度，为村医每月增加工资补贴400元，推动了全县农村医疗卫生工作迈上了新台阶。

食品安全事关人民群众的生命安全。常委会高度关注，两次听取和审议食品安全工作情况报告，努力推进食品安全工作深入开展。2012年，针对工作中存在的监管能力弱、行业规模小、基础条件差等问题，要求县政府站在抓食品安全就是抓民生、抓发展、抓稳定的高度，强化宣传教育，理顺监管体制，加大执法力度，全面提升全县食品安全保障水平。2015年，围绕落实经费保障、加强队伍建设深入调研，督促县政府严格落实食品安全职责，推进监管重心下移，加大执法巡查力度，努力保障人民群众的身体健康。

常委会注重推动教育和文化事业健康发展，连续多年把教育工作列为监督重点，先后围绕学前教育三年行动计划实施情况和义务教育均衡发展情况进行监督检查，督促县政府及相关部门加大财政资金投入，合理配置教育资源，提升教师队伍素质，努力改善农村中小学校和幼儿教育教学水平。积极推动农村文化活动场所建设，督促县政府出台了乡镇文化站管理办法和乡镇文化工作考核细则，拨付资金561万元加快场所建设，有效保障了人民群众的精神文化生活。

惠民政策和惠民实事关乎全县人民群众的切身利益。五年来，常委会把监督惠民政策落实、惠民实事办理，跟踪承诺兑现贯穿于工作全过程，对大病医疗补偿、养老金发放、生活垃圾卫生填埋场建设等具体事项，按照序时进度连续跟踪监督，确保好事办好、实事办实，让人民群众分享到更多的改革红利。

三、加强民主法治建设，推进依法治县进程，努力营造经济社会发展的良好法治环境

常委会全面落实依法治国基本方略，强化责任，多措并举，认真开展法律监督和工作监督，努力维护社会公平正义。

强化执法检查。执法检查是法律赋予人大常委会的重要监督方式。五年来，常委会共参与和组织了循环经济促进法、水污染防治法、文物保护法等25部法律法规的执法检查活动，确保了法律法规在我县的贯彻实施。为搞好中小企业促进法执法检查活动，扎实开展了宣传发动、自查自纠、重点检查、审议整改四个阶段工作，先后深入17个乡镇，对45个中小企业进行执法检查，促进了全县中小企业的健康发展。在大气污染防治法执法检查活动中，强化工作协调、部门联动和监督合力，针对检查中发现的问题，及时提出严控污染物排放，严格环境准入，严惩环境违法行为等意见，推动生态环境持续优化。连续多年配合省、市人大完成“三晋环保行”“晋城环保行”检查采访活动，为推动环境质量改善做了大量卓有成效的工作。

强化司法监督。常委会专题调研法院执行工作，督促县法院健全联动机制，充实执行力量，化解执行难题。截至2015年年底，案件执结率从2011年的60%上升到75%，有效维护了当事人的合法权益。围绕法治政府建设和人民调解工作开展监督，在规范权力运行、构建调解网络等方面提出了改进意见。认真听取民事审判、行政审判、预防职务犯罪、反渎职侵权等专项工作报告，全面检查司法机关落实“两错”责任追究制度情况，在创新社会管理、促进公正司法等方面发挥了积极作用。

强化备案审查。常委会深入贯彻《山西省各级人民代表大会常务委员会规范性文件备案审查条例》，规范报备范围，完善备案登记、审查程序、档案管理等工作流程和制度，认真开展规范性文件备案审查工作。五年来，共对县政府报备的20余件规范性文件的合法性、适当性进行了备案审查，有效履行了人大法律监督职能。

强化信访工作。常委会主动融入全县信访工作大格局，及时调整充实了信访工作人员，依法履行人大信访职能，健全完善“专人接待、监督落实、定期回复”工作机制，严格实行日常随机接访和重要信访案件约访制度，重点督办涉法、涉诉信访案件，努力维护群众合法权益。五年来，共受理群众来信来访460余件500余人次，办复率达到了95%以上。

强化基层民主。常委会依法组织开展了2016年的县乡（镇）两级人大换届选举工作，制定实施方案，严格法律程序，加强检查指导，及时解决换届选举过程中出现的矛盾和问题，确保了县乡（镇）两级人大换届选举工作风清气正、依法有序。认真协调指导第九届、第十届村委会换届选举工作，在加强基层组织建设、完善村务公开等方面提出指导性意见，推进了农村基层民主建设进程。

四、科学决定重大事项，严格规范人事任免，努力促进县委重大决策部署贯彻落实

常委会紧紧围绕全县工作大局，认真履行法定职能，抓住关键，严格程序，依法行使重大事项决定权和人事任免权。

依法决定重大事项。常委会正确处理县委决策权和人大决定权的关系，紧紧围绕县委重大决策部署，深入调查研究，广泛集中民意，针对人民群众特别关注、改革发展急需解决的重大问题作出决议决定，保障和促进了全县全面深化改革、推进依法治县重大战略的顺利实施。针对“十二五”规划实施过程中出现的新情况、新问题，及时作出调整规划指标的决议，要求县政府认真解决财政收支矛盾，努力完成“十二五”规划目标任务。2014年，根据县政府年度投资项目的实际，审查批准调减项目建设资金9783.7万元，确保了财政资金的合理安排和使用。为有效实施“六五”普法规划，及时作出《关于进一步加强法制宣传教育的决议》，推动了普法工作的深入开展。

切实规范任免工作。常委会严格按照法定职权和程序做好人事任免工作，不断完善法律考试、供职报告、审议票决、颁发任命书、任职表态发言等制度，认真落实宪法宣誓制度，努力增强被任命人员的宪法意识、责任意识、公仆意识和廉政意识。五年来，共依法任免国家机关工作人员86人次，任命县人民法院陪审员60名。不断强化干部任后监督管理，严格执行年初工作承诺和年终工作考核制度，2014年，把依法任命的法、检两院工作人员全部列入年度考核范围，扩大了任后监督的覆盖面，进一步增强了被任命人员的责任感和使命感。

五、健全完善工作机制，强化代表履职保障，努力发挥代表的主体作用

常委会不断创新方式方法，切实加强和改进代表工作，支持和保障代表依法履行职责。

一是切实提高代表履职能力。常委会制定出台了《县五届人大代表2011—2015年培训规划》，每年邀请全国人大或省、市知名专家，有针对性地对代表进行理论、法律和业务知识培训，进一步提高了代表的整体素质。在代表培训期间，采取集中培训和外出考察、专家授课和交流经验相结合的方式，多次组织代表深入周边县（市、区）学习考察，交流代表履职经验，引导广大代表更好地依法履行职责。坚持为代表订阅《人民代表报》《晋城人大》等报纸杂志，拓宽了代表的知情知政渠道。

二是认真做好建议意见办理工作。提出建议、批评和意见是代表依法履职的重要途径。常委会进一步完善代表建议意见办理机制，形成了提出规范严谨、交办认真严肃、办理全程参与的“三位一体”工作模式。特别是针对涉及全局、影响较大的重点建议，实行县政府副县长领办、相关委室督办制度，并运用听取重点建议办理报告、常委会议满意度测评等方法，努力提高建议意见的办理实效。比如，针对代表提出的农村煤层气补贴不到位这一重点建议，常委会连续跟踪问效，督促县政府认真办理，去年底，煤层气补贴资金全部得到落实，受到群众一致好评。五年来，常委会通过集中交办、联合督察、专题审议等方式，督办代表建议意见614件，建议办结率和问题解决率都比以往有了很大提高。

三是进一步密切与代表的沟通联系。常委会健全完善了组成人员联系代表制度，定期走访代表，实现了联系代表经常化、制度化。常委会努力保障代表的知情权、参与权和监督权，五年来，共邀请代表列席常委会会议230余人次，组织参加执法检查、专题视察、专题调研等活动43次，推荐参加政风行风评议活动190余人次，为代表发挥作用创造了条件。进一步加强代表活动小组和代表活动之家等平台建设，切实丰富了代表闭会期间的活动。加强对乡镇人大工作指导，定期召开乡镇人大座谈会，组织开展学习培训，努力规范和活跃乡镇人大工作。

六、全面落实从严治党，认真践行群众路线，努力加强常委会自身建设

常委会以强化素质、规范运行、正风肃纪、凝心聚力为抓手，坚持问题导向，深入改进作风，努力推动自身建设迈上新台阶。

扎实开展专题教育活动，加强思想政治建设。常委会紧跟时代步伐，适应形势要求，始终坚持学习教育不断线、自我批评不懈劲、整改落实不放松，扎实组织开展了保持党的纯洁性教育、群众路线教育、学习讨论落实和“三严三实”专题教育等活动，努力从思想、组织、作风和制度等方面打牢基础。把“两学一做”学习教育和“讲担当、转作风、抓落实”活动作为当前的重要政治任务，认真组织开展专题讨论和主题实践活动，引导党员干部强化责任担当，增强行动自觉，推动学习教育经常化、制度化。坚持重大事项向县委请示汇报和党组定期研究工作制度，保持人大工作正确的政治方向。严格落实“一岗双责”，持续加强党风廉政建设，努力营造风清气正、干净干事的良好氛围。

不断强化制度创新，狠抓工作作风转变。常委会研究制定了加强工作管理提高审议质量的规定，修订完善了常委会议议事规则、主任会议工作规则和调查研究、信访接待等17项制度，进一步推动了常委会工作的规范化和制度化。积极参与领导干部包联项目、包乡镇工作，深入开展“访民生、知民情、解民事”和“百日千村（企）万户行”活动，主动做好下乡住村和精准扶贫工作，常委会工作作风有了明显转变。围绕改革发展、社会事业、民主法制开展调查研究，共形成高质量调研报告80余篇，为推动人大工作理论和实践创新发挥了积极作用。

切实加强常委会机关建设，努力提高服务水平。常委会健全完善机关文风会风、考勤管理、财务管理等10项制度，进一步提高了人大机关工作的科学化水平。安装使用电子表决系统，表决方式实现了由“举手表决”向“无记名按表决器”转变，推动了人大工作信息化建设。大胆任用优秀干部担任常委会委（室）主任、副主任，进一步优化了干部队伍结构。充分发挥电视台、网站、报刊等主流媒体作用，切实加大宣传力度，不断提高人大工作的透明度和社会知晓率。

各位代表，过去五年常委会工作成绩的取得，是县委正确领导的结果，是全体代表共同努力的结果，是“一府两院”密切配合的结果，也是全县广大人民群众和社会各界大力支持的结果。在此，我谨代表县五届人大常委会，向全体代表，并通过您们向所有关心支持人大工作的部门和同志们表示衷心的感谢和崇高的敬意！

虽然取得了一定的成绩，但我们深知，常委会工作与加强和改进新时期人大工作的要求相比，与人大代表和人民群众的期待相比，还有不少差距。主要表现为：增强监督实效的方式方法还有待进一步改进，依法行使重大事项决定权还有待进一步探索，代表建议意见办理质量还有待进一步提高，常委会自身建设还有待进一步加强，等等。对这些问题，我们将在今后工作中认真研究解决。

五年实践基本经验

各位代表，五年的探索实践，使我们深深体会到：

一、坚持党的领导，忠于宪法法律，是做好人大工作的根本保证。常委会始终坚持和依靠党的领导，做到重大问题、重大事项及时向县委请示汇报，通过法定程序落实县委重大决策部署和人事安排意图。深入弘扬法治精神，跟踪监督“六五”普法，组织开展执法检查，认真落实宪法宣誓制度，推动形成学法、守法、用法的良好环境。实践证明，只有坚持党对人大工作的领导，大力推进民主法治建设，才能确保人大工作沿着正确的方向健康发展。

二、始终牢记使命，服务发展大局，是做好人大工作的内在要求。常委会准确定位人大工作和服务全县工作大局的结合点，在推进经济社会发展、生态文明建设等方面，有计划地安排听取审议报告、组织代表视察、开展工作调研，提出建议意见，努力维护全县改革发展稳定大局。实践证明，人大工作只有同县委工作大局合拍，才能与形势任务同步，与全局工作同向。

三、强化宗旨意识，坚持履职为民，是做好人大工作的首要任务。实现好、维护好、发展好最广大人民群众的根本利益是人大工作的出发点和落脚点。常委会始终把持续改善民生、维护群众权益作为人大工作的重要内容，畅通民意诉求渠道，推动民生问题解决，为全县经济社会发展凝聚起了强大合力。实践证明，人大工作只有与时代发展的要求和人民群众的意愿合拍，才能得到人民群众的衷心拥护。

四、坚持进取创新，依法履行职责，是做好人大工作的关键所在。常委会积极探索新时期人大工作的规律和特点，既坚持以往行之有效的经验和方法，又积极创新方式方法和体制机制，在加强党的建设、改进监督方式和创新机关管理等方面形成了自己鲜明的特色，努力在工作实践中开创新局面。实践证明，只有坚持求真务实、进取创新，才能使人大监督工作更深入、更有效、更权威。

今后五年工作建议

各位代表！“十三五”时期，是全面建成小康社会的决胜阶段，也是我县推进全面深化改革、加快经济发展方式转变的攻坚时期，做好今后五年的人大工作意义重大。建议今后县六届人大常委会要在中共泽州县委的领导下，以邓小平理论、“三个代表”重要思想和科学发展观为指导，坚持党的领导、人民当家做主和依法治国的有机统一，坚持和完善人民代表大会制度，全面贯彻党的十八大和十八届三中、四中、五中全会以及习近平总书记系列重要讲话精神，深入落实中央、省委关于加强县乡人大工作和建设的意见，紧紧围绕县第五次党代表大会部署，依法履职，主动作为，努力开创人大工作新局面，为“打造新型城镇化示范县、率先全面建成小康社会”做出新的更大的贡献。

围绕这一总体要求，建议重点抓好以下五方面工作：

一是进一步加强党的领导，在坚持正确政治方向上有新提升。刚刚闭幕的县五次党代会，站在新的历史起点，科学谋划了今后五年的发展思路，确立了我县“十三五”时期“161”发展战略，进一步明确了“打造新型城镇化示范县、率先全面建成小康社会”的奋斗目标。宏伟蓝图鼓舞人心，发展前景催人奋进，新一届县人大常委会要认真学习领会和深入贯彻县五次党代会精神，把思想和行动统一到县委的决策部署上来，找准工作的切入点和着力点，坚持重大事项、重大问题向县委请示汇报，加强对经济社会发展重大问题的监督，着力推进民生热点、难点问题解决，为推动全县经济社会事业发展凝聚力量，营造良好环境。

二是进一步强化监督职能，在提升人大监督实效上有新作为。全面贯彻监督法，跟踪监督宪法法律实施，认真做好备案审查工作，扎实开展执法检查活动，切实增强法律监督实效。认真落实全省各级人大常委会专题询问办法，适时运用质询、特定问题调查等监督手段，切实改进听取审议专项工作报告等监督方式，加快推进“一府两院”工作。健全人大代表和人民群众参与监督机制，努力提高常委会监督工作的透明度。

三是进一步强化核心意识，在加强重大事项决定和人事任免工作上有新举措。不断规范决定重大事项的范围和程序，把县委的主张经过法定程序变为国家意志和人民意愿，并跟踪监督决议、决定的贯彻落实。坚持党管干部和人大依法行使任免权有机统一，严格程序，依法行使人事任免权。认真落实宪法宣誓制度，不断增强被任命人员的宪法意识、责任意识和公仆意识。

四是进一步提高履职能力，在发挥代表主体作用上有新突破。健全完善代表议案建议办理、代表选民沟通联系等机制，保障代表依法执行代表职务。认真抓好代表学习培训工作，努力提升代表的履职能力和水平。进一步搞好代表小组和代表活动之家建设，不断丰富闭会期间代表活动。加强对乡镇人大工作的业务指导，保障乡镇人大依法履行职责，推动全县人大整体工作上水平。

五是进一步加强自身建设，在提高干部队伍素质上有新成效。努力适应新形势、新任务要求，健全完善常委会及机关各项工作制度，深入开展“两学一做”学习教育和“讲担当、转作风、抓落实”活动，全面加强机关干部的思想、组织、作风建设，努力打造一支政治强、业务精、作风硬的人大机关干部队伍，为开创人大工作新局面提供强有力的组织保障。

各位代表、同志们，县五届人大常委会即将届满，新一届县人大常委会即将选举产生。回首历程，我们感受深刻；展望未来，我们信心满怀。我们坚信，新一届人大及其常委会一定能在县委的坚强领导下，在全体代表和广大人民群众的大力支持下，按照党的十八大和十八届三中、四中、五中全会以及习近平总书记系列重要讲话精神，更好地履行宪法和法律赋予的各项职责，更加富有成效地做好各项工作，为加快我县改革开放和经济社会建设步伐，推进社会主义民主法治建设，实现“打造新型城镇化示范县、率先全面建成小康社会”的奋斗目标做出新的更大的贡献！

中国人民政治协商会议
第五届泽州县委员会常务委员会工作报告

——2016年6月25日在县政协六届一次会议上

县政协主席　樊秋宝

过去的五年，是泽州县经济转型升级、改革稳步推进的五年，也是综合实力持续提升、社会各项事业蓬勃发展的五年。五年来，在中共泽州县委的坚强领导和上级政协的指导下，县政协常委会深入学习贯彻中共十八大，十八届三中、四中、五中全会和习近平总书记系列重要讲话精神，牢牢把握团结和民主两大主题，自觉服从和服务于全县改革发展稳定大局，团结引领政协各参加单位和全县广大政协委员，尽心竭力谋发展，汇聚力量促和谐，创新举措增活力，从严从实履好职，为我县民主政治建设、扩大公民有序政治参与不懈努力，为促进我县经济社会持续健康发展做出了积极贡献。

——过去的五年，是我们坚持理论武装，增强政治定力，在巩固团结奋斗的共同思想政治基础中取得显著进展的五年

加强理论学习是政协组织永恒的主题。五年来，常委会始终把加强理论武装作为重要基础和先导工程，切实巩固参加人民政协的各党派团体、各族各界人士团结合作的共同思想政治基础。坚持用中国特色社会主义理论引领事业，紧密结合政协实际加以部署和推进。通过主席会议、专题常委会议组织参加市县集中培训、界别活动等多种形式，深入学习贯彻中共十八大和习近平总书记系列重要讲话精神，学习贯彻中共中央关于做好新时期政协统战工作的部署要求，教育引导委员深刻理解“四个全面”战略布局的重大意义，增进对中国特色社会主义理论的思想认同、理论认同和情感认同，深化对新时期人民政协性质定位、工作原则、职能使命的把握和认识，增强做好政协工作的政治自觉和使命担当。坚持用县委决策部署统一思想，广泛凝聚弊革风清、富民强县的共识。注重把县委的重要会议、领导讲话及时向委员传送，发挥统一战线组织和协商民主重要渠道作用，教育引导政协各参加单位和全体委员准确把握县委工作部署，充分认识反腐倡廉、革弊立新和加快转变经济发展方式的重要性和紧迫性，坚定应对经济下行压力、适应经济发展新常态和促进经济持续平稳发展的信心，致力汇聚反腐倡廉、依法治县和改革发展的正能量，使全体委员把思想和行动统一到推动科学发展上来，把智慧和力量凝聚到完成各项目标任务上来，与县委、县政府同心同向、同力同行、同频共振，努力形成推动全县经济社会持续健康发展的强大合力。

——过去的五年，是我们紧扣工作中心，积极咨政建言，在服务全县改革发展大局中做出重要贡献的五年

围绕中心、服务大局，是人民政协履行职能、开展工作必须遵循的重要原则。五年来，常委会围绕县委、县政府深化改革的战略部署，在服务大局中主动融入，在推动发展中发挥作用，在积极参与中有效作为，为助推改革举措顺利实施做出了积极贡献。

发挥渠道畅通优势汇集民意。中共十八届三中全会开启了全面深化改革的伟大征程。结合贯彻落实县委、县政府出台的十项改革举措，常委会基于改革力度和社会可承受程度的考虑，充分发挥人民政协地位超脱、联系广泛、凝聚人心、汇聚力量的优势，团结一切可以团结的力量，调动一切可以调动的积极因素，为顺利推进改革升温造势。召开全县各党派、各团体专题座谈会，认真听取深化改革的意见建议，支持他们提出事关改革的真知灼见。动员和组织委员，深入了解和反映界别群众的利益诉求，广泛听取意见和建议，切实做好上情下达、下情上达和解疑释惑的工作，为全面深化改革寻求最大公约数，增进最大共识度，形成最大凝聚力。

围绕转型综改建设深入探讨。我县作为全市转型综改试点县，巴公作为全省唯一的试点镇，担负着先行先试、积累经验的重任。常委会把推动转型综改试点建设作为履职的重要内容，召开专题常委会议研究探讨，从重大项目建设、配套政策和制度保障、节能减排和环境治理、城乡统筹发展、民生改善等方面提出意见建议，形成了“关于促进转型综改试点县建设的建议”，为县委、县政府科学民主决策提供了重要参考。组织开展“我为转型综改献一策”征文活动，广大政协委员从不同侧面、不同角度广泛开展调研，共报送征文50余篇，提出许多针对性和操作性较强的意见和建议。其中，推进食用菌产业化发展、培塑泽州外贸竞争新优势、农民专业合作社快速发展的思考、全力打造太阳能新城等10余篇征文被《山西政协报》专题刊发，为泽州县转型综改做出了积极贡献。

依托议政建言平台献计出力。围绕全县重大改革措施的实施，县政协班子成员通过列席县委常委会、县政府常务会、四大班子联席会等，就经济转型、小城镇建设、金融体制改革等方面建言献策；抓住我县改革发展的难点和热点，组织政协各委室、各界别开展调查研究，形成了乡镇国库集中支付改革、加快土地流转、重视城镇供暖、创新社会管理、发展现代农业等30余篇切口小、落脚实的调查报告，所提意见和建议得到县委、县政府充分肯定，部分建议在出台的相关文件中得到体现。运用提案和社情民意信息载体，引导委员聚焦改革发展重点问题出谋划策，五年来，直接涉及改革发展的提案150余件，社情民意信息200余件。这些提案和社情民意信息为全面深化改革发挥了重要作用。

——过去的五年，是我们努力创新思路，多形式议政协商，在履职探索实践中大有作为的五年

提高政协履职实效，是推进政协履职能力现代化建设的落脚点。五年来，常委会坚持把创新作为工作的动力源泉，积极探索符合时代特征、突出政协特点、体现地方特色的政协工作新路，不断完善协商议政格局，充实协商内容，增加协商密度，提高履职实效，努力在服务经济社会发展中发挥更大作用。

全体会议协商规范有序。政协全会是政协最高形式的政治协商。常委会重视强化政协全会协商议政的功能，精心组织一年一度的全委会议。召开之前，主动与有关部门商定协商内容，组织委员深入开展调查研究。会议期间，紧紧围绕政府年度工作报告、工作计划、财政预算报告和法检两院工作报告，通过大会发言、专题座谈、联组讨论、专委会与政府职能部门对口协商等，进行全面协商讨论，坦诚发表意见建议。五年来，共印发大会发言材料235篇，46位委员就新型城镇化建设、产业结构调整、发展乡村旅游、生态环境保护、构建新型农业经营体系、民营经济发展、社会保障等在大会作了发言。县委、县政府领导和有关部门负责同志出席大会，参加联组讨论，听取意见建议，提高了全会协商的层次和影响。会后，有关部门积极采取措施，认真落实协商意见。全体会议协商形成了会前充分准备、会中充分协商、会后认真落实的协商工作程序。

常委会议协商成果丰硕。政协常委会议是全体会议闭会期间进行政治协商的主要形式。五届县政协突出常委会议咨政建言的功能，着重围绕县委、县政府提出的重大课题和委员关注、群众关心的热点问题进行协商议政。五年来，先后选择10多个课题，召开县乡两级有关部门负责人、调研涉及乡镇政协委员和群众代表参加的座谈会60余次、常委会议21次进行专题协商讨论，形成了发展现代农业、文化产业、转型综改、新型城镇化建设、中小微企业发展、加强和创新社会管理、项目落地、依法治县、全民创业等方面的专项建议，积极为县委、县政府科学决策献计出力。部分建议得到县委、县政府主要领导批示，转化为部门决策；部分建议入选全市优秀论文，被《晋城政务》《太行日报》等刊发转载。

专题议政协商富有成效。常委会从专题议政协商议题鲜明、研讨集中、现场互动更具实际指导作用考虑，积极创新履职思路，首次将“推进生态文明、建设美丽泽州”作为课题，开展专题议政协商。组织部分常委和委员详细了解全县生态文明建设现状和相关工作推进情况，议政会上与政府职能部门的负责同志实打实坦诚交流，面对面研究对策，既推动了全县生态文明建设进程，又促进了部门间协作配合、改进工作。常委会抓住制定“十三五”规划的契机，改变过去单纯由常委会议专题协商建言的做法，动员组织全体政协委员和政协各参加单位广泛深入调研，邀请县委、县政府领导和有关单位负责同志与政协常委、部分委员、各党派团体、乡镇政协联络组一道座谈，共同交流探讨在经济新常态下率先全面建成小康社会的对策措施，共收到团体和委员调研报告40余件，提出了大量具有前瞻性的意见和建议，为丰富、完善泽州县“十三五”规划做出了积极的贡献。

专委会对口协商扎实开展。政协专委会对口协商是政治协商的重要组成部分，是促进党政对口部门改进工作、实现科学民主决策的有效方法。常委会从发挥专委会的自身优势、特色和委员主体作用出发，出台了加强对口协商的意见。通过领导点题、对口部门单位出题、委员群众提题、专门委员会立题等途径，选择党委政府重视、社会各界关注、人民群众期待解决的热点难点问题作为对口协商的议题，确保了对口协商议题为党政所需、群众所盼、政协所能。根据县委点题，撰写了《立足泽州实际，打造丹河流域生态经济带》的调研报告，为县委、县政府制定“两带四板块”产业发展格局提供了重要参考。面对经济下行压力和转型企业存在的困难和问题，各专委会组织相关界别委员深入一线看实况、查真情、听真话、取真经，就发展循环经济、促进经济转型升级、加快土地流转、新型农业经营体系建设等问题，同政府对口职能部门一起商讨解决问题的办法，共同谋划促进经济平稳健康发展的措施。对口协商的扎实开展，拓展了政协履职的空间，增强了党政部门对政协工作的认同感，赢得了社会各界对政协工作的大力支持。

——过去的五年，是我们践行履职宗旨，展现为民情怀，在推进保障和改善民生中敢于担当的五年

保障和改善民生是发展经济的根本目的，也是政协履职的出发点和落脚点。五年来，常委会运用提案、反映社情民意和专题调研视察等，全力协助县委、县政府做好新形势下的群众工作，积极推动民生改善，增进群众福祉。

积极回应群众关切，促进问题有效解决。持续关注就业、医疗、教育、惠民政策落实等方面的情况，搭建互动交流平台，协调各方力量，助推问题解决。切实推动事关民生提案的办理落实。五届一次会议以来，共收到各类提案883件，其中民生方面的提案280余件，常委会围绕各界群众的重大关切，采取重点督办、主席领办、协调联办等措施，力促事关人民群众切身利益问题的解决，取得了实实在在的成效。注重反映民生问题的社情民意信息。五年来，共收到社情民意信息1000余条，编发《社情民意信息》260余期。其中，50余篇被全国政协和省政协采纳，10余篇转送相关部门，200余篇被市政协采纳，14篇得到市、县主要领导批示并责成有关部门落实。社情民意信息工作的扎实开展，搭起了党委、政府联系群众的连心桥，为推动保障和改善民生发挥了积极作用。

关注热点民生问题，提升专题视察实效。专题视察是民主监督的重要途径，也是促进问题解决的助推器。常委会抓住人民群众关注的热点、难点问题，精选视察课题，先后就基础教育均衡发展、弱势群体法律援助、环境卫生整治、就业培训、乡镇司法站所建设等10余个课题进行视察，有针对性地提出了200余条建议，既推动了相关问题的及时解决，又促进了相关部门改进工作。

开展系列服务活动，倾心为民排忧解难。常委会注重发挥政协组织人才库、智囊团的作用，动员和组织委员既动口献策、又动手出力。广泛开展“情系三农、关注民生”主题活动，利用乡镇集会和农闲时节为群众送政策、送法律、送技术、送服务。五年来，发放各种宣传资料5万余份，法律咨询1000余人次，义诊人数3500余人次，果树技术受训人数1200余人次，受到基层群众的欢迎和好评。认真开展机关党员干部结对帮扶活动。县政协班子积极为10余个挂钩联系村谋划发展对策、协调扶贫资金，解决发展难题。机关干部下乡住村，积极为农民群众做好事、办实事，帮扶困难农户50余户。切实引导全体委员投身社会公益活动。各界别积极组织委员开展送医支教、捐资助学、扶贫帮困等社会公益活动，五年累计捐款捐物800余万元，用爱心回报社会，用行动诠释责任，树立了政协委员的良好形象，赢得了社会各界的广泛赞誉。

——过去的五年，是我们牢牢把握主题，广泛开展联谊交流，在汇聚和谐泽州建设的正能量中奋发进取的五年

坚强的团结促进广泛的民主，广泛的民主凝聚坚强的团结。五年来，常委会坚持团结和民主两大主题，努力推动政党关系、民主关系、宗教关系、海内外同胞关系的团结和谐，为推进和谐泽州建设凝心聚力。

民主党派、工商联和无党派人士作用更加突出。民主党派、工商联和无党派人士是人民政协的重要组成部分。常委会重视发挥民主党派优势。按照政协章程有关规定，结合我县民主党派实际，五届十一次常委会议撤销民主党派界，设立民革、民盟、民建、民进、农工、九三六个界别，通过界别调整，为民主党派更好发挥作用提供平台。重视民主党派、工商联和无党派人士在政协组织中的作用。政协全体会议、常委会议和其他重要会议，优先安排民主党派、工商联和无党派人士发言，重要调研视察、重点提案督办、重大活动都邀请民主党派、工商联和无党派人士参加，支持他们参政议政。五年来，县各民主党派、工商联、无党派人士提交的提案立案370余件，占立案总数的45%；安排会议发言200余人次，报送的480余条社情民意信息得到及时反映，民主党派、工商联和无党派人士在政协中的作用得到更充分的发挥。

文史工作激扬正气、凝聚民心的作用更加彰显。常委会十分注重挖掘和弘扬泽州悠久的历史文化和深厚的革命传统，多次组织委员进行文物保护专项调研视察，提出保护和抢救文化遗产的意见建议。配合省、市政协完成了《晋绥抗战英烈传》《正面战场晋绥军抗战亲历记》《晋城抗日战争史料（泽州部分）》的征稿工作。编辑完成了《经典阳阿》《历代名人咏泽州》《泽州碑刻大全》《历代名人咏泽州（续集）》《泽州百年》等大型文史资料丛书，全面记录和反映了泽州历代政治、经济、军事、社会生活和风土人情，以及全县近百年各个历史时期的重点事件。文史工作的持续开展，引起了强烈的社会反响。五年来共收集、挖掘、抢救、整理文史资料800余万字，在省内外政协文史交流中深受好评，对激发人们建设美丽泽州的积极性和创造热情起到了有力的推动作用。

乡镇政协联络组工作推进更加有力。乡镇政协联络组是县级政协的有效延伸。常委会立足我县有县无城、工作重心在农村的实际，不断强化乡镇政协联络组工作，在全县17个乡镇基本配齐了联络组长，完成了乡镇政协工作由乡镇领导兼职向专职过渡。通过建立和完善乡镇政协联络组负责人列席全委会议、常委会议、定期汇报工作制度，有效解决了多年来县政协工作的断层和短板，为广大农村委员搭建了咨政建言的平台，促进了全县乡镇政协工作的深入开展。

对外联系、宣传和推介泽州更加密切。常委会始终把强化对外联系作为宣传和推介泽州的重要抓手，相继在《人民政协报》《山西日报》《山西政协报》《太行日报》《政协论坛》等刊登理论研究和工作宣传类文章130余篇。先后接待外省、市政协及兄弟县（市）政协来我县考察学习50余批次，并组织部分委员赴外地取经，围绕产业转型、文化旅游业发展、新型城镇化建设等方面进行坦诚交流，共同探讨服务改革发展大局的思路和途径。政协履职做到了电台有声音、电视有图像、网上有主页、报刊有文章，进一步扩大了政协组织的社会影响。

——过去的五年，是我们加强自身建设，改进工作作风，在提升政协履职能力和水平中迈出铿锵步伐的五年

政协自身建设的力度和成效，决定着履行职能的质量和水平。五年来，常委会不断创新思路、完善体制机制，切实加强政协组织、政协委员和机关工作人员的履职能力建设，着力推进政协工作制度化、规范化和程序化。

政协规章制度建设进一步加强。制度建设具有根本性、全局性、稳定性和长期性。政协党组认真贯彻落实中央"八项规定"、扎实深入开展"党的群众路线教育实践活动"、"三严三实"专题教育和"两学一做"学习教育活动，聚焦"四风"抓整改、转作风，坚持问题导向，补充修订了办文办会、财务管理、公务接待、调研视察、双月协商等24项规范性制度，为政协履行职能提供了制度保障。

政协委员主体作用进一步发挥。常委会通过加强委员集中培训，不断提升委员的政治把握能力、调查研究能力、联系群众能力、合作共事能力。通过为委员免费订阅报刊、定期走访委员、开展界别集中学习活动等，激发调动了委员的履职热情和积极性。通过对委员参加会议和各种活动、撰写提案、反映社情民意等履职情况，实行量化考核、跟踪建档和定期通报，引导委员遵纪守法、从严律己、积极履职、珍惜荣誉，在广大政协委员中营造了真诚履职、争先创优的生动局面，委员履职能力和水平逐步提高，参政议政的主体作用更加凸显，人民政协工作更加活跃有序。

政协机关服务水平进一步提升。切实加强机关党风廉政建设，锲而不舍推进机关作风建设，主动适应新形势和新任务需要，严肃政治纪律和政治规矩，认真落实"两个责任"部署要求，从严从实加强干部的教育、管理、监督、考核等工作，扎实开展纪律作风整顿等活动，机关干部服务意识进一步增强，机关良好风气进一步形成，机关窗口作用进一步发挥。

五年来，五届县政协在历届政协工作的基础上，与时俱进、开拓创新，取得了新的成绩，在我县经济社会发展和政治生活中发挥了积极作用。这些成绩的取得是中共泽州县委正确领导的结果，是县人大、县政府和有关部门大力支持的结果，是全县广大政协委员、政协各参加单位共同努力的结果。在此，我代

表五届县政协常委会表示崇高的敬意和衷心的感谢！

在回顾过去的同时，我们也清醒地认识到，与党和人民群众的期望相比，与肩负的职责使命相比，还有不少差距和不足。主要是：委员主体作用还有待进一步发挥，民主监督工作还有待进一步加强，提案、建议、调研报告的质量还有待进一步提高，协商议政成果落实机制还有待进一步完善等等。这些不足和问题，需要在今后的工作中认真研究，努力改进。

主要认识和体会

五年来，县政协在不断创新履职的工作实践中，积累了一些基本经验，形成了一些认识和体会，这是政协工作的宝贵财富，值得倍加珍惜，长期坚持，不断完善。

一、必须坚持党的领导，确保政协工作的正确方向。坚持党的领导，是人民政协存在和发展的根本前提。必须毫不动摇地把坚持党的领导作为基本政治规矩，坚定不移地走中国特色社会主义道路，坚定不移地围绕县委决策部署开展工作，坚定不移地把广大政协委员和所联系群众紧密团结在县委周围，思想上同心同德、目标上同心同向、行动上同心同行。

二、必须坚持服务大局，自觉把政协工作放到全县大局中谋划和推进。围绕中心、服务大局是政协履行职能的重要原则。只有紧紧围绕县委、县政府各项决策部署确立工作思路，才能把握时代主题，彰显优势作用，作出重要贡献。

三、必须坚持改革创新，大胆探索新的工作机制和领域。创新是保证政协工作常做常新、不断前进的不竭源泉。要以习近平总书记在人民政协成立65周年大会上的讲话精神为指导，围绕全县改革发展的新目标，找准工作切入点，打破思维定式，明晰工作思路，创新履职载体，以卓有成效的履职体现自身价值。

四、必须坚持履职为民，始终把人民群众关注的问题作为履职的主攻方向。人民政协来自人民，一切工作都是为了人民。要不断巩固党的群众路线教育实践活动成果，把群众利益放在第一位置，把群众呼声作为第一信号，把群众满意作为第一追求，深入接触界别群众，自觉做到政为民所议，言为民所建，策为民所献，力为民所出。

五、必须坚持团结和民主两大主题，调动各方面积极因素投身全县改革发展事业。人民政协担负着团结各界、凝聚人心、共创大业的重要责任。要把团结和民主贯穿于工作的全过程，发挥大团结、大联合的优势，最大限度地调动各方面的主动性和创造性，广泛汇聚全县各党派团体和各族各界人士的智慧力量，使人民政协永葆蓬勃生机与旺盛活力。

今后工作建议

各位委员，同志们：六届县政协适逢全面实施“十三五”规划的关键期，全面建成小康社会的决胜期。我们建议，六届县政协常委会工作的指导思想是：高举中国特色社会主义伟大旗帜，以邓小平理论、“三个代表”重要思想、科学发展观为指导，全面贯彻落实中共十八大和十八届三中、四中、五中全会精神，深入贯彻落实习近平总书记系列重要讲话精神，牢牢把握团结和民主两大主题，按照中共泽州县第五次代表大会确定的目标任务，认真履行各项职能，努力做到协商民主有新加强、民主监督有新举措、制度建设有新进展、参政议政有新突破，努力推动政协事业实现新的发展。

一、围绕“五大发展理念”，聚焦率先全面建成小康社会咨政建言

中共十八届五中全会确立了创新、协调、绿色、开放、共享的发展新理念，绘制了全面建成小康社会的宏伟蓝图。要深刻领会和准确把握其科学内涵和精神实质，坚持以新理念引领履职实践，更好服务全县改革发展大局。“打造新型城镇化示范县、率先全面建成小康社会”是新的发展理念在我县的具体反映，是结合泽州实际、顺应人民群众期待的战略选择。政协组织要找准切入点，谋求结合点，围绕产业优化、城乡一体、生态改善、民营经济发展、脱贫攻坚五大任务，运用政协提案、大会发言、调研报告等形式，献务实之策，出推动之力，努力为全县经济社会发展贡献力量。

二、扎实开展协商民主，增强政协工作的生机与活力

发展社会主义协商民主，是实现国家治理体系和治理能力现代化的重要内容。要认真贯彻中央《关于加强社会主义协商民主建设的意见》，积极配合县委出台实施办法，努力推进政协协商民主制度建设。要围绕全县政治、经济、文化、社会、生态文明建设中的重大问题和事关人民群众的切身利益问题，加强政协协商与党委、政府工作的有效衔接，搞好专题协商、对口协商、界别协商、提案办理协商，完善协商成果的采纳、落实和反馈机制，不断提高协商成效，切实发挥政协作为协商民主重要渠道和专门协商机构的作用。

三、着力强化政协民主监督，助推县委县政府重大决策部署贯彻落实

人民政协民主监督是我国社会主义监督体系的重要组成部分。省委出台的《关于加强人民政协民主监督的意见》，确立了政协民主监督的原则、内容、主要形式和工作机制，要认真学习贯彻，强化监督意识，有序开展工作，推进民主监督规范化、常态化。要重点选择县委、县政府重大改革项目和民生建设工程中推进落实不力、群众呼声较高、社会影响较大的问题，通过组织视察、召开协商座谈会等方式开展监督。要抓住事关民生的环境、教育、医疗、交通、社会保障、食品安全等问题，开展形式多样的视察监督活动。同时，把政协的民主监督与其他形式的监督有机结合起来，扩大监督影响，提升监督实效，更好地服务全县改革发展稳定大局。

四、切实加强自身建设，提升政协工作科学化水平

政协自身建设是提高履职实效的重要基础。要深入学习习近平总书记系列重要讲话精神，政协党组要切实履行“两个责任”，认真组织开展“两学一做”学习教育活动，牢固树立政治意识、大局意识、核心意识和看齐意识。主动适应新形势对人民政协的新要求，努

力提高理论指导实践能力。要加强委员队伍建设，建立好委员联系机构，完善好委员联络制度，教育引导委员树立大局意识、规矩意识、责任意识，做到懂政协、会协商、能监督、善议政、有担当。要加强专门委员会建设，切实增强工作活力。要突出政协的界别特色，为界别开展活动做好服务。继续加强机关建设，坚持把纪律和规矩挺在前面，以严的标准、实的举措推进机关思想、组织、作风和制度建设，确保政协机关协调统一、规范有序、精干高效运行，为政协事业更好发展提供有力保障。

各位委员！站在新的时代起点，我们激情满怀；面对肩负的历史重任，我们信心百倍！让我们更加紧密地团结在以习近平同志为总书记的党中央周围，在中共泽州县委的坚强领导下，同心同德，开拓创新，不断谱写人民政协事业发展新篇章，为泽州县实现“十三五”规划目标、夺取“打造新型城镇化示范县、率先全面建成小康社会”伟大胜利而努力奋斗！

泽州县人民法院工作报告

——2016年6月27日在泽州县第六届人民代表大会第一次会议上

县人民法院院长 高国林

过去五年工作回顾

五年来，县人民法院在县委的正确领导下，在县五届人大及其常委会的有力监督和县政府、县政协及社会各界的关心支持下，深入贯彻党的十八大和十八届三中、四中、五中全会以及习近平总书记系列重要讲话精神，紧紧围绕全县经济社会发展大局，以“努力让人民群众在每一个司法案件中感受到公平正义”为目标，切实履行宪法和法律赋予的职责，以审判为中心的各项工作都取得了新进展，圆满完成了“十二五”各项目标任务。五年来共受理刑事、民事、行政、执行等各类案件12141件，结案10558件，同比分别上升46.7%和42.7%，法定审限内结案率100%，通过发挥审判职能作用，为我县社会经济发展提供了有力司法保障。

一、认真履行审判职责，依法服务和保障经济社会发展

紧紧围绕平安泽州建设，充分发挥惩罚犯罪、化解矛盾、维护稳定、促进和谐的职能作用，积极参与社会治安综合治理，努力净化发展环境，保障人民安居乐业。

全力维护社会稳定。坚持惩罚犯罪与保障人权并重，严格贯彻宽严相济的刑事政策，逐步推进量刑规范化工作，积极参与“打黑除恶”专项斗争，依法高效审理“两抢一盗”、故意伤害等严重刑事犯罪，严惩贪污贿赂、挪用资金、职务侵占等犯罪，重点惩治危险驾驶、交通肇事、涉毒品、妨害公务、信用卡、集资诈骗等犯罪，五年来共受理各类刑事案件1108件，审结1019件，同比分别上升30%和23%，法定审限内结案率100%。依法保障经济发展。充分发挥民商事审判职能作用，正确处理惩治与保护、规范与激励的关系，坚持平等保护和公平竞争，妥善审理婚姻家庭、继承、人身损害赔偿以及劳动争议等案件，依法审理土地承包、征地补偿、金融借贷、融资租赁等案件，五年来共受理民商事案件7300件，审结6483件，同比分别上升90.7%和78.2%，审限内结案率100%。积极推进依法行政。认真贯彻新修改的行政诉讼法，完善落实行政机关负责人出庭应诉制度，促进、监督行政机关依法行政，五年共受理行政诉讼案件51件，审结44件，同比分别上升292%和238%，审限内结案率100%；做好非诉行政执行案件的审查工作，审查135件，审查率100%，同比下降54.1%。集中清理执行积案。加强对失信被执行人的信用惩戒，采取公布失信被执行人名单、限制出境、限制高消费等措施，充分利用执行网络查控系统，建立执行联动机制，加大对拒不执行判决、裁定罪的打击力度，清理执行积案，化解执行难题，五年来共受理执行案件3547件，执结2877件，同比分别上升7%和9%，执结标的金额13946万元。加强涉诉信访工作。通过高度重视、吃透政策、个人包案、领导督办、明确任务、落实责任等措施，努力化解信访案件，五年来共办理信访案件31件，2015年省委巡视组督办的7件案件均已结案。

二、按照司法改革要求，大力推进审判管理创新

坚持以审判为中心，以创新为动力，紧紧围绕执法办案，狠抓审判管理，推出了许多新办法新措施，建立起了一整套行之有效的审判管理制度。

主审法官、合议庭负责制度。将审批签发制改为备案监督制，裁判文书由审判长、主审法官直接签发。领导带头办案制度。实行院领导一线办案制度，切实发挥其示范表率作用。岗位练兵制度。分管业务的班子成员带头，庭长和全体审判员积极参与开示范庭、观摩庭，评选优秀审判长；组织书记员定期进行业务交流，规范庭审笔录和卷宗装订工作；就诉讼保全、查询、冻结、扣押、拘留、搜查、保存文字和音像记录等执行工作实务，组织执行人员培训学习。案件评查制度。由案件评查小组对所有审结案件进行全方位评查，逐月通报，纳入绩效考核。案件点评制度。由分管副院长组织全体审判人员，对发回重审、再审、上诉、抗诉和信访等重大、典型案件进行点评。裁判文书评比制度。承办法官每月上交一份裁判文书参加评比，年底将评选出的优秀裁判文书装订成册，供全院干警参阅。新类型案件审理制度。正确认识新类型矛盾纠纷，加强司法能力建设，鼓励法官办新案，成功审理了“第三人撤销之诉”“执行异议之诉”“强制医疗申请”等新类型案件。审判调研制度。以“大调解体系下的司法调解”“实现担保物权”“征地补偿”等为题开展调研，为审判工作提供可靠的理论依据。督察通报制度。对干警的工作纪律、开庭着装、文书上网、审判业务完成情况进行督察，并下发审务督察通报。错案“零容忍”制度。规定凡发生错案的，案件所在庭室的庭长、主审法官下岗学习培训，实行“一票否决”，一律取消年内评优评先、晋级晋职资格。

三、强化“三大平台”建设，圆满完成司法公开目标任务

以司法公开“三大平台”建设为着力点，强化公开意识，加强硬件建设，逐步推行审判流程、裁判文书、执行信息公开，切实增进公众对司法的了解、信赖和监督。

硬件设施建设。2014年年初，我院被省高院确定为“审判流程公开、裁判文书公开和执行信息公开”司法公开“三大平台”建设基层法院，两年来我院共投资340余万元，建设装备了执行指挥中心、执行网络查控系统、视频终端、看守所远程提讯系统、电子公告、电子卷宗、便民自助系统、科技法庭、LED屏、安全系统等设施，完成了“三大平台”硬件建设任务。

审判流程公开。在法院网站和便民自助

触摸屏上公开立案条件、诉讼流程、诉讼文书样式等诉讼指南；在法院网站和室外大屏幕上公开开庭公告、听证公告等庭审信息；在人民网、新浪网和腾讯网三个官方微博发布案件信息8730条；实现了重大案件庭审实时微博发布。

裁判文书公开。在中国裁判文书网和法院网站同步公开应当公布的裁判文书1641份，其中执行文书上网数在全市法院居于前列，全部上网文书数位列全省基层法院第二名。

执行信息公开。在法院综合信息管理系统中公布了815件执行案件信息，包括立案时间、执行人员、执行程序、执行状态等，当事人可以通过自助查询系统及时了解案件进展情况。

远程视频审理。首开远程视频开庭审理案件先河，成功审理了一起跨晋甘两省的离婚纠纷案，被媒体誉为全国法院运用远程视频系统审理民事案件“第一案”，随后又针对刑事案件实现了远程视频开庭，2015年10月15日我院新闻发言人在省高院面向全国十余家新闻媒体就远程视频审判工作进行了新闻发布，得到了省高院的肯定与推广。

四、关注民生贴近百姓，不断增强司法为民能力

以依法维护群众切身利益为核心，以让百姓打官司更加方便快捷为目的，通过立案登记制度、诉讼服务中心建设、司法确认、司法救助等措施，不断增强司法为民能力。

立案登记制度。从2015年5月1日起，我院按照最高人民法院的要求，改革案件受理制度，变立案审查制为立案登记制，对依法应当受理的案件做到了“有案必立、有诉必理”，切实保障了当事人诉权，缓解了“立案难”问题。与此同时，案件受理数出现了较大幅度增长，2015年受理案件3415件，比2014年增长了710件，增长率为26.2%。

诉讼服务。加强诉讼服务中心建设，整合诉讼资源，强化便民举措，设立导诉台，制作民事、行政、执行等导引资料；设立志愿服务台，为当事人提供休息座椅、饮水机及复印、打字、传真等便捷服务；设立律师服务台，保障律师阅卷和辩护，方便律师参与诉讼；更新诉讼指南、诉讼收费范围及标准等版面；实行现场释明指导、电话咨询指导、预约上门立案、邮寄材料立案等措施，诉讼服务功能进一步增强。

多元化纠纷解决机制。积极建立集立案、诉前调解、诉讼调解与人民调解、行政调解和劳动仲裁等对接的多元化纠纷解决机制，五年中民商事案件调解、撤诉率达到68%，共办理诉前调解案件819件，利用诉调对接机制办理案件163件。2015年6月在全省多元化纠纷解决机制改革推进会上，我院被省高院确定为10个“多元化纠纷解决机制改革示范法院”之一。

小额速裁。实现案件繁简分流，加大小额速裁力度，积极办理民间借贷、劳资、物业及网络服务合同纠纷等小额案件和一些简易民事案件，从2015年3月起，共采用速裁方式审结案件104件，平均办案周期45天。

司法确认。2014年3月1日二广高速公路岩后隧道内发生严重火灾事故，造成重大人员和财产损失，我院与晋城高速公路有限责任公司、县社会矛盾纠纷调解中心积极配合，组织法官加班加点，通宵达旦，完成了40件人身损害赔偿调解协议、45件车辆及财产调解协议的司法确认工作。

巡回审判。深入山乡村镇、田间地头，与当地基层组织和人民调解委员会协调沟通，了解情况、搜集证据，就地办案，五年来通过巡回审判办理案件125件，便利了当事人诉讼。

司法救助。进一步扩大司法救助范围，五年来共为220件案件当事人减免诉讼费122万元；争取司法救助资金183万元，对193件涉民生、涉法涉诉信访、经济确有困难且标的不大的案件当事人进行了救助。

五、打造过硬法院队伍，全面提升队伍能力素质

以各种主题教育实践活动为动力，以司法作风建设为突破口，狠抓思想政治、学习培训、党建群团、党风廉政等工作，进一步提升队伍整体素质。

主题教育活动。按照中央、省、市、县委的安排部署，先后开展了“发扬传统，坚定信念，执法为民”“人民法官为人民”“党的纯洁性学习教育”“政法干警核心价值观”“党的群众路线教育实践”“学习讨论落实”“三严三实”“五项活动”等主题教育实践活动，高度重视，精心组织，从严要求，积极整治，圆满完成了教育整改任务。

业务学习培训。组织全院干警参加公务员在线网络视频培训学习；组织部分干警外出参加理论学习和业务培训；积极推进分岗分类教育培训机制，按照审判人员、书记员、司法警察、司法行政人员等类别开展专业技能培训；党组成员带头讲解新颁布的法律法规；分管领导领题调研，五年来共针对司法行政体制及民商事法律适用中存在的热点和难点等十多个问题进行了调研。

党建群团工作。实行党员目标化管理，“七一”期间开展系列纪念活动；圆满完成了工会、团委、妇会的换届选举工作，利用节假日开展趣味活动；积极开展进校赠书、送法进社区、进儿童福利院送温暖等活动；加强图书室建设，开展读书赛讲活动；在机关内部出版发行两期《泽州审判》，建起了机关大楼及基层法庭办公楼内的文化长廊。

党风廉政建设。院党组认真落实党风廉政建设“主体责任”，把纪律和规矩挺在前面，讲纪律守规矩，带头在工作中严格要求自己，做到廉洁自律；强化“一岗双责”，细化个人责任，层层签订党风廉政建设责任状；按照廉政谈话提纲，对班子成员、分管庭室负责人、普通干警分层次进行廉政谈话；开展廉洁教育，组织干警学习《中国共产党纪律处分条例》和《中国共产党廉洁自律准则》，收看党风廉政建设工作视频和警示教育片，并由班子成员为全院干警讲授党课；纪检监察室认真落实“监督责任”，深入查纠“四风”，加强监督检查，五年共编发审务督察通报39期；加大追究力度，共办理违纪案件3件，对1名干警作出开除公职的处分决定及开除党籍建议，对1名干警给予行政警告处分，对4名干警进行通报批评。

六、加强基础设施建设，逐步提高司法保障水平

坚持“服务审判、保障有力”的原则，在基础设施、审判安全和司法警务等方面积极探索，上档升级，形成了较为完善的后勤服务保障体系。

基础设施建设。改造了4个审判法庭，新增1个羁押室和9个调解接待室；新设安检通道和门禁系统；顺利完成巴公、高都、大箕人民法庭的改扩建工程；维修了下村人民法庭；投入使用楼宇监控系统；装备了标准化民事法庭和刑事科技法庭；看守所远程提讯系统部署完成，并于2015年11月在全市法院系统首次运行；执行指挥中心及信息集控中心已经建成；新建法院网站，开通了新浪、腾讯、人民网三个官方微博。

审判安全措施。加强安全保障措施，实行办公区和审判区分离，禁止在办公楼内接待当事人；在附属楼设立专门调解室开展调解工作，安装监控设备与值班室相连接，确保审判工作安全有序；规定基层法庭重大、复杂、当事人人数众多的案件，必须回院内审理，确保审判安全。

司法警务保障。加强法警值勤、值庭和值班，实行不定期巡查；法警和预备队定期进行安保演练；购买物品寄存柜，安全存放进院当事人的手机、包件等物品；加大安全检查力度，严禁当事人携带管制刀具、打火机等危险物品进入院内，五年来共提押罪犯1745人，执行安检55372人次，做到了安全无事故。

七、自觉主动接受监督，不断改进法院各项工作

依法接受人大监督。认真落实县人大及其常委会对我院工作的决议和决定，依法接受县人大常委会对我院民事和行政审判工作的审议，并依据审议意见改进工作，主动加强与人大代表联络，开展“人大代表法庭行”活动。认真办理议案和提案。五年共收到政协委员提案2件，承办人严格按照办理程序，经过多次与提案人面商，圆满完成了办理任务，两位提案人均表示满意。广泛征求代表和委员意见。利用“两会”契机，向人大代表和政协委员征求对法院各项工作的意见和建议，并对照意见和建议改进工作。依法接受检察机关法律监督。认真办理检察建议，五年来共受理检察建议33件，审查33件，审查率100%；坚持重大案件邀请检察长列席审判委员会制度，保障司法公正。加大人民陪审员参审力度。落实人民陪审员“倍增计划”，在原有30名的基础上，又增补了30名人民陪审员；采取相对固定，分组使用的办法，组织学习培训和庭审观摩，确保人民陪审员正确履行职责，五年来60名人民陪审员依法参与审判案件3123庭次，陪审案件占合议庭审理案件总数的90%以上。

各位代表，五年来我院以审判为中心的各项工作都取得了新进展，这些成绩的取得，离不开县委的坚强领导、县人大及其常委会的有力监督和县政府、县政协及社会各界的大力支持！在这里，我代表县法院全体干警，向各位人大代表、政协委员，向所有关心、支持法院工作的各界人士，表示衷心的感谢和崇高的敬意！

同时，我们也深知，法院工作依然存在一些亟待解决的问题和困难：一是司法理念还不能完全适应经济社会发展的新要求，尤其是对司法体制改革带来的新压力、新变化准备不足，思想认识需要进一步统一和深化；二是少数干警的司法能力、司法水平不高，一些案件

审判不够公正高效、执行不能及时到位，裁判文书说理性不强；三是作风建设成果还不够牢固，有的干警对待当事人态度生硬，接待当事人不规范；四是随着立案登记制实行，大量社会矛盾以诉讼形式涌入法院，新类型案件增多，加之案多人少、人才断层问题比较突出，致使案件处理难度越来越大，法官工作强度倍增；五是干警的职级待遇问题一直未能得到解决；六是司法公开还需进一步向广度和深度拓展，司法公信力有待进一步提升。对此，我们将在各方面关心支持下，认真加以解决。

今后五年和2016年的工作思路

2016年是泽州县全面实施“十三五”发展规划的开局之年，面对新形势、新任务、新挑战，2016年和今后一个时期，我院工作的基本思路是：进一步贯彻党的十八大和十八届三中、四中、五中全会以及习近平总书记系列重要讲话精神，牢固树立“创新、协调、绿色、开放、共享”五大发展理念，坚持司法为民、公正司法工作主题，紧紧围绕全县工作重点，把“防控风险、服务发展、破解难题、补齐短板”摆在更加突出位置，充分发挥审判职能作用，切实维护社会大局稳定，为促进富民强县创造安全稳定的社会环境、公平正义的法治环境、优质高效的服务环境。具体来讲，就是要做好以下工作：

*一是要在服务大局上有新作为。*严格贯彻宽严相济刑事政策，深入开展打黑除恶、严惩职务犯罪等专项斗争，推进以审判为中心的诉讼制度改革，完善庭审程序和证据制度，落实证人出庭作证制度；推行庭前会议制度，提高审判效率；建立高效有序的轻微刑事案件快速办理机制；全面推行量刑规范化，确保量刑公开、公平、公正；进一步落实未成年人犯罪记录封存制度，切实维护未成年人合法权益。加强民商事审判工作，推行庭前证据交换制度，提高办案效率和质量。坚持把行政审判作为监督依法行政、优化经济发展软环境的重要平台，推动行政首长出庭应诉，加大行政调解力度，促进法治政府建设。坚持以信息化建设为抓手，集中开展破解执行难题专项活动，争取早日实现最高院周强院长提出的“用两到三年时间基本解决执行难问题”的目标。

*二是要在深化司法改革上有新进展。*逐步推行案件随机分配制度，确保案件分配公开透明。推行刑事案件庭前会议制度，提高庭审质量和效率。开展家事审判方式和工作机制改革，设立家事审判庭，积极试点，积累经验。继续扩大简易程序适用范围，提高诉讼效率。成立法官专业委员会，为法官开展审判工作提供专业保障。

*三是要在司法为民上有新举措。*完善诉讼服务中心建设，努力为当事人提供“一站式”和“全方位”诉讼服务。全面落实立案登记制，对依法应当受理的案件必须做到“有案必立、有诉必理”。继续加大小额速裁力度，努力降低当事人诉讼成本。完善多元化纠纷解决机制，强化诉前调解、诉调对接。积极组织学习培训，提高人民陪审员参审率和案件审判效率。加大司法救助力度，争取更多的救助资金，为当事人解决实际困难。

*四是要在队伍建设上有新进步。*重点开展

以“学党章党规，学系列讲话，做合格党员”为内容的“两学一做”学习教育，进一步解决法院党员队伍在思想、组织、作风、纪律等方面存在的问题。加强党风廉政建设和反腐败工作，压实“两个责任”，坚持挺纪在前，严明换届纪律，持之以恒纠“四风”。加强党建工作，尽快开展支部换届，调动工、青、妇等群团组织的积极性，进一步凝心聚力。推行法官员额制度，推进法官职业化进程。抓好法院文化建设，为干警营造一个充满文化氛围的工作环境。

*五是要在信息化水平上有新提高。*继续加大司法公开“三大平台”配套设施建设力度，对法院办案系统框架进行升级，推广使用数字法院业务应用系统。装备大科技法庭，提升信息化水平。开展电子档案工作，争取完成历史档案数字化。

*六是要在接受监督上有新成效。*主动向县人大及其常委会报告工作，加强与人大代表、政协委员的沟通、联络，高度重视代表、委员的议案和提案，不断提高办理质量和效率。认真办理检察建议，健全接受检察机关法律监督的工作机制。加大人民陪审员参审力度，力争实现普通程序案件均有人民陪审员参审。

各位代表，新形势下的人民法院任务艰巨、使命光荣。我们将在县委的坚强领导下，在县人大及其常委会的有力监督下，在各位人大代表、政协委员和社会各界的关心支持下，认真贯彻本次会议决议，虚心接受代表和委员的意见建议，以昂扬向上的精神状态、求真务实的工作作风，锐意进取、开拓创新、攻坚克难、扎实工作，为泽州县打赢“十三五”开局之战，实现全面小康目标做出新的更大的贡献！

泽州县人民检察院工作报告

——2016 年 6 月 27 日在泽州县第六届人民代表大会第一次会议上

县人民检察院检察长　王红玲

过去五年工作回顾

县五届人大一次会议以来，县检察院在县委和市检察院的正确领导下，在县人大及其常委会的有力监督下，在县政府、县政协、社会各界的关心支持下，以习近平总书记系列重要讲话精神为指导，认真贯彻党的十八大、十八届三中、四中、五中全会精神，紧紧围绕全县经济社会发展大局，认真履行检察职能，全力推进“平安泽州”、“法治泽州”和队伍建设，各项检察工作实现了新的发展。

一、以执法办案为中心，推动各项检察业务深入开展

*严厉打击各类刑事犯罪。*积极投入“平安泽州”建设，始终保持对严重刑事犯罪的高压态势，积极回应人民群众对社会平安祥和的期盼，不断提高群众的安全感。五年来，共受理各类提请批准逮捕案件 445 件 684 人。经审查，批准和决定逮捕 413 件 630 人，不批捕 28 件 47 人；共受理各类移送审查起诉案件 1069 件 1559 人，经审查，向法院提起公诉 955 件 1343 人，报送市院重特大案件 46 件 101 人。向法院提出量刑建议 663 条，法院采纳 640 条，采纳率达 96.53%。批捕、起诉案件准确率为 100%。认真贯彻宽严相济的刑事政策，对轻微犯罪、过失犯罪依法从宽处理，最大限度减少社会对抗，不捕 47 人，不诉 8 人。扎实开展未成年人刑事检察工作，落实亲情会见、社会调查、回访帮教、犯罪记录封存等制度，坚持少捕、慎诉，促使涉罪未成年人早日悔过自新。积极参与社会治安综合治理，加强对重点区域和重点人群的防控措施，通过制发检察建议、实行检调对接等方式，积极化解矛盾，促进社会综合治理体系建设。

*严肃查办和积极预防职务犯罪。*按照县委和上级检察机关对反腐败工作的部署，五年共查办职务犯罪案件 63 件 112 人，其中大要案 33 件 79 人，通过办案为国家挽回经济损失 3000 余万元。反贪部门查办贪污贿赂案件 45 件 88 人。其中查办有影响的案件，如市煤运公司晋焦高速煤站受贿窝案和天泰岳南煤业有限公司贪污窝案，共追究涉案人员 29 人，追缴涉案赃款 2000 余万元。依法查办发生在群众身边的腐败案件，查办涉农案件 18 件 18 人，维护了人民群众的合法权益；反渎职侵权部门查办渎职案件 18 件 24 人。积极介入“3・1”岩后隧道、“2・13”东沟煤业透水等重大事故调查，

严肃查办国家机关工作人员的渎职行为，追究涉案人员11人；刑事执行检察部门查办看守所职务犯罪案件3件3人。认真开展预防职务犯罪“十百千”专项活动（十个重点领域，百个督办项目，千个联络站点），对泽州县的16个市级重点工程项目进行专项预防。开展预防职务犯罪警示教育工作，共举办各类预防专题讲座65次，受教育人数达7600余人次。为政府采购和工程招投标提供行贿犯罪档案查询服务3938次，有6家单位被取消招标资格。每年撰写的《惩治和预防职务犯罪年度工作报告》，县委和县人大领导均做出批示，并在全县转发。

全面推进诉讼监督工作。在立案监督和侦查监督方面，监督公安机关立案31件49人，监督撤案6件6人，提前介入命案5件（次），追诉漏犯10人、漏罪45条，提出检察建议和发出纠正违法通知书49份；在刑事审判监督方面，纠正审判活动违法20件（次），对法院量刑不当的审判案件提出刑事抗诉9件13人；在民事行政审判监督方面，共受理各类申诉案件193件，其中办理不服民事行政生效判决、裁定案件11件，向市院提请抗诉3件，向县法院提出再审检察建议8件。开展民事执行检察监督工作，向县法院提出检察建议33份，均被采纳；在刑事执行监督方面，提出羁押必要性审查34人，向监管场所和社区矫正提出书面纠正意见335人（次），其中纠正社区矫正违法44人（次），更加注重对监外执行案件的监督。

二、以服务大局为目标，促进经济发展和民生保障

强化信访接待工作，化解社会矛盾。五年共受理人民群众来信来访694件（次），检察长（党组成员）接待来访群众368次684人，批阅来信326件，做到件件有着落，案案有回音，积极化解矛盾，实现息诉罢访，连续五年实现无涉检上访案件的发生。积极开展国家司法救助行动，为生活极度困难的29名救助对象发放司法救助金共286574元。控申接待室被最高人民检察院授予“全国文明接待室”荣誉称号。

依法打击破坏经济秩序犯罪，服务经济发展新常态。面对严峻复杂的经济形势和企业发展环境，紧紧围绕检察职责，注重运用法治思维和法治方式提供司法保障和法律服务，综合运用打击、预防、监督、教育、保护等多种法律监督手段，为企业发展营造法治化的营商环境。坚持突出打击涉企犯罪，对侵害企业经营权益、影响投资环境、破坏经济发展的敲诈勒索、合同诈骗、职务侵占以及案值较大盗窃企业财产等案件做到快捕快诉，五年共审查批捕各类破坏社会主义经济秩序犯罪案件25件33人，向法院提起公诉44件70人。

积极探索支持起诉工作，维护劳动者的合法权益和国家利益。与民政、人社、信访等部门建立协调配合机制，了解弱势群体司法诉求，积极宣传检察机关支持起诉的相关职能，畅通弱势群体维权通道。以涉嫌拒不支付劳动报酬罪批捕起诉1名欠薪私企业主，为31名农民工追回所欠工资10万余元；加强与县法院的沟通联系，得到法院等部门的支持与配合，围绕防止国有资产流失开展督促履行职责和督促起诉工作，通过督促起诉，为国家追回国有资产330余万元。

解决群众实际困难，结对扶贫工作深入开展。坚持把解决群众实际困难和引导农民创业

致富结合起来，积极联系国土、畜牧、水利等部门，调研立项，多方协调筹措资金65万元，为扶贫点神直村解决了村民吃水困难，完善了村级基础设施，扶持发展养殖业，通过五年的持续扶贫，帮助该村实现脱贫。2015年，我院被县委表彰为“精准扶贫先进单位”。

三、以健全监督制约机制为重点，促进执法规范化建设

不断完善联系人大工作制度，主动接受人大监督。坚持向人大及其常委会报告工作制度，向县人大常委会分别专题报告了反渎职侵权检察工作情况和开展“阳光检察”工作情况。完善与人大代表、政协委员的联络工作机制，建立了《同人大代表联络工作制度》，规范了工作程序。在县人大五届每次全会召开期间，派员深入到各代表团认真听取人大代表和政协委员对检察工作的建议和意见，召开专项工作会议落实代表意见、建议，促进了检察工作更加贴近民生，更加符合民意。发挥人民监督员的监督作用，对2件不诉案提请监督，加强了对检察机关执法办案的监督制约。

积极推进“阳光检察”，进一步深化“检务公开”。开通了“泽州检察”微信公众号、官方微博，强化网上举报受理、咨询、服务、反馈等互动功能，便捷群众控告申诉和举报积极开展“检察开放日”活动，主动邀请人大代表和政协委员视察检察工作。坚持以公开促公正，主动接受社会各界的监督，在网上公开各类案件信息1012条，接待律师阅卷和提供各种法律服务181人(次)，召开未成年人犯罪不捕案件公开听证会2次。

开展规范司法行为专项整治工作，不断提高执法公信力。根据市、县政法委和上级院的安排部署，开展了规范司法行为专项整治工作。结合最高人民检察院确定的8个方面的突出问题，制定了《开展专项整治活动的实施方案》，明确工作任务，重点整治理想信念不坚定、司法程序不严格、司法行为不公正、司法作风不端正、纪律制度不落实、法律监督不到位6个方面30个具体问题。在开展活动中，广泛征求社会各界的意见330份，评查各类案件165件，发现问题，及时整改，促进了司法规范化建设。

四、以严格公正文明执法为核心，全面加强检察队伍建设

深入开展系列教育活动，坚定干警的理想信念。先后组织开展党的群众路线教育实践活动、学习讨论落实活动、“三严三实”专题教育活动和“两学一做”学习教育活动。以系列学习教育活动为载体，紧密联系检察人员思想和工作实际，丰富内容、创新形式，确保人人受教育，人人有提高。通过走访群众、问卷调查、开门评检、明察暗访等方式，查找问题，制定措施，抓好整改，增强了活动的针对性、有效性。通过系列活动，党组织的凝聚力和战斗力大大加强，干警的理想信念更加坚定，以“忠诚、公正、清廉、文明”为核心的检察职业道德得到进一步弘扬。

严格落实“两个责任”，强化干警的纪律意识。一是发挥好领导核心作用。党组书记、检察长是落实主体责任的第一责任人，强化看齐意识，抓领导，抓落实；班子成员结合分管工作，按照“一岗双责”的要求，严格责任落实。二是建立廉政责任体系。检察长与分管领导，分管领导与中层干部层层签订党风廉政建设目标责任书和廉洁从检承诺书，自上而下传导责任和压

力。三是强化执纪监督。纪检监察部门强化履行监督责任意识，聚焦监督工作，既做好对干警八小时之内的监督，也做好对干警八小时之外的监督。四是突出党员主体，以党建带队建，抓住监督重点。全院在职党员54名，占到全院总人数的68.4%，是一支以党员为主体的检察官队伍，坚持把纪律挺在前面，对照《中国共产党纪律处分条例》和《中国共产党党员领导干部廉洁从政准则》，从严要求、从严教育、从严管理。五年来，我院干警无违法违纪问题发生。

积极开展精神文明创建活动，激发队伍的争创动力。五年来，我院精神文明建设取得了可喜的成果，在连续多年被评为市级“精神文明单位”的基础上，2015年，我院又通过了省级“精神文明单位”的验收。在创建活动中，突出实践性、实效性，在“小”字上做文章，在“实”字上下功夫，在“道德讲堂”中获提升，在潜移默化中见成效。通过创建活动，干警执法为民的理念进一步增强，遵纪守法，严格自律成为检察人员的自觉追求，好人好事不断涌现。

回顾过去的五年，检察工作保持了健康平稳的发展态势。我院有24个集体和54名个人受到最高人民检察院和省、市、县级表彰。连续五年被最高人民检察院表彰为“全国检察宣传先进单位”，被省文明委评为省级“文明单位”，被市委、市政府表彰为“模范集体”，被县委连续多年表彰为“党风廉政建设先进单位”。

各位代表，五年来检察工作取得的成绩，离不开县委和上级检察机关的正确领导，离不开县人大及其常委会的有力监督，离不开县政府、县政协以及社会各界的关心、支持和厚爱，离不开全县人民的充分理解和信任。在此，我代表县人民检察院向大家表示衷心的感谢和崇高的敬意！

面对不断发展的形势和对检察工作的新要求，我们也清醒地认识到，工作中还面临着不少问题和困难：一是检察职能作用发挥的仍不够充分，法律监督能力与经济社会发展和人民群众的期待还不相适应。二是检察队伍的综合素质以及对互联网信息技术的应用能力有待进一步提升。三是司法规范化建设还不够规范，司法责任制有待进一步落实。对以上问题，我们将认真研究，切实加以解决。

过去的五年，是检察工作紧紧围绕改革发展稳定大局充分履职、锐意进取的五年，是泽州检察事业全面推进、健康发展的五年。五年的工作实践使我们深深体会到，要不断开创检察工作新局面，就必须坚持县委的正确领导，确保检察工作的正确方向；必须坚持立检为公、执法为民，依法维护人民群众的合法权益；必须坚持围绕县委中心工作，服务和保障经济和社会发展；必须坚持从严加强队伍建设，努力提升司法公信力；必须自觉接受人大及其常委会的监督，切实保证检察权的正确行使。在今后的工作中，我们将更加自觉地坚持以上经验，保证检察工作健康发展，不断取得新的进步。

今后检察工作意见

今后五年，是全面建成小康社会的关键时期。面对新形势、新任务，我们确定今后一个时期的检察工作的指导思想是：以习近平总书记系列重要讲话精神为指导，认真落实党的十八大和十八届三中、四中、五中全会精神，紧紧围绕县委中心工作和“十三五”发展战略，始终坚持以司法办案为中心，突出加强检察信息化建设和司法规范化建设，着力抓好工作执行力的提高、检察创新力的提高和司法公信力的提高，努力争创一流检察工作业绩，为泽州县实现“打造新型城镇化示范县、率先全面建成小康社会”目标，提供有力的司法保障。

一、紧紧围绕全县中心工作，积极服务保障经济发展大局。自觉把检察工作置于“六大发展”和泽州县确定的经济社会发展战略中去谋划推进，通过认真履职，为服务保障泽州县“十三五”规划的全面实施聚焦发力。严厉打击黑恶势力欺行霸市、官商勾结非法谋利等犯罪活动，着力构建依法经营、公平竞争的法治化营商环境。突出打击合同诈骗、职务侵占等破坏市场秩序和企业管理秩序的犯罪，突出打击非法吸收公众存款、集资诈骗等涉众型经济犯罪，严密防范金融风险。认真落实《晋城市检察机关关于依法保障和促进非公有制经济健康发展的实施办法》，依法保护各类企业合法权益，防止因司法办案不当影响和干扰企业正常生产经营，确保办案的社会效果和法律效果的统一。

二、积极推进“平安泽州”“法治泽州”建设，全力以赴保障民生。我们将积极应对经济下行引发的社会民生问题，紧紧围绕平安创建工作，充分发挥批捕、起诉等职能，依法打击各类严重刑事犯罪。坚决打击危害公共安全、严重影响人民群众安全感的犯罪活动，全力保障人民生产生活安定有序；深入开展危害食品药品安全犯罪和破坏环境资源犯罪专项立案监督活动，严格落实行政执法与刑事司法衔接机制，促进食品药品安全治理体系和生态环境监管体系建设，促进实现“美丽泽州”和“舌尖上的安全”。加强与人力资源和社会保障等部门的协作配合，充分运用制发检察建议、支持起诉等监督方式，帮助农民工追索劳动报酬，维护劳动者的合法权益，努力让人民群众在推进法治建设中有更多的获得感。

三、加大查办和预防职务犯罪工作力度，促进党风廉政建设。坚持有腐必反、有贪必肃不动摇，充分发挥检察机关在惩治腐败中的职能作用，以更加坚决的态度、更加果断的措施，进一步加大查办职务犯罪案件力度，坚决查办危害经济发展环境、影响重大经济政策实施、影响重大改革举措落实的职务犯罪。开展为期五年的集中整治和加强预防扶贫开发领域职务犯罪专项工作，严肃查处基层腐败犯罪，坚决惩治群众身边的“蝇贪”。建立打击行贿犯罪常态化工作机制，重点查办围猎干部、主动行贿、情节恶劣的犯罪分子。针对群众反映强烈的为官不为、为官乱为问题，加大查办渎职侵权犯罪力度。对扶贫开发、生态保护等重点领域职务犯罪案件进行深入分析，注重发现普遍性、趋势性问题，促进预防治理。继续开展“五进”活动，注重运用“两微一端”等新媒体手段，扩大预防职务犯罪宣传效果。

四、坚持围绕公平正义的工作主题，全面加强诉讼监督工作。牢固树立由事后监督向事前、事中监督延伸，由被动监督向主动监督转变的理念，加大对有案不立、有罪不究、违法插手经济纠纷等问题的监督纠正力度，确保监督质量和效果；健全落实罪刑法定、疑罪从无、非法证据排除等制度，加强对刑讯逼供、非法取证的源头预防，将刑事司法领域的人权保障要求落到实处；加大刑罚交付执行监督力度，加强和规范羁押必要性审查，开展集中清理判处实刑罪犯未执行刑罚专项检察活动。有序推进社区矫正信息共享工作，强化对社区服刑人员的动态监督；全面贯彻落实修改后民事诉讼法和行政诉讼法，推进生效裁判监督、审判程序监督和执行活动监督。

五、全面落实司法办案责任，稳步推进司法体制改革。在改革试点工作启动前，组织全体检察人员认真学习省、市检察院关于推进检察改革的指示要求和文件精神，搞好全员培训，让全体检察人员了解、掌握改革方案和各项改革政策，为全面深化改革打好思想基础。在全面推进改革实施过程中，突出抓好优化检察资源配置，健全检察权运行机制，完善办案责任制，整合内设机构，建立办案组织等改革重点，把“谁办案谁负责，谁决定谁负责”的司法责任制落到实处。通过改革，促进依法正确行使检察权，不断提高司法公信力。

六、积极促进司法规范化建设，不断完善检察业务运行机制。牢固树立最大限度地依法保障人权的理念，健全非法证据排除机制，坚决排除以刑讯逼供等非法手段取得的证据。加强和规范羁押必要性审查工作，完善办案流程，建立审查评估、公开听证机制。深化和巩固规范司法行为专项整治成果，坚持建立健全制度与严格落实制度并重，从源头上杜绝司法不规范行为。严格执行职务犯罪侦查工作八项禁令、保障律师执业权利、刑事诉讼涉案财物管理规定、对指定居所监视居住实行监督的规定等各项制度规范。切实加大案件信息公开力度，能公开的一律公开。

七、突出抓好检务工程建设，持续提高检务保障能力。牢固树立“民主、开放、参与”的互联网思维，不断提升信息化建设与应用水平，以信息化促进检察工作规范化、现代化，全面带动检察工作创新发展。加强有针对性的教育培训，提高检察人员使用办公办案系统的能力、运用大数据的能力，提高司法效能和办案质量。要把提高信息技术的应用能力作为核心战斗力来抓，在司法办案、办公办文、检务保障等方面加强应用，把信息化建设成果转化为强化司法监督、提升司法能力、维护司法公正的强大动力。

八、坚持从严治检，着力提高检察队伍整体素质。落实好主体责任，扎实开展“两学一做”学习教育活动，坚持以党建带队建，进一步加强思想政治建设、党员队伍建设和党组织规范化建设，发挥好院党组织的战斗堡垒作用和党员的先锋模范作用。坚持把纪律和规矩挺在前面，认真学习贯彻新修订的廉洁自律准则和纪律处分条例，强化检察人员纪律意识和规矩意识。加强廉政宣传教育，继续办好“道德讲堂”，切实加强检察队伍思想政治、素质能力、纪律作风建设，努力建设一支忠诚可靠、司法为民、务实进取、公正廉洁的检察队伍。

各位代表，面对新的形势和任务，我们将会在县委和市检察院的正确领导下，在县人大及其常委会的监督下，坚持以习近平总书记的系列重要讲话精神为指导，紧紧围绕“十三五”规划和全县经济社会发展大局，认真落实本次会议决议，振奋精神，开拓创新，努力做好各项检察工作，为泽州县实现弊革风清、促进富民强县，全面建成小康社会提供强有力的法治保障。

关于2015年国民经济和社会发展计划执行情况与2016年国民经济和社会发展计划草案的报告

——2016年6月26日在泽州县第六届人民代表大会第一次会议上

县发展和改革局局长　王晋德

一、2015年全县国民经济和社会发展计划执行情况

2015年，面对严峻复杂的经济形势和持续加大的下行压力，全县上下紧紧围绕“1941”年度工作重点，着力稳增长、促改革、调结构、惠民生、防风险，各项工作取得新成绩，全面建成小康社会迈出坚实步伐。

（一）经济运行缓中趋稳，总体保持稳中有进

主要指标呈低位运行。2015年全县地区生产总值完成215.7亿元，同比增长2.5%；公共财政预算收入完成11.5亿元，同比下降7.3%；规模以上工业增加值同比下降3.0%；固定资产投资完成210.3亿元，同比增长16.0%；城镇常住居民人均可支配收入完成27381元，同比增长6.7%；农村常住居民人均可支配收入完成12217元，同比增长8.5%；社会消费品零售总额完成36.1亿元，同比增长5.4%。（图1）

单位：亿元

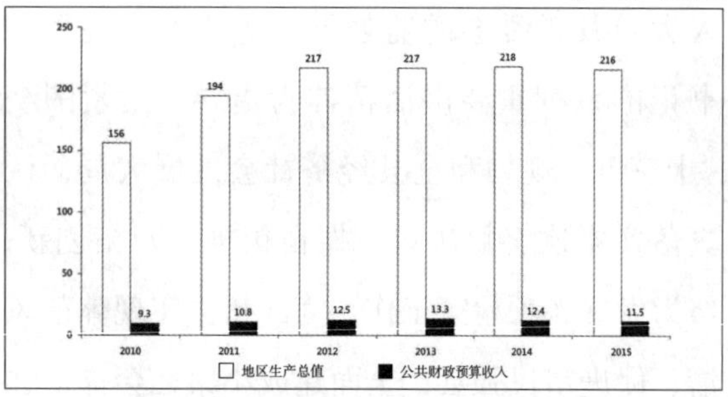

图1　2010—2015年地区生产总值和公共财政预算收入情况示意图

主要工业产品产量保持稳定。原煤产量完成714万吨，同比增长11.0%；化肥（折纯）产量完成118万吨，同比增长0.6%；生铁产量完成319万吨，同比下降0.8%；铸件产量完成142万吨，与上年基本持平，其中铸管产量完成83.7万吨，同比下降7.4%；粗钢产量完成306万吨，同比增长0.7%；钢材产量完成301万吨，同比增长0.8%；水泥产量完成45万吨，同比下降21.6%。

（二）全力抓重点工程建设，为实现稳增长提供支撑

重点工程建设成效明显。面对2015年初我县固定资产投资增速放缓、增长乏力的严峻形势，深入推进“项目提质增效年活动”，采取月调度、专题会议分析、现场办公、专项督查等措施，持续加大抓投资、抓项目工作力度，投资增速逐月加快，为稳增长提供了关键支撑。重点工程各项任务均完成预定目标，项目储备完成2414.5亿元，项目签约完成304.9亿元，项目落地完成200.3亿元，项目开工完成190.6亿元，项目投产完成158.5亿元，省市重点工程建设完成186.8亿元，完成率居全

市第一。太焦城际铁路完成前期，柳泉通用机场项目通过空域论证。(图2)

单位：亿元

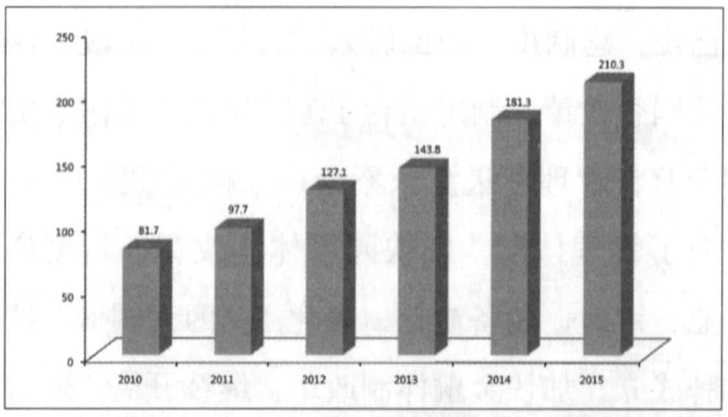

图2 2010—2015年固定资产投资情况示意图

政府投资项目推进顺利。2015年共安排政府项目58个，按照政府投资管理办法，加大项目监管、项目稽查力度，多次召开专题会议予以推进。项目建设推进顺利，年度完成投资约7亿元。28个项目完工或基本完工，26个项目开工在建，4个项目因土地、规划选址等原因未开工。全年累计拨付项目建设资金43150.68万元，占计划安排资金89%。

(三) 产业创新步伐加快，转型发展深入推进

全面创新产业发展思路。经广泛调研和多方论证，立足泽州发展实际，县委、县政府提出了以“优农、稳煤、强铸、兴旅、育新”为主攻方向，全面构建“两带四板块”“四化”同步推进新格局的转型发展思路，明确了产业创新升级的路径和重点，同时成立了“两带四板块”领导组和相关办公室深入推进各项工作落实，“两带四板块”相关规划编制工作正在加紧推进，全县产业结构调整工作进入新阶段。

产业创新升级不断加快。针对工业增速下降、企业效益下滑，一手抓传统产业改造提升，一手抓新兴产业培育，晋煤高硫煤洁净利用循环经济工业园累计完成投资50亿元，达到形象进度的6000，天泽4060项目建成投产，兰花己内酰胺和纳米新型材料项目投入试生产。欣阳6兆瓦光伏发电项目开工建设，华电98兆瓦风力发电项目获省发改委核准，万鑫顺达30兆瓦、晶耀20兆瓦光伏发电项目取得省发改委建设路条。现代服务业加快发展，月星城市广场正式运营，中国青年城开工建设，城东物流园区初具规模。大力推进旅游业发展，举办了第四届乡村摄影节、首届国际航拍摄影大赛，大阳古镇、李寨栖龙湾景区分别引进了新的主体，聚寿山景区正式对外开放，“古韵泽州”知名度进一步提升。服务业比重同比提高2.7个百分点，服务业对经济的拉动作用逐步增强。

创业创新势头良好。制定了创新驱动发展行动计划细化工作方案，出台了推动大众创业、万众创新的政策措施，举办了创新发展、青年创业等多项活动，积极落实“互联网+”行动计划，不断增强经济发展新动力。锦绣鑫源等3个省市创业孵化基地投入使用；新创办实体企业453家，同比增长22%；新登记各类市场主体2665户，同比增长101%；出资1000万元入股“红土创业基金”；为520名创业者提供创业贴息贷款5000余万元；扶持发展小微企业300家、农民专业合作社100家、个体工商户1000家。全民创业创新已成为泽州县经济社会发展的新引擎。(图3)

单位：%

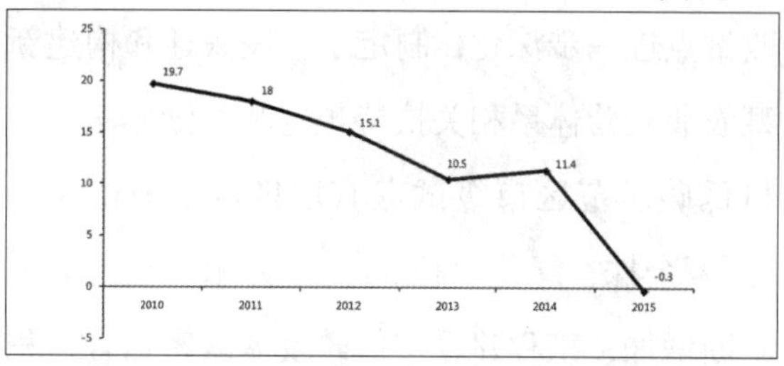

图3 2010—2015年县本级规模以上工业增加值增速情况示意图

(四) 农业基础地位得到夯实，现代农业加快发展

粮食生产获得较好收成。坚持确保粮食安全，全面落实中央、省、市各项强农惠农富农政策，实施了新增粮食产能、小麦宽窄行探墒沟播、粮食高产创建、耕地保护与质量提升、测土配方等一系列农业增产项目，新增水地3290亩，改善水地5380亩，为粮食增产奠定了坚实基础，全年粮食总产量完成5.32亿斤，同比增长28.4%，其中：夏粮完成3亿斤，同比增长36.8%，秋粮完成2.32亿斤，同比增长19.0%。

现代农业加快发展。省市级“一村一品”专业村达到274个，规模化农业示范园区达到12家，农民专业合作社达到1423家，种养殖家庭农场达到180个，25家龙头企业实现销售收入10.8亿元。生猪出栏达到100.2万头，获全国生猪调出大县奖励。晋宏天兆10万头猪场一期工程基础完工，“泽州山楂红酒”成功申报国家地理标志产品。

(五) 转型综改持续推进，重点领域改革取得积极进展

转型综改试点全面推进。巴公转型综改扩权强镇省级试点正式获批，“园镇一体”体制进一步完善，分支机构全部挂牌成立，国库集中支付正式上线运行。南岭乡贫困地区转型综改试点进一步深化，制定了移民搬迁和构建新型农业经营体系相关扶持规定和奖励办法。金村低碳示范区市级试点有序推进，种植树木1.7万余株，绿化面积60万平方米，碳汇能力不断增加，工程建设与低碳发展紧密结合，积极应用绿色设计和节能技术。

重点领域改革积极推进。加强农村综合改革，农村土地经营权确权登记办证工作全面铺开，国家级农村集体经营性建设用地入市试点已由“建制度”全面转入“试制度”阶段。深化国企改革，制定出台了《泽州县企业国有资产监督管理办法》《天泰公司章程》，进一步理顺了管理体制。加快园区体制改革，新型产业、铸造、装备制诰、煤化工“四大园区”挂牌成立。加快金融体制改革，继续开展“聚力贷”、“助保金”业务，为21家企业发放贷款3亿元；设立了5000万元中小企业还贷周转金，为35家企业周转贷款6.11亿元；泽州农村商业银行存款突破100亿元。强化行政体制改革，编制完成了权力清单、责任清单。公车改革全面完成。“三证合一、一照一码”改革顺利启动。

(六) 新型城镇化步伐加快，发展空间得到有效拓展

新型城镇化继续提速。泽州县被列为全国第二批新型城镇化综合试点县，巴公镇被确定为国家新型城镇化综合试点镇，金村镇跻身全国首批“建制镇示范乡镇”，新型城镇化建设再添动力。邀请中国城市和小城镇改革发展中心正在编制县级综合试点实施方案，巴公镇、金村镇试点工作全面启动，重点改革和重点项目正在积极推进中。金村低碳示范区建设成效明显，已与中国五矿集团签订合作协议，采用PPP模式合作开发金村低碳示范区。县城迁址已上报，府城街建成通车，丹河龙门湿地公园一期工程完工，丹河西路、碧水街基本完工。全县常住人口城镇化率达到45.5%。

城乡基础设施更加完善。集中供热步伐加

快，新增供热面积63万平方米，累计达182万平方米，受益户达到1.8万户。煤层气覆盖面不断扩大，新增用户1.07万户，累计达6万户，村庄覆盖率达到31%。下村生活污水处理工程完成前期，大东沟长河河滩湿地水质净化工程开工建设，北义城镇、川底乡、周村镇三个生活垃圾填埋场工程接近尾声。重点乡镇、环城沿线融城步伐加快，南洋花城一期全部封顶，牛匠、裴疙瘩、鸦沟3个城中村改造全面启动。巴公镇被评为“国家园林城镇”，南村镇被评为“全省园林城镇”。

（七）持续保障和改善民生，社会事业全面进步

民生社会事业全面提升。全县民生领域支出达到23.5亿元，同比增长33%，8项惠民工程、8件惠民实事全面完成。全面改善185所农村薄弱学校办学条件，获“全国义务教育发展基本均衡县”称号。医疗服务体系不断完善，县医院综合门诊楼投入使用，免费为6.7万名农村老人进行了体检。社会保障水平不断提高，新增城镇就业人数6770人，培训农民1万余人，发放低保金6967.5万元、新农合补偿金1.62亿元。大力实施精准扶贫，易地搬迁1500人，减少贫困人口2500人。实施“天网”工程，推进了“一村一法律顾问”制度，平安泽州创建成效显著。

生态环境进一步改善。扎实开展了大气污染防治工作，完成五家企业脱硫、脱硝、除尘改造，高都兴隆山煤矸石治理工程基本完工，在市区周边划定了高污染染料禁燃区，淘汰燃煤锅炉19台，淘汰黄标车、老旧车1124辆，有效改善了大气环境质量。大力推进结构减排，严格控制高耗能、高排放项目。积极推进水生态建设，完成水保综合治理面积3万亩。全力推进生态林业建设，全年完成造林8000余亩，森林覆盖率达到了36.7%。

2015年，泽州县经济社会发展虽然保持了平稳的发展态势，但还存在一些突出矛盾和问题，一是经济运行质量不高，传统产业增长动力减弱，新型产业支撑不足，缺乏新的经济增长点，新旧动力转换面临“青黄不接”。二是科技创新能力不强，对外开放水平较低，招商引资有效性不够，经济发展内生动力不足。三是城乡区域发展不平衡，民生社会事业欠账较多，脱贫攻坚任务艰巨，全面建成小康社会需要付出艰苦努力。四是政府建设和干部作风与人民群众期盼还有差距，职能转变仍显滞后，依法行政理念尚未牢固树对此，我们将积极采取措施，努力加以解决。

二、2016年全县经济社会发展的总体要求和主要任务

2016年是“十三五”规划的开局之年，也是我县“打造新型城镇化示范县、全面建成小康社会”的奋进之年。今年全县经济社会发展的总体要求是：全面贯彻落实党的十八大和十八届三中、四中、五中全会和习近平总书记系列重要讲话精神，按照中央“四个全面”战略布局和“五大发展理念”的要求，坚持发展是第一要务，坚持稳中求进工作总基调，适应经济发展新常态，围绕“161”发展战略，统筹实施“双一双五”年度工作重点，着力加强供给侧结构性改革，加快培育新动能新经济新业态，强力推进同城融城步伐，不断提升群众幸福指数，加快构建产业发展新格局，为

“十三五”发展开好局、起好步。

根据总体要求，本着实事求是、积极稳妥的原则，2016年全县经济和社会发展的主要预期目标为：地区生产总值增长6%左右；规模以上工业增加值增长3.5%左右；固定资产投资增长12%；公共财政预算收入增长3.0%；城镇常住居民人均可支配收入增长6.0%；农村常住居民人均可支配收入增长6.0%以上；社会消费品零售总额增长5.5%；节能减排等约束性指标完成市下达目标。

为顺利实现今年制定的各项目标，将紧紧围绕“双一双五”年度工作重点，重点推进以下七方面工作：

（一）发挥投资拉动作用，促进经济运行在合理区间

加快推进重点工程建设。更加注重投资的质量和效益，全面搞好“项目创新年”活动，继续坚持“六位一体”推进重点工程建设，全年确保完成项目储备2414.2亿元，项目签约288亿元，项目落地163亿元，项目开工168亿元，省市重点工程建设178.3亿元，项目投产171亿元，固定资产投资235.5亿元。深度对接中央、省、市推出的重大工程包，认真谋划一批大项目、好项目。全力抓好政府投资项目建设，认真执行工程四制，严格控制工程造价，加强项目监管和稽查，确保工程质量，确保资金安全，确保工程进度。认真掌握国家、省、市资金安排动态，最大限度争取国家、省和市对我县项目建设的支持，突出做好国家专项基金和中央预算内资金争取工作。

2016年政府投资项目计划安排情况：

2016年政府投资项目计划共安排项目47个，年度投资约1.88亿元，安排县级投资15248.52万元，全部利用地方债券资金。从建设性质看：新建项目8个续建项目27个，销号项目（工程已全部完工或工程决算已审计）12个。分行看：农业项目8个，安排资金1871.04万元，占12.3%；交通环保项目8个，安排资金1694万元，占11.1%；教育卫生项目8个，安排资金1423万元，占9.3%；城建项目8个，安排资金6734万元，占44.2%；其他项目3个，安排资金1400万元，占9.2%；销号项目12个，安排资金2126.48万元，占13.9%。

进一步激活民间投资。全面贯彻省、市、县《加快民营经济发展的实施意见》，鼓励、支持和引导民营经济发展。加强服务体系建设和机制体制改革，切实破解民营企业“融资难、用地难、担保难、人才缺”问题，加大创业创新扶持力度，全面优化民营经济发展的政策、体制、市场、舆论等环境，不断激发民营投资活力。积极探索推广政府和社会资本合作模式（PPP），采取特许经营、购买服务、股权合作等方式，建立政府投资与社会资本利益共享、风险分担和长期合作关系，推动各类资本相互融合、优势互补，促进投资主体多元化。

（二）深入推进转型综改试验，全面深化改革释放活力

深化转型综改试点工作。深化巴公转型综改扩权强镇省级试点，用好省市县下放权力，全力实施同城发展战略，在“四化”同步上先行先试，加快强镇步伐。加快南岭贫困地区转型综改试点，大力推进“一乡四中心村”城镇化发展和“一轴三区一业”产业化发展，积极

探索贫困地区全面建成小康社会新路。继续推进金村低碳示范区市级试点，以“生态湿地、创意家园、智慧新区”为定位，围绕城市形态、土地利用、产业发展、能源消耗、交通模式、城市建筑等方面，努力探索低碳发展新模式，打造低碳发展试验区。

着力推进重点领域改革。完善行政审批机制，做好“三清单、两平台、一监督”工作的配套改革，进一步简化审批流程。推动企业改革，组建国有资本投资运营公司，重点做好珏山、路宝等国企改革，支持兴达、清慧等民企股改。推进投融资体制改革，大力推广PPP投融资模式，完善政府与社会资本合作新机制。推进金融体制改革，加强政银企合作，支持金融机构创新金融产品，鼓励企业挂牌、上市、融资。加快推进城乡一体的产权制度和社会保障制度改革。

(三)构建产业发展新体系新格局，持续加快结构调整步伐

优化产业发展布局。紧紧围绕“优农、稳煤、强铸、兴旅、育新”产业发展新体系，全力构建“两带四板块”“四化”同步推进新格局。长河产业经济带，加快各主体“联合生产、联合销售、联合管理、联合运营”，提高煤炭就地转化率，稳住全县煤炭产业。丹河生态旅游文化产业带，加快沿线旅游资源连片开发，打造“20千米丹河生态长廊”。南部山区经济板块，以“优农、兴旅”为主导，重点发展农旅一体的特色产业。南村经济板块，加快南村铸造工业园区建设，加快集群化、集团化发展。巴公经济板块，加快装备制造业发展，全力打造装备制造产业集群。金村经济板块，重点发展总部经济、低碳产业、现代商贸和现代物流业，打造泽州县经济发展新的增长极。

加快传统产业升级。大力开展煤炭供给侧结构性改革，严禁违法违规生产建设煤矿，优化存量产能、退出过剩产能，支持煤炭企业渡过难关，努力提升煤炭产业效益。巩固提升以氮肥为主的传统煤化工，推进现代煤化工产业发展，突出抓好周村煤化工园区建设，重点抓好晋煤华昱清洁能源一体化项目、晋煤华昱100万吨甲醇制清洁燃料项目。加快铸造业上档升级，加快冶铸一体化生产协作体系建设，大力发展中高档铸造产品，加快铸造到装备制造产业链发展。加快现代农业发展，大力发展优质小杂粮、蔬菜、食用菌、干鲜果、畜禽养殖等特色农业产业，提高无公害和有机农产品比重。培育壮大龙头企业，着力构建“公司+合作社+基地+农户”的利益共同体和产业链条。大力发展休闲农业、观光农业、采摘农业等新型业态，加快农旅一体发展。

全力推进新兴产业。做大现代服务业，加快城东物流园区建设，抓好兰花保税中心封关运营，加快月星城市广场二期、中国青年城、世沃国际等项目建设。做优文化旅游业，做好珏山大景区引入新的运营主体和5A景区创建工作，加快大阳古镇、栖龙湾景区的开发建设。发展步道(绿道)经济，推进南部山区步道和二仙掌至伊候山步道建设，加快形成环城步道经济圈。加快新能源、新材料产业发展，重点抓好晶耀20兆瓦光伏发电、万鑫顺达30兆瓦光伏发电、华电98兆瓦风力发电项目建设。做好“互联网+”产业。编制全县“互联网+”

发展规划，完善“互联网+”平台，促进各个产业与互联网的深度对接，引导发展“互联网+”型企业。

（四）推进新型城镇化建设，加快同城融城步伐

全面开展新型城镇化试点工作。扎实推进国家新型城镇化综合试点县工作，编制完成《泽州县新型城镇化综合试点实施方案》，重点围绕“打造新型城镇化载体、强化新型城镇化产业支撑、促进农民转移人口市民化、完善农村土地管理机制、完善投融资机制体制、推进特色小城镇建设”等方面，细化措施，大胆探索，积极创新。深入推进巴公镇国家新型城镇化综合试点，重点在土地管理机制、产业升级转型、城镇生态化等方面继续深入突破，切实取得成效。大力抓好金村国家级建制镇示范试点，实施规划编制融城、产业发展融城、城镇建设融城、公共服务融城、生态宜居融城五大行动，切实推进投融资体制、土地制度、公共设施运营市场化、乡村治理制度、融城发展机制五大改革，积极探索融城发展之路。

全面加快新型城镇化建设。继续推进金村低碳示范区建设，抓好县城迁址变更，抓好太岳街东段建设，协调推进太焦城际铁路、柳泉通用机场建设，加强与五矿二十三冶的对接，力争在合作共建上迈出实质性步伐。加强城乡基础设施建设，实施农村公路完善提质工程，提升农村公路技术等级，全年新改造道路100千米。加快推进集中供暖、供气工作，新增供暖面积30万平方米，累计面积突破200万平方米；新增煤层气5000户，集中供气达到6.5万户。持续改善农村人居环境，全力推进农村清洁工程，建立健全农村人居环境长效管护机制，做到集中整治常态化、长效保洁制度化、规范管理城乡一体化，建成100个美丽村庄。开工建设15个采煤沉陷区治理搬迁安置工程。

（五）推进生态建设和环境保护，全面改善环境质量

大力推进经济社会低碳发展。完善组织领导，健全工作机制，加强协作配合，全面推进省级低碳试点县建设。严格淘汰落后产能，严控“两高”行业新增产能，推进工业、建筑、交通等领域节能降耗。严守生态红线和开发底线，不断提高森林覆盖率和碳汇蓄积量。开展绿色低碳示范项目，对重点用能单位开展碳排查。大力发展循环经济，促进煤炭、电力、化工等传统行业全产业链循环。进一步推进巴公装备制造园区清洁生产、循环发展，加快形成生态循环产业体系。

全面加强环境保护和生态建设。推进网格化环境监管，健全环境保护管理体系。继续实施大气污染防治行动计划，重点抓好巴公、南村片区大气污染治理启动实施水污染防治行动计划，加快推进下村、大东沟、金村、北义城四个乡镇污水处理设施项目建健全污染物总量减排工作体系，淘汰落后产能，强化清洁生产审核，继续推进企业脱硫、脱硝、除尘设施升级改造。加快生态绿建设，以“生态廊道化、镇区绿化、乡村绿化”为重点，抓好环城生态圈、丹河湿地公园、交通要道的绿化，继续提高全县绿化水平。加快推进丹河、长河全流域生态修复，完成巴公河巴公段河道治理工程。

（六）全面发展社会事业，切实保障和改善民生

加快社会事业发展。提升教育事业发展水平，加快推进普通高中标准化建设，加快校园数字化建设，探索实施教育联盟办学模式，抓好枣园学校建设，促进教育优质均衡发展。提升卫生事业发展水平，抓好县妇幼院、高都卫生院、巴公卫生院和衙道卫生院改造，进一步改善医疗服务环境。加快文化事业发展，深入推进群众文化提升、文化品牌创建和文化惠民工程，促进文化事业创新发展。提升社会保障水平，继续开展全民参保计划。推动机关事业单位养老保险制度改革，推进城乡居民基本医保制度整合，提高医保人均筹资水平和支付比例，实现大病医保全覆盖。加快民政事业发展，完善城乡救助体系、社会福利体系和双拥优抚安置体系。抓好安全生产，加大食品安全监管，加强信访稳定，强化应急管理，完善治安防控体系，深入推进平安创建活动。

做好扶贫和就业工作。按照“精准扶贫、精准脱贫”要求，做到扶贫对象精准、项目安排精准、资金使用精准、措施到户精准、因村派人精准、脱贫成效精准“六个精准”，落实好“五个一批”脱贫攻坚措施，力争完成脱贫5000人。提升就业服务能力水平，指导企业多渠道、多方式做好人员安置工作。继续深入开展创建创业型城可工作。

（七）落实“十三五”规划纲要，把握经济工作主动权

扎实推进规划纲要实施。认真抓好规划纲要的战略目标、重点任务和重大项目的分解落实，根据工作职责，将各项工作层层落实到各部门、各乡镇，保证规划纲要的落实。建立健全目标责任、重大项目协调和工作督查三大长效机制，定期对各部门、各乡镇实施规划纲要任务进行监督、检查和考核，推进规划纲要顺利实施。采取多种形式、广泛宣传，使广大人民群众了解、关心规划纲要，切实把全县人民的思想统一到规划任务上来，增强做好各项工作的主动性和自觉性，确保规划的各项目标和任务圆满完成。

加强经济运行分析。密切跟踪宏观经济走势，深入分析我县经济运行情况和存在问题。及时了解国家在财政、货币、投资、产业、价格等方面的最新政策动向。加强与省、市、县三级经济形势分析联动、信息共享，相互支持，形成合力，准确把握全县经济发展变化态势，着力解决经济运行中出现的新矛盾和新问题。加大工作落实力度，确保各项政策措施执行到位、取得实效。

关于泽州县2015年预算执行情况和2016年预算草案的报告

——2016年6月26日在泽州县第六届人民代表大会第一次会议上

县财政局局长　翟玮平

一、2015年预算执行情况

2015年，面对复杂严峻的经济形势，在县委的正确领导下，在县人大、县政协的监督支持下，全县上下坚持稳中求进工作总基调，主动适应经济发展新常态，统筹推进稳增长、促改革、调结构、惠民生、防风险各项工作，经济社会发展在克服困难中奋力前行。财政部门努力确保财政预算平稳运行，竭力遏制财政收入下滑态势，积极调整优化支出结构，民生和重点支出得到较好保障。

（一）一般公共预算执行情况

1. 预算调整情况

全县经济下行压力持续加大，重点行业税收大幅下滑，税收征收工作困难重重，完成财政预算任务非常艰巨。同时，随着各项财政支出政策的调整变化，财政刚性支出需求及结构发生了较大变化，由此造成年度预算执行中不可预计的支出。基于上述原因，报请县人大常委会对财政收支预算进行调整。经县五届人大常委会第44次会议审议批准，县本级财力调增91387万元，由年初预算219660万元变动为311047万元。其中：一般公共预算收入调减20000万元，由年初预算的131630万元变动为111630万元。

支出预算在年度执行过程中，根据上级追加专项指标及预算法有关规定作了相应变动：一是将上级追加专项指标按规定顺加到了有关科目；二是报经县人大常委会批准，增加了政府债券支出；三是将办理财政结算事项所增加财力，按规定作了相应安排；四是根据预算管理有关规定和预算调整方案，核减当年不需执行的预算指标和增加调入资金等，对年度预算做出了相应变动。根据变动情况，一般公共预算支出调增91387万元，加上上解支出等事项，一般公共预算支出由年初预算的219660万元变动为311047万元。

2. 预算执行情况

一般公共预算收入完成114785万元，占变动预算的102.83%，同比下降7.30%，减收9044万元，减收主要是受经济持续下行、工业经济持续回落、煤炭价格大幅下降以及结构性减税和普遍性降费等影响。一般公共预算支出完成（含专项）313079万元，占变动预算的101.55%，同比增长34.24%，增支79847万元，增支主要用于机关事业单位养老保险和职业年金改革、民生工程、生态环境建设、扶贫攻坚等支出需求。

一般公共预算收入114785万元，上级补助收入72057万元，上级专项补助63514万元，地方政府一般债券30000万元，调入资金43044万元，上年结余1943万元，决算批复250万元，收入共计325593万元。

一般公共预算支出313079万元，原体制上解2735万元，出口退税上解支出8万元，安排预算稳定调节基金9771万元，支出共计325593万元。主要支出项目执行情况：

（1）教育支出65763万元，占变动预算的100.77%。其中：拨付3531万元用于农村中小学预算内公用经费保障；农村义务教育阶段家庭经济困难寄宿生生活补助369万元，惠及2415名学生；普通高中学生"两免一补"1366万元，惠及7000余名学生；幼儿园"民办公助"203万元，惠及137所幼儿园、6000余名幼儿、252名教师；拨付6707万元支持教育均衡发展；泽州一中、泽州二中、县高级职业中学等基础设施改造投入3418万元；中等职业学校学生助学金补助和免学费600万元；农村义务教育学生营养改善计划投入237万元，惠及1万余名学生；班主任津贴和原民办代课教师教龄补贴573万元。

（2）农林水支出51855万元，占变动预算的93.74%。其中：良种补贴、农资综合补贴和粮食直补7670万元，惠及11万农户；拨付520万元推进"一村一品"发展，承担省市"一村一品"专业村50余个；特色农产品产业支撑项目贷款贴息205万元，涉及贷款经营主体10家，贷款总额1.56亿元；退耕还林政策补助300万元，惠及3.5万人；农业综合开发投入1491万元，建成灌溉站2座、埋设管道101.7千米、发展喷灌600亩、修建田间道路12.5千米；低收入农户冬季取暖用煤货币化补贴4778万元；投入6670万元支持丹河龙门湿地公园核心景观区一期工程、丹河湿地公园河道综合治理工程（伏堂至水北段）建设；畜牧扶持资金619万元，扶持规模猪场粪污处理补助32户；抗旱补助资金844万元，解决1.7万人旱季吃水问题。

（3）科学技术支出3189万元，占变动预算的94.10%。其中：投入100万元加强校县共建农业示范基地建设；建立食用菌扶持基金100万元；拨付400万元用于科技三项费用。

（4）医疗卫生与计划生育支出39147万元，占变动预算的99.24%。其中：配套新型农村合作医疗基金14911万元，惠及40万人；村卫生所工作人员补助385万元；计生奖励政策兑现1869万元；城乡医疗救助697万元，救助对象主要是农村五保户、低收入群体；投入701万元支持农村环境卫生整治及改水改厕工作；基本公共卫生服务县级配套170万元。

（5）社会保障和就业支出42954万元，占变动预算的100.70%。其中：拨付575万元改善80岁以上老人生活条件，惠及6000余人；发放城乡低保资金6967.5万元，惠及1.87万人；城乡居民基本养老保险资金9863万元；优抚对象抚恤经费、义务兵优待金3582万元；投入258万元用于受灾地区群众救助及补助倒塌房屋恢复重建；对5家县级创业孵化基地及159户孵化对象补贴266万元；创业培训和技能培训经费332万元，惠及1958人；大学生、"4050"人员公益性岗位工资及社会保险补贴144万元；拨付604万元安排基层公共服务岗位和大学生见习岗位。

(6) 文化体育与传媒支出6153万元，占变动预算的103.36%。其中：拨付123万元实现县文化馆、图书馆及乡镇文化站免费开放；拨付447万元用于农村文化设施等建设。

(7) 公共安全支出12515万元，占变动预算的104.16%。其中：投入308万元加强平安建设，用于购买消防宣传车，支持警务技能训练馆和看守所建设；投入634万元用于天网工程；拨付496万元支持公路交通安全防控体系建设，完成4个交通安全服务站、全县智能化指挥调度系统、15个智能交通高清卡口，以及治安卡口和交通卡口的整合建设；黄标车及老旧车淘汰补贴796万元，涉及车辆1124辆。

(8) 节能环保支出6921万元，占变动预算的100%。其中：投入400万元强化环境信息与监控环保能力建设；投入492万元支持高都兴隆山片区无主矸石山综合治理项目建设；设立突发事件应急救援专项资金20万元。

(9) 城乡社区支出10664万元，占变动预算的135.04%。其中：拨付7000万元支持金村镇建制镇示范试点工作，主要用于环境整治、河道治理、绿化、道路建设、公共服务等项目。

(10) 国防支出243万元，占变动预算的100%。主要用于人武部民兵教育训练基地建设。

(11) 交通运输支出7727万元，占变动预算的96.26%。其中：投入4000万元支持大甘线（大阳至甘润）路面改造工程等项目建设；投入944万元支持农村公路村通水泥（油）路完善提质工程；拨付186万元加强客运班线建设；农村公路养护250万元。

(12) 资源勘探信息等支出4115万元，占变动预算的105.11%。主要用于行业安全检查，推动新业务开展等。

(13) 商业服务业等支出1314万元，占变动预算的100%。主要用于供应肉食价差补贴，相关执法经费等。

(14) 粮油物资储备支出1065万元，占变动预算的123.12%。其中：地方储备粮费用及利息补贴224万元；拨付500万元用于周村粮站易址迁建。

(15) 国土海洋气象等支出21609万元，占变动预算的119.74%。其中：拨付8208万元用于下村、高都等乡镇采煤沉陷区治理搬迁安置、矿产资源补偿、农业土地开发。

3. “三公”经费情况

“三公”经费财政资金支出1483万元，占预算的65.27%。其中：公务用车运行维护费1463万元，占预算的74.78%；公务接待费20万元，占预算的6.40%。

（二）政府性基金预算执行情况

政府性基金收入9904万元，上级补助收入7238万元，净结余39298万元，收入共计56440万元。政府性基金支出27901万元，调出资金28035万元，净结余504万元，支出共计56440万元。

1. 收入预算执行情况

政府性基金收入9904万元。其中：国有土地使用权出让收入5456万元；政府住房基金收入2020万元；农业土地开发资金收入135万元；国有土地收益基金收入1185万元；城市基础设施配套费收入1108万元。

2. 支出预算执行情况

政府性基金支出27901万元。其中：国有土地使用权出让收入及对应专项债务收入安排的支出15581万元；新增建设用地土地有偿使用费及对应专项债务收入安排的支出940万元；国有土地收益基金及对应专项债务收入安排的支出177万元；政府住房基金及对应专项债务收入安排的支出79万元；农业土地开发资金及对应专项债务收入安排的支出18万元；国家重大水利工程建设基金及对应专项债务收入安排的支出4148万元；彩票公益金及对应专项债务收入安排的支出559万元；社会保障和就业支出786万元；旅游发展基金支出25万元；其他政府性基金及对应专项债务收入安排的支出5588万元。

（三）社会保险基金预算执行情况

社保基金总收入76385万元，加上上年滚存结余88825万元，收入总计165210万元。社保基金总支出57951万元，收支相抵，滚存结余107259万元。

1. 收入预算执行情况

社保基金总收入76385万元。其中：企业职工基本养老保险基金14607万元；城乡居民基本养老保险基金13549万元；居民基本医疗保险基金20656万元；机关事业单位基本养老保险基金27573万元。

2. 支出预算执行情况

社保基金总支出57951万元。其中：企业职工基本养老保险基金8316万元；城乡居民基本养老保险基金11428万元；居民基本医疗保险基金16280万元；机关事业单位基本养老保险基金21927万元。

（四）国有资本经营预算执行情况

国有资本经营收入4300万元，全部调入一般公共预算统筹使用。

（五）落实县人大预算决议情况及财政主要工作成效

夯实财源，强化征管，县级财力再上新台阶。一是全力夯实财源基础。进一步发挥财政资金注入和引导作用，增强县金诺担保公司融资能力，2015年在保企业20家、在保金额3450万元。继续做好“助保金”“聚力贷”业务，为21家企业发放贷款3亿元。设立5000万元中小企业还贷周转金，共帮助35家企业完成倒贷6.11亿元。二是确保税收应收尽收。认真做好“月初分析、月中督促、月末通报”的动态监测，及时把握收入进度。加强零散税收征管，确保大税小税一齐抓，全年税收收入完成7.02亿元。三是确保非税依法征收。加强行政性收费、国有资源有偿使用收入的征收入库工作，协调督促交通、公安等部门依法做好罚没收入“罚缴分离”工作，全年非税收入完成4.46亿元。同时，规范国有资本经营收益管理，山西天地王坡煤业有限公司、晋煤集团泽州天安煤业有限公司、泽州农商行三家企业积极应对经济下行压力，加强管理，提质增效，并主动为县里分忧，努力上缴国有资本经营收益，为县级财政征收工作作出了贡献。四是多措并举增加财力。争取地方政府一般债券3亿元，盘活2014年及以前年度结余结转资金0.5亿元，增加一般性转移支付1.9亿元，获得上级专项补助7.17亿元，采煤沉陷区治理搬迁安置中央补助0.54亿元。通过一系列举措，县级财力达到31.31亿元。

深化改革，加强管理，财政工作打开新局面。一是认真落实新预算法。完善政府预算体系，加大政府性基金预算、国有资本经营预算与一般公共预算的统筹力度，将政府性基金预算中用于提供基本公共服务的地方教育附加、残疾人就业保障金、土地出让收益预算中计提的农田水利基金和教育资金等转列公共预算统筹使用。建立财政专项资金分配财政退出机制，强化财政部门的资金监管职能和预算单位的资金使用责任意识。二是继续推进转型综改扩权强镇巴公财政体制改革。成立财政工作指导小组，对巴公镇财政所人员进行业务指导，代编2015年部门预算，负责基建项目预算评审工作，实施财政所信息化建设，为镇财政独立运作、规范管理奠定了基础。全年巴公镇一般公共预算收入0.47亿元，同比增长46.40%。三是扎实开展财政支出管理绩效评价。安装绩效管理系统软件，确保绩效管理科学化精细化。进一步扩大评价范围，由原来的单个项目评价，逐步延伸到一类专项资金、部门整体支出等方面评价，重点对17个乡镇和2个单位的部分项目进行绩效评价，涉及财政资金1.05亿元。四是组织开展政府和社会资本合作（PPP）工作。成立县政府和社会资本合作工作领导小组，健全完善PPP管理体制机制，建立财政系统的PPP项目库，储备项目30个，涉及交通、农业、水利、教育等基础设施和公共服务领域。

倾斜基层，提标扩面，民生事业取得新业绩。积极应对财政收入大幅下降的挑战，盘活存量、用好增量，千方百计兜牢民生底线。农业方面，统筹整合资金支持现代农业产业化、农田水利基础设施建设、农村扶贫开发等，开展土地承包经营权确权登记颁证工作，加快美丽乡村建设，“三农”工作取得长足发展。教育方面，继续推进义务教育薄弱学校改善办学条件，支持幼儿园“民办公助”、普通高中“两免一补”，教育事业实现均衡发展。医疗卫生方面，支持城乡居民医疗保险、重大公共和基本公共卫生服务建设，支持公立医院医疗卫生体制改革，卫生事业取得明显成效。社会保障和就业方面，提高城乡低保、五保、优抚对象标准，降低失业、工伤、生育保障费率，低收入农户冬季取暖用煤由实物发放改为货币化补贴，为高校毕业生购买基层社会管理和公共服务岗位，鼓励高校毕业生自主创业，社会保障体系日臻完善。生态环境方面，支持环境综合整治，建设生活垃圾卫生填埋场，加强水土治理，开展黄标车及老旧车淘汰，泽州生态环境更美更靓。

各位代表，冷静审视新形势、新任务和新要求，我们清醒地看到，财政工作中仍存在一些矛盾、困难和问题：经济发展进入新常态后，财政收入增速回落与财政支出刚性增长之间的矛盾更加突出；细化预算编制、强化预算约束与推进项目资金整合和财政资金统筹使用之间的矛盾仍然存在。此外，政府间事权和支出责任划分尚需理顺，个别预算管理主体责任意识不强等问题值得重视。以上这些问题，在今后的工作中我们将努力加以解决。

各位代表，2015年是“十二五”规划的收官之年。五年来，全县上下认真贯彻县委历次全会的决策部署，团结拼搏，勇于创新，顺利完成了“十二五”规划确定的主要目标任务，财政改革发展取得了显著成效。一是组织收入规范运行，目标任务基本实现。密切关注经济运行态势，定期召开财税联席会议，理性分析重点税源、重点税收发展情况，掌握组织收入的主动权。“十二五”时期全县一般公共预算收入累计完成71.51亿元，是“十一五”时期的2.26倍。二是支出结构更加优化，民生事业得到保障。坚持将80%的财政资金用于民生事业发展。采取提前预拨、按进度拨付方式，努力做到民生支出按政策到位，运转支出按定额到位，重点支出按需求到位。“十二五”时期全县一般公共预算支出累计达到118.48亿元，是“十一五”时期的2.3倍。三是财政改革持续深化，各项工作创新发展。建立全口径预算制度，政府收支全部纳入预算管理。转型综改扩权强镇巴公财政体制改革披荆斩棘，改革成果获得省市好评。县乡国库集中支付改革纵深推进，实现了“预算对象全覆盖、财政收支一个口”的改革目标。政府采购制度改革规范高效，构建了阳光采购、廉洁采购。四是财政管理不断强化，理财水平明显提高。强化财会人员管理，累计培训农村、企业、金融等各类会计8000余人次。加强政府投资项目评审，预决算批复率均达到100%，提高了财政资金使用绩效。规范结余结转资金管理，激活存量资金近亿元。加强财政监管，构建了“常规检查为基础、专项检查为辅助、内部检查为补充、财政审计检查为重点”的“大监督”格局。

展望“十三五”，财政工作将全面贯彻党的十八大精神和习近平总书记系列重要讲话精神，以“四个全面”为指导，主动适应新常态，牢固树立创新、协调、绿色、开放、共享的发展理念，坚持稳中求进、改革创新，继续实施积极的财政政策；优化财政支出结构，盘活资金存量，用好增量，严控行政成本，创新拨付机制，促进经济发展方式加快转变，完善基本公共服务体系；深化财税体制改革，加强预算执行管理，提升预算管理绩效，推动相关领域改革，更好地为全县经济社会事业服务。

二、2016年预算草案

2016年是“十三五”规划的开局之年，是推进供给侧结构性改革的攻坚之年，也是全面建成小康社会决胜阶段的第一年。编制好2016年预算，做好各项财政工作，关系全县改革发展稳定大局，意义十分重大。

（一）预算安排的指导思想和财政政策

指导思想是：全面贯彻党的十八大和十八届三中、四中、五中全会精神和习近平总书记系列重要讲话精神，认真落实中央、省、市、县经济工作会议和上级财政工作会议要求，紧紧围绕全县“161”发展战略，继续坚持稳中求进工作总基调，主动适应经济发展新常态，大力推进供给侧结构性改革，着力稳增长、转方式、补短板、防风险、惠民生，切实履行财政职能，为推进全县经济社会发展发挥积极作用。

2016年继续实施积极的财政政策并加大力度。主要体现在：

——政策改革方面。全面推进“营改增”改革。煤炭资源税扩大扣除范围。水土保持补偿费等5项基金转列一般公共预算。政府性基金预算超出规定比例的结转结余资金调入一般公共预算。取消和暂停部分行政事业性收费。继续压缩“三公”经费等一般性支出，按可持续、保基本原则安排好民生支出。

——教育方面。继续保障学前到高中15

年免费教育。中职学校学生免学费、免住宿费及发放助学金。提高特殊教育学校生均公用经费至6000元。完善家庭经济困难学生资助政策体系，促进教育公平。支持泽州一中校园育人环境改造、泽州二中学生宿舍和师生食堂等重点项目建设。

——科技方面。对全县农村地区分布式光伏发电示范应用项目进行扶持，拓宽农民增收渠道。设立创新基金，鼓励企业加大研发经费投入，推进科技成果转化。

——社会保障和就业方面。统筹城乡居民基本养老保险，县级财政对参保人员按缴费金额每人每年补贴20~70元。继续提高企业和机关事业单位退休人员养老金标准，建立基本工资正常调整机制，做实和完善职工养老保险个人账户。对重度残疾人和贫困残疾人进行护理补贴和生活补贴，对三无重度残疾人进行托养补助。完善创业融资服务，加大创业扶持力度，推动创业带动就业。

——医疗卫生方面。农村合作医疗财政补助标准由每人每年381元提高到421元。城镇居民基本医疗保险财政补助标准由每人每年380元提高到420元。基本公共卫生服务项目财政补助标准由每人每年40元提高到45元。帮助解决政策性关闭破产国有企业职工、重点优抚对象、离休干部和困难企业军转干医疗保障问题。

——扶贫攻坚方面。实施“五个一批”脱贫攻坚行动计划，建成光伏产业扶贫项目4个，完成易地扶贫移民搬迁1697人，发展产业带动贫困户脱贫1000人，教育扶贫脱贫300人，社会保障兜底救助2003人。

——农业方面。推进农村土地承包经营权确权登记工作，支持南岭乡农村综合改革试点。推行“一村一品”政策，扶持主导产业项目。推进饮水安全工程，解决1.4万人口饮水安全问题。建立病死畜禽无害化处理体系，加强动物防疫和养殖场污染防治工作。推进山西省设施蔬菜百万棚行动计划，实行日光温室贷款贴息政策。

——生态环保方面。加强大气污染防治，支持黄标车及老旧车提前淘汰奖补工作。开展改善农村人居环境农村生活污水管网建设。支持开展国（省）控重点污染源在线监测，完善环境监察移动执法系统建设。加大煤矿矸石山治理、国道207南村段道路扬尘治理、饮用水源保护等治污降霾投入。

——城乡社区方面。支持县域道路建设，碧水街、太岳街、丹河西路等列入2016年道路建设项目。继续推进乡村清洁工程建设，农村危房改造210户。

——文化旅游方面。提升公共文化水平，加强基层公共文化服务体系建设。设立旅游产业发展资金，支持完善旅游基础设施、编制旅游产业发展规划、开展旅游宣传推广等。

（二）一般公共预算安排情况

1. 预算安排情况

根据上述指导思想和相关政策，全县一般公共预算收入安排118229万元，同比增长3%。

按现行财政体制有关规定，一般公共预算收入118229万元，上级补助收入52718万元，调入资金41908万元（其中：政府性基金21908万元、国有资本经营收益20000万元），地方政府一般债券30000万元，动用预算稳定调节基金6384万元，减去原体制上解2735万元和出口退税上解8万元，县本级可用财力246496万元。

全县一般公共预算支出安排246496万元。其中：人员经费103155万元；标准公用经费3070万元；巴公镇体制下划12909万元；专项经费127362万元。

2. 主要支出项目安排情况

（1）教育支出55035万元，同比增长4.10%。其中：普通高中“两免一补”1600万元；全国教育均衡发展县级资金1600万元；泽州一中校园育人环境改造等项目914万元；农村公办学前教育免学费700万元；专职保安人员经费610万元；中小学教师继续教育培训经费500万元；义务教育阶段生均公用经费500万元；中职学校学生免学费全覆盖经费450万元；班主任津贴提标443万元；中职学校学生助学金300万元；三所县直中学取暖及办公经费290万元；农村义务教育学生营养改善计划经费250万元；学前教育“民办公助”200万元。

（2）农林水支出48278万元，同比增长95.22%。其中：六大造林工程租地费2364万元；丹河龙门湿地公园核心区景观工程2300万元；丹河湿地公园河道综合治理工程1300万元；任庄水库大坝改建除险加固等项目670万元；府城街、金村大道道路绿化工程498万元；石河水库征用林地补偿安置等费用486万元；畜禽规模养殖污染综合治理400万元；产业扶贫项目400万元；南村水厂工程欠款334万元；病死畜禽无害化处理300万元；丹河河道治理288万元。

（3）科学技术支出1398万元，同比增长59.95%。其中：光伏发电财政补贴488万元；科技三项费用400万元；创新基金200万元；校县共建农业示范基地建设100万元。

（4）文化体育与传媒支出3032万元，同比增长15.33%。其中：公共文化事业、文化产业专项880万元；文物保护费600万元；更新村级室外健身设施115万元；农村文化建设专项配套67万元；三馆及乡镇文化站免费开放经费60万元。

（5）医疗卫生与计划生育支出33184万元，同比增长27.80%。其中：计生奖励政策兑现1112万元；县医院综合门诊楼及急救中心项目500万元；村卫生室日常运转补助等经费262万元；区域卫生信息化建设经费180万元；县妇幼保健院改造工程179万元。

（6）节能环保支出3530万元，同比增长42.74%。其中：清洁工程配套费648万元；生活污水处理管网建设300万元；环境卫生整治经费178万元。

（7）社会保障和就业支出26087万元，同比下降31.68%。其中：80~89岁高龄老人生活补贴624万元；残疾人护理补贴及生活补贴503万元；60岁以上老人免费体检经费400万元；烈士纪念设施维护经费380万元；日间照料中心经费282万元；五保供养机构工作经费173万元；特殊人群医保费122万元。

（8）一般公共服务支出25497万元，同比增长7.49%。其中：政府投资项目决算审计外聘人员经费480万元；县“三干”会费用450万元；政府信息中心维护及建设费用413万元；村级活动场所维护经费314万元；政府综合办公大楼管理及业务费282万元；服务业发展基金250万元；信访案件化解专项资金180万元；馆藏档案整理及数字化121万元。

（9）公共安全支出9548万元，同比下降11.14%。其中：一般公务支出及办案经费等701万元；黄标车及老旧车淘汰奖励资金500万元。

（10）城乡社区支出5894万元，同比增长153.72%。其中：蔬菜发展资金425万元；易地扶贫搬迁补助300万元；珏山大景区国家AAAAA级旅游景区总体（提升）规划150万元；国家新型城镇化综合试点工作经费115万元；县民爆仓库等安全维修项目100万元。

（11）交通运输支出3987万元，同比增长111.62%。其中：太岳街（规划枣园路－畅安路）2000万元；公路养护250万元；碧水街234万元；村镇公交212万元；农村客运班线156万元。

（12）资源勘探信息等支出3878万元，同比增长18.38%。其中：就业创业专项经费1000万元；中小企业发展专项资金450万元；创新基金200万元。

（13）商业服务业等支出5931万元，同比增长659.41%。其中：旅游产业发展基金5000万元。

（14）国土海洋气象等支出12411万元，同比下降14.79%。其中：征地补偿周转金1800万元；土地开发及整理项目1141万元；采煤沉陷区治理搬迁安置项目1100万元；国土收益业务费539万元；农村土地承包经营权确权登记颁证530万元。

（15）住房保障支出5770万元，同比增长31.32%。其中：小区管理及公共设施维护费70万元；农村危房改造补助41万元。

（16）粮油物资储备支出538万元，同比下降29.21%。其中：周村粮站易址迁建200万元。

（17）国防支出604万元，同比增长222.99%。其中：人武部民兵教育训练基地等346万元；国防教育30万元。

（18）援助其他地区支出249万元，同比下降7.43%。

（19）预备费616万元。根据预算法规定，预备费用于当年预算执行中的自然灾害等突发事件处理增加的支出及其他难以预见的开支。

（20）债务付息支出1016万元。

3.“三公”经费预算安排情况

“三公”经费安排1354万元，同比下降40.41%。其中：公务用车运行维护费1142万元，同比下降41.65%；公务接待费212万元，同比下降32.73%。

（三）政府性基金预算安排情况

政府性基金收入21404万元。其中：国有土地使用权出让收入15064万元；国有土地收益基金收入2000万元；政府住房基金收入4000万元；农业土地开发资金收入340万元。加上上年净结余504万元，收入合计21908万元。本年政府性基金全部调入一般公共预算统筹使用。

（四）社会保险基金预算安排情况

社保基金预算总收入安排61768万元，加上上年滚存结余107259万元，收入总计169027万元。本年社保基金预算总支出安排51404万元。收支相抵，滚存结余117623万元。

1. 收入预算安排情况

社保基金预算总收入安排61768万元。其中：企业职工基本养老保险基金12737万元；城乡居民基本养老保险基金14583万元；居民基本医疗保险基金20317万元；机关事业单位基本养老保险基金14131万元。

2. 支出预算安排情况

社保基金预算总支出安排51404万元。其中：企业职工基本养老保险基金10219万元；城乡居民基本养老保险基金10887万元；居民基本医疗保险基金19522万元；机关事业单位基本养老保险基金10776万元。

（五）国有资本经营预算安排情况

国有资本经营收入20000万元，调入一般公共预算统筹安排。

根据预算法规定，预算年度开始后，在人民代表大会批准本预算草案前，可安排下列支出：上年度结转支出；参照上年同期的预算支出数额安排必须支出的本年度部门基本支出、项目支出，以及对下级政府的转移性支出；法律规定必须履行支付义务的支出，以及用于自然灾害等突发事件处理的支出。根据上述规定，2016年1—5月份全县一般公共预算支出103455万元。

三、统筹聚焦，服务发展，为“十三五”开篇布局提供保障

（一）突出财源建设，促进经济稳定增长

促进经济转型升级。进一步发挥财政资金的引导和撬动作用，探索投资补助、设立基金等办法，在金村新区等公共领域推广PPP等模式，带动社会资本支持重点项目。增资5000万元，使中小企业还贷周转金达到1亿元，在全县形成“助保金”“聚力贷”“还贷周转金”等多样化的融资渠道。抓住中央设立“去产能”专项资金的重大契机，支持煤炭、钢铁等行业解决“去产能”引起的人员安置问题。

推动供给侧结构性改革。加快推进“营改增”改革，认真执行各项结构性减税和税收优惠政策，严格落实各项减免行政性收费特别是涉煤收费措施，切实为企业发展减负。设立5000万元专项奖补资金，推进全县国有企业综合改革和民营企业股份制改革。优化财政资源配置方向，主动承接和服务“优农、稳煤、强铸、兴旅、育新”产业发展。

实施创新驱动发展战略。抓住“互联网+”行动计划机遇，加强财政金融互动配合，推动大众创业、万众创新。设立200万元的创新奖励基金，用好创业担保贷款贴息政策，鼓励企业设立创新创意中心和跨境电商中心，支持有条件的企业发展众包、开展众筹。

（二）大力组织收入，确保完成预算任务

健全综合治税机制。以税收法律法规为依据，建立“政府领导、财税牵头、信息支撑、齐抓共管”的综合治税体系。利用财税库银横向联网和涉税信息平台等技术手段，强化收入预测和执行分析，加强对重点行业、企业的跟踪服务。建立企业用地、中标、施工等信息数据库，抓好外地施工企业的建筑税收。严把政府投资工程支付结算关，保证税收属地入库。建立完善收费清单目录制度，坚决遏制各种乱收费。

做实财政收入。巩固2015年财政收入成果，在应收尽收前提下，杜绝虚增财政收入。

抓好房产税、印花税、契税等零散税种的征收，做到颗粒归仓。对总部、主体注册在我县的企业，要根据上级相关政策、贡献大小给予其一定的奖励。企业分支机构在我县的流转税收要执行属地原则，向企业讲清楚讲明白，做到诚信经营，依法纳税。及时跟进、研究附加税、房产税等财税政策的新动向，向新的财税政策要效益。

主动争取上级财政资金。提早谋划，建立备选项目库，完善项目申报的考察、筛选、评审程序，做深做细项目前期工作。主动加强与省市有关部门的沟通，及时了解资金补助的最新动态，争取上级部门对申报工作更多的指导与支持。建立申报工作保障机制，对争取到上级资金补助的项目，优先落实资金配套；对申报工作突出的部门，按照相关规定在经费上予以适当倾斜。

（三）强化预算执行，保证重点支出需要

保工资。认真落实公务员职务与职级并行制度，解决基层公务员职务晋升空间小、待遇难以提高的突出问题。继续落实机关事业单位养老保险和职业年金制度，保障退休人员基本生活。继续落实机关事业单位年度考核奖金发放工作，提高干部职工工作积极性。

保运转。按照标准预算机关事业单位公用经费，确保公用经费预算刚性。加大村级组织运转经费保障力度，确保基层政权运转、农村稳定。加快推进公务用车制度改革，2016年公务人员公务交通补贴全部预算到位。严格落实中央八项规定，树立过紧日子思想，严控“三公”经费支出，增加“三公”经费预算透明度。

保民生。推进新型城镇化建设，支持国家新型城镇综合试点、金村新区新型城镇试点、巴公新型城镇化试点和扩权强镇综改试点建设。促进教育发展提质提速，继续加大教育基础设施建设力度，重点支持山区乡镇教育发展。推动医疗卫生均衡发展，支持县乡医务人员、在岗村医进修学习。提升社会保障水平，扶持民办养老机构建设，实现养老保险由制度全覆盖到人群全覆盖。

（四）加强改革管理，提升依法理财水平

加快现代财政制度建设。一是全面启动编制三年滚动财政规划和部门三年支出规划，积极推进中期财政规划与部门、行业规划相衔接。强化三年滚动财政规划对年度预算的约束，年度预算编制必须在中期财政规划框架下进行。二是进一步推进部门预算细化，从2016年开始各预算单位在编制预算时，将公用经费的综合定额结合以前年度支出测算编制至经济类科目中的“款”级。三是进一步推进财政信息公开。除涉密部门和事项外，所有预算单位全部公开本部门预算及财政资金安排的“三公”经费预算。

强化预算管理和控制。一是硬化支出预算约束。在年度预算执行中，一般不制定新的增加当年财政支出的政策和措施，一些必须出台的支出政策，通过以后年度预算安排资金，确需当年增加或减少预算总支出的，按法定调整预算程序办理。二是加强结转结余资金管理。建立健全财政存量资金和预算安排统筹结合机制，编制项目支出预算或安排专项转移支付先消化存量，再考虑安排增量。建立库款余额与转移支付挂钩机制，对库款超过正常水平的，只下达预算指标，暂不拨款或少拨款。三是建立健全内控制度。聚焦预算管理、资金分配等核心业务环节，强化内部流程控制，防止权力滥用，提升管理水平。

加强财政绩效管理。建立健全全过程预算绩效管理机制，强化支出责任和效率意识，逐步将绩效管理范围覆盖各级预算单位和所有财政资金。加强绩效评价结果应用，完善结果反馈机制，并与预算安排相挂钩；继续开展综合评价报告工作，为本级政府提供有价值的决策参考。

加强政府债务管理。一是加强源头控制，严控债务增幅，新上政府投资项目，必须有明确、具体、可落实的资金平衡方案，同时明确责任。需要举借政府债务的，要量力而行，切实做到谁借谁还、风险自担。二是逐步把地方政府债务分门别类纳入全口径预算管理，加强对所有债务的统计分析和风险防控，做好相关监管工作。三是通过建立偿债准备金、创新融资渠道等方式，牢牢守住不发生区域性和系统性风险的底线，切实防范和化解财政金融风险。

各位代表，2016年财政工作艰巨而繁重。我们将在县委的坚强领导下，在县人大、县政协的监督指导下，坚定信心，扎实工作，开拓创新，确保完成各项预算任务，为泽州经济社会持续健康发展做出更大贡献。

泽州县 2016 年国民经济和社会发展统计公报

泽州县统计局

2016年，面对错综复杂的经济形势，全县上下认真贯彻落实中央、省、市的决策部署和工作思路，大力实施“161”发展战略，主攻“双一双五”年度根本任务重点，全县经济总体保持了低开稳升的运行态势。

一、综合

初步核算，全年全县生产总值完成218.5亿元，按可比价格计算，同比增长4.8%. 其中：第一产业增加值完成14.0亿元，增长5.7%，占生产总值的比重为6.4%；第二产业增加值完成134.8亿元，增长4.6%，占生产总值的比重为61.7%，其中：工业实现增加值129.9亿元，增长4.4%；第三产业增加值69.8亿元，增长5.0%，占生产总值的比重为31.9%。

人均地区生产总值44485元，按2016年平均汇率计算达到6699美元。

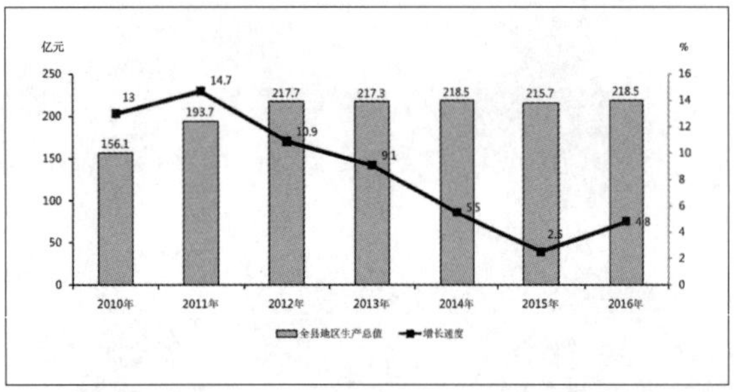

图4　2010—2016年全县地区生产总值增长速度示意图

全年全县公共财政预算收入12.4亿元，增长7.8%，增收0.9亿元。税收收入7.0亿元，下降0.7%，其中：国内增值税、营业税、企业所得税、个人所得税、资源税和城建税共计完成税收5.6亿元，增长1.7%。公共财政预算支出27.9亿元，下降10.8%，减支3.4亿元。其中：教育支出6.0亿元，下降9.5%；社会保障和就业支出3.9亿元，下降9.1%；医疗卫生与计划生育支出4.1亿元，增长4.8%；农林水支出5.1亿元，下降8.7%。民生支出占全县公共财政预算支出的比重72.7%。

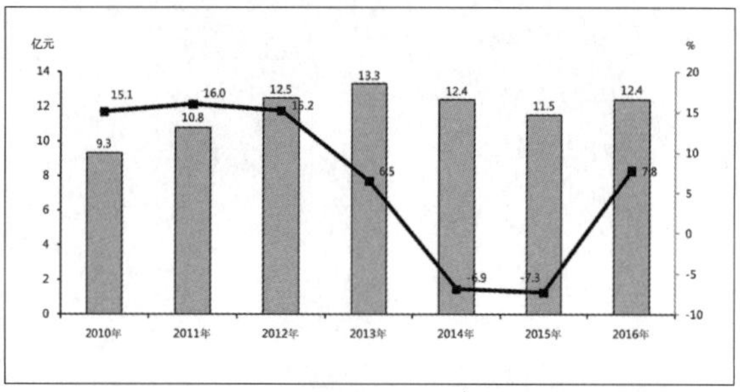

图5　2010—2016年公共财政预算收入及其增长速度示意图

全年全县城镇新增就业5940人，下岗再就业人数达到784人。其中，安置就业困难对象再就业280人。年末城镇登记失业率为0.3%。

二、农业

全年全县农作物种植面积60996.6公顷，比上年减少4815.7公顷。其中：粮食种植面积58697.0公顷，减少4581.7公顷；油料种植面积370.3公顷，减少265.8公顷；棉花种植面积4.7公顷，增加0.2公顷。在粮食种植面积中，玉米种植面积6604.0公顷，增加207.6公顷；小麦种植面积29629.9公顷，减少464.0公顷。

全年粮食总产量23.7万吨，比上年减少2.9万吨，同比减产10.9%。其中，夏粮12.8万吨，减产14.8%；秋粮10.9万吨，减产6.0%。

2016年主要农产品产量及其增长速度一览表

表1

产品名称	产量（吨）	增长（%）
粮食	236668	–10.9
# 夏粮	127756	–14.8
秋粮	108913	–6.0
油料	695	–61.1
棉花	3	–25.0
药材	2063	118.8
水果	18723	–0.2
蔬菜	79828	–3.3

全年完成造林面积181公顷，下降67.9%；经济林面积57公顷，下降80.1%。

全年肉类总产量52331吨，比上年增长0.1%。其中，猪、牛、羊肉分别增长1.5%、–16.9%和–15.2%；奶类总产量480吨，同比下降0.6%；禽蛋总产量22768吨，下降4.0%；蚕茧产量9.6吨，比上年减少6.8%；水产品产量655吨，减少11.0%。

年末全县农业机械总动力28.3万千瓦，下降62.7%。机械耕地面积52690公顷，增长2.5%；机械播种面积44700公顷，增长4.5%；机械收获面积36600公顷，下降5.2%。全县农机化经营总收入1.8亿元，下降53.8%。

三、工业和建筑业

2016年末，全县规模以上工业企业45家。全年规模以上工业增加值同比增长5.4%。

分行业看，煤炭行业增加值增长3.1%，非煤行业增加值增长6.8%。其中：化工行业增长4.6%，冶铸行业增长11.6%，装备制造行业增长4.7%，电力行业下降15.0%。

全年原煤产量672.0万吨，下降5.2%，化肥折纯量125.2万吨，增长6.2%，

生铁产量367.5万吨，增长15.1%，粗钢产量357.8万吨，增长17.0%，钢材产量354.2万吨，增长17.6%，水泥产量42.7万吨，下降5.0%，发电量完成19.1亿千瓦时，下降2.8%。

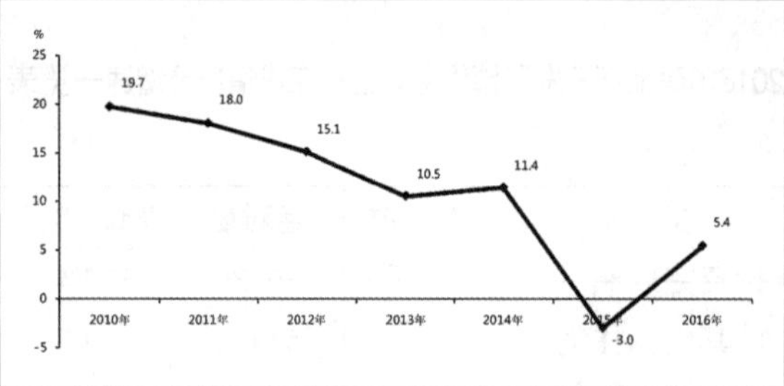

图6 2010—2016年规模以上工业增加值增长速度示意图

全年规模以上工业实现主营业务收入184.6亿元，比上年增长3.2%；工业企业实现利润1.5亿元，比上年增长0.4%；实现利税11.1亿元，同比增长25.1%。

全年全社会建筑业实现增加值50318万元，增长0.02%，年末全县具有资质等级总承包和专业承包建筑业企业7家，完成总产值25613万元，同比下降31.7%。

四、固定资产投资

全年全县固定资产投资完成226.0亿元，增长7.5%。

从产业划分看，第一产业投资20.9亿元，增长2.1%；第二产业投资113.8亿元，下降16.7%；第三产业投资91.3亿元，增长71.7%。

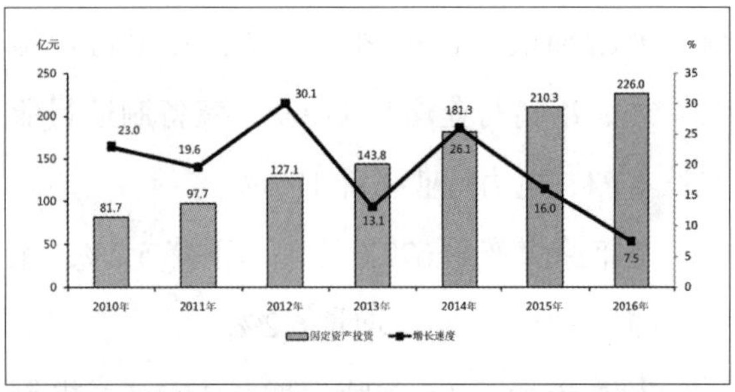

图7　2010—2016年固定资产投资及增速示意图

全年房地产开发投资76736万元，比上年增长172.4%；商品房销售额完成77610万元，同比增长63.1%。

2016年房地产开发和销售主要指标完成情况及增速一览表

表2

指　标	单　位	绝对量	增长（%）
投资完成额	万元	76736	172.4
其中：住宅	万元	51482	143.8
房屋施工面积	平方米	669374	104.8
其中：住宅	平方米	444981	81.3
房屋新开工面积	平方米	369830	131.9
其中：住宅	平方米	224837	63.3
商品房销售面积	平方米	163469	57.2
其中：住宅	平方米	161382	57.8
商品房销售额	万元	77610	63.1
其中：住宅	万元	77090	64.8

五、国内贸易

全年全县社会消费品零售总额38.6亿元，增长7.0%。按经营地统计，城镇消费品零售额26.6亿元，增长5.7%；乡村消费品零售额12.0亿元，增长10.0%。

2016年社会消费品零售总额及其增长速度一览表

表3

指　标	绝对量（万元）	增长（%）
社会消费品零售总额	386410	7.0
一、按销售地区分		
1.城镇	265975	5.7
其中：城区	117886	-1.0
2.乡村	120435	10.0
二、按行业分		
1.批发业	38588	16.9
2.零售业	299209	6.0
3.住宿业	8999	-1.1
4.餐饮业	39613	7.9

2016年限额以上批发零售业零售额及其增长速度一览表

表4

指　标	绝对量（万元）	增长%
粮油、食品、饮料、烟酒类	9529	-13.6
服装、鞋帽、针纺织品类	130	-26.7
化妆品类	25	-37.3
日用品类	92	-8.4
中西药品类	6131	-14.4
体育类	12	-61.2
石油及制品类	45904	33.6
汽车类	45144	-22.5
其他类	1764	-27.1

全年全县海关进出口总额24356万美元，下降8.3%。其中，出口完成1442万美元，同比下降32.5%；进口完成22914万美元，下降6.1%。

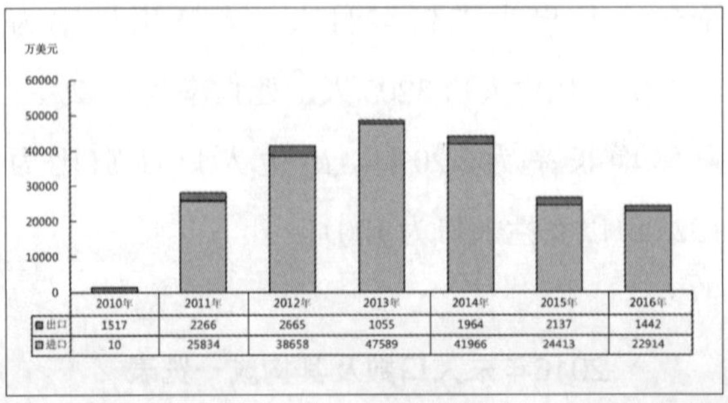

图8　2010—2016年对外贸易进出口总额示意图

六、交通、邮电和旅游

年末全县公路线路里程2381千米，其中：高速公路134千米。公路密度117.7千米/百平方千米。

全年全县完成邮电业务总量17069万元。其中，邮政业务总量1369万元，电信业务总量15700万元。农村固定电话用户2.8万户，移动电话用户年末达到29.4万户，全县宽带接入用户数达4.3万户。

年末全县共有旅游景区(点)9处，其中：国家AAAA级旅游景区1个，国家AAA级旅游景区2个，国家AA级旅游景区1个。共有星级饭店5家，其中：四星级3家、三星级2家。共有农家乐147家。全年共接待游客753万人次，其中：直接接待游客179万人次，间接接待游客574万人次，海外旅游接待游客0.3万人次。实现旅游总收入62.3亿元，其中：直接接待游客收入13.9亿元，间接接待游客收入48.4亿元，海外旅游创汇134.7万美元。

七、金融和保险

年末全县金融机构各项存款余额202.7亿元，比年初增加17.7亿元，增长9.6%。各项贷款余额88.9亿元，比年初增加4.6亿元，增长5.5%。

全年全县保费收入16170.7万元，同比增长3.9%。其中：寿险业务保费收入2791.1万元，下降71.3%；健康险业务保费收入1457.2万元，增长15.5%；意外险业务保费收入314.6万元，下降5.3%；财产险业务保费收入5800.4万元，下降0.6%。全年支付各类赔款及给付3807.1万元，下降10.8%。

八、教育和科学技术

年末全县共有各级各类学校195所，比上年减少20所。在各类学校中，有高中学校5所，高职中学2所，初中中学32所，小学154所，教师进修学校1所，特殊教育学校1所。年末全县共有各级各类在校学生人数50344人，比上年末减少3084人；全年各级各类学校招生数14730人，比上年减少164人；毕业生数15681人，比上年减少993人；年末全县教职工人数4761人。小学学龄儿童入学率100%；小学和初中升学率均达100%。

2016年教育发展情况一览表

表5

指　标	招　生	在校生	毕业生
学前教育	5346	9818	3264
小　学	3053	19809	4013
初　中	4013	12817	5384
高　中	1904	6314	2685
职业中学	408	1552	335

全年共申请各类专利25件。其中：发明专利申请量14件，实用新型专利11件；有效发明专利拥有量26件。列入市级专利推广实施项目1项。

九、文化、卫生和体育

年末全县共有艺术表演团体9个，新创作首演剧目1个，本年上演剧目50余个，演出场次2500余场，收入500万元，其中：剧团2个，本年上演剧目25个，演出场次500场，收入400万元；曲艺队1个，本年上演剧目20个，演出场次600余场，收入3万元。全县共有公共文化馆1个，公共图书馆1个，乡镇文化站17个，村级农家书屋632个，共藏书约110万册。广播电台1座，电视台1座。年末全县有线电视用户达8万户。其中：接收数字信号用户5.3万户。广播综合覆盖人口48.1万人，广播综合人口覆盖率98.0%；有线电视综合覆盖人口48.6万人，电视人口综合覆盖率达99.0%。有线电视入户率达到99.0%。

年末全县共有卫生机构(含诊所)692个，其中县医院1个、县妇幼保健院1个，疾病预防控制中心(防疫站)1个，卫生监督所1个，乡镇卫生院26个，村级卫生所627个，个体诊所35个。全县共有床位数2003张，卫生技术人员1904人，其中执业医师和执业助理医师835人，注册护士591人。乡村三级医疗机构达标率为100%，新型农村合作医疗参合率达到99.58%。

全年全县共举办各级各类体育赛事10余次，参加运动会运动员人数8000余人。运动员在市级以上重大比赛中获金、银、铜牌分别为3枚、5枚、4枚。全民健身活动更加形式多样，据不完全统计，全年全县体育锻炼标准达标人数达35万人。

十、人口、人民生活和社会保障

据2016年人口抽样调查，年末全县常住人口为491789人，比上年末增加1079人。全年全县出生人口4284人，人口出生率为8.72‰；死亡人口3205人，死亡率为6.52‰；自然增长率为2.20‰。出生人口性别比为102.06(以女性人口为100)。

2016年末人口数及其构成一览表

表6

指　标	年末数（人）	比重（%）
全县常住人口	491789	100.00
其中：城镇	230250	46.82
乡村	261539	53.18
其中：男性	248402	50.51
女性	243387	49.49

全年居民人均可支配收入19826元，增长7.2%。按常住地分，城镇居民人均可支配收入29333元，增长7.1%；农村居民人均可支配收入13129元，增长7.5%。

年末参加城镇基本养老保险30022人，比上年末增加1121人；参加新型农村社会养老保险297839人，减少897人；参加城镇医疗保险50610人，增加229人，其中：城镇职工医疗保险参保35200人；城镇居民医疗保险参保15410人；增加38人；参加失业保险24038人，增加470人；参加工伤保险64080人，减少1929人，其中：农民工参保42072人；参加生育保险28000人，增加800人。全县共有

389015农民参加了合作医疗。

年末全县城镇基本社会保障覆盖率达99.2%，其中：养老保险覆盖率达99.4%，医疗保险覆盖率达99.8%，生育保险覆盖率达99.7%，失业保险覆盖率达99.2%。

全年城镇低保人数968人，保障户数850户；农村低保人数8102人，保障户数5495户。

十一、资源、环境和安全生产

全县省级自然保护区1个，自然保护区面积93775.1公顷。全县林木绿化覆盖率达到50.6%，森林覆盖率达到36.7%。

全年环境空气质量二级以上天数达到208天，重污染天数21天。空气综合质量指数为7.48。

全年生产安全事故6起，事故死亡5人。全年共发生道路交通事故93起，死亡45人。其他行业全年安全无事故。

公报注释：

1. 本公报部分数据为初步统计数据。

2. 地区生产总值、各产业增加值绝对数按现价计算，增长速度按不变价格计算。

3. 除注明外，本公报所列增加、增长、减少、下降均系与上年比较。

4. 邮电业务总量（包括邮政业务总量和电信业务总量）按2010年不变价计算。

5. 部分数据因四舍五入的原因，存在与分项合计不等的情况

大事记

1月

7日，泽州县召开扶贫工作部署会。会议传达贯彻了中央和省、市扶贫开发工作会议精神，从建档立卡、易地扶贫搬迁规划和落实“五个一批”三方面对下一步工作进行了安排部署。

8日，泽州县召开安全生产工作会议。会议传达了中央、省、市安全生产会议精神，通报了2015年全县安全生产工作情况，安排部署了2016年安全生产工作。

15日，县委书记赵新年主持召开了“十三五”规划征求意见座谈会。

20日，市长刘润民深入泽州县天地王坡煤业进行了调研检查，亲切慰问广大干部职工致，并致以新年祝福。

20日，县委书记赵新年主持召开县委常委会，传达学习中央和省委有关文件精神，传达学习市委六届六次全会暨全市经济工作会议以及全市脱贫攻坚大会精神，并就县委四届六次全会暨全县经济工作会议、纪检工作和金村新区建设等有关事宜进行了研究讨论。

26日，县委四届六次全体会议暨全县经济工作会议召开。会议总结2015年工作，部署2016年工作。县委书记赵新年受县委常委会委托作《县委常委会工作报告》，并就《中共泽州县委关于制定国民经济和社会发展第十三个五年规划的建议》作说明。县委副书记、县长高喜全作全县经济工作报告。

27日，泽州县召开道路交通安全工作暨春运工作安排部署会议。会议通报了全县2015年道路交通安全管理工作情况，同时安排部署了2016年道路交通安全工作暨春运工作任务。

28日至29日，县委书记赵新年赴京，就煤炭产业和文化旅游业项目建设，与中煤科工集团和北京立根集团进行对接洽谈。

2月

1日，泽州县举行“互联网＋泽州品牌”网上行签约仪式。此次签约是助力泽州传统产业向互联网转型，借助“互联网＋”的资源优势，树立泽州品牌意识，讲好泽州品牌文化。参会企业家代表分别就传统产业如何与现代电商融合以及对“互联网＋”的认识进行了交流发言。

3日，泽州县分两批召开党员干部风清气正过节“十严禁”约谈会。县委书记赵新年、县长高喜全分别对乡镇党委书记、乡镇长、纪委书记，以及党群系统、政府工作部门等党组织书记和纪检组长进行集体约谈。

26日，泽州县召开三级干部暨劳动模范表彰大会。县委书记赵新年作重要讲话，会议对2015年度成绩突出的244个先进集体和354名模范个人进行了表彰。

27日，县领导高喜全、侯贵宝、李正根等在泽州分会场收听收看了全省农村工作会议。会议总结了“十二五”时期全省“三农”工作，分析了新常态下农业农村形势，安排部署了2016年和“十三五”时期农业农村工作。省委书记王儒林、省长李小鹏分别作出重要批示，省委副书记楼阳生出席会议并讲话，副省长郭迎光主持会议并作总结讲话。

27日，中国钢铁工业协会副秘书长窦立威带领国办钢铁行业去产能督查调研组一行深入晋钢集团调研钢铁行业去产能工作。

3月

1日，泽州县召开春季森林防火会议。会议通报了全县近期火灾发生情况，传达了上级森林防火工作精神，并安排部署了当前森林防火工作。

2日，泽州县召开安全生产工作会议。会议传达贯彻了近期国家和省、市一系列安全生产工作会议精神，并就全国“两会”期间和近期安全生产工作进行了安排部署。

5日，泽州县以“务实清廉、春满泽州”为主题的“六个一”活动全面启动。主要内容是做一件好事、栽一棵绿树、清一片垃圾、发一条微信（微博）、帮一个贫困户、记一条廉政箴言。时间为期一个月。县委书记赵新年等领导干部带头参加了活动。

7日，泽州县举行纪念“三八”国际妇女节106周年“立家规传家训树家风”百姓故事分享会。

8日，泽州县举行了“平安县”授牌仪式。市委政法委常务副书记、综治办主任栗强为该县授牌，并就2016年平安建设工作提出要求。

11日，市委书记张九萍、市长刘润民、市委副书记曾庆勇、市人大常委会主任孟福贵等市四大班子领导，到泽州县丹河龙门湿地公园，与该县广大干部群众一起参加义务植树活动。县四大班子领导赵新年、高喜全、侯贵宝、王野萍、陈晋勇、樊秋宝等共同参加义务植树。

16日，泽州装备制造产业服务窗口平台服务项目发布会举行。泽州装备制造产业服务窗口平台，是全省18个特色产业平台之一，由泽州县清慧机械制造有限公司承建。服务窗口平台旨在产品研发、检测检验、技术推广、设备共享、技术咨询、人才培训等方面，为企业提供公益性、普惠性、专业性服务，引导和带动装备制造业上档升级、做大做强。县委书记赵新年在发布会上致辞。

18日，泽州县召开县乡领导班子换届工作会议。县委书记、县委县乡换届工作领导小组组长赵新年出席会议并讲话。

22日，泽州县农村“领头雁”暨第一书记培训班在高都职中开班。

22日，副省长张复明在泽州县大阳镇就该镇的旅游开发进行调研。市委书记张九萍，市委常委、宣传部部长、市政府党组成员张志仁，副市长王维平，县委书记赵新年，县委常委、宣传部部长、县政府党组成员王丽等参加调研。

23日，泽州县召开脱贫攻坚大会。县委书记赵新年出席会议并讲话。县长高喜全主持会议。会上签订了脱贫攻坚责任书。

23日，2016年泽州县文化、科技、卫生“三下乡”活动在泽州县柳树口镇东石瓮村启动。

28日，泽州县“慈善一日捐”活动在县委县政府机关楼前举行启动仪式。县四大班子领导赵新年、陈晋勇、樊秋宝、张保国、王加林、王丽、李正根、安旭敏、张庆民等出席启动仪式并带头现场捐款。

29日，泽州县举行《泽州县志》首发式暨《泽州年鉴》征编工作会议。

中下旬，泽州县开展了“‘两学一做’，挺纪在前”专题教育知识竞赛活动。县纪委机关荣获比赛一等奖，高都镇、金村镇获得二等奖，柳树口镇、大东沟镇、犁川镇获得三等奖。

4月

7日，中共泽州县委四届七次全体会议召开。会议审议通过了《关于召开中国共产党泽州县第五次代表大会的决议》(以下简称《决议》)，决定2016年5月下旬召开中国共产党泽州县第五次代表大会，同时审议票决了拟提名的11名乡镇党委书记人选和14名乡镇长候选人。全会由县委常委会主持。县委书记赵新年作重要讲话。县委常委、组织部部长王加林作《决议(草案)》说明。

8日，省政府督查组到泽州县就农村生活污水防治项目进行督查。

14日，泽州县召开副县以上领导干部会议。宣布张韶华任中共泽州县委委员、常委、组织部长。

14日，市委书记张九萍深入泽州县南岭乡和李寨乡，就县乡换届工作进行专题调研。

14日，泽州县与山西农业大学召开“一站一地五院”项目座谈会，就校县合作项目进行对接。“一站一地五院”是泽州县与山西农大合作农业综合试验示范推广基地的重点项目，即合作共建1个核桃产业化科技示范推广站，1个小麦优质高产综合技术示范基地，食用菌产业、谷子产业、生猪产业、蔬菜产业、养羊产业5个专家大院，共建综合示范推广基地。副县长程春明、农大校党委书记陈利根等出席会议，县科技局、部分专家大院负责人、农大7个首席专家团队参加了会议。

15日，泽州县召开环境保护工作会议。会议传达了全县2016年度大气污染防治行动计划及水污染防治行动计划实施方案。同时部署了全县2016年环境保护工作。

18日，县四大班子领导集中收看了全省“两学一做”学习教育视频会。

26日，中国农产品企业发展有限公司考察团在泽州彤康食品有限公司、丹河德泽美境生态大观光园项目、丹河龙门湿地公园项目、康鑫农牧发展有限公司等地参观考察州泽州县农业项目发展。考察团一行对泽州农业发展及农产品推广工作表示肯定，同时指出把科学技术应用到农产品的开发对加快农业结构调整、提高农业整体效益、推动传统农业的改造与升级，做强做大泽州本土品牌，提升泽州形象，推动地方经济发展具有重要意义。

26日，省委市县乡换届风气第九督导组在泽州县督查县乡换届工作。省供销社监事会主任、省委督查组组长王义升出席座谈会并作重要讲话。

27日，泽州县召开“两学一做”学习教育会议。会议对开展“两学一做”学习教育作出安排部署。县委书记赵新年出席会议并作重要讲话。

28日，泽州县召开副县以上领导干部会议。宣布张建中任中共泽州县委委员、常委、纪委书记。

28日，泽州县召开电子商务协会成立暨电子商务工作推进大会。会上宣读了《泽州县人民政府关于促进电子商务发展的实施意见（试行）》，宣布泽州县电子商务协会正式成立。

30日，“太行神韵·山水金村”第五届泽州乡村摄影展暨丹河龙门湿地公园油菜花文化旅游节开幕。县委书记赵新年致开幕辞，县长高喜全主持开幕式。县四大班子领导出席开幕式。

20日至30日，泽州县在丹河龙门湿地公园广场举办庆“五一”职工歌咏比赛。本次职工歌咏比赛，以“中国梦·劳动美·建功‘十三五’”为主题，共组织了26支代表队，3000多名干部职工参赛。最终巴公镇、农委口代表队获得了一等奖；党群口、南村镇、天泰公司、北义城代表队获得二等奖；政法口、宣传口、政府口、大阳镇、李寨乡、川底乡、下村镇获得三等奖；县人武部获得优秀组织奖。

5月

5日，县委书记赵新年主持召开县委常委会，集中学习邓小平、陈云关于对党要忠诚老实的两篇文章，传达学习省市委有关会议和文件精神，研究讨论《县委巡察工作领导小组办公室首轮巡察工作方案》和《关于在全县党员中开展“两学一做”学习教育实施方案》，听取全县深入开展“冬季行动”和巡视整改“回头看”情况汇报。

11日，县委常委会开展“讲政治、有信念”专题学习研讨。会议围绕确保政治合格，做到对党忠诚，挺起理想信念的“主心骨”，做到在党言党、在党忧党、在党为党、在党爱党等方面的内容，开展了“两学一做”第一次专题研讨。

12日，市长刘润民等先后深入到处泽州县的晋城福盛钢铁有限公司、山西天泽集团永丰化肥有限公司、山西兰花科创新材料分公司、山西兰花煤化工有限责任公司、山西兰花华明纳米材料有限公司就煤炭、电力、化工等进行实地调研。

13日，泽州县在政府小礼堂举办了“两学一做”学习教育专题讲座，晋城市委党校副校长卢路教授作了题为《学党章党规，学系列讲话，做合格党员》的专题报告。

14日，山西农业大学“三农”服务中心主任王秦俊带领蔬菜、生猪、核桃、食用菌、小麦、谷子、肉羊和设计规划共八大专家团队深入泽州县就农业科技合作与乡镇领导、基地负责人开展交流活动。

14日至16日，省委书记王儒林深入泽州彤康食品有限公司的3000亩山楂种植基地、生产车间，详细了解了山楂红酒的生产工艺、产品研发、市场销售、农民增收等情况，充分肯定了“公司＋合作社＋基地＋农户”的运作模式。王儒林强调，靠龙头企业带动，经济林才能持续发展，产业才能做大。地方、部门要全力帮扶龙头企业，支持企业用产业的办法治山治水、荒山造林，带动群众脱贫致富。

16日，泽州县召开领导干部大会，传达贯彻省委书记王儒林在泽州县调研时的讲话精神。县委书记赵新年主持会议并作重要讲话，县长高喜全对当前经济工作进行安排部署。县四大班子领导侯贵宝、陈晋勇、樊秋宝等出席会议。各乡镇党委书记、乡镇长，县直各单位和重点企业负责人等参加了会议。

17日至20日，县长高喜全参加了中国铸造协会在北京主办的第十四届中国国际铸造博览会。泽州作为山西省铸造产量最大的县，曾荣获“中国铸造行业集群试点县”称号。此次组织22家铸造企业参会，有4家企业的铸造产品荣获金奖。会上，泽州县冶铸加协会荣获“全国铸造行业先进社会组织”称号。

18日，县长高喜全一行到五矿集团，与五矿二十三冶建设集团有限公司就金村新区建设合作事宜进行了对接洽谈。此次合作将通过PPP等合作模式，实现多方互利共赢发展。

18日，泽州县乡（镇）两级人大换届选举工作会议召开。会议宣读了县选委会关于县、乡（镇）两级人民代表大会换届选举工作实施方案，并就县、乡人大换届选举工作需要重点把握的有关问题进行专题辅导和讲解。县人大常委会主任陈晋勇，县委常委、组织部部长张韶华，县人大常委会副主任郭志鹏、张武亮、丁蕊香、马培林出席了会议。

23日，泽州县召开2016年地质灾害防治工作暨防灾知识培训会。会议传达了泽州县人民政府办公室《关于印发泽州县2016年度地质灾害防治方案的通知》和《泽州县开展地质灾害易发区违法建设清理整顿工作方案》，会议同时对2016年地质灾害防治工作进行了安排。

24日，县领导赵新年、高喜全等在泽州分会场收看了全省脱贫攻坚推进大会。会上，省委书记王儒林作重要讲话。省长李小鹏主持会议。

6月

3日，泽州县召开“三夏”暨防汛工作会议。会议分别对该县“三夏”农业生产和防汛度汛工作进行了安排部署，并为部分乡镇代表颁发了夏收防火责任状。

7日，县委书记赵新年、县长高喜全带领县教育、公安、发改、环保、食药等相关部门负责人，先后到泽州县第一中学、泽州县职业中学两个考点巡视高考工作。副县长上官建红参加巡视。

8日，泽州县召开中国共产党县直机关代表会议。会上宣读了《中国共产党泽州县第五次代表大会代表选举办法（草案）》；选举产生了123名出席中国共产党泽州县第五次代表大会的代表。

10日，是泽州县选举县乡人大代表日。全县113个县人大代表选区、602个乡（镇）人大代表选区同步进行了选举。本次换届选举将通过差额选举，产生新一届县人大代表222名、乡镇人大代表1021名。县委书记赵新年、县长高喜全分别到相应选区参加了选举。

17日，中共泽州县委四届八次全体会议召开。会议审议通过了《四届县委工作报告（讨论稿）》、《县纪委工作报告（讨论稿）》、《党费收缴使用和管理情况报告（讨论稿）》及相应决议（草案）；听取并审议了县第五次党代会代表选举结果和初审情况；讨论通过了大会选举办法（草案）；审议通过了县第五次党代会预备会议阶段有关建议名单以及大会日程（草案）。县委常委会主持会议。

22日至23日，中国共产党泽州县第五次代表大会在县政府小礼堂召开。大会的主要任务是，回顾总结过去五年的工作，科学谋划未来五年的发展，选举产生新一届县委和县纪委班子，动员全县各级党组织和广大党员干部群众，从严治党。大会以举手表决的方式通过了四届县委工作报告决议；通过了县纪委工作报告决议；通过了党费收缴、使用和管理情况报告决议。赵新年代表中国共产党泽州县第四届委员会向大会作题为《从严治党、重振雄风，为打造新型城镇化示范县率先全面建成小康社会而努力奋斗》的工作报告。

25日至28日，政协第六届泽州县委员会第一次会议在县政府小礼堂召开。大会听取了县政协六届一次会议期间提案审查情况的报告；审议通过了政协第五届泽州县委员会常务委员会工作报告决议和县政协六届一次会议政治决议。大会主席团常务主席樊秋宝代表政协第五届泽州县委员会常务委员会作政协工作报告。大会主席团常务主席郭荣林受政协第五届泽州县委员会常务委员会委托向大会作提案工作报告。县委书记赵新年出席会议并作重要讲话。

26日至29日，泽州县第六届人民代表大会第一次会议在县政府小礼堂隆重召开。会议通过了《关于泽州县人民政府工作报告的决议》、《关于泽州县国民经济和社会发展第十三个五年规划纲要的决议》、《关于泽州县2015年国民经济和社会发展计划执行情况与2016年国民经济和社会发展计划的决议》、《关于泽州县2015年财政预算执行情况和2016年财政预算的决议》、《关于泽州县人民代表大会常务委员会工作报告的决议》、《关于泽州县人民法院工作报告的决议》和《关于泽州县人民检察院工作报告的决议》。

28日，全国优秀党务工作者泽州县犁川镇崔河村党总支书记、原吉林省四平市委常委、军分区政委崔晓满赴京，参加全国庆祝中国共产党成立95周年表彰大会。县委书记赵新年等专程欢送。

30日，泽州县召开纪念建党95周年暨农村党建“一带三创五化”动员大会。大会表彰了全县各行各业涌现出的62个先进基层党组织、64名优秀基层党支部书记、59名优秀共产党员和59名优秀党务工作者。大会同时就农村基层党建“一带三创五化”工作进行了安排部署。县委书记赵新年出席会议并作重要讲话。

7月

1日，省委组织部巡察组深入泽州就农村基层党建情况进行调研巡察。巡察组先后在下村镇史村村、巴公镇南山村，就农村党务、村务、财务三个公开，党组织建设，切实解决好群众反映强烈的突出问题等进行了调研。当日，县委书记赵新年为县委办全体党员干部讲党课。按照“两学一做”学习教育的要求，围绕“讲规矩、有纪律”的主题，从入党为了什么、入党后干了些什么和今后怎么干三个方面，阐述了如何争做一名“四讲四有”的合格党员。

8日，泽州县召开关心下一代工作会议。会议宣读了《关于2016年在全县青少年中开展“中华魂”(遵纪守法，从我做起)主题教育活动的通知》，表彰了2015年“中华魂”主题教育读书活动先进集体和先进个人。会议还对2016年工作任务作了安排部署。县委副书记席学武，县政协副主席贾祥瑞出席会议。

10日，泽州县举行环城生态圈二期绿道、伊候山森林绿道开放仪式以及全民健步走与自行车环保骑行等系列活动。此次活动以“健康绿道游、美丽泽州行”为主题，对于宣传绿道建设成效，推动“兴旅”“育新”，提高全民环保意识和健康水平，建设美丽泽州，具有十分重要的意义。副市长茹栋梅、县委书记赵新年出席开放仪式并讲话，县委副书记、县长高喜全现场发出活动指令。

12日，泽州县60周岁以上居民免费健康体检启动仪式在泽州县第二人民医院(巴公镇)举行。全县60周岁以上老人免费体检活动的开展，是全面落实县五次党代会精神和县政府十件惠民实事的实际举措，是泽州县创新公共卫生事业和关爱老年人健康的实际行动。副县长张宏出席启动仪式。

12日，泽州县举办学习贯彻习近平总书记“七一”重要讲话精神讲座。讲座特邀省委党校刘树信教授为全县领导干部作专题辅导。

15日，京东商城华北区域产业发展部总监张涛一行泽州县洽谈农村电商合作项目。对月星城市广场、彤康老山楂基地、山里泉蜂蜜、鲁村小米等部分企业进行了实地调研，双方就对接事宜召开座谈会。副县长程春明陪同调研并参加了座谈会。

17日，泽州县乡科级领导干部培训班在县委党校正式开班。

19日，泽州县遭遇暴雨灾害。此轮强暴雨中心降雨量达100毫米，超过近十年的峰值，全县17个乡镇不同程度受灾。柳树口镇的晋张公路受损严重，主要干道路面大面积沉陷，部分路基边坡垮塌，全镇38个行政村道路冲毁严重，总计损失约986万元。灾后，县政府组织相关单位积极救灾，用了45天时间就将晋张路、巴马线等县乡主要干线基本疏通。

26日，泽州县召开防汛工作会议。会议通报了“7·19”暴雨灾情，传达了全省防汛工作视频会议精神，传达了中央、省、市领导调研防汛救灾指示批示精神；会议分析了泽州县当前防汛工作面临的严峻形势，并对相关重点工作进行再安排、再部署。县长高喜全、副县长程春明、县人武部部长赵留宇出席会议。

27日，泽州县召开禁毒工作会议。会议围绕严惩涉毒违法犯罪、积极开展禁毒专项行动、深入开展禁毒宣传、稳步推进社区禁毒及社区康复工作、强化易制毒化学品管理等方面对2015年工作进行了总结。同时对下一步工作进行安排部署。

27日至28日，泽州县举办了国防教育专题讲座，庆“八一”双拥文艺晚会等系列活动，隆重庆祝第八十九个建军节。市人大副主任廖军、孔庆鹏、李国继、韩淑君，市政协副主席马德和，晋城军分区政治部主任王军喜，石家庄陆军指挥学院教授王建华等上级领导应邀出席活动。县委书记赵新年在活动上致辞，县长高喜全、县委副书记席学武、县人大主任靳水生、县政协主席李正根等四大班子领导，以及驻泽州部队官兵和广大干部群众等参加了庆祝活动。

29日，全县综治干部培训班开班。县委常委、政法委书记安旭敏出席开班仪式并作动员讲话。

8月

5日，泽州县召开副县以上领导干部会议。宣布市委决定，提名许关生为泽州县人民检察院检察长候选人。

8日，泽州县第一届农民运动会在泽州县第一中学开幕。

12日，民进泽州县支部第三次代表大会举行。会议听取并审议了民进泽州县第二届支部主委李卫国所作的工作报告。选举产生了民进泽州县第三届支部主委，李守泽当选为主委。

23日，中国海外控股集团总裁孙斌一行到泽州县参观考察。考察团一行先后前往市规划馆、教育园区（太原科技大学晋城校区）、金村大道、府城街、丹河湿地公园入口广场、太焦城际高铁晋城东站选址、丹河湿地公园一期、丹河西路等地，参观考察金村新区建设情况。县长高喜全，县委常委、常务副县长李韶华陪同考察。

23日，省长李小鹏主持召开山西省人民政府第一百二十九次常务会议，会议研究并通过了“晋城市泽州县政府驻地变更”相关事宜，这标志着泽州县规划县址由南村镇变更至金村镇迈出了坚实一步，也将全面加快金村低碳示范区建设、带动全县经济社会发展。

29日至30日，以北京清华同衡规划设计研究院副院长郑筱津为组长的国家评估调研组，在省、市发改委等有关领导的陪同下，深入泽州县，就国家新型城镇化综合试点工作进行评估调研并召开座谈会。县委书记赵新年，县长高喜全，县委常委、常务副县长李韶华等参加座谈和陪同调研。

31日，泽州县在县政府小礼堂举行经济形势及投资项目专题讲座。专题讲座以《经济形势及投资项目》为主题，由经济学硕士、高级经济师、省发改委投资处处长任凯讲座。

9月

7日，县委书记赵新年主持召开严明换届纪律集体约谈会，对本县出席市党代会和市人大、政协“两会”的“两代表一委员”进行廉政谈话。

8日，泽州县召开改善环境质量“百日攻坚战”动员大会，大会要求全县上下集中利用100天时间，持续有效提升环境质量水平。县委书记赵新年出席会议并作重要讲话。

13日，2016“秋风古韵·畅游泽州”首届文化旅游节暨珏山第十六届中秋赏月文化节开幕式在珏山隆重启动。

13日，泽州县与山西中医学院举行创新推进中药材产业发展校县合作签约仪式。县委书记赵新年，县委常委、县委办主任阎晋中出席签约仪式，副县长程春明主持签约仪式并代表县政府与山西中医学院进行签约。

20日，全县干部入企服务工作动员会召开。会议宣读了《泽州县干部入企服务工作方案》《泽州县入企服务小组干部选派分组名单》。县委、县政府决定从即日起至11月15日，组建30个入企服务小组，重点对全县30家规模以上工业企业，集中两个月的时间开展干部入企服务工作。县委常委、组织部部长张韶华出席会议并讲话。

21日，由泽州县老干局、老年书画协会组织举办的纪念红军长征胜利80周年老干部书画展开展。此次书画展共展出70余件作品，展出时间25天。

22日，泽州县举行环市区绿道（二期）社会化运营管护签约仪式。

23日，泽州县第一书记工作推进会在二招北三楼会议室召开。会议对一年来的第一书记工作进行了总结。对下一步工作提出了要求。

23日，全县老龄工作会议召开。会议学习传达了习近平总书记关于老龄工作的重要讲话精神，并就如何落实习近平总书记讲话精神以及今后一个时期的老龄工作进行了安排。副县长张宏出席会议并讲话。

23日，泽州县召开安全生产会议。通报了近期中央、省、市有关安全生产会议精神。县委常委、常务副县长李韶华讲话，副县长马占出席会议。

25日，泽州2016“秋风古韵·畅游泽州”首届文化旅游节暨“栖龙湾”首届山地车越野赛开赛，来自全国11个省份的467名选手参赛。

27日，县政府与中国银河证券股份有限公司全面战略合作签约仪式在高都大酒店举行。市金融办副主任杨利生，副县长樊海放，银河证券山西分公司总经理赵松林、山西省社会科学院金融研究中心主任吴晓峰参加了签约仪式。

29日，泽州县中小企业名优特产品展销会隆重开幕。此次展销会历时9天，共设展位42个。其中名优产品展位10个，乡镇地方特色产品展位21个，中介服务展位4个，金融服务展位6个，特种设备展位1个。涉及装备制造、新能源新材料、文化旅游、现代农业、“互联网+”与创新服务五大领域。近百家中小微企业、600余种产品进行展销，为泽州县近年来产品最多、品种最全、规模最大的一次展销会。

30日，泽州县县级领导干部，各乡镇、县直各单位主要负责人，以及驻泽部队、公安干警和中小学生代表等社会各界350余人，在泽州县烈士陵园隆重举行烈士公祭仪式，县委书记赵新年宣读祭文。

10月

9日，县老干局和县老龄委共同举办了以“秋风共舞齐联欢·满堂欢庆构和谐”为主题的文艺演出。县委书记赵新年现场观看演出并讲话，向全县所有离退休老干部、老同志和老年人致以节日的问候。当日，赵新年还慰问了本县金村镇坂头村的百岁老人李桃孩，并送上鲜花和慰问金以表节日祝福。

9日，泽州县与山西国新能源发展集团有限公司在太原签订了战略合作框架协议。县长高喜全、副县长程春明，山西国新能源发展集团有限公司总经理刘军、总工程师陈钢、山西煤层气（天然气）集输有限公司董事长刘联涛参加了签约仪式。

9日，省“千人百县”专家服务团到泽州县李寨乡开展服务基层活动。此次专家服务基层是泽州县2013年设立山西省高层次人才服务站以来开展的系列活动之一。

10日，泽州县组织巴公、金村、大阳、周村、南岭五个环卫体制改革试点乡镇及环保、交通等相关单位在南岭乡举行了农村环卫体制（试点）改革推进会。

10日，县委书记赵新年带领县经贸、交通、国土等部门负责人，深入到自己所包联的华昱煤制油项目，就项目建设中存在的困难和问题进行现场办公。

上旬，“十一”黄金周期间，泽州县共接待游客100.408万人次，其中：旅游景区暨各式节庆活动共计接待游客57.108万人次，乡村旅游接待人数达43.3万人次。旅游总收入4.02亿元。

11日，泽州县2016年度第五期农村“领头雁”培训班在高都职中开班，集中对全县各村村委主任进行培训。县委常委、组织部部长张留华参加开班仪式，并作动员讲话。

11日，泽州县二十里铺连翘综合开发有限公司与山西国新晋药集团陵川药业有限公司在海天大酒店举行战略合作签约仪式。双方签订了连翘种植加工购销合作协议。市农业综合开发局局长刘东平，副县长程春明出席会议并讲话。

16日至21日，泽州县组团赴北京通州区进行了产业转移项目精准对接。对接活动由大东沟镇、北义城镇、高都镇、招商局等部门参加。参加洽谈对接的项目共30余个。通过此次对接活动，必将为泽州县产业转型发展和县域经济腾飞注入新的动力。

17日，泽州县举办电子商务与县域经济发展专题讲座，特邀商务部中国国际电子商务中心首批特邀讲师、国务院扶贫办电商扶贫特邀专家魏延安作《发展县域电商的机遇与问题》为主题的专题辅导。

17日，川底乡二十里铺连翘综合开发有限公司举行揭牌仪式。县委常委、宣传部部长霍丽丽，副县长张宏，中华全国农民报协会秘书长魏小兵一起为二十里铺连翘综合开发有限公司揭牌。

17日至18日，来自全国28家“三农”媒体六十多位社长、总编和记者参加了山西行聚焦泽州活动。记者团先后到周村镇石淙头村、川底乡二十里铺连翘中药材种植基地、伊侯山国有林场森林绿道、李寨乡栖龙湾景区陟椒村三教堂、南岭乡富晋大桥、葛万村万芳文化馆、山西彤康食品有限公司、丹河龙门湿地公园、伊健食品有限公司、巴公镇南山村、青莲寺、珏山文化产业创意园等8个乡镇17个农业项目点和旅游景点，进行实地采访，全方位、宽领域、多层次地了解古韵泽州的特色农业和全域旅游的发展脉动。

19日，泽州县丹河龙门湿地公园二期项目设计方案汇报会召开。县委常委、常务副县长李韶华主持会议并讲话，市环保局、市规划局、县住建局、水务局、林业局等13个相关单位和企业与丹河龙门湿地公园二期项目设计方北京东方园林生态股份有限公司参加了会议。

21日，泽州县召开党委办公室主任会议。会议传达了全国、全省、全市党委秘书长会议精神，并对全县党委办公室当前需要做好的重点工作进行了安排部署。县委常委、县委办主任闫晋中出席会议。

26日，泽州县召开易地扶贫搬迁第二次联席会议。会议传达了全省脱贫攻坚领导小组相关文件精神和10月21日全省易地扶贫搬迁吕梁现场推进会精神，介绍了吕梁市方山县易地扶贫搬迁的经验和做法，讨论了全县易地扶贫搬迁项目资金管理办法，研究拟定了下一阶段的工作任务。金村镇、南村镇、山河镇、南岭乡四个乡镇就易地扶贫搬迁工作进展情况作了简要汇报。

26日，县委书记赵新年主持召开县委中心组会议，传达学习了市人大、政协“两会”精神，集中学习了省委有关文件精神。

28日，省国土资源厅厅长许大纯调研组到泽州县就农村集体经营性建设用地入市试点等工作进行调研指导。市长武宏文，市委副书记曾庆勇，副市长张利锋，县政协主席李正根，县委常委、常务副县长李韶华，县委常委、副县长张庆民参加调研。

31日，中国共产党山西省第十一次代表大会在太原隆重召开。在泽州县级领导和县委中心组成员在泽州会场收听收看了开幕盛况及省委骆惠宁书记所作的《以习近平总书记系列讲话为指引忠诚担当攻坚克难为全面建成小康社会而奋斗》的报告。

该月，泽州县组队参加晋城市“中国梦·劳动美”职工曲艺大赛。该县选送的小品《孝行天下》、数来宝《我家我村变化大》荣获三等奖，音乐快板《泽州好》荣获优秀奖。此次参赛是以践行社会主义核心价值观为宗旨，以歌颂伟大的党和伟大的祖国为主线，以唱响“中国梦·劳动美”，展示“文明泽州、和谐泽州”建设的最新成果为时代主旋律。

11月

2日，泽州县召开第三次全国农业普查会议。会议通报了泽州县第三次农业普查前期准备情况，对下一步工作进行了安排部署。县委常委、常务副县长李韶华出席会议并讲话。

7日，县委书记赵新年主持召开县委中心组（扩大）会议。会议传达贯彻了省第十一次党代会精神，动员全县各级党组织和广大党员干部要迅速行动起来，用中共十八届六中全会精神和省第十一次党代会精神武装头脑、指导实践、推动发展，凝心聚力办好泽州的事情。

8日，县委书记赵新年深入大箕镇，就农村基层党建工作和“两学一做”学习教育开展情况进行调研，并围绕“一带三创五化”与南部乡镇党委书记、组织委员和部分村党支部书记座谈交流。座谈会上，赵新年提出“六个进一步”：一要进一步提高思想认识；二要进一步明晰党建思路；三要进一步强化领导核心；四要进一步规划组织生活；五要进一步培树先进典型；六要进一步加大党建投入。县委常委、组织部部长张韶华，县委常委、县委办主任阎晋中一同调研。

9日至12日，市长武宏文带领市直各相关部门负责人深入泽州县，就城建重点工程项目建设进行调研。副市长张利锋，县委书记赵新年，副县长张宏等一同调研。

11日，泽州县召开冬春火灾防控工作部署会议。会议通报了全县冬春火灾防控重点工作开展情况，并对下一步的重点工作进行了安排部署；宣读了《2016年冬春火灾防控工作方案》。副县长、县公安局局长李平出席会议并讲话。

11日，泽州县入选“国家全域旅游示范区”。

15日，市长武宏文深入泽州县清慧机械制造有限公司就工业经济工作进行调研。副市长王宏微、县委书记赵新年、副县长樊海放等参加调研。

17日，县领导席学武、张韶华、李平等在泽州县分会场收听收看了全省脱贫攻坚干部帮扶工作电视电话会议。会议传达学习了省委书记骆惠宁的重要批示，宣读了《关于干部驻村精准帮扶工作机制的若干意见》，对进一步做好干部帮扶工作作出新的安排部署。

17日，泽州县举办学习贯彻中共十八届六中全会精神专题讲座，邀请省委党校原副校长、省社会科学联合会副主席、省政协学习宣传委员会副主任高建生作专题辅导。

17日，市委巡察第二组巡察泽州县工作动员会召开。会上，市委巡察二组组长邵红旗就巡察工作的指导思想和主要任务、工作重点、方式方法作了安排部署。此次巡察工作将按照《晋城市委巡察工作领导小组关于开展七届市委第一轮市县巡察工作方案》的要求，紧紧围绕“两四一聚三紧”定位，在泽州县开展为期两个月的巡察工作。

18日，泽州县参加环境保护专题讲座。环保部原主任张志敏重点围绕新《中华人民共和国环保法》《大气污染防治法》，从环境事件高发频发的现状及原因，环保工作中政府的行政监管责任及企业的主体责任，特别是如何应对环境突发事件，用丰富典型的案例以案说法，深入阐述了环境风险防范的重要性。

22日，泽州县召开2017年度党报党刊发行工作会议。会议通报了2016年度全县党报党刊发行工作完成情况，对2017年度党报党刊征订工作进行了安排部署。县委常委、宣传部部长霍丽丽参加会议并讲话。

同日，泽州县召开法学会成立大会。安旭敏当选县法学会第一届会长。

25日，泽州县召开农村土地承包经营权确权登记颁证工作推进会。会议通报了近期农村土地承包经营权确权登记颁证工作情况，对下一工作进行了安排部署。

同日，泽州县还召开了2016年冬季及2017年春季森林防火暨农田水利基本建设工作动员会。会议宣读了《泽州县今冬明春农田水利基本建设实施方案》、《关于调整县农田水利基本建设指挥部组成人员的通知》和《关于调整泽州县森林防火指挥部成员通知》；安排部署了2016年冬季及2017年春季森林防火工作。

30日，县委书记赵新年带领县扶贫办、交通运输局等部门负责人，深入下乡驻村联系点柳树口镇东石瓮村，就脱贫攻坚工作进行调研指导。同日，市委宣讲团中共十八届六中全会精神报告会在泽州举行。市委宣讲团成员、市委副秘书长、市委政研室主任、市改革办常务副主任白亚平作专题宣讲报告。

12月

1日，市委宣讲团在泽州县举行省第十一次党代会精神报告会。会议要求，全县各级党组织和广大党员干部要把学习宣传贯彻省十一次党代会精神作为当前和今后一个时期的重要政治任务，迅速兴起学习宣传贯彻的热潮。同日，泽州县召开干部驻村精准帮扶工作会议。会议传达了省委书记骆惠宁在全省脱贫攻坚干部帮扶工作电视电话会议的重要批示精神，宣读了泽州县《关于进一步加强干部驻村精准帮扶工作的实施意见》。

2日，泽州县召开纪念毛泽东主席为东四义题词暨爱国卫生运动64周年座谈会。

同日，泽州县召开山西墨宝“石墨烯产业园”项目座谈会。座谈会上，双方达成了初步投资意向。

2日，泽州县同福建嘉通资产管理有限公司就现代装备制造工业城项目在福建省福州市正式签约。项目坐落于泽州县巴公工业园区，总投资50亿元，分两期建设，总占地约3.9平方千米，产品以建筑铸管、市政铸件、泵阀类管道配套铸件、汽车铸件、农机铸件、矿山机械铸件、机床铸件等中高端铸造产品为主。预计到2020年，项目总产值将达80亿元，可安排解决就业8000余人。副市长王宏微，县委常委、统战部长李仲明出席项目签约仪式。副县长樊海放代表县政府与福建嘉通资产管理有限公司签约。

4日，《山西省泽州县大珏山国家AAAAA级旅游区总体规划（2016—2025）》在太原通过专家评审。珏山是全县旅游景区的龙头，2015年市政府将青莲寺、太极湖、丹河大桥、围滩水电站等区域的旅游资源进行了整合，归入珏山大景区管理。该景区已经成为泽州县当前景区面积最大、资源禀赋最具优势的旅游综合体。

8日，泽州县召开农村土地征收、集体经营性建设用地入市试点工作领导小组会议。会议宣读了《关于调整成立泽州县农村土地征收、集体经营性建设用地入市试点工作领导小组的通知》，以及国土资源部《关于〈泽州县农村土地征收、集体经营性建设用地入市制度改革试点实施方案〉的批复》，听取了县考察团赴山东禹城等地调研考察的情况汇报。研究讨论了全县2017年试点工作要点，听取了相关成员单位关于农地入市制度修改以及农村土地征收试点配套制度制定等情况汇报。县委书记、县试点工作领导小组组长赵新年主持会议并讲话。

9日，泽州县召开脱贫攻坚领导组会议。会议研究通过了泽州县脱贫攻坚20个专项行动方案，安排部署了年底前脱贫攻坚各项工作。

同日，泽州县在巴公镇开展社会治安综合治理宣传活动。

12日，省政府副秘书长刘星带领省政府调研组一行深入泽州县北义城镇南义城村、大阳镇四分街村、大东沟镇东沟村等地，调研农村集体经营性建设用地入市试点工作。

13日，泽州县召开“千人帮万企”活动动员大会。会议宣读了《泽州县“千人帮万企”活动实施方案》。

13日，泽州县乡科级以上领导干部轮训班结束。此次轮训班从11月28日开始，轮训分五期，内容是系统讲解了中共十八届六中全会精神、省十一次党代会精神和市七次党代会精神，并对《关于新形势下党内政治生活的若干准则》《中国共产党党内监督条例》进行了深入解读。

14日，省民政厅区划地名处杨锦胜处长带队的督查组一行三人深入泽州县就民政重点工作进行综合督查。

15日，泽州县环保“百日攻坚战”收官。此次活动是从9月6日发动开始的，取得明显效果。百日攻坚战期间，泽州县环境质量明显改善。其中，二级以上天数达61天，同比增加了18天；主要污染物二氧化硫、PM10、PM2.5浓度分别为45微克/升、175微克/升，69微克/升，同比分别下降26%、4%、24%；综合污染指数为7.07，同比下降11%。全县地表水考核断面全部稳定低于污染指标，水质状况明显好转。

15日，泽州县召开国防教育工作安排部署会。

19日，泽州县召开党（工）委书记履行基层党建工作责任专项述职会议。县委书记赵新年主持会议并作重要讲。会上对17位乡镇党委书记就履行基层党建工作责任进行了述职。赵新年对17位乡镇党委书记的述职逐一进行了点评。与会人员对17位乡镇党委书记和3位党工委书记，履行基层党建工作责任情况进行了民主测评。

20日，泽州县召开2016年度目标责任考核工作会议，会议通报全县2016年度承担市考核指标完成情况，安排部署全县2016年度目标责任考核、党风廉政建设考核及迎接市对县考核等工作。县委书记赵新年出席会议并作重要讲话。

26日，中国共产主义青年团泽州县第五次代表大会在高都大酒店召开。会议审议通过了共青团泽州县第四届委员会工作报告，选举产生了共青团泽州县第五届委员会。

27日，泽州县召开法治宣传教育工作会议。对全县“六五”普法工作进行了总结，就“七五”普法工作进行了安排部署。会议宣读了《县委、县政府关于表彰2011—2015年度法治宣传教育工作先进集体和先进个人的决定》，对“六五”普法工作中成绩突出的100个法治宣传教育先进集体和100名先进个人予以表彰。

27日，由中国市场调查研究中心、中国城

市经济专家委员会等共同举办的2016中国生态年会暨城乡魅力生态成果发布会上，泽州县被评为“全国生态特色旅游县”。

月底，泽州县年初确定的十件惠民实事全部完成。一是新建3家敬老院，川底乡敬老院建设完工，南岭乡敬老院开工建设，东沟镇敬老院正在招投标；二是投资923万元，完成10个乡镇、24个村、1.48万人农村饮水安全工程；三是组建泽州县汇安公共交通有限公司，开通了泽州至陵川公交线路，每天56趟（次）；四是投资102万元，为130个村安装室外健身器材。五是投资3993万元，建成11条、75千米成边道路；六是对全县65852名60岁以上农村老人免费体检。七是完成210户农村危房改造；八是为14362名残疾人发放补贴479.4万元；九是采煤沉陷区治理搬迁安置工程，概算投资2.01亿元；十是建设3条绿道（步道），累计绿道约200多千米。

县情概况

自然地理

位置·境域

泽州县位于太行山南端、山西省东南部。史称“河东屏翰，冀南雄镇”。地理坐标为北纬35°12′~35°42′，东经112°31′~113°14′。地域分布在晋城市城区四周，东连陵川，西接阳城、沁水，北靠高平，南与河南省的辉县、修武、博爱、沁阳、济源等市、县毗邻。总面积2023平方千米，占晋城市总面积的21.3%，占山西省总面积的1.2%。县城最早规划在南村镇，后又规划在晋城市区东10千米的金村镇。县级党政机关现驻晋城市市区西安街。

气候·气温

境内地貌以山地丘陵为主，山地、丘陵、平川面积之比为6:3:1。最高点为西北部的武神山主峰，海拔1346.6米，最低点为东南丹河出口处的三姑泉，海拔296米。相对高差1050.6米。全县平均海拔650~1000米之间。境内主要河流有沁河、丹河，均属黄河水系。年平均气温10℃左右，大陆性季风气候明显。无霜期192.6天。年降水量618.3毫米，但年际、月际间降水量的相对变率较大。日照时数为2580小时，日照率67%。

建置区划

历史

泽州县历史悠久。境内不但有女娲补天之类的美丽传说，高都新石器时代古人类遗址的发现，更证明了早在两万多年前，就有人类在这里繁衍生息。

尧舜时期，泽州为冀州之域，且属“帝都畿内”。秦汉时先后在这里置高都县、阳阿县、高都郡；北魏时属建州。隋开皇三年(583)改建州为泽州，时境内为丹川县。唐武德三年

(620) 始称晋城县。1940年4月，晋城县城沦陷于侵华日军。太岳、太行抗日根据地在边缘地带分置晋(城)沁(阳)、晋(城)北、晋(城)东县。1945年4月28日晋城县全境解放。同年12月恢复原晋城县建制。1948年10月析晋城县城关区置晋城市，与晋城县并存。1949年8月撤销晋城市，辖区仍归晋城县。1958年12月，高平、陵川两县并入。1959年7月，陵川县分设，1961年5月，高平县分设；晋城县原辖区不变，1983年9月晋城县改设为县级晋城市。1985年5月，晋城市升为地级市。原晋城县(市)分置为城、郊两区。1996年8月，撤销晋城市郊区，改设泽州县，辖区不变。县城开始规划在南村镇，后改在金村镇。

人口 · 民族

泽州县是山西省的人口大县之一。市管县体制改革前的1984年年底，原晋城县(市)的总人口即达606652人。1985年，城区部分划出后，晋城市郊区仍有467453人，其中男性237468人，占50.80%，女性229985人，占49.20%；农业人口为436645人，占93.41%；非农业人口为30808人，占6.59%。2016年年底，全县总人口(户籍)为490710人，其中农业人口267410人，非农业人口223309人。时年，泽州县常住人口为534721人。全县的人口密度为247人/平方千米。县境北中部和西部为人口密集区。17个乡镇中，巴公镇人口密度最大，柳树口镇人口密度最小。

泽州县境在古代曾经是多民族聚居区，后逐渐与汉族融合。截至2016年底，汉族占99.5%，回、蒙、满、朝鲜、布依、苗、白、土、壮等少数民族人口仅占总人口的0.5%，多因工作或婚姻等原因移居泽州。在少数民族人口中，回族占大多数。以1990年第四次全国人口普查时，境内总人口为486997人，其中，汉族为486990人，少数民族为307人。2000年第五次全国人口普查时，境内总人口为517162人，其中，汉族为515990人，少数民族为1172人。

生态环境

境内的山均属太行山脉。海拔1100米以上的山有武神山、香山、大圪垴山、伊侯山、大尖山、方山、岳城山、晋普山、圣王山等。全境北高南低，四面环山，地势险峻。南部之天井关为“太行八陉”之一，向为兵家必争之地。

境内的主要河流有沁河、丹河，均属黄河水系。沁河的主要支流有长河、白水河、犁川河、龙湾河、范河；丹河的主要支流有东丹河、东大河、巴公河等。主要泉涌有三姑泉、白洋泉、郭壁泉等。全县水资源总量为2.814亿立方米，属相对富水区。

境内自然资源丰富，尤以煤铁为著。无烟煤保有储量达12.9亿吨，铁矿、硫铁矿、含锰铁矿、铝钒土、水泥灰岩、石灰岩等储量也很丰富。截至2016年，全县有森林面积46.46万公顷，牧坡草地45.23万公顷。野生动、植物不但种类繁多，而且较为珍贵。其中属国家二级保护动物有猕猴、大壁虎；属国家保护的植物有青檀木等。丰富的自然资源为泽州县域经济的较快发展提供了重要的物质基础和条件，使泽州县成为山西省能源重化工基地及全国无烟煤生产基地的重要组成部分。

经济建设

综述

2016年，泽州县主要经济指标排名均居全市前列，地区生产总值完成218.5亿元，同比增长4.8%，其中：第一产业增加值14.0亿元，增长5.7%，占生产总值的比重为6.4%；第二产业增加值134.8亿元，增长4.6%，占生产总值的比重为61.7%，其中：工业实现增加值129.9亿元，下降4.4%；第三产业增加值69.8亿元，增长5.0%，占生产总值的比重为31.9%。一般公共预算收入完成12.4亿元，同比增长7.8%；规模以上工业增加值同比下降5.4%；城镇常住居民人均可支配收入完成29333元，同比增长7.1%；农村常住居民人均可支配收入完成13129元，增长7.5%。

2016年，人均地区生产总值44485元，按2016年平均汇率计算达6699美元。全年全县公共财政预算收入12.4亿元，增长0.9亿元。税收收入7.0亿元，下降7.6%，其中：国内增值税、营业税、企业所得税、个人所得税、资源税和城建税共计完成税收5.6亿元，下降1.7%。公共财政预算支出27.9亿元，下降10.8%，减支3.4亿元。其中：教育支出6.0亿元，下降9.5%；社会保障和就业支出3.9亿元，下降9.1%；医疗卫生与计划生育支出4.1亿元，增长4.8%；农林水支出5.1亿元，下降8.7%。民生支出占全县公共财政预算支出的比重为72.7%。

2016年，全年全县城镇新增就业5940人，下岗再就业人数达784人。其中，安置就业困难对象再就业280人。年末城镇登记失业率为0.3%。

农业

2016年，全县农作物种植面积60996.6公顷，比上年减少4815.7公顷。其中：粮食种植面积58697.0公顷，减少4581.7公顷；油料种植面积370.3公顷，减少265.8公顷；棉花种植面积4.7公顷，增加0.2公顷。在粮食种植面积中，玉米种植面积6604.0公顷，小麦种植面积30093.9公顷，减少464.0公顷。

2016年，粮食总产量23.7万吨，比上年减少2.9万吨，同比减产10.9%。其中，夏粮12.8万吨，减产14.8%；秋粮10.9万吨，减产6.0%。

2016年，棉花产量3吨，同比增长–25.0%；油料产量695吨，同比增长–61.1%；药材产量2063吨，同比增长118.8%；蔬菜产量79828吨，同比增长–3.3%；水果产量18723吨，同比增长–0.2%。

2016年，肉类总产量52331吨，比上年增长0.1%。其中，猪、牛、羊肉分别增长1.5%、–16.9%和–15.2%；奶类总产量480吨，同比增长–0.6%；禽蛋总产量22768吨，增长–4.0%；蚕茧产量9.6吨，比上年减少6.8%；水产品产量655吨，减少11.0%。

2016年，全县省级自然保护区1个，自然保护区面积93775.1公顷，全县林木绿化覆盖率达50.6%。森林覆盖率达36.8%。年末城镇绿化覆盖率达33.7%。

全年环境空气质量二级以上天数达159天，重污染天数32天。空气综合污染指数为7.77。

2016年，全县农业机械总动力28.3万千瓦。机械耕地面积52690公顷；机械播种面积44700公顷；机械收获面积36600公顷。全县农机化经营总收入1.8亿元。

工业和建筑业

2016年年末，全县规模以上工业企业45家。全年规模以上工业增加值同比增长5.4%。

2016年，原煤产量672万吨，下降5.2%，化肥折纯量125.2万吨，增长6.2%，生铁产量367.5万吨，增长15.1%，粗钢产量357.8万吨，增长17.0%，钢材产量354.2万吨，增长17.6%，水泥产量42.7万吨，下降5.0%，发电量完成19.1亿千瓦时，下降2.8%。

2016年，规模以上工业实现主营业务收入184.6亿元，比上年增长3.2%；工业企业实现利润1.5亿元，比上年增长0.4%；实现利税11.1亿元，同比增长25.1%。

2016年，全社会建筑业实现增加值50318万元，增长0.02%，年末全县具有资质等级总承包和专业承包建筑业企业7家，完成总产值25613万元，同比下降31.7%。

财政、金融贸易、保险

2016年，全县生产总值218.5亿元，按2016年平均汇率计算达6699美元。全年全县公共财政预算收入11.5亿元，下降7.3%。税收收入7.0亿元，下降7.6%，其中，国内增值税、营业税、企业所得税、个人所得税、资源税和城建税共计完成税收5.5亿元，下降7.7%。公共财政预算支出31.3亿元，增长34.2%，增支8.0亿元。

2016年，全县社会消费品零售总额38.6亿元，增长7.0%。其中：城镇消费品零售额26.6亿元，增长5.7%；乡村消费品零售额12.0亿元，增长10.0%；批发业完成38588万元，增长16.9%，零售业完成299209万元，增长6.0%；住宿业完成8999万元，增长-1.1%，餐饮业完成39613万元，增长7.9%。

2016年，全县海关进出口总额24356万美元，下降8.3%。其中，出口完成1442万美元，同比下降32.5%；进口完成22914万美元，下降5.5%。

年末全县金融机构各项存款余额202.7亿元，比年初增加17.7亿元，增长9.6%。各项贷款余额88.9亿元，比年初减少4.6亿元，下降5.5%。

2016年，全县保费收入16170.7万元，同比增长3.9%。其中，寿险业务保费收入2791.1万元，下降71.3%；健康险业务保费收入1457.2万元，增长15.5%。意外险业务保费收入314.6万元，下降5.3%，财产险业务保费收入5800.4万元，下降0.6%。全年支付各类赔款及给付3807.1万元，下降10.8%。

2016年，全县以金融创新为抓手大力扶持民营经济发展，不断扩大“助保金”和“聚力贷”受益面，为23家民营企业发放贷款1.2亿元；出资1000万元入股“红土创业基金”，出资5000万元建立中小企业还贷周转金，帮助35家企业周转贷款6.11亿元，全年新创办实体企业453家，营造了大众创业、万众创新的浓厚氛围。现代服务业加速发展，以兰花国际物流、月星家居广场为代表的商贸物流业不断壮大。坚持不懈抓好招商引资，全年签约项目23个，资金到位85.94亿元。大力发展外向型经济，外贸进出口总额完成2.66亿美元，连续五年位居全市第一。

交通、邮电和旅游

交通：2016年，全县公路线路里程2381千米，其中高速公路134千米。公路密度117.7千米/百平方千米。

邮电：2016年，全县完成邮电业务总量

17069万元。其中，邮政业务总量1369万元；电信业务总量15700万元，农村固定电话用户2.8万户。移动电话用户年末达29.4万户。全县接入用户数达4.3万户。

旅游：2016年，全县共有旅游景区(点)9处，其中：国家AAAA级旅游景区1个，国家AAA级旅游景区2个，国家AA级旅游景区1个。共有星级饭店5家，其中四星级3家、三星级2家。共有农家乐147家。全年共接待游客753万人次，其中直接接待游客179万人次，间接接待游客574万人次，海外旅游接待游客0.3万人次。实现旅游总收入62.3亿元，其中，直接接待游客收入13.9亿元，间接接待游客收入48.4亿元，海外旅游创汇134.7万美元。

社会建设

教育和科学技术

教育：2016年，全县共有各级各类学校195所，比上年减少20所。在各类学校中，有高中学校5所，高职中学2所，初中中学32所，小学154所，教师进修学校1所，特殊教育学校1所。年末全县共有各级各类在校学生人数50344人，比上年末减少3084人；全年各级各类学校招生数14730人，比上年减少164人；毕业生数15681人，比上年减少993人；年末全县教职工人数4761人。小学学龄儿童入学率100%；小学和初中升学率均达100%。

科学技术：2016年，申报省级科技项目25项。发明专利申请量14件，实用新型专利11件；有效发明专利拥有量26件。列入市级专利推广实施项目1项。

文化·卫生

文化：2016年，全县共有艺术表演团体9个，新创作首演剧目1个，全年上演剧目50余个，演出场次2500余场，收入500余万元，其中：剧团2个，全年上演剧目25个，演出场次500场，收入400万元；曲艺队1个，全年上演剧目20个，演出场次600余场，收入3万元。全县共有公共文化馆1个，公共图书馆1个，乡镇文化站17个，村级农家书屋632个，共藏书约110万册。广播电台1座，电视台1座。年末全县有线电视用户达8万户。其中，接收数字信号用户5.3万户。广播综合覆盖人口48.1万人，广播综合人口覆盖率98.0%；有线电视综合覆盖人口48.6万人，电视人口综合覆盖率达99.0%。有线电视入户率达99.0%。

卫生：2016年，全县共有卫生机构(含诊所)692个，其中县医院1个、县妇幼保健院1个，疾病预防控制中心(防疫站)1个，卫生监督所1个，乡镇卫生院26个，村级卫生所627个，个体诊所35个。全县共有床位数2003张，卫生技术人员1904人，其中执业医师和执业助理医师835人，注册护士591人。乡村三级医疗机构达标率为100%，新型农村合作医疗参合率达99.58%。

人民生活和社会保障

社会保障：2016年，参加城镇基本养老保险30022人，比上年末增加1121人；参加新型农村社会养老保险297839人，减少897人；参加城镇医疗保险50610人，增加229人，其中：城镇职工医疗保险参保35200人；城镇居民医疗保险参保15410人，增加38人；参加失业保险24038人；参加工伤保险64080人，减少

1929人，其中农民工参保42072人；参加生育保险28000人，增加800人。全县共有389015名农民参加了合作医疗。

2016年，全县城镇基本社会保障覆盖率达99.2%，其中：养老保险覆盖率达99.4%，医疗保险覆盖率达99.8%，生育保险覆盖率达99.7%，失业保险覆盖率达99.2%。全年城镇低保人数968人，保障户数850户；农村低保人数8102人，保障户数5495户。

精神文明建设

坚持把社会主义核心价值观与人们日常工作、生活紧密联系起来，着力在落细落小落实上下功夫，引导人们内化于心、外化于行。一是在全县中小学生中开展了“优秀童谣”征集活动、“童心向党”歌咏比赛和“践行核心价值观，凝聚中华正能量”主题征文活动，吸引了200多所学校、8000余名中小学生踊跃参与。二是组织开展第六届“晋城好人”及第四届“泽州好人”评选活动，目前评选结果已全部报送市文明办，全县15人入选“晋城市百名德孝模范”。三是持续加强群众性精神文明创建，巴公镇、巴公镇东四义村和高都镇北上矿村被中央文明委命名为“全国文明村镇”，全县省级文明单位、文明村镇达21个，市级文明单位、文明村镇达52个，县级文明单位、文明村镇达162个。

泽州县县级机构设置和领导人名录

中国共产党泽州县委员会

书　　记　赵新年
副 书 记　高喜全　侯贵宝（6月离职）
王野萍（女，挂职，6月离职）
席学武（6月任职）
常　　委　赵新年　高喜全
侯贵宝（6月离职）
王野萍（女，6月离职）
席学武（6月任职）
张保国（6月离职）
王加林（5月离职）
王　丽（女，6月离职）
李正根（6月离职）
安旭敏　陈志忠　张庆民
霍丽丽（女，6月任职）
李仲民（6月任职）
张建中（4月任职）
李韶华（6月任职）
张韶华（4月任职）
阎晋中（6月任职）

泽州县人民代表大会常务委员会

主　　任　陈晋勇（6月离职）
靳水生（6月任职）
副 主 任　郭志鹏（6月离职）
张武亮（6月离职）
马培林　丁蕊香
李广同（6月任职）
李雪山（6月任职）
常务委员　连海峰（6月离职）
赵武锁（6月离职）
车陆军（6月离职）
杨春发（6月离职）
田建刚（6月离职）
刘史明（6月离职）

王林惠（6月离职）
田国富（6月离职）
张积余（6月离职）
毕春晖（6月离职）
焦平太　王钢虎　马志德
张维斌　李先锋　王文霞（女）
孔庆祥　杜玉喜
田晋军（6月任职）
李志强（6月任职）
牛惠琴（女，6月任职）
牛玉万（6月任职）
翟玮平（女，6月任职）
范德瑞（6月任职）
李国生（6月任职）
郭广敏（6月任职）
秦怀生（6月任职）
郭明宇（6月任职）
成少敏（6月任职）
李解放（6月任职）
刘东胜（6月任职）
郭海军（6月任职）
常海雷（6月任职）
卢保国（6月任职）
阎向利（女，6月任职）
阎军顿（6月任职）
李中会（6月任职）
卫小鹰（6月任职）

泽州县人民政府

县　　长　高喜全
副 县 长　李正根（常务，6月离职）
　　　　　程春明　李仲民（6月离职）
　　　　　上官建红（6月离职）
　　　　　张庆民（挂职）
　　　　　李韶华（常务，6月任职）
　　　　　李　平（6月任职）
　　　　　樊海放（6月任职）
　　　　　张　宏（女，6月任职）
　　　　　马　占（6月任职）
县长助理　马　占（6月离职）

中国人民政治协商会议泽州县委员会

主　　席　樊秋宝（6月离职）
　　　　　李正根（6月任职）
副 主 席　王新彤（6月离职）
　　　　　张雪梅（女）　郭荣林
　　　　　李池堆（6月任职）
　　　　　贾祥瑞（6月任职）
秘 书 长　王钰军
常务委员　赵世静（女，6月离职）
　　　　　车保林（6月离职）
　　　　　秦会林（6月离职）
　　　　　翟国新（6月离职）
　　　　　晁国智（6月离职）
　　　　　崔晋凯（6月离职）
　　　　　王培德（6月离职）
　　　　　贾祥瑞（6月离职）
　　　　　赵军昌（6月离职）
　　　　　李中会（6月离职）
　　　　　刘仓仓（6月离职）
　　　　　汪有刚（6月离职）
　　　　　李卫国（6月离职）
　　　　　郭小平（6月离职）
　　　　　申国明（6月离职）

郑品院（6月离职）
刘小丑（6月离职）
付海秀（女，6月离职）
马晋章（6月离职）
刘新国（6月离职）
申永乐（6月离职）
张买占（6月离职）
王天明　王麦奎　车炎军
杨晋钢　贺万兴　李全林
张生太　张海龙　邱五奎
卫军秀（女，6月任职）
王晋军（6月任职）
王艳芳（女，6月任职）
牛毓红（女，6月任职）
孔培卷（6月任职）
尹丽梅（女，6月任职）
石光光（6月任职）
冯守纪（6月任职）
成浩浩（6月任职）
任庆国（6月任职）
刘秀平（女，6月任职）
李守泽（6月任职）
冷　晖（6月任职）
张　军（6月任职）
段永红（6月任职）
徐胜利（6月任职）
郭振华（6月任职）
释觉世（6月任职）

中国共产党泽州县纪律检查委员会

书　　记　张保国（4月离职）
　　　　　张建中（4月任职）
副 书 记　张建平（常务，6月离职）
　　　　　原金旦（6月离职）
　　　　　田海进（6月离职）
　　　　　王江元（常务，6月任职）
　　　　　董培军（6月任职）
常　　委　张保国（4月离职）
　　　　　张建平（6月离职）
　　　　　原金旦（6月离职）
　　　　　田海进（6月离职）
　　　　　牛双庆（6月离职）
　　　　　王江元（6月任职）
　　　　　董培军　马建国
　　　　　张爱民（6月任职）
　　　　　张斌兵（6月任职）
　　　　　张永谦（6月任职）

泽州县人民法院

院　　长　高国林
副 院 长　秦志豪（常务）
　　　　　刘月亮　张光亮

泽州县人民检察院

检 察 长　王红玲（女，8月离职）
　　　　　许关生（8月任职）
副检察长　宋金顿　郝淑芳（女）
　　　　　薛运钢　郭森林

泽州县人民武装部

部　　长　赵韶宇
政　　委　陈志忠
副 部 长　赵武龙（7月离职）

中国共产党泽州县委员会

办公室

概述

2016年，县委办公室深入贯彻落实中共十八届六中全会精神，坚持从适应新形势和新任务的工作要求出发，紧紧围绕县委中心工作和全县工作大局，以“两学一做”学习教育为引领，充分发挥办公室“参谋、协调、督查、服务”职能，以为领导服务、为基层服务、为群众服务为宗旨，展现一流精神风貌、树立一流工作作风、争创一流工作业绩，圆满完成了各项工作任务，确保了县委工作的高效运转。

公务活动

2016年共安排省市领导到泽州县公务活动15次，其他省市县领导到泽州县公务活动5次。参与组办县级大中型会议42次，常委会50次。

公文办理

2016年，共接收传真电报500余件，其中秘密电报240余件。接收中央级文件20余件，省级文件220余件，市级文件250余件，机要密码工作未发生一起迟办、压误、丢失等情况。认真起草和审核以县委和县委办公室名义下发的文件，其中县委文件36个，县委办公室文件72个。

文稿工作

2016年，先后起草了县委常委会工作报告、县五次党代会报告、“两学一做”学习教育、脱贫攻坚、项目建设等各类重要会议的领导讲话和省市领导到泽州考察等重大事件的汇报200余篇，100余万字，印发《泽州通报》23期。全年共编发《泽州信息》等内部材料近200期690余条，为县委领导及时准确地做出决策提供了第一手资料。

督促检查

全年共组织参与督察活动30余次，办理

省委领导、市委领导、县委领导批示159件，办理政协提案8件。编发《督查通报》5期。

落实领导干部外出请假制度

全年共登记县处级领导干部请假(外出)180余件，县直单位、乡镇主要领导请假(外出)310余件。

组 织

概述

2016年，泽州县组织工作以落实全面从严治党要求为主线，突出抓好“两学一做”学习教育和县乡领导班子换届工作，统筹抓好干部、组织、人才和自身建设各项工作，较好地完成了全年各项工作任务，为实现“打造新型城镇化示范县、率先全面建成小康社会”目标提供了坚强的组织保证。

干部教育

坚持学做结合，深入开展“两学一做”学习教育。县委常委坚持以上率下，带动全县各级党组织和党员领导干部以高度的政治自觉投身学习教育，形成了上行下效、整体联动效应。县委中心组集中学习25次。先后邀请省市委党校、理论专家开展“两学一做”专题培训20余期，培训党员干部1.2万人次。全县各级党组织自上而下普遍开展5次专题研讨。坚持问题导向。立足泽州实际，确定了“一名党员一面旗、我是党员我带头”主题实践活动，重点开展了重温一次入党誓词、组织一次“百日抄党章”、讲一堂党课等“十个一”活动。精心组织建党95周年纪念活动，78个基层党组织、224名先进个人受到县级以上表彰，62个先进基层党组织和182名先进个人受到县级表彰。犁川镇崔河党总支书记崔晓满获得“全国优秀党务工作者”称号，清慧铸造有限公司党支部获得“全省先进基层党组织”称号。

干部选用

县乡两级换届工作在全市率先完成。组织部门充分发挥换届总协调、“操盘手”作用，严格履行组织、指导、把关、协调职责，按照纪律、原则、制度、程序办事，营造了风清气正的换届环境。广谈心集民意，通过“六听”(即县委书记听、组织部长听、其他领导听、乡镇书记听、考察组听、多种渠道听)，县委获得了大量的第一手资料，摸清了全县干部基本情况，极大地提高了选人用人的公信力、认知度。坚持“四个从严”(即从严把握“两代表一委员”推选、从严干部提名人选的推荐考察、从严把握会议程序、从严干部选任)，一批长期奋战在基层一线，有实绩、重担当、群众公认的好干部走上领导岗位。全县185名乡镇领导干部中，具有2年以上乡镇工作经历的干部173名，达93.5%，乡镇领导班子结构明显优化。牢固树立“重品行、重实绩、重基层、重担当”选人用人导向，党代会后，分批对政府组成部门及部分县直单位一把手和长期未进行结构性调整的单位进行了较大范围调整配备，涉及干部调整319名，一批德才兼备的“顶梁柱”，干事创业的“好苗子”，善于创新的“千里马”，扎根基层的“老黄牛”走上了领导岗位，全县科级领导班子战斗力、凝聚力显著增强，精神面貌焕然一新。

队伍建设

大力开展能力素质提升工程，先后举办新任乡科级领导干部专题培训班、中共十八届六中全会、省市党代会专题轮训班等，累计培训干部1600余人次。抓好农村党员队伍建设。配齐配强农村党支部书记，广拓渠道，严格选拔，及时调整充实了24名贫困村党组织书记。不断引深推进“雏雁培育”工程，认真总结第十届农村换届中大批“雏雁人才”成功当选的经验，按照“本乡本土、群众认可、管理规范、备用结合”的原则，全县共培养“雏雁人才”555人。加强第一书记使用管理，对全县82名第一书记一年来的工作表现和履职情况进行了全面考核，进一步细化考勤、请销假、工作例会等制度，确保第一书记下得去、待得住、用得好。

干部管理

深入实施“三个一批”，严格落实《关于防止干部“带病提拔”的意见》，在新提任干部中，全面实施干部任前“六查”(查档案、查个人事项报告、查民意、查业绩、查线索、查案件)和个人重大事项报告及抽查核实制度。大力开展干部任前执纪执法联审，综合运用纪检、审计、信访、法院、检察院等成果，进一步延伸干部考察，切实防止用人失察和带病提拔现象发生。严格干部日常监督管理，持续加大提醒函询诫勉力度，使咬耳扯袖、红脸出汗成为常态。

组织建设

以全面实施“一带三创五化”为载体，抓基层、打基础，统筹推进各领域党建工作全面进步全面过硬。坚持以上率下压实党建主体责任，县乡逐级建立书记抓农村党建问题、任务、责任三个清单。在长河片、丹河片和南部山区分别召开“一带三创五化”座谈会，“五个好”农村党组织创建工作深入推进。坚持抓党建促脱贫攻坚，扶持103个村级活动场所集中改扩建，30%的集体经济零收入村实现“破零”，组建100支工作队驻村开展精准帮扶，培树4个第一书记“抓党建促脱贫攻坚”试点并召开现场会。坚持选优配强农村带头人，调整充实村党组织书记43人，储备511名农村“雏雁人才”，农村主干报酬和离任干部补贴大幅提升。坚持“抓两头、带中间”，全县63个软弱涣散村级组织实现转化升级。坚持统筹推进各领域党建工作，社区党组织实现全覆盖，非公企业和社会组织党组织覆盖率分别达55%和50%，机关企事业单位党组织普遍完成换届工作。

党员管理

严把党员入口关，推行发展党员“六制法”，进一步提高党员发展质量。在党员教育管理上，对党员进行积分制管理，特别是坚持“双向三重”原则加强对流动党员管理，充分发挥南岭、周村、大箕、大阳4个流动党员服务站的作用，为在市区务工的农民党员集中学习、申请救助、岗位中介服务、开展组织生活等提供便利条件，惠及长河线、丹河线、周犁线等乡镇的农村党员。

人才工作

全力加强人才队伍建设。强化高层次人才引进，为县医院引进学科带头人1名。推进招才引智工作，组织3家单位和3个项目参加全省人才智力交流大会。邀请海外专家到泽州县交流指导，帮助解决重大技术难题3项。组织开展了山西“百人计划”、山西省青年拔尖人才的申报工作，帮助本县青年王晋涛申报了山西省青年拔尖人才（创业类）。积极搭建各种干事创业平台，先后建立了5个企业技术中心、5个专业检测中心和5个市级海内外高层次人才创新创业基地，设立了15个“千人百县”活动示范工作站，共接洽省市下派专家42人次。

自身建设

坚持“从严治部”，着力打造过硬队伍，建设模范部门。健全和完善部内各项规章制度，加强部务会民主集中制建设，凡“三重一大”事项全部上会集体研究，形成了浓厚的集体议事氛围。围绕打造全能型组工干部，大力开展传、帮、带和岗位大练兵活动。每周五下午定期开办《组工大讲堂》，组工干部通过讲业务、比技能、学知识、写信息，综合素质全面提升。积极开展组工干部下基层、党员干部结对帮扶等活动，锤炼组工干部过硬党性、强化政治担当。建立并刊发《泽组信息》59期，形成全员抓信息的工作机制。2016年，信息工作全市六县区中排名第一。

干部下乡

2016年，县委干部下乡驻村帮扶工作立足泽州实际，以推进落实“两包三到”精准帮扶联动机制为重点，进一步压实单位包村帮扶责任，选优配强驻村帮扶工作队，扎实有效推进干部驻村精准帮扶各项工作，为全县脱贫攻坚任务推进奠定了坚实基础。当年，全县有建档立卡贫困村24个，市直单位帮扶14个，县直单位帮扶10个，实现贫困村驻村帮扶工作队、贫困村第一书记、党员干部包扶贫困户全覆盖。结合泽州实际，为进一步推进干部驻村精准帮扶工作，切实帮助建档立卡贫困户较多的低收入村早日脱贫，县委还派出干部驻村工作队105个，帮扶105个村。帮扶单位直接投入（无偿和有偿）360.86万元，其中资金278.1万元，物资折款82.76万元，实施帮扶项目54个；帮助引进各类资金（无偿和有偿）1291万元，引进项目数（金额、部分资助或引进）49个。

根据省市干部驻村精准帮扶工作有关要求，下乡办从制度建设入手，进一步建立健全了干部下乡管理制度、党员干部帮扶帮扶到户台账等干部驻村管理制度，并积极组织参与开展了县委提出的“冬季行动”“六个一”等活动，干部驻村精准帮扶工作成效显著。（一）着眼制度建设，构建了管理、指导、督察“三位一体”的工作格局。根据省市干部驻村有关要求，积极制定出台了干部下乡驻村《日常管理制度》《工作考核制度》《督察通报制度》。通过县委总体规划、宏观调度，县委下乡办具体实施、策划推动，县直单位负责人包村落实，党员干部帮扶到户，切实避免了工作“悬空”的问题。建立了日常管理制度。坚持每月20日召开干部下乡住村例会，及时对每月干部驻村精准帮扶工作开展情况进行总结，对下一月工作进行安排部署，并要求各帮扶单位每月10日按时报送下乡住村月考勤表及每月小结。每月10日召集第一书记召开月例会，汇报工作中存在的问题及下一步帮扶计划。建立了干部下乡住村考勤考核制度。县处级领导干部每人一本下乡驻村工作日志，县直单位每个单位一本住村帮扶手册如实记录反映下乡驻村工作动态，并在下乡办设立了“考勤及月小结”版面，及时将考勤情况公布，确保了干部下乡住村包村增收活动不走形式、不走过场。建立了督促检查制度。切实把干部驻村单位帮扶、党员干部帮扶到户列为各单位和领导干部年度目标责任考核的重要内容，并对各单位和包村干部进行年度目标责任考核，同时，不定期进行随机督察，切实解决了包村干部因思想不重视、工作不扎实、措施不得力的问题，确保了干部驻村工作取得实效。2016年以来，实地察看了24个建档立卡贫困村，并对56个驻村工作队的工作情况入村进行了督察走访。(二)双签目标责任书，严格落实了帮扶责任。为进一步落实干部驻村精准帮扶工作有关会议精神，积极组织帮扶单位与帮扶村签订了帮扶责任书，党员干部与帮扶贫困户签订了帮扶手册，落实帮扶责任。在此基础上，对干部驻村帮扶活动实施台账管理制度。帮扶台账一式两套，由帮扶单位和帮扶村进行双向管理，如实记录每个帮扶单位、帮扶工作队员的帮扶行动和内容，并要求每年年底向县委下乡办报送帮扶总结和帮扶清单。同时，进一步落实了帮扶责任人，明确帮扶单位主要负责人为驻村帮扶第一责任人，帮扶干部为帮贫到户帮扶责任人基本保证每个帮扶村贫困户的帮扶全覆盖，做到每个建档立卡贫困户都有一名帮扶责任人；并建立了帮扶联系卡，认真填写了帮扶手册，进一步明确了具体的帮扶措施，制定了脱贫时间，落实了帮扶成效。24个贫困村的包村单位均已做出5年帮扶计划和2016年度帮扶承诺。24个贫困村建立了党员干部帮扶台账，并将帮扶承诺张贴于贫困村的公告栏，发放了党员干部帮扶到户联系表，做到了帮扶到户，确保了贫困村每一个贫困户都安排了结对帮扶责任人。(三)精心组织实施，“冬季行动”“六个一”等活动取得显著成效。县委下乡办作为“冬季行动”和县委“六个一”活动的重要牵头单位之一，积极组织全县各工作队深入驻点村开展帮扶活动，取得阶段性成果。在冬季行动中，全县各工作队共帮助105个帮扶村制定了五年发展规划，各工作队也开展了访贫问寒活动。两节期间，全县各工作队积极深入到贫困户中进行了走访慰问，为他们送去各种慰问品。与此同时，该办作为“帮一个贫困户”活动的牵头单位，提出了“帮一个贫困户”活动，重点是做好“五个一”，即制定一个有针对性的帮扶计划、拟定一项切实可行的帮扶措施、进行一次义务大扫除、开展一次走访慰问、宣讲一次扶贫政策。取得显著成效，提振了贫困户脱贫致富的信心。(四)注重因村施策，结对帮扶取得实际效果。根据县委、县政府《坚决打赢全县脱贫攻坚战的实施方案》(泽发〔2016〕9号)的要求，县委下乡办制定下发了《关于进一步加强干部驻村工作的通知》，对建立领导干部包乡镇、联系帮扶贫困村制度，县直单位结对帮扶制度，驻村工作队、帮扶责任人全覆盖制度等进行了责任分解，有序推进干部驻村工作深入开展。全县各工作队、驻村第一书记积极深入各驻点村调研，察实情，定举措，帮扶工作取得显著成效。泽州医院工作队结合山河镇青龛村实际，提出“产业围绕旅游转、旅游围绕扶贫转”的脱贫帮扶战略，力争通过三年的帮扶旅游产业融合发展，分类梯度实现脱贫。王坡煤业工作队积极履行社会责任，实施精准帮扶，与山西农业大学专家积极联系，对柳树口镇圪针掌村进行考察调研规划。提出了大力发展蔬菜大棚种植为主导产业的驻村帮扶工作思路，支持推进扶贫资金85万元，建成日光温室大棚2栋，春秋暖棚19栋；天地王坡煤业提供配套资金10万元，用于大棚周围环境，道路及公共设施建设。帮助村委联系协调市水务局争取资金3万元，修建160立方米蓄水池一个。县政府办工作队多次到晋庙铺镇北罗西村调查研究，提出了实施光伏扶贫的思路，并积极与晋城市硕阳光电有限公司对接，积极解决项目实施中的难题，大力推动了北罗西村借“光”脱贫，2016年底，符合安装条件的62户已全部安装完毕。

宣　传

概述

2016年，在县委、县政府的正确领导下，全县宣传思想文化战线始终立足县委、县政府中心工作，围绕中心、服务大局，内聚力量、外树形象，唱响主旋律、凝聚正能量，各项工作整体推进、重点工作亮点纷呈，为全县经济社会平稳健康发展提供了有力的思想保障、舆论氛围和文化支撑。

理论武装

坚持把学习贯彻习近平总书记系列重要讲话作为重要政治任务，用党的最新理论武装头脑、指导实践。一是理论学习抓中心。以县委中心组学习为龙头，把习近平总书记系列重要讲话、中共十八届五中六中全会、省十一次党代会、市七次党代会和县党代会、“两会”精神融入“两学一做”学习教育，采取辅导领学、座谈研讨和专家授课等方式，集中学习23次，发挥了示范带动作用。制定了县委中心组成员推荐阅读书目表，开展了“推荐送书”活动，先后向县委中心组成员推荐《法治热点面对面》《习近平总书记系列重要讲话读本》《供给侧改革》等理论书籍10余本。二是理论宣传抓创新。邀请了市委宣讲团成员郭志琛等到泽州县作专场报告会；制定了县领导深入基层宣讲安排表，县领导结合自己分管工作和联系乡镇、企业进行宣讲；组建了县委宣讲团分赴村镇机关、企业学校，围绕习近平总书记系列重要讲话、中共十八届五中全会和县党代会精神，开展了48场集中宣讲活动。组建了文艺宣讲小分队，通过精心编排的文艺演出把党的方针政策送到了山庄窝铺，做到了家喻户晓。三是理论调研抓引深。召开了“议泽州·话发展”各界人士座谈会，组织开展了《“十三五”时期晋城发展的探索与研究》理论研讨征文活动，重点围绕培育“优农、稳煤、强铸、兴旅、育新”新体系、构建“两带四板块”、全域旅游、脱贫攻坚等重大课题，深入研究探讨新形势下县域经济的发展方向和路径，截至2016年年底，已收集征文30余篇。

宣传活动

按照全县推进全域旅游战略的战略部署，泽州在国庆节前后举办的2016“秋风古韵·畅游泽州”首届文化旅游节，开展了包括西黄石乡村摄影展、聚寿山国学讲座、“书泽州·画泽州”名家精品展等九大活动，吸引了100.4万人次的游客慕名前来尝美食、赏民俗、观赛事、品文化、逛古镇、游名村，活动期间全县旅游总收入达4.02亿元，同比增长310%，创造了全县旅游接待人数、旅游收入的历史新高。特别是由县委宣传部承办的“太行神韵·人文义城”第五届泽州乡村摄影展暨走进中国历史文化名村西黄石活动，精心组织策划了摄影、书画、剪纸等民间艺术展览，泽州对鼓、抬杠箱、打铁花等非物质文化遗产展演等文化活动，7天游客总计达13万余人，吸引了中央电视台新闻频道和山西电视台的专程报道，腾讯网、山西新闻网、晋广论坛等知名网站和微信平台点击量超过百万人次。首届文化旅游节的成功举办，不仅加快了全县“三镇、一廊、五景、百村”建设，叫响了“古韵泽州、全域旅游”品牌，而且把泽州雄奇壮美的自然风光和底蕴深厚的民俗文化结合起来，推动了文化与旅游深度融合，为争创国家级“全域旅游示范县”注入了强劲动力。

舆论引导

全县把意识形态工作纳入了年度目标考核和党建工作责任制，成立了意识形态领导小组，坚持每季度召开一次研判座谈会。全县意识形态领域统筹媒体资源，讲好泽州故事，树立泽州形象，组织开展了系列宣传战役。一是重点宣传县委、县政府重要决策。组织力量宣传报道了县“三干会”、县五次党代会、县“两会”、“两学一做”学习教育等重点工作，各媒体纷纷开设了双一双五起宏图、两学一做强基固本、不忘初心继续前进、学讲话促发展等栏目，及时准确把县委、县政府的中心工作传达给全县干部群众。二是营造积极良好舆论氛围。县广播电视台、《泽州新闻》、泽州网的主要栏目、重点时段开设了乡贤睦邻里德孝传家风、泽州工匠、青年创客、一村一故事、非遗泽州等栏目；在所有17个乡镇和30余家单位建起政务微信（微博）公众号的基础上，下发了《人人发布微信（微博）做正能量代言人》的通知，全县广大干部职工每人每周至少转发1条，使人人争做正能量代言人成为时代新风尚；牢牢掌握网络舆论引导主动权，编发《网络舆情》14期，针对热点话题转发和评论网评115658条，上报舆情信息4100条。三是加强对外宣传工作力度。组织了全国“三农”媒体聚焦泽州活动，来自全国28家“三农”媒体60多位社长、总编和记者深入泽州县8个乡镇17个农业项目点和旅游景点采访报道，《农民日报》、河北农村网、《四川农民日报》等20多家媒体刊发了30余篇有分量的新闻报道，扩大了泽州的知名度。连续五年组织市直新闻单位编辑记者到泽州县开展实践锻炼活动，接待了全国著名作家采风团到泽州县青莲寺、珏山、府城玉皇庙等地进行采风。中央电视台财经频道《生财有道》、军事农业频道《农广天地》和科教频道《文明密码》栏目分别播出了《鲁村小米和高都红果》电视专题片、珏山中秋特别节目《千里共婵娟》和大阳古镇纪录片《大阳古镇话传承》。截至2016年年底，泽州县在省级以上纸质媒体累计报道稿件70余篇，电视新闻45条；市级媒体报道稿件1200余篇(条)，电视媒体、纸质媒体和网络媒体发稿总量继续在六县(市、区)中名列前茅。

精神文明建设

坚持把社会主义核心价值观与人们日常工作、生活紧密联系起来，着力在落细落小落实上下功夫，引导人们内化于心、外化于行。一是在全县中小学生中开展了“优秀童谣”征集活动、“童心向党”歌咏比赛和“践行核心价值观，凝聚中华正能量”主题征文活动，吸引了200多所学校、8000余名中小学生踊跃参与。二是组织开展第六届“晋城好人”及第四届“泽州好人”评选活动，目前评选结果已全部报送市文明办，全县15人入选“晋城市百名德孝模范”。三是持续加强群众性精神文明创建，巴公镇、巴公镇东四义村和高都镇北上矿村被中央文明委命名为“全国文明村镇”，全县省级文明单位、文明村镇达21个，市级文明单位、文明村镇达52个，县级文明单位、文明村镇达162个。

文化建设

始终坚持把文化建设工作纳入全县经济社会发展总体部署，全面实施文化强县战略。2016年顺利通过省文化厅“山西省文化强县”考核组验收。一是持续增加公共文化投入力度。相继出台了《泽州县文化强县实施意见》《泽州县文化产业快速发展若干措施》《泽州县文化产业专项资金使用管理暂行办法》《泽州县基层公共文化事业专项资金使用管理暂行办法》等文件，当年专门列支文化建设专项资金880万元，设立了文化事业产业发展基金。11月12日，召开了文化产业发展专项资金评审会，邀请中国石油大学旅游学系主任王玉海等7位专家，对当年的重点文化项目扶持资金进行了竞争性分配评审。二是加快推进公共文化设施建设。县级“两馆”全面建设完成，均达到了国家三级馆标准，并免费对外开放。全县17个乡镇综合文化站除下村镇正在建设外，全部达到了部颁三级以上的标准。截至年底，全县文化惠民工程送戏17个台口，送文艺演出11场；文化低保工程送戏40场，送文艺演出40场，送电影308场。三是不断丰富群众文化活动。持续开展了开展科技、卫生、文化三下乡活动，精心组织了春节、元宵节文化活动。举办了晋城市第四届“最炫太行风”健身广场舞电视大赛“泽州赛区”比赛，该县选送的两支舞蹈队分别荣获全市总决赛的金奖和银奖。举办了“中国梦·劳动美·建功‘十三五’”职工歌咏大赛、泽州县庆“八一”双拥晚会、环城生态圈绿道系列健身活动、第七届民间八音会大赛、非物质文化遗产项目展演等群众文化活动，在全县反响热烈。四是积极引导文艺精品创作。2016年是人民作家赵树理110周年诞辰，县委宣传部组织泽州籍老作家、老文艺工作者举行纪念座谈会，鼓励和引导全县文艺工作者扛起泽州文艺繁荣的大旗，创作更多有筋骨、有道德、有温度的文艺作品。全县申报和初评各类文艺作品81件，其中41件获得国家和省级优秀作品。由泽州县山西二十八星宿影业股份有限公司等单位合作的网络电影《我的第七十七次失恋》《欢喜财神》先后开机。

统 战

概述

2016年在晋城市委统战部的指导下，在泽州县委的领导下，县委统战部深入贯彻落实《条例》及省、市委统战会议精神，围绕县委、县政府“161”发展战略和“双一双五”工作重点，提振精气神，破解问题难点，健全完善机制，提升能力素质，积极推动全县统一战线事业的创新发展。

思想政治教育

一是认真学习贯彻中共十八届三中、四中、五中、六中全会和习总书记系列重要讲话精神、中央统战工作会议精神。特别是学习贯彻2016年中央统战会议精神及中共十八大以来习近平总书记关于统一战线的新理论、新观点和新要求，引导统一战线成员深入理解重大意义和精神实质，把思想和行动统一到了县委“161”战略上来，真正为推动科学发展凝聚了共识，汇聚了力量。二是在各民主党派、无党派人士中开展了“双学一跟活动”；在非公经济人士中开展“重塑民营企业家形象”为主要内容的教育实践活动；在民族宗教界开展“比团结、比发展、比贡献”活动，通过活动在加强思想交流中深化共识，在参与社会实践中巩固共识。三是积极引导统一战线广大成员更加自觉地把思想和行动统一到县委经济工作会议等会议精神上来，2016年以来，邀请党外人士参加县“三干会”、经济工作会议等重要会议，定期向党外人士通报全县经济运行情况、党风廉政建设情况，促进了党外人士参政议政的常规化、制度化。

党风廉政建设方面：一是加强理论学习，提高拒腐防变能力。认真学习习近平总书记系列重要讲话和中共十八大及中共十八届三中、四中、五中、六中全会精神、党风廉政建设有关规定，做到思想上政治上行动上坚决与以习近平同志为核心的党中央保持高度一致，同上级党委、政府的重大决策保持高度一致，自觉维护县委权威。二是认真落实党风廉政建设责任制，切实履行主体责任，自觉遵守领导干部廉洁自律规定，加强领导班子团结，坚持民主集中制原则，狠抓系统的党员干部廉洁自律反腐工作。三是严格执行中央“八项规定”，坚决反对“四风”，节约使用办公用品，严格控制公务接待费用支出和各类因公差旅费支出。四是开展了“三学六守换届九严禁”警示教育活动，以学《中国共产党党章》《准则》《条例》为基础，以严守“六大纪律”为要求，以严格换届纪律认真执行“九个严禁”为重点，以开展“五个一”活动为载体，对统战部的党员干部进行思想政治和纪律教育。五是进行“两学一做”专题学习教育，切实增强统战干部“四种意识”，争做讲政治、有信念，讲规矩、有纪律，讲道德、有品行，讲奉献、有作为的合格党员。六是积极开展“冬季行动”，开展“统一战线为‘十三五’建净言”，组织民主党派、工商联和无党派人士围绕新兴产业、基础设施、公共服务、生态环境等短板开展大调研，积极建言献策；开展“凝心聚力惠民生”活动，组织广大统战成员开展形式多样的社会服务实践活动，协助支持党外人士到全县农村开展送教育、送科技、送医疗、送文化、送温暖活动，通过开展形式多样的社会服务活动，不断扩大民主党派的影响力。在扶贫帮困方面，统战部党员与村里贫困户结成对子，把国家和县里的扶贫政策及时宣讲给贫困户，并根据贫困户实际情况，制定帮扶措施，力争在2017年年底帮他们脱贫。

党派工作和建言献策

一是健全协商机制。全县的政策方针、重要人事安排和有关重大问题，在决策出台前都邀请民主党派、无党派人士参与协商，听取他们的意见建议。印发了《泽州县加强政党协商的实施意见》和《2016年度中共泽州县委同党外人士协商会议计划》，建立健全和规范实施了政协全体会议、政协常委会议、专题协商会、对口协商会等协商民主制度，民主党派、无党派代表人士踊跃参加民主协商，发挥了重要作用。二是健全调研机制。按照“县委出题、党派调研、政府采纳、部门落实、统战部门督察”的模式积极开展调研活动。县委每年定期召开民主党派、工商联调研成果汇报会和意见建议交办会，县委、县政府主要领导和有关政府部门主要负责人参加。2016年，组织广大民主党派人士，就全县产业优化、城乡一体、生态改善、民营经济、脱贫攻坚五大工程等热点难点问题深入一线调查研究，积极参政议政。开展了“我为泽州发展献一策”等调研活动。向县委、县政府和有关部门提出建议达180多项，其中一部分已被采纳，产生了积极的经济效益和社会效益。在2016年“两会”期间，组织县人大代表、政协委员中的党外人士就泽州县重点项目工程进行专项观摩督察。三是健全监督机制。积极发挥民主党派、无党派人士民主监督职能，运用多种形式，加大民主监督力度。四是帮助民主党派提升素质和能力。积极支持六个民主党派加强思想建设，提高政治把握能力，确保在是非原则问题上头脑清醒、旗帜鲜明、立场坚定。帮助民主党派把好普通成员的入口关和领导班子成员的人选关，支持各民主党派加强制度和作风建设。8月，泽州县民进支部圆满完成换届工作，顺利实现新老交替和政治交接。

服务社会

（一）加强非公经济人士队伍建设。为重塑民营企业家队伍形象，县委统战部、县工商联组织部分乡镇商会负责人、民营企业家代表召开了“学习讨论省委重塑民营企业家形象座谈会”，乡镇商会负责人、民营企业家代表围绕“为什么要重塑形象”“重塑什么样形象”“如何重塑形象”展开了大讨论，进行了交流发言。在民营企业家中全面贯彻中共十八大和中共十八届三中、四中、五中、六中全会精神，组织他们学习《中国共产党统一战线工作条例试行》和习近平总书记系列重要讲话精神，在非公经济企业中开展“双学一跟”活动，邀请党校老师和专家对全县的民营企业家进行培训，在民营企业中发出保护环境的倡议，为构建新型政商关系，着力加强对民营企业家的引导教育。在县人大、政协全会期间专门召开非公有制经济人士座谈会，听取他们对优化经济环境的意见。积极搭建了非公有制经济人士参政议政平台，推荐100多名非公经济人士担任各级人大代表、政协委员，积极引导他们参政议政、建言献策。(二)积极引导非公经济人士回报社会。组织引导非公经济人士参与全县脱贫攻坚工程、扶贫帮困、爱心捐赠、助学助残等社会公益活动。硕阳光电有限公司对泽州县5个乡镇、5个村进行光伏发电产业扶贫，扶贫村农户每年增收6000~11000元左右。山里泉蜂业精准扶贫贫困村8个(柳口镇4个村，晋庙铺4个村)，贫困户共40户。公司免费赠送贫困户20套蜂箱(分两年，每年10套)，免费供应优良种蜂，专业技术指导、培训及蜂产品的销售，每年投入5000元，总投资20万元。被帮扶贫困户每年增收1万元左右。泽州县青年企业商会、中国青年城、晋美香山农业开发有限公司等企业对教育事业的爱心捐赠达20多万元。

党外代表人士队伍建设

为切实抓好党外代表人士队伍建设，统战部做到思想重视，重点突出，措施有力，一批优秀党外干部走上各级领导岗位，领导班子结构不断优化。一是县委定期听取县委组织部、统战部关于党外干部培养选拔工作的汇报，及时研究解决工作中的困难和问题。2016年9月，县委办印发了《关于进一步完善县级党政领导与党外代表人士联谊交友制度的意见》，开展了党政领导干部和党外人士交心结友活动。县委、县政府主要领导不定期约请一些党外干部谈心、了解情况，听取意见，加强与党外干部的联系。二是建立后备干部储备库，充分发挥组织、统战、人事、卫生、教育、科技等部门的职能作用，联合开展了党外干部情况调查，并建立党外中层干部和中高级职称以上的党外人才名单。通过测评、推荐、领导提名等一系列程度，建立了科级、处级党外后备干部名单。2016年形成一支由各方面人士组成的党外干部队伍，并把党外干部的培养选拔纳入了党的干部队伍建设总体规划。三是创造条件提拔，2016年抓住班子换届、职位空缺等各种机会，实行政策倾斜，优先选配党外干部，把优秀党外干部推上领导岗位。在县人大、县政协换届中，对党派成员优先进行政治安排。在2016年全县换届时，民革泽州县支部主委贾祥瑞(原县教育局副局长)提拔为泽州县政协副主席；民进泽州县支部李卫国(县农委副主任)提拔为民进市委副主委兼秘书长；民建泽州县支部主委李守泽担任县工商联主席，实现了泽州县党外干部任正职的新突破；民建会员赵竹青被任命为县侨联副主席；民进泽州县支部副主委陈芳担任了副科领导职务；无党派人士任庆国提拔为县调产办主任科员；民革党员常海云提拔为县政协副主任科员。

民族宗教工作

民族方面：一是深入推进民族“三比”活动。在民族宗教界开展了“比团结、比发展、比贡献”竞赛活动，深入到大阳清真寺少数民族聚居村搞调研、抓典型，具体指导，保证了泽州县少数民族无纠纷事件发生，维护了民族稳定，促进了民族和衷共济、和睦相处、和谐发展，进一步巩固和发展了民族团结，为全县经济建设和各项事业发展创造了和谐稳定的社会政治环境。二是深入开展创建“和谐寺观教堂”活动。通过加强宗教教职人员的自身建设、进一步改善宗教活动场所的社会形象，根据国家宗教局有关文件精神和省市民宗局关于2016年以“规范”为主题开展和谐寺观教堂创建活动的通知要求，特制定了活动方案。并在2016年5月安排在全县宗教界深入开展“和谐寺观教堂”创建活动。

宗教方面：一是建立健全民族宗教工作机制。建立健全了县、乡、村三级宗教工作网络和乡、村两级责任制。县里有分管宗教的副县长和协调宗教工作的县委常委统战部长，乡镇有主管民族宗教工作的主管领导和工作专干，行政村有负责民族宗教工作的领导和管理小组，各宗教团体和宗教活动场所有管理组织，确定有政策法规宣传员和信息员，建立起一级抓一级、一级对一级负责、层层抓落实的领导机制。二是着力解决民族宗教领域的重点难点问题。组织制定了民族宗教群体性突发事件的处置预案，正确及时处置了3起突发事件，确保了全县民族宗教领域的稳定；对民族宗教存在的各种矛盾纠纷进行系统的梳理、排查、分类和登记，有效解决复杂问题。共解决矛盾纠纷21起，协调15起。同时，热情接待信教群众来信来访，认真倾听、回答他们提出的问题，尽力及时答复和办理，接待来信来访31起96人次，赢得了广大信教群众的赞誉。三是积极引导，着力提升民族宗教人士素质。举办民族宗教界人士法制讲座。组织宗教活动场所负责人、教职人员和场所管理人员培训学习民族宗教政策法规。并将《宗教事务条例》《山西省宗教事务条例》《山西省清真食品监督管理条例》等13个有关政策法规和知识资料编印成册，发放给每个宗教活动场所。通过政策法规上墙、悬挂横幅标语、摆放宣传版面，设置宣传板报、现场提供民族宗教政策法规咨询等方式宣传民族宗教政策及知识，通过广泛的宣传学习，提高了民族宗教界人士，特别是场所负责人、教职人员接受监督的自觉性和主动性，民族宗教界人士的国家意识、公民意识、法律意识进一步增强。四是帮助宗教团体加强自身建设。重点加强对宗教教职人员培育。

统战重要活动

2016年8月12日，民进泽州县支部进行了换届选举。

2016年9月，县委制定了《关于进一步完善县级党政领导与党外代表人士联谊交友制度的意见》《泽州县加强政党协商的实施意见》，县委组织部、县委统战部共同制定了联席会议制度。

政　法

概述

2016年，在县委、县政府的正确领导下，全县政法综治各部门认真贯彻落实党的中共十八大和中共十八届三中、四中、五中、六中全会和习近平总书记系列重要重要讲话精神，以创建省级“平安县”为目标，以深化严打整治、创新社会治理、规范信访秩序、维护大局稳定为抓手，以深化司法改革、打造过硬队伍为保障，全力服务发展大局，为泽州“打造新型城镇化示范县、率先全面建成小康社会”这一目标顺利实施营造了良好的发展环境。

维护社会稳定

2016年，政法委坚持问题导向，紧紧围绕群众关注的热点焦点问题，以影响群众安全感和社会稳定的突出犯罪、重点领域、治安风险隐患等积极开展专项行动，有力净化了社会环境，保障了群众生命财产安全。(一)坚持以打开路，大力加强社会治安面控制。泽州县始终保持了对黑恶势力犯罪等影响群众安全感的各类违法犯罪的凌厉攻势。2016年，共破获各类刑事案件299起，抓获犯罪嫌疑人222名。破获八类严重暴力性犯罪案件27起，破获现行命案4起。破获多发性侵财案件139起。打掉各类犯罪团伙8个，涉及成员34名，追捕各类在逃人员75名。在打黑除恶方面：打掉了一个从事寻衅滋事、涉毒违法犯罪的恶势力团伙，逮捕9人，破获刑事案件12起；破获了在全市有较大影响的周村镇聚众持械殴打公共汽车、货车司机的恶性寻衅滋事案，抓获犯罪嫌疑人7名。在命案侦破方面：先后破获“2016.1.29”巴公镇李村故意杀人案、“2016.3.20”南村镇司匠村故意杀人案、“2016.4.24”南村镇硕阳光电故意杀人案、“2016.7.20”北义城镇东黄石村故意杀人案。特别是成功破获了长达16年之久的命案积案“2000.5.6”周村镇五行村故意伤害致死案，抓获犯罪嫌疑人郭某。在打击侵财犯罪方面：打掉犯罪团伙5个，抓获犯罪嫌疑人23名。打掉一个跨省流窜代还信用卡诈骗犯罪团伙，抓获团伙成员5人，破获系列案件10起，涉案总价值20余万元；成功抓获独行大盗范晋生，破获系列盗窃案件41起，涉案总价值17万元，追缴赃款赃物总价值10万余元；成功打掉一个刑满释放人员组成盗窃团伙，抓获犯罪嫌疑人4名，破获盗窃案件15起，涉案价值20余万元。(二)坚持问题导向，扎实开展大排查大整治。自4月20日省、市部署社会治安风险隐患大排查大整治工作会议以来，泽州县高度重视，周密部署，通过采取四大工作措施，排查整治工作取得显著成效。一是安排部署周密。4月22日，泽州县召开全县社会治安风险隐患大排查大整治会议，下发了《关于在全县开展社会治安风险隐患大排查大整治活动的实施方案》，制定了《全县社会治安风险隐患大排查大整治活动工作进展情况双月报表》、《全县社会治安风险隐患大排查大整治活动风险隐患台账》和《全县社会治安风险隐患大排查大整治活动重点整治任务清单》。对经常性的工作一旬一报，重大情况信息一事一报、及时直报。5月20日，针对工作中存在的问题，政法委再次召开社会治安风险隐患大排查大整治活动推进会，对各单位在排查梳理阶段的排查情况进行了通报点评。7月11日，省委召开安全稳定风险隐患大排查大整治工作推进会后，政法委又结合县委的安排部署，再次进行部署，进一步明确了工作责任和排查整治工作重点。二是排查深入细致。各乡镇、各单位按照方案要求，重点围绕政治安全类、矛盾纠纷类、公共安全类、内部安全类四类风险隐患进行了全方位的拉网式大排查，通过严密排查，集中梳理，县综治委确定了风险隐患101件，其中政治安全类9件，矛盾纠纷类23件，公共安全类45件，内部安全类24件。三是整治彻底有效。对排查出的101个风险隐患，以县委的文件印发，每一个风险隐患都明确了牵头负责风险隐患整治工作的县级责任领导、具体责任单位、负责督查单位、具体办理时限、解决验收销账等具体的责任机制，逐一要求责任单位制定具体的整治工作方案，形成了一级抓一级，层层抓落实的工作局面。在各乡镇、各单位的密切配合下，截至2016年年底，101个问题已全部完成整治。四是督察严格认真。政法委由四个副书记带队，抽调相关单位人员组成四个督导检查组，深入各乡镇各单位对整治开展情况进行督导检查。每到一处，督察组都认真查阅相关档案资料，实地查看进展情况，听取主要领导汇报，一起研究解决工作中遇到的困难和问题，强力推进了整治工作的顺利开展。活动开展以来，大量社会治安风险隐患在乡镇、在基层一线得到化解，最大限度挤压了因存在风险隐患导致发生重大案（事）件的空间。（三）抓住重点领域，深入开展治安突出问题整治。一是全力铲除黄赌毒。破获涉毒刑事案件7起，抓获犯罪嫌疑人9人；查处涉毒行政案件61起，抓获吸毒人员61人；缴获各类毒品731.32克。特别是经过近七个月的缜密侦查，成功破获“9·18”跨省贩毒案件，斩断了从湖北武汉向我县贩运毒品的重要通道。二是严格管理民爆物品安全。扎实开展“缉枪治爆”专项行动，对全县21个涉枪涉爆单位，5个易制爆单位，35个五管要害部位进行了全面安全检查，消除了一大批安全隐患。查处涉枪案件2起，行政处罚2人。共收缴销毁炸药12703.2公斤、雷管10026发，收缴枪支8支、子弹1545发、手榴弹1枚、炮弹1枚。三是确保道路交通安全畅通。先后开展了全县道路交通重点违法行为专项整治、危化品运输车辆交通违法行为专项整治等多项治理行动，确保了全县交通形势平稳有序。2016年，全县共发生道路交通事故1698起。其中死亡30人，与2015年同期相比，减少4人，下降11.76%；直接经济损失122110元，与2015年同期相比，减少62290元，下降33.78%。四是严格管理消防安全。全力开展冬春火灾防控和夏季消防安全检查等专项行动，着力构建立体化、全覆盖的社会火灾防控体系。全年共发生火灾40起，直接财产损失725439元，无人员伤亡。辖区未发生重特大火灾特别是群死群伤恶性火灾事故，消防形势持续平稳。

平安泽州建设

认真贯彻全国社会治安防控体系建设会议和全国社会治安综合治理创新会议精神，扎实推进社会治安防控体系、三级中心运行、重点人群管理，不断深化平安泽州建设。（一）抓住三大要素，积极构建社会治安防控体系。一是规范四级警务建设。持续推动实施派出所、警务室、警务工作站（点）、治安信息员“四级联动”的社会警务战略。2016年以来，对各派出所警务站点工作情况开展了专项督导，实地检查警务工作站点43个，就社区民警工作指导、人员值守、日常运作等进行检查指导，极大提升了警务站点的工作效能。二是加强人防队伍建设。在巴公、金村、南村、下村等治安相对复杂的乡镇，通过企业出人出资、派出所培训管理使用等方式，布建巡防队伍。截至2016年年底，全县已建成派出所专职巡防队伍11支300余人，义务巡防队伍16支600余人。三是加大技防建设投入。2016年新建的15个高清智能卡口已投入使用，建成了高清电视电话会议系统和手机信息采集、人员标准化采集两套系统。8月10日，县政府常务会议研究通过了天网工程项目立项的事宜，工程总预算8900万元，分三期进行，由县公安局具体承办。第一期工程建设全县主要路段的60个高清智能卡口招投标工作已经完成，正在紧张建设之中，预计年底完成。(二)不断规范运行，“三级中心”发挥作用日益凸显。一是建立激励机制，调动了网格长的工作积极性。政法委在进一步完善了首问首办、代理服务等12项工作制度和服务管理联动、矛盾纠纷联调、突出问题联治等“六联”工作机制的基础上，2016年又制定了《泽州县基层社会服务管理系统移动终端上报信息管理办法》，对网格长终端信息实行量化管理考核，根据工作业绩进行补助。为确保信息质量，设立有效、无效信息，每月所报有效信息基数为20条，每超出一条补助2元，对特殊有价值信息每条补助5元。同时，对不能完成任务的网格长和综治信息员进行通报、批评，督促其努力完成任务，对不合格基层网格长和综治信息员及时进行调整和辞退。2016年上季度，为全县中心网格长发放终端信息补助7万余元，有效调动了基层网格长的工作积极性。二是加强业务培训，提升综治队伍整体素质。结合工作实际，调整补充了部分中心网格长，全县有中心网格长825名，手机终端配备313部，实现了17个乡镇全覆盖。7月、9月两次举办综治业务培训班，对分管领导、网格长约400余人进行了业务培训，进一步提高了基层网格长和三级中心人员的服务社会、服务基层、服务群众能力和水平。三是快速有效处置，三级中心作用日益凸显。泽州县信息中心平台运转以来，始终重视对基层网格长所报信息的指派、调度和处置力度，使其有效发挥平台的时效性和综合指挥调度能力。如：2016年10月25日，下村镇大南庄村网格长上报一条信息：“岳南村村民巍秋耐家修房，本人与施工人员苗红义在房后挖土时，突发塌方事故被埋，至两人死亡。”该中心收到信息后，第一时间与当地政府取得联系，当地政府妥善处理了此事。同时，即刻在全镇范围内针对安全生产工作开展了安全隐患大排查，有效地杜绝了此类安全事件的再次发生。1—11月份，泽州县三级中心累计受理各类事件96175件，处置事件87269件，处置率达到90.74%。其中：网格长上报事项92443件，处置77177件，处置率93.49%；县中心指派调度事项859件，办结741件，办结率82.62%。(三)抓住重点人群，有效实现服务管理。一是持续推进人口管理改革。继续加强和完善实有人口三级管理机制，不断提高实有人口管理水平。2016年，新登记流动人口3463人，累计4755人，新登记出租房屋

426户，累计登记2521户。二是严格社区服刑人员监管。切实加强了社区矫正和刑满释放人员衔接工作，确保了每一名社区矫正人员和刑满释放人员不脱管、不漏管、不失控，始终掌控在视线范围内。2016年，泽州县在矫社区服刑人员242人，解除矫正100人。所有刑满释放人员全部进行了安置帮教。三是强化重点人群网上监控。积极利用互联网技术，着力加强网上侦察，对涉军利益群体、出租车网约车群体、农村电工群体、原民办教师群体、涉众经济案件群体等重点人群网上活动重点关注，及时预警处置了“3·14”全市出租车集体罢运市政府集体上访的重大隐患，成功稳控了以徐金永为首的涉军群体赴京上访、岳南煤矿职工“3·11”“3·20”微信串联集体上访事件。

化解社会矛盾

2016年，泽州县针对社会矛盾凸显、信访案件居高不下的严峻形势，以“一手抓有效化解、一手抓依法处置”为抓手，通过创新信访工作制度、构建多元化解矛盾体系、依法处置非访等切实有效的工作措施，彻底化解了一批信访突出问题，该县群众到各级来访与2016年同期相比下降65.2%，取得了“四下降两好转”的可喜成绩，即：进京非正常访同比下降87.5%、赴省集体访同比下架61%、到市集体访同比下降76.5%、到县集体访同比下降60.1%，县委、县政府办公场所的信访秩序明显好转，全县信访形势稳中趋好。(一)创新信访机制，调动了各级做好信访工作的积极性。一是建立了律师参与信访制度。2016年9月，县信访局正式和开放律师事务所签约了两名法律顾问，政府购买服务方式聘请法律顾问参与信访工作。结合“一村一法律顾问”，做到了每案“一名县级领导包案、一名律师、一套工作班子、一套化解方案、一套稳控措施、一套会办纪要”。通过聘请律师参与信访接待、案件化解、案件复查，增强了信访问题化解的公信力。二是建立了双月例会、季度点评制度。县委常委、政法委书记建立并推行信访工作“双月一汇报、一季一点评、半年一总结、年度大考评”制度，每逢双月召开信访工作例会，每季度召开一次点评会议，7月上旬召开半年总结汇报会，在全县年度考核中，增加了对信访工作的权重分值，考核分值由原来的2分增加到了9分，极大地增强了各级各部门化解信访案件的主动性、积极性。三是加强了信访工作信息化建设。建立了信访网络投诉平台、开通了手机微信公众号和手机APP，极大地方便了信访群众，做到了让数据多跑路，让群众少跑腿。(二)构建多元化解机制，有效化解矛盾纠纷。一是完善“四个对接”积极化解矛盾纠纷。进一步完善了县矛盾纠纷调解中心与各乡镇矛盾纠纷调解中心“上下对接”、与人民法院“诉调对接”、与县直各行政执法部门“政调对接”、与县信访局“访调对接”的“四个对接”机制。2016年，泽州县法院被确定为山西省家事审判方式和工作机制改革试点工作四家试点法院之一，县法院、县司法局出台了《关于家事案件诉讼中与人民调解对接的实施办法（试行）》，“诉调”进一步深度对接合作。通过多调联动的长效机制，使更多的矛盾纠纷通过调解途径得以解决，切实把问题解决在了基层、解决在了萌芽状态。截至2016年年底，全县共调解矛盾纠纷950件，调解成功855件，调处成功率达90%；法院民商事案件调解撤诉率62.6%，同比上升3.5%。二是严格落实县级领导包案制度。以信访积案大交办暨重复信访事项、重点领域信访突出问题、信访秩序专项治理“一交办三治理”专项活动为载体，实行领导包案化解，明确“四定”(即定任务、定领导、定专人、定时限)，落实“四包”(即包调查、包处理、包做疏导教育工作、包息诉罢访)。全县县乡干部深入基层一线参与信访案件化解，加快了信访案件的办理速度，提高了信访案件的办理质量，全县信访存量大幅减少。三是严格落实稳控责任。认真落实“五包一”(一名县领导、一名乡镇或单位领导、一名村干部、一名公安干警、一名律师）教育稳控措施。(三）依法追责，加大进京非访治理力度。一是严格责任倒查机制。严格按照相关规定，对信访工作不到位、责任不落实造成进京“非访”或不良影响的“四个责任”人(信访事项化解责任人、教育稳控责任人、依法处理责任人、责任追究责任人）进行了严肃追责。二是加大信访法制教育宣传。2016年，泽州县发放《信访条例》等“口袋书”和宣传资料近万份。在县政府大楼内、信访局接待中心显示屏上，全天候不间断滚动播出《信访条例》有关知识、《治安管理处罚条例》以及因非法上访受到打击处理的案例等内容，给试图通过非法信访制造事端、借机敛财、扰乱秩序的人员敲响了警钟，有效维护了良好的信访秩序。

服务保障大局

(一）立足防控风险，创新举措提供优质法律服务。政法委牵头组织协调相关部门召开了三个调研座谈会，一是防范金融风险座谈会，对全县小额贷款公司进行了摸底调查，积极防范金融风险、债务风险发生；二是规范市场经济秩序座谈会，积极发挥执法部门在维护市场经济秩序的职能作用；三是政法机关服务发展大局座谈会，充分调动政法机关为经济建设提供法治保障。政法各部门积极行动，深入开展“法律服务进企”等活动。如公安部门组织民警每周定期到企业宣传涉企防范常识，办理涉企案件，协助解决涉企纠纷，为企业提供法律咨询，极大地提高了企业管理效能。检察部门主动加强与民营企业的沟通与联系，积极构建支持民营企业健康发展的长效机制，建立了与工商联和民营企业的联系制度，组织召开了“依法保障和促进非公有制经济健康发展”座谈会。县法院出台了“服务重点项目建设九条措施”，特别是近年来因大型工程项目建设造成的农村征地补偿引发的“村民联名诉讼村委”案件共受理100余起，县法院坚持调解优先，能调则调、当判则判，调解解决80余起，对需要开庭审理的，实行“集团诉讼、合并审理”，效果显著，成功化解了金村龙化、背阴、小刘家川等多个村的土地补偿矛盾纠纷，保障了重点项目的顺利施工。县司法局结合“一村一法律顾问”工作，开通企业法律咨询“服务直通车”，为企业提供“精准法律服务”，助推企业健康发展。(二）铸牢防控网络，为企业发展创造良好的外部环境。公安机关在主动型、常态化的巡防勤务机制建设上着力，进一步整合巡控警力，加强重点工程、大型企业周边的巡逻密度和频次。同时在晋钢集团、国投热电等大型企业建立了固定的晋钢警务室和国投热电警务室，在建筑工地建立警务工作站，最大限度地把巡逻民警和群防力量摆到了社会面上，部署到企业周边，有效挤压了犯罪空间，为企业发展创造了良好的治安环境。如对3起借信访之名向企业实施敲诈勒索的案件依法及时进行了打击。对高都镇东刘庄村刘某等人多次聚集村民围堵山水合聚水泥有限公司大门，严重影响该公司的生产秩序一事件，公安部门快速出击，查实了刘某、王某等人为达到向该公司送货的目的，组织村民扰乱社会秩序的犯罪事实，并将犯罪嫌疑人依法刑事拘留，维护了企业的正常生产秩序。(三) 搭建绿色通道，为企业提供快捷高效的服务。公安机关针对企业在暂住证办理、易制毒化学品审批、民爆物品审批、出入境业务办理、印章制作等多项业务方面与公安工作紧密联系的实际，组织治安、禁毒、派出所等相关警种建立了绿色服务通道，进一步简化各种审批手续，加快程序流转速度，帮助企业提升效率。司法行政机关建立公证服务企业长效工作机制，对企业申请办理的金融贷款、招投标等公证事项，实行“无障碍”公证服务，同时，从履行职责、服务态度、办证时限、规章制度和操作流程、一次性告知、首问负责制、收费标准七个方面，对公证人员在服务企业发展方面提出具体要求。2016年，共受理经济案件61起，立案61起，破案54起，抓获犯罪嫌疑人10人，刑事拘留5人，逮捕7人，取保候审6人，移送起诉12人。破获了涉案价值420万元的特大合同诈骗案。同时，积极对外协助办理相关案件，泛亚集团非法集资案件中，对泽州县的93名投资人进行了核实取证，投资总额达6235万元；易租宝集资诈骗案中，对泽州县的60名投资人进行核实取证，投资总额达822万元；大和能源非法集资案中，对泽州县的131人进行核实询问，共制作询问笔录102份，全部移交城区公安分局。

法治泽州建设

(一) 强化组织领导，层层压实责任。一是强化领导，明确责任。泽州县认真落实省委办公厅《法治山西建设重要举措工作规划（2015—2020年）》和《2016年法治山西建设工作要点》文件精神，进一步明确了在党委统一领导下，由县委书记担任组长的县委法治建设领导组，并下设依法行政、公正司法和法治社会建设两个专项领导小组，分别由县政府和县委政法委主要负责同志担任组长，形成统一领导与分工负责相结合的法治建设领导格局。二是完善机制，强力推进。泽州县建立了定期研究法治建设会议制度，县委每年召开两次专题会议，听取法治建设工作情况和人大、政府、政协、法院、检察院党组及公安局党委的工作汇报，研究解决法治建设中的重大问题。县委将推进法治泽州建设情况纳入全县各级目标责任制考核范畴，建立了常态化监督机制，确保了各项决策部署的落实。三是整体联动，增强合力。泽州县将法治泽州建设作为“一把手”工程，坚持依法治县、依法执政、依法行政共同推进，大力推进法治泽州、法治政府、法治社会一体建设，建立了党委领导，人大、政府、政协、各相关部门整体联动，各司其职，人民群众广泛参与的工作格局。制定出台了《法治泽州建设责任分工方案》，将法治泽州建设任务细化为六大块90个项目，层层分解到相关部门。各相关部门按照“谁主管、谁负责”的原则，进一步细化到了具体责任人、具体科室，在全县形成了齐抓共管、共同推进的强大合力。(二) 强化制度建设，积极推进依法治县。一是完善制度机制，厘清权力边界。政法委将建立党委依法执政、政府依法行政制度机制建设作为总抓手，进一步完善县委全委会依法决策等制度，规范决策的范围和程序，确保各项决策符合法律。健全完善了县委、县政府工作规则，以及县委全委会、中心组会议、常委会和县政府全体会议、常务会议、县长办公会议等制度，对重大决策、重要干部任免、重大项目安排、大额资金使用等实行集体研究、决策。县委常委会、县政府常务会实行末位发言制，全程录音，专题记录，集体讨论，民主决策。县政府先后制定出台了《政府议事规则》《泽州县重大行政决策规则》《关于推进行政执法责任制的实施方案》《重点项目管理办法》等一系列规章制度。出台了《规范性文件制定办法》，按照主体、程序、内容“三个合法”的原则，对县政府制定的规范性文件依法向市人民政府和县人大常委会进行备案，使依法行政工作有章可循。二是规范行政行为，确保依法行政。严格实行重大行政决策专家论证制度、合法性审查制度、决策跟踪反馈制度和决策责任追究制度。在全县各行政执法部门推行行政执法“四制”建设，即部门执法责任制、行政执法公示制、错案和执法过错追究制、执法督察制，形成了有权必有责，用权受监督，侵权要赔偿，违法要追究的共识，进而做到了依法决策、依法行政、依法管理各项社会事业，有力提升了政府行政能力，保证了政府行政的规范运行。三是规范行政审批，优化政务环境。认真清理审批项目，取消、合并、下放和转移权力事项，对泽州县现有审批事项107项（许可类101项，非许可类6项）进行了全面梳理。此外，还进一步建立健全了行政审批服务中心行政审批办事操作程序，对进入大厅办公的审批项目实施静态和动态双重管理，统一实行服务项目、办事程序、申报材料、承诺时限、收费标准“五公开”，优化了政务环境。(三) 深化司法体制改革，推进司法公正。一是深化执法司法规范化建设，促进公正廉洁执法。县公安局推进执法制度建设，推行受立案制度改革和刑事案件“统一审核、统一出口”机制，打破原有机制中公安机关办案与监督相分离、案件多头分散管理的制约，在原来“统一审核”案件的基础上，坚持实行刑事案件统一出口，由法制大队确定专人、统一台账，各办案单位主动配合，将刑事案件统一移送案件至法检两院。县法院进一步完善审判管理机制，健全完善了合议庭负责制、院领导办案制，统一了法院综合信息管理系统与电子卷宗制作标准，大力推进三大平台建设。县检察院发挥法律监督职能作用，坚持提前介入侦查监督和命案现场监督、强化民事诉讼监督、加强刑事执行检察监督。严格执行办案质量终身负责制和错案责任倒查问责制，确保案件处理经得起法律和历史检验。二是深化“阳光司法”，以公开促公正。政法各部门积极推进阳光执法司法，充分保障群众和社会对政法机关执法司法活动的知情权、参与权、监督权，使各项执法司法权益在阳光下运行，全部推行了服务承诺制、首接责任制、限时办结制。县法院从加强立案信访窗口建设抓起，在立案信访大厅放置了《当事人诉讼须知》《举证通知书》《诉讼风险提示书》等诉讼资料，在墙上公示《立案须知》《立案标准》《诉讼费用交纳标准及计算方法》等立案信息，让当事人了解掌握其诉讼权利和义务。在网上公布裁判文书988份，通过新浪、腾讯、人民网等官方微博发布微博2350条。县检察院设立阳光检务大厅，将控告申诉、民事行政检察、案件管理中心等与群众直接联系的部门安排在一楼办公接待，设立多媒体触摸屏、检务公开屏、通知通告栏等方便群众上访申诉。外网网站改版升级为泽州县阳光检察网，强化网上举报受理、咨询、服务、反馈等互动功能，便捷群众控告申诉和举报。利用互联网公开案件信息468件，公开法律文书163份，发布重要案件信息20件。县公安局推出了阳光警务，将案件办理、办事程序进行了全面公开，制定了《执法服务告知制度》《案件回访回告制度》等一系列工作制度，把执法公开纳入到长效工作机制。推行了网上服务、绿色通道等便民举措，人民群众办事更方便、更快捷。三是以案件评查为抓手，源头化解涉法涉诉信访案件。政法委不断强化党的职能监督，坚持每年开展案件评查活动和执法监督检查。2016年，组织县法院评查案件1300余件，县检察院评查案件24件，县公安局评查案件17件，并对评查出的问题和瑕疵进行了整改规范，使所办理的案件经得起检验，从源头减少了因办案不规范引发的涉法涉诉信访。对已经形成的涉法涉诉信访案件，该委高度重视，带领政法各部门本着认真负责的态度、严格司法程序，采取有效措施进行了积极化解。县法院共梳理出信访案件共22件，其中省高院批复终结2件（尚某某、王某某案）；已呈报省高院终结、未予批复3件（陈某某、郭某某、毕某某案）；已司法救助并息诉罢访后又重访1件（成某某案），送达权利告知书1件（李某某案）；诉讼程序审理结案的3件（毋某某、徐某、李某某案），未再访。执行程序中的案件共5件（韩某某44万元执行完毕、孔某某全部执行完毕、李某落标的24万元、已执行10万元、王某某标的5万元、已执行4千元，经查暂无偿还能力，张某某司法救助3万元）。最高人民法院远程视频接访1件（和某某案），在收到最高法院的视频接访通知单后，县法院及时安排了刑事再审申诉人和某某与最高法院的视频接访，最高法院工作人员告知其原审判决认定事实清楚，证据确实充分，定罪准确，量刑适当，审判程序合法，其申诉无理。四是稳步推进司法体制改革。县委成立了司法体制改革领导小组，县委常委、政法委书记安旭敏任组长。县法院、成立了由院长担任组长、党组成员为副组长的司法体制改革工作领导小组，下设机构编制和人员信息审核确认组、案件统计核实组、资产登记清查确认组、司法体制改革工作实施方案起草组四个工作组；县检察院出台了《泽州县人民检察院司法体制改革试点检察官首批遴选工作实施方案》《关于成立试点检察官工作领导小组及办事机构的通知》《首批检察官遴选业绩考核办法》三个文件，成立了由检察长任组长的领导小组。9月30日、31日，县法院、县检察院分别召开了全体干警大会，对司法体制改革试点工作进行动员。截至2016年年底，县法院、检察院按照省机构编制委员会和省委组织部、省人社局的文件精神，制定了机构和编制上划省级统一管理方案，并填报了机关及所属事业单位机构编制和实有在职人员信息表，县委组织部、县编办和县人社局对以上材料已经审核公示。县法院、县检察院按照规定的工作程序和时间要求，完成了入额方案的上报审核工作。申请入额的法官、检察官按时参加了全省统一组织的遴选考试。(四)创新法制宣传教育，深化法治泽州建设。一是注重法制文化建设。2016年，政法委改变过去就法律宣传法律的做法，以法制文化建设为引领，开展法制宣传教育，提升广大干部群众法治理念。在全县创建了“两台”(广播、电视)、“两网”(政法部门门户网站和微博、微信平台)、“三阵地”(法治文化一条街、法治文化广场、法治文化小区)等法制宣传教育主阵地，在全县大力弘扬法治精神，传播法律知识。截至2016年年底，广播台制作播发“法到农家”节目30期，电视台制作播发《法制天地》电视节目6期。公检法司门户网站设置法制宣传栏目，持续更新宣传法律知识，政法委、检察院、司法局开通“泽州政法”“泽州检察”“泽州普法”微信公众号，公安、法院开通微博，坚持每天更新推送信息。2016年在南岭乡政府所在地新建了“法治文化一条街”和“法治文化广场”、在南岭乡爱物学校新建“法治文化操场”。全县已建成法治文化一条街10处、法治文化广场3处、法治文化操场3处、法治文化小区2处、法治文化公园1处。通过点、线、面结合，立体化推进，全县法制宣传教育正呈现出蓬勃发展的势头。二是深入开展法律服务下乡活动。紧紧抓住“3·8”“3·15”、“6·25”禁毒日、环境保护日、“12·4”全国法制宣传日等节日节点和综治宣传月，组织相关执法部门深入乡村开展法制宣传活动，为群众现场解答法律咨询，提供法律服务。向农村群众免费赠送《农村常用法律问题一点通》《农村居民法律常识》《社区居民法律常识》《青少年学法读本》《企业学法读本》等普法书籍，赠送普法扑克、普法围裙、法制宣传环保袋。三是法律顾问进农村。县司法局通过与市司法局和市律师协会沟通协调，从市直24个律师事务所选调了100余名律师，和泽州县律师事务所的律师，共同组建了由执业律师组成的乡镇法律顾问团。截至2016年底，全县17个乡(镇、区)628个行政村除有4个村自己聘任顾问律师外，其余624村(社区)与法律顾问已全部完成对接；顾问律师进村提供法律服务1600次，集中开展法治宣传157场次，为群众提供法律咨询2300余人次，解决纠纷66件，代理诉讼16件，提供法律援助5件，为乡镇、村集体经济组织提出意见、建议1760条，收到了良好的社会效果。

政法队伍建设

认真学习贯彻落实中共中央关于新形势下加强政法队伍建设的意见和全国政法队伍建设会议精神，深入推进思想政治、业务能力、纪律作风建设，努力建设一支信念坚定、执法为民、敢于担当、清正廉洁的政法队伍。(一) 强化“一岗双责”，认真落实党风廉政建设责任制。积极发挥政法委职能作用，推动政法各部门落实党风廉政建设“两个责任”，健全了“一把手负总责，分管领导各负其责，班子成员齐抓共管，纪委主抓监督”的领导体制和工作机制。政法各部门对党风廉政建设和反腐败工作任务进行了逐项分解，明确了班子及成员落实党风廉政建设主体责任清单，并层层签订了党风廉政建设责任书，将党风廉政建设和反腐败工作纳入各单位和各级领导干部的职责和考核范围，作为干部评先选优、选拔任用的重要依据，确保了党风廉政建设各项任务有效落实。(二) 坚持从严治警，始终把纪律挺在前面。以省委政法委部署开展的“把纪律挺在前面”专项活动为重点，我委以纪律作风督察为抓手，不间断深入全县各级政法机关对作风建设情况进行明察暗访。县法院下发督察通报9期，通报人员67人次，通报庭室3个，并对一名因病长期在家未履行请假手续的干警要求书面检查；县公安局督察40余次，编发督察通报12期，下发督察督察建议书20余份。受理核查各类群众检举控告、上级、领导交办件13件，全部查结，给予1人约谈，1人通报批评。(三) 强化学习教育，提升政法队伍政治业务素质。2016年，政法委以“两学一做”学习教育为载体，组织协调政法机关深入开展学习学习教育活动，整理党的理论知识要点编印成“应知应会”小册子方便广大政法干警学习领会，邀请市开发区纪工委书记邵红旗、县委党校教师对全县政法机关中层以上干部进行了专题辅导，并在培训结束后组织“党的理论应知应会”测试，提升了培训和学习实效。另一方面，坚持“干什么学什么、缺什么补什么”的原则，以精准化培训、专业化训练为抓手，扎实开展了教育培训和岗位练兵活动，公安局坚持强兵练警，定期组织开展射击训练和实战反恐演练活动；县检察院开展岗位练兵、业务竞赛活动，提高了干警处理疑难案件和化解复杂矛盾的能力；法院在提升司法能力上下功夫，坚持每周业务培训不动摇。全县广大政法干警主动学习，能动司法，政治素质和执法能力大幅提升，服务经济发展的能力进一步提高。(四) 以载体为抓手，塑造政法队伍良好形象。2016年，政法委在全县政法综治系统组织开展了以争创“十佳优秀政法干警”“十佳基层网格长”“十佳农村法律顾问”“十佳基层矛盾调解员”为等载体的争先创优活动，结合“一村一警”大走访活动，组织全县政法综治干部积极深入农村了解社情民意，宣传政策法律，排查治安隐患，化解矛盾纠纷，认真解决群众反映的问题。2016年，全县政法系统广大干警共走访群众12000余户，走访企业63家，了解社情民意问题1336个，帮扶困难户210户，解决问题1107个，提供各种形式的法律服务3900余次，得到广大群众和社会各界的一致好评，塑造了政法综治队伍的良好形象。

机构编制

概述

2016年，县编办以认真做好机构编制管理工作、圆满完成组织交给的各项任务为目标，围绕中心、服务大局，深入进行行政审批制度改革和地方政府职能转变，严格控制机构编制，巩固提升事业单位登记管理、电子政务建设工作水平，不断加强编办队伍自身建设并取得了良好成效。

简政放权和政府职能转变

（一）权责清单公布情况。按照各级关于推行权责清单工作的各项政策和文件精神，泽州县结合实际，按照“三上三下”的工作思路，经过单位自评、征求意见、专家评审和合法性审查，最终完成了全县“两单两图”的权责清单编制工作，清单共包括35个部门单位权力及责任事项3591项，共分为行政许可143项、行政处罚2842项、行政强制143项、行政征收21项、行政给付47项、行政检查23项、行政确认45项、行政奖励36项、行政裁决4项、其他287项，并于2016年4月公布运行。（二）权责清单及行政职权运行情况。一是下发文件。“两单两图”自公布后，随后下发了县政府办公室《关于转发山西省政府部门权责清单运态管理办法的通知》（泽政办发〔2016〕53号）和县政府办公室《关于推进泽州县政府部门权责清单规范运行的通知》（泽政办发〔2016〕70号），要求各政府部门要严格按照“两单两图”规范行政行为，进一步要求各政府部门要严格按照县政府办要求，实行动态管理，及时提请调整、更新权责清单内容，依照透明、高效、便民的原则，不断优化运行流程。二是加强督察。根据文件精神，分两次对各个单位的权责清单和行政职权运行情况进行了督察。第一次，于2016年8月9日—11日，在县政府24个工作部门中，选择了6个单位，进行了摸底调研。第二次，县政府法制办召集了县监察局、审计局、编办、审批中心的相关单位负责人，就进一步推进泽州县政府部门权责清单规范运行监督管理工作相关事宜召开了专项协调会议，于9月18日至9月23日间对12个县政府部门权责清单运行情况进行督察，并对督察单位工作进行了分工。23日，各督察就各自单位督察情况形成了书面材料，报县编办汇总上报县领导。（三）行政审批事项事中事后监管情况。根据省市关于深化行政审批制度改革加强事中事后监管的文件精神，结合该县深入推进简政放权、放管结合、优化服务、加快推进政府职能转变有关要求，制定并出台了《泽州县人民政府办公室关于深化行政审批制度改革加强事中事后监管的意见》（泽政办发〔2016〕24号），随后县编办于2016年1月下发了《关于落实行政审批制度改革加强事中事后监管的通知》（泽编办字〔2016〕5号），督促权责清单中含有行政审批事项的26家部门单位就各自单位职责范围内的行政审批事项制定了相应的事中事后监管办法，年底，就各单位事中事后监管办法执行情况进行了督察。（四）推动权责清单向乡村延伸。按政策要求，抽调人员，集中精力，按照“三上三下”的工作思路开展工作，具体做法为：纳入清单范围的各乡镇对各自职责进行科学梳理，深入剖析，并与上级单位沟通联系，学习借鉴其他县乡镇的经验做法，实行硬对接，对现有权力及责任逐条逐项分类登记、全面梳理，最后形成了权责清单编制的自我评估报告。综合乡镇自评，县审改小组对权责清单进行了修改，从清单构架、事项性质、梳理口径和样式设计等方面进行了调整和补充，形成了《泽州县乡镇政府行政权力及责任清单（初稿）》，并配有权力运行流程图和廉政风险防控图，共1册166页，列示了乡镇政府权责事项81项。于10月28日在县政府三楼会议室提请专家审议，根据专家提出的修改意见进行了修改，形成了《泽州县乡镇政府行政权力及责任清单（审核稿）》，共1册105页，列示了乡镇政府权责事项51项。已完成各乡镇及涉及的县直单位对乡镇权责清单审核稿征求意见及法制办合法性审查等相关工作，等请示领导决策后实施。

深化行政审批制度改革

为进一步深化行政审批制度改革，以转变政府职能、提高行政效能、提升服务质量、优化政务环境为目标，根据省市政府文件精神，深化行政审批制度改革的工作落实情况为：落实和承接省政府直接下放到县级的行政审批项目9项；落实和承接省政府决定改为后置审批的工商登记前置审批事项22项；落实和承接省政府决定保留的工商登记前置审批事项1项；落实取消的行政审批事项和年审年检事项1项；落实省市政府清理规范行政审批中介服务事项29项；落实取消省市政府取消中央指定地方实施行政审批事项13项；公布泽州县工商登记后置审批事项指导目录45项。

事业单位分类改革

2015年，经县编委会议研究同意，对全县500余家事业单位全部进行了分类。2016年，根据中央办公厅、国务院办公厅《印发〈关于从事生产经营活动事业单位改革的指导意见〉的通知》（厅字〔2016〕38号）精神，对全县10家生产经营类事业单位进行了调研上报。

机构编制管理

一是认真落实该县控编减编工作。按照新一届中央政府提出的今后五年内财政供养人员只减不增的要求，泽州县2016年度的减编任务为152名，已进行了核减。并且突破了以往每年只核减自收自支编制的局限，2016年又核减了差额事业编制80名，核减了自收自支编制20名。二是盘活存量，实现人员的正常合理流动，满足部门工作需要。一是规范在编在职人员流动程序。为了解决部分单位少量用人需要，保障在职人员的正常合理流动，经县编委会议研究，制定出台了《泽州县一般干部和工作人员流动暂行办法》，对全县一般干部和工作人员流动进行了规范。根据用人单位编制的年度用人计划，由人社局牵头，编办配合，提出县内人员的调整配备计划，经编委会研究同意后执行。二是明确招录招聘岗位范围。对一般性行政管理和公共服务工作岗位，采取县内流动的办法解决。比如，县残联所属的残疾人康复托养中心所需10名人员由县商品公路局分流人员中解决，县人社局所属的人力资源和社会保障信息服务中心所需6名工作人员由县人社局下属事业人员调整等，通过内部人员流动，既解决单位的用人需求，又避免人力资源浪费，减少财政供养负担，做到人才合理使用。三是对少数超编满编单位，确因工作需要人员流动的，按照“编随人走”的办法进行调整，既解决用人难题，又避免出现新的超编现象。三是增减平衡，为该县各项工作提供人才保障。对专业性、技术性要求强的工作岗位，在每年的招录招聘平衡计划中解决。2016年度行政事业单位招录招聘平衡计划对急需加强的岗位提出招录招聘计划，确定招录招聘名额为120名，其中公务员招聘计划为30名，其中乡镇11名，县直单位14名，检察院5名。通过招录招聘计划的实施，使该县在“控编减编”和“只减不增”的前提下，保证相关部门有新鲜血液注入，为各项工作顺利完成提供人才保障。

参谋助手作用

一是为深入贯彻落实“关于推进党的纪律检查体制改革”的相关精神，进一步推动纪检监察机关聚焦主业主责，对县纪委的内设机构、所属事业单位及乡镇纪检监察工作人员编制进行了调整、明确。县纪委内设机构由原来的9个调整为12个，内设机构均为副科级；所属事业单位由原来的3个调整为2个；乡镇纪检监察工作人员在8个乡镇明确了2名，在9个乡镇明确了1名。同时设立了中共泽州县委巡察办，设在县纪检委，为该县党委工作部门，又设立了3个县委巡察组，完善了从县级到乡级纪检监察管理体制。二是为更好地推进该县全域旅游提供载体支持，经县编委会研究决定，报经市编办批复成立了泽州县珏山风景旅游区管理办公室，承担珏山景区32平方千米范围内珏山、青莲寺、太极湖和围滩等景点的组织协调管理服务和安全生产监管等方面职能。三是为加快建立和实施该县不动产统一登记制度，尽快实现不动产登记机构的统一，成立了泽州县不动产登记局，承担全县不动产登记管理职责，又设立了泽州县不动产登记交易中心，承担不动产登记、交易的具体经办职能，对县国土资源局、县住房保障和城乡建设管理局、县农业委员会、县畜牧兽医局、县林业局之间的不动产登记职责进行了整合，推进了该县不动产登记工作的开展。

事业单位登记管理

按时完成事业单位法人年度报告工作，报送年度报告341家，变更194家，重新设立登记6家，年度报告率97.7%。稳妥推进事业单位年度报告公开工作，在县编办网页上公示年度报告340家。积极开展事业单位实地调研工作，调研事业单位12家。

自身建设

为更好地适应新常态，更标准、更到位履行好编办的工作职责，充分发挥机构编制工作为县委、县政府做好参谋助手的作用，为全县经济、社会工作提供体制机制保障，开创全县机构编制工作新局面，县编办出台了《“关于构建专业、标准、高效、真诚热情的编办形象”的实施意见》(泽编办字〔2016〕7号)，要在半年到一年打造成“专业、标准、高效、真诚热情的编办形象”，通过形象构建，引领带动机构编制各项基础工作专业化、标准化，为县委、县政府做好参谋，为全县经济社会发展提供体制机制保障。

县直机关工委

概述

县直机关工委是县委的派出机构，主要负责县直机关党的建设工作。编制数6人，书记1人，副书记2人。2016年，县直机关工委认真学习贯彻习近平总书记系列重要讲话精神，坚持服务中心、建设队伍两大任务，按照“县委干什么，工委就抓什么”的工作思路，在履行重点职能上下功夫，在开拓工作创新上求突破，虚功实做，久久为功，围绕经济发展新常态、从严治党新常态、作风建设新常态，展现机关党建新作为，为实现全县经济社会又好又快发展做出了积极的贡献。

一是以深入开展“两学一做”学习教育为主线，机关党员思想认识进一步深化。坚持把理论武装作为建设学习型党组织的首要任务，利用中心组学习、举办培训班、开展党务知识测试等方式。为了激发党员工作活力主要开展了三项活动：1. 组织参加“两学一做”百题知识竞赛活动；2. 开展“如何做合格党员”主题征文工作；3. 开展“重温入党誓词”活动。通过此次活动，进一步强化了机关党员干部职工的基本素质和基本技能，在县直机关营造了崇尚学习、爱岗敬业、创先争优的浓厚氛围。二是以落实党建责任为重点，机关党组织建设进一步提升。为此开展了春季党员教育大培训；推行了党组织书记抓党建工作“联述联评联考”制度，“七一”前夕，组织了一次所属党组织书记抓党建工作专项述职；对纳新对象政审材料严格把关，新发展了52名党员；对党费收缴工作，要求机关各级党组织利用“三会一课”，组织党员认真学习《中国共产党党费收缴、使用和管理的规定》；对换届选举工作加强指导，主动与部门党组沟通联系，严格把关基层党组织的任期；对党员组织关系排查情况严格按照要求实行，对2016年排查的5个党员分别进行了处理。三是以申报评选精神文明创建先进典型为契机，作风建设进一步推进。积极组织开展县级文明单位的申报评选，2016年新增16家县直单位申报县级文明单位；组织开展“党员奉献日”“党员进社区”系列主题实践活动；根据党建工作要点进一步完善了党建目标责任书内容，把任务目标逐项分解，做到软指标硬化，硬指标量化，抽象指标具体化；组织参加了第四届机关技能大赛；对生活困难党员帮扶对象进行了一次摸底；加大了违法乱纪的查处力度，对党性原则不强，工作不务实，民主评议中不称职的党员给予处置。四是以加强工委自身建设为突破，各项日常工作进一步改进。狠抓工委内部建设，提出“三抓三提”活动，切实履行好领导县直机关工作的重要职责；2016年对金村镇后峪村进行了帮扶；圆满召开了县直属机关代表会议；做了推荐表彰工作，对推荐市级先进基层党组织、市级优秀共产党员、优秀党员，县级先进基层党组织、县级优秀共产党员、优秀党务工作者都进行了表彰。

基层党组织建设

县直机关2016年有党委4个、党总支30个、直属支部23个、基层党支部214个、党员4173人。进一步开展了党员自愿服务、“党员奉献日”“党员进社区”等系列主题实践活动，坚持“八小时之内工作在单位，八小时之外服务在社区”的理念，组织在职党员与困难群众和驻点村结对帮扶，并结合实际为群众办实事好事。2016年，县直单位共组建党员志愿服务队53支，参与党员1000余人，党员进社区报到人数达2400余人，其中处级以上领导干部28人。不断强化基层党组织书记履行党建的责任意识，要求各级党组织书记要把履行党建责任作为第一要务来抓，不断树立“抓好党建是本职、不抓党建是失职、抓不好党建是不称职”“抓好经济是政绩，抓好党建、带出一个好班子、带出一支好队伍更是政绩”的责任观念，确定了“书记抓、抓书记”的基层党建工作思路。推行了党组织书记抓党建工作“联述联评联考”制度，每年组织两次所属党组织书记抓党建工作专项述职，推动了一级抓一级，层层抓落实的党建工作机制落到实处。

党员、干部和入党积极分子培训

2016年，集中组织了两期入党积极分子、重点发展对象和新党员培训班，同时以基层党组织为主，对县直机关党组织班子成员、党员干部和党员教育管理骨干开展了教育培训，共培训重点发展对象89人。培训采取分级培训，培训内容围绕中共十八大及中共十八届四中、五中、六中全会精神和习近平总书记系列重要讲话精神，省委四届六次、市委六届五次全会以及县委三干会的精神，围绕《中国共产党章程》《中国共产党发展党员细则》《关于加强新形势下发展党员和党员管理工作的意见》，围绕理想信念、宗旨意识、群众观点、党和国家有关政策法规、法律知识、党的基层组织建设等内容进行培训，各单位也纷纷制定培训方案，严格落实培训登记、培训考核等相关制度，利用党员活动中心阵地，班子成员带头讲课，把培训工作做深做实。

反腐倡廉

2016年，县直工委认真落实县委党风廉政建设责任制，对照《中国共产党党员领导干部廉洁从政若干准则》，加强反腐倡廉教育，以构建廉政风险防控体系为抓手，不断规范党务、政务公开内容、方式方法，提高党务、政务工作的透明度，稳步推进党风廉政建设。全年共处分党员5人，其中警告1人，留党察看1人，开除3人。

精神文明建设

2016年抓住推荐、评比、命名2016—2017年度全县群众性精神文明创建活动先进典型单位，2016年有16家县直单位新申报县级文明单位，年底全县申报县级以上文明单位已经达75家，占到了县直单位的83%。

荣誉表彰

2016年被市直工委表彰为“党组织规范化建设先进单位”“第三届机关技能大赛组织奖”；被县委表彰为“目标责任考核优秀单位”。

老干部

概述

2016年，在县委、县政府的正确领导和市委老干部局的关心指导下，老干部局紧紧围绕县委中心工作，结合老干部部门实际，突出学习贯彻（中办发〔2016〕3号）文件精神这条主线，以“两学一做”学习教育为重点，不断强化离退休干部思想政治建设，认真落实老干部政治生活待遇，积极改善活动中心硬件设施，搭建平台组织引导老干部发挥正能量，不断强化部门自身建设，全年各项任务较好完成。2016年6月，老干局党委被泽州县委授予“先进基层党组织”。

完善工作机制

县委、县政府十分重视老干部工作，始终把老干部工作摆在重要议事日程。一是针对县级领导变动的实际，9月份，县里及时对县老干部工作领导组进行了调整，成立了由县委副书记、县长高喜全担任组长的县老干部工作领导组，领导和统筹协调老干部工作。二是每年至少召开1次会议，专门研究老干部工作，协调解决老干部工作中的实际问题。三是县考核办下发了泽州县2016年度目标责任考核指标工作的通知文件，明确将老干部工作纳入到年度目标责任考核中。

政治待遇

坚持定期通报制度，2016年2月，县委、县政府举行了离退休干部经济情况通报会，让老同志及时了解全县经济社会发展情况。坚持参加重要会议制度，全县召开的“三干会”、党代会、人代会及县委、县政府的重要会议或重大活动，都邀请有离退休干部代表参加，并注重听取老同志意见。坚持参观工农业生产项目，5月该局组织县处级老干部参观了丹河湿地公园，让老同志感受到金村新区融城发展的新变化。坚持开展走访慰问活动，2016年1月11日至29日，该局通过发放慰问信、慰问品、慰问金、上门走访等多种形式，对全县离退休干部进行了普遍慰问。共走访慰问全县离休干部56人，退休干部3463人。其中：县四大班子领导亲自登门看望慰问了49名处级老干部。县直八大口和17个乡镇老干部协理员分别对县直单位和乡镇离退休干部进行了慰问。2016年重阳节，对全县离退休干部进行了普遍慰问。

离退休党组织建设

加强组织建设。14个老干部党支部根据各自实际情况，年底全部进行了支部班子换届选举工作。根据《关于加强和改进新形势下离退休干部党组织建设工作的意见》（晋组发〔2011〕10号）文件要求，2016年11月，在乡镇成立了首家老干部党支部——大东沟镇退休干部党支部。

抓好“两学一做”学习教育。局党委及时下发了《关于组织离退休干部党员参加“两学一做”学习教育的指导意见》（以下简称《意见》）的通知，要求各老干部党支部要做到学有笔记、留有资料，并为各老干支部编印“两学一做”知识问答手册，购买发放《习近平总书记系列重要讲话读本（2016版）》、党内法规系列读本等学习资料。“七一”期间，局主要领导和各老干部党支部书记都带头为所在支部党员讲授了“两学一做”专题党课；组织老党员重温了入党誓词；各老干部党支部围绕《意见》开展了专题学习研讨；组织观看党史文献纪录片《筑梦路上》，进一步强化理想信念教育。

提供学习服务。坚持为全县老干部订阅《老友报》《山西老年》《泽州新闻》等涉老专刊；利用离退休干部党支部50%党费留存，为14个老干部党支部订阅《人民日报》《山西日报》《半月谈》等报刊，满足老支部学习需求。

加强老干部党支部书记的学习培训。坚持每季度通过以会代训的方式对老干部党支部书记进行老干部政策业务培训，提升为老干部服务的能力。

落实离退休干部党支部工作经费。14个老干部党支部活动经费均已纳入财政预算，实行老干支部使用，老干局统一代管的办法，做到经费管理严格，使用规范。

加强教育引导工作

抓好（中办发〔2016〕3号）文件的学习贯彻。一是支部集体学。坚持定期开展集中学习活动，充分发挥各老支部书记的带头作用，通过领头学、带头讲，引导各自支部离退休党员进一步深入领会《意见》新思想、新要求、新举措。对年老体弱、不能正常参加集体学习的离退休干部党员，支部主动开展上门送学活动，保证学习效果。二是机关集中学。坚持把《意见》纳入到老干部工作人员日常学习计划中，通过采取个人学、集中学、领导领学等方式，对《意见》原文进行深入学习，先后开展《意见》专题学习会6次。同时，还多次组织召开专题讨论会，每位机关工作人员结合学习情况，写心得，谈体会，切实使《意见》精神入脑入心，指导工作。三是创新学习方式。采取以会代训、开设网站学习专栏、印发《意见》学习资料等方式，向广大离退休干部宣传《意见》精神，使他们充分感受到党中央对老干部的关怀和对老干部工作的重视。5月份，结合“两学一做”学习教育，该局还编印了1500份学习小册子，发放到老党员、老干部手中，使他们了解《意见》精神，掌握《意见》实质。

组织引导离退休干部发挥作用。一是发挥老干部政治优势。2016年以来，为使老干部认真学习领会《意见》精神实质，各老干部党支部书记作为老干部宣讲团成员，积极认真组织各自支部离退休干部学习习近平总书记系列重要讲话和《意见》精神，统一思想，凝聚力量。累计开展宣讲活动22场。二是开展了以“讲述励志故事、传递耆年力量”为主题的宣讲活动。9月份，该局邀请县信访局退休干部岳晚存同志，在活动中心三楼为近百名老干部讲述自己“退休不褪色、离岗不离党”十八年来为老干部童心艺术团无私奉献的励志故事。通过典型宣讲，感染带动更多的老干部，积极投身到“展示阳光心态、体验美好生活、畅谈发展变化”正能量活动中来。三是坚持开展文化下乡活动。一年来，老干部童心艺术团先后深入社区、乡镇、农村开展文艺演出活动10余场，他们用歌声与舞姿展示着老干部老有所乐的精神风貌。

离休干部生活待遇落实

截至2016年11月底，泽州县有离休干部43名，他们的离休费、生活补贴、护理费都在县财政年度预算中进行了足额安排。2016年，全县离休干部共报销医药费46人，总金额150万元，人均32608.70元。在县财政的支持下，离休干部各项经费都能按现行政策规定认真落实。

深化老干部服务管理工作

坚持特殊困难离退休干部帮扶机制。经申报、审核等程序，2016年底对全县52名特殊困难离退休干部进行了帮扶，共发放帮扶资金10万元。

主动作为，为老干部提供亲情化、个性化服务。一是坚持定期走访制度。8月、9月，由局领导班子成员分组带队对全县离休干部进行了普遍走访慰问，全面了解掌握离休干部的身体、生活状况以及待遇落实情况，帮助老干部解决一些实际问题，并建立了走访台账。二是提供个性化服务。为方便退休处级老干部办理养老金年审，年初，该局主动与县社保所联系，由社保所派工作人员到老干局集中为31名处级以上老干部进行了身份验证，确保他们顺利领到养老金。

老干部活动阵地建设以及文体活动情况

改善活动阵地硬件设施。2016年6月，该局积极争取财政资金支持，统筹协调安排，投资近6万元，加强了对老干部活动中心硬件条件的改造，为乒乓球、台球室铺设了塑胶地板，对活动中心暖气重新铺设了管道，对墙面进行了粉刷，为老干部提供了更加舒适、安全、温馨的活动场所。

坚持开展室内外文体活动。老干部活动中心坚持周一至周五全天向老干部开放，主要以开展台球、乒乓球、竞技麻将、室内健身、书画、歌舞等活动项目为主。除开展好日常性的活动外，各教学班内部还定期开展学习培训，并积极组队参加省市各类比赛活动。如泽州县老干部竞技麻将爱好者组队在12月4日全市老年人竞技麻将比赛中获得团体第二、三、四名的佳绩。老干部童心艺术团在晋城弘德园第一届文化艺术节舞蹈比赛中，经过层层角逐，获得第一名的好成绩。

举办丰富多彩的庆重阳活动。重阳节期间，结合纪念红军长征胜利80周年主题，老干局组织离退休干部开展了形式多样的“迎国庆、庆重阳”文体活动。一是9月份举办了全县老干部书画作品展，共收到书画作品近百幅，经过筛选，展出精品70余幅。二是9月6日至20日，组织离退休干部开展了台球、竞技麻将、象棋三项体育比赛活动。三是重阳节当天，老干局和县老龄委共同举办了以“秋风共舞齐联欢满堂欢庆构和谐”为主题的文艺演出，童心艺术团的老干部们用自编自演的舞蹈、声乐、小品等15个文艺节目，展示了他们晚年生活的激情和幸福。通过活动的开展，丰富愉悦了离退休干部的精神文化生活，展示了老干部积极乐观、健康向上的阳光心态，传递了正能量。

自身建设

一年来，老干局以“两学一做”为契机，立足实际，主动作为，加强干部队伍建设。抓学习，夯实思想基础。一是精心组织集中学。我局结合本单位实际认真制定《开展“两学一做”学习教育实施方案》，及时召开了“两学一做”学习教育动员部署会，并按照学习计划认真组织全体干部职工原文学习习近平总书记系列重要讲话以及《中国共产党章程》等规定书目。二是专题讨论学。根据方案要求，全局党员干部开展了手抄党章100天活动，召开了四个专题学习讨论会，每位党员都结合每季度专题内容和学习情况谈认识谈体会，增强了党性观念，提高了思想觉悟。三是开展送学上门活动。为保证局支部退休老党员也能参加学习教育，我局及时组织工作人员把《中国共产党章程》《习近平总书记系列重要讲话读本》《意见》等学习资料送到老干部手中。强服务，践行“两学一做”。一是局机关党支部为全局党员统一配发了党徽胸章，要求每名党员在工作和参加组织生活期间佩戴党徽，以亮明党员身份，规范言行举止，为立足岗位发挥党员模范作用起到了积极作用。二是开展结对帮扶工作。12月，根据县扶贫办《关于进一步加强干部驻村精准扶贫帮扶工作的实施意见》安排，该局帮扶村新调整为柳树口镇北寨村，为尽快完成贫困户对接工作，局14名党员干部已多次到村通过入户走访、发放帮扶政策牌等形式，开展政策宣传，帮助15户贫困户制定帮扶措施，助力贫困户早日脱贫。转作风，推进工作落实。一是牢固树立纪律和规矩意识。严肃工作纪律，严格抓好工作日“双签到、双签退”、请销假、学习、节假日值班等各项局机关规章制度的落实。严明纪律要求，以节假日为切入点，常态化组织全局干部职工学习上级会议、文件和有关安排部署，加强廉洁自律意识教育，切实做到严于律己，坚守纪律底线。二是加强老干部工作人员学习培训。在坚持每周五集中学习的基础上，创新学习形式，由班子成员带头轮流讲课领学，结合分管工作实际讲理论知识和政策业务知识，营造了较好的学习氛围。同时，该局还积极派老干部工作人员参加省、市老干局举办的老干部工作业务知识培训。三是深入开展重点课题调研。按照市局2016年老干部工作重点调研课题的部署要求，老干局及时召开了年度重点调研课题专题会议，由班子成员领题，组织相关股室工作人员对全县离退休干部党建工作、思想政治工作进行了专题调研，按时完成并上报2篇调研论文。四是认真做好离退休干部电子信息档案录入工作。

信 访

概述

2016年，泽州县信访局认真贯彻落实中央、省、市和县委、县政府关于信访工作的一系列决策部署，采取矛盾排查、领导接访、领导包案等有效措施，扎实开展了“信访案件办理规范化百日大会战”、“信访积案大交办暨重复信访事项、重点领域信访突出问题、信访秩序专项治理”、“五个一”等专项活动，一大批信访问题得到解决。泽州县群众到各级来访与2015年同期相比下降62%以上，进京非访同比下降81.7%以上，越级集体访同比下降61%，初信初访也得到了及时有效的解决，县委、县政府办公场所的信访秩序明显好转，全县信访形势稳中趋好。局长：张粉琴（2016年

1月1日–8月25日），原林林（2016年8月26日–12月31日）

群众信访

2016年，全县群众到各级来访总人数2678人次。主要反映的问题有：1. 村镇建设及拆迁补偿占20%；2. 村务财务及村干部问题占18%；3. 社会保险、工资待遇及农民工讨薪占15%；4. 占地补偿款的发放问题占13%；5. 矿产资源开采造成房屋裂缝占10%；6. 优抚及农村低保占9%；7. 涉法涉诉问题占8%；8. 其他7%。

矛盾排查

2016年，全县坚持每月集中排查和经常性排查相结合。在敏感时期，实行无假日、不间断排查，对排查出来的信访不稳定因素逐一建立台账，实行动态管理，摸清了底数，促进了大多数矛盾纠纷解决在基层、化解在初始阶段，最大限度减少了越级访案件的发生。一年来，共排查处矛盾隐患133件，有效防止了矛盾纠纷的激化、恶化。

案件化解

2016年，以“信访案件办理规范化百日大会战”、“信访积案大交办暨重复信访事项、重点领域信访突出问题、信访秩序专项治理”、“五个一”等专项活动为载体，实行领导包案化解，全县县乡干部深入基层一线参与信访案件化解，加快了信访案件的办理速度，提高了信访案件的办理质量，全县信访存量大幅减少。全年县信访局到期应办结信访案件284件，已办结284件，办结率100%。

制度建设

2016年，县信访局调整了局领导班子。信访局领导班子高度重视信访工作，创新工作理念，根据县信访工作实际需要，引入信访工作新机制，即签约律师参与信访工作，深化信访法治化、规范化；建立信访网络投诉平台，让数据多跑路，让群众少跑腿，极大地方便了信访群众。

台湾事务

概述

2016年，泽州县对台工作在县委、县政府的正确领导下和市台办的具体指导下，认真学习、深刻领会中共十八大和中共十八届五中、六中全会精神，深入贯彻落实习近平总书记重要讲话精神和党的对台方针政策，牢牢把握两岸关系和平发展的主题，紧紧围绕扩大两岸交流与合作，为推动两岸关系和平发展、实现祖国统一大业做贡献，同时为县域经济建设服务，全县对台工作取得了阶段性成效。

招商引资

台商郭台铭是泽州县台办多年来重点经营的台胞重点大户，近年来为县、市累计捐资1.4643亿元，其中泽州县8078万元。他的事迹在晋城市各地广为传颂，为使台胞对他捐赠的资金用的放心，管的满意，多年来该办采取认真负责的态度，把郭台铭为家乡捐赠资金的管理和使用当成一项重要的政治工作来抓。在其捐赠资金的管理和使用上做了大量耐心、细致、周到的工作，多次受到他的赞扬，并受到他充分的肯定和信赖。

2016年，泽州县继续加强重点台商郭台铭的工作，主要是在郭台铭为家乡捐资设立的爱物奖学金项目，5月，该办开始着手与富士康山西专案小组联络落实2016年爱物奖学金的捐赠资金，积极与银行联系咨询外币账户管理新规定，以便确保奖学金捐赠款的及时到位。6月份高考结束后，对台办将爱物奖学金申请表发放到各学校进行初选，然后进行汇总评审、公示、发放。在将近两个月的评审发放过程中，严格遵守爱物奖学金的颁发管理机制，和工会、慈善协会、商会、汇邦助学等取得联系互报颁奖名单进行核对，并积极与市教育局贫困生奖学金发放中心沟通联络，反复对照评审名单，争取不重复发放，保证了爱物奖学金最大程度地发放到每个需要的贫困生手中，并将发放情况和获奖名单进行了逐年的整理归档。

对台交流

台办为方便台属及普通民众赴台手续的咨询及办理，根据最新入台政策，进一步完善了《入台须知》和《入台手续办理说明》，悉心为民众解惑答疑，并帮助其办理相关手续，截至2016年底，该办共接待前来咨询赴台民众百余人。

对台宣传

2016年，该办采取报刊宣传、节日问候、召开座谈会、电话沟通联络、宴请接待等多种形式扎实稳步地开展对台宣传、联络、接待工作。全年与台胞台属通电话累计上千余次。

党校教育

概述

泽州县委党校前身为晋城县委党校，成立于1956年，是原晋东南地区第一个党组织诞生地。1983年为晋城市委（县级）党校，1985年市管县体制改革，改为郊区区委党校，1996年8月撤区建县后为泽州县委党校，2009年6月挂泽州县行政学校牌子，2012年2月挂市委党校泽州分校牌子。县委党校先后被省委组织部、省委党校、晋城市委、市政府授予“干部培训轮训先进单位”“离退休干部先进党支部”“先进集体”等荣誉称号。

县委党校是县委领导下培训轮训全县党员干部、培养党的理论队伍、学习研究和宣传党的理论的主阵地，是党员干部增强党性锻炼的熔炉。县委党校与县行政学校实行“一个机构、一套班子、两块牌子”管理体制。2016年有在职教工37名，党校校长为席学武，常务副校长为董建军，专业技术职称19名，其中高级讲师7名、讲师9名、助理讲师3名。内设办公室、教务科、科研科、行政科、财务科、信息网络科6个科室。校党总支下设机关党支部、离退休干部党支部2个支部。

干部培训

教学工作是党校工作的中心，县委党校把党员干部培训作为主要任务，紧紧围绕时政热点和全县发展大局，大力加强党员干部教育培训工作，为提高全县干部队伍素质发挥了积极作用。主体班次方面：在县委及组织部重视支持下，全年举办了6期农村党组织干部领头雁培训班；7月份举办了2期新任科级干部培训班；11—12月举办了5期科级干部学习中共十八届六中全会暨省、市党代会精神轮训班。和县直工委联合于7月份举办了1期入党发展对象培训班。配合县人社局完成了全年事业单位专业技术人员继续教育培训任务。理论宣讲方面：按照县委安排部署，先后就中共十八届五中全会精神、“三学六守九严禁”、“七一讲话”暨县党代会精神、六中全会暨省、市党代会精神开展宣讲70余次。根据基层工作需要，部分骨干教师深入基层，就形势教育、党建、“两学一做”学习教育等内容开展宣讲50场次。全年外出宣讲达120余场次。在宣传党的理论路线方针政策、解决实际问题、提升干部素质能力方面发挥了党校的主渠道主阵地作用。

教学改革

党校按照“师资立校，教学强校，科研兴校”理念，制定了“以学为先，以讲促学，打牢基础，提升质量”的学习制度，下大力气苦练内功，开展系列教学活动，深化教学改革，提升教师素质。一是坚持例会学习制度。每周一安排例会学习，围绕党的理论、路线、方针、政策及省、市、县委精神安排课题，采取专人专题讲座、课后讨论的方式，组织学习了中共十八届六中全会、政府工作报告、习近平总书记系列讲话、省、市、县党代会精神等学习内容，把例会学习打造成教师锻炼成长的重要平台，营造了浓厚的学习氛围，使党校教师在政策理论学习上做到早学先学，学深学透。二是开展科研调研工作。围绕经济、社会、党建等课题，要求全体教师根据专长申报科研小组，各科研小组深入基层进行调研，撰写调研报告。鼓励教师撰写论文，组织参与了省、市党校系统科研成果申报评选工作，该校有一篇科研论文被省委党校采用并且参加了论文研讨会。三是开展“理论教育、党性教育”赛讲活动。包括校领导在内的全体教师踊跃报名参赛，精心备课，认真讲课，充分展示了该校教师扎实的基本功底、良好的精神风貌、娴熟的授课技巧，为全县干部培训储备了师资及课题。四是开展读书交流活动。购买时政热点、人文经典等方面图书，采取自选书目专题交流的方式进行，启动了10期读书交流活动，教师的思辨能力、表达能力得以锻炼提高，开阔了教师眼界，促进了教师素质和教学水平进一步提高。五是通过多种学习形式提高教师水平。组织教师参加互联网在线教育学习，组织教师参加市、县组织的各种理论讲座，组织教师赴京参加中共十八届六中全会备课会，组织全教师参加全市党校系统教师教学经验研讨会。通过培训学习，党校教师扩大了视野，增长了知识，提高了水平，为讲好课打下坚实基础。六是创新教学方式。大力推行研究式教学，综合运用讲授式、案例式、模拟式、情景式、体验式等教学方法，充分发挥教师的主导作用和调动学员的主体作用，实现教学相长，使学员在研讨、辩论的过程中实现知识增长和能力提高，增强了教学培训效果。

外宣工作

泽州县委外宣办、县政府新闻办作为县委、县政府对外宣传的新闻单位，主要负责向市级以上新闻媒体宣传泽州县深入贯彻落实中共十八大和中共十八大三中、四中、五中、六中全会精神，围绕县委、县政府中心工作，坚持团结、稳定、鼓劲、正面宣传为主的方针，积极弘扬主旋律，打好主动仗，宣传该县深入学习贯彻习近平总书记系列重要讲话精神所取得的成就，宣传泽州县“十二五”期间所取得的成就和“十三五”规划的“161”发展战略。同时，协调、接待市级以上新闻单位的记者在县域内的采访及其他活动，为“打造新型城镇化示范县、率先全面建成小康社会”营造了良好的舆论氛围。

2016，全体工作人员时刻牢记“大局意识、责任意识、服务意识、精品意识”，紧紧围绕中宣部“走基层、转作风、改文风”的要求，人人秉承“日读千字，周写一文，月读一书，年学一技”的光荣传统，通过战役性报道、专题型报道、及时性报道、阶段性报道，在市级以上新闻媒体刊发了2000余篇（幅）新闻报道，无论是发稿数量还是质量，都在晋城六县（市、区）名列前茅。全办工作人员自己撰写新闻稿或配合上级新闻媒体记者，先后在国家级媒体《半月谈》《人民日报》《农民日报》各发稿1篇；在中央电视台播发（《秋风古韵·畅游泽州》《活着的古镇——中国的大阳》等）共3次；在省级纸质新闻媒体（《山西日报》《山西经济日报》《山西农民报》《山西发展导报》《山西画报》）发稿90多篇；在《太行日报》《太行晚报》纸质媒体发稿600余篇；在市级以上网络媒体发稿900余篇。从纸质市级以上新闻媒体发稿来看，每月均超过40篇。其中，3月份和12月发稿最多。3月份，在市级报刊发稿58篇、省级12篇、国家级1篇；12月份在市级报刊发稿46篇、省级15篇、《半月谈》发稿1篇。2016年发稿总量继续在六县（市、区）中保持首位。全年有5篇新闻作品和2幅摄影作品获得市级各类奖。

接待工作无小事。协调、联系、接待市级以上新闻单位的记者在泽州县范围内的采访活动，是该办日常的一项重要工作。无论来的是搞正面报道的记者，还是以新闻曝光为要挟谋取不正当利益的记者，外宣办本着一条原则就是不给县委、县政府添乱，力争让每一家媒体记者高兴而来，满意而去。特别是2016年10月中旬，该办承担县委、县政府接待全国“三农”媒体记者的任务。接待来自全国的28家“三农”媒体，60余位社长、总编以及记者朋友，精选了全县20个采风点，引领他们参观报道。这些记者朋友采写的《28家“三农”媒体聚山西寻找农业转型发展之路》《全国“三农”媒体28家大咖山西采风》《全国“三农”媒体山西行活动走进泽州县周村镇》《全国“三农”媒体聚焦山西产业融合》《全国“三农”媒体山西行走进泽州县》《你能想到农业旅游竟然能这么玩！》《走马“彤康”：感受一颗山楂的“裂变”》《“三农”媒体山西行特色农业让农民鼓起钱袋子》等20余篇新闻报道，被临汾新闻网、《农民日报》、陕西农村网、《河北农民报》《河南日报（农村版）》《农村新报》《塞上新农村》《甘肃农民报》《东方城乡报》《陕西农村报》《山西农民报》、河北农村网、《四川农民日报》《重庆日报（农村版）》等媒体报道和转载。其间，外宣办全力加强与上级各新闻媒体及各驻市新闻单位的联络协调，与近10家省级以上新闻单位驻晋城市记者站、工作站保持了较密切的联系。同时，高度重视互联网宣传，与新华网山西分站、人民网山西分站和黄河新闻网、晋城发布、晋城新闻网建立了密切联系，许多反映泽州的新闻稿都及时在网上发布，泽州县的发展成就受到广泛关注，为泽州转型跨越发展营造了浓厚的舆论氛围。

史　志

概述

2016年，是泽州县“史志科学‘十三五’规划”实施的开局之年，也是该县史志编研成果的收获之年。全办人员团结一心，励精图治，不忘初心，奋力拼搏，圆满完成了各项工作目标任务，取得了业务成绩、党建和文明创建的三丰收。

编研成果

新编《泽州县志（1985—2009）》正式发行。经过6年多时间的努力拼搏和反复提炼，新编《泽州县志（1985—2009）》正式出版发行。3月29日，县委、县政府在泽州宾馆召开发行大会。县委、县政府分管领导出席会议并讲话。会议还对《泽州年鉴》的征编工作进行全面安排，并进行了简短的编纂培训。自此，年鉴征编工作在全县全面展开，经过8个月时间的紧张工作，《泽州年鉴（2016年）》初稿顺利完成。年底完成了送审稿。《中国共产党泽州历史（1925—2015）》的编纂，已达征求初稿意见的进度。

服务社会

（一）党史教育丰富多彩。2016年，该办在充分发挥土岭事件纪念馆，寺河烈士陵园纪念馆、东常村展览馆、西山晋沁县纪念馆、柳泉晋东县纪念馆、泽州县烈士陵园纪念馆等市、县党史教育基地教育作用的基础上，从6月至9月又在柳树口镇黄围村白铁河景区创办了泽州革命史纪念馆，受到了当地党员干部和广大群众的一致好评，另外，该办还通过积极撰稿，在《晋城将帅》《吐月》杂志上发展文章以及在重大纪念节日期间广泛地开展多种形式的党史宣传教育，引导全县党员干部更加紧密地团结在以习近平同志为核心的党中央周围，为打造新型城镇化示范县、率先全面建成小康社会作出应有的贡献。（二）服务基层修志工作。2016年前半年，该办对《望头村志》进行指导和服务，并对志稿进行了初审，提出了具体的补充、修改、规范意见。下半年，多次深入大东沟镇贾泉村、指导帮助《贾泉村志》的编纂全过程，补拍照片、修改文字，使志稿尽量达到出版要求。积极宣传贯彻落实《地方志工作条例》，全县基层修志工作仍势头强劲，进入规范化、法治化轨道。（三）圆满完成省市下达任务。2016年，根据省、市下达的编研课题，及时、准确、高质量地完成了《山西年鉴》《晋城年鉴》等供稿任务，多次为县委、县政府县城迁址提供了相应资料，为《泽州地名志》的编纂提供帮助，为暑寒假到史志办查阅地情资料的大专院校学生和相关单位提供资料20万字，共接待社会史志爱好者查阅资料百余人次。全年共发行史志书刊5000余册（份）。

党的建设

2016年是该办支部换届年，为了把党支部进一步建设好，根据县委组织工作会议精神，结合基层党建“一带三创五化”要求，特别是党风廉政建设“两个责任”落实，该办支部认真贯彻落实县委安排部署的各项工作，于9月23日召开全体党员大会，对上届支部工作进行了总结，对下届支部工作提出了建议，选举产生了新一届支部委员会和支部书记。大家纷纷表示：一是要紧密团结在以习近平同志为核心的党中央周围，在省、市、县委的坚强领导下，把纪律和规矩挺在前面，认真履行党员义务，坚决执行党的决定，在新一届党支部的带领下，把支部建设做得更好，为实现中华民族伟大复兴的中国梦作出应有的贡献。在“七一”表彰大会上，该办支委张丽被县委表彰为“优秀党务工作者”。2016年，该办继续开展“两学一做”和“学习、讨论、落实”活动，在理想信念、政治定力、行动执行力和党风廉政建设上进一步加强，及时传达学习中共十八届六中全会精神。在组织建设、作风建设上又有了更严的要求，大家一致表求要紧跟党中央的战略部署，认真贯彻《条例》，自觉执行《准则》，争做“模范共产党员”，打造“先进党支部”，不忘初心，继续奋斗，为把泽州县史志工作做的更好而不懈努力。

文明创建

该办从2001年开始，已连续十四年荣获市级文明单位光荣称号，2016年是再度申报创建年，该办支部对此项工作非常重视，着专人对8大项18个小项进行逐项落实，用了近两个月时间进行筹备，规范、补充资料，力争再度连续荣获此荣誉。2016年，该办积极开展“慈善一日捐”活动，为困难群体献出自己的爱心。扎实开展扶贫工作帮困工作（南岭乡裴凹村），为该村发展献计出力，就该村11个贫困户进行细致了解，制定精准扶贫措施，并实行了党员干部“结对子”，按照习总书记“扶贫路上不能丢下一个贫困群众”的总要求，强化责任落实，圆满完成定点帮扶工作。2016年，该办多次组织收听收看县委安排的各项视频会议和警示教育片，深入开展向全国、省、市、县“道德模范”“好人”学习。对县委组织部组织的各类讲座、讲堂、干部在线教育等准时足时参加学习，县委、县政府组织召开的各种会议从未缺席，并对会议精神及时传达贯彻落实，对县领导临时安排事宜及时准确、不折不扣地圆满完成。由于近年该办的出色工作，所以在2016年全县三级干部及劳动模范表彰大会上，被县委、县政府表彰为2015年度目标考核“优秀单位”。

和谐创建

概述

2016年，县和谐办积极开展和谐宣传，努力营造和谐氛围；积极开展八大惠民服务管理网络建设和办实事活动，努力改善民生；积极开展和谐创建，努力提高和谐程度；积极完善工作机制，努力提供组织保证，为促进泽州和谐发展，作出了积极的贡献。

和谐宣传

积极开展和谐宣传活动。一是开展了和谐宣传月活动。2016年是泽州县第十个和谐宣传月，为了进一步建设和谐文化，培育文明风尚，和谐办组织相关单位在凤西广场举办了启动仪式，向广大人民群众发放了和谐宣传资料，进一步宣传中共十八大和中共十八届三中、四中、五中、六中全会精神。二是开展了学国学活动。和谐办编印了《跟着习主席学国学》宣传资料，在全县上下掀起学国学热潮，进一步营造和谐氛围。

惠民服务

积极组织协调推进教育、创业就业、社会保障、医疗健康、住房安居、公共文化、生态环境、社会平安八大惠民服务网络建设。一是召开了和谐业务培训。对全县17个乡镇、相关县直单位分管和谐工作的领导进行了业务培训，并邀请市委和谐办的领导进行了授课，提高了全县分管领导的和谐工作能力。二是开展了和谐实事乡镇行活动。年初和谐办深入到全县17个乡镇及部分村，重点调研了各乡镇为民办实事的情况，并把乡镇为民办实事的计划汇编成册，作为年底验收和谐实事的依据。三是开展了惠民服务网络建设督察工作。为了保证惠民服务建设工作的有效开展，5月，组织八大惠民服务网络的分管领导，深入到乡镇对惠民服务网络和办实事活动进行了检查，有力地推动了全县惠民服务网络建设和办实事活动。

创建活动

开展了县级五项和谐创建活动。“五项和谐创建”，即和谐乡镇、村、和谐机关、和谐企业、和谐校园、和谐家庭。旨在通过典型培塑，发挥榜样的引领示范作用。特别是精心打造了党建带动型、产业拉动型、民主管理型、平安创建型、文化凝聚型、生态文明型“六种类型”的和谐新农村。

机构设置和领导名录

县委组织部部长：张韶华

县委宣传部部长：霍丽丽

县委统战部部长：李仲明

县编办主任：郎云峰

县直机关工委书记：赵承巨

县文明办主任：田新林

县老干部局长：段忠明

县台湾事务办主任：刘银土

县外宣办主任：徐军利

县史志办主任：杜秋炉

县和谐办主任：杨利平

泽州县人民代表大会常务委员会

概述

2016年，泽州县人大常委会在中共泽州县委的坚强领导下，全面贯彻中共十八大和中共十八届三中、四中、五中、六中全会精神，深入学习习近平总书记系列重要讲话，紧紧围绕全县“161”发展战略和“双一双五”年度工作重点，依法履行宪法和法律赋予的职责，共组织召开常委会会议8次，顺利完成各项任务。为新一届人大常委会开启新的履职征程、迈出了坚实发展步伐。县人大常委会以创建“文明单位”为载体，建设机关文化长廊，开展各类主题日活动，持之以恒转作风、树新风，积极打造“和谐、尚法、务实”的机关文。深入开展处级领导包村和机关干部驻村等帮扶活动，全力落实精准扶贫各项措施，如期完成了全年既定的脱贫任务；统筹推进学习型机关建设，新建了图书阅览室，定期举办各类专题讲座，持续提升机关干部的自身素质和履职能力；围绕县委中心工作和常委会重点工作，开展执法检查、视察调研活动30余次，撰写各类调研报告20余篇，编印常委会资料汇编、公报8期，推进了泽州县经济社会发展和民主法治的建设。严格落实党风廉政建设主体责任，认真履行“一岗双责”，加强机关党风廉政教育，出台了《机关党风廉政建设若干规定》，树立人大机关风清气正、努力营造风清气正、干净干事的良好环境；认真抓好常委会组成人员和机关干部的法律法规及业务知识学习，不断提升依法履职和服务保障能力。充分发挥人大的独特优势和桥梁纽带作用，大兴调查研究之风，密切联系代表和群众，确保人大工作更加顺应民心、体现民意。持续加强常委会运行机制建设，修订了常委会组成人员守则、出台了常委会机关工作守则，修订了20项内部管理制度，出台《县人大常委会主任会议工作规程》，促进常委会工作更加规范有序、务实高效。深入开展人大理论研究，启动《泽州人大志》《法治泽州》编撰工作，认真做好人大宣传工作，切实提升理论水平，指导工作实践，有效提升了全县人大工作整体水平。

重要会议

（一）泽州县2016年国民经济和社会发展计划、财政预算先期审查会议。此次会议于2016年5月4日至5日在高都大酒店召开，会期2天。县人大常委会主任陈晋勇，副主任张武亮、马培林出席会议。会议由县人大常委会副主任张武亮主持。参加会议的有：县人大常委会各工作委员会主任；县发改局、县经信局、县教育局、县科技局、县财政局、县人社局、县农委、县卫计局、县审计局、县国税局、县地税局、县中小企业局等单位主要负责人，部分乡镇人大主席以及参与编制计划、预算和审计的发改局、财政局、审计局的相关工作人员。

会议首先由县人大常委会财经委主任王钢虎组织学习《关于进一步推行预算公开工作的意见》，随后宣读了先期审查的安排意见。会上县发改局作了2016年计划草案编制情况的说明；县财政局作了2016年财政预算草案编制情况的说明；县国税局和地税局分别作了2016年国税、地税收入的说明和分析；县经济和信息化局作了2016年经济预测和分析；中小企业局作了2016年中小企业发展形势预测；县审计局作了关于改进预算管理工作的建议。与会人员对计划草案和财政预算草案进行了认真讨论，认为2016年的计划、预算草案思路清晰、编制合理，真实反映了全县经济社会发展实际。预算收入安排实事求是、积极稳妥，预算支出安排有保有压，突出重点、统筹兼顾了泽州县经济社会持续健康发展的要求。会议充分吸取在讨论审议中提出的意见建议，针对存在的一些问题，研究提出了先期审查反馈意见，要求县政府及计划、财政部门认真做出修改完善工作，确保整改到位，及时提交县人大常委会会议进行初步审查。会议在县人大常委会副主任张武亮简短的总结发言后闭会。

（二）县六届人民代表大会第一次会议。此次会议于2016年6月25日在泽州县政府后院小礼堂召开，会期5天（6月25日至29日）。

6月25日上午，全体代表视察。为了使这次大会开的风清气正，下午3时30分预备会召开前，全体代表在政府小礼堂集体观看警示教育片《镜鉴》。下午4时召开预备会议。会议应出席代表222名，实出席代表215名，会议由县人大常委会主任陈晋勇主持，县人大常委会党组副书记靳水生、县人大常委会副主任郭志鹏、张武亮、丁蕊香、马培林在主席台就座。会议听取了县人大常委会副主任马培林作的关于县第六届人民代表大会第一次会议筹备情况的报告；县人大常委会副主任、代表资格审查委员会主任委员郭志鹏作的《关于县六届人民代表大会代表资格的审查报告》；通过大会主席台和秘书长名单。主席团由41人组成：丁蕊香（女）、马志德、马培林、王文霞（女）、王钢虎、牛慧琴（女）、孔庆祥、田晋军、刘东胜、安旭敏、闫晋中、杜玉喜、李广同、李正根、李先锋、李仲明、李志强、李雪山、连海峰、张芒富、张武亮、张建中、张海军、张维斌、张韶华、陈志忠、陈晋勇、尚刚团、郎建刚、郝碧刚、赵新年、郭志鹏、郭晋云、高喜全、席学武、焦平太、靳水生、樊秋宝、樊海放、霍丽丽（女）、魏晋方。秘书长马培林（兼）；

通过县六届一次会议议程；通过县六届人大一次会议议案审查委员会组成人员名单。

6月25日下午5时30分在海天大酒店，县人大常委会主任陈晋勇主持主席团第一次会议，会议推选赵新年、陈晋勇、靳水生、郭志鹏、张武亮、丁蕊香、马培林、李广同、李雪山为大会主席团常务主席；通过大会主席团执行主席分组名单；决定霍丽丽（女）、张韶华、阎晋中、李平、樊海放、连海峰、田晋军为大会副秘书长；通过大会日程；通过大会会议议案截止时间的决定；听取和审议县人大常委会关于计划的初审报告和预算初审报告，印发代表；通过此次会议选举办法，印发代表；通过议案提出及处理办法，印发代表；通过代表建议、批评和意见提出及处理办法，印发代表；通过质询案的提出及办理程序，印发代表。

6月26日，主席团常务主席、大会执行主席陈晋勇主持大会开幕。大会特邀不是县代表的泽州县出席省十二届人大代表（2人）；县委、县政府、县武装部、县公安局领导（5人），县五届人大常委会委员（7人）县；县委所属工作部门负责人（25人），县政府组成部门负责人（16人），县政府所属工作部门负责人（18人），县政协委、室主任（6人），县人民法院副院长和县人民检察院副检察长（7人），群团组织负责人（8人），有关单位负责人（35人），住县单位负责人（19人），乡（镇）党委书记、乡（镇）长（17人），原县级领导（32人），其他7人，参加政协会议的政协委员210人，共413余人列席了会议。会议听取和审议了县人民政府县长高喜全所作的《泽州县人民政府工作报告》；审查泽州县国民经济和社会发展第十三个五年规划纲要；审查县发改局局长王晋德所作的《关于泽州县2015年国民经济和社会发展计划执行情况与2016年国民经济和社会发展计划草案》；审查县财政局局长翟玮平所作的《泽州县2015年财政预算执行情况与2016年财政预算草案》；听取和审议了县人大常委会主任陈晋勇所作的《泽州县人大常委会工作报告》；县法院院长高国林所作的《泽州县人民法院工作报告》；县人民检察院检察长王红玲所作的《泽州县人民检察院工作报告》。会议对以上报告分别作出相应决议。此次大会共举行全体会议6次，先后有陈晋勇、郭志鹏、张武亮、赵新年、陈晋勇、靳水生主持；主席团共举行6次会议，分别有陈晋勇、丁蕊香、张武亮、马培林、丁蕊香、张武亮主持。本次大会选举产生了县级国家机关领导人员43人，选举产生了晋城市七届人大代表69名。选举产生的43名县级国家机关领导人员中：县六届人大常委会组成人员33名（主任1名，副主任4名，委员28名）；县政府领导8名（县长1名，副县长7名）；县法院院长1名；县检察院检察长1名。新当选的县级国家机关领导人处县人民检察院检察长需报上级批准，其余人都进行了庄严地宪法宣誓仪式，县委书记赵新年在大会闭幕式作了讲话。大会在圆满完成各项预定任务后，新当选的县人大常委会主任靳水生宣布闭会。

（三）县五届人大常委会召开的会议：

第四十五会议：于2016年1月22日—23日在高都酒店举行，会期一天半。应到组成人员23人，实到18人，因事因病请假5人。会议议程为：听取和审议“一府两院”国家机关负责人年度工作情况的述职报告；听取县人民政府关于县五届人大五次会议代表建议、批评和意见办理落实情况的报告；人事任免。

县人民政府副县长李仲明、程春明，县四届人大常委会主任王立宪，县人民法院院长高国林，副院长3人；县人民检察院副检察长4人；县政府办公室、发改局、经信局、教育局、公安局、监察局、民政局、司法局、财政局、人社局、环保局、住建局、交通运输局、农委、水务局、林业局、文化局、卫计局、食药监局、工商质监局、审计局、统计局、安监局、宗教局主要负责人；县人大常委会信访室主任；各乡（镇）人大主席列席会议。

会议决定任命张云丽为县人大常委会财经委副主任、李志强为县人大常委会城环工委副主任。

第四十六会议：于2016年5月18日在国贸酒店召开，会期一天。此次会议应到组成人员23人，实到21人，因事因病请假2人。会议议程为：审议通过泽州县县、乡（镇）选举委员会组成人员名单（草案）；讨论通过泽州县选举委员会关于县、乡（镇）换届选举工作实施方案（草案）；其他。

县人民法院院长高国林；县人民检察院检察长王红玲；县人大常委会信访室主任牛慧琴；县选委会组成人员提名人选；各乡（镇）人大主席提名人选；各乡（镇）选委会主任提名人选共计49人列席会议。

第四十七会议：于2016年5月26日在县人大机关四楼会议室召开，会期半天。本次会议应到组成人员23人，实到17人，因事因病请假6人。会议议程为：讨论通过县人大常委会关于召开泽州县第六届人民代表大会第一次会议的决定（草案）；审议通过县人大常委会关于接受冯文涛等人辞去县、乡（镇）选举委员会职务请求的决定（草案）；人事任免。

县人民法院院长高国林；县人民检察院检察长王红玲；县人大常委会信访室主任牛慧琴列席了会议。

会议接受冯文涛、田晋军、成少敏、李解放等分别辞去县、乡（镇）选举委员会职务。

会议决定任命许海林为县人大常委会农村工作委员会副主任；申霞为县人大常委会办公室副主任。

第四十八会议：于2016年6月11日在高都酒店召开，会期一天。此次会议应到组成人员23人，实到17人，因事因病请假6人。会议议程为：讨论通过县人大常委会关于召开县六届人大一次会议的决定（草案）；对2016年全县计划、预算及部门预算进行初审；听取县人民政府关于县五届人大五次会议代表建议、批评和意见办理落实情况的报告；审议通过县人大常委会代表资格审查委员会关于县第六届人民代表大会代表资格的审查报告；其他。

县人民政府常务副县长李正根，县人民法院院长高国林，县人民检察院检察长王红玲；县政府办公室主任樊海放、发改局、经信局、教育局、科技局、财政局、农委、卫计局、审计局、国税局、地税局、中小企业局主要负责人；县人大常委会信访室主任列席了会议。

第四十九会议：于2016年6月21日在县人大机关召开，会期一天。此次会议应到组成人员23人，实到20人，因事因病请假3人。会议议程为：听取泽州县国民经济和社会发展第十三个五年规划纲要编制情况的报告；讨论通过县人大常委会工作报告；讨论通过召开县六届人大一次会议有关事项；表决通过县六届人大一次会议日程、主席团及秘书长名单、议案审查委员会名单、列席人员名单草案；讨论通过县人大常委会关于2016年全县计划、预算草案的初审报告（草案）；审议通过县人大常委会代表资格审查委员会关于县六届人民代表大会代表资格审查报告；其他。

列席会议的有县人民政府副县长程春明，县人民法院院长高国林，县人民检察院检察长王红玲；县人民政府办公室主任樊海放，县发改局局长王晋德，财政局局长翟玮平。

（四）县六届人大常委会召开的会议：

第一次会议：于2016年7月26日在高都酒店召开，会期半天。此次会议应到组成人员33人，实到32人，因事因病请假1人。会议议程为：组织县人大常委会组成人员学习《监督法》《组织法》；讨论通过县人大常委会2016年工作要点（讨论稿）；讨论通过县人大常委会组成人员守则（讨论稿）；讨论通过县人大常委会议事规则（讨论稿）；讨论通过县六届人民代表大会代表资格审查委员会组成人员名单（草案）；交办县六届人大一次会议代表建议、批评和意见；其他。

县人民政府常务副县长李韶华，副县长樊海放，县五届人大常委会主任陈晋勇，县人民法院院长高国林，县人民检察院检察长王红玲，县人大常委会办公室主任连海峰，各乡（镇）人大主席，列席了会议。

第二次会议：于2016年8月22—23日在海天大酒店召开，会期一天半。此次会议应到组成人员33人，实到32人，因事因病请假1人。会议议程为：听取和审议县人民政府关于全县2016年上半年经济运行情况的报告；审查批准县人民政府2015年财政决算报告；听取和审议县人民政府关于2015年财政预算执行和其他财政收支审计工作报告；听取和审议县人民政府关于第六个五年法制宣传教育情况的报告；人事任免；其他。

县委书记赵新年出席会议并讲话；县人民政府县长高喜全、常务副县长李韶华、副县长李平、樊海放；县人民检察院党组书记许关生；县人民政府办公室、县发改局、县经信局、县教育局、县司法局、县财政局、县人社局、县农委、县水务局、县林业局、县卫计局、县审计局、县统计局、县国税局、县地税局、县中小企业局、金村新区建设指挥部主要负责人；县人大常委会办公室主任；提请县人大常委会任命的有关人员；山河镇、晋庙铺镇、大箕镇人大主席列席了会议。

根据县人大常委会主任靳水生的免职提议

决定免去：

连海峰的县人大常委会办公室主任职务；

焦平太的县人大常委会教科文卫工作委员会主任职务；

牛慧琴的县人大常委会法制工作委员会副主任职务。

根据县人大常委会主任靳水生的任职提议

决定任命：

田晋军为县人大常委会办公室主任；

牛慧琴为县人大常委会教科文卫工作委员会主任；

李志强为县人大常委会城建环保工作委员会主任。

根据县人民政府县长高喜全的任职提议

决定任命：

韩建英为县政府办公室主任；

庞培芳为县发展和改革局局长；

翟卫伟为县经济和信息化局局长；

冯文涛为县教育局局长；

李平为县公安局局长；

延晋富为县民政局局长；

韩立会为县司法局局长；

贺爱军为县财政局局长；

王晋德为县人力资源和社会保障局局长；

徐选余为县国土资源局局长；

张建平为县环境保护局局长；

车树文为县住房保障和城乡建设管理局局长；

董效义为县交通运输局局长；

张良善为县水务局局长；

宋乐明为县农业委员会主任；

赵亮福为县林业局局长；

李广林为县文化局局长；

秦会林为县卫生和计划生育局局长；

丁勇军为县审计局局长；

张庆立为县工商和质量监督管理局局长；

徐银堆为县统计局局长；

原吉雷为县安全生产监督管理局局长；

靳安印为县民族宗教事务局局长。

根据县人民检察院检察长王红玲的任职提请

决定任命：

许关生为县人民检察院副检察长、检察委员会委员、检察员。

会议决定接受：县人民检察院检察长王红玲辞去县人民检察院检察长职务。

根据县人大常委会主任靳水生的任职提请

决定任命：

许关生为县人民检察院代检察长；

第三次会议：于2016年11月9日在海天大酒店召开，会期一天。此次会议应到组成人员33人，实到27人，因事因病请假6人。会议议程为：听取和审议县人民政府关于全县造林绿化工作情况的报告；听取和审议县人民政府关于全县1—10月份环境状况和环境保护目标完成情况的报告；审查和批准预算调整报告；人事任免；其他。

县人民政府常务副县长李韶华，副县长程春明、张宏；县发改局、县经信局、县财政局、县环保局、县住建局、县交通运输局、县水务局、县林业局、县畜牧局主要负责人；提请县人大常委会任命的有关人员；周村镇、南岭乡、李寨乡人大主席列席了会议。

会议根据县人民政府县长高喜全的任职提请

决定任命：

王江元为县监察局局长；

刘晋生为县食品药品监督管理局局长。

换届选举工作

2016年4月6日开始，县乡人大换届选举工作逐步开展，共分组织准备和宣传发动、选区划分和选民登记、提名和确定代表候选人、召开新一届县、乡人民代表大会四个阶段。选民登记情况：参加县人大代表选举的总人口数498300人，18周岁以上人口420065人，列入选民名单的419578人，占全县总人口数的84.20%。参加乡镇人大代表选举的总人口数456143人，18周岁以上人口377908人，列入选民名单的377421人，占总人口数的82.60%。未列入选民名单的507人。其中：不能行使选举权利的384人，停止行使选举权利的47人，被剥夺选举权利的32人。选举代表情况：县六届人大代表名额为222名，共划分选区115个，其中农村选区95个，县直各口及厂矿企业、部队选区20个。新一届乡镇人大代表名额为1021名，划分选区601个。在县人大代表选举中，全县115个选区，应参选选民419578人，实际参加投票选民361477人，参选率达86.15%，选举产生县六届人大代表222名。其中，党员代表138名，占代表总数的62%；妇女代表60名，占代表总数的27%。在601个乡（镇）人大代表选区中，应参选选民377421人，实际参加投票选民321081人，参选率达85.07%，选举产生新一届乡镇人大代表1019名，空缺2名。其中，党员代表560名，占代表总数的54.9%；妇女代表271，占代表总数的26.6%。人代会选举情况：泽州县乡镇新一届人民代表大会第一次会议全部于6月19日—20日召开，会议选举产生了乡镇国家机关领导人员86人，其中人大主席17名、乡镇长17名、副乡镇长52名。

依法履职

县人大常委会紧紧围绕全县工作重点和民生热点、难点依法履行监督职责，为推动经济社会事业协调健康发展发挥了积极作用。在预算审查工监督作中，常委会把计划预算的监督贯穿于常委会全年工作全过程，注重健全完善全口径、全覆盖、全过程、全公开的预决算审查监督机制。认真听取和审议了2015年财政决算和2016年财政预算执行、2015年财政预算执行和其他财政收支审计工作情况的报告。要求县政府强化预算管理，大力增收节支，保障重点支出，提高财政预决算的科学化水平。支持财政部门对公开预算信息的主体、内容、领域等作出具体规定，推动预算管理全面规范、公开透明。加强对审计发现问题的督促整改，促进了财政管理制度的完善和财政资金使用效益的提高。人代会前，常委会提前介入，采取“两上两下”方法，对计划、预算进行先期审查和初步审查，要求县政府细化预算科目，完善预算项目，科学编制年度计划预算（草案），为人代会审查批准计划预算（草案）做了充分准备。在民生热点问题监督中，2016年12月，常委会分4个调研组，深入全县17个乡镇、24个整村贫困村进行专题调研，实地察看“六个精准”“五个一批”落实情况。针对在调研和审议中发现的问题，提出了“完善政策办法、加快项目进度、严格考核问责”等意见，督促县政府深入推进“八大工程、二十个专项行动”，全年实现减贫2503户5050人。围绕食品安全、义务教育、医疗卫生等开展视察和调研，就完善监管体制、改善办学条件、提高医疗质量、增加财政投入提出建议，促进了民生社会事业的全面协调健康发展。继续监督十件惠民实事办理，对绿道建设、农村危房改造、采煤沉陷区搬迁安置等具体事项，按照序时进度跟踪监督，确保好事办好、实事办实。在生态环境监督工作中，积极回应人民群众日益强烈的环境诉求，重点围绕环保设施建设薄弱、重点行业监管乏力开展监督，连续两次听取和审议了环境状况和环境保护目标完成情况的报告，在加大宣传力度、打击违法行为、完善长效机制等方面提出明确要求，推进了全县“百日攻坚战”“铁腕治污”行动的深入开展。2016年以来，县政府严格落实控煤、治污、管车、降尘措施，立案查处环境违法行为为105起。同时，配合市人大常委会开展了“晋城环保行”活动，及时向县政府提出意见，持之以恒推动环境质量改善。

司法监督

县人大常委会通过集中视察、专题调研、听取汇报等形式，对县法院、县检察院推进司法体制改革、加强职务犯罪预防、落实“两错”责任追究制度等进行监督检查，督促县“两院”着力解决影响司法公正、制约司法能力的深层次问题，加强司法队伍建设，健全监督制约机制，加大案件查办力度，努力维护社会公平正义。严格督办信访事项，健全完善了“专人接待、监督落实、定期回复”的工作机制，全年共受理群众来信97件，接待来访170余人次，做到了事事有着落、件件有回音。

执法检查

县人大常委会始终坚持把执法检查作为实施法律监督的有力抓手，配合省、市人大常委会开展了《中华人民共和国道路交通安全法》等法律、法规的执法检查，针对发现的问题，及时向县政府提出整改意见，推动了相关法律法规在泽州县的贯彻实施。

法治建设

常委会从做好全民普法和守法这项长期基础性工作出发，认真听取和审议了“六五”普法工作情况的报告，作出关于开展第七个五年法治宣传教育的决议，强调突出宪法教育、突出重点对象、突出方法创新、突出组织领导、突出监督检查，充分发挥法治宣传教育在服务经济社会发展、维护社会和谐稳定方面的重要作用。

任免干部

县人大常委会坚持党管干部和人大依法任免干部相统一的原则，健全完善法律考试、供职报告、审议票决、颁发任命书、任职表态发言等人事任命制度。县六届人大一次会议以来，共任命和决定任命国家机关工作人员32人次。认真落实宪法宣誓制度，集中组织了3次向宪法宣誓仪式，进一步增强了任命人员的宪法意识、责任意识和公仆意识。强化干部任后监督，严格执行年初公示承诺、年中跟踪督察、年终工作考核的监督机制，实现了对任命人员的全程、全方位监督。

建议督办

督办好代表建议是保障代表依法履职的重要途径。常委会进一步规范代表议案建议提出、交办、承办、督办工作流程，围绕建议办结率、问题解决率和代表满意率“三提高”目标，实行重点建议县政府副县长领办、常委会委（室）跟踪督办、提建议代表全程参与的办理机制，通过召开督办会议、集中视察检查、听取办理情况报告等方法，及时了解存在的问题，提出协调解决的办法，督促建议意见的办理落实。县六届人大一次会议期间代表提出的212件建议、批评和意见，均在规定时间内办理和答复。关于规范农户光伏发电项目管理、加快下村镇采煤沉陷区治理等一批代表关注、群众关心的热点难点问题得到了解决。

服务代表

认真落实省、市人大常委会加强代表培训学习的意见，2016年10月，举办了代表履职培训班，对新当选的222名县人大代表进行了集中培训。培训采取集中视察、专家授课和答题竞赛相结合的方式，组织代表深入丹河龙门湿地公园、江淮重工二期项目等地进行了视察，组织1197名市县乡三级代表开展了人民代表大会制度和相关法律知识书面答题竞赛活动，进一步扩大了普法宣传的覆盖面，达到了"以赛代训"的目的。为代表订阅了《人民代表报》《晋城人大》等报刊资料，拓宽了代表知情知政渠道，奠定了代表依法履职基础。坚持便于组织和开展活动的原则，改进编组方法，完善活动平台，加强活动指导，实现了代表活动常态化。坚持常委会组成人员联系代表制度，编印工作手册，定期通报常委会重要工作，广泛征求意见、建议，实现了联系代表经常化。充分发挥代表专业优势，邀请代表列席常委会议28人次，参加常委会组织的视察、调研和执法检查等活动346人次，推荐参加县直部门政风行风评议活动30余人次，保障了代表的知情权、参与权、监督权。

信息宣传

加强与省、市人大的工作联系，密切与新闻媒体的联系，充分发挥县广播电视台、网站和报刊等主流媒体的宣传作用，加强宣传人大及其常委会依法履职情况，宣传人大代表中的先进典型。全年共撰写各类调研报告20余篇，编印常委会汇编、公报8期，向省、市人大和县级新闻媒体报送工作信息和通讯30余篇，人大工作的透明度和社会知晓面不断提高。加强和完善人大内部宣传阵地，及时编发常委会资料汇编，在传递信息、加强联系等方面发挥了积极作用。

工作机构及正职名录

办公室主任：田晋军
法制工作委员会主任：马志德
人事代表工作委员会主任：李先锋
教科文卫工作委员会主任：牛慧琴（女）
财政经济工作委员会主任：王钢虎
农村工作委员会主任：张维斌
城建环保工作委员会主任：李志强

泽州县人民政府

办 公 室

概述

2016年，泽州县人民政府办公室坚定不移贯彻执行党的路线、方针、政策，以高度的政治责任感和历史使命感，围绕中心，服务大局，以饱满的热情和务实的作风，恪尽职守，勤奋工作，圆满完成各项工作任务。

政务工作

（一）调研工作。以全县重点难点工作为方向，积极主动地把调查研究工作做在前面。牵头组织相关部门和单位广泛了解上级机关、兄弟县区的情况，多方收集整理乡镇和部门的意见，采取召开座谈会等形式全面收集人大代表、政协委员及社会各界人士的建议，综合梳理出有价值的信息，切实掌握涉及全县重大问题及制约全县发展的因素，及时将一些建设性的意见报告县委、县政府，为领导出谋划策、拾遗补阙，全年共为领导提供有价值调研报告近30篇。（二）文稿写作。全年起草各类报告、汇报、纪要等文字材料200余篇，政府工作报告、经济工作会议等大型文稿得到县政府主要领导的充分肯定，为领导科学决策提供了可靠依据。（三）公文办理。全年共发政府文件99件，政府办文件98件，泽政函34件，泽政办函62件，政府令1件。全年共收到上级各类文件1130件，做到了无一遗漏、无一差错。（四）信息工作。全年发布信息7485条，政务公开信息886条，切实加强了我县的对外宣传力度，提高了政府的公信力。全年收集各乡镇各部门信息346条，编发《泽州政务信息》132期、副刊2期，《县外信息摘要》25期，向上级报送政务信息400余条（篇），被市政府采用52条（篇）、被省政府采用1条（篇）、国务院采用1条。

会议及督察活动

全年共组织协调各类会议196次，接待上级检查指导工作80余次。先后开展各类专项督查65次，办理上级各类督办件25件，确保政府阶段性重点工作得到落实。

议案办理和信访

全年办理人大建议197件，政协提案151件，面商率100%，办复率100%，满意率97%。办理“12345”市长热线140条，办结135条，办结率达96%，满意率为98%。妥善处置了160余批次的群众上访事件。

政府值班

2016年，办公室政府值班实行全年24小时全天候值班和领导带班制度，全年共处理各类突发事件信息237余件，研判上报各类值班信息10期、值班要情12期。

应急管理

2016年制定修订各类专项应急预案14个，指导编制各类应急预案70余个。组织参与各类突发事件应急演练40余次，应急工作得到省政府的充分肯定。

法治工作

开展了2016年度依法行政宣传月活动，打牢了依法行政的社会基础。审查规范性文件1件。全年共收到行政复议案件7件，受理3件，不予受理1件，终止3件。共为19家县直单位506人办理了行政执法（监督）证件，为22家县直单位449人审核注册了行政执法（监督）证件，确保县直有关行政执法单位依法行政。

人防工作

多形式、多手段、多渠道开展人防宣传，将人防宣传工作延伸到社区、学校和重点乡镇。共发放宣传资料1000余份，防震防灾手册500本，接受咨询1000余人（次）。人防制度建设稳步推进，制定了人防权责清单，将人防权利下放到了扩权强镇试点巴公。

队伍建设

有效合理配置办公室工作人员，最大限度地发挥每个人的聪明才智，使他们能够主动想事、认真干事，充分发挥了综合协调和参谋助手的作用，实现了为领导服务零差错、为机关服务零障碍、为基层服务零距离。加强学习调研力度，全年利用每周集中学习时间和空闲时间，组织全体人员观看警示教育片，共组织集中学习38次，下乡调研16次。

统　计

概述

2016年，泽州县统计局紧紧围绕县“161”发展战略和“双一双五”年度工作重点，树立“依法统计、科学分析、服务决策、推动发展”的统计工作理念，培养“敬业、缜密、公正、和谐”的统计团队精神，增强“服务、质量、沟通”的统计责任意识，坚持稳中求进工作总基调，自觉践行新发展理念，积极推进供给侧结构性改革，奋力推进统计改革创新，加强统计监测，加快统计信息化进程，提高统计数据质量和统计公信力，各项工作取得了较好成效。

基础工作

严格执行省、市关于进一步加强对基层服务工作的意见，明确服务要求，完善服务程序，提升服务效率。组织各专业深入各乡镇、街道和联网直报企业进行了现场培训和指导。制定出台了《泽州县联网直报企业统计工作规范》和《泽州县统计局数据审核评估办法》，确保源头数据质量。同时加大了对全县农村基层网络硬件投入，扩大农村统计报表网络的覆盖面。分批对全县乡镇统计员和所有行政村从事统计报表工作人员，进行了岗位职责与规范、统计基础知识与调查方法、统计法律法规常识等方面知识培训学习，巩固了当前农村基层统计建设成果，促进了农业专业网上直报工作开展。

依法统计

坚持依法决策、依法管理，在法律法规框架内履行工作职责。严格执行《中华人民共和国统计法》和国家统计制度方法，践行统计职业操守，坚守统计工作“红线”。出台了《统计执法检查管理办法》，组织开展了多次统计数据质量核查和执法检查活动，打击了各种虚报、瞒报行为，为统计数据质量提供了法律保障。全年共检查统计报表单位65家单位，给予警告3家，警告并责令改正7家。采取送法下乡等多种方式，加强了统计法律、法规和制度方法的普及宣传。

数据质量

认真执行《国家统计质量保证框架》和省、市“关于统计数据审核评估管理办法”，定期对各报表单位的主要数据进行集中统一的审核评估，推进公开、公平、透明。同时完善了统计部门内部专业之间的沟通协调机制，进一步强化了数据之间关联性、匹配性和逻辑关系的审核评估。加强了和县直有关部门的沟通协调，互通情况，共享信息，优势互补，形成合力，共同分析经济形势，共同把控数据质量。

统计服务

充实完善了宏观经济数据库，加大对统计信息内网的更新力度。继续对《泽州县经济运行监测》、《泽州县统计资料提要》和《泽州统计年鉴》和“两会”统计信息专刊等传统服务产品进行改版升级。

统计监测

认真研究市场需求、外部环境对经济增长的影响，科学研判经济走势，注重及时发现统计数据背后的深层次问题，特别是制约经济社会发展的苗头性、倾向性问题，撰写了一批有情况、有观点、有对策的统计分析报告，依托《统计分析报告》《统计专报》、手机短信等形式，及时提供县委、县政府领导和有关部门决策参考。有效地监控经济社会运行动态，为各级领导掌握第一手数据资料提供了良好服务。同时还强化了全面小康、县域经济、重点投资项目、科技创新等重大经济社会活动监测工作。

统计调查

2016年开展的人口变动情况抽样调查、重点工程投资调查、人口变动抽样调查、月度劳动力调查等各类专题、临时性调查，真实反映了县情民意，为县委、县政府的决策和出台相关政策提供了依据。另一方面，统计局作为牵头单位，全力做好了第三次全国农业普查各项前期准备工作。先后起草印发了相关文件，组建了领导机构和工作机构，组织召开了县、乡、村三级综合培训大会。

“四大工程”

一是及时跟踪企业生产经营状况，第一时间把新增单位报送审批材料整理、录入、审批上报，确保新增调查单位及时“入库”。二是加强对企业上报数据的审核、验收，确保企业一套表联网直报数据质量。三是抓好了企业联网直报运行情况实时监测，实施基层表上报每日进度监测制度，针对当时进度落后的镇和专业及时采取措施分类帮助及指导，确保各专业人员按照时间节点做好对企业的催报和验收工作。

机关事务管理

概述

泽州县人民政府机关事务管理局成立于1996年10月，为正科级建制，人员编制数为55个，现有人员50个。2011年1月批准为参公管理单位。下设办公室、财务科、房产科、保卫科、电讯科、总务科、车管科、节能办公室、小区管理办公室共9个职能科室和1个下属差额事业单位，即机关服务中心。负责县委、县政府机关后勤管理保障服务工作；负责县委、县政府机关平安创建和消防安全工作；负责推进、指导、协调、监督全县公共机构节能工作。2016年，在县委、县政府的正确领导和关心支持下，县机关事务管理局认真贯彻中共十八大和中共十八届五中、六中全会精神，始终高举中国特色社会主义伟大旗帜，以邓小平理论、“三个代表”重要思想、科学发展观为指导，紧紧围绕全县中心工作，解放思想，赶超跨越，扎实开展了“两学一做”学习教育，充分发挥机关后勤服务保障的职能作用，全力打造服务优质的节约型机关后勤，圆满完成了年度目标责任管理工作任务，荣获了“晋城市文明单位标兵”称号，被国家机关事务管理局、国家发改委、财政部联合授予了“全国第一批节约型公共机构示范单位”。

节能降耗

2016年，管理局坚持贯彻落实《节约能源法》、《公共机构节能条例》和《山西省公共机构节能办法》，将县公共机构节能工作稳步有序的推进，努力建设节约型机关，充分发挥“全国第一批节约型公共机构示范单位”导向作用，强化组织领导，加强宣传培训，加快节能改造及新能源利用，取得了很大的成效，为“十三五”开局之年打下了良好的基础。（一）加大节能宣传教育。紧紧围绕“绿色发展，低碳创新”节能宣传周活动主题，开展了全国低碳日及节能宣传周活动。发放节能小常识宣传单2000多张、宣传册200多份；以县政府办公楼内大屏幕为载体，滚动播放节能宣传周活动主题，宣传节能重要性；利用手机短信和节能联络员QQ群发送节能宣传周公益短信2000余条；在县政府大楼门前悬挂宣传条幅，展出公共机构节能宣传版面，张贴节能宣传海报；在“低碳体验日”活动当天，除机房等特殊场所外，办公区域空调、公共区域照明停开一天，所有景观照明灯、装饰用灯关闭一天。通过以上多种宣传形式，为全县公共机构节能营造了良好氛围。(二)完成能耗统计工作。制定了我县本年度公共机构能耗统计实施方案，部署能耗统计工作。在全县范围内进行能耗统计教育培训和督导检查，并组织开展了数据统计工作经验交流活动。通过对我县公共机构节能统计数据的审核与汇总，圆满完成了全县公共机构节能目标考核任务。(三)健全节能管理体系。为了加强组织领导，明确目标责任，管理局构建了节能工作网络，完善了节能工作组织管理体系，保证全县公共机构节能工作的持续、有效实施，全面建立了县公共机构节能工作联络员制度，定期交流工作情况，明确工作职责。根据泽政办发(〔2016〕80号)文件精神，制定并公开泽州县人民政府机关事务管理局随机抽查工作实施细则、随机抽查重点事项清单、随机抽查执法人员名录库，圆满完成“双随机一公开”工作。(四)巩固节能改造成果。积极推动县政府机关汽修厂、职工食堂、饮水服务部、居民小区和单身职工宿舍楼实行水、电消耗分户、分类、分项计量统计和实时监测管理工作。通过更换办公楼楼道节能灯、增设箱变总开关控制系统、校对智能节电器、升级话务管理系统、增补卫生间冲水感应阀和实施改建废水回收系统，县政府机关全年用电量和通信费较2015年同期均有所下降。

房产管理

由于2016年雨季雨量过大，为加强房屋安全管理，排除危险隐患，一是对机关办公楼卫生间和楼道两端所有窗户安装防护窗；二是完成机关北三楼阳台加固工程；三是完成机关小区1~5号楼顶出檐检修，防止高空坠物；四是完成机关办公楼屋顶防水维修工程。针对实际情况，提高房屋利用率，将原组织部二楼库房调剂为农调队办公室用房；原一楼空置厂房维修后作为组织部库房用房；将原机关东一楼空置房屋维修改造，作为县纪检委信访室用房；根据实际办公需求，将部分办公人员合并办公，腾退出的二间房屋经改造后作为小型会议用房；积极协调市文化局，利用门外空地，安装流动图书阅览室一个。为保证机关正常运转，完成办公楼卫生间和后院厕所改造工程，将办公楼内门牌号进行重新登记布置，并制作示意图，实施量化办公，方便工作开展。在办公楼顶安装用水增压设施一套，保证卫生间用水，加强供暖管理检修，并对自来水管网进行了改造，保证了机关正常用水和供暖工作。

财务管理

本着精简节约的原则，增强廉洁执政意识，促进了思想观念、职业道德和工作作风的明显改进。提前进行了“三干会”和党代会资金预算，“三干会”预算资金315.35万元，决算308.82万元，节约资金6.53万元；党代会预算资金43.97万元，决算43.69万元，节约资金0.28万元，并将资金进行了审计，为会议成功召开奠定了坚实基础。圆满完成楼内各单位财务分流，并对各单位进行了财政管理一体化账务处理和公务卡转移支付。合理的编制了每个部门的预算，人员公用350多万元，专项业务610余万元，追加指标220多万元，使财政工作顺利开展，提高了财政资金运用效能。配合县财政局、县审计局和纪检部门完成账务审计工作。配合财政部门完成每月“三公”经费公示工作，与同期相比均有所下降。完成管理局年末增人增资、遗属补助、抚恤金、取暖费、养老保险审核补缴及离退休护理费等的调资工作。

安全管理

认真落实日常安全检查和夜间值班巡逻制，严格外来人员和车辆出入门卫登记，积极配合信访部门做好来访群众工作，努力提高应对和处置突发事件的能力。配合信访局、县公安局公安室处理楼内上访事件62批次，900余人次，与2015年同期相比，处理楼内上访事件下降35%左右。彻底杜绝了机关楼内夜间上访事件。严格落实消防工作责任制，认真做好消防安全“日周月”三检登记。开展消防月消防安全大检查，对楼内20余家消防单位进行检查，发现并消除安全隐患多起。加强消防安全宣传，邀请太原市政安消防科教中心闫海建警官讲解消防知识，重新检验灌装到期灭火器65个，做到“人防”“技防”“物防”有效结合，实现了全年无刑事案件、无重大治安案件、无重大火灾事故，确保了县委、县政府机关安全稳定、有序畅通，推动了平安机关建设。

公车管理

进一步健全了《车辆管理制度》《车辆驾驶员管理制度》《公务用车管理信息系统管理规定》等规定，全面推行公务用车定点保险、定点维修和定点加油；严格落实公务用车使用登记和公示制度、节假日封存制度等，确保公务用车管理安全有效。按照《泽州县党政机关公务用车制度改革方案》(泽办发〔2016〕30号)要求，结合工作实际，将泽州县党政机关公务用车应急通信保障服务平台和综合执法平台合二为一，成立泽州县党政机关公务用车综合保障服务平台，由该局统一管理。根据县公务用车改革方案，全县涉改84个单位，涉改车辆657辆。实物保留车辆为36台，应急通信车辆为121台，执法执勤、特种车辆为152台，综合执法车25台，处置车辆为323台。第一期报废老旧、黄标车23辆，为各单位调配车辆45台。自公务用车管理系统试运行以来，局领导可根据需要随时调阅车辆运行数据，掌握车辆使用情况。根据管理规定，有公务用车需要的单位，均需按程序申报、登记，由车队办公室统一安排调度，在提高车辆使用效率的同时，有效地防范了公车私用等不良现象。

保障服务

根据晋城市创建国家卫生城市的要求，本着节俭、美观的原则，对办公楼内外墙进行了全面修补、粉刷，粉刷墙面400余平方米，对办公楼内门帘、窗帘进行了季节更换和破损修复，对楼内卫生间装修后配套设施进行了更换；本着美化、生态的原则，完成花草苗木的坏死补栽、修剪打药工作，达到了美化环境、绿化空间和净化空气的目的。同时，积极推进购买社会服务进程，与市洁晋家政服务公司签订保洁合同，落实保洁领班制，调整保洁人员，增加保洁次数，加强动态管理和质量考核；与城区环卫清运中心达成协议，全年清运、清掏垃圾40余车次。确保了机关大院四季洁净卫生，打造了优美舒适的办公环境和生活环境。精简会风，提升服务，加强会务服务人员业务培训。完善操作标准及规范，坚持“四不三净”卫生标准，即不见积水、不见积尘、不见杂物、不见垃圾；廊面净、桌面净、玻璃净，确保会场容貌干净整洁。调试了小礼堂音响、灯光设备，维护照明灯具，更换了小礼堂显示屏两块，更新了调音台、话筒等设备，完成了小礼堂主席台地面整修工作，提升了会务保障能力。2016年，服务县委、县政府以及县直机关各类中小型会议230余场次。顺利完成了县人大、政协两会等全县重大会议的服务和保障工作，会务工作实现“零差错”。积极推行承诺服务制，完善首问负责制，坚持24小时值班电话畅通，一般故障在30分钟到达现场，24小时内必须完成，不断加强机关通信、管网、电力设施设备日常维护保养和突发问题抢修。截至2016年年底，累计共受理水、电、暖、空调以及通信系统报修电话480余个，更换开关插座100余个、墙开200余次、节能灯管260余支，维修办公桌椅、门窗锁具60余件，开展主动上门服务6次，满意率达96%以上。完成机关后院线路整修和监控系统维修、保养3次，调试楼内空调50余次，为机关正常运转提供了有力保障。

宾馆接待

泽州宾馆（原晋城市第二招待所）是泽州县政府隶属的自收自支事业单位，是县委、县政府会议定点接待场所。建筑面积15800平方米，位于市区繁华的商业中心，紧邻泽州县委、县政府。大院环境优美，有停车位100个。设有豪华套房6套，标准间53间，健身房、棋牌室KTV歌厅美容美发，会议室可供20~350人不同需求的会议服务、商业洽谈、新闻发布、晚会演排等。餐饮可同时接待600位宾客就餐，免费Wi-Fi无线网覆盖。2016年开展了如下工作：一是创新思维，理清经营思路。餐饮部对外实行联营，彻底解决了以往在人员管理和生产经营中存在的瓶颈，并使其扭亏为盈。二是人性化管理，鼓励员工外出创业。根据员工自愿，单位与员工签订停薪留职协议书，鼓励员工外出创业，并为其发放一定的生活费，缴纳养老医疗保险，即满足了员工愿望，又解决了宾馆人事管理难题。三是活跃文化生活，带动各项工作。为了“两学一做”在泽州宾馆深入继续的开展，宾馆组织开展了一场“两学一做”服务技能表演联谊会，既提升了业务技能水平，又活跃了员工文化生活，做到了寓教于乐。11月，宾馆协助晋城市文明办、城区文明办、市上党戏迷协会在宾馆院内举行的《我爱上党戏》文明进社区，走进西大街社区名家票友演唱会，丰富了社区群众及员工文化生活。四是完善健全各项规章制度，推进宾馆全面工作。在2015年的基础上，宾馆把各项规章制度进行完善，量化了工作指标，细化了岗位职责，加强了监督督查职能，增强了与工作实际相结合的可操作性，使各项工作顺利开展。宾馆经理：李晋云。

档　案

概述

泽州县档案局（馆）原由晋城市郊区档案局（馆）演变而来。档案工作最早始于1959年，1980年4月正式成立晋城县档案局（馆），1985年由于市管县体制改革后，晋城县档案局（馆）撤销，成立晋城市郊区档案局（馆），1996年10月，撤区建县，成立泽州县档案局（馆），是泽州县政府直属机关事业单位，实行局馆合一管理体制，定编12人；2010年，档案局（馆）参照公务员系列管理，定编为14人。内设一室二科，即办公室、业务指导、管理科，泽州县档案馆代码为01244071-6，馆址在晋城市城区西安街101号（泽州县政府机关院内），邮编为048000，档案馆占用面积85平方米。配置有19列76组档案密集柜架、16台电脑、3台壁式空调、3台打印复印机、1台扫描仪、档案管理软件、照相机、灭火器、监控等设施。泽州县馆藏档案资料总数为44855卷、6738（件）。档案资料为7098册；馆藏进馆档案有75个全宗。馆藏结构不断完善，现在的馆藏中，有新中国成立前档案，反映晋城县武装斗争、土地革命、农民运动、减租减息、整党整风档案。又有新中国成立初期反映“三反、五反”、“四清”运动、落实政策、“文化大革命”批修批陈、整党整风、纪律处分案件档案、公证处房屋公证档案，历次清房档案、1999年机构改革，接收有撤合并乡镇档案、国土资源局撤合并前的矿产资源档案和土地局的业务档案、历次党建活动、“三个代表”重要思想、先进性教育、科学发展观、党的群众路线教育档案等临时性机构的档案、“非典办”档案等。

档案信息化建设与档案服务

2015年11月至2016年12月，由上海中兴信息电子有限公司对县档案馆馆藏所有档案进行了档案数字化工作，著录总量为5619517页（条）。其中，扫描量为3965437页，著录量为1654080条。档案馆藏的不断丰富，信息化建设力度的不断加强，为社会各方面提供了更多的信息资源和高效利用的途径。2016年共接待社会各界人士利用档案300人次，共利用档案1980余卷册。

档案管理

2016年，档案管理工作加大了对民生档案工作和建设项目档案工作的管理指导，截至2016年12月底，县直机关、企业事业单位、乡镇机关档案目标化管理共有110个，其中，国家二级1个、山西省一级14个、二级40个、三级55个。对7个县财政投资建设项目档案进行了档案执法检查，对大阳古镇改造保护性基础设施建设项目档案进行了专项档案验收。并对9个达到单位档案目标管理工作进行了复核验收。

档案执法

泽州县档案局全面贯彻落实国家档案局8号、9号、10号令。截至2016年年底，县直机关单位和乡镇机关的《文件材料归档范围和保管期限的规定》有116个单位通过县级档案管理部门审批，并具体实施应用；全面贯彻落实国家档案局9号令，泽州县档案馆编制了《泽州县档案馆收集范围实施细则》《泽州县档案馆接收单位名册（第一批）》《泽州县档案馆贯彻国家档案局第9号令全宗管理名册》，并对第一批档案馆接收单位进行了监督、检查和指导，接收县委办、县政府办档案共有1808卷、3034件，为不断丰富馆藏资源奠定了基础；全面落实国家档案局10号令，对全县国营企业督促检查指导，2016年，有6个国营企业《文件材料归档范围和保管期限表的规定》进行了审批。2016年，对泽州县档案局行政权力进行了认真清理，清理后，泽州县档案局权力清单有7项，严格按照上级要求，编制了《泽州县档案局行政权力清单和责任清单》《泽州县档案局行政力利运行流程图、行政职权廉政风险防控图》《泽州县档案局行政审批事中、事后监管办法》《泽州县档案局随机抽查市场主体库》《泽州县档案局随机抽查档案执法人员名录库》《档案执法检查事项清单》《档案监督检查实施细则》《泽州县档案局通过法定途径分类处理信访投诉请求清单》并严格按照行政权力清单进行依法行政。全年对档案工作开展了一次档案执法监督检查。

档案馆建设

截至2016年12月底，泽州县档案馆对60全宗档案进行了划控鉴定，划控共计36232卷384137件；制定开放档案目录，共开放档案5966卷；完成档案馆全部涉密档案的标识11775卷；建立馆藏档案目录数据库；严格按照省三级档案馆标准要求准备实证材料，市档案局验收组于2016年12月13日对县档案馆各项工作进行了综合考评验收，达到了山西省三级档案馆标准。还建立了现行文件利用中心。运用各种形式向社会公布档案馆开放档案的内容，泽州县档案工作坚持服从和服务于社会经济建设，积极主动地为县各项中心工作、机关工作、调解纠纷、公民维权、和谐社会、化解矛盾、编史修志提供了第一手原始凭证。新建泽州县国家综合档案馆工作正在进行立项阶段。

档案宣传、教育培训

利用到基层开展档案业务指导、“6·9”国际档案宣传日、档案报纸杂志、泽州电视台、网络等对《中华人民共和国档案法》《档案法实施办法》《山西省档案管理条例》等档案法律、法规进行了大力宣传。发放档案宣传资料2000余份。2016年对基层档案人员开展了二次业务培训，一次是对农村土地确权人员进行了培训，一次是对部分乡镇机关和县直单位档案人员进行了培训。2016年，泽州县档案局在年度考核中被评为优秀单位。

政务集中管理

概述

泽州县政务大厅成立于2002年6月，是泽州县为进一步深化行政审批制度改革、创优县域经济发展环境而设立的便民服务平台，政务大厅设办公室、综合股、督查股3个股室，工作人员共有8名。县政务大厅面积约360多个平方，全县27家具有行政许可职能的单位有19家进驻该中心大厅实行集中服务。政务大厅设有14个服务窗口：2个综合窗口

(林业局、文广局、宗教局、旅游局、农委、防空办、水电局7个单位)、12个独立窗口(卫计局、财政局、建设局、经信局、环保局、发改局、食药局、畜牧局、人社局、工商质监局、教育局、民政局)和1个收费窗口，县农机局、县交通局、县国土局、县安监局、国税局、地税局6家单位经县政府批准，以“分中心”的形式在各自单位进行集中服务并接受县政务大厅的统一监管，县公安局、档案局因其他原因暂没有进驻。截至2016年年底，进驻大厅实行集中办理的审批项目共有102项，占全县所有审批项目142项(不含国税、地税)的71.8%，在分中心集中办理的审批项目共有23项，占全县所有审批项目的16.2%，未进驻实施集中审批的审批项目共有17项，占全县所有审批项目的12%。

行政审批

在运行中，政务大厅实行“一门受理、抄告相关、内部运作、限时办结”“一站式”办公模式，要求审批事项的受理、收费和出证三个环节必须在窗口完成。实现网上审批方面，2005年，政务大厅使用了市政务中心和杭州腾升网络科技有限公司联合开发的网上审批办公管理软件，实现了行政审批网上办公。2006年、2007年，中心又组织技术人员对现有网络进行了升级改造，实现了与政务大厅网站的信息互通。

审批服务

在便民服务上，政务大厅建立了泽州县行政服务中心网站(http: //www.zezhou.cn/spzx/index.htm)，网站内容丰富，包含该中心基本情况、办事指南、办件查询、规章制度、政策法规、审改动态和政务大厅工作动态、监督台等内容。全县所有审批事项都按照“二十三公开”的要求在网站上进行了公示，为推行网上审批奠定了基础。为了更好地为办事人服务，政务大厅还设置了触摸屏和大屏幕显示屏，网站的内容同样装载在触摸屏上供服务对象查询，大屏幕主要是对日常各窗口单位的办件受理、办结情况和有关政策进行及时公布。同时，政务大厅还在大厅设立了休息桌椅、报架栏、饮水机和便民服务箱等便民服务设施，使政务大厅充分体现出“以人为本、便民服务”的特色。2016年，中心共办理审批事项9146件：即办件7835件，承诺件1311件。

信息中心

概况

2016年，县政府信息中心紧紧围绕县委、县政府的中心工作，以“推行透明政务，打造阳光政府，服务经济建设，方便群众生活”为宗旨，大力推进电子政务外网及政府网站建设，各项工作迈上了新台阶。

政府网站

2016年，在县委、县政府的高度重视下，县政府中心机房经改造后重新投入使用，机房新增UPS不间断电源48块，保证机房全功率供电达4小时。新增IPS、入侵防御、网页防篡改等安全设备，进一步提高电子政务网络安全防范能力。新增16T网络缓存设备，大大减少外网高峰期压力，提升全县电子政务网络上网体验。经改造后的机房分区管理、科学规范、设备先进，为全县电子政务外网和县政府门户网站安全稳定运行提供了可靠的环境保障。

电子政务网络平台

根据省政府关于全省电子政务外网建设工作的通知要求，通过半年多时间建设，泽州县42个县直部门，17个乡镇共计59条线路全部接入电子政务外网，实现了电子政务外网县乡两级全覆盖，17个乡镇接入了高清视频会议系统，全县电子政务协同办公系统也招标完成，项目建成投入使用后，将实现有效传达信息，减少出差开会时间，大大提高工作效率。以后全县电子政务外网向上与晋城市电子政务外网平台连接，向下延伸到17个乡镇，实现了与国家、省、市网络应用系统的互联互通；为泽州县信息化建设集约、规范、高效发展，促进业务协同和信息共享奠定了坚实基础。

中国·泽州网站建设

一是在政府网站建设方面，准确网站定位。着力把政府门户网站建成宣传泽州的窗口、政务公开的平台、网上办事的载体、互动交流的纽带，积极做好县政府网站信息保障工作。全年发布信息7485条，政务公开信息886条，设计制作了县人大政协两会、县五次党代会、"三农"媒体泽州行、"两随机一公开"、环保公益宣传等多个专题网站，向市信息中心上报信息150条，切实加大了泽州的对外宣传力度。二是政务信息公开方面，完善20多个栏目，加大政府信息公开力度。将政府活动、重大决策等信息及时发布，涉及行政审批事项和办理程序等信息重点公开，及时发布教育、计生、农业、旅游等于群众利益密切相关的部门政务信息，县直部门财政预决算信息、"三公"经费及时公开发布。同时，及时向群众公布政府相关政策法规、公告公示、政策解读等信息。让百姓了解政府、理解政府，信任政府，提高政府的公信力。三是在线办事方面，共设置了6个大项近70个小项，切实满足百姓办事需求。从满足公众日益增长的信息需求出发，公布各类办事项目的名称、依据、程序和要求，提供表格下载、业务咨询和办理指南，让老百姓快速获得高质量的政府信息服务。四是在互动交流方面以"关注民生，服务百姓"为宗旨，狠抓政民互动工作，政府网站服务水平显著提高。先后开通了县长信箱、网络问政、咨询投诉、问卷调查、在线访谈等栏目，为百姓与政府部门之间进行有效沟通提供了一个快捷平台。2016年，政府网站共接受百姓网上咨询、投诉来件22件，回复率达到100%，切实解决了公众急、难、愁问题，得到了社会各界的广泛好评。政民互动板块已成为宣传党和政府方针政策、解答群众疑惑、听取群众意见的有效平台，成为表达民意、建言献策、上下沟通、参与决策的重要渠道。政府网站的影响力日益提高，门户功能显著增强。

政府采购

概述

泽州县政府采购中心于2003年1月1日组建成立，直属县政府管理，是泽州县政府集中采购的执行机构，负责对全县各部门（单位）所需的各类货物、工程、服务组织实施集中采购。中心编制7人，2016年有在职人员7人，其中主任1名，副主任2名，工作人员4人。内设办公室、招标一部、招标二部、财务科、综合科。中心党支部共有党员7名。2016年，泽州县政府采购中心认真贯彻落实中共十八大和中共十八届三中、四中、五中、六中全会精神及习近平总书记系列重要讲话精神，紧紧围绕县委、县政府“十三五”目标，在各级采购单位的大力支持和帮助下，积极开展“两学一做”学习教育活动，充分发挥政府采购的职能作用，做到围绕中心，服务大局，坚持“积极稳妥、逐步规范”的工作方针，不断加大规范力度，努力提高工作质量和服务水平，充分发挥政府集中采购优势，努力促进政府采购业务全面发展。在认真总结完善货物类集中采购的经验和做法基础上，积极开展工程和服务类采购活动，做到了“廉洁采购”“阳光采购”“绿色采购”。自2003年1月正式启动运行至2016年，十四年来共节约财政资金4500余万元。在历年的政府采购专项检查中，泽州县的政府集中采购工作多次受到检查组好评。连续多年被县委、县政府评为“先进集体”。

采购业务

全年集中采购合同总额达4831万元，较预算总金额5642万元，节约资金811万元，节资率为14.37%，采购总量较2015年相比有所降低，主因是“三公”经费的核减和实行了部门集中采购项目。服务类公务用车定点保险，共有72个单位参加车辆定点保险，参保车辆384辆，投保总额990000元，节约资金420000元，节资率约为30%。2016年，中心共组织政府集中采购项目70次。其中公开招标12次，询价2次，竞争性谈判46次，单一来源9次，竞争性磋商1次。由于公开招标限额标准由50万元提高至80万元，公开招标次数所占比重较往年有所下降，竞争性谈判采购量比重也有较大变化。

信息公开

推进信息化建设，规范公告发布，确保公开透明，所有采购公告严格按要求在山西政府采购网发布。除公开招标法定的发布时间不少于20天外，根据采购公告管理办法，规定询价和竞谈公告的时间不少于7天，所有招（中）标（成交）公告均及时发布在指定的山西政府采购网等相关指定媒体上，严格按照国家有关规定对中标单位及中标价格进行公示，确保了公开透明。共发布招（中、废）标公告186余条。信息发布率达100%，竞标供应商达300余家。同时不断完善“泽州县政府采购网站”，完善政务公开信息，不定期发布采购动态等各类信息20余期，继续利用媒体宣传政府采购法律法规，提高政府采购在全社会的影响力，先后在市县等媒体刊发宣传通讯文章10余篇。

重点采购项目

货物类方面采购项目涉及办公自动化设备、办公家具、医疗设备、警用设备、道路监控、救灾物资、沼气设备、监控工程、音体美器材，教学实验室设备、锅炉设备、厨房设备、学生课桌凳、农业及土地专用测试设备、农用物资、防控物资、执法服装等；工程类方面，组织实施了各类计算机网络工程及装修装饰工程，取得良好效果。规划编制类采购项目成为服务类采购的新亮点，从项目预算到项目总量都呈上升趋势，项目涉及泽州县矿山排查测量项目、珏山国家AAAAA级旅游景区提升规划项目、环保局畜禽养殖污染防治禁养区限养区划定工作项目等。此外，还首次尝试以竞争性磋商方式成功对泽州县公车评估拍卖处置服务项目进行了采购，采购效果良好。

民生采购

采购中心在农药、化肥、农机具、残疾人用品等涉及民生项目的采购中，大多属专项资金，需求紧，任务重，中心根据采购单位需求，结合实际情况，经采购管理部门批准，缩短公告时间，简化采购程序，采取只招单价的方式确定中标单位，然后根据资金总额确定合同数量等方法进行采购，既缩短了采购时间，又节约了采购成本，避免了采购资源的浪费。为进一步减轻广大供应商的投标成本，支持中小微企业健康发展，根据行政事业性收费相关规定，中心领导班子经研究，决定自2015年后半年起，供应商只要符合资质要求，一律免费领取标书，不再收取标书成本费。

协议供货

协议供货工作开展有序，节资效果明显。2016年的协议供货项目包括办公自动化、一般电器类、办公家具及体育器材四大类常用货物，经考核，全市共有55家供应商取得泽州县2016年度协议供货供应商资格，其中办公自动化36家，一般电器4家，家具类13家，体育设备2家。2016年全年共办理协议供货项目553次，合同总额1875余万元，略高于2015年，各供应商严格执行了合同承诺的优惠率标准。对协议供货供应商的管理，实行百分制考核，采取自评、采购单位反馈意见和现场考核相结合，采取末位淘汰。2016年以来，进一步加大对协议供货供应商的货物验收环节的监督管理，实行随机抽验制度，使协议供货服务更好，质量更优。对车辆采购方面，因公车改革，全年仅采购了1台环卫车。

规范管理

(一) 进一步规范和完善政府采购操作流程，对流程中不完善的条款重新进行修改。梳理了对外办理事项的服务依据、受理条件、应交资料、服务流程、办结时限等信息，主要包括接收分解采购计划，核实采购需求、确定采购方案，编制采购文件，发布采购信息，资格预审与发售采购文件，指定专人在晋城市财政局政府采购专家库随机抽取专家评标，投标、开标与评标，发布中标公告、接受质疑，签订合同，项目资料归档，项目验收等环节内容。(二) 依法简化采购程序。从进行市场调查，到及时发布技术参数征求意见公告、转达意见，衔接制作标书，项目组织有序，评审工作严谨，做到了既讲效率又体现效益。采购方法灵活机动，尽量用最短时间完成采购任务，基本上使采购计划达到随到随采购，工作效率有了明显提高。(三)

严把采购文件的制作关、发售关，严格落实政府采购政策功能，加大规范力度，确保文件内容客观公平。中心业务人员在制作招标文件、完善合同格式、改进评标办法、建立评分体系等方面加大规范力度，坚持把节能环保、自主创新、民族产业和扩大内需的政策功能要求，体现在政府采购执行环节中。在招标文件的制作中，我们对节能环保等条款都要做出特别要求和提示，对不符合此项条款的标的一律按无效投标处理。(四) 严把评审关，确保结果公正公平。各项采购活动，都要求必须有3家以上的合格供应商和3名以上的评标委员会或谈判、询价小组成员参与 (公开招标5名以上单数评委)，按招标文件的要求确定的“最低报价法”或“综合评分法”，由评标委员会或谈判、询价小组现场评审确定，现场宣布结果，采购中心只作为一个组织活动的平台，不参加评标定标活动，确保了各项采购活动过程的公开性和结果的公正性。(五) 抓好验收环节，强化验收机制。一是明确验收责任主体。进一步明确由采购人全权负责该单位政府采购项目验收的相关要求，引导采购单位正确履行验收主体责任。二是规范采购制度程序。制定政府采购项目服务反馈意见卡，切实加强对政府采购合同执行的监督管理，实行记录表格化，进一步规范了政府采购合同履约验收行为。三是合理确定验收方式。针对不同规模项目，分等级、分类型实施验收。对金额较小的项目由采购单位自行验收，采购中心根据需要进行抽查和跟踪反馈；对较大项目由采购单位聘请专家组成验收小组进行验收；对重点工程、资金巨大、技术复杂的采购项目邀请国家认可的质量检测机构参与验收，同时邀请财政部门、纪检监察部门进行现场监督，使政府采购全过程监督不缺位，保证了验收工作的透明、公正。四是加大监督处罚力度。验收中如发现供应商有投机取巧、以次充好、偷工减料或假冒伪劣及其他不正当行为，一经查实，按规定对不法供应商进行处罚，情节严重的，列入不良供应商名单，取消其进入政府采购市场资格，并在媒体上公开曝光。有效保护了采购单位的合法利益，维护了政府采购的信誉度。

工作机构及正职名录

办公室主任：樊海放 (8月离)
韩建英 (8月任)
统计局局长：贺爱军 (8月离)
徐银堆 (8月任)
机关事务管理局长：郭广敏 (6月离)
茹乐明 (6月任)
档案局局长：段立祥
政务服务中心主任：冯满天 (8月离)
连海峰 (8月任)
政府采购中心主任：郭小伟
信息中心主任：张晋
泽州宾馆负责人：李晋云

中国人民政治协商会议泽州县委员会

概述

2016年，在中共泽州县委的正确领导下，县政协及其常委会团结引领全县广大政协委员学习贯彻中共十八大，中共十八届三中、四中、五中、六中全会精神和习近平总书记系列重要讲话精神，紧紧围绕县委“161”发展战略和“双一双五”年度工作重点，聚焦经济转型升级，重视社会民生关切，切实发挥人民政协在社会主义协商民主中的重要作用，坚持在借鉴和继承中发展，在学习和实践中提高，在探索和创新中前进，实现了本届政协工作的良好开局，为泽州县经济社会持续健康发展作出了积极贡献。全年共召开1次全委会议，3次常委会议，1次议政会议，2次专题协商座谈会，开展了3次专题视察，20余次界别活动。

政协全会

政协全会是政协履职的最高形式，是政协委员参政议政最集中的体现。县政协六届一次会议于2016年6月25日至28日在泽州宾馆召开。会议听取并审议了《政协第五届泽州县委员会常务委员会工作报告》《政协第五届泽州县委员会常务委员会提案工作报告》，列席了泽州县人大六届一次会议，听取并讨论了政府工作报告和其他报告，听取并审议了政协第六届泽州县委员会提案审查委员会关于六届一次提案审查情况的报告，通过了政协泽州县六届一次会议政治决议和其他有关决议。组织县政协各参加单位和全体委员，认真协商讨论《政府工作报告》、《“十三五”规划纲要》和其他报告，选举产生了第六届县政协领导班子，围绕事关泽州改革和发展的“161”发展战略和“双一双五”年度工作重点献计献策。县委、县政府领导参加了全会的开幕式、闭幕式和委员小组讨论，听取委员的意见和建议，与委员共商泽州发展大计，圆满完成了县政协换届工作。

协商议政

常委会坚持围绕中心、服务大局的履职原则，充分发挥优势，主动融入大局，为全县改革发展聚智献策。

倾力推进扶贫攻坚事业。召开六届二次专题常委会议，聚焦“五个一批”“八大工程”的贯彻落实，深入开展调查研究，从加大思想扶贫力度，建立综合协调机制；坚持问题导向，从严落实各项要求；整合扶贫资金，健全资金保障机制；因地制宜，因村施策，建立更符合泽州县实际的易地搬迁新模式；立足地方特色，通过产业扶贫“授人以渔”等5个方面提出了19条具体建议，为推动泽州县精准扶贫精准脱贫工作提供了重要参考。发挥委员主体作用下乡扶贫。立足界别特点和委员专业优势，积极开展送科技、送医药、送法律、送文化下乡扶贫活动，累计发放宣传资料1000余份，法律咨询350余人次，义诊280余人次，农技培训120余人次。同时，引导支持政协委员自觉履行社会责任，开展扶贫济困活动21次，捐款捐物20余万元，资助困难家庭35个，展现了新时期政协委员心系发展，勇于担当的良好形象，汇聚起了社会各界投身扶贫攻坚主战场的强大力量。扎实开展定点扶贫。按照县委安排，县政协班子认真做好包村扶贫工作，深入犁川镇坡西村，大箕镇孔庄村，李寨乡乾棠村，晋庙铺镇大池头村、拦车村，开展结对帮扶工作，协同帮扶责任单位共同商讨脱贫计策，组织机关党员干部走访慰问困难群众，因地制宜实施产业帮扶，协调解决农村基层组织建设、村民出行、环境卫生治理、乡村旅游发展等实际问题；同时，县政协机关与南岭乡宋泉村开展文明单位结对扶贫，共建活动取得积极进展，为推进扶贫攻坚事业贡献了政协力量。

倾力推动产业体系转型升级。围绕“稳煤”“兴旅”主题谋划方略。召开2期“议泽州·话发展”各界人士座谈会，组织部分身处一线的企业家，深入剖析困难问题，广泛收集意见建议，找准产业发展症结；邀请在泽州县工作过的市级领导和相关领域的专家、学者，集思广益、开门纳谏，多角度专业化审视面临的困难和瓶颈，高层次精准化探讨发展的方向和路径，为传统煤炭产业企稳向好，新兴旅游产业强势推进贡献了政协智慧。围绕民营经济发展建言献策。配合省政协开展“民营经济发展重大部署贯彻落实情况”专项视察监督活动，积极反映企业发展过程中面临的困难和问题，促进各项优惠政策落到实处；组织政协委员深入中小企业开展专题视察，就企业转型升级、提高产品附加值、延伸产业链条、搭建电商平台等与企业家开展座谈交流，为优化泽州县产业体系建言献智；围绕“百名干部入企”“千人帮万企”活动出智出力。深入企业进行调研，积极参与入企服务活动，帮助反映和解决问题，致力推动泽州县实体经济持续健康发展。

调研视察

调研视察工作是政协组织的一项经常性工作，是人民政协履行政治协商、民主监督、参政议政职能的有效方式。充分发挥人民政协智囊团和人才库的优势，有针对性地选择重点课题，组织委员广泛深入开展专题调研和视察活动，形成书面报告，努力发挥调研视察在配合中心、推动工作、促进落实方面的积极作用。全会前组织集中视察，促进全体委员更好地了解泽州县各个领域所取得的成绩，为委员知情明政履行职责创造条件。按照省政协通知要求，会同市政协就泽州县推进民营经济发展重大部署落实情况开展专项视察监督，顺利完成相关任务。围绕精准扶贫精准脱贫深入调研，形成了《关于我县精准扶贫精准脱贫工作情况的调查报告》，为六届二次常委会议形成专项建议提供了重要参考。认真配合做好上级政协到泽州县的视察、调研和考察等活动，先后配合省政协领导到泽州县就政协换届工作、城镇化进程中文化遗产保护情况、落实省委、省政府推进民营经济发展重大部署情况等进行了调研视察；协助市政协来到泽州县就精准扶贫、精准脱贫工作，中小微企业人才需求情况等课题进行了调研。

提案工作

提案工作是人民政协履职的重要形式。通过公开征集提案线索，编印《提案案例选编》，印发提案撰写要求，引导委员深入调查研究等措施，着力提升提案质量；加强“提、办、督”一体化工作机制建设，及时召开了政协提案交办会议，加强中间环节督办，实行提案办理“阳光工程”，力求办理上水平、落实出实效。全年共收到提案176件，经审查立案159件，有关食品药品安全、教育就业、住房保障、公共交通等民生问题的提案85件，占比53%，促使相关问题得到重视和逐步解决，产生了良好的社会影响。

社情民意信息工作

始终把反映社情民意信息工作作为履行政协职能的一项重要内容，按照稳数量、重质量、增实效的工作思路，积极推进信息工作规范化、程序化、制度化建设，从信息收集分析、调查核实、整理编辑、审签报送以及队伍建设和考核奖惩等方面对社情民意信息工作进行了规范。充分利用QQ、微信、电子邮箱等网络即时沟通工作，及时向委员反馈全国、省、市、县的重大舆情动态，引导撰稿方向、加强学习交流，完善了报送机制及采用反馈程序，建立了社情民意信息征集的长效机制。召开信息工作会议，传达了市政协社情民意信息工作会议精神，对县政协信息工作进行了通报，明确了要打造一支精明强干的特约信息员队伍，并进行一次专题培训，着力提升委员撰写社情民意信息的能力。全年共整理、编发《社情民意信息》50期，向省、市政协报送社情民意信息78篇，其中市政协采用34篇，省政协采用4篇，全国政协采用4篇。《“营改增”后亟待解决完善的一些问题》《打通全域化公共交通的“最后一千米”》等信息得到市、县主要领导批示，社情民意信息工作在全市政协系统综合考评中位列第一。通过社情民意信息渠道，就人民群众关心关注的热点难点问题，向县委、县政府及时反映，在做好下情上达的同时，提出针对性建议，促进了相关具体问题的解决。

文史工作

认真做好优秀文化和历史资料的挖掘、抢救和整理工作，切实发挥文史资料“存史、资政、团结、育人”的作用，促进全县文化大发展大繁荣。完成了《泽州百年》一书的编辑出版，在社会上引起强烈反响，各界人士给予高度评价，赞其堪为泽州的“世纪备忘录”。完成了《历代名人咏泽州（续集）》一书的编辑出版，该书不仅是一部诗词集，更是一部从文学角度反映泽州千余年政治、经济、社会、文化发展的真实史料。组织召开了文史工作座谈会，就做好新时期政协文史资料工作征求各界人士的意见和建议。积极协助省、市政协完成文史资料征编工作，按要求完成了《回族百年实录·山西卷》的资料提供任务。认真学习宣传贯彻党的民族宗教政策，弘扬社会主义核心价值观，组织民族宗教界委员开展界别活动，积极协助县委、县政府加强与少数民族和宗教界代表人士的沟通联系，充分发挥他们的积极作用，通过宗教传递社会正能量，更好地巩固发展平等、团结、互助、和谐的社会主义民族关系，促进了宗教与社会主义社会相适应。

民主监督

把民主监督融入到履行职能的各个环节，拓展监督渠道，丰富监督内容。积极加强与民主党派、工商联、无党派人士的联系和合作，邀请他们列席政协常委会议，参加政情通报会、专题调研视察活动。认真办理、及时反映党派团体的提案和社情民意信息，为他们履行职能创造有利条件，形成了相互尊重、体谅包容、畅所欲言、合作共事的民主氛围。县政协充分发挥各民主党派、工商联和无党派人士的专业优势和联系群众优势，委派民主监督员、聘任政风行风评议员，就群众反映的热点难点问题，邀请群众代表、专业人士和相关部门负责人召开专题议政会，积极探索开展民主监督新途径。通过有效的民主监督，提出了许多有建设性和可操作性的建议，对促进相关问题的解决和有关职能部门的政风行风建设都发挥了积极的作用。

界别建设

积极探索发挥界别作用的有效途径，制定了《政协泽州县委员会界别活动规则》，健全界别活动机制，规范活动形式，丰富活动内容，支持以界别开展调研、视察，以界别名义参政议政，为界别活动的更好开展提供了有力的制度保障。召开界别召集人工作会议，制定了《界别活动规则实施细则》，进一步明确了界别活动的有关具体要求。注重专委会与政府相关职能部门的联系，与民主党派、工商联、无党派人士的团结合作，加强对界别活动的组织、联络、协调和指导，以界别活动为载体，紧扣全面深化改革，开展界别协商、调研视察和座谈等活动，就民营企业转型、义务教育均衡发展、农村土地流转、医疗卫生改革、农业产业化发展、全域旅游开发等课题，提出许多切入点准、落脚点实的真知灼见，为推动全县各项改革举措的顺利实施发挥了积极作用，彰显了新一届县政协的工作活力。

宣传与交流工作

坚持精简务实、注重效果、贴近基层、贴近群众的原则，认真做好政协各项履职活动的新闻报道，积极通过各级各类媒体宣传政协工作动态和经验。先后在《山西政协报》《太行日报》《晋城信息》《信息约要》等省市媒体刊登报道，同时及时向县政府信息中心报送信息，做到了传统媒体和新兴媒体都有政协委员履职的报道。积极与各界人士开展交流联谊，扩大与各界人士的友好往来，加强与泽州籍港澳台同胞、海外侨胞的交往，为和谐泽州建设凝心聚力。举办了新春茶话会，县委领导发表重要讲话，提振了全县人民建设和谐美丽泽州的信心。与城区政协领导开展座谈，就如何做好县区政协工作和横向沟通联系交换了意见。热情接待外地政协到泽州学习考察。接待陕西省政协、山东省禹城市政协等到泽州县就古村落保护情况、政协换届工作等进行了调研和学习考察。接待过程中，积极宣传推荐泽州改革开放和建设的成功经验，主动做好宣传泽州、推介泽州的牵线搭桥工作，圆满完成了相关任务。

组织建设

县政协常委会主动适应新形势、新任务的要求，坚持严字当头，实字为本，各项履职工作进一步规范，委员履职活力进一步增强，政协履职保障进一步巩固。强化党建保障，提高组织领导水平。认真落实全面从严治党各项要求，充分发挥党组的领导核心作用，扎实开展“两学一做”学习教育，坚持以上率下，挺纪在前，全面落实主体责任，坚定不移推进党风廉政建设和反腐败斗争。以党建为抓手，县政协常委会思想建设、组织建设、制度建设和作风建设得到加强，班子的组织领导水平得到提升，为政协事业持续健康发展提供了坚强保障。突出委员主体，激发履职内在动能。政协作用发挥在委员、活力展现看委员、事业发展靠委员。在举办全体委员培训会，为委员免费订阅报刊的同时，创新委员服务途径，建立“政协泽州县委员会”微信平台，实现了会议通知、委员交流、新闻公告、政协知识、意见建议等功能于一体，为联系委员常态化、委员交流经常化、参政议政信息化进行了有益的探索。强化委员履职考评。着力从参加调研、出席会议、提交提案、反映社情民意信息等方面对委员履职全面进行考核，积极宣传委员在履职过程中涌现出的先进典型和事迹，努力营造广大政协委员遵纪守法、从严律己、珍惜荣誉、积极履职的良好氛围，政协事业焕发出蓬勃的生机和活力。健全工作机制，提升机关服务水平。健全和完善了《全体会议工作规则》《常务委员会工作规则》《委员履行职能考核办法》《界别活动规则》等多项制度规定，机关办文办会、公务接待、服务委员等各项工作更加科学有序。强化干部队伍建设，切实加强学习教育、选拔任用、监督管理、出勤休假和考核考评等工作，干部队伍的能力素质进一步提升，服务意识进一步加强。完成了机关党支部和工会换届，党员干部职工合法权益得到进一步维护，机关的凝聚力和向心力得到进一步增强。

工作机构及正职名录

办　公　室　主　任：李军社
提案工作委员会主任：范亮才
社会工作委员会主任：薛奎民
经济科技委员会主任：张建军
文教工作委员会主任：徐永炉
农村工作委员会主任：张建军（兼）
文史工作委员会主任：徐永炉（兼）

中国共产党泽州县纪律检查委员会

概述

2016年，中共泽州县纪律检查委员会深入学习贯彻习近平总书记系列重要讲话精神，按照十八届中央纪委六次全会、省纪委十届六次全会、市纪委六届六次全会以及县委四届六次全会的部署要求，保持坚强政治定力，坚持全面从严治党、依规治党，忠诚履行党章赋予的职责，聚焦监督执纪问责，持之以恒落实中央八项规定精神，始终保持惩治腐败高压态势，深入解决群众身边的不正之风和腐败问题，着力建设忠诚干净担当的纪检监察队伍，为实现“弊革风清、富民强县”提供了坚强纪律保证。全县党风廉政建设和反腐败工作取得新成效。

专项整治

助力脱贫攻坚，开展了扶贫领域专项资金监督检查工作。制定出台了《关于加强扶贫领域监督执纪问责的工作方案》，下发了《关于在全县开展扶贫领域专项资金监督检查的通知》，组织县审计局、县财政局对泽州县2013—2015年扶贫领域资金使用情况开展了专项审计和检查，同时派出两个督察组进行了跟踪督查。共审计检查资金19003.4万元，发现问题线索218个，涉及专项扶贫资金方面71个，农村危房改造方面49个，农村低保方面26个，救灾救济方面72个。针对排查出的问题，组织召开了全县扶贫领域资金监督检查情况通报暨集体约谈会，并对问题线索进行了分类处置。共谈话提醒138人次，书面检查150人次，诫勉谈话183人次，给予1人党政纪处分。

案件查处

践行“四种形态”，从严从快开展纪律审查。全年共受理党员干部违纪问题线索347件（户头），处置347件，其中谈话函询47件，初核233件，拟立案58件，了结9件。共办结222件，立案110件，给予党政纪处分126人，组织处理53人。突出加大了谈话函询力度，谈话47人次，其中乡科级干部达35人次。此外，还配合市纪委涉案干部处置工作组对有关涉案的92名人员进行了谈话，其中县委书记谈话15人，41人主动向组织说明存在问题。根据市纪委安排，对2011年以来已初核了结的涉纪重信重访及新发生户头信访件的62人进行了谈话，39人主动向组织说明存在问题。

纠风治乱

坚持露头就打，持续加大查纠“四风”力度。紧盯春节、“五一”、中秋、国庆等“四风”问题易反弹的敏感节点，整合12个县直单位和职能部门联合行动，共督察乡镇、单位及基层站所300余次，发现并整改问题98个。对全县清理办公用房情况进行了“回头看”，将整治范围延伸至全县各基层站所、县直中小学及教学区，发现并整改问题32个，清退超占面积1080平方米。开展纪律作风大检查，发现并整改问题35个，责令10家单位写出整改报告，23人作出书面检查，给予1人政纪处分。结合市委对泽州县巡察契机，开展落实中央“八项规定”精神情况大排查大起底行动，共发现问题线索227个，全部整改并建立健全制度34项，清退款项214万元。核查上级转办违反中央“八项规定”精神问题线索68件，给予7人党政纪处分，诫勉谈话9人次。

党风廉政建设

强化压力传导，层层推动“两个责任”落实。组织专人对全县17个乡镇、80家县直单位和12家企业2015年度党风廉政建设工作情况进行了专项考核，对发现的问题和意见及时登记和反馈，并进行通报。紧紧抓住主体责任这个“牛鼻子”，召开落实《党员干部风清气正过节“十严禁”》约谈会，全县共约谈700余场次，受教育人数达25000余人次。认真组织开展警示教育月活动和“两学一做”学习教育，通过观看警示教育片、一把手讲党课、举办专题知识竞赛、进行专题辅导等方式，集中进行党纪条规教育，全县接受党课教育人数达12000余人次。召开了全县典型案件通报暨落实“两个责任”推进会，对5起发生在群众身边的“四风”和腐败问题典型案件进行了通报，相关人员作了大会检查，部分单位就履行“两个责任”作了表态发言，达到了“问责一个、警醒一片”的目的。

自身建设

贯彻改革精神，努力打造适应新形势新要求的过硬队伍。顺利完成了县、乡两级纪委换届工作。对新任县纪委常委班子提出了“五条规矩”，要求班子成员必须做到规章制度要带头执行、交办事项要高效落实、分管工作要摸深吃透、重大事项要及时报告、办案纪律要严格遵守。加大了对乡镇纪检干部的教育培训力度，举办了新任纪检干部专题培训班，并选派首批28名纪检干部参加了中国纪检监察学院第一百一十三期培训班，有力提高了干部队伍战斗力。认真贯彻落实监察体制改革要求，划定了改革的时间表和路线图，确保了监察体制改革的稳步推进。

泽州县人民武装部

首长考察

1月12日，省军区政委郭志刚少将到县人武部进行了检查指导，先后考察了“军魂园”、“小食堂、小客房、小菜地”、荣誉室、器材库、学习室等营区内各项设施建设情况，与全体干部进行了座谈，对大家的工作、生活、家庭情况进行了详细了解。此次检查，郭政委既对该部各项工作给予了肯定，也为今后的发展指明了方向、提出了要求、明确了目标，部党委决心以此次首长检查为契机，高标准、严要求完成各项工作。4月13日、5月12日，省军区副司令于占唐少将先后2次带领机关工作组考察该部全面建设情况，于副司令对该部近年来各项工作给予了充分肯定，同时指出，泽州人武部要全面系统地学习习近平总书记系列讲话精神，进一步加强应急分队建设，在建、训、管、用和提高质量上下功夫、求突破。9月21日，省军区政治部主任傅永国大校带工作组深入泽州县检查调研。傅主任一行查看了人武部作战值班室、荣誉室、图书室、战备器材库等库室，详细了解泽州县“两学一做”、征兵工作开展等情况，傅主任对该县人武工作给予了充分肯定，同时指出，2016年是深化改革之年，要准确把握新形势下对国防和军队建设提出的新要求，努力提高应急处突、抢险救灾的能力，为维护社会稳定和促进社会发展，全县经济发展奠定坚实基础，要进一步加强基层武装部规范化建设，向更高水平、更高层次发展，不断推动泽州人武部工作迈上新的台阶。

征兵工作

2016年征兵工作开展后，人武部认真学习理解上级的指示精神，积极探索在预定新兵中开展“役前教育训练周”活动。活动中，模拟新兵连训练，不但有效甄别出一些身体素质不能适应部队训练以及意志不坚定的预定新兵，更使广大预定新兵体验了军营生活，感受了军营文化，增强了预定新兵对部队训练、工作、生活的适应能力，端正了入伍动机，打牢了思想基础，活动取得了良好的效果。从开始到结束，县征兵办坚持以“廉洁征兵树形象、阳光征集保质量”为目标，严格落实“五公开、一集中”措施，严把政治、身体、年龄、文化“四道关”，认真落实军分区首长提出的“五个优先”和“八个不定”基本准则，狠抓了以确保完成任务、确保病院质量、确保廉洁征兵、确保零责任退兵为主要内容的“四个确保”，圆满完成了上级赋予的征集任务。

军民融合

7月下旬，泽州县领导干部军事日系列活动正式拉开序幕，在县委、县政府和驻泽相关部队的大力支持下，县人武部积极发挥自身桥梁纽带作用，组织广大民兵预备役人员参与活动的保障任务，使军事日系列活动有序开展，受到了军地各界的一致好评。大家纷纷表示，通过参加此次“八一”军事日系列活动，国防意识和国防观念得到了很大的提高，今后在工作中要把人民军队的优良传统、严谨作风、进取精神体现在本职工作中，奋力谱写泽州经济建设和国防建设融合发展的新篇章。

党管武装

12月28日，中共泽州县委召开五届县委第十八次常委会，专题研究了党管武装工作。会上，县委常委、人武部政委陈志忠汇报了2016年武装工作完成情况和新年度工作筹划。县委赵新年书记对一年来的武装工作完成情况给予了高度肯定。赵新年说，相比地方的工作岗位，部队要求更严格，纪律更严明，规章制度也更明确。比如，他们无论什么时候，人武部的两位主管都不能同时离开岗位，特别是在节假日，当大家都在欢度佳节的时候，陈志忠和赵韶宇仍有一个同志坚守在自己的工作岗位，做出了很大的牺牲。赵新年指出，人武部的工作是让县委放心的，是在各县区工作中走在前列的。2016年以来，人武部党委团结带领全体干部职工，认真学习习主席系列重要讲话精神，按照省军区、军分区的有关要求，紧紧围绕县委中心工作，圆满地完成了各项工作任务。如在泽州县首届旅游文化节中，一些乡镇的游客较多，人武部选调了部分民兵到活动现场，协调工作人员、公安和交巡警做好维持活动秩序，出色地完成了警卫执勤任务。他指出，在这一年当中，人武部取得了一系列荣誉，被省政府、省军区表彰为先进人武部、军事训练先进单位，双拥模范县成效进一步巩固，陈志忠政委被中央军委国防动员部表彰为优秀共产党员，这些都是上级对人武部工作的充分肯定。当然，武装工作成效明显，这也是县委副书记席学武和各位县委常委关心支持的结果，是人武部两位主管和全体官兵共同努力的结果。赵新年书记要求，新年度，人武部在干好本级工作的同时，要继续围绕县委中心工作，按照省军区、军分区的部署要求，持续抓好各项工作的落实，继续巩固“双拥模范县”成效，要努力向着“全国双拥模范县”奋进。同时，要做好军民融合各项工作，积极参加地方经济社会发展和建设，特别是在军队改革进入实质性阶段，各级要落实好上级的有关要求和精神，共同把武装工作做的更好。最后，赵新年书记祝愿人武部在新的一年“百尺竿头、更进一步”。

“太行—2016”战役集训

根据年度训练计划安排，12月6日至8日，县人武部在军分区编成内参加了省军区组织的“太行—2016”战役集训，按照任务要求和时间节点，四个阶段既定演练科目全部完成。通过演练基本上达到了熟悉程序、明确职责、锻炼提高的目的。一是熟悉了联合防空作战的组织方法。此次演习，人武部在军分区的编成内，围绕下发的基本想定和导调文书，按照战役筹划的四个阶段扎实组织了演练。按照实际作战编成对参演人员进行了演练编组，赵韶宇部长和陈志忠政委全程参加演练，做到了既练首长又练机关，既练指挥又练保障；结合辖区实际，深入研究了分析判断情况、理解上级意图、定下作战决心、组织作战保障等各个阶段需要重点把握的问题，在提高了指挥素质和能力的同时，进一步熟悉了演练的程序和方法。二是强化了机关的协调控制能力。此次演练，注重加强协调控制，依据上级通报的敌情和作战命令指示，准确理解上级意图，立足完成上级赋予的任务，各要素结合自身实际进行了全方面的分析研判，提出了报告建议，对行动态势进行全方位、多渠道了解掌握，力争实时、准确地把握战役态势，确保主要作战目标达成。机关完成了辅助首长决策、制定演练方案、拟制决心建议、指挥控制部队等各个方面的工作，组织指挥能力得到一定提高。三是提高了真打实备的意识。此次演练，参演人员对国防动员的组织指挥和首都联合防空作战有了更深层次的理解，演练过程中，从人员着装到指挥流程，从情况构想到制度落实，都是从实战角度出发。通过组织召开四个会议，各个要素对辖区的基本情况尤其是国防动员潜力进行了全面的梳理，对摆兵布阵进行了深入的研究，部首长依图向分区汇报了决心要点，部队真打实备氛围进一步浓厚。在12月12日的交班会上，部首长对此次战役集训做出了总结，肯定了此次集训演练取得的成果，指出了发现的问题和不足，赵韶宇部长强调，要以此次战役集训为契机，认真总结好的经验和做法，梳理存在的问题，扎实完成好今后的各项年度军事训练任务。

战备训练考核

12月10日，省军区考核组对泽州县人武部战备基础训练情况进行了考核。考核组首先听取了人武部年度战备基础训练落实情况工作汇报，随后，区分首长机关、专武干部、民兵应急分队三个层次进行了考核内容的抽签。抽签结束后，考核组按照专武干部和民兵应急分队考核基础理论、首长机关考核手枪射击的顺序，逐步组织实施考核。为高标准高质量迎接此次战备训练考核，人武部党委高度重视，多次召开专题任务部署会，筹划准备考核训练工作，严格按照省军区《关于组织省军区年度战备训练检查考核的通知》要求，制定了详细的训练计划，认真组织开展针对性训练，部长赵韶宇、政委陈志忠带头参加各项训练，同时针对现役干部和专武干部的实际情况，为每名官兵制定了专项训练计划，有针对性的对重点科目进行了突击强化训练，通过以考促训，检验和提高了部队的战备训练水平。通过参加此次战备训练考核，大家进一步熟悉了军事训练的内容和规范，坚定了信心、锤炼了品质、磨砺了意志，提高了干部队伍的综合能力素质，为新年度军事训练工作的开展打下了坚实的基础。

“六个一”活动

2016年以来，县人武部积极响应县委、县政府关于在全县范围内开展“六个一”活动的号召，大力组织全县民兵预备役人员和本单位全体干部职工参加各类活动，取得了良好的效果。一是开展学雷锋活动。3月4日，县人武部组织20余名民兵人员到市客运东站开展学雷锋活动，先后清扫了乘客候车大厅座椅、卫生间、热水间和室外玻璃橱窗等环境卫生，《太行日报》予以报道。二是开展植树活动。3月11日，县人武部组织干部职工和民兵骨干100余人参加了全县植树造林活动，共计植树500余株。三是开展卫生清扫活动。3月5日、12日，县人武部分别在金村镇高新技术区和大箕镇开展了卫生清扫活动。四是建立了“泽州征兵”微信平台。结合征兵宣传活动，大力宣传泽州发展成就，宣传泽州的古韵美景，鼓励广大应征青年崇军报国、建设家乡。截至2016年年底，已有1200余人参加了微信平台活动。五是开展了帮扶活动。3月16日，人武部组织全体干部职工参加了位于柳树口镇圪针掌村的帮扶活动，帮助当地困难农户开挖水渠、搭建蔬菜大棚，泽州县电视台进行了报道。六是开展学习廉政箴言活动。人武部利用政治教育等时机，组织官兵学习廉政箴言，时时警示自己。除参加“六个一”活动外，4月30日还派出由民兵预备役人员组成的合唱队参加了全县“中国梦·劳动美·建功‘十三五’”盛大歌咏赛，取得了优异成绩。

访贫济困

2月3日，人武部部长赵留宇、政委陈志忠分别带队，组成慰问组前往泽州县山河镇万欠村、李寨乡南岭上村等地，为困难群众及退伍军人送去温暖和问候。赵留宇带领的慰问组到了李寨乡南岭上村的退伍军人张某某家中，向张某某父母详细询问了他的病情，鼓励他们要坚定信心，早日战胜病魔，详细询问了他们的生活起居、身体状况和家庭情况，感谢他们为国家所做的贡献，并为他们送上新春的祝福和慰问。陈志忠一行到扶贫联系村山河镇万欠村看望慰问困难群众。在75岁的吴某某家中，与老人进行了亲切的交谈。了解到老人常年身患残疾，家中老伴也是一位残疾人，两个儿女都不在身边，仅靠低保维持生活时，陈政委鼓励老人要树立生活的信心，在春节到来之际，提前给老人家拜个早年并送上慰问物资和慰问金。

法　治

公　安

概述

2016年，在县委、县政府和上级公安机关的坚强领导下，局按照公安部“四项建设”、省厅“五个一”和市局“五大建设、五个提升”工作要求，瞄准让人民群众有更多安全感、满意度和获得感这个目标，全力深化全局五年发展规划，积极推进“七个积极适应”年度工作重点，认真开展维护稳定、打击犯罪、治安管理、服务群众、队伍建设等各项工作，为全县经济社会发展、群众安居乐业创造了良好的社会环境。

维护社会稳定

始终坚持“稳定压倒一切”的方针，把维护稳定置于各项工作的首要位置，不断强化情报搜集、安全保卫、化解纠纷、信访安全等各项工作，确保了全县社会政治大局持续稳定。整合安保资源，周密计划，精心组织，认真做好重大节日、敏感节点和重大活动的安保维稳工作，圆满完成了中共十八届六中全会、“G20”峰会以及省、市、县三级党代会和各级“两会”等重大安保任务18次，确保了各项重大会议、活动、节日期间全县社会政治治安大局的持续稳定，赢得了党委、政府以及人民群众的充分认可，树立了泽州公安的良好形象。整合社会资源，坚持提前介入原则，社会参与的方式，全面开展矛盾纠纷排查化解工作。坚持局领导接访、多部门联合化解的工作制度，严厉打击非正常上访人员，有力震慑了非访行为，全力维护了正常的信访秩序。

打击刑事犯罪

2016年以来，围绕群众关注的一切热点焦点问题，深入开展“打黑除恶”“整治黄赌毒”“缉枪治爆”三大战役、打击“盗抢骗”等专项行动，始终保持了对各类违法犯罪的凌厉攻势。深入开展“打黑除恶”。坚持“打早打小，露头就打，除恶务尽”的原则，精心组织，周密部署，保持了对黑恶势力犯罪的凌厉攻势。2016年2月，公安局打掉了一个从事寻衅滋事、涉毒违法犯罪的恶势力团伙。5月，破获了在全市有较大影响的周村镇聚众持械殴打公共汽车、货车司机的恶性寻衅滋事案，抓获犯罪嫌疑人7名。4起命案全部侦破。其中，破获了“2016.1.29”巴公镇李村故意杀人案、“2016.3.20”南村镇司匠村故意杀人案、“2016.4.24”南村镇硕阳光电故意杀人案、“2016.7.20”北义城镇东黄石村故意杀人案。特别是成功破获长达16年之久的周村镇五行村故意伤害致死案。严厉打击侵财、经济、毒品犯罪。围绕人民群众反映强烈的入室盗窃案展开攻坚，破获系列盗窃案件41起，打掉一个跨省流窜代还信用卡诈骗犯罪团伙，抓获团伙成员5人，破获系列案件12起；打掉一个盗窃煤矿电缆犯罪团伙，破获系列案件15起，破获了涉案价值420万元的特大合同诈骗案和“9·18”跨省贩毒案件，有力震慑了各类违法犯罪活动。

社会治安管理

2016年以来，公安局高度重视社会治安防控整治工作，坚持防范宣传、技术人防、排查整治多管齐下，取得了明显效果。以“缉枪治爆”专项行动为契机，组织民警对21个涉枪涉爆单位，5个易制爆单位，35个五管要害部门进行安全大检查，消除了一大批安全隐患。全力开展冬春火灾防控和夏季消防安全检查等专项行动，着力构建立体化、全覆盖的社会火灾防控体系。严格管理监所安全。把安全监管放在第一位，进一步加强日常检查，堵塞了安全漏洞，看守所筹措资金改造了医务室，并配齐配全了医护人员和医疗设备，提升了医疗救助水平。拘留所对监控设备进行了全面升级改造，确保了监所安全。

基层基础建设

认真落实深化公安改革的各项要求，从户籍制度改革、社区警务改革等多方面发力，不断提升公安机关的履职能力和人民群众的安全感满意度。所有户籍窗口均落实了异地受理、挂失申报、丢失招领等制度。户籍窗口开通了春节、高考等特殊时期绿色通道，方便了群众，赢得了认可。推进警务室、警务工作站（点）的规范运作，对各派出所警务工作站（点）工作情况开展了专项督导，就社区民警工作指导、人员值守、“软件”规范、日常运作等进行检查指导，有效提升了警务工作站（点）的工作效能。进一步加强和完善实有人口三级管理机制，切实提高了实有人口管理水平，形成了警民联动、内外共管的工作模式开展管控。

信息化建设

按照全县“天网工程”的实施意见，大力推进实施“天网工程”建设，新建15个高清智能卡口，已全部验收合格并投入使用。完成了全县“天网”全覆盖的整体设计，工程总预算8900万元，分三期进行，第一期将建设全县主要路段的60个高清智能卡口。截至年底，已完成项目招投标工作。第二期建设项目已进入到准备阶段。同时，投资330余万元，建成了四级网高清电视电话会议系统，并验收投入使用。完成了执法记录仪存储平台及系统建设工作以及执法监督平台IP语音盒安装工作。开展全警数据大采集，全局信息化水平逐步提升。

规范化建设

牢固树立“规范执法是基本警务”理念，不断升级民警执法水平和全局整体执法质量，取得了执法效益和社会效益的双重提升。先行先试，提早谋划，通过实地考察、借鉴经验等方式，从机构设置、警力配备、工作流程、日常运转等方面入手，推行受立案制度改革和刑事案件“统一审核、统一出口”机制。专门组织相关人员赴孝义进行学习经验，积极与山东德州市公安局沟通交流，在充分借鉴各地先进经验的基础上，规范了人员配备、制度设计、工作职责，实现了对执法办案全流程的监管。成立了案管中心，设置了受理岗、巡查岗、审理岗3个岗位，并抽调有工作经验的民警3人专职开展工作。在公安信息专网法制主页上创办了“法律培训”“案例点评”“办案参考”等栏目，选取带有普遍示范指导意义及存在执法问题的典型案例，围绕案件事实、证据、定性、适用法律、办案程序等重点环节进行剖析点评，供基层民警随时查询学习参考。深入推进法治警务建设，协助检察机关在公安局成立了泽州县检察院驻公安局侦查监督检察室，对办理刑事案件进行全程监督，聘任检察院、法院及律师事务所4名同志为首届法律顾问，提升了我局依法决策、依法行政和依法办事的能力水平。

队伍建设

始终将“以人为本、严管厚爱”的治警育警理念贯穿到队伍建设的全过程，坚持政治建警、从严治警、从优待警，切实增强了队伍管建的针对性和实效性。深入开展“两学一做”学习教育活动，成立了协调小组和办事机构，制定了工作方案。在召开专题民主生活会的基础上，开展了以重温一次入党誓词、组织一次“百日抄党章”活动、讲一堂党课、撰写一篇心得体会、开展一次知识竞赛、开展一次廉政警示教育、参与一项志愿服务、举办一次专题讲座、开展一次基层换位体验、帮扶一个贫困户为主要内容的“十个一”活动。通过活动，使广大党员立起合格标尺、划出做人做事底线，看齐优秀标准，树起先锋形象，用实际行动体现信仰信念的力量。强化从优待警措施。积极落实民警年休假以及民警生病住院看望慰问、婚丧大事慰问和优抚等制度的基础上，对年终先进集体和先进个人评选办法进行了规范。强化练兵强警，加大对各个警种的专业培训，特别是先后组织开展了射击训练等实战演练。强化文化育警，强化警营文化建设，先后举办了“三八”妇女节文体娱乐活动、“五四”青年道德讲堂和警体运动会，组织民警参加了全市公安机关运动会，进一步丰富了民警精神生活，提升了民警实战水平。

公安交管

概述

2016年，县交警大队在县委、县政府和县局党委的正确领导下，在市交警支队的具体指导下，认真贯彻落实党的中共十八大和中共十八届三中、四中、五中、六中全会精神以及全省、全市公安局长会议精神，积极适应道路交通管理工作新形势、新变化，紧紧围绕全县工作大局，以“降事故、保安全、保畅通”的目标，深入推进“四项建设”，立足本职，着眼长远，群策群力，开拓创新，狠抓交通秩序管理、交通事故预防和处理及交通安全宣传教育等工作，圆满完成了上级部署的各项工作任务，为全县经济转型跨越发展营造了良好的道路交通环境。

交通事故

2016年，共受理道路交通事故总量为1992起。其中，适用一般程序处理的91起，同比增加14起，上升18.18%；死亡人数43人，同比增加4人，上升10.26%；受伤人数84人，同比增加2人，上升2.44%；财产损失164310元，同比减少46590元，下降22.09%。适用简易程序处理的1901起，同比减少26起，下降1.35%；受伤227人，同比减少44人，下降16.24%；财产损失556840元，同比增加72190元，上升14.9%。发生逃逸事故10起，侦破9起，死亡2人，受伤10人，财产损失8010元。

发生生产经营性道路交通事故44起，死亡28人，受伤30人，财产损失102200元。

侦办交通肇事案件15起（取保候审9人，拘留5人）。

侦办危险驾驶（醉酒）案件55起。

办理社会救助基金救助2人。

违法行为查处

2016年，共查处各类违法行为73727起。其中，酒后驾驶244起、无证584起、客运超员5起。使用电子监控系统抓拍各类车辆违法行为43723起，协助公安机关侦破各类刑事、治安案件43起。

车驾管业务

2016年，共办理摩托车上户1055辆，补（换）牌证合格标志51辆，行车证信息变更登记11辆，转移登记24辆，转入4辆；办理小型汽车上户119辆，年检（免检）车2172辆，补领检验合格标志42辆（大车1辆、小车41辆），补换领小车行驶证50辆，补换领车辆号牌179辆（大车117辆、小车59辆、挂车3辆）；办理初次申领摩托车驾驶证687个，满分学习209个，注销可恢复44个，期满换证614个，补证160个，驾驶证降级7个，驾驶证变更信息17个，提交身体条件证明3个，农机补录1个；驾驶人考试：科一参加考试人员7099人、科二参加考试人员15663人、科三路考参加考试人员19747人、安全文明驾驶参加考试人员6825人。

交通宣传

2016年，共组织开展各类交通安全宣传活动31场（次），播放多媒体课件100场（次），开办交通安全课208课时，张贴宣传标语270余条，发放宣传挂图4000余张，发放不干胶宣传单10000余份，发放交通安全购物袋和围裙各4000余个，电视台随警报道60次、发布官方微博3000余条、发送安全提示短信15万余条，发放各类宣传资料25余万份。

综合治理

一是结合“公路安全生命防护工程”和

"道路运输平安年"等活动，联合市公路局城南公路段、城北公路段和县交通局，开展事故风险路段和公路风险路段隐患排查。二是以辖区国省道和乡村新建、改建、扩建道路的临水、临崖、急弯、视距不良等路段和隧道、桥梁为重点，认真组织开展交通安全隐患排查整改。共排查安全隐患11处，并及时制作道路交通安全隐患整改建议书，积极协调交通、公路等相关部门进行整改。三是对重点车辆落实了"一定点、二必查、四严禁"的安检措施，逐一审查客货运企业驾驶员的驾驶资格，建立了县际途经重点车辆和外籍过境重点车辆通行报备和登记备案台账。四是对在泽州县辖区内经营的6个危化品生产、储存企业、21个货运运输企业进行了全面排查，建立重点车辆及驾驶人月违法未处理通报制度，进一步落实了企业安全防范措施。其间，共排查货运车辆801辆、校车12辆，累计制发重点车辆违法抄告4365份，重点驾驶员违法抄告1963人次。五是对从事跨地区，途经本辖区的危化品运输，建立途经辖区危化品运输车辆基础管理台账，实行危化品运输车辆途经路线备案审查登记制度，准确掌握途经辖区危化品运输企业信息、车辆底数和途经路线，对未在通行辖区进行备案登记危化品运输车辆，一律限行。期间，共排查过境危化品运输车辆222辆（隶属河南、河北、天津所属60家企业）。运输危化品种类：焦油、甲醛、液减、柴油、汽油、甲醇、煤层气、天然气。

智能管理

根据上级交管部门要求，在大队指挥中心、水城省际、巴公县级交通安全检查站安装"全国机动车缉查布控系统"，严格规范使用流程，明确专人负责缉查布控系统预警信息的研判、签收、发布出警拦截指令、收集处置结果，实现了省总队、市支队、县大队、乡镇中队四级联网，共发布预警信息7391条，警务信息得到全面提升。

安全防控体系

根据公安部科技强警战略以及省、市公安部门的安排部署，在2015年安装13处交通监控技术设备的基础上，积极争取省市公安交管部门和县政府资金支持，又在辖区国、省主干道路安装8处交通违法抓拍系统，全面并轨接入大队智能化指挥调度系统，确保辖区重点路段"科技化管理"的无缝隙覆盖和全方位监控。

黄标车及老旧车淘汰工作

始终坚持宣传引导和强制注销并重的工作原则，联合县环保、交通、治安等多部门开展源头排查行动，深入辖区各单位、乡镇、农村对黄标车及老旧车，逐辆核查基本情况、目前的状态、联系电话、实际住址、建立基础工作台账，对自行解体、实际灭失、废弃停用等"有名无实"的车辆，找到一辆、淘汰一辆、解决一辆，建立基础台账。同时，先后两次配合环保部门在《太行日报》对在泽州县注册的1529辆黄标车及老旧车发布强制报废公告，要求车主于9月10日前主动报废，逾期不报废者，将根据上级精神要求，会同环保、安监、工商、交通等部门，通过路面查处予以收缴并进行集中销毁。2016年，共引导群众自愿注销和强制注销黄标车及老旧车1683辆，圆满完成市政府下达的指标任务(1683辆)。

大气污染专项治理

按照县委、县政府关于改善环境质量整治有关工作部署要求，结合交通管理实际，制定了"平车装载、密封运输、清洁上路，证照齐全"的"十六字"管控方针，合理调整勤务，采取错时巡逻、定点查纠的弹性工作机制，以国道207线、省道333线、332线、227线、长晋线等主干道路和珏山、山里泉等旅游公路为重点路段，以黄标车、未检车、报废车等高污染排放机动车和渣土车、遗洒、扬尘的货运车辆为重点查处整治对象。特别把货车遗撒交通违法行为作为当前工作的重中之重来抓，要求各中队在每日严查、严管、严控的同时，每日向指挥中心上报警情时，要专门注明当日查处数量。2016年，共查获涉及公路遗撒违法行为1382起。查处已注销黄标车非法上路行驶违法行为5起，罚款15.96万元。

检　察

概述

2016年，泽州县人民检察院在县委和市院的正确领导下，在县人大及其常委会的有力监督下，在县政府和政协以及社会各界的大力支持下，认真贯彻落实中共十八大和中共十八届三中、四中、五中、六中全会精神，以习近平总书记系列重要讲话为指导，紧紧围绕全县工作大局和市院确定的"一二三"工作思路，坚持在"八个重点"工作方面聚焦发力，以维护社会和谐稳定为己任，以提高法律监督能力为核心，全面加强检察队伍思想和业务建设，积极履行法律监督职能，为全县率先在全省建成小康社会提供强有力的司法保障。

批捕起诉

充分发挥审查批捕、起诉职能，突出打击重点，服务和强化社会管理，推动平安泽州建设。全年共受理同级公安机关各类提请批捕案件90件140人，审结88件138人，侦查机关撤回2件2人。经审查，批准逮捕76件117人，不捕12件21人。所批准逮捕的案件，无捕后撤案、不诉、无罪情况，批捕准确率为100%；共受理各类移送起诉案件215件282人。其中，公安机关移送案件201件259人，自侦部门移送11件20人，市院交办3件3人。共审结案件213件303人(含2015年结存5件33人)。经审查向县法院提起公诉203件288人，向市院报送件3件3人，撤回4件4人，强制医疗1件1人，不起诉2件7人。出庭支持公诉260余次，向同级法院提出量刑建议276人件，法院采纳267人件，采纳率达96.74%。截至2016年年底，无无罪判决，因法律修改撤回起诉5件5人。积极适应以审判为中心的诉讼制度改革，开展庭审观摩2次，提升庭审把控能力。对重大疑难案件，创新机制，注重效率和质量，成功起诉了一批如颜某等13人寻衅滋事案和"2·13"天安煤业透水重大责任事故等系列重点案件。

查办和预防职务犯罪

按照县委和上级院对党风廉政建设的工作部署，坚持有贪必肃，有案必查，严肃查处了发生在群众身边的腐败案件。2016年共立查贪污贿赂案件7件13人，其中贪污案2件8人，行贿案2件2人，挪用公款案2件2人，受贿案件1件1人；4件8人为大要案件。截至年底已全部侦查终结并移送审查起诉，法院作出有罪判决8件25人（含上年积案）。在反贪工作中，注重窝案串案的线索审查，对晋城市兰花集团煤业有限公司大阳分公司职工贪污案深挖细查，今年又立查1件5人，共查处涉案人员18人。共立查渎职侵权职务犯罪案件4件6人，市院交办起诉1件1人，法院判决14人（含上年积案）在办案中，注重规范执法，确保了案件质量和办案安全。在加大查办案件的同时，进一步强化预防职务犯罪工作。全年开展预防调查3件，撰写职务犯罪分析4件，发送检察建议5件，提供行贿犯罪查询1500次，召集全县行政执法单位观看《权力不可任性》警示片，举办预防职务犯罪专题讲座26场。对“阳光百姓”工程和扶贫领域预防职务犯罪工作做出部署，与县直主管部门及乡镇建立了涉农资金信息网络联系制度。县委书记和人大常委会主任对撰写的《2015年惩治和预防职务犯罪年度工作报告》做出批示，并作为预防工作简报在全县转发。

法律诉讼监督

认真贯彻习近平总书记努力让人民群众在每起司法案件中感受到公平正义的重要指示，转变法律监督思路，牢固树立由事后监督向事前、事中监督延伸，由被动监督向主动监督转变的理念，加强立案、侦查、审判、民行、执行等各个领域的法律诉讼监督。加强立案和侦查监督。在公安局派驻了侦查监督室，检察人员可以进入公安侦查办案综合执法系统，对公安侦查和治安处罚的案件实行监督。向公安机关发出要求说明不立案理由通知书11份，公安机关主动立案7件9人，通知公安机关立案1件2人。向公安机关发出要求说明立案理由通知书10份，公安机关主动撤案3件，通知公安机关撤案4件，提前介入侦查案件13件，向公安机关提出口头纠正意见19件，发出纠正违法通知书11份，公安机关均已回复并纠正；公诉部门改变公安机关定性错误案件5件，追诉漏犯12人，追诉漏罪10案24人，书面提出纠正同级公安机关侦查活动违法37件。加强审判监督。积极开展审判活动的监督工作，对法院确有错误的判决、裁定依法提出抗诉11件13人，经二审裁判7件，其中改判2件2人，发回重审3件5人，维持原判1件1人。在加大抗诉力度的同时，通过书面和口头相结合的方式纠正审判活动违法22件。加强民事行政检察监督。审查各类民事行政检察案件31件，其中对生效民事裁判、调解书的检察监督1件，不支持监督申请1件；执行检察监督案8件，向县法院提出检察建议8件，采纳7件；监督审判程序违法案件11件，向县法院发出检察建议8件，采纳8件，不支持监督申请3件；支持起诉9件；督促履行职责案2件，发出检察建议2件，均被采纳；息诉4件。加强刑事执行检察监督。书面发出违法通知书103人次，其中纠正监管活动违法54人次，纠正监外执行、社区矫正类48人次，强制医疗执行监督1件，均已纠正；办理羁押必要性审查16件16人，均被采纳。发出财产执行监督、监管场所类检察建议18件，均采纳。驻所检察官谈话110余次。

队伍建设

深入开展“两学一做”学习活动和深入贯彻中共十八届六中全会精神，强化干警的党性意识。按照县委和上级院的部署，在全体党员中开展了“学党章、学系列讲话、做合格共产党员”的“两学一做”学习活动和学习贯彻中共十八届六中全会精神活动。该院在职党员54名，占到全院总人数的68.4%，是一支以党员为主体的检察官队伍，突出党员主体地位，坚持以党建带队建。在学习中，坚持突出“重点在学、关键在做”的活动要求，围绕市院提出的“一二三”工作思路，结合岗位，以提高工作执行力、检察创新力和检察公信力为目标，开展“强党性、守纪律、比能力、创一流、讲奉献”党性教育活动，以党员为主体的检察干警队伍党性意识进一步得到强化，党员的先锋模范带头作用得到充分发挥。认真落实中共十八届六中全会精神，坚持全面从严治党，从严治检。一是发挥好党组的领导核心作用。党组书记、检察长是落实主体责任的第一责任人，严格强化“四个意识”，积极履行抓党建、带队建的职责，狠抓责任落实；班子成员按照“一岗双责”的要求，把党风廉政建设责任落实在具体工作和队伍管理中。二是建立廉政责任体系。检察长与分管领导，分管领导与中层干部在年初层层签订党风廉政建设目标责任书和廉洁从检承诺书，自上而下传导责任和压力。三是强化执纪监督。纪检监察部门强化执纪意识，聚焦监督工作，坚持把纪律挺在前面，对照《条例》和《中国共产党党员领导干部廉洁从政若干准则》，既做好对干警八小时之内的监督，也做好对干警的八小时之外的监督，加强对干警的从严要求、从严教育、从严管理。

司法改革

全面推进司法体制和监察委员会的改革试点工作。围绕司法改革的“四项重点”工作，按照省、市院工作部署，通过业绩考核、民主推荐、笔试等环节，从24名有报名条件的人员中遴选出20名检察官。监察委员会改革试点工作也在稳步推进，成立了改革试点领导组，上报了人员情况。在整个改革过程中，该院党组充分发挥思想政治工作的优势，确保干警队伍思想稳定，工作持续发展。

法　院

概述

2016年，泽州县人民法院在上级法院的正确指导和县委的坚强领导下，在县人大及其常委会的有力监督和县政府、县政协及社会各界的关心支持下，深入贯彻中共十八大，中共十八届三中、四中、五中、六中全会精神和习近平总书记系列重要讲话精神，认真执行县六届人大一次会议决议，大力加强审判执行工作，全面推进司法体制改革，着力打造过硬法院队伍，各项工作取得了新进展。全年共受理刑事、民事、行政、执行等各类案件4384件，同比上升28.4%；审执结案件3753件，结案率85.6%，同比上升9.6%。其中，审结案件2605件，审结率84.5%；执结案件1148件，执结率88.2%；上诉案件维持率96.5%；发还改判率3.5%。

刑事审判

依法惩治犯罪，积极参与平安泽州建设。推进以审判为中心的刑事诉讼制度改革，共受理各类刑事案件291件，同比增加41件，审结254件，审结率87.3%，同比上升11.3%。积极参与“打黑除恶”专项斗争，审理妨害公务案件13件17人，贪污、受贿、挪用资金、职务侵占等职务犯罪案件13件49人，信用卡、集资诈骗案件8件19人，毒品类案件4件18人，盗窃、故意伤害、危险驾驶、交通肇事等案件136件172人，适用量刑规范化案件109件171人，净化了发展环境，维护了社会安全稳定。严格“罪刑法定、疑罪从无”原则，依法对8名被告人免予刑事处罚。加强未成年人权益保护，慎重审理青少年犯罪案件，10月共青团中央、最高人民法院授予该院“青少年维权岗”荣誉称号。

民商事审判

妥善处理涉民生案件，共受理民商事案件2674件，同比增加474件，审结2236件，审结率83.6%，同比上升6.6%；受理诉前保全审查案件31件，审查31件，审查率100%。推行案件繁简分流，共受理小额速裁案件148件，结案144件，结案率97.3%。加大运用简易程序审理案件力度，一审民商事案件简易程序适用率达39.5%。积极引导当事人进行诉讼保全，共受理诉讼保全案件58件，其中诉前保全案件31件，诉中保全案件27件。

行政审判

全年共受理行政诉讼案件19件，同比增加2件，审结17件，审结率89.5%。在案件审理中加强释明和调解工作，行政机关和原告和解并由原告主动撤诉的案件7件，占一审行政结案的41.2%。受理非诉行政执行案件67件，审查结案67件，审查率100%，有力维护了政府公信力。

执行工作

强化统一领导，完善审执衔接，用足强制和惩戒措施，将执行和解与司法救助相结合、相补充，不断推动执行效率提升，共受理执行案件1302件，同比增加393件，执结1148件，执结率88.2%，同比上升13.2%，执结标的金额9471万元。对执行案件暂存款进行清理，共清理案件387件，案款1184万元。严厉打击拒不执行人民法院判决、裁定的犯罪行为，向公安机关移送应追究刑事责任的案件1起。实行失信被执行人名单制度，共录入失信被执行人598名，公布后有37人主动到法院履行义务。强化网上查控力度，通过全国网络执行查控系统查询案件912件。完善执行信息公开平台建设，利用便民自助查询系统与内网办案系统对接，方便当事人查询案件的流程节点信息。上网公布执行裁判文书1040份。推进执行信息化建设，建成了执行指挥中心。

质效工程

实行案件随机分配制度。制定了《案件随

机分配实施办法》，缓解了案多人少、法官办案压力增大、结案不均衡等问题。推行院领导办案制度。倡导院领导带头办案，自愿组合到相关业务庭室审理案件，并进行目标量化，规定每年必须完成一定的案件数量。实行主审法官、合议庭负责制。进一步简政放权，取消层层审批，将审批签发制改为备案监督制，裁判文书由审判长、主审法官直接签发，分管领导不再签发文书。试行“听审分离”。利用庭审直播系统开庭审理了3起案件，实现了“正常庭审”与“家属旁听”二者分离，有效杜绝安全隐患事故的发生，从技术层面保障了庭审顺利进行。组织案件点评。由分管审判业务的班子成员负责，对2016年发还重审的刑事、民事案件进行点评；开展“两评查一规范”工作，完善案件评查归档制度，已结案件经过规范装订、网上评查和卷宗评查合格后方可归档，全年共评查归档案件2603件。开展岗位练兵。由分管业务的班子成员带头，庭长和全体审判员积极参与开示范庭、观摩庭、评选优秀审判长等活动；组织书记员定期交流业务，规范庭审记录、卷宗装订、报卷归档等工作；组织执行人员培训学习执行工作实务；组织司法警察开展突发事件应急演练，提高警备保障能力。

司法体制改革

精确上报编制、人员和资产信息。对2013年至2016年上半年所有在编审判执行人员办理案件情况、全院一线法官办理案件情况进行统计；制定机构和编制上划省级统一管理方案，填报了12类机关及所属事业单位机构编制和实有在职人员信息表；核实了全院资产情况。以上报表均在全院公示，并及时上报省高院。圆满完成法官入额遴选工作。制定《司法体制改革试点工作实施方案》和《法官首批入额遴选实施方案》，对申请入额的法官进行业绩考核、考试，完成了法官入额遴选工作，并对入额的24名法官进行公示，形成了以中青年法官为主、结构更加合理的专业法官队伍。落实司法责任制。制定《完善司法责任制的实施办法（试行）》，明确各类司法人员的权力和责任，进一步统一裁判尺度，完善信息化监督，建立了科学的审判权力运行机制，真正实现“让审理者裁判、由裁判者负责”。开展家事审判试点工作。2016年5月11日，最高人民法院决定开展为期两年的家事审判方式和工作机制改革试点工作，该院被山西省高级人民法院确定为省内四家试点法院之一。随后，该院积极开展家事审判改革工作，设立家事审判合议庭，出台《家事案件工作意见及审理规则》和《家事案件诉讼中与人民调解对接的实施办法（试行）》，推行家事法官温情提示、举证后延、财产申报、离婚证明书、案件回访帮扶等制度，共受理家事案件35件，经当事人同意委派人民调解14件，占到受理案件数的40%。该院根据家事审判工作经验撰写的《泽州县人民法院采取五项措施积极推进家事审判改革试点工作》被《最高人民法院简报·信息专刊》2016年第49期采用刊发。

司法民主

依法接受人大监督。县六届人大一次会议以来，该院认真落实县人大及其常委会的决议和决定，依法接受县人大常委会监督，主动向人大常委会汇报工作，密切与人大的沟通联系。广泛征求代表和委员意见。在县人大、政协“两会”期间，共向人大代表和政协委员征求意见和建议10大类36条，并据此进行了整改。积极办理人大信访案件。认真办理人大常委会批转的信访案件4件，按时答复人大有关办事机构或专门委员会，并向信访人及时反馈。接受市人大代表视察。2016年2月8日，晋城市七届人大代表50余人到该院视察工作，加强了彼此沟通联系，增进了相互理解支持。依法接受检察机关法律监督。设立检察官联络办公室，规范检察建议书的登记、答复和备案工作，共受理民事和行政检察建议16件，审查16件，审查率100%。邀请检察长列席审判委员会议3次，对涉及职务犯罪和重大责任事故的案件进行讨论。主动接受社会各界监督。坚持“应上尽上、数量与质量并重”原则，在网上公布裁判文书2000余份；通过新浪、腾讯、人民网等官方微博发布微博8000余条。加大人民陪审员参审力度。鼓励人民陪审员积极参与审判活动，全年人民陪审员依法参与审判案件2464庭次，占采用合议庭审理案件总数的95%以上。

诉讼调解

建立多元化纠纷解决机制，加强与人民调解组织对接，利用诉调对接机制办理案件60件；加大诉前调解力度，诉前调解结案38件；强化诉讼过程中的调解工作，共调解结案1311件，调解、撤诉率达58.7%。

涉诉信访

推进涉诉信访工作规范化，采取领导接访、法官释疑、公开听证、依法终结、司法救助等方法措施，共办理信访案件19件，其中经省高院批复终结、执行完毕、司法救助、最高院远程视频接访后息诉罢访的11件，部分执行、不符合救助条件、不属于该院受理范围、息诉罢访后重访、呈报省高院终结但还未批复的8件。

能力建设

加强党的建设。坚持党对法院工作的绝对领导，严肃党内政治生活，认真执行“三会一课”制度，加强党员的教育管理。“七一”期间组织全体党员重温入党誓词。完成党总支和党支部换届选举工作，选举产生了党总支委员会和三个支部委员会。开展扶贫攻坚活动，全体党员对山河镇道宝河村21户农民扶贫帮困。开展“送温暖、献爱心”活动，利用“七一”、重阳节、春节等节日，慰问退休老党员和干警，对生活困难的干警个别帮扶。抓好党风廉政建设。深入贯彻落实中央八项规定，加强党风廉政建设工作。落实“两个主体”责任，明确党组的主体责任和纪检监察的监督责任。强化廉洁教育，先后开展了“三学六守九严禁”、以“务实清廉、春满泽州”为主题的“六个一”、“把纪律挺在前面”等专项活动，多次组织收看党风廉政建设和反腐败工作会议视频。实行廉政责任书制度，逐级签订党风廉政建设责任书。制定主体责任清单，对党组主体责任和纪检监督责任进行详细规范。通报典型案件，及时通报省纪委、县委关于落实全面从严治党主体责任不力被问责的典型案例。开展廉政谈话，由纪检组长主持召开廉政约谈会，对全院干警进行集体约谈。加强检查督察，全年共查岗30余次，编发《督察通报》10期。加大追究力度，对1名工作人员进行了行政和党纪处分。开展主题教育活动。按照县委的统一部署，在全院开展“两学一做”学习教育活动，制定实施方案和具体活动安排，开展“十个一”活动，组织专题讨论，召开领导班子民主生活会和各支部组织生活会。邀请市委党校教授、县委党校讲师就“两学一做”和“从严治党”主题，为全院干警作专题讲座，对中共十八届六中全会精神深入解读。由院长主讲，以《做“四讲四有”合格法官》为题为全院干警讲授党课。组织学习调研培训。组织干警参加公务员在线网络视频、外出培训等学习活动。组织全院干警进行普通话培训及科技法庭、成册扫描仪、数字法院、无纸化办公系统的应用培训。组织60名人民陪审员进行业务培训。加强调研工作，就征地补偿、诉讼保全的适用等课题展开调研。强化群团组织活动。“三八”节期间为全院女干警安排身体健康检查；以“珍爱生命，远离毒品”为主题，组织法官到泽州县凤城小学开展法律讲座，送法进校园。在机关内部出版发行第4期《泽州审判》，更新了文化长廊。

审判监督

坚持依法纠错原则，实行来信来访与申请再审分离制度，对符合法定条件的申诉依法提起再审，对申诉无理的，做好息诉服判工作，逐步规范案件再审工作，共受理再审案件1件，审结1件，审结率100%，审限内审结率100%；受理再审审查案件2件，审结2件，审结率100%。

司法行政

概述

泽州县司法局是泽州县人民政府主管司法行政工作的重要组成部门。其主要职能有：法治宣传、人民调解、社区矫正、法律援助、公证服务、律师服务等。2016年，全县司法行政工作以中共十八大和中共十八届三中、四中、五中、六中全会精神为指针，深入贯彻落实习近平总书记系列重要讲话精神，紧紧围绕县委、县政府“161”发展战略和”1155”年度工作重点，以“法治泽州”建设为抓手，以化解社会矛盾纠纷为主线，以维护社会和谐稳定为目标，服务民生，服务社会，为促进县域经济平稳较快发展做出了积极贡献。局长：韩立会。

法治宣传

召开“七五”普法动员大会，全面启动“七五”普法。12月27日，召开了泽州县法治宣传教育工作会议。大会全面总结了“六五”普法取得的成绩和存在的问题，表彰了在“六五”普法中做出突出成绩的100个先进集体和100名先进个人，安排部署了“七五”普法工作。卓有成效的工作成绩为泽州县赢得了荣誉，先后被省、市表彰为法治宣传教育先进县，1人被表彰为省法治宣传教育先进工作者；2人被表彰为市法治宣传教育先进工作者。广泛开展多形式的法治宣传。利用“三下乡”活动、“三八”妇女节、“3·15”消费者权益保护日、“6·25”禁毒日、“12·4”国家宪法日暨全国法治宣传日等法律法规颁布日、纪念日重要节点，组织各乡镇、县直有关执法部门开展法治宣传活动。据统计，共向农村群众免费赠送《农村居民法律常识》《青少年学法读本》《农村干部法律读本》等普法书籍26000余册，举办各类专题法治宣传活动35余次，为全面启动“七五”普法营造了舆论氛围。继续加强法治宣传阵地建设，为推进法治泽州建设助力。依托“法到农家”“泽州司法行政网站”“泽州普法”微信公众号、法治文化广场、法治文化大院和法治文化一条街等法治宣传教育主阵地，大力弘扬法治精神，传播法律知识。2016年，又在大东沟镇的马街路口、周犁路和柳树口镇交通要道的醒目处矗立了大型法治宣传版面；新建了柳树口镇、山河镇法治文化一条街；为南村镇原家村文化一条街更换了新的法治宣传内容；在南岭乡新建了法治文化一条街；在南村中学、泊南中学、爱物中学建设了校园法治文化长廊。“法到农家”制作宣传节目19期，泽州司法行政网站法制宣传栏目制作宣传稿件60余件，“泽州普法”微信公众号发布法治信息80条。

人民调解

针对近年来矛盾纠纷的新型化趋势，在大力推进县、乡矛盾纠纷调解中心建设的基础上，对全县17个乡镇遴选出的50个重点村进行了规范化建设，先后为他们配备了必要的办公设备，制作了工作版面，选配了专门的调解人员，初步实现了县、乡、村三级矛盾纠纷的联动联调。挂牌成立了泽州县开拓法律服务所，一举消除了泽州县没有基层法律服务所的空白。出台了《泽州县社会矛盾纠纷调解中心工作规范》，对调解案件的受理、指派、分流、确认、时限、案补、案卷评查、归档等环节进行了规范。11月，会同县委政法委开展了全县首届“十佳人民调解员”的评选活动。评选活动采取乡镇推荐的方式，产生1~2名人选，县司法局在其中筛选出20名优秀的候选人，将他们的个人简介和典型事迹挂在“泽州政法”微信公众号平台上进行网上投票评选，最终由网民选出“十佳人民调解员”，进行表彰奖励，以此激发全县人民调解员更好的参与人民调解工作。进一步完善了人民调解和司法调解、行政调解三调联动机制，与县信访局共同建立起了法律顾问制度和律师直接参与重大信访案件制度，逐步构建起了调解、仲裁、诉讼等有机衔接、相互协调的多元化矛盾纠纷解决机制，最大限度地发挥人民调解化解矛盾纠纷的独特优势作用，促进了基层社会和谐稳定。2016年，全县共调解矛盾纠纷950件，调解成功855件，调处成功率达90%。

社区矫正

进一步加强社区矫正管理中心建设和乡镇司法所的硬件配备力度，先后为他们配备了文件柜、多功能一体机、电脑、办公桌和办公椅等。与乡镇政府沟通协调，为17个司法所各增加了一名工作人员，确保了每个司法所有两名工作人员。切实做好社区服刑人员的衔接工作，确保每一名社区矫正人员不脱管、不漏管、不失控。2016年，在矫社区服刑人员242人，解除矫正100人。

安置帮教

结合开展“除隐患、强基础、保稳定”专项行动大力排查整治影响社会治安风险的隐患，切实做好刑满释放人员的无缝隙衔接工作，确保所有在册刑满释放人员始终掌控在视线范围内，全部得到妥善安置和帮教。在全省刑满释放人员安置帮教经验交流会议上，泽州县《注重三个对接落实六项机制扎实推进刑满释放人员安置帮教工作再上新台阶》的工作经验受到与会人员的一致好评。

村（居）法律顾问工作

召开了泽州县村居法律顾问工作推进会，对原有的乡镇法律顾问团人员进行了调整，表彰了一批在“一村一法律顾问”工作中做出显著成绩的律师事务所和顾问律师。出台了新的《村居法律顾问考核办法》，进一步规范对顾问律师的考核。11月，会同县委政法委举办了全县首届“十佳村（居）法律顾问”的评选活动。评选活动采取乡镇和律师事务所共同推荐的方式，产生1~2名人选，县司法局在其中筛选出20名优秀的候选人，将他们的个人简介和先进事迹挂在“泽州政法”微信公众号平台上进行网上投票评选，最终选出“十佳村（居）法律顾问”，进行表彰奖励，以此激发和提振广大律师参与“一村一法律顾问”工作积极性和主动性。2016年，顾问律师进村提供法律服务1600次，集中开展法治宣传157场次，为群众提供法律咨询2300余人次，解决纠纷66件，代理诉讼16件，提供法律援助5件，为乡镇、村集体经济组织提出意见建议1760条。

律师工作

开放律师事务所通过大力加强“忠诚、为民、法治、正义、诚信、敬业”为主要内容的律师职业道德建设，全面加强律师队伍建设，鼓励所里律师积极参与一村一法律顾问全覆盖工作，既拓展了案源，又提升了律师事务所的影响力。2016年，共代理各类案件170件，担任法律顾问15家。

公证工作

公证工作牢牢把握维护和增强公证公信力这一核心，通过开展北学大同、南学侯马，主动借鉴“兰山经验”，进一步优化简化办证程序，减免小额存款公证费，不断满足群众的办证需求，让办证群众直接获得实实在在的实惠；2016年，共办理各类公证503件。

法律援助

法律援助中心认真贯彻落实中办国办《关于完善法律援助制度的意见》，主动开展法律援助便民利民惠民活动，确保了困难群众求助有门、受助及时。2016年，提供法律援助75件，接待来信来访1600余人次。

机构设置和领导人名录

公安局长：李平

县交警大队长：卢树海

司法局局长：韩立会

民主党派

民革泽州县委员会

晋城市郊区于1989年6月2日正式建立中国国民党革命委员会支部，1996年8月改为泽州县支部。成立之初由刘师达任主委。1994年11月，民革晋城郊区支部通过换届，由吴小红担任主委。撤区建县后，2001年6月进行换届，吴小红任名誉主委，贾祥瑞任主委。2008年12月，支部又进行换届，贾祥瑞连任主委。2008年底，该支部有成员16人，具有大专以上文化12人，中高级职称11人。2016年成员发展到22人。

民盟泽州县委员会

1999年4月泽州县成立中国民主同盟小组，盟员有4名，分布在文化、教育、医疗卫生部门。2000年12月28日，民盟泽州县支部成立。翟国新任支部主委。成立时有成员6人。2008年12月，该支部进行换届，翟国新连任主委，2016年成员发展到28人。

民建泽州县委员会

民建泽州县支部于2001年6月7日成立。郭荣林为支部主委。2008年12月，该支部进行换届，郭荣林连任主委。支部成员由成立之初的8人发展到2009年的17人。2016年成员发展到25人。

民进泽州县委员会

民进泽州县支部于1998年11月成立。王国亮任支部主委。2005年5月12日进行换届选举，李卫国为主委。2016年8月12日进行换届选举，李守泽为主委。2016年成员发展到23人。

农工党泽州县委员会

农工民主党晋城市郊区支部于1995年6月18日成立，潘奇任主委。1996年8月，撤区建县后改名为农工党泽州县支部。2001年6月12日，进行换届选举，李全林担任主委。2008年底支部进行换届，李全林连任主委。2016年成员发展到39人。

九三学社泽州县委员会

九三学社泽州县支社于1996年11月26日成立，金跃德任主委。成立之初有9人。2001年进行换届选举，张世民任主委。2008年年底支部进行换届，邱武魁任主委。2009年有支社成员15人。2016年成员发展到33人。

社会团体

泽州县总工会

概述

2016年，泽州县总工会紧紧围绕“四个全面战略”部局，认真贯彻中共十八大和中共十八届三中、四中、五中、六中全会精神，深入学习贯彻习近平总书记系列重要讲话，特别是关于工人阶级和工会工作的重要论述，认真落实中央和省、市党的群团工作会议精神，保持和增强政治性、先进性、群众性，适应经济发展新常态新要求，积极探索做好新形势下职工群众工作的思路和途径。围绕中心，服务大局，转变作风，深入基层聚焦主业、积极作为。以开展“素质提升年”为抓手，紧紧围绕泽州县“双一双五”年度工作重点，推动以“五小竞赛”为龙头的劳动竞赛、工资协商、厂务公开、劳动保护、帮扶救助、文体活动、基层组织建设以及自身建设等各项工作取得新成效，充分展示了“咱们工人有力量、咱们工会有作为”的风采和形象，最大限度地把广大职工的智慧和力量凝聚到打赢“十三五”开局之战上来。

表彰活动

（一）泽州县总工会三届六次全委会表彰单位：2016年，全县各级工会深入学习贯彻习近平总书记系列讲话精神和中央、省、市、县委党的群团工作会议精神，认真贯彻中共十八大，中共十八届三中、四中、五中、六中全会和中国工会十六大精神，认真贯彻省十一次、市七次党代会精神，坚定不移走中国特色社会主义工会发展道路，紧紧围绕县委中心工作，振奋精神，履职尽责，扎实工作，广泛开展“五小”竞赛活动，创建“六有”工会，努力发展和谐劳动关系，切实维护职工合法权益，工会各项工作取得显著成绩，涌现出一大批先进单位。为树立典型，弘扬先进，推动工作，县总工会决定：授予南村镇总工会等9个单位“模范单位”称号；授予周村镇总工会等11家单位“先进单位”称号。

2016年度模范单位、先进单位表彰名单

模范单位：(9个)

泽州县机关工会委员会

南村镇总工会

川底乡总工会

高都镇总工会

巴公镇总工会

山西天地王坡煤业有限公司工会委员会

山西泽州天泰西陈庄煤业有限公司工会委员会

山西晋城钢铁控股(集团)有限公司工会委员会

泽州县妇幼保健院工会委员会

先进单位：(11个)

周村镇总工会

金村镇总工会

李寨乡工会联合会

泽州县第一中学校工会委员会

山西泽州天泰坤达煤业有限公司工会委员会

晋城市沁河拴驴泉水电站工会委员会

晋城市东方实业发展有限公司工会委员会

泽州县人民医院工会委员会

泽州县金秋铸造有限责任公司工会委员会

晋城山水合聚水泥有限公司工会委员会

晋城市三鑫祥达洗业有限公司工会委员会

(二) 泽州县总工会所获荣誉及成果

2016年3月被市总工会授予模范县区工会；

2016年5月，泽州县庆“五一”职工歌咏比赛在晋城市电视台播出；

2016年5月，泽州县作品入选山西省总工会“一县一年一主题、一年解决一问题”活动成果集；

2016年6月撰写的《对职工法律援助工作的几点思考》荣获山西省总工会“依法维权年”调研成果评选优秀奖；

2016年9月获晋城市职工“曲艺小品”大赛三等奖；

2016年9月获晋城市职工“曲艺小品”大赛优秀组织奖；

2016年11月被全国“安康杯”竞赛组委会办公室授予全国“安康杯”优秀组织单位称号；

2016年12月被泽州县委、县政府授予普法依法治理先进集体称号；

2016年12月被晋城市总工会授予2016年度“五小”竞赛活动优胜单位称号。

自身建设

一是认真开展“两学一做”学习教育活动。加强组织领导，建立健全了活动推进机制，做到了时间、内容、人员、效果的落实；二是认真落实“两个责任”。建立健全党风廉政建设主体责任制，坚持“一岗双责”，把党风廉政建设和反腐败工作与其他工作同部署、同落实、同考核；三是加强迟到早退、串岗闲聊、工作期间玩游戏、接待职工群众不热情等问题的监督检查，加大追责力度；四是严格执行“八项规定”精神。节日期间不收不送礼品，严格遵守办公场所使用面积、不准公车私用，倡导“光盘族”，树立工会干部良好形象。加强制度建设，进一步健全完善了《工作制度》《学习制度》《会议制度》等18项规章制度，加大了制度的落实力度，使制度真正发挥有效作用。县总工会坚持中心工作与业务工作两手抓、两不误，各部室强化团队意识，坚持协调配合，把开展中心活动、基层调研与维权、帮扶、组建、经审等业务工作统筹兼顾，一并推进。县总工会始终坚持面向基层，面向职工，靠近一线，深入调研群众温暖，把握劳动关系新情况、新问题、新动向，选准课题出成果，贴心服务解难题，针对天泰公司下属煤矿企业逾半年未发工资实际，及时召开座谈会并上报县委、县政府，对企业36周岁以上女职工、40周岁以上男职工2037人发放救助金86.8万元。认真总结了区域性、行业性工资集体协商经验、做法，深入开展“组织建设年”活动，积极推进“农民工入会集中行动”，最大限度地把广大职工特别是农民工吸引到工会活动中来，把职工群众团结凝聚在党的周围。经审工作不断加强，对年度经费预、决算和送温暖等专项资金进行了审查，确保工会经费用在实处。财务工作进一步规范，坚持服务重点工作、服务基层、服务职工的原则，不断完善工会资产监督管理制度，保证工会各项资金的规范管理和使用。工会法人资格办理全部实现微机动态化管理。加强党风廉政建设，认真贯彻党风廉政建设责任制，严格落实“八项规定”，整肃工作纪律，为全面完成各项工作任务提供了有力的组织纪律保证。

生活保障工作

2016年，生活保障工作继续贯彻“以人为本、改善民生”的工作要求，想职工所想、急职工所急、帮职工所需，不断加大帮扶力度、扩大帮扶范围，创新帮扶举措，积极发挥了工会在维护社会稳定中的重要作用。送温暖活动成效显著。县总工会在全县大力开展了“心系职工情、温暖进万家”为主题的“两节”送温暖活动。重点慰问工伤农民工和因病致贫的特困职工，“两节”期间共慰问困难职工3378人，发放慰问金187万元，其中县总工会慰问困难企业96家，困难职工2758人，发放慰问金127万元；各基层工会筹集资金60万元，慰问困难职工620人。深入开展送清凉活动。筹集2万元购买白糖、绿豆等防暑食品，走访福盛钢铁集团和民营企业金秋铸造有限公司等企业，亲切看望和慰问在酷暑高温下作业的农民工。继续发放小额小借款。为商业公司2名下岗职工发放小额借款0.8万元，截至2016年年底累计发放小额借款38.6万元，受益职工124人次。不断加大金秋助学力度。为104名考上大学的困难职工子女发放31.6元助学金，同时向省总工会推荐1名，领到助学金6000元；向市总工会推荐5名，每人领到市总助学金6000元。使他们能够顺利进入大学校门圆满完成学业，减轻了家庭负担，解决了职工的后顾之忧。大力开展职工大病医疗互助活动。解决职工看病难、看病贵、有病不敢看的问题，2016年年底已进行到第十期，共收到21018名职工的互助金1047280元。第九期职工大病医疗互助补偿工作已结束，全县共有739名患病职工接受了补偿，补偿总金额1397757元。养老救助再创佳绩。对未参加养老保险的困难企业退休职工实行了养老救助，在县政府的大力支持下，为359名困难退休职工发放救助资金140万元。

劳动保护工作

2016年，劳动保护工作以实施“安康工程”为重点，紧紧围绕全县安全生产大局，充分发挥工会组织优势，切实维护好职工劳动安全卫生权利，促进了泽州县安全生产形势的稳定。广泛开展安全生产月活动。县总工会以“安全生产月”活动为载体，悬挂“强化安全发展观念，提升全民安全素质”的安全标语，印制《安全生产知识问答》1万余册，发放到广大职工群众的手中，组织3500余名矿工参加了市总工会组织的安全生产、职业卫生知识竞赛答题。与县煤炭工业局、煤炭协会联合举办了危化品安全生产知识竞赛，12支代表队参加比赛。并积极组队参加市总组织的煤炭、化工行业知识竞赛活动，全县共有198家企业的2.3万余名职工参与到“安全生产月”活动中来，增强了职工的安全生产意识，营造了良好的安全宣传氛围。扎实开展“星级井口群众安全工作站”活动。组织50余名群监员参加了市总工会组织的群监员培训。对天泰和瑞煤业进口工作站进行了考核验收。

法律和集体合同工作

2016年，县总工会开展了以“完善制度、依法推进，巩固建制、提高质量”为主题，以区域性、行业性、非公企业和小微企业为重点的“平等协商月”活动，依法推动企业尤其是非公企业普遍建立工资集体协商制度，有效地维护职工合法权益。截至2016年年底，全县新签、续签集体合同59份、工资集体合同82份，总签约数均达121份，覆盖企业200家，覆盖职工31145人，签约率达100%。协助政府有关部门，积极做好“追薪维权”行动。县总工会叫响“农民工有困难找工会，拿不到工资找工会”专项维权行动，与县人社局、公安局等11部门联合开展了农民工工资支付专项检查。建立了农民工讨薪应急救助周转专项资金，设立了接访办公室并安排专人24小时值班，共受理有效案件1起，涉及农民工5余人，工资6.6万元，确保了此次检查取得实效。进一步建立健全了规章制度，规范了劳动用工行为，从源头上扼制了侵害劳动者的合法权益行为的发生，从而有效地维护了劳动者的合法权益。

经济技术工作

2016年，各级工会团结动员广大职工，立足岗位创先争优，为推动争先转型跨越发展再立新功。在煤炭企业开展安全生产技能大赛，在冶铸行业开展提档升级劳动竞赛，在重点工程项目开展“七比一创”立功竞赛，在窗口单位开展优质服务竞赛，教育系统开展教学技能竞赛，努力打造劳动竞赛品牌，提升建功立业水平。着力抓好重点产业、重点行业和新型农业劳动竞赛，进一步扩大劳动竞赛向非公企业、非煤产业、现代农业拓展，进一步扩大劳动竞赛覆盖面，参赛单位达86%，参赛职工达4.3万人。把创建“工人先锋号”活动与创建“五型班组”竞赛活动相结合，山西彤康食品有限公司技术中心等4个班组荣获“晋城市工人先锋号”称号。“工人先锋号”成为工会引领广大职工建功立业的一面鲜艳旗帜。在元旦、春节期间对泽州县全国、省、市困难劳模进行了慰问并送去“三金”，累计发放慰问金、生活困难补助金53000元。

民主管理

开展创建“劳模创新工作室”活动。据不完全统计，全县162家工业企业，20000多名职工参加了“五小竞赛”。全面掀起“小发明、小创造、小革新、小设计、小建议”竞赛活动热潮。共申报“五小”竞赛活动优秀项目47项，创造经济效益达4300余万元。2016年，泽州县在山西彤康食品有限公司、山西天地王坡煤业有限公司积极开展“劳模创新工作室”活动，并按照市总工会下发的申报要求和考核验收标准，逐项进行落实，2016年，两家劳模创新工作室已通过市总工会的验收。全县国有、集体企事业单位已经全部建立了厂务公开职工代表大会制度，建制率达100%，规范率达95%。其中，事业单位83家，涵盖职工8312人。国有、集体企业54家，涵盖职工11730人。非公企业247家。已建立厂务公开制度的有222家，建制率达90%。其中，规模以上的非公企业20家，涵盖职工15760人；规模以下的非公企业227家，涵盖职工5317人。区域、行业性厂务公开职工（代表）大会制度建制面逐步拓宽，截至2016年年底，全县已有4个区域和行业建立了职工（代表）大会制度，运转模式正逐步规范。

宣教工作

2016年，为进一步密切工会与职工群众的联系，深入推进职工文化建设。县总举办了庆“五一”职工歌咏比赛活动。共有26支代表队、3000余名职工参加了此次比赛。巴公镇、农委口代表队荣获一等奖。继续开展劳模四送服务、送文化下基层慰问演出活动，增强了工会组织的吸引力凝聚力，推进泽州县职工文化大发展作出了积极贡献。同时在市总举行的职工曲艺小品大赛上，泽州县选送的小品《孝行天下》、数来宝《我家我村变化大》荣获三等奖，音乐快板《泽州好》荣获优秀奖。

组织工作

2016年，按照省、市总工会的工作要求，在企业中继续推行“三告知、二报告、一宣誓”的标准建会程序，以非公有制企业和各类专业合作社组织为建会重点，以农民工、劳务派遣工和青年职工为会员重点发展对象，积极开展组建月活动。全县新建基层工会组织15个，新发展会员1480人。截至2016年年底，全县共有基层工会组织445家，会员77879人。

女工工作

2016年，女职工工作进一步开展，新建女职工组织6个，发展女会员180名。“三八”节期间在全县基层工会中开展了女职工维权行动月活动。组织全县40余家单位的千余名女职工参加健步走活动，为943名女职工办理了“女职工特病保险”943份，投保金额18860元。继续开展“关爱行动”共为317名农民工子女送去了文具、书包等学习用品。邀请全总女职工健康知识公益讲座讲师为泽州县女职工进行了8场健康知识讲座。新建“妈咪小屋”1家。泽州县妇幼保健院妇科被省总授予“五一巾帼标兵岗”荣誉称号。

共青团泽州县委员会

概述

2016年，全县各级团组织在县委和团市委的正确领导下，深入学习贯彻中共十八大和中共十八届三中、四中、五中、六中全会精神和习近平总书记系列重要讲话精神，认真落实县第五次党代会精神，紧紧围绕县委县政府和团市委工作部署要求，结合泽州青年工作实际，坚持“凝聚青年、服务大局、当好桥梁、从严治团”四维工作格局，圆满完成了各项任务，为“十三五”时期开好局起好步做出了积极贡献。

青少年思想教育

强化青少年思想教育。以全县17个乡镇作为风采秀的主体，按照PPT、视频等新媒体展示模式，配以文字说明、文艺演出、个人才艺秀等形式，对各自乡镇的旅游资源、自然风光、人文风情等资源优势全方位、多层次进行展现，凸显泽州特色，展示泽州精神，宣传泽州旅游，扩大泽州影响，树立泽州形象，引领全县广大青年团员积极投身到泽州经济社会主战场，为打造“古韵泽州”文化旅游品牌唱响泽州青年好声音。

强化青少年主题教育。开展“学习雷锋好榜样，践行核心价值观”、中华传统文化进校园等主题活动，累计2万人次参加活动。直接参加活动人数达500余人次，影响带动少先队员3千人次。开展“美德少年”评选表彰活动，评选表彰“美德少年”6名；网络新媒体工作水平不断提升。泽州共青团微信平台泽州新青年发布微信985条，微博120条，可统计的微信全年累计阅读量达10万余次。组建了一支58人构成的核心网宣员队伍，积极参与网络宣传，弘扬正能量。

强化青少年文化生活。“五四”期间以富有时代特色的青少年文化专题活动和节庆活动为载体，各乡镇团委纷纷开展趣味运动会、拓展训练等一系列丰富的文化活动，极大地增强了青年团员的团队意识，提升了团组织的吸引力和凝聚力。“六一”前夕，全县各少先队组织开展举办各类主题文艺活动，极大地丰富了青少年的校园文化生活。

创新创业

青年人才培养扶持力度不断加强。不断加强与县人社局、县农委、县中小企业局等部门的合作，共同开展实用技能、青年就业技能和电子商务培训。以开展创业培训的形式增加青年创业技能，“输血”和“造血”相结合。进一步增强青年创新创业能力，拓宽青年就业创业渠道。团县委联系山西太行明珠生物科技有限公司举办了养蜂技能培训班5期，300余人参加了养蜂专业技能培训，就蜂农在实际养殖当中常遇到的问题进行了重点讲解，为科学养蜂、增收致富提供了技术保障。扎实开展劳务输出工作，使劳务输出和就地消化相结合。共开展培训17期，850名农村青年参加培训。继续加强与农商行、邮储银行等金融机构的合作，深化青年创业小额贷款“绿色通道”项目，为农村青年创业就业提供资金支持。一年来共完成农商行农村青年创业小额贷款231

笔，为231名农村青年提供创业资金1932.87万元，带动就业582人，扶持农业专业合作社38个。完成邮储银行农村青年创业小额贷款21笔，为21名农村青年提供创业资金1510万元。“青春聚力　扬帆泽州”，助推青年创新创优。2016年5月，县农商行团委被团省委表彰为“五四奖状”优秀团组织，泽州县第一中学团委被团中央表彰为“五四红旗团委”荣誉称号，泽州县公安局下村镇派出所、月星酒店等集体申报晋城市青年文明号集体，团县委通过积极挖掘、选树、宣传身边人、身边事道德精神闪光点，汇聚向上向善的青春正能量。

组织建设

强化团的有效覆盖面。坚持以服务青年为着力点，以促进青年成长成才为目标，强化团组织的有效覆盖面。新建了山西太行明珠生物科技有限公司、晋城市晋美香山农业开发有限公司等非公团组织17个，成立新社会组织团组织2个，有效覆盖青年万余人。建立泽州县少年法庭、泽州县红高粱艺术团等5个青少年综合服务平台，有效推动该县团的组织网络、工作力量、服务项目在青少年身边实现有形化、日常化。

强化基层团组织和团干部队伍建设。在全县三级团组织换届工作中，大力实施了“团干部素质提升工程”，创新农村团干选拔、培训、管理机制，将农村青年致富带头人、两新团组织负责人、大中专毕业生、复员军人等吸收到农村团组织中，形成了“重点培养、梯队管理、逐级上升、从优选拔”的培养模式。在10月、11月、12月分别完成了全县县乡村团组织换届工作。通过换届，基层团干部队伍结构更加优化，整体素质也得到了进一步提高。

强化共青团员队伍建设。以控制增量为抓手，以管好存量为重点，以提高质量为目的，严格入团程序，加强入团培养，规范仪式教育，严肃团的组织生活。积极推动团的组织网络、形象标识、工作力量、服务项目在青少年身边实现有形化、日常化，通过在活动中坚持戴团徽、唱团歌、举团旗等方式，增强团员的光荣感、自豪感和对组织的归属感，真正体现团员先进性。

服务社会

“精准关爱春满泽州”，展示泽州青年风貌为大力弘扬“奉献、友爱、互助、进步”的志愿服务精神，贯彻落实县委、县政府“务实清廉春满泽州”“六个一”活动要求，团县委在全县范围内开展“精准关爱春满泽州”志愿服务月活动。建立起高都镇文化站、保福村文化大院等5个青少年综合服务平台。全县各级团组织共组织开展助残助困、关爱留守儿童等青年志愿活动50余场，千余名青年志愿者参与到活动中来，进一步了激发了青少年继承和发扬雷锋精神的意识，真正起到了教育青年、鼓舞青年、引领青年的作用，让青春之花在志愿服务中绽放。

权益维护

强化重点青少年管理。扎实开展重点青少年群体专项工作，出台了《泽州县重点青少年群体服务管理和预防犯罪工作实施方案》，召开预防青少年违法犯罪专项组会议3场，开展重点青少年群体摸底调研工作，完成重点青少年群体系统录入，撰写调研报告1篇，社情民意2篇，进一步推进该县青少年社会管理创新。团县委还着力推行青少年道德赋能和英语教育项目，依托泽州县新园赋能发展中心建立泽州县青少年事务社会工作服务站，通过和农村留守儿童开展志愿帮扶、社会实践、英语教育等各类有益的活动方式，给孩子们一种快乐的学习方法、一种正确的人生理念、一个认识社会的有效平台。

强化青少年法律保障。3月26日，在全县科技文化卫生“三下乡”宣传活动和志愿服务活动中，团县委集中发放关爱留守儿童、预防青少年违法发犯罪宣传资料千余份，学习用品百余份，受到了广大农村青少年普遍欢迎。举办“共青团与人大代表、政协委员面对面”活动2场，形成提案1篇，社情民意2篇。在泽州县第一中学、巴公中学为高三毕业班学生举办“走出心态误区，自信应对高考”心理辅导讲座。联合泽州法院在四所乡镇中学开展“法制进校园”法律知识讲座，并为学校学生送去了普法书籍。

泽州县妇女联合会

概述

2016年，泽州县各级妇女组织在市妇联及县委、县政府的正确领导下，深入开展“两学一做”活动，以构建最美泽州为主题，服从服务于县委、政府工作大局，切实维护妇女儿童合法权益，促进男女平等，富有创造性地开展了一系列工作，为泽州县的经济和社会各项事业的发展作出了较大贡献。

巾帼建功行动

（一）开展巾帼示范创建工作。3月，县妇幼院、县新农合争创山西省“城乡妇女岗位建功先进集体”，金村镇水东中学教师王平被授予“山西省巾帼建功标兵”荣誉称号。培树“三晋巧姐”手工艺就业创业示范基地一个（泽州县唐氏工艺制品有限公司）。10月，培树晋城市巾帼创业示范基地4个、晋城市巾帼家政服务示范基地1个、晋城市巾帼电商创业示范基地1个、晋城市巾帼现代农业示范基地2个、晋城市女大学生创业实践基地1个。同时，加大示范带动作用，激发广大妇女的积极性和创造性，引导她们在全面建成小康泽州的伟大实践中发挥主体作用。（二）开展“三八”庆祝活动。“三八”妇女节期间，县妇联开展了一系列庆祝活动。一是举办纪念“三八”国际妇女节106周年“立家规、传家训、树家风”百姓故事分享会。3月7日下午，在高都大酒店举办了纪念“三八”国际妇女节106周年暨“立家规传家训树家风”百姓故事分享会。分享会上，来自该县基层的六个普通家庭向广大妇女朋友们分享了他们的家风故事，有照顾瘫痪丈夫不离不弃的王小丽，有为朋友信守承诺的湛续冲，有教子有方的李莲花、颜玉清，有相敬如宾、爱岗敬业的王平，有孝老爱亲的葛小肉以及无私奉献的段续耐、史软昌。尽管他们身份不同、经历不同，但却都有着勤劳善良的美德和优良淳朴的家风，为弘扬家庭美德，传承优秀中华文化，推动全县家庭立家规、传家训、树家风起到了一定的推动作用。县妇联主席赵世静宣读了“立家规传家训树家风”活动倡议书，并向全县家庭倡议，争做“品质家规”的制定者，争做“优秀家训”的传承者，争做“良好家风”的践行者。二是举办“我运动、我健康、我快乐”千名妇女健步走活动。3月8日上午，县妇联组织县直各单位妇女在吴王山步道举行了庆“三八”巾帼健步走活动。近千名妇女同胞们斗志昂扬，精神焕发，以绿色健步的方式迎接“三八”妇女节的到来。通过健步走活动，充分展示了该县妇女蓬勃向上、奋发有为的精神风貌，同时传递了健康、科学、阳光的生活理念，提倡广大女同胞们要在繁忙的工作之余，走出户外，拥抱阳光，活出精彩。三是开展“庆‘三八’·关爱妇女健康体检月”活动。为有效预防和控制女性疾病的发生，做到无病早防、有病早治，保护广大妇女同志的健康，县妇联联合县妇幼院、县医院于3月份在全县女干部职工中开展健康体检活动。(三) 实施“妇女小额担保贷款工程”。积极贯彻落实《山西省促进就业小额担保贷款实施办法》文件精神，并积极与县财政局、劳动就业局、承贷金融机构等部门加强联系沟通，争取女性创业小额贷款，大力推进妇女创业就业工作。一年来，为13名农村妇女发放小额贷款130余万元，扶持20多人实现创业致富梦想。(四) 搭建创业就业平台。一年来，县、乡两级妇联共举办了20余期实用技术培训。9月，泽州县第四期女性文化学堂——创业就业专题讲座在晋城煤海宾馆三楼会议室举办，全县各乡(镇) 妇联主席、各村两委女主干、部分创业女性共160余人参加了培训。通过培训，学员们受益匪浅，不仅转变了就业观念，提高了自身综合素质，还开阔了眼界，拓宽了就业渠道。

巾帼维权行动

(一) 深化普法宣传，做好信访工作。利用“三八”“三下乡”等节日，开展了以宣传《中华人民共和国婚姻法》、《中华人民共和国妇女权益保障法》、《中华人民共和国反家庭暴力法》以及男女平等基本国策为主的法律宣传活动，引导广大妇女学法、守法、用法，增强依法维护自身权益的意识和能力。充分发挥“泽州县法律援助中心妇联工作站”的职能作用和妇联干部担任人民陪审员的作用，认真做好群众来信来访接待工作。一年来，共接待来信来访27起，办结率98%。基本做到了事事有答复，件件有落实。参与陪审案件15起，其中涉及妇女儿童合法权益的案件6起，结案满意率为100%，为维护该县社会的稳定发挥了积极的作用。(二) 完成妇女儿童“十二五”终期监测评估工作。在妇儿工委成员单位提供数据的基础上，对“十二五”主要指标完成情况进行分析评估，并形成终期评估报告。(三) 开展社会治安风险隐患大排查大整治活动。根据市妇联《关于在全市开展婚姻家庭矛盾和邻里纠纷排查化解专项活动实施方案》的通知精神，县妇联充分发挥妇女在维护社会稳定中半边天的重要作用。切实排查化解影响全县社会治安大局的风险隐患，推动平安泽州建设深入发展。一年来，共排查出婚姻家庭和邻里纠纷矛盾10起，成功调解5起，4起转交法院并提供法律援助，1起正在处理中。

巾帼关爱行动

(一) 关注妇女健康。县妇联联合县卫计局、县财政局、县民政局在全县范围内开展

"关爱女性送健康"活动，协助县妇幼保健院继续实施农村妇女"两癌"检查项目，为全县35~64岁农村妇女进行宫颈癌和乳腺癌的免费检查，提高广大农村妇女自我保健意识和健康水平。(二) 关心儿童成长。"六一"前夕，县妇联领导到凤城小学和李寨小学举行了主题为"沐浴书香·飞扬理想"庆"六一"赠书活动。为贫困儿童赠送了书包、新华字典、图书等价值8000余元的学习用品。并向他们致以节日的祝福，真正把党和政府的关怀、妇联"娘家人"的温暖送到贫困儿童中去。(三) 开展特困妇女儿童救助。"三八"妇女节前后，县妇联共慰问了25名贫困女大学生，送上生活用具等慰问品，价值9000余元。

巾帼文明行动

开展寻找"最美家庭"活动。根据2014年2月24日全国妇联、省妇联寻找"最美家庭"电视电话会议精神，县妇联积极开展寻找"最美家庭"活动，挖掘身边的最美家庭典型，掀起家庭自我教育、自我提升之风。通过基层妇联组织推荐，并择优参加全市评选，2016年，在申报县级"最美家庭"100多户的基础上，又择优13户家庭申报晋城市"最美家庭"。

强基固本工程

(一) 推进"妇女之家"示范创建工作。按照省、市妇联的工作要求，泽州县继续深化创建优秀"妇女之家""妇女之家"示范点，加强对优秀"妇女之家"好经验、好做法的宣传。同时，为完善妇女之家的服务设施，为妇女之家开展活动创造条件，县妇联积极申请为每乡镇一个"妇女之家"配备音箱一台。(二) 妇联改建工作全面完成。根据《关于印发〈山西省妇联关于在全省开展村（社区）妇联建设工作的意见〉(晋妇发〔2016〕13号) 的通知》和关于印发《关于市、县、乡镇（街道）三级妇联选配兼职副主席的实施意见》(晋妇发〔2016〕32号) 的通知精神，7月，县妇联、县委组织部和县民政局联合下发了村妇代会改建妇联工作实施方案，8月24日，泽州县妇联系统改革推进会暨巴公镇东四义村第一次妇女代表大会的召开，拉开了泽州村妇代会改建的序幕。9月，完成了17个试点村的改建，10月底，圆满完成了全县631个村妇代会改建妇联工作和县、乡两级妇联兼职副主席的配备工作，县、乡、村三级妇联改革全部结束。这次改革，广泛吸纳了社会各界关心支持、热心参与妇女工作并具备一定能力素质的优秀女性代表参与到妇联执委中来，进一步优化了妇联组织结构，扩大了妇联组织的覆盖面，延伸了妇女工作的手臂，增强了妇联组织的工作活力。(三) 开通微信公众平台。为适应新形势下妇女儿童事业发展，搭建更加快捷方便的沟通平台，让妇联工作更加贴近群众，贴近民生，积极打造妇女儿童网上温暖之家，县妇联开通了微信公众平台，搜索泽州县妇女联合会或手机扫描二维码即可轻松关注。今后，县妇联将利用微信平台定期发布妇女儿童事业发展的相关政策措施、妇女儿童活动开展情况、巾帼典型事迹宣传、寻找"最美家庭"创建活动动态等资讯，最大限度地扩大群众的参与率和活动的社会影响力。

泽州县科学技术协会

概述

2016年，泽州县科学技术协会有学（协）3个，基地24个，企业科协2个，社区3个。宗旨是维护科技工作者的权益，竭诚为科技工作者服务；团结组织泽州县科技工作者，促进科学技术的繁荣和发展；促进科学技术的普及和推广；促进科技人才的成长和提高。

科普宣传

科协坚持弘扬科学精神、普及科学知识、传播科学思想、提倡科学方法，在“全国科普日”“科技之春”“科技活动周”“科普会员日”“学生科技月”期间进行了科普宣传活动，发放科普资料，进行科普咨询，并向民众发放科普书籍《蔬菜种植实用技术》《核桃高产栽培管理技术》《节能减排科普知识读本》《中小学安全科普知识读本》《养殖技术知识问答》等。为广大市民发放科普小册子、宣传资料8000余份、发放宣传彩页2600余份。

科普惠农

邀请山西农科院专家对谷子、小麦、蔬菜、核桃、生猪、食用菌等专业知识进行培训，在全县共举办培训17场次，受训人数将达3000余人次。组织指导县直学会对泽州县农技人员和种养大户开展经常性地继续教育和专业技术培训，开办各种实业技术培训13次，培训农民2000余人次。东土河欣茂科普惠农服务站、崔庄金园现代农业科普惠农服务站、巴公渠头科普惠农服务站年底获得市科协奖励。科普大篷车进农村6次，利用多媒体投影机、展板向广大农民普及科学知识，发放种养殖技术资料3000余份。会同宣传部、科技局、卫生局、妇联等单位开展“三下乡”活动，为农民发放科普宣传挂图2000余张，科普书籍800余本。

科普益民

向山西省科技传播中心定制了《山西省科普惠农宣传挂图》和《山西省社区益民科普宣传挂图》，走进社区进行科普宣传。聘请专家到社区开展健康知识讲座，提升居民科学素质水平。

科普强企

开办职业道德和技术培训班3场，企业受益人员1000余人。积极响应中国科协、省科协和市科协的号召在全县中小企业中举办“讲创新、比贡献”竞赛活动。推荐了一批在“讲创新、比贡献”竞赛活动中涌现出来的优秀工程技术人员参加全市“十佳工程师”评选活动。

科普助教

在全县小学、中学开展科普讲座，为该县师生普及科普知识。在“学生科技月”“全国科普日活动”期间，开展科普大篷车进校园活动。利用多媒体投影机、展板向广大师生普及科学知识，发放《青少年安全科普知识》《安全健康》等科普读本1500余本。

组织建设

以基地、协会为落脚点，对基地、协会的技术人才进行了培训。组织协会、基地和科技工作者深入农村田间地头，围绕我县农业产业化进程，以科普讲座、实用技术培训、发放科普宣传资料等形式，深入开展了各项科普活动。

纲要实施

贯彻落实《全民科学素质行动计划纲要》，提升未成年人、农民、城镇劳动人口、领导干部和公务员、社区居民等重点人群科学素质。

未成年人科学素质行动。积极组织参加晋城市青少年科技创新大赛。开展“科普大篷车”进校园活动，将科普知识和活动送到学校，让科技成果惠及广大青少年学生，扎实推动青少年学生的科学素质建设，营造“讲科学、学科学、爱科学、用科学”的良好氛围。开展“珍爱生命、远离毒品”和崇尚科学文明、反对愚昧迷信和宣传教育。普及保护生态环境、节约资源能源、心理生理健康、安全避险等知识。

城镇劳动者科学素质行动。开展了“崇尚科学、破除迷信”，“保护环境、节能降耗”，安全生产，健康生活，关注生命等科普宣传活动，印发科普书籍1万册，接受咨询5000余人次。开展“科普大篷车”活动。在企业、社区播放科普影视片、科普知识片。科普大篷车活动进行了12场次，受益人数达1万人次。开展在岗人员技能培训、再教育和下岗失业人员的技能培训。

农民科学素质行动。以科技、文化、卫生“三下乡”，科技活动周、科普日、科普宣传月为活动平台，大力开展了形式多样的科技宣传、技术咨询和发放资料活动，成为我县弘扬科学、宣传科技、让更多农民群众获得知识，提高素质的重要方式。把农村专业合作社、农技协作为发展农村经济和提高我县农民科学素质培养重要的平台，积极开展农民实用技术培训，提高农民科学素质。建设科普示范基地，农牧技术人员定期对示范基地提供指导帮扶，带动农村科技进步和农民科学素质的提高。

领导干部和公务员的科学素质行动。我县对公务员和领导干部进行培训，开展继续教育。聘请专家或技术人员开展针对性的科普讲座、报告会和知识培训。

社区居民的科学素质行动。以倡导科学、健康、文明的生活方式为重点，利用科普宣传活动，开展“科教进社区”活动，大力宣传科技，宣传节约能源和资源、环境保护、卫生和健康生活知识，宣传破除迷信、邪教的危害等内容；借助科普大篷车播放和健康生活、卫生、环保、节约资源等科普影视作品。

泽州县文学艺术界联合会

2016年，县文联认真学习贯彻中共十八届六中全会精神，深入开展了“两学一做”教育实践活动；按时出版《吐月》文艺双月刊；编辑出版了民间文化类系列丛书《古韵泽州之古建篇》；承办了纪念赵树理110周年诞辰文艺座谈会；协助大箕镇党委政府成功举办了“诗意山水·人文大箕”征文活动，选送的人员创作散文、诗歌，游记作品50余篇，其中有10篇作品获得了三等以上奖励，3篇作品在《太行日报》上发表。

泽州县归国华侨联合会

概述

2016年，泽州县侨联在县委、县政府的正确领导下，在上级侨联和县委统战部的指导下，深入学习贯彻中共十八届三中、四中、五中、六中全会精神，紧紧围绕县委、县政府中心工作，按照“以人为本、为侨服务”的宗旨，坚持“两个并重”，进一步明确工作定位，锐意进取、狠抓落实，有序推进各项工作，为泽州县经济社会又好又快发展作出了贡献。

“两学一做”学习教育活动

组织单位全体人员认真学习中共十八届六中全会精神和省十一次党代会精神。按照县委开展“两学一做”学习教育活动的具体要求，认真开展了“两学一做”学习教育活动。通过认真学习《中国共产党章程》、学习总书记系列讲话精神，进一步增强了干部队伍作风建设，培育了机关优良作风，提升了队伍工作能力，优化了廉洁勤政素质，树立了干部良好形象，造就了一支过得硬、靠得住、用得上的侨联干部队伍，收到了较好的成效。

送温暖献爱心

2016年春节期间，侨联继续开展“献爱心·送温暖”活动，在慰问活动中了解侨情，维护侨益。积极向上级侨联和县政府争取慰问资金，对全县38户困难侨户、重点侨户进行了走访慰问，送去慰问品、慰问金共计19000元，把党和政府的温暖送到归侨侨眷手中。

参政议政

2016年“两会”期间，侨联组织侨界3名政协委员撰写有质量的提案4份。分别是《关于做好垃圾分类处理的建议》《农村亟待建立养老院和集中供养服务》《关于新型电动汽车管理的建议》《关于人行道、自行车道管理建议》等，达到有关部门的高度重视。4月28日至5月8日，该办又组织侨界政协委员对泽州县农家乐发展情况深入南岭乡、大箕乡进行了调研，并撰写了调研报告《我县农家乐发展情况调研报告》。

主题教育

为进一步深入学习贯彻中共十八届三中、四中、五中、六中全会和习近平总书记一系列重要讲话精神，深入贯彻落实中国侨联《关于在侨联组织培育和践行社会主义核心价值观的意见》和市侨联关于培育和践行社会主义核心价值观“五个一”活动的要求，我们认真组织落实。一是开展了一次阐释社会主义核心价值观的学习座谈交流会；二是要求每位侨联干部学唱一首弘扬社会主义核心价值观的爱国歌曲；三是要求每位侨联干部观看了一部社会主义核心价值观的话剧《大道无垠》，并撰写观后感；四是组织侨联干部开展了一次义务劳动。

统计海外留学人员

留学人员是人才资源的重要组成部分，是国家的宝贵财富，是经济社会发展的重要推动力量。为准确掌握泽州县海外留学人员现况，进一步提高留学生管理服务水平，吸引更多留学人员来投资创业，同时也为落实留学人员工作政策和申报各类资助提供依据。2016年以来侨联继续对全县留学人员及其创业情况进行调查统计。

弘扬中华文化

传承和弘扬中华文化，推进华文教育事业发展，始终是侨联组织的重要职责。泽州县人类开发最早的地区之一，由于地理位置和交通方面的优势，历史上一直是晋城等地的商品集散地，又是通往河南、陕西等的交通要道，历史悠久，文化旅游资源十分丰富。为了充分挖掘文化旅游资源，传承中华文化，大张旗鼓地宣传泽州，拟定把珏山景区、大阳古镇向中国侨联申报中国华侨国际文化交流基地，旨在通过这个平台广泛交流、传承文化、彰显特色，开展丰富多彩的民俗文化交流、祖地文化交流、重大历史事件纪念等活动，推动民间交流，促进海外华文教育和侨界交流。12月，大阳古镇已被中国侨联审核通过为中国华侨国际文化交流基地。为了充分挖掘古镇文化，打造古镇品牌，9月13日，全市侨联文化宣传工作会议在大阳古镇召开，为发展全域旅游，打造特色古镇起到积极推动作用。此外，在弘扬中华文化方面，也积极地进行探索。著名的太极拳发源于山西泽州，起源于明代。该办积极尝试让太极拳进学校、进社区，9月，侨联将中国武术协会会员、晋城市武术协会副主席、侨眷韩婉玲与晋城市双语小学进行多次沟通牵线，顺利地将太极拳引入了学校，合作的很好。

转变作风

2016年，侨联继续秉承以侨为本，为侨服务的宗旨，积极探索依法护侨的新方法、新举措，把依法护侨，维护侨界稳定作为侨联组织参与社会管理的重要工作来抓，竭诚为广大归侨侨眷、海外侨胞做好事、解难事，做侨界热心人和知心朋友。一是注重侨法宣传。通过印发资料、网络、座谈会、知识问答等形式进行广泛宣传侨法，组织侨联干部和广大侨眷认真学习新修订的实施办法，增强维权意识，提高依法维权的能力和水平。二是做好节日慰问工作。持续深入开展了“献爱心·送温暖”活动，在慰问活动中了解侨情，维护侨益。三是访侨企暖侨心。继续对侨企华牧农畜产品大市场走访调研，详细了解项目的进展情况、存在的问题和困难，帮他们想办法、出点子，与相关部门积极协调推进项目进展。四是在日常生活坚持做到“五必访”，即侨生病住院必访，侨有红白喜事必访，侨发生家庭纠纷必访，侨出现天灾人祸必访，侨有亲人回国必访，将归侨侨眷遇到的困难问题及时解决，真正做到了心中有侨，有难帮侨、有事助侨，使他们感受到了侨联作为“归侨侨眷之家”的温暖。

“双百计划”

留学人才创新创业“双百计划”，是指从2015年到2020年5年内，在海内外各联系100名以上、学历为硕士以上的留学创新创业人才，到晋城市各类创新创业项目基地讲学、创业、投资与合作，逐渐形成具有一定规模的留学创新创业人才团队，增强晋城市高新产业发展创新能力。2016年，该办共联系硕士以上海外留学生（包括访问学者）34人，回国留学生（包括访问学者）2人。截至年底这项工作还在落实中。2016年2月该办利用华侨门丽娜博士夫妇回家乡探亲的机会，和他们进行了座谈，详细了解了他们在国外工作生活情况，向他们介绍泽州的经济社会发展状况，并邀请他们在下次回乡期间，到泽州县第一中学进行一次学术交流。

精神文明创建

全面推进干部素质工程，不断提高队伍素质。一是组织干部深入帮扶村开展扶贫帮扶活动，切实为群众办实事、办好事。开展慰问助困活动，关爱弱势群体，积极参与社会公益活动；二是继续搞好平安单位创建工作；三是抓重点解决文明单位创建工作中的突出问题，必须紧紧抓住为侨服务，积极探索新时期为侨服务工作的新思路、新方法，提升侨联干部队伍素质和为侨服务能力；四是要积极探索文明创建工作的长效管理办法，不断健全和完善文明创建的工作机制。

泽州县工商业联合会

参政议政

2016年，县人大、县政协换届，工商联积极推荐16名民营企业家为县人大代表，30名民营企业家为县政协委员，其中5名县人大常委、6名县政协常委，为非公经济代表人士参政议政提供平台。

自身建设

开展“两学一做”学习教育活动，深入学习党章党规，深入学习习近平总书记系列重要讲话，自觉用党章和党规党纪规范自己的言行，用党的理论创新成果武装头脑。

积极探索新形势下加强和改进工作的新思路、新方法，以争创领导班子好、会员发展好、商会建设好、作用发挥好、工作保障好为目标，积极抓好“五好”县级工商联建设工作。2016年，县工商联获得了“2015年度全国五好县级工商联”荣誉称号。

商会建设

全县17个乡镇全部建立了商会，基层商会组建率达100%，实现了基层商会全覆盖，完善了组织网络，提升了乡镇商会的凝聚力、战斗力，提高了工作效率和水平。

泽州县成立了山西省首家青年企业商会，该商会由青年企业家、青年经营管理者以及具有行业代表性的青年人士自愿组成，涉及农业、经贸、互联网和第三服务业等行业。青年企业商会的成立，为工商联注入了新鲜血液。

众鑫铸造业信用担保商会是泽州县南村工业园区20多家铸造企业联合成立的，本着互通有无、抱团取暖、合作共赢的理念，在避免同质竞争，不断优化产品结构、完善产品类别、市场信息共享等方面发挥了重要作用。

交流合作

与上海战圣、青岛福元运通等全国各地的中介公司进行项目对接和洽谈，推动了中国青年城、爱窝商贸、国晨生物科技等企业在“新三板”、“青创板”、Q板成功上市。

银企合作

工商联牵头，多部门合作，构建助保金业务平台，先后与中国建设银行和晋城银行推出了“助保金”和“聚力贷”融资贷款业务。先后为景柏服饰等8家中小企业争取到省、市两级中小企业专项发展资金330万元。

法律服务

工商联成立了民营企业服务中心，下设法律维权中心和投资咨询中心，解决民营企业生产生活中的问题，全方位为企服务。邀请市开放律师事务所郭晟辉律师讲解“法律在非公经济中的作用”，解决企业遇到的法律难题，加强了广大非公经济人士的法律意识。

人才招聘与助学活动

开展“光彩爱心助学圆梦”活动，积极引导广大非公经济人士承担社会责任，热心公益事业，第一期为南岭爱物中学15名在读的家庭困难的中、小学生捐助7500元。

加强与县人社局等的交流合作，畅通信息渠道，积极为会员企业解决用工难等问题。多家会员企业共招收了2000多名下岗失业人员和农村富余劳动力，解决了一部分社会闲散人员的再就业问题。发动民营企业安排大学生见习岗位20多个，50人次。

信息平台建设

成立了工商联网站，设立了工作信息、经济信息、光彩事业、政策法规、会员企业等六大板块，还设立了会长信箱，便于工商联与会员的网上信息的沟通交流，为会员提供全方位服务的新领域。

慈善公益活动

企业参与扶贫开发，推进产业合作，强化农企互动。硕阳光电有限公司对泽州县5个乡镇、5个村进行光伏发电产业扶贫。晋庙铺北罗西村，62户装机容量计430千瓦；柳树口东石翁村，95户装机容量计530千瓦；南岭镇李沟村，58户装机容量计420千瓦；周村镇川河村，22户183.09千瓦；周村镇下掌村正在收集村民资料，确定安装户。散户安装95户。扶贫村农户每年增收6000~11000元左右。山里泉蜂业精准扶贫贫困村11个，贫困户共39户。公司免费赠送贫困户20套蜂箱（分两年，每年10套），免费供应优良种蜂，专业技术指导、培训及蜂产品的销售，每年每户投入3000元，总投资11.7万元。被帮扶贫困户每年增收1万元左右。

泽州县残疾人联合会

办实事工程

2016年，泽州县残疾人联合会做好县政府为民办实事工作，落实“两项补贴”政策。为重度残疾人发放护理补贴和贫困残疾人发放生活补贴。全年县里共为14362名残疾人发放补贴4793640元。其中为3741名重度残疾人发放护理补贴，每人每月50元，资金2244600元；为10621名贫困残疾人发放生活补贴，每人每月20元，资金2549040元。对3734名重度残疾人发放省、市残疾人护理补贴1568280元，每人每月35元。

康复工作

一是加强为残疾人康复医疗和辅助器具适配服务。全县为2000余名残疾人提供了康复救助与服务。其中为900余名贫困精神病患者提供免费服药补助83.7万元；为270名听力患者免费发放助听器；为200余名肢体残疾人免费发放轮椅；为30名视力残疾人免费发放听书机；为全县600余名贫困残疾人发放拐杖、手杖、座便椅、助行器、按摩棒等辅助器具。二是继续开展盲人定向行走训练，参加省残联组织开展的定向行走训练培训班。三是继续抓好康复协调员培训工作，对全县35名康复协调员进行康复知识培训考核。

教育工作

以教育救助为抓手，提高残疾人教育水平。对55名2016年录取的贫困残疾大学生及残疾家庭子女生发放助学金69000元。对3名贫困家庭子女大学生发放省彩票公益金助学金9000元。

基层组织

各乡镇残联、社区（村）残协全面完成规范化建设，全面建成机构健全规范、队伍稳定实干、服务功能完善、作用发挥明显的基层残疾人组织，夯实残疾人工作基础。选配公益性岗位乡镇专职干事和专职委员60名，并对其进行了业务培训，切实提高残疾人专职委员队伍素质和服务水平。

就业工作

2016年1月上旬至2月中旬开展了以“就业帮扶真情相助”为主题的残疾人就业援助月活动。为提高残疾人实用技术水平，分五期对残疾人开展了实用技术培训，培训内容有养殖、种植和美容技术，完成就业技能培训75人，农村实用技术培训30人。组织50多名残疾人参加省、市组织的职业技术培训。完成“一店三基地”创建工作，其中盲人按摩店3家，扶贫基地8家，就业创业3家，自主创业5家，发放补贴资金市级20万元和县级11.1万元。

扶贫工作

县政府高度重视残疾人扶贫解困工作：一是将残疾人扶贫工作纳入政府扶贫计划，统一安排，围绕国家扶贫攻坚计划同步实施。二是对残疾人发放阳光家园计划和托养补贴。为71名残疾人实施“阳光家园计划”，每人补助2600元。对全县191名“三无”重度残疾人发放居家和机构托养补贴266880元，其中对133名残疾人发放居家托养补贴资金127680元，发放标准每人每年960元；对58名残疾人发放机构托养补贴139200元，发放标准每人每年2400元。三是开展走访慰问残疾人活动。在春节、助残日活动期间，县委、县政府主要领导带头走访慰问贫困残疾人，送去党和政府的关怀和温暖。全县共为1200名贫困残疾人发放救助金480000元。其中市级救助600名贫困残疾人，每人300元，资金180000元；县级救助600名贫困残疾人，每人500元，资金300000元。为380名贫困残疾户发放春节粮油慰问，发放资金100000元。四是开展基层党组织扶贫工程，为19户残疾户发放帮扶资金57000元。

宣传工作

在宣传工作上，一是在市、县电台、电视台宣传残疾人工作和残疾人事业发展的工作报道，以及法律、法规的宣传；二是召开2016年泽州县残疾人工作会议，会议总结了2015年工作，对2016年业务工作和县里为民办实事工作进行了安排部署和任务指标分配。三是采取利用会议、活动和标语等不同形式的宣传，使残疾人工作、法律法规和残疾人优待政策做到家喻户晓。四是开展形式多样的宣传活动。2016年3月3日是第十七次全国“爱耳日”，2016年的宣传教育活动主题为：“关注儿童听力健康”。围绕主题开展了一系列的宣传活动。2016年5月15日是第二十六个“全国助残日”，2016年的主题是“关爱孤残儿童，让爱洒满人间”，结合此次活动主题开展了一系列的活动。在市康复就业中心开展残疾人专场招聘会、咨询、义诊、文艺演出等扶残助残宣传活动；组织泽州县爱之声艺术团在文体宫举办助残专场文艺晚会，进一步在全社会营造扶残助残的良好氛围。据统计，在省市残联和县政府网站报道泽州县残疾人事业的宣传报道16则，大力宣传了泽州县残疾人工作和扶残助残事迹。

专项调查工作

开展专项调查，为残疾人工作提供数据保障。全县17个乡镇成立专项调查领导小组，及时安排专项调查工作人员分赴村、社区督导调查员完成填写调查表；全面、及时、准确地掌握残疾人的基本信息状况，为全县残疾人工作开展提供数据保障。

信访维权工作

对90名残疾人发放机动轮椅车燃油补贴23400元，发放标准每人每年260元。4名残疾人申领驾驶证，已全部考完。积极开展农村残疾人危房改造核实工作，对残疾人专项调查100多户和建立立卡里的低保、“五保”、贫困户进行危房改造工作核实。于每月10日为残疾人集中办理采集残疾人基本信息、换发新证手续。全年在互联网第二代残疾人证管理系统中录入了1200多名残疾人基本信息，并换发新证1200多本。积极落实《信访条例》，不断加强信访工作，维护社会稳定，全年共接待来电来访残疾人400余人，做到了来电来访有回复。

文化体育工作

组织开展适合残疾人特点的文体活动，发展和扶持残疾人特殊艺术，培育优秀特殊艺术人才，挖掘残疾人文化艺术精品。利用各类残疾人节日，开展各具特色的文体活动，丰富残疾人精神文化生活。积极开展残疾人文化活动周活动，为市里选送两幅画，组织泽州县爱之声艺术团参加市残疾人文艺会演，其中残疾人延晋孝的《白梅》获市里三等奖。

泽州县关心下一代工作委员会

概述

泽州县关心下一代工作委员会成立于1996年10月，前身为晋城市郊区关心下一代工作委员会，组建于1993年9月。主要任务是组织老同志对广大青少年进行爱国主义、集体主义、革命传统、法治教育和共产主义理想教育；配合有关部门教育挽救失足青少年；调查研究，为县委、县政府教育下一代提出建议；完成县委、县政府交办的任务。

工作业绩

（一）加强青少年社会主义核心价值观教育。一是利用清明节期间开展革命传统教育，开展了“网上祭英烈”和到烈士陵园、抗日遗址扫墓祭英烈以及“献一束鲜花、栽一棵小树、读一篇美文、忆一段家史”为主要内容的文明祭祖活动；二是利用9月30日烈士纪念日，组织青少年到泽州烈士陵园举行纪念先烈仪式，通过缅怀先烈，铭记历史，加强了青少年爱国主义教育和理想信念教育；三是开展了千名“五老”联千户活动，一大批“五老”同志利用各自特长，联户助困，加强对青少年教育，截至2016年已有1650名“五老”联系了2000余户家庭，涌现出了范振华、黄根喜、周士正、岳宏富等一大批“五老”联户先进典型；四是开展了“学中共党史、讲中国故事”活动，在全县青少年中开展了“学中共党史、讲中国故事，做一名合格的中国小公民”系列主题活，组织青少年深入学习习近平总书记系列讲话以及对关心下一代工作的重要指示精，注重党史、国史、村史教育的针对性、实效性，把党史、国史、村史教育同“老少共筑中国梦”和“五老牵手红领巾，共圆美丽中国梦”活动结合起来，开展了一系列活动。

（二）开展“中华魂”主题教育活动。县关工委开展了“中华魂”（遵纪守法，从我做起）读书教育演讲比赛和征文比赛。首先由各教学区、县直中小学校在本校区进行初赛，选出了106名预赛选手。随后，全县分5片进行了5场预赛。最后进行了演讲决赛，从24名演讲选手中选出了一等奖3名，二等奖6名，三等奖15名。其中刘珂如同学荣获小学组一等奖，段懿恒同学荣获中学组一等奖，马伯乐同学荣获高中组一等奖。县政府副县长张宏观看决赛现场并讲话，市、县有关领导参加了活动，并为获奖选手颁奖。全县征订读本16622册，3万余名青少年参加读书教育活动，收到有奖征文312篇，评选出优秀征文47篇。在全省“中华魂”主题教育活动表彰大会上，成庄矿小学晁盖男同学代表晋城市参加了演讲。2016年，县关工委荣获全国“中华魂”主题教育活动先进集体、荣获全省“中华魂”主题教育活动优秀组织奖，3个个人荣获全国表彰。4个集体、6个个人荣获全省表彰。

（三）开展“‘五老’牵手青少年，长征精神代代传”主题教育活动。老干部周士正组织红心艺术团，在巴公镇开展了纪念长征胜利80周年文艺演出。各教学区、各学校积极开展各种纪念长征胜利80周年活动。周村中学开展了“弘扬长征精神，立志成才报国”教育活动；凤城小学开展了“学长征精神，做红军传人”主题活动，开展诗歌诵读，写征文、办手抄报，向国旗敬礼等；鲁村教学区寻访慰问鲁村西黄石村的老战士，并邀请他们到学区中小学校进行演讲。以唱红军长征歌曲为主题开展了“校园歌手大赛”。犁川教学区举办“长征情、中国梦、唱红歌”合唱比赛。铺头教学区开展了“唱红色歌曲、忆红色历史、诵红色伟人、读红色著作、记红色名言、写红色评论”等活动。周村教学区、泽州县第一中学、南河西教学区、巴公教学区、周村小学、南村教学区等教学区或县直中小学校都组织师生观看《长征》《雄关漫道》等电视剧，开展讲故事、诗朗诵、寻访老红军、写征文、办黑板报、唱红色歌曲等活动。继承了老一辈的光荣传统，坚定了理想信念，引导广大青少年学习和传承了长征精神，进一步激发了广大学生的爱国热情。

(四) 不断参与创新社会管理工作。一是聘请法制副校长，实行“讲法进校园”；二是关工委组成“五老”法制宣讲团，深入到10多所中小学校进行法制教育宣讲；三是广大“五老”积极参与农村调解矛盾纠纷工作，维护社会和谐稳定；四是发挥了“五老”在家庭教育中的作用，编写教材、讲课辅导，采取科学教育方法，培养孩子成才；五是发挥了“五老”在就业、培训等方面作用，培养青年农民，帮助农民科技致富奔小康。

(五) 下乡驻村全力打赢扶贫攻坚硬仗。按照县委下乡办的文件精神，县关工委包晋庙铺沙石堡村。2016年，县关工委工作队多次深入驻点村，和村两委、党员及群众代表共同学习中共十八大和中共十八届三中、四中、五中、六中全会精神，认真学习习近平总书记系列重要讲话精神，以及中央扶贫工作会议精神，深刻领会会议精神实质，提高了思想认识，增强了打赢脱贫攻坚战的信心。落实精准扶贫户数和人口，成立领导组，召开村两委及群众代表大会，反复核准评议，确定了28户75口人作为精准扶贫对象。建立了党员干部帮扶到户台账、驻村工作日志、简报小结、帮扶到户联系卡等各项制度，单位5个党员联系了11个贫困户。并对所包贫困户进行了慰问。指导村上开展了“两学一做”学习教育活动。认真做好移民搬迁扶贫工作，落实了23户易地搬迁意愿扶贫户。申报了一事一议事项，进行了环境整改，粉刷墙体8000多平方米，新建垃圾池4个，2016年底有14户38人实现了稳定脱贫。

泽州县红十字会

概述

2016年，在县委、县政府的正确领导下，在市红十字会的关心支持和指导下，大力弘扬“人道、博爱、奉献”的红十字精神，依法履行红十字会各项工作职责，大力做好宣传工作，不断提升自身能力，积极开展人道救助，为改善民生、推动和谐泽州建设做出了积极贡献。

宣传工作

为纪念第六十九个世界红十字日，“5·8”红十字周活动期间，县红十字会深入基层单位开展讲座，广泛宣传捐献造血干细胞和遗体捐献等知识，并印发宣传资料进行宣传；动员和组织会员、志愿者开展红十字精神传播，动员募捐救助、志愿服务、无偿献血、造血干细胞捐献、遗体捐献等红十字活动。其次组织各医疗单位积极开展了宣传义诊活动。工作人员和医务人员为过往行人测量血压、讲解自救互救和相关急救医疗知识，受到群众的一致好评。此次宣传活动，发放宣传资料1500余份，接受义诊500多人。通过开展各种形式的活动，扩大了红十字会的社会影响，提升了红十字品牌形象，营造了良好的宣传氛围。坚持创新红十字宣传形式。

“博爱幸福工程”

根据省、市红十字会的要求，县红十字会联合泽州县计划生育协会给各乡镇卫生院、县直各医疗单位下发了《关于继续在全省开展博爱幸福工程的通知》(泽红字〔2016〕6号)，真正帮助确需手术治疗的贫困马蹄足内翻患儿解除疾病的困扰。

培训工作

2016年4月县医疗机构志愿者25人，中小学校教师21人、民营企业5人参加了市红十字会组织的现场救护初级师资培训。

提高公信力

一是募捐透明，在媒体上做好募捐倡议的发布，提供爱心账户和监督电话，接受社会的监督，做到“有捐可查”；二是使用透明，严格按照资金和物资发放办法进行发放，并邀请新闻单位参加，做到公正公开；三是公开透明，县红十字会通过主流媒体，及时公示捐资款物使用情况，接受社会监督。

捐献工作

为做好造血干细胞的捐献工作，县红十字会广泛宣传捐献造血干细胞。深入基层单位组织讲座，印发了宣传资料进行宣传。造血干细胞采集捐献宣传工作实现新突破，2016年8月15日和16日北义城镇西张村农民工靳某某在山西医科大学第二医院分别两次顺利完成了造血干细胞的采集捐献，救助了一位在苏州治疗的患者。他是该县第二例造血干细胞捐献者。2016年11月泽州县晋庙铺镇天井关村民马某某危重患者经医疗机构确定医治无效后，经过多方协调和家属座谈等方式，最终达成协议，通过山西省第二人民医院遗体专家组完成了遗体器官捐献工作，并对善后工作进行了安排。这也是该县第二例遗体器官捐献者。

肾病扶助

2016年9月，县红十字会和城区红十字会联合高新肾病专科医院共同开展了“庆国庆、迎中秋、关爱肾病扶助活动”。此次活动共救助肾病患者25，另有100多名患者参加免费义诊。活动现场安排专家进行肾病预防知识讲座，并为接受患者咨询的125人发放了体检卡、大米和食用油。此次肾病扶助活动得到患者和社会的一致好评。

团体名称和领导人名录

总工会主席：马培林，常务副主席：李建保

共青团委员会书记：陈恺

妇女联合会主席：赵世静

科学技术协会主席：刘锦兰(12月离)

郜荣先(12月任)

归国华侨联合会主席：田天平

工商业联合主席：段永红(12月离)

李守泽(12月任)

残疾人联合会主席：史光政

县关工委主任：董德华，办公室主任：刘建强(2016年)

红十字会会长：李恩泽

经济管理与监督

宏观调控

概述

2016年，泽州县发展面临主导产业市场需求不足、经济下行压力持续加大等多重困难。县委、县政府主动适应经济新常态，不断加大和改进宏观调控，突出抓好“双一双五”年度工作重点，全力以赴稳增长、促改革、调结构、惠民生、防风险，经济社会继续保持持续健康发展的良好态势。以“优农、稳煤、强铸、兴旅、育新”为主攻方向，全面打造“两带四板块”产业发展新格局，产业升级迈出坚实步伐，培育一批新的经济增长点。积极稳妥推进改革开放，转型综改取得阶段性成效，重点领域改革成效明显，发展动力进一步增强。全力开拓发展新空间，金村新区建设日益加快，新型城镇化进程明显加速，区域发展进一步协调。始终坚持以人为本，大力增进民生福祉，社会事业发展全面加强，人民幸福指数进一步提升。全县地区生产总值完成218.5亿元，增长4.8%。一般公共预算收入完成12.4亿元，增长7.8%。规模以上工业增加值增长5.4%。全社会固定资产投资完成226亿元，增长7.5%。城镇常住居民人均可支配收入完成29333元，增长7.1%。农村常住居民人均可支配收入完成13129元，增长7.5%。社会消费品零售总额完成38.6亿元，增长7%。

“十三五”规划纲要公布实施

按照国家、省、市发展的新要求，在2015年完成“十三五”规划纲要初稿编制的基础上，进一步修改完善了规划纲要，并在县四大班子、人大代表、政协委员、各乡镇、各部门负责人中进行了广泛征求意见，对意见进行了梳理总结，充分吸纳到了规划纲要中。6月，规划纲要先后通过了政府常务会、县委常委会的审查，并提交县六届人大一次会议审议通过后印发实施。

“十三五”规划纲要未来五年经济社会发展宏伟目标、主要任务和重大举措，是市场主体的行为导向，是政府履行职责的重要依据，是全县人民的共同愿景。“十三五”时期全县经济和社会发展的指导思想是：高举中国特色社会主义伟大旗帜，全面贯彻中共十八大和中共十八届三中、四中、五中、六中全会精神，坚持以马克思列宁主义、毛泽东思想、邓小平理论、“三个代表”重要思想、科学发展观为指导，深入贯彻落实习近平总书记系列重要讲话精神，遵循中央“四个全面”战略布局，坚持发展是第一要务，紧紧围绕省委“六大发展”要求，以调整优化经济结构和产业布局为中心，以解放思想和改革开放为动力，突出创新、协调、绿色、开放、共享、廉洁和安全发展，统筹推进经济建设、政治建设、文化建设、社会建设、生态文明建设和党的建设，打造新型城镇化示范县，率先全面建成小康社会。

新型城镇化试点

泽州县被列为全国第二批新型城镇化综合试点县，县委、县政府多措并举强力推进。一是邀请国家级专家把脉号诊、顶层设计。经多方比选，委托中国城市和小城镇改革发展中心编制完成了《泽州县新型城镇化综合试点实施方案》(以下简称《实施方案》)。编制前期先后进行了3次大型实地调研，召开了3次不同层次座谈会，方案文本形成后，先后进行了2轮征求意见，并提交县委中心组会议进行了讨论，经反复修改后，11月中旬《实施方案》顺利通过了由国家、省、市等专家学者组成的专家组的评审。二是外出考察学习、借鉴经验。先后组织相关部门和乡镇赴浙江省龙港镇、德清县、义乌市等先进地区进行了考察学习，赴北京参加了国家新型城镇化综合试点培训，通过考察培训，拓宽了思路、开阔了视野，获取了宝贵经验，有效地促进了试点工作开展。三是推动试点工作落地见效。结合试点实施方案，对新型城镇化5个重点任务和22项具体工作讲行了分解落实，组织有关单位开展了11项新型城镇化试点配套政策和机制制定工作。8月底迎接了国家评估组对该县新型城镇试点的评估调研，评估组对该县的试点工作给予充分肯定。

国土资源管理

概述

2016年，泽州县国土资源局紧紧围绕年度工作目标，以“两学一做”学习教育为契机，积极服务转型综改，精心组织农村土地制度改革试点工作，统筹保障发展与保护资源，努力提升服务水平，扎实推进国土资源管理业务工作，各项工作进展顺利，实现了预期目标。2016年，共完成国土纯收益1.4亿元(其中：已入库9328.25万元，未入库4771.06万元)；征收耕地开垦费1648.6万元；收缴土地登记费8.35万元；收缴罚没款124.25万元；收缴采矿权价款1.04亿元、矿产资源补偿费3.93万元。

用地保障

一是积极服务重点工程项目。2016年全市重点工程建设项目在泽州县落地的共56个，其中省级重点工程建设项目19个，市级重点工程建设项目37个。需新增建设用地项目29个518.13公顷（其中需部分解决用地指标的重点工程建设项目4个，总用地面积169.42公顷，已解决用地指标145.25公顷，还需新增用地24.17公顷；需新增建设用地的重点工程建设项目25个348.72公顷），不涉及新增建设用地的重点工程建设项目12个，未选址、用地不明确的重点工程建设项目15个。已解决用地指标并办理土地手续的重点工程建设项目23个463.69公顷。二是及时组件上报用地审批。共上报6个批次6个单选，总面积168.5914公顷，其中农用地125.2367公顷（耕地82.9724公顷），建设用地24.0707公顷，未利用地19.2840公顷。涉及新增建设用地批次2个，乡村建设用地批次2个，工矿废弃地复垦利用批次2个，单独选址建设项目用地6个，为34个建设项目及1个行政村住宅楼解决了用地指标。三是有效保证土地供应。2016年该局共出让国有建设用地使用权8宗，总面积21.04公顷，出让金8374万元；共划拨国有建设用地使用权9宗，总面积176.99公顷。2016年分解历年公开出让土地3宗，面积22.36亩，出让金458.06万元，纯收益380.27万元；南村限价房补缴土地出让调整为普通商品房，富泽房地产增加容积率补缴出让金共缴纳出让金154.922万元，纯收益146.2512万元。此外，成功入市地块10宗，涉及9个村，为10家企业提供用地保障，总面积171.87亩。近期将再完成5宗地块入市，涉及5个村，可为5家企业提供用地保障，总面积3.22公顷。

耕地保护

一是认真落实耕地保护目标责任制。3月，县政府与17个乡镇政府，乡镇政府与627个行政村层层签订了耕地保护目标责任书，将全县74.68万亩耕地和62.1万亩基本农田保护责任落到了实处。完成了晋城市中心城区周边6个乡镇永久基本农田的划定工作，划定永久基本农田面积29.18万亩，占耕地总量的76.53%。初步完成了省市县重点工程项目占用永久基本农田面积的调整补划工作。永久基本农田划定的举证工作已完成，图件资料制作、内业数据处理和标识牌的制作安装工作正在落实。二是加大土地开发复垦整理力度，实现耕地占补平衡。巴公等3镇13村省级开发项目，建设规模187.72公顷，正在施工，工程进度达60%；金村镇东旺村和南村镇辘轳井村基本农田整理项目，建设规模108.77公顷，已完成施工招标，正在组织施工；川底乡下麓等8村高标准基本农田整理项目，建设规模960.48公顷，该项目因与农业综合开发局的项目重叠，已在川底乡进行村庄调整，项目测量单位已完成外业测量工作，正在修改初步设计和预算；泽州县2015年县级小块未利用地开发项目，建设规模67.8公顷，设计新增耕地43.62公顷（其中新增水浇地19.89公顷），该项目已组织验收。2016年设置两个基本农田整理项目，即泽州县李寨乡罗泉村等2村基本农田整理项目，预计建设规模110.55公顷，前期踏勘已完成，正在招标可研和初步设计编制单位；泽州县北义城镇西黄石等2村基本农田整理项目，预计建设规模396.91公顷，可研已编制完成，准备评审。三是用地新机制稳步推进。①城乡建设用地增减挂钩。全县共上报了5个城乡建设用地增减挂钩项目。批准使用挂钩周转指标73.6547公顷，已归还周转指标1个28.23公顷。未归还周转指标四个项目区。巴公、北义城已调整复垦区，北义城已完成复垦待验收，巴公已完成复垦，因复垦耕地不达标，正在重新编制调整方案；大东沟、川底由于拆迁难度大，正在组织编制拆旧区调整方案，也在边复垦边设计，12月底完成变更及复垦验收，按时归还指标。五个项目区安置建新区已全部供地，城镇建新区已出让10.7577公顷。②工矿废弃地复垦利用。泽州县第三期工矿废弃地复垦项目，市局已下发验收批复，验收面积97.75公顷。③矿业存量土地整合利用。矿业存量土地整合利用土地复垦涉及33个煤矿企业，复垦总规模131.24公顷。截至年底，16个煤矿企业土地复垦已通过验收，验收面积69.01公顷，9个煤矿企业正在准备竣工验收资料，8个煤矿企业因变更设计等原因正在组织复垦工作。

矿产资源管理

坚持日常监管，加强矿政管理。按时完成35座煤矿企业和11座非煤矿山企业年检工作，认真落实储量动态监测、入坑互检、回采率考核、储量年报审查、图纸交换等制度，实现了煤矿企业日常监管常态化。

地灾防治

坚持维护民生，严防各类地质灾害发生。一是地质灾害防治工作。全县共排查确定69处地质灾害隐患点，其中滑坡14处、崩塌24处、地面塌陷31处。督促各乡镇政府发放防灾工作明白卡62份，避险明白卡655份，逐点送达地质灾害防治通知书69份，向地质灾害隐患监测责任人发放地质灾害隐患监测记录本69份。5月23日召开全县地质灾害防治工作总结部署会议，以县政府名义发布《泽州县2016年度地质灾害防治方案》，以县地质灾害领导组办公室名义发布《泽州县开展地质灾害易发区违法建设清理整顿工作方案》。签订县级地质灾害防治责任书22份，乡镇与隐患点责任人62份，督促指导各村委编制隐患点应急预案62份，公路沿线7个隐患点交通部门制定了应急预案。制定了《泽州县2016年度地质灾害防治宣传培训演练工作方案》。5月23日召开乡镇分管领导、国土所、监测责任人等120人参加的“地质灾害防治”培训会议。与气象部门联合发布地质灾害预警预报信息（23次），并在该局网站建立了地质灾害预警平台，于7月15日在下村镇张庄村举行了县级综合突发性地质灾害应急演练。二是地质灾害治理工程。南岭二期已完成采空区注浆检测，12月底前完成初验；山河追山、周村镇常庄滑坡治理工程已完成竣工决算审计，12月底前完成竣工验收；北义城河底村滑坡治理工程完成设计变更并通过专家评审，于10月中旬复工，正在加紧施工，11月底可完成施工，12月进行初验。三是地质灾害饮水解困工程。2013年度地质灾害饮水解困水源井项目：犁川镇天水岭村水源井原设计井位钻深850米后水量不能满足设计要求，于2015年3月另选井位重新钻井，已完成钻井，由于水量不达设计要求，正在进行爆破处置。2014年度3个地质灾害饮水解困项目：晋庙铺镇窑掌村引水工程、山河镇马街村提水工程已竣工验收；南村镇环秀村水源井项目完成施工待初步验收。

地质公园建设

丹河蛇曲谷省级地质公园位于该县金村、柳树口两镇辖区内，面积50.3平方千米，以河曲形深切割峡谷为主体，集钙化阶地、岩溶遗迹、古生物化石，融合人文景观为一体，地理位置优越，交通便利，从2005年开始申报，2007年12月经山西省国土资源厅批准为省级丹河蛇曲谷地质公园。

多年来，遵循“在保护中开发，在开发中保护”的原则，积极筹备成立了“丹河蛇曲谷地质公园管理处”，经过省市相关部门、专家多次评审和研讨，2012年地质公园开发规划通过了省国土资源厅批复，2014~2015年实施了山西泽州丹河蛇曲谷省级地质公园地质遗迹保护项目，包括地质公园博物馆布展、地质遗迹保护设施建设、地质遗迹科普宣传、地质遗迹标本收集及展示等。

丹河蛇曲谷地质公园地处丹河中游，形成于高山峡谷区，南北相距13.3千米，河道长36千米，往复弯曲约30个弯，是太行山地区弯曲最多，弯曲程度最大的河谷，其特征在中国北方极为罕见丹河蛇曲峡谷地质公园以其国内罕见的高原型曲流（蛇曲谷）深切峡谷为特色景观元素，配以典型而特征的河流地质作用、岩溶地质作用、构造地质作用、沉积地质作用形成的流水地貌、构造地貌、古生物化石、岩溶景观和反映新构造运动的钙化高位阶地、高位废弃河曲、离堆山、夷平面为主要景观，以种类丰富的风化地质作用遗迹、自然生态和悠久的人文景观、水体景观等为辅助内容支持，显示出公园性质的多元性和综合性结构特征。其典型的自然属性、稀有的地理区位、特殊的科学意义、优雅的美学观赏价值以及其兼具的生态、文化和历史价值，是地质遗迹和生态环境的重点保护区域。

执法检查

坚持高压打击态势，执法监察工作有序推进。一是扎实开展打击非法违法采矿专项行动。安排部署了10个排查组，重点对有证矿山及无证私采点进行了排查。共排查存在安全隐患的各类矿井（点）1651处，主要分布在大东沟镇、巴公镇、南村镇、山河镇等乡镇，县局已向县政府请示对存在安全隐患的各类矿井（点）进行分期整治，第一期需实施治理的达440处，截至年底此项工作正在开展中。二是认真做好卫片执法检查工作。2015年度土地矿产卫片执法监督检查共涉及我县369个图斑，其中土地卫片图斑356个（包括下发到泽州县的开发区图斑2个），通过核查，违法用地图斑53个，共涉及48个违法用地项目；下达处罚决定书47个，依法履责率100%，违法比例9.64%。矿产卫片图斑13个（包括下发到城区的泽州县图斑1个），通过核查，伪变化图斑13个。土地矿产卫片图斑的相关审批手续及印证资料已收集齐全，违法用地已依法查处到位，并已通过市、省两级审核，完成了系统上报工作。三是严格查处各类违法案件。共查处各类国土资源违法案件76起，土地案件75起，矿产案件1起（山西晋煤集团泽州天安东沟煤业有限公司违法越界开采煤炭资源案）。2016

年共有76个案件（包括2015年度遗留的案件）因违法当事人在法定的期限内未自动履行处罚决定，该局已向县法院申请强制执行。全年共向相关部门送达行政处分建议书43份。四是认真做好信访稳控工作。全年共受理信访事项7件，已全部办结。县信访局转办2件，全部办结；部转违法线索5件，已全部落实。

地籍、地价管理

一是农村集体建设用地使用权、宅基地使用权的地籍调查及确权登记发证工作已近尾声。泽州县农村集体建设用地和宅基地使用权确权登记发证工作涉及17个乡镇590个行政村，面积77.13平方千米。外业工作已结束，正在整理完善内业资料和数据库建库工作。二是土地变更调查规范运作。在日常变更的基础上完成了2015年度土地变更调查及遥感监测核查的调查、变更、质检、汇总和上报。三是推动建立不动产登记制度。组织全局人员学习了《不动产登记条例》及上级有关精神；县政府办已经出台不动产登记局际联席会议制度文件，10月县编办发文整合全县不动产登记职责，组建泽州县不动产登记局，并组建泽州县不动产登记交易中心，承担不动产登记交易经办职能。四是强化地价管理。根据泽州县农村集体经营性土地入市的需要，已经编制了覆盖全县城乡的基准地价体系。

测绘管理

一是基础测绘工作稳步推进。基础测绘是国民经济和社会发展不可缺少的重要基础性、战略性资源，是准确掌握国力、提高管理决策水平的重要手段。完成了34平方千米1：1000基础测绘项目成果已通过验收。二是开展了地图市场检查工作。随着地图市场折繁荣和发展，各种问题也不断产生，地图市场混乱的状况仍然状况存在。为了维护中国版图尊严，严厉打击非法编制出版地图行为，2016年以来共组织各国土所对全县的地图市场进行了4次检查，通过检查，检查不仅宣传了地图知识，提高了国家版图意识，而且促进了地图市场健康有序发展，整顿和规范了地图市场。三是加大对测量标志保护力度。测量标志是国家经济建设和科学研究的基础设施，为了加强测量标志的保护和管理，2016年对测量标志进行了4次检查。

亮点工作

一是农村集体经营性建设用地入市工作全国领先。作为全国33个试点县之一、全省唯一试点，泽州县农村集体经营性建设用地入市试点工作被列入省、市、县年度工作目标考核，该局先行先试、大胆探索农地入市的途径和方式，建立健全13项规章制度，截至2016年年底，全县已完成13宗12.92公顷土地入市，其中2016年完成10宗10.03公顷，提前完成了年度试点任务，在全国处于中上水平。另外，7个村调整入市涉及42.89公顷农用地，使用周转指标42.89公顷，实现了入市途径和入市方式全覆盖，试点工作走在了全国15个相同试点县前列，受到了国土资源部和省委省政府的充分肯定和多次表扬。二是颁发了全国第一本集体建设用地入市不动产权证书、全省第一本农宅不动产权证书。作为全省试点，泽州县在全省第一个县局加挂“县不动产登记局”牌子，也是全省第一个副科级建制的县不动产登记交易中心，还是全省第一个在乡镇设立不动产登记机构的县。2016年5月18日，泽州县举行了全省首批不动产登记机构揭牌仪式，晋城市市长武宏文和省国土资源厅副厅长武耀文共同在该局揭牌，并颁发了全国第一本入市农村集体经营性建设用地不动产权证书。在该局南村所颁发了全省第一批宅基地使用权及房屋所有权“两个权利”的不动产权证书。三是农村征地制度改革试点工作拉开序幕。成立了试点工作领导组，出台了试点工作方案并获得了国土资源部批复，制定了《泽州县土地征收目录》等9项相关制度，并征求了相关部门、各乡镇的意见，试点工作正在有条不紊推进中。四是小块未利用地开发更加成熟、规范。确定了“自主有序、零星开发”的土地整治模式，在规划引导、组织实施、验收管理、资金补助等方面进行了积极探索，经验做法更加成熟、规范，近两年全县仅此共新增耕地2168亩(其中水浇地1044亩)，及时解决了207国道和晋阳一级路等重点建设项目占用水浇地的补充难题，推进了重点工程报批进度，这一“被倒逼出来的办法”成为破解“两难”的新途径。五是大学生村干部和住建局划转人员岗位调配组织周密。为做好20名大学生村干部和30名住建局划转人员的岗位安置工作，根据文件精神，结合该局实际，详细制定了50名新进人员的岗位安置实施方案。首先，进行岗前培训。按分管领导分管的业务股室为单元，每单元讲课时间为半天，由业务股室负责人亲自备课、亲自讲课，提高新到岗人员的基础业务理论水平，增强遵守各项规章制度的自觉性，适应新的工作环境。其次，进行业务考试和演讲。根据岗前培训的内容进行业务考试，考试前半小时确定考题，判卷人员在股长范围内随机抽取，并采取抽签的办法确定演讲顺序进行演讲。总成绩由考试和演讲两部分组成，按总得分高低进行排序。最后，进行岗位选择和上岗。采取最终分数与双向选择相结合，在岗位设置数范围内选择岗位。排名靠前的优先选择岗位，逐一进行，一旦选择不得更改。岗位选择后，在规定的时间内按时报到上岗。在大学生村干部和住建局划转人员的岗位安置中，通过周密组织，合理调配，充实了基层所力量，保证了不动产工作的正常开展，做到了公开、公平、公正，50名新进人员也讲规矩、顾大局，服从组织安排，各项工作都做到了平稳衔接过渡。六是探索建立信访事项和工作督察周报制度。信访周报制度，即在每周局务会时，将信访受理情况进行通报，并把一周内信访受理的总量、内容、类别以及所涉及的情况进行汇总、分析，分别报送局班子领导，便于局班子领导全面、及时获悉当前信访动态和信息，各司其职，抓好矛盾的化解。督察周报制度，即在每周局务会时，通报一周内工作纪律抽查情况、督察事项完成情况、领导交办事项及其他事项完成情况，每月月初通报一次各股室、中心落实局务会精神情况。实行督察周报制度有力促进了重大事项“即定即督”、各项安排部署“及时纳入”、行政审批事项“跟踪督办”，避免出现“推一推、动一动”的现象，确保局务会精神和各项工作都能够落到实处。

信访和督察周报制度建立以来，进一步化

解了社会矛盾，更好地做好了信访维稳工作，同时，有效地追踪了工作进度，提高了工作执行效率，促进了各项工作落到实处。

自身建设

一、健全体制机制，党建与业务双融合、双促进。一是坚持党组统一领导，“一把手”负总责，分管领导各负其责的原则，定期组织召开专题会议，分析党风廉政建设责任制落实情况，细化责任分解，严格责任考核和责任追究。二是层层压实责任。召开了党风廉政建设工作会议，将全年党风廉政建设工作细化量化为5大项17小项具体任务，并逐条逐项分解到相关责任股室和责任人头上，党总支书记与支部书记、支部书记与全体党员、局党组书记与党组成员、班子成员与所分管的股室所长层层签订了落实全面从严治党目标责任书，落实“八项规定”精神、坚决反对“四风”责任书以及预防职务犯罪责任书，做到了7名班子成员、4个党支部、92名党员、260名干部职工层层传导压力，人人肩上有责任。三是工作措施全面细化。定期组织对落实全面从严治党工作开展检查，股级以上干部人人都要作述职述廉报告，并进行民主测评，以考核促落实，保证了实效。同时，促进了精神文明创建工作，2016年该局顺利通过市、县两级精神文明单位验收。

二、“两学一做”学习教育扎实开展。一是组织全局党员干部职工认真学习习近平总书记系列重要讲话精神和中共十八届四中、五中、六中全会以及十八届中纪委六次全会精神，坚持集中学习和个人自学相结合，定期召开学习讨论会、学习交流会、专题研讨会，党员干部撰写体会文章300余篇。二是以开展“两学一做”学习教育活动为契机，积极服务转型综改，精心组织试点工作，努力提升服务水平，从党组“一把手”到普通干部职工全部做出廉政承诺260份并签字背书，股室所长以上43人次逐级开展了一次廉政谈话活动，使每个人思想上有警示，行动上有约束。三是连续召开局党组专题会、副科级干部剖析会等一系列会议，及时深入学习，在局领导班子中开展搞一项调研、讲一次业务课、上一堂党课、提一份建议、完成一篇高质量调研报告为主要内容的“五个一”活动。努力建设学习型领导班子，力争达到以学习型领导干部带学习型队伍的目标，以此来促进班子成员思想认识的提高和思想防线的巩固。

三、基层组织建设强力推进。一是加强基层国土所党组织阵地建设，严格执行“一课三会”制度，开展了党员谈心活动和“一帮一”活动。二是通过探索成立基层所党支部、探索运用“以党建带队建、促业务、促发展”的创新之举，收到了良好的效果，两个基层国土所党支部的战斗堡垒作用和党员的先锋模范作用得到发挥。三是坚决执行民主集中制，对重大决策、重要项目和大额度资金使用进行集体商讨和定度，强调集体决策，发挥团队精神，形成“善于配合、诚于合作、精于补台”的良好工作氛围；在班子、中层干部、一般工作人员中培塑好典型，学习先进，鞭策后进，进一步强化责任，调动了积极性。

四、严格执纪问责，反腐败工作持续深化。一是严格落实“一岗双责”责任制，认真落实中央“八项规定”，班子成员坚持以身作则不讲特殊，不把自己置于特殊地位，严格自检自律，下乡轻车简从、吃饭随灶就餐。二是深入乡镇、农村调研，广泛听取群众意见，关心职工的切身利益，贴近群众心声，特别是一些好的建议尽可能采纳。三是班子成员之间多沟通，增强透明度，充分发挥班子的凝聚力，共同遵守廉洁自律规定。四是不断加强廉政学习，以《中国共产党廉洁自律准则》、《中国共产党党内监督条例》、“八项规定”以及党和国家领导人在中纪委各次会议上的重要讲话精神为主要学习内容，并积极参加各种廉政教育警示报告会，做到警钟长鸣，防微杜渐。五是开展了“三学六守九严禁”警示教育月活动。根据“务实清廉、春满泽州”为主题的“六个一”活动要求，局纪检组列出33条廉政箴言发布于局内网专栏，同时制作廉政箴言警示牌，置于股所以上领导干部的办公桌上，使党员干部在思想上划红线、行动上明界线，切实做到心有所畏、行有所止。

审 计

概述

2016年，泽州县审计局围绕县委、县政府年度工作重点，结合上级审计机关安排，共完成审计及审计调查94项，其中：国家重大政策落实情况跟踪审计1项，预算执行审计18项，经济责任审计9项，乡镇财政决算审计9项，扶贫专项资金审计16项，固定资产投资审计41项。向被审计单位提出合理化建议220条，被审计单位采纳审计建议167条。提出审计建议191条，向上级提交审计专题、综合性报告和信息简报14篇。

国家重大政策措施落实情况跟踪审计

2016年，该局把监督检查国家重大政策措施和宏观调控部署落实情况，增强审计工作服务大局的自觉性和主动性作为审计重要内容，紧紧围绕国务院出台的各项政策措施开展审计工作，监督检查国家重大政策措施和宏观调控部署落实情况。按时向上级审计机关报送政策措施落实情况审计报告，针对发现的问题，督促有关部门积极整改落实，促进各部门主动作为、有效作为，助推全县全年经济社会发展目标任务顺利完成。

财政审计

着力监督检查预算的完整性和执行的规范性，促进健全统一完整的预算体系，将财政政策实施与预算执行审计融为一体，把握预算的整体情况，反映政策执行、职能履行和财政资金绩效等情况，积极推进预算管理的科学化、法治化和财政体制改革的深化。一是把促进相关政策的贯彻落实作为监督重点，推动中央关于稳增长、促改革、调结构、惠民生政策措施落实到位，深入揭示政策措施不衔接、不配套，不利于甚至阻碍经济社会科学发展等问题，保障政令畅通，促进政策措施的落实；二是以职能执行情况为切入点，结合人大批准的2015年度本级预算，关注预算编制、执行、调整和预算收支的平衡情况等环节，关注预算执行效果，进一步推进绩效审计，把财政资金投入与项目进展、事业发展以及政策目标实现统筹考虑；三是进一步推进绩效审计，把财政资金投入与项目进展、事业发展以及政策目标实现统筹考虑，促进降低行政成本，推进廉洁高效政府建设。组织开展对县财政局具体组织2015年度县本级预算执行情况、县国土、住建、农业、民政、环保、教育和科技、卫生和计划生育、司法等18个部门单位预算执行情况审计，对发现的问题，依据《财政违法行为处罚处分条例》和有关财经法规进行处理处罚，并督促相关部门和单位进行整改和落实。实施对巴公、金村等9个乡镇2014年度、2015年度财政决算审计，紧紧围绕县委、县政府“161”发展战略和“双一双五”工作重点，以财政财务收支审计为基础，重点审计乡镇政府履行经济职责、推动重要决策部署和政策措施落实以及财政专项资金使用绩效等情况，努力实现对乡镇公共资金、国有资产、国有资源的审计监督全覆盖，重点对农村环境卫生整治、一村一品、一事一议、工矿废弃地复垦、危房改造、移民搬迁等资金进行审计，促进乡镇政府及所属部门、单位依法行政、积极履职，力促乡镇经济健康、协调发展。

投资建设项目审计

围绕全县重点建设项目开展审计监督，加大对政府投资建设项目的审计力度，按照《泽州县政府投资建设项目审计实施办法》要求，将全县范围内政府性投资建设项目全部纳入审计监督范围，努力实现审计监督全覆盖。先后组织开展对金村新区丹河河道治理工程、县二中综合教学楼工程、岳南煤矿井巷工程、龙化道路及采空区治理工程项目、金村大道道路一期工程建设项目、金村镇浮山街林场至晋张道路工程等41个项目进行竣工决算审计，通过对工程招投标、设备材料采购、项目管理、资金使用等重点环节的监督，推进项目廉洁建设，及早达效，促进发挥政府投资对结构调整和经济发展的引导作用。

经济责任审计

根据县委组织部委托，围绕法治政府、责任政府、廉洁政府、服务政府建设的目标，把全县9个乡镇17名乡镇党委书记、乡镇长纳入审计对象。在具体实施中，围绕与被审计乡镇领导干部有关联的经济事项，把贯彻落实党在农村的各项经济政策和涉农资金项目的决策依据、程序及其效益情况作为评价领导干部决策的重要内容，坚持经济责任审计与财政财务审计相结合，坚持乡镇党政主要领导干部同步审计。审计结束后按照程序向县经济责任审计领导组和上级审计机关提交结果报告。通过审计促进领导干部执行财经法规的自觉意识和责任意识，提高领导干部的民主决策能力和当家理财的水平。

开展扶贫专项审计

按照县纪委开展扶贫领域专项资金监督检查的安排，对全县16个乡镇及所辖行政村2013—2015年度扶贫领域专项资金管理使用情况进行就地审计，投入审计力量2751人次，审计资金18801.94万元，对全县178个行政村扶贫资金使用情况进行入户调查，审计入户调查项目116个，调查6316户，调查资金7356.65万元。通过此次审计进一步加强和规范了扶贫领域专项资金的管理和使用，对提高扶贫领域专项资金使用效益，确保扶贫领域专项资金安全、有效运行，预防和整治不正之风和腐败问题起到了重要作用。

其他交办事项

统筹安排审计力量，积极配合上级审计机关开展农业综合开发资金审计、住房公积金审计、农村信用联社审计、保障性住房审计等工作4项；推进政府信息公开工作，主动公开部门预算信息；规范行政权力运行工作程序，编制权责清单和权力运行流程图。认真贯彻落实县政府主要领导批示，发挥了审计部门参谋、助手、卫士作用。

整改工作

加强审计整改工作，是维护法律尊严、促进廉政建设的必然要求；是严肃财经纪律、规范和提高被审计单位财务管理水平、促进党风廉政建设的重要举措。加大审计发现问题的督促整改力度，针对全县政府投资领域中部分项目存在的未按规定办理项目审批、超概算投资、工程建设程序不规范、未办理竣工验收手续等问题，及时提出审计建议，帮助指导被审计单位进行适时整改与规范。针对部分单位专项资金未及时下拨问题提出审计建议，督促被审计单位整改。为进一步加强对审计决定落实及审计查出问题整改情况的监督检查，根据《山西省审计厅关于建立落实审计决定整改台账的通知》精神和市局相关文件要求，我局各科室建立审计整改台账，对被审计单位印发审计督促整改通知书，各单位对照审计结论，认真组织查纠违法违规行为，从源头上分析为题产生的原因，及时修订和完善制度，审计整改工作取得明显成效。

支部建设

按照习近平总书记落实党建工作责任制的重要指示精神，按照党要管党、从严治党的原则，党支部履职尽责，全面落实基层党建工作责任制。深入宣讲党的大政方针、强调深化基层党建工作的重要性，在单位组织的党建帮扶等活动中，党员干部率先垂范，在群众中形成了好效应，全局党员干部精准帮扶困难家庭16户。坚持从严从实要求，扎实抓好“两学一做”学习教育，推进党内学习教育从“关键少数”向广大党员拓展、从集中性教育向经常性教育延伸。及时成立了学习教育领导小组，领导小组下设监察室为办公室，抽调人员充实领导小组办公室，做到人员到位、工作到位、措施到位。抓好抓实“两学一做”，要聚焦基层党员学习教育。采用党建微信公众号、QQ公众号、党建论坛等现代化信息手段，实行“智能式”的教育，把党章党规、系列讲话发送至信息终端，让党的新政策、新理论、新思想在能够以更快的速度、更广的覆盖面在全体党员内迅速普及，并定期开展民主生活会等，使每名党员都能及时的开展“两学一做”，真正读懂、学会、悟透党章党规，系列讲话精神。严格落实责任，强化党的组织建设。年初，局党支部与县委签订了党建工作目标责任书，把党建工作与审计工作同安排、同部署、同考核，并充分发挥党建对审计工作的统揽作用，按照“五个好”，即领导班子好；党员队伍好；工作机制好；工作业绩好；群众反映好的“五好”要求开展各项工作。一是坚持民主集中制和集体领导下的分工负责制，建设科学决策型班子。以精诚团结、认真负责、顾全大局为目标，严格执行民主集中制的有关规定，对审计工作有关政策确定、工作目标、发展规划、党的建设、党员发展工作、人事变动、奖励惩处等重大问题，都坚持集体讨论、集体决定，充分发挥局领导班子每一个成员的积极性和创造性，不断增强领导班子的团结。二是认真落实“三会一课”制度。坚持每月召开一次支委会，研究布置机关党建工作，落实相关工作任务；每半年召开一次民主生活会和组织生活会，在党员中开展批评与自我批评，检查交流自己在思想上、工作上、学习中的经验体会，查找存在的问题和不足，发扬成绩，改正缺点，确保了支部和党员队伍始终充满生机和活力。三是强化内部管理约束机制，扎实推进班子队伍建设。

信息化建设

为确保审计信息化建设有序推进，围绕金审工程总体要求。立足探索创新审计方式，加强审计队伍信息化能力建设，根据审计信息发展规划要求，部署完成了标准化机房系统工程，满足了服务器等电子设备对温度、湿度、防雷、防电等要求，并安装了实时环境检测系统，确保审计信息化系统稳定可靠运行。在审计过程中，运行审计管理系统（OA）、现场审计实施系统（AO）、会商系统等应用系统。同时注重设备安全和信息安全，完善信息化制度，从制度层面规划审计人员信息化应用。

安全生产监督

概述

泽州县安监局内设办公室、人事教育培训股、财务股等18个股室。下属有县安全生产技术培训中心、县煤矿仪器仪表校正检定中心2个事业单位。2016年，原煤产量完成460.77万吨，占全年预计产量的92%，与2015年同期500.29万吨相比下降39.52万吨，下降7.9%；煤炭工业增加值完成116673.56万元，与2015年同期95001.16万元相比增加21672.4万元，增长22.81%；煤炭工业总产值完成171050.32万元，与2015年同期148372.19万元相比增长22678.13万元，增长15.28%。全县累计发生安全生产事故47起，死亡30人，同比起数增加7起，增加14.8%；死亡人数增加5人、增加16.7%。其中：工矿商贸5起、死亡5人，道路交通事故41起，死亡25人，未发生较大以上事故。非煤矿山、烟花爆竹、建筑施工、旅游等领域未发生事故。

责任目标

2016年，全县上下以落实安全生产责任为主线，认真贯彻中共十八大和中共十八届三中、四中、五中、六中全会精神以及习近平总书记、李克强总理关于加强安全生产工作的重要指示、批示精神，全面贯彻落实党中央、省、市、县关于加快安全生产领域改革发展的工作部署，坚持党政同责、一岗双责、齐抓共管、失职追责，牢固树立新发展理念，坚持人民利益至上，切实增强红线意识，深化重点行业领域专项治理，狠抓隐患排查、责任落实、健全制度和完善监管，强化安全科技、应急管理等基础工作，加快建立安全风险防控体系，更加细致扎实地做好安全生产各项工作，推动全县安全生产形势持续平稳发展。

执法检查

扎实开展安全生产大检查活动。按照《泽州县关于实行安全生产党政同责的实施意见》要求，全县上下实行县领导包乡镇、包企业安全生产责任制，县领导与各乡镇、安委成员单位签订了安全生产目标责任书，各乡镇、各部门都与所属村（社区）和被监管单位签订了安全生产责任状，安全生产责任得到层层落实，全面推动了“五级五覆盖”责任体系和企业安全生产主体责任“五落实五到位”工作。2016年，1401家生产经营单位实行了法定代表人或主要负责人安全生产承诺；9座煤矿、9家危化生产企业和1座油库还实行了领导挂牌责任制。全年共进行执法检查928座次，排查隐患4050条，整改隐患3956条，整改率97.7%，未整改隐患已按照“五落实”要求积极进行整改。始终坚持安全生产大检查、暗查突查等安全检查不断线，突出抓好各种节日和重要会议期间的安全。每周六、周日、节假日、夜间安排工作人员对企业进行巡查检查。进一步推进安全专项整治活动，煤矿方面：以“一通三防”为重点，深化煤矿瓦斯整治和防治水治理工作，开展防治水专项检查、专项会诊活动。非煤矿山方面：重点整治了不按设计和安全要求堆放渣土、分台阶分层开采和不按规定要求对高陡边坡实施监测监控等行为。危险化学品方面：开展了动火、受限空间等特殊作业安全专项治理、有毒有害及可燃气体泄漏检测报警系统专项治理、储存场所安全专项治理、经营环节安全风险隐患排查整治。为深刻汲取天泽煤气化厂“6·22”一氧化碳中毒事故教训，在全县危化企业组织开展了事故类比检查，重点检查了安全责任制是否落实、设施设备是否完好、是否存在违章作业等情况。冶金工贸行业方面：开展了煤气和熔融金属吊运专项治理、磨削设备专项整治。为深刻汲取福盛钢铁有限公司“1·4”“9·19”事故教育，在全县冶金工贸行业开展了设备操作专项检查。职业卫生方面：开展了石材加工、采石场、铸造、建材、橡胶密封圈生产五类企业职业病危害专项治理。全县纳入专项治理的石材加工、采石场、铸造、建材四类企业共66家，密封圈生产企业共6家。二是开展工业企业尘毒危害状况抽样调查，涉及企业90家。三是对新增企业全面开展现场核查，共对400家新增企业全面开展现场核查工作。2016年，共收缴罚款463万余元（包括追缴2014年、2015年欠款），已全部上缴财政。

安全许可

按照保障安全、统一规划、合理布局、总量控制、适度竞争的审批原则，认真贯彻落实烟花爆竹零售点“两关闭、三严禁”要求，逐步推进烟花爆竹零售经营规范化建设，全县烟花爆竹零售点许可116家，烟花爆竹零售点的安全条件进一步提高，达到了“六统一”要求，即统一专店、专柜销售（春节期间实行专店销售，淡季可实行专柜销售)、统一安全管理规章制度、统一安全生产教育培训、统一安全警示标志、统一签订购买合同、统一物流配送。为了严格危险化学品经营安全条件，规范危险化学品经营活动，保障人民群众生命、财产安全，进一步促进全县危险化学品安全生产形式的稳定好转。全县2016年共发放危险化学品经营许可证4家，通过发放危险化学品经营许可证进一步规范了企业危险化学品经营，有利于从源头消除安全监管漏洞。

标准化建设

大力推行以岗位达标、专业达标、企业达标为主的安全质量标准化工作，泽州县企业安全生产标准化建设有序推进。泽州县9座煤矿中，王坡煤业达1级标准，西陈庄、坤达、和瑞、锦辰煤业四家达2级标准；10家采石场4家达三级标准；累计完成180家(单元)冶金工贸企业达到三级标准，5家(单元)达2级标准。另外，广泛开展了安全生产示范企业、示范社区、示范村组、示范工地和平安畅通、平安校园、平安农机等创建活动。

应急管理

积极推动企业应急救援预案的修订、评审、备案工作，已经备案的煤矿、非煤矿山、危化品、烟花爆竹等企业达29家。一年来，各单位和各类生产企业也结合各自行业企业特点按要求举行各种安全应急预案演练。通过举行各种应急实战演练，进一步充实完善了应急预案，极大地锻炼了应急队伍，提高了处置突发事件的能力。同时，严格执行24小时应急值守制度，畅通信息渠道，确保了紧急情况下快速反应，有效处置事故险情。

“安全生产月”活动

(一) 加强领导，周密部署安全生产月宣传活动。一是县安委会办公室制定下发了《关于开展2016年“安全生产月”活动的通知》(泽安委办字〔2016〕45号)，多次召开协调会议对“安全月”各项具体工作进行了安排部署。为深入开展2016年全县安全生产月活动，进一步加强安全生产法治宣传和法治教育。6月6日，泽州县开展了“安全发展忠诚卫士”演讲比赛活动，经过前期各部门推荐和个人报名，共有来自全县各乡镇各部门的42名选手参加了此次比赛。大力开展“安全生产咨询日”活动。6月16日，县安委办在安监局楼前布置了宣传咨询主会场，各行业主管部门分别设置了咨询台29个，悬挂宣传条幅80余条，出动宣传车辆4台，宣传咨询人员160余人，发放宣传资料10000余份，接受群众咨询1000人次。各乡镇政府所在地也分别设置了咨询台17个，悬挂宣传条幅40余条，发放宣资料千余份。6月17日下午，由县安全生产委员会办公室、县总工会主办，县安全生产监督管理局承办，泽州天泰能源有限公司锦辰煤业协办组织开展县危险化学品安全知识竞赛。开展2016年“安全生产月”知识竞赛答题卡活动。这次安全知识竞赛试题刊登在《山西日报》上，采取笔答形式，内容包括安全生产相关政策、法律法规，企业安全文化、安全应急等相关安全知识。开展观看“警示教育片”活动。县安委办制作警示教育片50套350余张光盘、宣讲资料150余套。下发至各乡镇、各部门和重点生产单位，各乡镇和各部门还组织干部职工观看了国家安监总局推出的主题片《筑基》，警示教育片《伤逝》《痛思》。煤矿、非煤矿山、危险化学品、冶金工贸、建筑施工等相关企业也积极组织开展了警示教育活动。安全生产月期间，共举办各种大小应急演练30多次，参演人员1000余人。通过演练进一步完善了应急预案，锻炼了应急队伍，提高应急处置能力。根据全县统一部署各乡镇各部门领导带队，深入重点企业、重点场所、重点部位及重点领域生产一线，按照“四不两直”要求，开展安全生产综合巡查和专项督查，深入查隐患、查“三违”、查制度和措施落实，本次活动泽州县共组织67个检查组，排查企业、场所共375家，查出隐患406条，整改落实385条，整改率达95%。针对未整改的设备管理、人员操作、环境场所等不同类型隐患采取针对措施积极整改。开展“安全隐患随手拍”活动。随着安全生产月活动的开展，此次活动主要面向社会公众、企业职工，鼓励职工把上下班途中、工作中和日常生活中所发现的安全隐患，利用手上的手机、相机等工具拍摄下来，通过网络上传至全国“安全生产月”活动官方网站邮箱或微信公众平台。此次“安全生产月”所有活动充分利用电视、电台、报刊、简报、横幅、标语、微信、QQ群等为载体，广泛开展安全生产的宣传教育活动，普及安全生产知识。(二)加强督察，安全监管融入安全月活动，为把第十五个安全月活动各项内容落到实处，唱响加强安全法治、保障安全生产的主旋律，安全生产月期间，县安委办6个督察组采取“四不两直”方式，对17个乡镇、20多家部门和20多家重点企业进行了督察，确保安全生产月各项活动取得实效。

宣传教育培训

积极组织党员干部参与学习《中国共产党党章》《中国共产党纪律处分条例》《中国共产党廉洁自律准则》等党纪条规，并观看“三学六守九严禁”警示教育片。通过系列学习活动，进一步提升党员干部的思想认识和理论水平；加强工作纪律整顿，结合实际工作积极改进。在思想认识方面，组织职工重新学习《请销假制度》《外出登记制度》等相关制度性文件，力求让每一项制度在职工心中通过有效认知、不断强化、不断改进，从而形成良好的工作习惯。为提高煤矿全体职工的整体素质，促进全县煤矿安全发展，2016年复产复工前，对全县煤矿企业所有在册人员进行了全员培训，共培训煤矿企业5家，5311人。2016年度共开展特种作业人员培(复)训班30期，培训673人；安管培训(再)培训5期，培训258人；班组长再培训4期，培训206人。由于煤炭市场持续低迷，经济效益持续下滑，2016年的培训生源存在很大问题。特种作业人员培训比以往同期减少了30%。一般从业人员培训仅培训201人。

工商和质量监督管理

概述

2016年，泽州工商质监部门围绕县委、县政府“双一双五”年度工作重点，以“服务泽州经济发展”为中心履行职能，在服务发展、市场和安全监管、消费维权、质量强县和非公党建等方面都取得了较大进步。先后被授予“山西省精神文明单位标兵”“全市法治宣传教育先进单位”“全市工商系统先进单位”“全市质监系统红旗单位”“全县目标责任考核先进单位”等荣誉称号。

商事制度改革

作为全年改革的突破口，该局在巩固扩大“三证合一、一照一码”改革成果基础上，全面落实国务院“五证合一”改革部署，确保了10月1日起全面实施企业“五证合一、一照一码”和个体工商户“两证整合”登记制度。2016年，办理“三证合一、一照一码”登记2053件，发放“五证合一”营业执照743户，个体工商户“两证整合”营业执照3159户。全年新登记各类市场主体共计2749户，其中企业645户，个体户1878户，农民专业合作社226户。截至2016年底，全县各类市场主体累计达13546户，其中企业3468户，个体户8480户，农民专业合作社1597户，集团公司1户。与此同时，开展“综合治税”市场主体排查工作，累计排查在册各类市场主体12992户。巨能电网、烟草公司、青年城等一批企业成功落户我县，做到了应税尽税，为综合治税工作作出了应有贡献。

事中事后监管

重点与放宽市场准入相适应，推动新形势下监管机制、监管方式创新，以企业信用为核心的新型监管机制初步形成，“双随机、一公开”监管机制全面推行。一是市场主体信息公示制度有效实施。年报公示率稳步提升，2015年度企业年报公示率达96.58%，连续两年位居全市第一。二是“双随机、一公开”监管机制全面推行。在县政府“双随机一公开”工作中，牵头市场主体库工作，已组织政府相关部门全部对其进行了公示。对79家企业、31家农民专业合作社、149家个体工商户进行了抽查，抽查结果全部通过全国企业信用信息公示系统予以公示，8家企业被列入异常名录。

消费维权工作

围绕百姓消费升级趋势和消费热点，加大消费维权力度，不断改善消费环境，释放消费潜力。主要以“12315”“12365”“96315”投诉举报平台为依托，深入推进消费维权服务站“五进”工作。2016年对符合条件的10家企业进行了维权服务站挂牌，实现了景区全覆盖，共建立消费维权服务站57户。全年累计受理消费者申诉（举报）案件133件，办结率100%，为消费者挽回经济损失20余万元，切实维护了消费者合法权益。

市场监管执法

加强竞争执法和重点领域市场监管执法工作，维护公平竞争市场秩序。持续组织开展反不正当竞争、打击侵犯知识产权和制售假冒伪劣商品、“红盾护农”专项执法、打击广告违法、打击合同违法、打击传销规范直销、治理商业贿赂、寄递物流行业清理整顿等专项行动。全年累计查办各类违法案件33件。与此同时，积极配合有关部门开展安全生产大检查，扫黄打非，打击黑网吧，治理超限超载，开展清理整顿非法集资等工作，在维护社会稳定经济安全方面发挥了积极作用。

特种设备安全

面对特种设备安全监管的严峻形势，重点组织开展了特种设备年度日常检查、“冬季行动”、重大节假日期间特种设备安全检查、特种设备违规运行“围剿战”、特种设备“反三违”安全工作、百日安全大检查工作、大型游乐设施、旅游行业特种设备专项整治、冬季锅炉安全排查、2016年后四十天安全生产工作等各类安全检查工作，督促企业及时对发现的安全隐患进行整改，保障辖区内特种设备设施的安全运行。全年检查共出动安全监察车辆176余车（次），出动执法人员875人（次），检查特种设备使用单位375家（次），下达特种设备安全监察指令书164份（共发现安全隐患327条，已全部整改）。共对5家企业进行了安全约谈。实现了全县特种设备连续十五年安全无事故。

质量强县战略

在全市率先完成“县长质量奖”评选表彰后，泽州县2家企业和2名个人又获得首届“市长质量奖”殊荣。同时，不断强化检验检测能力建设，省级铸检中心项目与清慧签订了合作协议，办公场所、检测设备已全部到位，人员进行了培训，建设工作已基本完成，省级验收工作正在顺利推进。计量、标准化、认证认可等质量基础工作得到了加强，“质量强县”工作走在了全市前列。

商标兴县工作

持续开展“一企一商标”“一村一品一商标”“一县一业一品牌”活动，引导企业注册商标，争创著名、驰名商标，并对获得著名商标和驰名商标的企业进行了表彰。截至2016年年底全县拥有注册商标786件，山西省著名商标12件，中国驰名商标1件，叫响了一批泽州品牌。

非公党建工作

全县共组建非公党总支1个，非公党支部95个，覆盖非公企业1025户，党员810名，基本实现了党的组织和党的工作“两个全覆盖”。党组织的“两个作用”得到进一步发挥，“两支队伍”建设取得明显成效。

法治建设

参加国家、省、市工商局、质监局举办的业务培训20余人次；组织184人参加县法制办的学习培训与考试，完成了新的行政执法证件申领和电子档案建立；组织全员法律法规知识更新培训2次。提高了全局执法人员的业务素质和实际办案技能。

文明单位创建

开展公民“四德”宣传教育活动，开展“道德讲堂”，评选“文明股室”、“爱岗敬业标兵”和“文明家庭”，积极开展“文明共建”“结对帮扶”活动，认真开展山西省精神文明单位标兵创建工作，并接受了省文明委的考核验收，已连续四届荣获“山西省精神文明单位标兵”称号。

物价管理

价格监测

2016年，根据国家发改委制定的《价格监测规定》对泽州县的商品、粮油副食品等进行了价格监测。其中省级监测任务一项，黄小米作为泽州县特色农产品，每月4日、24日各报送销售价格一次，在收获季节9月下旬、10月每周二进行上报收购价格，全年共上报30次。粮油副食品价格（食用油、肉蛋禽、水产、蔬菜、水果、副食品）、成品粮价格（面粉、大米、玉米粉、黄豆、红小豆、绿豆）、原粮收购、销售价格（小麦、玉米）、生产资料价格、日用工业消费品价格作为市级价格监测任务，每月上、中、下旬三次上报，全年各项分别上报36次；生铁、铸管以及煤炭价格每月中旬、下旬监测两次，全年共24次；生猪和鸡蛋出厂价格每月上、中、下旬三次上报，全年共监测36次。

价格分析

2016年，全年价格水平处于低位运行，消费价格同比上涨0.7%。分类别看，食品烟酒上涨1.9%；生活用品及服务类下降0.6%；生猪出厂价格全年平均价同比上涨22.11%，鸡蛋出厂价格全年平均价同比下降7.76%，黄小米销售价格全年平均价同比下降19.23%，原粮收购中小麦全年销售平均价同比下降1.59%，玉米全年销售平均价同比下降19.05%。针对生猪上涨情况该局价格监测中心及时深入市场及生猪养殖户、养殖企业进行了调研并就相关情况做了分析，并撰写了《关于泽州县当前猪肉价格及生猪市场情况的调查报告》。

价格调控

2016年，根据近年来市政府春节期间市场粮油肉菜优惠供应工作的通知，为确保节日期间该县广大人民群众度过一个欢乐、祥和的节日，利用市政府下拨的80万元价格调节基金对春节期间猪肉价格、粮油价格实施了优惠供应补贴。其中面粉以县经济信息化（县商务粮食局）局下属的各粮站面粉加工企业生产的特二粉为主，低于市场价0.05元/公斤，总计供应了75万公斤；食用油是福临门牌大豆一级、金龙鱼牌大豆一级，供应价格为每桶（5升）低于市场平均价5元，总计供应了15万公斤；猪肉供应价格为每公斤低于当地市场价0.5元，总计供应了25万公斤，通过供应工作的实施确保了春节期间市场价格的稳定。

价格调整

（一）根据《山西省物价局关于居民用电试行峰谷分时电价政策的通知》（晋价商字〔2015〕357号），2016年1月1日起，在全省范围内试行居民用电峰谷分时电价政策。（二）根据省发展和改革委员会、省经济和信息化委员会、国家能源局山西监管办公室转发国家发展改革委工业和信息化部《关于水泥企业用电实行阶梯电价政策有关问题的通知》（晋发改价格发〔2016〕414号），从2016年6月起，山西省水泥企业用电实行阶梯电价。（三）根据《国家发展改革委关于放开食盐价格有关事项的通知》（发改价格〔2016〕2032号）文件，2017年1月1日起，放开食盐出厂、批发和零售价格。(四) 根据《山西省发展和改革委员会山西省司法厅关于完善律师服务收费管理的通知》(晋发改价格发〔2016〕144号)，2016年4月1日起，我省执行新的律师服务收费标准。(五) 根据《山西省发展和改革委员会山西省司法厅关于规范司法鉴定服务收费管理的通知》(晋发改价格发〔2016〕145号)，2016年4月1日起，山西省执行新的司法鉴定项目和收费标准。(六) 根据《山西省发展和改革委员会山西省司法厅关于规范基层法律服务收费管理的通知》(晋发改价格发〔2016〕146号)，2016年4月1日起，山西省基层法律服务收费实行新标准。(七) 根据《山西省发展和改革委员会山西省司法厅关于规范公证服务收费管理的通知》(晋发改价格发〔2016〕147号)，2016年4月15日起，山西省实行新的公证服务收费标准。(八) 根据《国家发展改革委关于降低国内成品油价格简化调价操作方式等有关事项的通知》(发改电〔2016〕26号)，简化了今后成品油调价方式。(九) 根据上级相关行政事业性收费文件规定，取消涉企项目2项：组织机构代码证书费、新产品质量监督检验费中的定期检验费。停征项目2项：企业及个体工商户注册登记费、动物及动物产品检疫费。降低项目1项：煤炭产品质量监督检验费。质量技术监督主管部门依法设置或依法授权的产品质量监督检验机构、食品药品监督管理部门依法设置的产品质量检验机构，依法开展的委托性产品质量检验收费标准不再实行政府定价，由检验机构与委托单位或个人协商确定。

价格监管

以常规检查为基础，以专项检查为重点，整顿和规范价费行为。对辖区内的行政事业性收费和经营服务性收费、商品价格执行情况进行了全面检查，对于价格违法行为按程序进行了处理，规范了收费、价格行为。开展节假日期间相关行业商品和服务价格的专项监督检查，净化节假日市场价格秩序。进行“冬季行动”环保价格政策专项检查，对涉及环保价格收费的城建、卫生、防疫、质监等部门和汽车尾气检测收费严格检查，保障国家环保价格政策落实。开展“冬季行动”涉农价格和收费专项检查，坚决维护好农民的切身利益，切实减轻了农民负担，为改善民生，促进农村经济健康发展起到了积极作用。开展“冬季行动”涉企收费专项检查，以减轻企业负担为主线，持续不断地严查涉企乱收费行为，保障了企业的合法权益，优化了企业发展环境。精心组织安排，进行药品价格专项检查，重点查处扰乱药品市场价格秩序的行为，做到专项检查结束，但药品市场价格监管不结束，切实减轻群众不合理的医药费用负担，巩固医药卫生体制改革工作取得的成效。认真做好价格举报工作，以“12358”价格举报电话为载体，健全快速反应机制。全年共接受价格举报、咨询案件9起，涉及房地产及物业、医疗、教育、交通等领域，在规定时限内做了处理，结案率100%，做到有举必查、有查必果、有果必馈。

价格认定

以履行价格行政裁定职能为主线，以提供价格认证公共服务为抓手，积极推动全县价格认证工作创新发展。2016年全年共办理价格认定案件158起，总认定金额167.1893万元。在涉案物品价格认定方面：严格按照涉案物品价格操作规程，认真核对认定依据，查找漏洞，做好记录，出具依据充分的认定结论。全年共为公安机关办理涉案物品价格认定案件151件，涉案金额154.9235万元。在交通事故车物损失价格认定方面：积极与县交警大队协商，改进工作作风，保证公安交警部门及时处理事故，切实维护了当事人的合法权益。全年共办理车物损失认定案件5件，认定金额8.1391万元。在涉纪案件价格认定方面：为协助纪检监察机关查办案件提供了有力的办案依据。全年共办理涉纪案件2起，涉案金额4.1267万元。

价格调研

价格政策落实情况方面：积极落实，对照文件要求，认真开展价格政策落实自查、调研工作。经过对相关价格执行单位进行调研，涉及该县具体实际的相关价格政策均执行到位，并在文件要求时间内向市发改委提交相关自查总结和建议。药品市场价格情况方面：根据省发改委《关于全省开展药品市场价格情况调查的通知》文件要求和市发改委指派，对辖区内具有代表性的乡镇卫生院进行了认真调查。对特定药品价格变化情况进了认真比对和分析，汇报了调研情况，提出了相关合理化建议，让国家药品价格调控政策更多惠及民生。景区门票价格专项整治方面：根据《山西省物价局山西省旅游局关于贯彻落实〈国家发展和改革委员会　国家旅游局关于开展景区门票价格专项整治工作的通知〉的通知》文件要求，按文件要求进行安排部署，落实文件要求目标，达到景区门票价格水平基本稳定，维护了正常旅游价格秩序。全面落实经营服务性收费目录清单制度方面：根据《山西省发展和改革委员会关于全面实行经营服务性收费目录清单制度的通知》要求，充分认识理解收费目录清单对提高价格治理能力和优化价格水平的重要意义，及时认真梳理、建立了县级的相关经营服务性收费目录清单，并在网站及时公布。居民阶梯水价和开征污水处理费情况方面：根据国家发改委以及省、市价格主管部门文件精神，对辖区内的实施条件、环境进行了认真调研，在积极落实上级业务部门要求的同时，充分考虑到县里实际情况，体现了谋事要实的精神，把价格工作做到了实处。维护市场经济秩序方面：针对当前市场价格监管现状及存在的问题，进行了专题调研。就各种不规范的市场价格行为进行分析，并提出了有针对性的解决建议，保障了市场经济秩序健康有序的发展。

食品药品监管

概述

泽州县食品药品监督管理局成立于2002年4月，正科级建制，行政执法机构，为县政府组成部门。2002年4月，组建晋城市药品监督管理局泽州分局，承担该辖区内药品研制、生产、经营、使用全过程监管，为市药监局派出机构，正科级建制，实行省以下垂直管理。2005年1月，增加全县食品安全综合协调职能，挂牌成立晋城市食品药品监督管理局泽州分局，沿袭省以下垂直管理。2011年5月，划归地方政府管理。挂牌成立泽州县食品药品监督管理局，负责全县药品、医疗器械、餐饮服务环节食品、保健食品、化妆品的监督管理。2013年12月，按国务院改革要求，在原基础上组建新的泽州县食品药品监督管理局。负责全县食品、药品、医疗器械、保健食品和化妆品（“四品一械”）的监督管理，同时承担全县食品安全监督管理的综合协调工作。2015年，内设办公室、食品安全监管股、食品市场监管股、药械综合监管股和保健食品化妆品监管股5个股室。局直属事业单位泽州县食品药品稽查队，副科级建制，加挂“泽州县食品药品投诉举报中心”牌子。泽州县药械不良反应监测中心。为股级财政拨款事业单位。泽州县食品安全委员会办公室设在县食品药品监督管理局。承担县食品安全委员会日常工作，负责全县食品安全监督管理的综合协调，推动健全协调联动机制；督促检查各乡（镇）人民政府履行食品安全监督管理职责并负责考核评价；组织有关专家和部门对各乡镇所发生的食品安全事件进行性质认定和相关责任界定。全县按乡镇设立17个食品药品监督管理站。

泽州县食品药品监督管理局成立以来，多次受到上级的表彰奖励。2005年、2007年、2008年被山西省食品药品监督管理局表彰为政风建设先进单位；2007年、2008年被山西省食品药品监督管理局和山西省卫生厅联合表彰为山西省药品不良反应监测工作先进集体；2012年和2013年分别荣获山西省药品安全示范县和山西省餐饮服务食品安全示范县称号；2014年、2015年、2016年连续被山西省食品药品监督管理局表彰为全省食品药品监督管理工作先进单位。此外，多次被晋城市人民政府表彰为打假治劣工作先进集体、食品安全工作先进集体，被县委县政府表彰为精神文明建设先进集体、目标责任考核优秀单位等。

行政许可和备案

县食品药品监督管理局的市场准入设置为食品经营许可、食品生产加工小作坊许可，以及农村集体聚餐和食品摊贩的登记备案。2016年以来，共受理许可申请1206家（其中餐饮612家，流通510家，食品小作坊84家），现场验收1600余家（次），办理许可证1140家（其中餐饮592家，流通489家，小作坊59家）。食品小摊贩登记备案413家，农村集体聚餐登记备案314家（次）。

“四化”管理

责任“网格化”。就是将“四品一械”的监管任务以“网格”的形式固定到县乡两级监管人员头上，采取划片分区、任务包干、责任到人、权责统一的方式，实行“以格定责任、以邻相互补、以网同检查”的网格管理机制。乡镇工作站成立之后，县局通过明晰乡镇的监管职能，把繁复琐碎的日常监管任务明确到乡镇工作站，实现了真正意义上的监管力量下沉。检查“格式化”。按照“四品一械”涉及的不同经营业态，确定并推行不同的格式化检查表格。如生产环节食品监管记录表、流通环节日常监管巡查表、餐饮服务环节量化分级评分表，以及药品、医疗器械、保健食品、化妆品双层监管记录表等。检查过程中，执法人员可以按照表格所列内容逐项检查，现场打分和评定诚信等级，确定监管频次，避免了检查漏项和检查的随意性。管理“痕迹化”。所有格式化检查表格、现场检查笔录等日常监管工作中发生的文字性资料均一式两份，由检查人员和被监管单位各执一份。对存在问题的单位，同时出具监督意见书，载明整改意见，限定整改期限。围绕不同专项整治，制定相应的自查整改表，要求相关单位按时自查整改并上报。每学期开学前，组织各学校食堂依标准进行自查，并上报自查整改情况。通过痕迹化管理，执法人员可以及时发现漏洞，纠正偏差，进一步强化了责任意识。监管“信息化”。县食品药品监督管理局早期自主研发了泽州县食品药品监管平台，将辖区所有药品经营企业、乡镇以上医疗机构共170余家涉药单位纳入了在线电子监管系统，各单位药品购进验收、储存养护、诚信评级等与该局监管平台通过互联网数据对接，全部实现了动态远程在线监管。当年通过互联网在线收集全县涉药单位药品购进验收信息27.6万条，系统维护运行良好。为进一步提高食品安全监管效能，又建设开发了系统功能更加强大的食品监管信息化平台。平台主要包括四大系统，即食品追溯系统、行政审批系统、在线监管系统、公共查询系统。通过这四大系统形成了一个严谨的业务闭环。行政审批系统通过在审批发证的过程中对相关企业进行监管；食品追溯系统则主要管控生产流通过程中的问题；在线监管系统则主要起到配合追溯系统检查、问责的作用；公共查询系统则为广大老百姓提供一个查询窗口，可以实时了解到一些产品的信息。2016年，全县56家食品生产企业全部对食品原料采购及产品销售流向进行了网上录入。在食品流通环节，先期在246家基础条件较好的食品经营企业推广使用食品安全追溯系统软件，初步做到了“源头管理”。

“四品一械”监管

泽州县辖区内监管企业众多，主要呈现规模小、分布散的特点。据统计，2016年共有监管企业近5000家。其中食品类监管企业3615家.包括生产企业56家，主要以面粉厂和水厂为主(共37家)，食品加工小作坊96家，餐饮企业1329家(大中型78家，学校职工食堂226家，小餐饮1025家)，食品流通单位2134家(批发165家，零售1969家)。药械类监管企业772家，包括药品生产企业1家，医疗器械生产企业2家，药械批发企业3家，药械经营企业106家，药械使用单位660家。此外，还有数量庞大的食品流动摊贩、农村集体聚餐及无证小卖部，约千余家。生产环节食品监管方面：对照《28类食品生产许可证审查细则》，按照工艺流程，逐户开展审查式监管，以书面形式提出整改意见，并跟进落实整改结果。通过调研、审查、监管一体化检查，准确把握食品生产环节安全风险防控点，确定重点监管环节，明确高风险企业4次、中风险企业2次、低风险企业1次的年度监管频次要求。2016年，共完成对晋城市晋大农牧产业有限公司等8家高风险企业进行监督检查34家(次)，对泽州新昌食品加工厂等17家中风险企业进行监督检58家(次)，对泽州县双丰农业发展有限公司等30家低风险企业进行监督检查64家(次)。经营环节食品监管方面：该局在前期“降低门槛，纳入监管”的基础上，以农家乐、小超市、小作坊为重点，采取提高准入标准、实行示范引领，取缔无证经营等方式，集中规范小、散、乱、差食品经营乱象。同时，借力泽州县“古韵泽州、全域旅游”发展大局，全面推行食品摊贩登记备案制，进一步规范农村赶集赶会食品市场。各乡镇驻地、公路沿线、集中住宅社区、旅游景区等地，食品经营企业持证率达95%以上。2016年，全县食品生产加工小作坊145家持证，持证率达86%以上，基本完成了“纳入监管”的基础目标。药品医疗器械监管方面：新版GSP全面提升了企业经营的软硬件标准和要求，明确企业法人或负责人应具备执业药师资格，要求企业必须建立质量管理体系，强调对质量管理制度、岗位职责、操作规程、记录、凭证等一系列质量管理体系文件的执行和实效。同时，重点推行计算机信息化管理、仓储温湿度自动监测、药品阴凉储存和冷链运输管理等，切实增强了流通环节药品质量风险控制能力，促使全县药品经营企业在规范管理上提升到一个新高度。2016年，泽州县106家药品经营企业中104家完成了GSP认证，认证通过率达98%。保健食品化妆品监管方面：突出监管重点，着力规范市场经营秩序。2016年，组织开展了保健食品会议营销专项整治、保健食品等三类食品非法添加非法声称问题专项治理工作等多项专项整治行动，以打击假冒保健食品化妆品为抓手，规范经营企业索票索证行为，保障了群众合法权益。

案件稽查

县食品药品监督管理局加强与公安、检察及法院的沟通联系，健全落实联席会议机制、案件移送机制、联合办案机制，有效解决行政机关监管手段不足和对违法犯罪行为查不实、打不死的问题。2016年，共查处违法违规案件101起，其中，食品案件85起，药品医疗器械案件11起，化妆品案件5起。执行罚没款14.42万余元。

机构设置和领导人名录

国土资源局局长：徐选余

审计局局长：丁勇军

安监局局长：马　占(8月离)

原吉雷(8月任)

工商质量监督管理局局长：张庆立(女)

食品药品监督管理局局长：翟卫伟(6月离)

刘晋生(6月任)

工业经济

经济和信息化

概述

2016年，面对工业经济持续下滑的整体形势，在县委、县政府的坚强领导下，全县工业战线干部职工坚持稳中求进工作总基调，统筹推进稳增长、调结构、促转型等重点工作任务，沉着应对，积极作为，通过强化工业经济运行调度、推进重点项目投产达产、支持新产品研发上市、开展工业企业降本增效、积极开展“入企业服务”活动等一系列综合措施，有力地助推了工业经济发展，全县工业呈现出在艰难的背景下，克服种种困难，实现了总体平稳运行的态势。县国有企业经营困难，自有资金有限，为进一步落实上级关于国资监管的相关政策精神，陆续出台县属配套文件。2016年以来，出台《泽州县国有企业负责人履职待遇、业务支出管理暂行办法》《泽州县县属国有企业重大信息公开实施细则（试行）》；下发《泽州县企业国有资产监督管理领导组办公室关于开展国有企业清产核资工作的通知》，出台《关于认真做好2015年度国家出资企业产权登记工作监督检查的通知》，2016年10月31日经县政府常务会议第七次会议通过《关于天泰公司加快改革提效的指导意见》，县国资办监督天泰公司组织实施。

工业经济运行

（一）重点经济指标。1—12月，全县规模以上工业企业共完成工业总产值177亿元，同比增长1.34%；工业增加值完成46.7亿元，同比增长5.4%，排名全市第一位。省市重点项目共完成投资32.8亿元；工业新兴产业投资完成43.3亿元，完成率120%，完成总额居全市第一；非煤产业增加值增速达10.0%，位居全市第一位。（二）主要工业产品产量。1—12

月，原煤产量672.04万吨，同比下降5.2%；钢材354.2万吨，同比增长17.6%；化肥（折纯）125.2万吨，增长6.2%；发电量19.1万千瓦时，下降2.8%；铸件13.03万吨，下降17.7%，铸管27.8吨，同比下降7.1%。

工业转型

积极应对经济下行压力，扎实推进“六型转变”，加快发展新型工业，全年新兴产业投资完成43.3亿元，总额居全市第一。非煤产业增加值达29.7亿元，占比达63.6%。南村铸造工业园建设稳步推进，巴公装备制造工业园基础设施继续完善，冶铸产业向规模化、集群化迈进。2016年上半年，兰花己内酰胺、兰花纳米新材料、天泽4060大颗粒尿素项目将相继点火试车，这批新项目的陆续投产将拉动县工业经济上档升级。

项目建设

一是加强项目推进。准确把握经济发展新趋势，以提高质量效益为中心，进一步加强项目建设，着力抓好产业集聚，延伸产业链，加快培育新的经济增长点。重点为项目建设搞好前期、中期服务，锁定项目对象，提供“保姆式服务”“全程式服务”。二是招商引资。围绕产业链条完善、龙头企业发展、创新能力提升、园区建设等方面，开展产业招商活动。搭建园区建设平台。三是推进园区建设。着重加快南村铸造园区和巴公现代装备制造城的建设进度，充分发挥两个园区的集约化功能，整合土地、电力、人力资源等各类生产要素，形成具有泽州县特点的集群优势。创新招商引资模式。吸引一批诸如现代装备制造等市场前景好、发展潜力大的新兴产业进入园区，使园区经济成为提振工业经济进一步向好的主引擎。

节能降耗

2016年，面对全县化工、钢铁等高耗能行业的能源消费量比重逐年增加的严峻形势，在县委、县政府的领导下，紧紧围绕节能降耗积极开展工作，通过贯彻落实国家有关节能降耗优惠政策，有效推动工业绿色、循环、低碳发展，促进工业转型升级。（一）节能技术改造在钢铁、水泥、化工、铸造等行业按照工信部的节能技术推广试用目录，推广使用先进的节能技术，实现废气、余热、废渣的回收利用。截至2016年年底，福盛钢厂利用余压发电，高（转）炉煤气回收燃气发电约2.31亿千瓦时，双蓄热式轧钢加热炉改造技术降低了综合能耗，实现了循环利用；山水合聚水泥利用余热发电约0.6亿千瓦时；春晨兴汇、大通铸业、金秋铸造这三家公司的高炉煤气全部用于铸管退火；兴达铸件使用一拖二中频炉替代传统中频炉，清慧使用真空熔炼炉替代传统中频炉；兰花集团年产50万吨纳米新型材料项目可利用巴公工业园区化工厂排放的中水和二氧化碳气体可作为纳米复合材料项目生产用水和原料气，纳米复合材料项目排放的石灰渣、粉煤灰和园区内其它企业的钢渣、煤渣等又是工程无机棉项目的原料，工程无机棉项目的燃烧炉气又循环为纳米复合材料项目的生产热源，纳米复合材料项目生产的生石灰是光学极PMMA模塑料生产用除湿剂。（二）淘汰落后设备关闭小吨位（≤3吨/小时）铸造冲天炉57台。为加快推进泽州县淘汰落后设备工作，完成节能减排和产业结构调整目标任务，该局制定了《关于加快淘汰小吨位（≤3吨/小时）铸造冲天炉的实施方案》，对全县范围内对小吨位（≤3吨/小时）铸造冲天炉进行摸底排查，并最终确定了淘汰名单，属淘汰范围的冲天炉共有65台，其中南村镇40台，巴公镇2台，北义城镇2台，大阳镇6台，金村镇1台，晋庙铺1台，下村镇6台，大箕镇7台。截至2016年底，全县共更换53台冲天炉，淘汰2台，尚未更换冲天炉的企业因资金等原因已停止生产。（三）开展能效对标活动对照国家先进值，针对企业现状，分析问题，找出原因，制定切实可行的实施方案。重点实施节能与综合利用工程，从生产源头、过程控制、终端产品3个环节入手，使用先进节能技术、改造升级生产工艺装备，提升工业能源资源利用效率。

电　力

概述

国网泽州县供电公司（简称泽州县公司）隶属于国网晋城供电公司，担负着晋城城区、泽州县、开发区的工农业生产、人民生活、市镇建设及各行业、各部门的供电任务，供电服务区域2181.6平方千米。2016年，泽州县公司全年完成电网投资1.12亿元；售电量19.24亿千瓦时，同比增长3.15%，比计划超完1356.396万千瓦时；线损率3.64%，比计划降低3.16个百分点；平均电价579.09元/兆瓦时；电费回收率和上缴率完成100%。截至2016年12月31日，实现安全长周期7828天。2016年，泽州县公司荣获山西省“五一劳动奖状”、省级“平安单位”、省级“文明单位”、泽州县委和县政府“服务经济建设特别贡献奖”等荣誉称号。西上庄供电所荣获山西省电力公司“先进班组”称号；北义城供电所荣获晋城供电公司2016年“十佳乡镇供电所”称号。公司13名员工、3个集体荣获省市级以上表彰。

截至2016年底，泽州县公司共管辖35千伏变电站9座、主变压器18台、容量14.755万千伏安，10千伏开关站5座，35千伏线路16条、长度125.04千米，10千伏配电线路104条、长度1529.453千米，10千伏配电变压器4231台、容量161.359万千伏安（其中公用配电变压器1081台、容量23.0735万千伏安），营业核算总户数24.8608万户。

机构队伍

截至2016年年底，泽州县公司下设8个部室，分别为调度控制中心、运维检修部、营销部、乡镇供电所管理部、发展建设部、安全监察质量部、财资部、综合管理部；12个班组、15个供电所。

电网建设

结合全市经济社会发展总体规划及晋城市电网发展规划，完成泽州电网2016年度“十三五”滚动规划项目编制工作。配合市公司完成金匠220千伏工程等属地协调工作；完成市区谷堆头、阎庄、阳阿110千伏变电站等在建工程顺利开工建设；完成35千伏玛琅站、柳泉站、大箕站改造送电工程；完成35千伏陈沟开闭所改造、北石店变电站降压运行工程；完成设备老旧、迂回供电的峪南、白马寺开闭所退运工程；完成10千伏柳泉线、椿张线等6条重过载线路治理工程；完成新增城镇配电网建设改造项目2项（10千伏孟匠线改造工程、10千伏线路西上庄绝缘化改造工程）；完成42个低电压台区改造，新建及改造10千伏线路55.207千米，电网总投资约1.12亿元。

经营管理

在经济形势下行及政府对环境违法企业关停影响下，积极开拓电力市场，全年共受理新装、增容报装申请2.83万户、容量42.12万千伏安，完成报装送电2.80万户、容量22.27万千伏安。紧盯营配贯通进度，加强营销数据核对，营配调贯通数据对应率大幅提升。强化用电检查工作，查违查窃20.26万元；扎实开展合表用户打开工作，截至2016年底完成合表打开2.7642万户，年度任务完成率113.99%。扎实开展“互联网+营销服务”竞赛活动，通过和移动公司联手对接等方式全力推广“掌上电力”APP等多种收费渠道建设，全年电费足额回收。大力支持光伏产业发展，持续畅通分布式光伏电源并网服务通道，全年累计完成并网1602户，并网容量1.45万千瓦，光伏服务项目无一超期工单，客户满意率100%。

安全生产

认真学习贯彻新《中华人民共和国安全生产法》《安全工作规定》《安全职责规范》，扎实开展“安全管理提升”“安全生产月”“安全先锋行”“三查三强化”等系列活动，结合基层基础工作、“二十四节气表”工作法等重点工作，全面梳理安全工作流程，理清安全管理责任界面，健全安全生产保证体系、责任体系和监督体系。按照“党政同责，一岗双责、失职追责”的原则，从人身、电网、设备、交通、消防、防误操作、高危客户、信息8个方面建立健全安全生产责任体系建设。认真组织开展县供电企业安全性评价自评工作，从7个方面432项条款进行认真的自查，共查出问题58项，并针对性制定整改措施，不断消除本企业存在的隐患和薄弱环节。扎实开展“除隐患、查漏洞、保供电、提服务”隐患排查治理工作，对两网改造现场、春检现场、小型作业现场、交通安全、消防安全等方面进行安全隐患大排查，共发现隐患99处，并对隐患进行积极整改。定期开展反事故斗争和安全大检查，大力推进施工现场作业标准化建设，加强各类施工现场的安全监管，全年监督现场70处、258人次，查处习惯性违章行为24起，处罚金额6100元。积极宣贯《山西省电力设施保护条例》，大力开展电力设施保护工作，共砍伐线路保护区内各类树木8000余棵，消除缺陷127处，制止线下建房、大型机械施工、挖方取土、外力破坏等各类违章行为32处，电力设施运行环境进一步改善。扎实开展煤矿等高危行业安全供电隐患排查治理工作，对29户煤矿企业用电进行了拉网式安全隐患大排查专项行动，用电安全专项检查到位率100%。高度重视保电工作，圆满完成“两节”、“两会”、高考、中考、“秋风古韵畅游泽州”等重要活动保电任务。全面加强信息网络、消防、交通、治安等安全管理工作，保持了全方位安全生产的良好态势。

党建和精神文明建设

坚持“三个注重”，扎实推进“两学一做”。全年开展集中学习10次，专题理论研讨3次、专题党课3次，党员干部结合“四讲四有”合格党员标准和廉政党课内容撰写心得体会40余篇，撰写心得笔记70余万字。大力开展“三亮三比”“四讲四有”“党员进现场、走一线、展风采”活动，使党员干部成为引领公司专业发展的生力军。公司学习教育开展情况受到了省公司督导组和公司党委的充分肯定。

全面深化党风廉政建设，严格落实“一岗双责”。逐级签订了责任状，对80余个岗位开展了廉政风险查找梳理；认真开展“四风”整治回头看以及婚丧喜庆大操大办专项整治，加强警示教育，邀请泽州县检察院朱会鹏开展《廉政党课“以案说规”》专题讲座；组织召开优质服务集体廉政谈话和落实《党员干部风清气正过节“十严禁”》约谈会等，教育和引导广大党员干部真正把纪律和规矩挺在前面，营造风清气正，崇廉尚俭的企业氛围。全方位开展“先锋+”活动。做实服务先锋，结合“秋季大走访”，带头深入7个县、乡镇政府、6个供电所、2个营业站走访调研，黎明党员服务队活动119人次。优化安全先锋，共出动105人次对37个小型作业现场进行了督察，现场安全工作做到了“可控、在控、能控”。精细对标先锋，利用周例会、月度例会定期开展31项同业对标指标分析，确保领先指标扩大优势，中间指标升档进位，短板指标持续改进。三季度全省排名第七名、全市第二，获省公司“标杆单位”荣誉称号。争当公益先锋，全体员工捐献爱心基金共计2.98万元，结对帮扶大南沟村、段峪村，构筑村企共建和谐氛围。

内质外形建设认真开展规章制度梳理和流程优化管理。共梳理规章制度11条，规范管理类文件64条；编制出台了“配变一致性协同机制”、“设备异动协同机制”和“营销与配电运检业务协同机制”等9个跨专业的沟通协同机制文件，大大强化了各部门间沟通协作能力。积极推进本部建设，共查找相关问题14项。其中A类问题2项，B类问题3项，D类问题8项，E类问题1项，并已全部整改完成。

高度重视保电工作，圆满完成“两节”、“两会”、首届海峡两岸神农炎帝农耕文化节等重要节日、重要活动保电任务。组织员工参加各类“送温暖”捐款和“金秋助学”等活动，2016年筹集爱心基金2.98万元。积极支持新农村建设，先后与泽州县南岭乡段峪村和大阳镇大南沟村形成帮扶共建关系，多渠道筹措资金28.5万元，深入开展精准扶贫，为两个村农林牧专业合作社新架了线路，协调聘请专家进行养殖指导；公司中层及以上干部党员和大南沟村15户贫困户结成帮扶对子，为村里开展了制作社会主义核心价值观公益广告墙体宣传栏，粉刷墙壁、硬化道路、净化庭院，普及文明礼仪、健康卫生知识等活动；组织开展了为孤寡老人、养殖户、贫困户捐冬衣购粮油送温暖，为孩子们捐图书买文具送文化等实践活动，提升了企业的美誉度和品牌形象。

全力提升队伍素质，组织各类培训班18期，累计培训900余人次；加强“五型”班组和星级供电所建设；认真落实医疗、体检、食堂等各项福利保障措施，大力整治办公环境，形成了以文化长廊、文体活动中心、职工书屋、读书分享、好书漂流、道德讲堂为一体的文化发展氛围；积极组织参加各类文体赛事，展示了员工健康向上、锐意进取的精神风貌，公司幸福发展氛围日益浓厚。

城镇集体工业

概述

在泽州县的经济发展史上，城镇集体经济曾占据重要一笔，特别是20世纪七八十年代，发展到了鼎盛时期，全县经济总量她占据了半壁江山，就连享有全国“五小工业”美誉的晋城也靠它鼎力支撑。然而，在90年代汹涌的市场大潮冲击下，泽州县城镇集体经济企业纷纷停产倒闭。截至2016年年底，全系统15个企业中，仅一家地面企业生产，其余全部停产，最严重的金属厂已经没有厂址了。全系统共有1378名职工，在职的804人中，有715人下岗，572人靠低保生活；退休的574人中，有275人已退休未参保，仅享受县政府发放的困难生活救助。所参加养老统筹的4家企业259人，其中3家企业186人欠费，截至2016年年底，累计欠缴约773万元。

泽州县城镇集体联合社同时挂泽州县二轻工业局的牌子，是泽州县城镇集体经济企业的管理部门。2016年该局紧紧围绕保增长、保民生、保稳定，按照全县总体工作布局，积极应对煤炭市场疲软、经济下行压力增大、资金极度紧张等不利因素，齐心协力闯难关，实现经济发展平稳增长，职工收入稳步提高，困难职工生活水平大幅改善，全系统总体呈现和谐稳定的发展态势，为“十三五”全面建成小康社会打下了坚实的基础。

经济发展

坚持做大做强煤炭企业。天户煤矿90万吨机械化矿井建设如期达产达效，形成了强大的经济拉动力；地面企业积极探索特色化转型发展之路。中原信号公司凭借铁路信号系列产品抢占市场，顶住了经济下行压力。2016年，全系统工业总产值完成2.7亿元，工业增加值完成1.6亿元，销售收入完成2.68亿元，实现利润1009万元，上缴利税6685万元，为全县经济发展做出了贡献。

民生保障

认真落实好各项惠民政策，全年开展入户走访60余人次，配合县老龄委为系统内68位80岁以上老人发放每人每年900元的补助款项；与县工会一道为系统内275名退休困难老职工发放每人每月320元的困难救助；实施金秋助学工程，向3名困难职工子女每人帮扶3000元；办理停产企业职工大病医疗救助23人，共领取医疗救助金75000余元。在上级民政部门组织开展的低保复核工作中，耐心做好政策解读工作，确保每一名困难职工应保尽保。

党建工作

深入贯彻全面从严治党要求，积极开展“两学一做”学习教育工作、狠抓党风廉政建设“两个责任”的落实，坚持把规矩和纪律挺在前面：扎实开展“两学一做”学习教育，全面提升机关党员干部职工素质，并重建了附件厂和大阳铁厂党员活动阵地；深入推进党风廉政建设，强化廉政风险防控意识，开展廉政谈话10余人次，诫勉谈话1人次；驰而不息纠“四风”，修订完善了6项制度，进一步规范公务用车，对办公用房进行了重新清理，对4名同志的婚嫁事宜进行了备案监督，同时加大春节、“五一”、端午、中秋等重要节点的提醒监督力度，确保系统内风清气正。

民营经济

概述

2016年，面对错综复杂的经济形势，泽州县中小企业局、民营经济管理局带领全县中小微企业认真学习中共十八届三中、四中、五中、六中全会精神，深入贯彻国家、省、市、县稳增长的政策措施，牢牢把握“改革创新、稳中求进”的总基调，积极应对经济下行压力，抢抓机遇，提振信心，整体表现出稳中求进的发展态势。截至2016年年末，全县民营企业总数共发展到11266家（其中：一产1408家，二产1462家，三产8396家）。按企业划型标准分，大型企业1家，中型企业116家，小型企业2696家，微型企业8453家（包含个体工商户）；规模以上民营工业企业25家；有科技型小微企业30余家。从产业集聚上讲，基本形成了以装备制造、现代农业、商贸物流、文化旅游、现代服务为代表的等多元发展、多极支撑的产业格局。从社会效应来看，全县中小企业、民营经济占据全县80%的地区生产总值，提供38%的财政收入，吸纳86%的就业人员，贡献80%的农民人均纯收入。全县中小企业、民营经济已成为县域经济的主力军，拉动内需的主源地，社会就业的主渠道，结构调整的主载体，科技创新的主动力。

经济指标

1—12月份，全县民营经济增加值完成180.4亿元，同比增长2.41%；总产值完成378.0亿元，同比增长3.2%；营业收入完成471.3亿元，同比增长2.4%。从指标完成上看，受经济下行影响，各项指标增幅与上年同期相比有所回落；从企业运行看，整体呈现出“缓中趋稳、稳中有进”的特点。（一）主导产业生产形势地位趋稳。1—12月份，钢材产量完成354.2万吨，同比增长17.6；吨价3600元，同比上升1000元左右，总体呈现上升趋势；生铁产量完成380.8万吨，同比增长13.5%，吨价2800元左右，同比上升900元；铸件产量完成54.6万吨，同比下降2.3%，吨价4000~15000元，同比小幅上涨；铸管产量完成85万吨，同比降低1.4%，普通管吨价3000元，小口径管和大口径管吨价4200元，同比上升200元左右。从运行情况看，铸造产品价格逐步回升，释放出更多积极信号。（二）企业持续增效难度加大。一是大多企业在技术研发、工艺改进、人才建设等方面投入相对薄弱，产业层次较低，创新能力较弱，产品缺乏市场竞争力；二是冶铸产业受环保政策控制和节能减排影响，特别是二季度和四季度期间，大面积停产进行技术改造，不同程度限产，盈利能力下降。（三）小微企业对民营经济的拉动逐步增强。

通过深入贯彻国家扶持中小微企业发展的系列优惠政策，有效激发了小微企业的创业创新能力。1—12月份，全县农林牧渔业增加值完成6.5亿元，同比增长5%，其中：以五谷养生、伊健食品、山里泉蜂业代表的特色农副产品加工企业，充分利用“互联网+”开拓市场，共有100余种特色农副产品在微云传媒“芝麻商城”、创思科技“泽州坊”、“京东商城”等电商平台展示和销售。1—12月，全县三产服务业销售收入完成65.8亿元，同比增长21.8%，对民营经济的拉动作用逐步增强，以大阳古镇、聚寿山、栖龙湾景区、月星广场、乐村淘O2O等为代表的文化旅游、商贸物流、现代服务业活力增强，营业收入稳步提升。

发展环境

一是落实扶持政策。认真贯彻落实“国十条”“省委33条”“市委26条”等文件精神，整理印制了《扶持中小微企业发展政策汇编》，牵头制订了《关于加快民营经济发展的实施意见》《关于加快推动民营企业规范化改制上市的实施意见》，修改完善了《泽州县中小企业发展专项资金管理办法》等配套措施，明确了县级中小企业发展专项资金的年度支持重点和使用方向。二是加大政策宣传。整理印制了《扶持中小微企业发展政策汇编》《中小企业创业创新指导目录》和宣传彩页，通过广播、电视、中小企业微信平台、企业QQ群、基层小微企业服务站，将系列政策宣传到企业、贯彻到基层，切实打通政策落地的“最后一千米”。三是培塑创业典型。通过县电视台《青年创客访谈》等栏目，对该县50余名青年创业的经验做法和成功典型进行了宣传报道，积极营造“大众创业、万众创新”的浓厚氛围。

重点项目建设

紧紧围绕县委、县政府“项目大发展”活动主题，积极推进“六位一体”的跟踪服务。按照市局下达的12亿元固定投资目标要求，重点监测了30个民营企业投资项目建设。其中：新建项目4个；续建项目7个；小微项目19个，1—12月份，全县民营项目固定投资完成12.31亿元，占年度计划102.6%，建设进度次序推进（南村科裕达2万吨市政铸件项目已投产运营；下村中能蓝天环保科技30万吨节能环保型煤、犁川久丰铸造自动化铸造生产线和南村畅通铸业2万吨铸件项目正在安装调试设备；巴公来村小微企业孵化园、东方实业小微企业创业基地2个项目主体工程已经完工；中国青年城、东方热电下村集中供热、锦绣鑫源二期工程、欣阳新能源6兆瓦光伏发电、伊健食品早餐工程改扩建5个项目不同程度开工建设；春晖铸造、昶泰实业和康联铸造等机制井盖小微项目生分别完成投资1600万元、1200万元和1000万元）。30个民营项目全部投产达效后，将实现新增营业收入28亿元、利税2.8亿元，新增就业岗位1万个。通过加大对在建、续建、落地工程的追踪力度，研究推进措施，优化投资结构，提高投资质量和效益，增强了发展新动力，形成了发展新引擎。

创业创新

一是强化产业集聚。按照省、市中小企业系统的有关文件要求，积极组织申报铸造产业集群县。6月，泽州县被认定为“全省铸造产业集群县”，并获得460万元奖励资金；二是搭建创业载体。全县重点抓了1家省级、3家市级和3家在建创业基地建设。锦绣鑫源省级基地新增投资380万元，二期工程陆续投入使用；巴公来村市级基地新增投资960万元，招商中心室内装修接近尾声，即将投入使用；11月，信合义乌、鲲鹏创业梦工场2家重点培育对象被新认定为市级创业基地；科通电子、东方实业、广达物流园区3家新建基地共完成投资1560万元，正在按照中小企业系统创业基地认定标准进行规范。通过多层次搭建创业载体，有力推进了全民创业工程，全年新创实体企业436家，新增个体工商户1600余家；新增就业岗位5100余个；三是实施成长工程，通过健全完善“三库”(“小微企业”、“小升规”企业、“小巨人”企业培育库)建设，加大培育力度，开展重点帮扶，落实奖励政策，推动了康联工贸、臻固商砼、锐锡铸造3家“小升规”培育对象规范升级，推动了大通铸业、顺盛建材等“小巨人”培育对象做大做强，形成了层次分明、分类培育、整体推进的发展格局。四是强化科技创新。山里泉蜂业、景柏服饰、美虹钢构、科通电子、五谷科技、伊健食品6家民营企业产品，分别荣获“山西省著名商标”；兴达铸件被认定为省级中小企业技术中心；微云传媒、宏伍铸业、宏创源、荣而飞被认定为省级科技型企业；全年民营企业开发新产品8种、新工艺6项。通过开展以上工作，增强了县域中小企业的品牌战略意识，推动了企业技术创新与发展，形成了新的经济增长点。

融资创新

一是落实金融政策。在省社科院金融中心的帮助指导下，牵头制定了《关于加快推动民营企业规范化改制实施意见》，拟建立1.5亿元的改制基金(其中：县政府出资5000万元的作为种子基金，吸收投资公司和社会资本1亿元)，9月27日，县政府与中国银河证券签署全面战略协议，拟定了民企股改“五年行动计划”，全力推动企业上市。截至2016年，华明纳米、国晨生物、中国青年城、爱窝商贸4家企业分别在北京“新三板”、上海“Q板”、山西“青创版”挂牌上市；清慧胜凯、兴达铸件等一批潜力企业正在加快上市进程。二是创新融资服务。积极推进多部门合作机制，常态化搭建政银企融资对接平台。1—12月，“助保金”“聚力贷”两项业务共为20家企业提供增信9020万元，先后为23家民营企业累计解决资金约4.3亿元；县政府“还贷周转金”由原来的5000万元增加到1亿元，先后为43家企业累计额提供搭桥资金99笔，帮助企业周转贷款11.7亿元，有效缓解企业融资压力。三是创新金融产品。泽州农商行、建设银行泽州支行等6家驻县金融机构针对县域产业特征和发展需求，分别推出了“创业贷”“信用贷”“POS贷”“循环贷”“光福贷”等系列产品，及时为更多小微企业提供便捷的融资服务。

公共服务

认真贯彻落实《国务院关于扶持小型微型企业健康发展的意见》(国发〔2014〕52号)文件精神，按照省、市中小企业系统关于加快服务体系建设的相关要求，率先在全市建成

"1+1+17"中小企业公共服务体系。一是加快泽州装备制造（清慧）产业平台建设。3月16日，泽州（清慧）装备制造特色产业窗口服务平台正式投入运行。平台总投资2329万元，配备了"X射线探伤检测仪""三坐标""光谱仪"等各类检测检验设备60余台（套），努力在产品研发、模具制造、检测检验、人才培训等方面，为该县及周边县区同行业提供公益性、普惠性、专业性服务。平台运行以来，先后为县域30余家重点装备制造企业提供铁水包定期检测和铸件产品探伤检测，开启了全市以龙头企业科技创新力量服务全行业发展的先河。二是加快公共服务网络平台建设。积极推动服务联盟、中介机构与平台网络的链接，编制完成了建设方案和可行性报告，通过了综合评审、专家论证、媒体公示和公开招标，投入运行后，将逐步实现"省市县乡"四级联网，采用"互联网+服务"的运作模式，为全县中小企业提供线上线下、快速便捷的专业化服务。三是充分发挥小微企业服务站的桥梁纽带作用。积极为全县小微企业提供政策宣传、创业指导和管理咨询，通过县中小企业网站、微信平台和"中小企业精英群"发布各类创业信息120余条；先后为路宝铝轮、景泰塑料、谷泽风韵等260余家小微企业提供"一站式、零距离、面对面"服务。

人才建设

紧紧围绕省局"3个1"小微企业经营者素质提升工程和市局民营企业人才建设工作重点，每年滚动实施"5326"民营企业人才培训计划。2016年，积极推荐3家企业董事长赴清华大学参加"小微企业优秀经营者高级研修班"学习培训；县乡两级共完成小微企业管理人员素质提升专题培训160人次、创建创业型城市人才培训5590人次，占计划的111.2%，为全县中小企业创新发展增加了人文底蕴。2016年1月，县中小微企业服务中心获评"全省第五批中小企业公共示范平台"。

对外交流

一是积极组织企业参加各种会展、技术交流等活动，进一步扩大对外开放。在第十四届中国国际铸造博览会上，泽州县4家民营企业铸造产品荣获金奖（清慧铸造的"转子支架"和金工铸业的"机器人关节"铸件双双荣获"优质铸件金奖"；泽州铁器生产的"自在"铁壶和晋韵堂公司生产的"仙人指路"铁壶双双荣获"艺术铸品金奖"）；在第九届APEC中小企业技展会和第十三届中博会上，我县的金工铸业、微云传媒、科龙电子、山里泉蜂业、晋美香山蔬菜分别与广东、上海、安徽、陕西、沈阳、浙江等地的11家关联企业达成合作意向，总额共计5800万元。经过后期的追踪，金工铸业已对中国埃夫特智能制造有限公司进行机器人组件产品供货；晋美香山蔬菜就精准植物"光配方"项目，正与浙江易正照明有限公司进行深入洽谈。二是深入开展"互联网+泽州品牌网上行活动"，先后组织五谷科技、山里泉蜂业等农副产品加工企业与"微云传媒"进行现场对接，有效拓展企业发展空间，进一步扩大线上线下交易成果。三是国庆期间成功举办了"泽州中小企业名优特产品展销会"，共有近100家中小微企业、600余种产品进行现场展销，接待游客总量3.6万人，实现零售总额12.8万元，被誉为泽州县近年来“产品最多、品种最全、规模最大、韵味最浓”的一次中小企业产品展会。

与此同时，充分利用泽州县地处山西综改试验区和中原经济区“两区”叠加的优势，不断扩大与“一带一路”沿线国家中小企业的交流合作（截至2016年年底，泽州县近10家铸造企业与“一带一路”沿线国家建立合作关系。清慧制造的精密铸件分别于俄罗斯、英国维尔、德国的丹娜、西门子、芬兰的卡尔玛等保持长期合作关系；兴达铸件的大马力拖拉机配件给意大利兰博基尼长期供货；锐锡铸造的工程机械的斗齿与东南亚、泰国、印尼等地区和国家建立业务往来；大通管业和世纪铸管的供水管远销沙特、越南等国家），积极拓展海外市场，致力打造装备制造业“山西泽州名片”。

招商引资

概述

泽州县招商局为泽州县人民政府授权主管全县招商引资和经济技术协作工作的直属事业单位。其主要职责是：（一）贯彻执行国家、省、市和我县关于对外开放、招商引资工作的法律、法规和方针、政策；宣传介绍国家、省、市及我县的产业政策、投资环境和经济信息，负责全县对外开放、招商引资方面的对外宣传和信息发布工作。（二）拟定泽州县招商引资的发展战略和规划并组织实施；编制泽州县投资环境、投资指南等有关对外开放、招商引资方面的文件、资料。（三）负责国内外经济合作代表团来访和企业到泽州县开展招商引资活动的联络、协作和接待工作，承办县政府招商引资代表团组团出访；协调指导各乡镇及其有关部门开展招商引资工作，组织招商引资专业人员培训。（四）负责全县招商引资项目的征集、筛选、整理、统计、汇总、编印和信息发布。负责全县招商引资动态项目数据库的建立和管理。（五）组织、承办及参与国内外举办的各类投资洽谈会、展览会；组织项目单位同投资客商进行项目对接、招商考察、宣传推介等各类投资促进活动；对重点签约项目进行跟踪督察、协调服务、促进项目尽快落地。（六）参与商会、协会的交流与合作；为国内外投资客商的来访或考察提供市场调研资信调查、投资环境、政策等法规和协调联络等各方面的咨询服务工作。（七）建立全县招商引资及经济协作信息网络并对外发布信息，加强与国内外的信息交流，掌握招商引资和经济协作动态。（八）参与协调处理全县外地投资企业所反映的各类问题和投诉，帮助解决在日常经营活动中遇到的各类问题。（九）对全县招商引资年度任务进行分解、督察、统计、考核和通报。负责全县招商引资相关数据统计、情况分析和汇总上报。

区域合作

2016年，面对持续经济下行，招商引资工作成为地方政府一项非常重视的工作。为了吸纳经济发达地区的资本、技术、人才、项目来促进该地区的经济健康发展，加强区域合作势在必行。10月13日，县政府党组成员李广同代表泽州县与深圳市山西商会签署了“委托招商合作协议书”；太行娲皇文化发展有限公司和五谷养生科技有限公司与常务副会长武浩敏共同签署“产品销售区域代理意向书”。10月30日，由深圳市原政协副主席程科伟带队的深圳企业家代表团应泽州县之邀前来参观考察，就产业发展进行了对接洽谈和举行签约仪式。考察中，深圳企业家就意向合作项目与泽州县进行了广泛交流。随后，泽州县分别与深圳市企业家联合会、中国电子信息行业联合会深圳分会、深圳市特种行业协会签订了战略合作协议。12月18日，应祁县人民政府和中国商业史学会的邀请，泽州县组团参加了中国商业史学会万里茶道专业委员会工作会议暨茶商之都祁县学术研讨会。经双方友好协商，签订了共同发展、政府间不定期互访、促进经济文化的交流合作、加强旅游合作、搭建经贸合作平台等协议。

外出招商

2月5日，该县在河南省郑州市隆重举办了旅游项目招商推介会。县委常委、宣传部长王丽等领导参加了此次旅游项目招商推介会。5月12日，2015晋粤产业合作项目推介会在广州举行。泽州县组团参加了此次推介会。5月18日至20日，泽州县组团参加了在湖北武汉召开的第九届中国中部投资贸易博览会。7月28日，泽州县招商考察团由县政府党组成员李广同带队赴北京、辽宁丹东开始了为期6天的招商考察。8月4日，县长高喜全带着如何加快金村新区建设和城东物流园区建设等课题，组织县住建、金村镇等单位和相关企业，赴浙江、江苏、山东等三省四地进行了学习考察。9月1日，招商局工作人员代表泽州县参加了在吉林长春召开的第十届中国—东北亚博览会。9月8日至11日，2015厦门国际投资贸易洽谈会及投资论坛会在福建厦门隆重举行。副县长李仲明、县政府党组成员李广同带领县中小企业、招商、部分乡镇及相关企业参加了此次洽谈会。10月13日，山西泽州（深圳）招商项目推介会在深圳举行。县长高喜全，县委副书记王野萍，县委常委、副县长张庆民，县政府党组成员李广同等领导出席本次活动。11月26日至27日，根据市政府统一安排，在市长刘润民带领下，县委书记赵新年、县政府党组成员李广同随市考察团赴深圳开展招商引资活动。12月25日，县长高喜全带领县政府办、发改、经信、财政、住建、水利、林业、招商、山西天地王坡煤业有限公司、山西泽州天泰能源有限公司等部门和相关企业赴河北保定和北京，就晋城市路宝汽车铝部件制造有限公司改制、长河经济带发展、大阳古镇开发、丹河生态治理深度合作和开展国家新型城镇化综合试点工作等事宜进行沟通、考察、洽谈。

网络建设

网络招商能利用成本低的优势满足当地招商引资、对外宣传、扩大开放的需要，满足社会各界及国内外投资者投资需要，满足对招商引资项目信息查询与咨询的需要。为此，泽州县招商局加大网络建设力度，及时进行了更新，加强了动态管理，为招商工作的健康发展提供了保障。县招商引资网栏目设计如下：

项目储备：围绕泽州县产业发展的规划和

布局，立足县内装备制造、农业、旅游等优势资源，科学谋划、重点筛选、论证和储备了一批产业链长、市场前景好、社会贡献大的优质项目。政策法规：提供国家、省、市、县关于促进、规划、引导招商引资工作健康发展的办法、政策、法规等。名优产品：为客商提供泽州县的由权威部门认定，具有一定生产规模和区域特色优势、产品质量好、知名度高、市场占有率和产销率居同行业先进水平的产品。泽州概况：包括泽州简介、地理位置、区位优势、产业优势、产业导向、自然资源、历史文化、旅游风光等。还有通知公告、最新动态、热点新闻等。

对外贸易

5月30日至6月4日，泽州县出口生产企业晋城市锐锡铸造有限公司参加了2016年俄罗斯国际建筑机械及工程机械展览会。此次展会为企业扩大海外市场提供了新的方向，为企业了解行业导向，开拓国际贸易交流提供了新的展台。5月6日至10日，山西清慧胜凯车轴制造有限公司总经理曾万协同销售总监宋春燕参加了2016年中东（迪拜）国际汽车零配件汽配展。在这次展会上，结识了迪拜GHZALALBARTRADINGLIC、ALLAHMADKHALFAN、AUTOTRUCKPARTS（LLC）三家公司的采购人员，并达成了1000万美元的合作意向。7月，山西大通铸业有限公司同杭州广普检测技术有限公司鉴定了关于WRAS认证的合同，2016年11月通过WRAS认证审核同时取得了球墨铸铁管使用材料水泥砂浆的英国WRAS认证证书。WRAS认证后，不仅增加了公司球墨铸铁管的出口量，而且有效提高了公司球墨铸铁管在欧洲市场的知名度，并获得了其他国家对企业球墨铸铁管的认可。2016年，泽州县进出口总额共完成24356.2万美元，与2015年同比下降了8.26%。其中，进口完成22914万美元，与2015年同比下降了6.14%；出口完成1442.2万美元，占市计划2260万美元的63.81%，与2015年同期相比递减32.51%。其中，业务正增长的有4家，分别是：泽州县金秋铸造有限责任公司出口完成142.6万美元，增长130%；晋城市锐锡铸造有限公司出口完成80.3万美元，增长111.32%；山西清慧胜凯车轴制造有限公司出口完成446万美元，增长41.14%；山西清慧汽车配件制造有限公司出口完成117.3万美元，增长13.88%。业务负增长的有3家，山西大通铸业有限公司出口完成19.8万美元，下降90.29%；晋城市春晨兴汇实业有限公司出口完成293万美元，下降65.49%；晋城市兴达铸件有限公司出口完成340.1万美元，下降24.08%。新增出口生产企业1家，泽州县金仕达贸易有限公司出口完成3.3万美元。零出口生产企业1家，晋城市路宝汽车铝部件制造有限公司。

工业园区

巴公装备制造工业园区

概述

晋城市巴公装备制造工业园区始建于2003年，2006年1月被山西省经济和信息化委员会确定为“第一批山西省示范工业园区”，2008年6月被山西省发展循环经济建设资源节约型社会工作领导组确定为“省级循环经济试点园区”。园区规划面积41平方千米，是一个以装备制造、煤化工、钢铁、新型材料为主的综合工业园区。

优势条件

（一）交通区位优势明显。园区地处晋城北经济走廊的中心地段，位于巴公、高都、北义城三个乡镇的交会处，太焦铁路、长晋线、207国道、晋城环城高速、晋城至高平一级路穿腹而过，向北距省会太原市约300千米，向南距郑州约100千米，向西距侯马约130千米，拥有上佳的交通和区位优势，为园区成为经济发展新枢纽、新型工业化示范基地提供了坚实的基础。（二）资源优势突出。园区所在地巴公地区，有着丰富的地下水资源、优质的煤炭资源和宽阔平整的土地资源。张峰水库和润通供水公司为园区年供水2000万立方米，从根本上解决了园区发展的用水问题。此外，根据《晋城市土地利用总体规划（2006年—2020年）大纲》，按照“项目进园区”的要求，晋城市将巴公片区12000亩基本农田调整为一般性耕地，为工业项目落户园区提供了可靠的用地支撑。（三）基础设施完善。园区内的基础设施建设高起点规划、高标准建设，实现“七通一平”，可以满足大集团大企业的进驻要求。园区已建成一座面供水能力500万立方米的供水厂；拥有35千伏变电所两座，110千伏变电所一座、220千伏变电所一座；园区集中式污水处理厂可日处理污水3万立方米，为解决园区工业企业将来供水问题提供条件。（四）产业优势。巴公工业园区近几年全面落实科学发展观，转变工业经济的增长方式，促进资源循环高效利用，实现工业经济与资源、环境的协调发展。重点推动园区企业在节能、节水、节材、清洁能源使用等方面进行技术改造，推广先进适用的节电节煤技术，推广热电联产，扩大集中供热，降低发电煤耗，取缔有效供热范围内的低效小锅炉，提高煤炭、电力的利用效率。对重点用水企业实施定额管理，推动高耗水、高废水排放企业节约用水，推广工业用水重复利用、中水回用和“零排放”等节水技术，鼓励建设节水型企业。2010年9月，确定了在节能、降耗、减污、增效等方面成效显著、有代表性的福盛钢铁、清慧汽配、兴达铸件、天泽化工等10家企业为园区的第一批循环经济试点企业，依靠科技创新提升传统产业，提高产品附加值，延伸产业链，对废气、尾气、废物、废水等实现综合利用，推动了园区循环经济发展步伐。截至2016年年底园区五大工业行业全部步入循环经济发展轨道，初步形成了三个产业发展链条，即“冶—铸—机加工—装备制造业”“煤—新型化工系列产品”“煤—电—建（材）”产业链条。（五）初具能力的技术创新。园区十分注重企业研发资金投入和产品品牌建设，企业研发资金投入比例逐年提高，增创产品品牌的意识逐年加强。2006年、2008年晋城煤化工有限公司和晋城市金工铸业有限公司分别被认定为晋城市第一批市级企业技术中心和第三批市级企业技术中心；晋城市福盛钢铁有限公司的“兴晋钢”热轧带肋钢筋产品于2005年、2007年度荣获山西省名牌产品，2006年度荣获国家免检产品，晋城煤化工有限公司的“兰花牌”大颗粒尿素于2005年、2007年荣获山西省名牌产品，天泽永丰有限公司的永丰牌化肥于2005年、2007年荣获山西省名牌产品。

年度重点工作

2016年，在镇委、镇政府的正确领导下，园区管委会紧紧围绕全县中心工作和各项目标任务，认真贯彻中共十八大和中共十八届三中、四中、五中全会精神，进一步解放思想，调整思路，开拓创新，积极进取，狠抓各项工作的落实，较好地完成了年初确定的各项工作目标任务，实现全镇经济大发展。(一) 园区基础设施建设扎实推进。2016年以来，园区基础建设稳步推进，重点基础设施建设项目都已基本完成。(二) 园区项目建设实现较大突破。立足“建大园区、引大项目”，2016年园区展现新姿，一是兰花纳米投产上市；二是兰花己内酰胺经过多次调试已进入试运行阶段；三是清慧已与德国德纳公司签约，扩建清慧三期工程；四是来村小微园区的招商中心已投入使用。(三) 园区招商引资效果显著。充分发挥我镇现已形成的装备制造特色产业优势，大力推进园区招商，在2014年园区项目建设取得重大进展的基础上，2016年泽州县同福建嘉通资产管理有限公司正式签订了现代装备制造工业城项目，该项目决定坐落于泽州县巴公工业园区，项目总投资50亿元，预计到2020年，项目总产值将达80亿元，可安排解决就业8000余人。

发展目标及主要措施

(一) 发展目标。打造数字化、柔性化、智能化高端装备制造业集聚区，2015年，初步建成在省内处于前列、竞争能力较强，国内有较大影响的汽车配件中心、精密铸造中心和高端装备研发中心；到2020年，建成产业集群度比较高、结构比较合理、综合实力较强的全国一流高端装备产业集聚区。(1)2010—2012年。引入2—4个大型核心企业，形成一批配套企业。整合优化配置要素资源、空间调整重组、产业集聚重置，形成具有较强区位优势的高端装备产业集聚区。(2)2012—2015年。加大“政、产、学、研、用”资源整合，进一步优化和提升园区技术创新环境。开展核心技术能力建设、系统集成与商业模式创新。基本完成新一轮产业结构布局，初步形成新兴产业的研发和生产体系。巴公工业园区装备制造业力争年均增长13%。(3)2015—2020年。形成具有较强区位优势的高端装备产业集聚区，力争突破部分重大技术装备的核心技术和关键技术，企业自主创新能力明显提高。可持续发展能力不断增强。经济运行质量和效益显著提高，重点企业的资源、能源利用效率有较大幅度提高；形成一批具有较高资源生产率的清洁生产企业和循环经济示范企业。(二) 主要措施。(1) 坚持规划引导作用，完善园区的规划编制工作。园区的规划要以科学发展观为指导，结合国家产业政策、泽州县的产业发展方向和重点，在规划理念、规划内容、规划实施中体现产业导向和主导产业主导，以适应主导产业升级、集聚、配套的需要。(2) 坚持分类指导原则，科学确定园区主导产业发展方向。要按照“找准区域优势、把握发展趋势、结合现有产业、拉长产业链条、形成产业板块”的要求，结合主导产业优势，科学进行产业定位，从已有企业中确定2个初步形成主导的企业，切实做好主导产业的领头工作；各企业要努力扩大产业的规模，形成主导产业品牌，提升主导产业层次。(3) 加强土地集约利用，为主导产业的发展预留空间。按照“盘活存量、优化增量”的指导思想，强化土地集约化使用，提高土地利用率。园区要严控项目准入门槛，为大型骨干项目、主导产业带动项目、配套产业项目留有发展空间，同时扩大公共设施和基础设施的共享性，促进园区集约用地。(4) 提升招商引资水平，增强主导产业发展后劲。要充分利用园区在区位、资源、产品技术、成本、环境等方面的优势，创新招商方式，加大招商引资力度；要围绕主导产业招商，延伸产业链，积极引进联动性大。带动性强的大项目，引进产业链上、下有延伸的项目和配套项目，做大做强主导产业；加强园区专业招商队伍建设，以诚招商，以信引资，提高园区专业招商水平。(5) 培养创新型龙头企业，带动主导产业集聚。要加大对创新型龙头企业的培育力度，在资金、政策等方面对予倾斜，发挥创新型龙头企业的产业带动和技术外溢效应。要围绕龙头骨干企业，加强产业配套建设，吸引更多关联性企业、配套企业集聚，加快产业集聚。要大力实施品牌战略，加大名牌培育力度，打造产业名园。(6) 推进循环经济发展，促进主导产业可持续发展。园区要积极践行科学发展观，在园区层面大力推行循环经济，按照减量化，再利用资源化原则，引导入园企业推行清洁生产和ISOl4001环境管理体系认证，同时积极引进废物资源化的“静脉产业”，在形成产业主导的同时，努力打造生态园区。

南村铸造工业园区

南村铸造工业园区建于南村镇，而南村镇位于泽州县西南部，距晋城市区仅6千米，全镇总面积88.6平方千米，中心镇区5.2平方千米，辖34个行政村，1个社区，5.3万人口，拥有各类大小企业380余家，素有“煤铁铸造之乡”的美称，是全县以至全市最大的铸造业基地。2016年，南村镇共有铸造企业50家，年产铸管、铸件80余万吨，年产值近30亿元，上缴税金3000余万元，能解决当地及周边就业人员8000余人。2016年，园区在南村镇党委、政府的领导下，严格遵照环保要求，既要确保当地铸造行业的健康可持续发展，又要达到交通便捷、环境优良、不污染的目的，合理规划和建设该工业园区，园区规划总面积173.3公顷，一期规划面积46.67公顷，规划厂区8个，配备建设管道系统产品展示中心、检验中心、交易物流中心、产品设备技术研发中心、后勤服务中心等综合设施。园区地理位置及四至范围：东至张庄村，南至窑南村，西至五佛山，北至北西村。一期建筑面积约17万平方米，项目总投资为15亿元，主要包括建筑工程、设备购置(不含工艺设备)、设备安装工程以及与建设项目有关的其他费用、预备费等。铸造行业仍然是高耗能的行业，产品成本中能源成本占比很大，一期规划3万负荷，由专线接入，供给整个铸造园区用电。园区主要产品有：灰铁管及管件、市政井盖铸件和球墨铸铁管件，年规划生产能力30万吨/年，可实现产值15亿元。

泽州县南村工业园区的基础核心是铸造，特色资源为管道系统产品，采用先进可靠的新工艺、新技术，以节约能源和资源，建设清洁的生产环境，体现以人为本的理念，实现经济发展和生态环境可持续发展的良性循环状态。

为保证铸造园区顺利开工建设，2016年9月南村镇政府成立了园区筹备领导组，并责成专人开始申办园区（一期）土地、环评、道路、电力、河道治理、园区供水、土地平整等前期手续；完成了涉及6个村土地入市前期工作，青苗补偿及地面附作物赔偿也全部登记造册；与农户签订土地流转合同工作除部分农户对土地入市政策存在疑问未签外，其他完成签订。

周村镇工业园区

概述

北留周村工业园区于2006年6月经晋城市政府常务会议批准成立，园区规划包括北留镇镇区、周村镇区和位于两镇之间的工业园区。周村工业园区是市政府规划实施的北留周村工业园区的重要组成部分。2015年6月，经泽州县编委会议研究，成立了晋城市北留周村工业园区泽州县周村办公室（泽编办字〔2015〕23号），正科级单位，编制人数9人，实有人数5人，领导职数4人，2016年换届前由原镇党委书记兼任园区工委书记，原党委副书记、镇长兼任园区管委会主任，原镇党委副书记兼任园区工委副书记，园区管委会常务副主任为专职。主要负责制定园区的建设发展规划和年度工作计划，组织实施园区内的各项基础设施和公共设施的开发建设和管理工作，负责制定园区各项管理规定，健全完善园区管理体制，优化运行机制及园区的安全生产工作。园区没有设立开发公司也无派驻机构。

土地征用

周村工业园区位于周村村南部，规划总面积983.14公顷，其中工业用地面积464.01公顷，基础设施用地面积30.74公顷（其中公共设施用地19.62公顷，市政公共设施用地11.12公顷），其他项目用地488.39公顷（其中绿地309.15公顷、仓储72.7公顷、道路广场106.54公顷）。至2016年年底，天泽煤气化厂和晋煤华昱煤化工有限责任公司已占地167.2公顷。

经济发展

周村工业园区的主导产业为煤化工项目，注册企业总数2家，其中规模以上企业2家，分别为山西天泽煤气化厂、山西晋煤华昱煤化工有限责任公司。山西天泽煤气化厂主要产品达到年产180万吨合成氨、300万吨尿素、30万吨甲醇生产能力，产值突破50亿元，就地转化煤炭约100万吨，新增就业岗位800个，尿素产能占国内总需求量的5%，居“国内20个具有核心竞争力的大型氮肥企业集团”之列。山西晋煤华昱煤化工有限责任公司高硫煤洁净利用一体化项目正在建设之中。

招商项目

晋煤集团华昱“高硫煤洁净利用循环经济工业园”一期项目，建设单位为华昱煤化工有限责任公司，规划占地约12平方千米，规划重点项目20个，总投资800亿元，预计年转化高硫煤1100万吨，实现年销售收入650亿元，利税160亿元，利润112亿元。按照总体规划、分步实施的原则，规划项目分三期实施。一期项目占地1985亩，重点实施高硫煤洁净利用年产百万吨清洁燃料项目（氨醇240万吨/年、清洁燃料100万吨/年、IGCC发电400兆瓦，副产硫酸、LPG等产品）。包括两个子项目：“高硫煤洁净利用化电热一体化示范项目”（简称“一体化项目”）和“100万吨/年甲醇制清洁燃料项目”(简称“MTG项目”)。

正在建设的100万吨/年甲醇装置和50万吨/年清洁燃料装置，称为一期工程。一期工程总投资86亿元(一体化项目投资70亿元，MTG项目投资16亿元)，预计2017年下半年建成试车。截至2016年年底，一期工程已完成投资约60亿元。

配套设施

华昱高硫煤项目自2012年7月落地以来，园区积极推进项目建设的服务，认真协调企地矛盾，推进项目建设顺利进行。环园区道路由县交通局牵头2016年完成项目的设计、环评及附属物调查等工作，正在编制PPP实施方案；园区防洪工程已经完成施工设计，并公开招投标，转入施工阶段。全力推进园区供水配套工程，杜河提水工程、圪套水库提水工程等正在实施管线开挖，蓄水池正在加紧建设。

全面推进项目涉及村庄搬迁工作。华昱高硫煤项目涉及该镇村庄搬迁需两期完成，其中一期搬迁岸村自然村229户，670口人的搬迁。通过认真动员，累计完成签约185户，搬家验房163户，房屋拆除125户，剩余44户未签约户正积极动员搬迁。一期搬迁新村建设同步推进，住宅楼及配套的幼儿园、综合教学楼、老年公寓均已主体完工，已全面进入装饰装修施工阶段，计划于2017年5月底全部完工，具备搬迁入住条件。二期搬迁涉及6个自然村，约480户1350口人，需搬迁拆除面积约10.5万平方米。已完成二期搬迁选址，初步选址位于岸村新区北侧。2016年8月18日县委书记赵新年再次深入园区，研究华昱项目推进工作，要求迅速启动二期搬迁，2016年8月24日，园区二期搬迁工作正式，张贴了禁止在项目涉及范围内乱搭乱建的通告，各村也迅速召开动员会议，二期搬迁工作正式拉开帷幕。

面临问题

园区将以服务园区项目建设为核心，倾力做好项目二期村庄搬迁、占地矛盾协调等各项工作，促进华昱高硫煤早日建成投产。但是由于园区体制机制的不健全，园区和镇区的建设捆绑在一起，没有单独分开，造成园区建设中存在的许多问题在处理中存在一定的困难，需要按要求成立开发公司，将园区项目建设独立与政府日常事务之外，由专门机构负责园区项目建设工作。

下步打算

下一步，园区将全面贯彻落实全省开发区改革创新会议精神，积极推进园区建设工作，一是理顺园区行政体制机制，配齐配足园区机构人员，成立园区开发公司，明确园区机构功能，优化运行机制。二是完善园区道路建设。全力配合，做好晋阳一级路贯通工程，同时结合特色城镇化建设全面完成环园区道路、工业二路、工业三路、电都大街等建设工作。目前已经完成这些道路前期的初步设计、测量、勘查等工作，需要尽快开始工程的后续工作。三是完善园区供电、网络、供水等配套设施建设。同时完善园镇一体配套工程建设，着力建设搬迁新区的道路、排污、防汛等配套工程，满足园区搬迁村庄群众需要，努力建设功能齐备，设施完善，群众满意的周村新区，促进工业园区化，园区社区化，社区城镇化目标的实现。

天泰能源公司

概述

山西泽州天泰能源有限公司是由泽州县政府于2009年7月出资成立的煤炭重组整合主体企业，公司注册资本2亿元。下属煤矿企业5家，分别为全资子公司3家（锦辰煤业、坤达煤业、岳南煤业）；控股子公司2家（和瑞煤业、西陈庄煤业）；参股企业两个（泽州县农商银行、兴唐煤业）；生产规模由重组前的261万吨增加到420万吨（其中：锦辰煤业120万吨/年、岳南煤业120万吨/年、坤达煤业90万吨/年、西陈庄煤业45万吨/年、和瑞煤业45万吨/年）；地面企业2家，分别为：路宝公司、珏山公司。

经营情况

（一）煤炭企业：2016年煤炭企业完成产量206万吨，实现营业收入1.4亿元，3个生产矿井累计实现利润6398万元（坤达、西陈庄、和瑞），上缴税金1.48亿元。具体如下：①锦辰煤业：生产68万吨，实现营业收入1.82亿元，上缴税金1498万元。②岳南煤业：建设期间无产量③坤达煤业：生产原煤70万吨，实现营业收入2.6亿元，上缴税金5568万元。④西陈庄煤业：生产原煤32.2万吨，实现营业收入1.14亿元，上缴税金4060万元。⑤和瑞煤业：生产原煤35.7万吨，实现营业收入1.46万元，上缴税金3356万元。（二）地面企业：2015年两地面企业实现营业收入1.86亿元，同比减亏936万元。具体如下：①路宝铝轮：完成94万件，实现营业收入1.76亿元；②珏山旅游：接待游客9.87万人，实现营业收入805万元。

建设情况

2016年，锦辰煤业120万吨矿井建设竣工，并实现正式生产。岳南煤业120万吨矿井重新启动，处于全面维修复工阶段。

安全生产

以贯彻落实新《中国人民共和国安全生产法》《煤矿安全规程》为契机，不断完善“一岗双责、党政同责、齐抓共管”的安全生产责任体系。（一）健全责任体系。遵照“有职有责、有责尽责、失责追责”的原则，与各子公司签订了3个责任书，以“周分析、月评比、季考核、年兑现”为保障，进一步强化安全意识，压实压紧责任。（二）狠抓隐患排查。全年集中检查176次，共查出各类问题隐患683条，且全部实现归零闭合。严格责任追究，毫不手软。如针对锦辰煤业违规生产责令停产10天，主要负责人做检查、约谈、公司通报，并处于相应罚款；针对西陈庄“11·15”事故，在全公司召开安全生产警示教育会，加大处罚力度，处罚责任人多达20名，会议将每年的11月和11月15日定为公司的“安全生产警示月”“安全生产警示日”。③强化安全基础。积极推进“煤炭监控信息平台建设”工作，丰富“安全生产月活动”内容，9月组织开展“安全生产百日大会战”活动，针对防治水这一技术难点，12月专门邀请中国工程院武强院士到晋城，就公司防治水工作进行现场分析会诊，组织全市煤矿开展专题讲座，极大增强了干部职工的安全意识和事故防范处置能力，夯实安全基础管理。

稳产增效

以质量求增量，以措施稳产量，以节支保

效益，实现公司整体效益的最大化。(一) 优化生产稳产量。公司严格按照上级要求 (276 天生产时间)，保持三量平衡，均衡生产。在积极推广坤达煤业复采工艺的基础上，针对和瑞煤业地质条件复杂、工作面开采时间缩短和工作面接替频繁等困难，组织专人千方百计解决技术难题，缓解了采掘接替紧张状况。(二) 多措并举求发展。10 月 28 日到 11 月 4 日，公司领导班子采取井下检查、中层以上座谈征求建议的方式，对各子公司进行了实地调研。并对公司周、月例会、值班等制度进行重新规范，即每周六上午召开周例会，每月 8 日召开月例会，每月值班领导至少必须进行一次突查。(三) 精打细算控成本。按照全面预算管理的总要求，对各企业 3 年成本进行对比分析，依据各矿采掘布局、设备材料、人员定岗、费用细化等清单式月季考核管理模式，将成本核算单位目标控制在企业及班组、责任到人与工资奖金挂钩。各子公司也在降本提质增效上出台了多种办法，取得了明显的成效：西陈庄煤业“以量定薪”，将工资与产量相挂钩；路宝公司实行了材料成本全面责任核算和材料消耗的定额管理。

提质增效

主动适应市场形势，转变生产方式，巩固拓展市场，强化培训考核，寻找市场突破口。(一) 狠抓质量意识。一方面是通过交实底、摆问题，提高全员对煤质管理重要性和必要性的认识；另一方面是利用多形式多渠道广泛宣传，进一步提高全员对加强煤质管理的积极性和主动性。(二) 提升产品质量。研究市场及客户的需求，分析自身优势，加强交流学习，做好消化、吸收，调整产品结构，着力加强生产工艺流程管理，坚持以质取胜，全面提升产品质量管理，维护企业品牌信誉。(三) 加强销售管理。定期召开销售专题会议，研判市场形势、分析销售策略；加强销售队伍和人员的管理，探索建立相关奖勤罚懒、末位淘汰等竞争机制，激活销售队伍的战斗力；于 12 月份出台了供应采购、煤炭销售相关管理试行办法，为下一步全公司的统一供应采购、煤炭营销奠定基础。

确保稳定

(一) 防范资金风险。面对公司整体资金持续吃紧、资金链断裂的危险。在政府的帮助下公司多次与相关银行进行沟通，力争各类贷款的延展和降息；同时召开专题会议就对外担保、委贷情况进行了全面分析，制定针对性措施，逐步降低资金风险。通过努力，各企业贷款逾期欠息情况有所缓解，尤其是帮助岳南煤业落实了建设启动资金，岳南建设工程得以重新启动。(二) 防范人员风险。面对企业效益下滑，职工欠薪、欠保和工程材料款外欠状况，公司本着“求合作、求理解、求支持，兼顾全面”的原则与各方不懈沟通，将原有退休职工与企业职工五险一金进行剥离，补发职工部分工资，达成多项谅解备忘录，有效缓解了各类矛盾，全年处理信访事件 20 余起。(三) 防范发展风险。面对岳南煤业干部职工信心滑坡、措施不力的现状，公司成立了由公司副总与企业高管组成“五人领导小组”，进驻企业全面督促指导与徐矿集团的合作进度，并重新梳理岗位人员，制定工作标准，采取得力措施，确保合作稳步推进。

改革创新

积极转变发展思维，通过引资引智、外延联合的方式，改制创新、破解困局。(一)

规范公司运作。根据县委、县政府常务会议相关精神及《公司章程》规定，于10月分别完成了公司总经理聘任和五家子公司主要领导的调整；拟定了董事会、监事会议事规则、总经理工作细则、子公司章程等制度；建立了“三违”处罚规定、不良行为记录、违规违纪处罚三项制度；为了提升公司管理水平，公司组织班子成员和相关科室前往兄弟单位王坡煤业及周边阳泰、科兴集团进行了考察学习和经验交流。(二) 主动合作机缘。公司创新发展观念，主动寻求机缘，先后与中煤科工、徐矿集团等大型集团的进行沟通洽谈。4月29日，与徐矿集团达成了战略合作框架协议，6月8日，积极推进具体项目工程合同的签订；针对珏山、路宝的经营，前往河南、河北与相关合作单位进行了商谈。此外公司与银河证券探索尝试了资本合作、煤炭期货交易；坤达煤业与中煤科工等集团公司、民营企业就120万吨的配套选煤厂项目进行了洽谈；珏山景区积极与各种媒体、电影摄制组沟通接触，成功以景区为取景地摄制完成了《我的第99次失恋》网络电影。(三) 创优合作环境。按照县委、县政府的要求，11月对所属各子公司开展了清产核资，为公司2017年科学制定任务目标和未来引资合作创造先决条件，截至2016年年底清产核资工作已经基本完成；长河经济带综合开发利用规划完成了评审工作，具体相关工作正在推进。

廉政建设

公司坚持“围绕经济抓党建，抓好党建促经济”的党建工作基本思路，坚持“党要管党、从严治党”的工作原则，认真落实好公司党委的主体责任，一年来，公司党委深入开展“两学一做”教育活动，统一部署，精心组织，有力推进，党员干部积极对照标准，在岗位中做表率、有作为，为企业各项工作提供了坚实保障。风清气正人心顺、干事创业谋发展的扬正气、守规矩的氛围意识正在公司上下逐渐形成。

机构设置和领导人名录

经济和信息化局局长：范德瑞（6月离）
翟卫伟（6月任）

供电公司经理：任忠

二轻工业局局长：李振河

民营经济管理局局长：樊玲

招商局局长：马习智

泽州天泰能源有限公司董事长：孔庆祥

农业经济

农　业

概述

泽州县位于山西省东南部，是全省粮食主产县之一，先后被确定为国家、省级商品粮生产基地县和优质小麦生产基地。全县共有3乡14镇，627个行政村，自然村数1050个；乡村户数14万户，乡村人口数44.2万人，乡村劳动力资源数24.2万人，乡村从业人数21.6万人；土地总面积2023平方千米，常用耕地面积4.15万公顷，粮田面积3.89万公顷，人均耕地面积0.087公顷，主要为旱地，其中水浇地有0.76万公顷。全县常年粮食播种面积在6.57万公顷左右，其中冬小麦3.015万公顷、谷子0.18万公顷、玉米0.603万公顷、大豆2.345万公顷。粮食总产量平年在2~2.5亿公斤，丰年在2.5亿公斤左右。2016年，完成粮食总产2.365亿公斤，油料总产300.5万公斤，水果总产2610万公斤，蚕茧产量10.8万公斤，重点农产品加工龙头企业销售收入完成11.8亿元，农民人均可支配收入达13129元。2016年。

粮食生产

2016年，全县粮食种植面积6.28万公顷，总产2.365亿公斤，比前三年平均增产1.3%。其中小麦面积2.98万公顷，平均亩产287.4公斤，总产1.28亿公斤；玉米面积0.66万公顷，总产689.2万公斤，平均亩产613.25公斤；谷子面积0.16万公顷，总产689.2万公斤，平均亩产283公斤；豆类2.05万公顷，总产3808.75万公斤，平均亩产124.7公斤；薯类面积426.05公顷，总产1435.25万公斤，平均亩产2257公斤。实施了新增粮食产能、小麦大豆高产创建、小麦宽窄行探墒沟播、测土配方施肥、小麦“一喷三防”等项目，积极推广良种、测土配方施肥、小麦宽窄行探墒沟播、保护性耕作、病虫草害综合防治、小麦“一喷三防”等技术，为全县粮食生产提供了坚实的技术保障。2016年，泽州县农业委员会在全省农业工作会上荣获粮食生产先进单位、农民增收先进单位、农产品质量安全工作先进单位、农业法治建设先进单位荣誉称号。

农民增收

2016年，泽州县农业部门在农民增收问题主要采取了以下措施：一是夯实发展基础，优化发展环境。积极加快改善交通、农田水利、人居环境改善等基础设施建设，优化发展环境，有力增强了农村经济发展后劲。二是试点示范带动，加快产业结构调整。加大试点示范引导力度，建设设施蔬菜、食用菌、生猪养殖、优质小杂粮、优质干鲜果、中药材等示范基地，通过强化农业技术服务，充分发挥农技人员职能作用，提升管理技术水平，有效提高了相关产业的经济效益。三是科技兴农，按照“科教兴农，人才强农，新型职业农民固农”的战略要求，围绕“缺什么，补什么，少什么，学什么”的培训思路，分期对村干部、科技示范户、专业大户、家庭农场主、农民合作社骨干、农业企业负责人进行技术培训，2016年全年完成农民科技培训5100人、新型职业农民培育1240人，通过培训和示范，使受训农民掌握1~2项实用技术，培养了一批有文化、懂技术、会经营的新型职业农民，拓宽了就业增收渠道。四是全面贯彻落实中央、省、市、县各项强农惠农富农政策，落实粮食直补、农资综合补贴、良种补贴等7265.5万余元，坚持做到执行不打折不走样，真正使政策不缩水、资金不改变用途，确保各项惠农资金及时足额兑现到群众手中，有效增加了农民的转移性收入。2016年全县农民人均可支配收入达13129元。

农产品加工

截至2016年年底，全县已发展农业产业化重点龙头企业25家，其中彤康、五谷养生、伊健3家企业被评为省级重点龙头企业；晋宏、康鑫、润农等12家企业被评为市级重点龙头企业；25家龙头企业2016年实现销售收入11.8亿元，带动发展产业基地0.67万公顷，带农户4万余户。全县龙头企业注册各类农产品商标250余个。其中，“本尔昆”“伊健”“谷宜生”等5个商标被评为省著名商标；“彤康米康尔杂粮系列”“金万福小麦粉”被认定为省名牌产品；“巴公大葱”“盘松蜂蜜”“旭胜鸡蛋”被认定为省名牌农产品；“本尔昆鲁村小米”被认定为省特色农产品。

农业产业化项目

截至2016年年底，较大规模的农业产业化项目有：彤康农业综合开发项目、伊健万吨谷物杂粮早餐加工项目、五谷养生五万吨杂粮综合加工项目，保福康鑫年产50万吨畜禽饲料加工项目、祥鑫元335公顷核桃园区建设项目、益丰园现代农业观光园项目、欣绿园现代农业园区项目、润农种业玉米原原种扩繁基地建设项目、晋美香山生态园项目、晋泽旭胜蛋鸡场改扩建项目、晋宏实业年出栏10万头种猪养殖基地建设项目、天天鲜泽西湖现代农业观光示范园项目、长青苑生态园区建设项目(市重点)、东鑫旺养牛场建设项目、泽泰花溪丹河德泽美境生态园项目等。

招商引资

截至2016年年底，泽州县委、县政府通过招商引资，积极组织企业参加国际农交会、北京展销周、山西特色农博会等农产品展销会和招商引资系列活动，签订招商引资项目11个、拟引资金额24.14亿元。签约的项目有：晋城市益丰园农产品开发科技有限公司现代农业观光园项目、晋城市天天鲜农产品专业合作社的泽西湖现代农业观光示范园项目、晋城市伊健食品有限公司的万吨谷物杂粮早餐加工项目、山西合聚农业开发有限公司合聚庄园建设项目、晋城市百纳农林农民专业合作社乡土特色苗木育林基地项目、泽州县五谷城农业发展有限公司五谷城生态农业项目、晋城泽泰花溪农耕专业合作社丹河德泽美境生态园项目等。

特色产业

泽州特色农业主产区主要集中在丹河生态旅游文化产业带与长河经济带周边乡镇。在丹河生态旅游文化产业带以形成了农产品深加工、设施蔬菜种植为主、畜禽养殖为辅、休闲观光采摘农业等新兴业态的产业链条。在长河经济带已形成了以禽畜养殖及加工为主，设施蔬菜为辅、休闲观光旅游业起步发展的产业链条。全县2016年底总体上已形成了“年产12万吨蔬菜、5.5万吨小杂粮、5万吨干鲜果、万吨食用菌、年出栏100万头生猪”的五大特色农业产业格局。

清洁工程

截至2016年年底，全县正常运行的大型秸秆气化站有1处、大中型沼气站有7处，涉及柳树口、下村、巴公、高都、南村5个乡镇；全县正常运行的养殖场小型沼气站有9处，涉及周村、晋庙铺、李寨、大箕、北义城5个乡镇；全县正常使用的户用沼气有517户，涉及下村、东沟、川底、周村、李寨、犁川、南岭、晋庙铺、山河、大箕、南村、金村、柳口、北义城、巴公15个乡镇。全县正常运行的沼气、秸秆气站有效解决了3608户农户和部分养殖场的生活用能，为全县环境保护、能源节约利用起到了积极的促进作用。

新农村建设

2016年，牵头开展全县改善农村人居环境工作，狠抓宜居示范工程。改善农村人居环境：组织县改善农村人居环境工作领导组各成员单位，稳步推进完善提质、农民安居、环境整治、宜居示范“四大工程”，圆满完成各项任务。宜居示范工程：继续开展美丽宜居示范村“三级联创”活动，新增1个省级、4个市级美丽宜居示范村，全县共4个省级、8个市级示范村。在柳树口镇开展了以脱贫攻坚引领山区美丽宜居示范村连片创建。在大阳镇西街村举办了美丽宜居示范村乡土文化展播泽州专场，大东沟镇峪南村、大阳镇西街村荣获晋城市第二届“最美乡村”称号。

下乡驻村活动

根据县里安排，县农委2016年驻村帮扶地点为李寨乡西阎庄村，结合脱贫攻坚工作，县农委成立了帮扶领导小组，选派优秀干部驻村帮扶，加大倾斜支持力度：一是多次深入闫庄村调研，帮助理清思路，找准闫庄村精准脱贫路径。二是发挥部门优势，依托村内永辉、壬辰的两家农业合作社，发展规模种植产业，贫困户以资金入股的形式参与分红，2016年贫困户每户获得了500元的分红资金。三是抓好“两包三到”，农委59名党员干部结对帮扶了闫庄村53户贫困户，通过精准对接帮扶，提供技术、资金支持等措施，截至2016年年底，共有27户66人实现了脱贫目标。

农业生产安全

一是确保农产品质量安全，发放农产品生产基地等记录簿200余本，同25家农产品生产企业签订了质量安全承诺书，例行抽检18家生产基地样品40余个，对县域内蔬菜、水果进行农残例行检测12个；出动执法人员100余人次开展了种子市场、“农资打假”、农产品生产企业整顿等专项整治活动，立案查处10起涉及肥料、农药的案件，查获登记违法农资1500公斤；二是为切实做好沼气秸秆气安全监管工作，县农委对各气站开展了安全宣传与检查整治行动，发放宣传资料6000余份，有效提高了农村沼气秸秆气安全生产、安全用气意识。2016年全年农业生产安全形势平稳，无重大事故发生。

新型农业经营体制

2016年，通过积极争取，落实各级财政补助资金500余万元用于扶持新型经营主体，有效缓解了农民专业合作社和家庭农场发展资金不足的问题。截至2016年12月底，全县农民专业合作社已达1614家，其中种植业700家、养殖业426家、林业327家、服务业83家、渔业3家、其他71家、联合社4家。社员人数3.2万余人，带动农户4万余户，社员人均收入达到1.6万元。38家合作社注册了商标。在加快发展新型农业经营主体数量的同时，我县在提高质量、拓宽领域、完善机制、规范管理上下大功夫，2016年培育省级示范合作社3家，其中“山里泉”获山西省著名商标，“珏山”及“盘松”获省名牌产品，2016年全县共培育国家级示范社6家、省级29家、市县级261家。全县发展以种植、养殖为主的家庭农场180个，培育省、市、县级示范家庭农场3个。

土地确权和流转

按照省市农村土地确权工作的总体要求和安排部署，在2015年开展试点的基础上，泽州县于2016年全面铺开全县农村土地确权登记颁证工作，涉及面积780165.15亩，截至2016年年底，已开展清查的村数为596个，已开展清查的承包户为125812户，开展清查的面积为741156.9亩，累计已经开展清查的地块为487643块，预公示村数596个，计划确权确股不确地的村为27个。在全面开展确权工作的基础上，积极引导全县农户依法、自愿流转土地，逐步完善土地流转承包合同，健全纠纷调处机制，切实维护广大农民权益。截至2016年12月，全县共流转土地面积2.89万亩，涉及农户6781户，流转的方式主要以转包、出租、互换为主，流转面积从100亩到1800亩不等，有规范流转合同的占到65%以上。通过土地流转，一方面实现了土地的集约经营，提高了土地产出率、资源利用率和农业劳动生产率；另一方面降低了新型经营主体的种地成本，拓宽了农民的增收渠道，增加了农民人均收入。

“三资”管理

2016年继续开展了农村集体“三资”专项整治行动，在领导组的正确领导下，持续做好农村“三资”监管工作，对各乡镇“三资”专项清理整治工作进行了“回头看”，加强了对村级组织运转资金的监管，严格规范程序，认真落实“一事一议”财政奖补政策，出台了《泽州县农村集体资金资产资源管理办法（试行）》，印制5000余册下发至17个乡镇和各行政村，由各乡镇在此基础上将制定各自的实施细则。

信息宣传

一是根据全县农业工作的特点，及时组织了农业方面的新闻宣传报道工作，在报纸、杂志、网络等媒体发表通讯报道等文章60余篇，编发《泽州农业信息》50期，印发1000余份。二是按照农事季节，编印下发各类农业生产技术资料，协同市、县电视台拍摄相关农业生产新闻宣传片6次，及时直观地指导农户开展农业生产工作。三是对“两学一做”等活动开展了宣传报道工作，营造积极向上的学习、工作氛围。

脱贫攻坚

概述

2016年，泽州县委、县政府坚持以脱贫攻坚统揽经济社会发展全局，县乡两级党委、政府切实承担脱贫攻坚主体责任，各部门统一行动、协同作战，全县党员干部全动员、齐发力，圆满完成了年度减贫任务。

指标完成情况

（一）建档立卡贫困人口减少情况。泽州县2016年减贫任务为减少贫困人口5000人，实际减少2503户5050人，完成了市级下达的减贫任务。（二）贫困人口识别准确率。从2015年11月至2016年10月，泽州县根据上级安排部署，先后开展了建档立卡“回头看”和贫困人口核查整改工作，对符合标准的贫困户全部进行了登记识别、对不符合条件的贫困户清除出列，基本无漏评、错评情况。贫困人口识别范围由原来的10个乡镇212个行政村，扩大到现在的17个乡镇444个行政村，按照“有进有出”的原则对贫困户进行了动态调整，全县贫困规模基本接近建档立卡初期规模。（三）建档立卡贫困人口退出准确率。贫困人口的退出严格执行山西省贫困退出办法规定的标准和程序，凡脱贫的贫困户人均可支配收入均高于3026元、“两不愁三保障”均达到要求，并按要求进行了评议、公示。贫困村通过实施整村推进项目，贫困发生率、集体经济收入、产业发展、基础设施建设、基本公共服务水平均达到了脱贫标准。（四）因村因户帮扶工作满意度。泽州县贫困村、贫困户帮扶力量已实现了“全覆盖”，所有帮扶责任人都和贫困户进行了对接，将脱贫攻坚有关政策进行了宣传，并结合贫困户制定了帮扶计划，在过年过节时进行了走访慰问，贫困户对帮扶工作总体比较满意。（五）扶贫资金使用管理成效。2016年县级财政扶贫资金总量和增幅双增长，2016年县财政投入扶贫资金700万元，相比“十二五”期间年均扶贫资金投入176.24万元，增加了523.76万元，增幅297%，扶贫资金投入实现了财政总量和增幅双增长。全年共整合省、市、县财政扶贫资金1073万元，其中用于10个贫困村整村推进项目资金298万元，带动贫困户319户722人；14个村集体实施的产业项目资金211.23万元，带动贫困户426户1105人；33个合作社实施的产业扶贫项目资金335.542万元，带动贫困户762户1713人；入股14个企业资金214万元，带动贫困户472户897人；单户产业项目补助资金14.228万元，涉及贫困户56户124人。直补到户资金170.142225万元，其中贫困户特色农业补贴30.921425万元，涉及3717户；贫困户户用光伏补贴36.385万元，涉及77户；贫困大学生资助24万元，涉及48户；雨露计划资助30.6万元，涉及153户；大病医疗补充保险、意外伤害保险、疾病身故保险48.2358万元，涉及6398户。

工作措施

(一) 加强组织领导，全面落实两个责任。一年来，县委、县政府不断加强脱贫攻坚的组织领导，全面落实脱贫攻坚主体责任和脱贫攻坚帮扶责任。一是成立了由县委书记赵新年、县长高喜全任组长；县委副书记席学武，常务副县长李韶华，县委常委、组织部部长张韶华，县委常委、县委办主任闫晋中和常务副县长程春明任副组长；17个乡镇党委书记、乡镇长和43个县直单位一把手为成员的泽州县脱贫攻坚领导小组，研究决定全县脱贫攻坚的重大决策。二是召开了“两个大会”，3月，县委县政府召开了全县脱贫攻坚工作会议，对全县脱贫攻坚工作进行了全面安排部署，制定出台了《泽州县光伏扶贫项目实施方案》和《泽州县产业扶贫项目实施办法》；8月召开了全县脱贫攻坚及易地扶贫搬迁工作推进会，对全县脱贫攻坚工作进行再动员、再加压、再部署，制定出台了县委、县政府关于《坚决打赢全县脱贫攻坚战的实施方案》和《泽州县人民政府“十三五”时期易地扶贫移民搬迁实施方案及行动计划》；三是签订了3个责任书，年初县委县政府向市委市政府签订了全县脱贫攻坚责任书，立下了军令状；17个乡镇党委、政府与县委、县政府签订了2016年度各乡镇脱贫攻坚责任书，明确了各乡镇年度减贫任务，进一步压实了乡镇主体责任；31个县处级领导与联系点签订了脱贫攻坚帮扶责任书、100个驻村帮扶单位与所包村签订了脱贫攻坚帮扶责任书，明确了帮扶责任，确保了各项帮扶工作落到实处、取得实效。(二) 制定脱贫方案，细化脱贫举措，全面打响脱贫攻坚战。县委、县政府关于《坚决打赢全县脱贫攻坚战的实施方案》，是泽州县打赢脱贫攻坚战的“总作战图”，方案明确了脱贫攻坚的任务书、路线图和时间表，解决了“谁来扶”“怎么扶”“扶出什么样”“怎么退”等问题，结合全县贫困规模，决定实行“两年脱贫三年巩固、脱贫不脱钩、全面迈小康”的战略部署，在2015年脱贫的基础上，2016年整村脱贫10个贫困村、减贫5050人；2017年整村脱贫10个贫困村、减贫6378人，2018—2020年对已脱贫的贫困对象进行巩固，提升扶贫成果，预防返贫现象发生，确保贫困群众和全县人民率先进入全面小康社会。方案按照落实“六个精准”，因地制宜扎实推进“五个一批”工程的要求，结合泽州县实际提出围绕特色产业扶贫、易地扶贫搬迁、培训就业扶贫、生态补偿脱贫、社会保障兜底、基础设施改善、公共服务提升和社会力量帮扶等“八大工程”，统筹协调行业部门牵头，制定实施特色农业扶贫、光伏扶贫、旅游扶贫、电商扶贫、易地扶贫搬迁、低保扶贫、生态建设扶贫、交通扶贫、水利扶贫、教育扶贫、健康扶贫等“20个专项扶贫行动”；创新了精准扶贫、驻村帮扶、资金管理使用、金融扶贫和考核评价“五大机制”；建立和完善了贫困人口建档立卡管控、脱贫攻坚“挂图作战”、领导干部包乡镇、联系帮扶贫困村、财政扶贫投入增长和扶贫资金资源整合、资产收益扶贫等“十项工作制度”；构建起脱贫攻坚组织领导、多方参与、舆论宣传、督查监督“四大保障体系”。

(三) 落实“六个精准”，扎实推进各项工作。一是扎实开展建档立卡“回头看”工作，精准识别贫困对象，解决“扶持谁”的问题。今年我县狠抓建档立卡“回头看”工作，第一书记、驻村工作队、包村干部深入一线全程参与，严格把握贫困户识别标准，认真对照“八不进”要求，坚持“识真贫真识贫、群众公议公认、整户识别、掌握全面情况”的原则，按照建档立卡工作流程，对建档立卡工作全面进行了“回头看”。截至年底全县在全国扶贫开发信息系统中登记识别贫困人口6408户14196人，其中标注2015年脱贫1113户2768人，2016年脱贫2503户5050人，未脱贫2792户6378人。通过对贫困户进行准确定位和精确瞄准，彻底解决了贫困人口底数不清、对象不明的问题，打破了脱贫需求与扶贫力量间的“信息鸿沟”，促进了各项扶贫政策措施和各类帮扶资源进村入户，实现与扶贫对象精准对接。二是因村派人、因户选人，精准落实帮扶力量。至年底，24个贫困村已全部落实了帮扶单位、驻村工作队和第一书记，贫困户全部落实了帮扶责任人。全县31个县处级领导每人结对帮扶一个贫困户集中的村，联系1~3户贫困户；100个帮扶单位结对帮扶1个低收入村或贫困户集中的村，并抽调3人组成扶贫工作队，驻村开展帮扶，全县党员干部每人至少联系1户贫困户进行结对帮扶，通过帮扶力量的全覆盖，畅通了帮扶政策与贫困户联系的管道，提振了贫困户脱贫致富的信心。三是因地制宜、科学规划，精准安排项目。2016年全县已实施整村推进、产业带动、易地扶贫搬迁、光伏扶贫、教育扶贫、生态扶贫等扶贫工程，脱贫成效明显。贫困村整村推进，每个村安排专项扶贫资金30万元，今年柳树口镇5个贫困村、晋庙铺镇2个贫困村、犁川镇2个贫困村、周村镇1个贫困村整村推进项目已设施完毕，通过村级基础设施改善、农田基本建设、发展光伏、养蜂、养羊、种植干鲜果经济林、中药材等产业推进整村脱贫工作。产业扶贫，按照《泽州县产业扶贫项目实施办法》，对贫困户产业项目进行扶持，同时鼓励各乡镇积极开展资产收益扶贫试点项目，将扶贫资金形成的收益性资产折股量化给贫困户，贫困户按股分红，通过产业扶贫，带动2498人实现增收脱贫。光伏扶贫，全县5个村整村安装了光伏发电项目，分别是：柳树口镇东石瓮村、高都镇大泉河村、晋庙铺镇北罗西村、南岭乡李沟村、周村镇川河村，安装总规模2655千瓦，直接带动农户339户，每户每年可增收6000~10000元。其中77户贫困户在享受科技部门每瓦3元补贴的基础上，扶贫资金再给予每瓦1元的安装补贴，共发放补贴资金36.385万元。易地扶贫搬迁，2016年新建集中安置点4个，共安置916户2708人，分别是金村镇安置点第一批安置贫困户300户1056人；南村镇安置点第一批安置贫困户396户1290人；山河镇安置点安置贫困户64户118人；南岭乡安置点安置贫困户156户244人。教育扶贫，2016年共资助贫困大学生48人，直接发放补助资金24万元；“雨露计划”第一期资助中职中技、高等职（专）业贫困学生153人，直接发放补助资金30.6万元，第二期正在进行申报、审核。生态保护扶贫，通过实施造林绿化、退耕还林、生态保护、干果经济林提质增效四个精准扶贫专项行动，带动贫困人口1574人，共获得林业收入441563.53元，人均增收280.5元。四是县级财政投入大幅增加，资金使用更加精准。县级财政扶贫资金总量和增幅双增长，2016年县级财政投入扶贫资金700万元，相比“十二五”期间年均扶贫资金投入176.24万元，增加了523.76万元，增幅297%，2016年扶贫资金投入实现了财政总量和增幅双增长。全年共整合省、市、县产业扶贫资金1073万元，全部用于10个贫困村整村推进项目、贫困户单户发展的产业项目和其他经济组织实施的产业扶贫项目；直补到户资金170.142225万元，主要用于贫困户特色农业、大病医疗补充保险、意外伤害保险、疾病身故保险、户用光伏补贴、教育扶贫等特惠项目的补贴。五是因村施策、因户施策，措施到户精准。全县24个贫困村结合本村资源优势、产业现状以及贫困户脱贫需求等情况，编制了适合自身发展的整村推进项目规划，其中以养蜂为主的项目3个；以核桃、山楂、中药材、辣椒等种植为主的项目7个；以养羊、养猪为主的养殖项目3个；以光伏为主的项目6个，其中晋庙铺北罗西村和柳树口镇东石瓮村光伏发电已并网；发展蔬菜大棚的1个；以旅游为主的4个，其中晋庙铺窑掌村、柳树口镇北石瓮村和圪针掌村3个贫困村已列入省级旅游扶贫项目重点扶持村；6个贫困村饮水困难的问题全部得到了解决。非贫困村贫困户由帮扶责任人结合贫困户自身实际，围绕易地扶贫搬迁、光伏扶贫、产业扶贫、教育扶贫、政策兜底、生态保护脱贫等方面制定了帮扶计划，确保如期脱贫。六是严格贫困对象退出标准和程序，确保脱贫成效精准。严格执行《山西省贫困退出实施办法》，所有脱贫的贫困户和贫困村必须达到全省贫困退出标准，严格执行退出程序，坚持实事求是、分级负责、规范操作、正向激励的基本原则，坚决杜绝“数字脱贫”和“被脱贫”。（四）超常规举措，为脱贫攻坚提供全面保障。一是加强扶贫机构队伍建设，提供人力支持。县乡两级扶贫机构队伍逐步健全，工作人员全部到岗。根据山西省机构编制委员会《关于进一步加强市县扶贫工作机构建设的通知》要求，2016年6月，县编办正式批准成立了泽州县扶贫开发中心，中心隶属县农委，为正科级财政拨款事业单位，核定科级领导职数1正1副，核定财政拨款事业编制8名，年底新进工作人员已全部到岗，同时县政府又新增了20万元工作经费，在人力财力上给予大力的支持。各乡镇在党委书记、乡镇长为第一责任人的基础上，确定了分管领导和扶贫干事，健全了乡镇扶贫队伍。二是出台方案、建立联席会议制度，加快推进易地搬迁重点工作进度。为推进易地扶贫搬迁工作，县政府结合实际制订出台了《泽州县“十三五”时期易地扶贫移民搬迁实施方案及行动计划》和《泽州县易地扶贫搬迁项目资金管理办法》，建立了易地扶贫搬迁联席会议制度，明确了发改、国土、住建、财政、环保等各相关单位职责，制定了工作制度并召开了5次易地扶贫搬迁联席会议，确定了南村镇人民政府、金村镇人民政府分别承担南部山区7个乡镇近城集中安置项目主体工作，并要求乡镇要尽快开工建设。三是实施挂图作战，为打赢脱贫攻坚战提供施工图。泽州县把挂图作战作为加强精准扶贫精准脱贫管理的重要抓手，作为进一步理清致贫原因、确定脱贫目标、制定扶持措施、落实帮扶责任、明确完成时限的重要举措。全县24个贫困村和42个贫困户在20户以上的非贫困村全部以村为单位实施挂图作战，其他贫困人口较少的非贫困村以乡镇为单位实施挂图作战，全县贫困户全部印发填写了新的《扶贫手册》。四是组织动员社会力量开展扶贫行动。由工商联牵头，统战部、各民主党派、群团组织等积极参与，构建起政府、市场、社会“三位一体”的脱贫攻坚大格局。民营企业积极承担社会责任，实施“企业帮村、精准到户”扶贫行动；龙头企业发挥优势，积极参与扶贫开发项目；工青妇群团组织积极开展“两癌”救助项目、妇女小额担保贷款工程、贫困母亲救助、暖冬行动等各种方式参与扶贫；工会、残联积极发挥各自优势全方位参与扶贫。

蔬菜生产

概述

2016年，全县共完成蔬菜播种面积3.6万亩，完成蔬菜总产量7万吨，完成农业投资10049万元。建成市级标准园3个，县级标准园6个，截至2016年年底，全县设施流转土地1.1万亩，共建成省级标准园4个，市级标准园30个，县级标准园31个。高都镇、下村镇、金村镇设施蔬菜集中连片效果进一步凸显。

项目建设

2016年新增设施蔬菜建设项目19个，总投资3500万元，投资100万以上的项目有8个，新增设施257栋，新增设施面积27.47公顷。开展提质增效工程29.15公顷，病虫害综合防治542.7公顷，开展集约化育苗107.2公顷，膜下滴灌和水肥一体化应用102.51公顷，三沼利用40.87公顷，培训人员525人，引进蔬菜新品种5个，新技术4项。

强化服务

一是在办公室成立了资金、技术、土地、销售、贷款贴息、信息、项目7个服务协调小组，定期下乡了解掌握项目建设进展情况，及时协调解决项目审批，土地、资金等问题。二是设立乡镇技术服务站：在巴公、高都、北义城、下村、南村、金村6个乡镇建立了蔬菜技术服务站，通过定期为基地、菜农把脉坐诊、免费提供技术资料等方式，推广蔬菜实用技术，传授致富技能，为广大农民提供全方位的农业生产服务。三是建立蔬菜价格监测体系。在对全市批发市场、超市、小区230多个蔬菜经营单位进行调查的基础上，确定了1家超市、2家批发市场、5家小区零售蔬菜点、2家配送中心、28家蔬菜基地为蔬菜价格信息监测点，每周一、三、五安排专人搜集菜价，并及时在蔬菜信息网进行发布，让基地做到了心中有数，实现了主动定价，也为该县在全省首家开展蔬菜价格指数保险工作奠定了扎实的基础。四是提升信息化管理水平。把泽州蔬菜信息网作为我办对外的窗口来抓，设立蔬菜供求信息专栏，发布蔬菜种植品种信息，让农民合理安排种植品种和茬口；开辟了泽州县蔬菜办微信公众号，设立种植技术、基地建设、当日菜价、工作动态等专栏，让信息传播更快捷方便；建立蔬菜技术服务微信平台，邀请山西农业大学3名蔬菜博士，组织全县130家蔬菜基地负责人建立了泽州蔬菜学会微信群，加强技术交流。六是强化内部管理。对蔬菜项目及蔬菜安全高度重视，新增项目股和市场股，同时，对各股室工作职责进行细化分工，责任到人。进一步完善工作制度，强化绩效管理，提升了机关执行力，充分调动全体工作人员的积极性、主动性和创造性，确保各项工作保质保量完成。

出台优惠政策

一是出台设施蔬菜贷款贴息补助办法：对设施蔬菜基地新建设施和开展生产贷款给予贴息补助，缓解基地资金压力。二是出台设施蔬菜联合聘用技术员补助办法：对基地联合聘用技术员给予工资补助，降低技术成本，实现抱团发展。2016年，经申报、评审，对12家基地联合聘用的4名技术员，补助资金19.2万元，降低基地聘用技术员费用87万元。三是出台泽州县设施蔬菜大棚保险方案：为减轻极端天气对基地造成的损害，该办通过深入调查，与保险公司协商，研究制定了《泽州县设施蔬菜大棚保险方案》，2016年11月经县政府常务会讨论通过，率先在高都镇、北义城镇进行了试点，成为晋城市首家开展设施大棚保险试点县。截至2016年，已初步取得成效，共有10家蔬菜种植基地参与投保，投保设施286.89亩，保险费合计12.9万元，其中：农户自交保费5.1万元，县财政补贴保费7.8万元。在2017年1月19日的暴风灾害中，泽州县坛西农业专业合作社和自然美农业专业合作社受灾，经评估，分别获得保险赔付金1060元和2400元，农民比较满意。这一政策的开展将逐步降低大棚受灾风险，由以前“受灾找政府”，变为“受灾找保险”的市场化道路。四是出台泽州县设施蔬菜价格指数保险方案：为避免“菜贱伤农”，稳定蔬菜生产，保障农民收入，制定了设施蔬菜价格指数保险方案，2017年3月10日经县政府常务会讨论通过。泽州县成为山西省首家开展设施蔬菜价格指数保险试点县。

大胆创新、探索新模式

一是“晋美香山”模式：老板投资建大棚，农民负责生产管理，除基本工资外，利润的30%让给农民。充分调动农民的积极性，变“老板让我干”为“农民主动干”。二是“坛西”

模式：村民贷款建大棚，村干部担保，利润全部归村民，极大地调动了农民生产热情，平均每栋棚产量2~2.5万公斤，每栋棚纯收入3~4万元左右，蔬菜亩产量、亩收入得到极大提高。三是“润泽源”模式：每栋棚农户贷款3万元，合作社担保，大棚建设及配套费用由合作社负责，利润合作社和农户对半分。同时优先吸收贫困户加入合作社，加快脱贫步伐。

组织参观学习

组织蔬菜基地负责人200余人次到山东省寿光市，山西省长子、新绛、曲沃、忻州、壶关等地参观学习，借鉴外地发展经验。引进了芽苗菜和5个草莓新品种，还引进新型EPS材料大棚，墙体厚度仅30厘米，有效节约土地，并且施工时间短，半个月可建一栋大棚。同时加强交流，2016年，太原市和长子县360多人组成的考察团到泽州县参观学习，对泽州县基地应用大棚轨道车及先进的管理模式表示赞赏，当地菜农在与参观人员的交流中，也获得了新的信息，促进了共同发展。

助力产业扶贫

扶持南部山区发展蔬菜生产。支持柳树口镇圪针掌村华逸农设施蔬菜基地提质增效建设，为他们配备了频振式杀虫灯及生物农药，开展了弥雾机、黄瓜、辣椒新品种、黄蓝板等新型设备应用，提高了基地生产技术水平，圪针掌村承包大棚的来明亮等5个贫困户2016年平均收入9870元。华逸农基地还积极创新蔬菜营销模式，以微信为核心载体，通过建群的方式将客户聚集起来，顾客通过微信预定产品，当日在家便可收到，方便快捷、省时省心。2016年群人数已经达到了420人，每天配送蔬菜能够达150~250公斤，有时还附带配送一些乡村土特产，极大带动了该村经济发展。

鼓励基地开展各种活动

鼓励基地开展形式多样的活动，先后举办了首届“田园风情、绿色蔬菜”杯农民文化节、草莓、香椿采摘节、协办了“华都杯”晋城市首届电视导游大赛，吸引了大批市民前往。活动的举办，展示了新风采，提升了知名度，提高了经济效益，为广大市民周末出行提供了更多选择，对打造泽州蔬菜品牌起到了积极作用。

加强教育培训

先后编写了《泽州县蔬菜发展指南》《露地蔬菜种植技术》等资料，已发放1000多本到菜农手中。同时按照蔬菜产业发展总体规划，2月21日，在金村、北义城镇政府召开了旱地西红柿技术培训及生产先进基地经验交流大会，金村、高都、北义城镇分管蔬菜工作的副镇长、各村村委主任、合作社、农业公司负责人240多人参加了会议。会上，来自壶关县农委的杨主任和技术站的张站长就壶关县旱地西红柿的发展历史及经验、生产技术做了深入浅出的讲解，会议还安排晋美香山、坛西合作社等六家设施、露地、特色蔬菜生产先进基地负责人代表做了经验交流，各乡镇分管蔬菜工作的领导纷纷表示通过培训，理清了思路、坚定了信心。

加强蔬菜安全生产

一是在全县大力开展蔬菜生产绿色防控技术应用：推广示范了杀虫灯、生物农药等新技术。二是做好安全宣传和台账登记监管：每年在节假日或重大会议召开期间，加强安全生产宣传指导，组织技术人员深入各设施蔬菜基地进行安全生产宣传指导。对台账登记等进行了详细查看，要求蔬菜生产基地要将安全制度、农药使用规定上墙，和各基地负责人签订了蔬菜质量安全承诺书。2016年，省、市农产品质量安全检验检测中心在全县抽检，抽检合格率为98.3%。

农业综合开发

概述

2016年，泽州县农业综合开发局扎实开展“三严三实”和“两学一做”学习教育活动，坚决落实中央“八项规定”，转变工作作风、密切联系群众，以推动农业现代化为主攻方向，以粮食安全、农业增效、农民增收为目标，加强农业基础设施建设、改善农业生产基本条件、提高农业综合生产能力，完善农业综合开发管理机制，提高科学管理水平和资金使用效益。

土地治理项目

圆满完成了2015年北义城镇高标准农田建设项目的各项工程，在巴公镇东四义、西四义和北义城镇的西张村、东张村、刘轩窑、城公6个行政村发展水浇地667公顷，投资1500万元。项目已全部竣工并经过省、市有关部门验收。2015年北义城镇高标准农田建设项目投资1500万元，建成排灌站2座，架设输变电线路3.3千米，安装变压器3台(套)，埋设管道101.7千米，发展喷灌40.2公顷，新建小型蓄水池2座，扩建加固小型蓄水池1座，修建田间道路11.9千米(全部C20砼硬化)，营造农田防护林6.7公顷。通过农业综合开发实行“田、林、水、电、路”综合治理与综合开发，项目区的农业生产条件和农村生态环境得到了很大改善，抵御自然灾害能力明显增强，建成了“田地平整肥沃、水利设施配套、田间道路畅通、林网建设适宜、科技先进适用、优质高产高效”的高标准农田，使农业特别是粮食综合产能力明显提高。这必然促进了合理利用农业自然资源、提高农业经济效益、增加农民收入。通过实施项目，建成高标准农田667公顷，新增节水灌溉面积667公顷，年节约水量64.7万立方米，新增农田林网防护面积536公顷。项目区经过综合开发后，每年新增优质小麦125万公斤，优质复播大豆35万公斤，新增粮食总产160万公斤，平均每年新增种植业产值457.5万元，增加纯收入总额388.5万元。经过精心勘察，合理规划，上报了2016年川底乡高标准农田建设项目并经上级批复，计划在川底乡川底乡的焦河、沙沟、原庄、车郭村4个行政村发展水浇地402公顷，投资900万元。目前项目正在积极准备精心实施。

产业化经营项目

2016年该局遵照相关规定，本着带动农业增收、农民致富和择优选项的原则，经过实地调查、资料审核和专家评定，评选出“泽州县新增500箱优质蜂培育基地扩建项目”进行上报，项目实施单位是山西山里泉养蜂专业合作社，计划总投资121.8万元。当年项目各项工程已全部完成，进入报账程序。通过项目的扶持，农业龙头企业和农民专业合作社得以做大做强。农业龙头企业生产规模逐年扩大，产能产值成倍增长，产品科技含量不断提高，产品附加值逐年攀升，企业发展步入良性轨道，带动能力越来越突出；农民专业合作社不断发展壮大，管理日趋规范，桥梁纽带作用逐渐增强，社员红利逐年增加。2016年扶持山西山里泉养蜂专业合作社，实施“泽州县新增500箱优质蜂培育基地扩建项目”，共投资121.8万元，其中申请上级财政资金60万元。项目实施后，年销售收入可达656万元，盈余总额205.97万元，可分配盈余185.37万元；可带动该村及周边村镇300余户养蜂户开展蜜蜂养殖，增加蜜蜂1000余箱，增产蜂蜜80余吨，安排农村劳动力60余人，农民人均增收5000余元。

中药材产业工程

2016年，山西省国新能源发展集团有限公司、山西中医学院先后和泽州县签署战略合作框架协议，山西国新晋药集团陵川药业有限公司和泽州县二十里铺连翘综合开发有限公司也签署了连翘种植加工购销合作协议。

畜　牧

概述

2016年，在泽州县委、县政府的正确领导和上级业务部门的大力支持下，县畜牧兽医局以中共十八大和中共十八届三中、四中、五中、六中全会精神为指引，认真贯彻落实全省第四次现代畜牧业建设工作会议和市畜牧兽医局畜牧会议精神，以夯基础、转方式、调结构、增效益为主线，以保供给，保安全为目标，创新提质增效和生态发展新路子，重点提升生猪产业综合生产水平，带动全县畜牧业整体生产能力的提升，通过全县畜牧兽医干部职工的共同努力，较好地完成了各项工作任务。

主要指标

全县生猪存栏59.5万头，出栏100.6万头；鸡存栏250.5万羽，出栏170.2万羽；羊存栏27.6万只，出栏16万只；牛存栏1.85万头，出栏0.9万头；肉类产量7.68万吨，鲜蛋产量2.88万吨。全年未发性区域性重大动物疫情、重大畜产品安全事件和行业安全事故。

惠农政策

一是认真落实市级促进畜牧业持续健康安全发展资金补贴，为322个养殖场（户、项目）发放市级2015年补贴资金433.1万元；二是积极争取项目资金，全年共争取上级项目资金352万元，其中生猪调出大县资金252万元，粪污资源化利用项目资金100万元。拨付“一县一业”、生猪标准化养殖小区建设、退耕还林、生猪调出大县、畜牧业翻番等项目资金324.4万元。

项目建设

（一）晋宏和重庆天兆集团在下村镇建设的年出栏10万头种猪场项目一期工程已完成，

累计完成投资7800万元，引进2200头优种母猪和110头优种公猪，预计2017年1月进入生产阶段。(二) 病死畜禽集中无害化处理项目全面投产运行。建成1个处理厂，13个乡镇收集暂存点，3个大型规模场冷库和296个规模场自建点，配备冰柜398台、小推车296辆、手动液压叉车12辆、收集车辆13辆。2016年共收集处理病死猪31182头，病死鸡42356羽。10月19日，全省病死畜禽集中无害化处理建设工作推进会在泽州县召开，该县的病死畜禽集中无害化处理项目受到省市领导和参会人员的一致好评，并作为典型在全省推广。(三) 养殖场粪污治理成效显著。年初县政府出台了《泽州县畜禽规模养殖污染综合治理实施办法》，极大地推动了养殖场粪污治理工作的开展，2016年共有90个规模养殖场完成了粪污治理，全县完成治理的规模养殖场达到了140个。(四)“公司 + 农户”产业模式初见成效。县猪业协会积极与大象集团洽谈，在农户中积极推广生猪专业化育肥改造，2016年有6户养猪户和大象签约，共投资456万元，建成标准化育肥圈舍5000多平方米，正在建设6400平方米，饲养育肥猪9500多头，年可新增出栏3万多头。此外，还与大象公司商定了三种合作模式，即“211”模式(一对夫妇、饲养一栋猪舍、实现年收入10万元以上。)、“1+1+1+1”模式(政府协调、银行支持、公司经营、农户参与，四方合力新建生猪专业育肥小区。) 和托管模式(农户或合作社独资投资，公司承包租赁经营，以出栏头数分红。)，为在全县推广“公司 + 农户”产业模式奠定了基础。

养殖场标准化创建

通过全面宣传发动，营造创建氛围，充分调动了广大基层工作人员和养殖场创建的积极性和主动性，2016年全县共有462个养殖场户，参与了标准化创建活动，经初步验收，共有39个养殖场被评为一类标准化场，85个养殖场户被评为二类标准场，130个养殖场被评为防疫规范化场户。

安全监管

制定了《关于推进网格化安全监管工作实施方案》，在全县畜牧兽医系统建成一张横向到边，纵向到底的安全监管网络。对日常督察工作进行了完善，通过包乡镇干部进场实地指导，提升了包片兽医开展日常督察的工作水平。在重要节点组织开展了专项检查。切实将安全监管责任落到了实处，继续保持了泽州县多年未发生区域性重大动物疫情和畜产品安全事故、行业生产安全事故的成果。重点做了以下三方面工作：(一) 在畜产品安全监管方面，加强了投入品源头治理和安全监管的力度。组织开展了饲料经营点、规模养殖场的专项检查和兽药产品标签和说明书规范行动专项整治，共检查养殖场1212场(次)、饲料兽药经营单位30个(次)。大力开展品牌饲料备案工作，共备案品牌饲料99家。抽检饲料样品8批次，化验全部合格。二是加强了养殖环节监测力度。开展了“瘦肉精”等非法添加物的监测工作，共抽检尿液2900份，全部呈阴性。三是加强了检疫检查力度。共完成产地检疫畜禽217万头(只)、屠宰检疫3万头，在运输环节检查畜禽45万羽(只)、动物产品28吨。

（二）在疫病防控方面。通过做实免疫注射和抗体监测等基础工作，完善防疫规范化创建、档案管理、疫苗冷链体系等重点工作，提升应急处置能力等措施，推动了全县疫病防控能力的不断提升。全年，累计免疫畜禽2414万头（只）次，应疫密度达到了100%。累计监测各类养殖场（户）1750场（次），采集血清2万余份，并对阳性畜进行了扑杀。完成了省疫控中心下发的定点监测任务，共送检场（户）3个，屠宰点1个，血清90份，猪扁桃体90份。（三）在卫生监督监管方面，一是开展了养殖场风险评估工作，根据《晋城市动物卫生风险管理暂行办法》，结合我县实际，将373个监管对象纳入风险评估的范围。二是对动物防疫条件合格证进行了清查，注销206个停止养殖、变更经营范围、场址、布局的养殖场，对183个不达省定规模的养殖场，进行了限期整改。三是启用“智慧动监”系统，给31名官方兽医配备专用手机，在最基层实现了数字化监管。四是对动物卫生违法案件进行了严肃查处，共出动执法人员64人次，立案查处违法经营、运输动物及动物产品案件7起。截至2016年年底，6起案件已结案，1起正在办理中，处罚金额5942元。

队伍管理

认真落实两个责任，修订了《泽州县畜牧兽医局管理制度汇集》《乡镇畜牧兽医站工作规范文件汇编》，出台了《关于对基层站督查中存在问题不及时整改的处理意见》。全年开展纪律督察59次，处理违反纪律人员5人。强化队伍建设，规范了干部选拔作用机制，综合群众意见、个人工作表现和工作需要等因素，选拔任用中层干部9名，充实了干部队伍。为基层站从大学生村干部中定向招聘28名人员，充实了基层队伍。县兽医院开展了动物诊疗和饲料兽药经营业务，兽医技术服务职能逐渐恢复。规范了党组织生活，严格执行“三会一课”制度。强化思想教育，组织开展了《中国共产党纪律处分条例》、《中国共产党廉洁自律准则》、中共十八届六中全会和省市党代会精神学习活动，编印常见党规条例学习手册，强化了干部职工遵规守纪的意识。强化作风建设，所有基层站都制作了泽州县畜牧兽医系统行业精神、监督台和群众办事指南，并悬挂在醒目位置。制定出台了《基层站人员岗位竞赛和交流调岗方案》，有效地调动了广大干部职工干事创业的热情。

农　机

概述

2016年，泽州县农机局围绕转变农机化发展方式的总要求，以提高主要农作物生产全程机械化水平为重点，以推广先进适用农机化技术及装备、培育壮大农机服务市场主体、探索机械化生产模式、改善农机化基础设施为主要内容，平川地区和丘陵山区因地制宜、梯次推进，大中型机械和小型机械均衡发展。通过强化农机购置补贴等政策的导向作用，提升农机化生产的装备水平，支持鼓励老旧农机报废更新，推动农机装备升级换代，进一步优化农机装备结构。通过积极培育多元化的农机社会化服务组织、农业生产规模经营者等市场化生产主体，推进跨区作业、订单作业、托管服务、租赁经营等农机社会化服务，提高主要农作物生产的组织化程度。通过强化农机化安全监管，提高农机化生产的安全运行水平。农机化在替代农业劳动力、提高农业生产效率、降低生产成本、提高农产品质量、推进城镇化等方面的作用日益显著。同时，农机干部队伍建设和精神文明建设扎实推进，县农机局在成功创建晋城市精神文明单位的基础上进一步丰富创建内涵，向更高的文明水准迈进。

农机化装备

强化农机购置补贴等惠农政策的导向作用，实现农机化装备水平的提升。2016年该县农机装备结构进一步优化，农机总动力达28.33万千瓦（不含农用运输车和农用三轮车动力）。拖拉机7576台，其中大中型拖拉机1410台。配套农机具16696台。其中在落实国家农机购置补贴政策中，进一步严格补贴流程、强化社会监督和加强信息核实，补贴耕整地机械、种植施肥机械、收获机械、动力机械等各式各类农机443台，直接受益农户268户。

农机化作业

突出粮食生产主要环节的农机运用，实现主要农作物综合机械化水平的提升。强化对“春耕”、“三夏”和“三秋”等农时关键节点的农机化生产工作部署，加强信息引导，科学调度机具，突出新技术应用，发挥农机服务组织作用，着力提高小麦、大豆、玉米等重点作物耕种收等关键环节的农机化生产作业水平。“春耕”期间，组织农机投入春耕生产，开展春耕春播作业。抢农时促进度效果明显。“三夏”期间，做足提前量，及时掌握跨区作业信息，开展机具供需对接，指导农机中介服务组织参与机车的分队编组等工作，同时做好对口作业地区的联络、农机手的技术培训、机车的安全检验、跨区作业证的发放、作业期间的巡回监督等。以农机专业合作社为主体组织联合收获机赴河南机收小麦，单机外出作业纯收入达2万元以上。为了确保泽州县可机收小麦及时收获，颗粒归仓，县农机局在充分挖掘本县现有机械潜力的基础上，积极从河南、运城等地引进联合收割机参加泽州县麦收会战，提高农机使用率和经营效益。其间，该局在县域粮食主产区设立跨区机收服务站和县级区域小麦作业调度中心，开通机收服务热线电话，全天候为农机手和农民提供接待和信息咨询服务及时调度作业机车，并组建技术服务、后勤服务和监督检查队，配备流动服务专用车开展专项服务，为跨区机收小麦创造良好的条件。“三秋”期间，全县投入秋收、秋种、秋整地机械化生产作业的各类农机具，保障秋粮收获和秋季播种顺利进行。2016年机耕37185公顷、机播43081公顷、联合机收3.95公顷（其中大豆机收5755.3公顷，玉米机收4757公顷）。主要农作物耕种收综合机械化水平日益提升，达73.3%。

农机化新技术应用

瞄准关键技术的推广，实现农机化新技术运用水平的提升。2016年，泽州县重点通过实施国家级机械化保护性耕作、农机深松整地作业补贴等项目，促进先进适用农机技术的推广普及。机械化保护性耕作和机械深松实施区域以交通干线平川地带为主，以老带新，整村推进。全年完成新增机械化保护性耕作面积938公顷，机械深松面积2680公顷。同时，泽州县以完善示范推广模式为手段，不断加大农机新技术推广和新机具的引进力度，扩大新技术普及实施面，提高实施质量和效益，其中玉米机械化生产机耕、机播、机收面积分别为6030公顷、6787.1公顷、4757公顷，谷子机收268公顷，农作物秸秆机械化还田面积24857公顷。

农机化服务组织建设

2016年，县农机局通过购机补贴、技术指导、信息交流等方式，重点强化农机合作社的基础建设和装备建设，培育和规范农机合作社等农机服务组织，推动农机合作社、农机大户、农场农机队和农机服务中介为骨干的新型农机社会化服务网点渐成规模，实现农机社会化服务水平的提升。通过争取省、市农机服务体系专项扶持资金35万元重点扶持规模和特色农机合作社，使其在机具配备、机具库棚、场院建设等硬件建设方面取得较大进展。通过农机田间作业燃油补贴适当向农机合作社倾斜，推进合作社做大做强。通过持续推进农机专业合作社规范化建设，探索开展合作社土地托管、全程机械作业服务、零配件供应等项业务，实现农机合作组织产业服务链延伸。新创建机械化示范家庭农场1个，新增农机大户3户，新增农机维修网点1处。全县农机专业合作社49个，农机大户162户；农机维修网点19个。同时，依托农机专业合作社的服务能力，探索推进合作社由“单兵突进”式作业向“兵团联合”式作业发展，积极搭建合作社交流平台，编印合作社通信录、召开推进会，为其沟通联合创造条件，进一步引导零散农机户加入农机合作社队伍，推进合作社做大做强，让入社农民获得更大实惠。农机专业合作社和农机大户等农机服务组织的生力军作用日益凸显，已经成为农机化服务中的中坚力量。

农机安全监督管理

常鸣安全警钟，实现农机安全生产的平稳运行。2016年以强化安全生产责任制落实为统领，强化依法管理，大力开展农机安全生产执法活动。特别是层层签订农机安全责任书、严格落实安全生产责任制，开展“打非治违”专项行动、“四不两直”突击检查和“平安农机”，进田间场院、进机手家中，通过多种形式、多个侧面来宣传农机安全生产的重要性，提高农民和机手的安全生产意识，在全社会营造重视农机安全生产的舆论氛围。同时完善农机安全服务方式，在年度农机检（审）验工作中，变集中设点检审验为逐乡（镇）上门实地检（审）验，实行“一条龙”服务，对边、偏、远地区出行困难的农机手实行特例特办、电话预约、上门服务。通过系列的监管措施，有效打击了农业机械的“黑机非驾”和违章作业，提高农民和机手的安全生产意识，促进了农机化生产的安全运行。2016年进一步加强“平安农机”示范工程建设，进一步巩固“平安农机”创建成果，全县新创建示范乡（镇）4个，示范村20个，安全生产农机作业合作社10个，示范户12个，发展村级安全联络员100人。

与此同时，大力加强农机质量宣传、监督检查和投诉受理工作，一方面，紧紧抓住

"3·15"消费者权益日、"三夏"农机使用高峰期等重要节点开展质量宣传，重点对农机经销、维修及零配件网点开展全覆盖检查；另一方面，认真受理购机户的质量投诉，成功调解丁某某等10户购机户对经销企业所售玉米收获机的质量投诉，促成经销企业给予10农户一次性共5.3万元的补偿，切实维护了农机户的合法权益。此外，积极回应老农机手的利益关切，实质性推进乡镇（原公社）老农机人员生活补贴问题的解决。首批673人的补助金将按程序陆续到位。

农机化培训

结合农机化工作实际，重点组织"春耕""三夏""三秋"农机化技术专项培训、新购机农民培训等活动。县农机局以新技术普及推广为突破口，结合重要农时开展保护性耕作等专题培训，结合技术服务开展现场培训，结合机具补贴开展机具操作培训，结合农机综合服务站、农机校开展基地日常培训，结合大众传媒开展广泛培训。培训中该局变单项技能培训为多项技能培训，拓宽了培训范围。结合泽州县近年来推广实施的机械化保护性耕作技术、秸秆还田技术、精少量播种技术、化肥深施技术、深松技术等，开展了专项技术培训。针对农民接受培训不方便等问题，进一步转变、完善培训方式，改坐堂培训、室内培训为送技术下乡、田间地头培训与室内培训相结合等方式。2016年开展各类农机化新技术培训1050人（次）。

农机化投入

2016年泽州县落实各级各类农机化资金523万元，其中国家级（农机购置补贴）资金332万元，省级资金47万元、市级资金67万元、县级资金77万元。资金用于机械化保护性耕作、机械深松整地等农机化新技术示范推广、合作社扶持、田间作业燃油补贴、农机安全监管等，拉动农民投资农机1800余万元。

队伍建设

聚焦优秀传统文化学习，精耕博读，凝心聚气，提升泽州农机团队文明素养。县农机局倡导"每天进步一点点"的学习理念，以周三、周五常态化的学习机制为支撑，通过组织收看央视"百家讲坛"系列视频，倡导组织人人诵读、解读、感悟《弟子规》《三字经》《孝经》《了凡四训》等儒家经典，特别是组织全员参加传统文化公益课堂，从优秀传统文化中汲取积极、健康、丰富的精神营养，着重从"修身""做人"的角度去感悟内涵、规范言行，陶冶情操、净化心灵。倡导摒弃陋习、转变作风从一个微笑、一句温馨话语中体现，从节约一张纸、一度电、一滴水、一粒米等点滴小事着手，从不随地吐痰、不乱扔烟头、不大声喧哗、不损坏公物等细微之处做起，汇聚文明美德的涓涓细流。倡导大家把敬老行孝等家庭美德、敬业奉献等职业道德推而广之，用自己的一言一行践行社会公德，融入到文明行车、文明礼仪、文明就餐等与人交往的日常生活中。从"学而后知不足"，到"己所不欲勿施于人"，再到"勿以恶小而为之、勿以善小而不为"，广大干部职工的道德水准和践行社会主义核心价值观的自觉性日益提高，工作作风、行业风气向善向好，涌现了一批以晋城百名德孝模范之一赵小鹏、敬业奉献的"晋城好人"入围人选贾海军等为代表的榜样与楷模，凝成并践行着“珍爱生命，呵护健康，享受工作，经营幸福，耕耘友善，承担道义”泽州农机团队精神。

林 业

概述

泽州县林业局负责全县林业工作，有干部职工75人。近年来，在县委、县政府的正确领导下，全县上下特别是林业系统全体干部职工与时俱进，开拓创新，务实重干，认真贯彻落实《中共中央、国务院关于加快林业发展的决定》、中央林业工作会议精神和省委省政府“生态兴省”战略、“绿化山西”总体部署，树立“敬天为民”的理念，以建设“生态强县”、建立比较完备的林业生态体系、比较发达的林业产业体系和比较繁荣的林业生态文化体系为目标，以创建山西省林业生态县为载体，以“15441”林业重点工程建设为抓手，以林权制度改革为动力，以科技兴林为先导，以依法治林为保障，推动林业建设取得了全面进步。

全县林业用地面积10.1万公顷，其中有林地面积达5.41公顷，疏林地5165.7公顷，灌木林地3.53公顷，未成林造林地392.04公顷，宜林地4636.4公顷，森林覆盖率36.74%，林木绿化率50.46%，活立木蓄积量达200万立方米。境内省级猕猴自然保护区1个，省级森林公园（山西省珏山森林公园）1座、城郊森林公园（泽州龙王山森林公园）1座，建成泽州县丹河龙门湿地公园（正在申报）。先后被授予“全国造林绿化百佳县”“全国封山育林先进单位”“全省造林绿化先进县”“山西省林业生态县”“全省集体林权制度改革先进县”“山西省模范单位”“山西省林业‘六大建设’先进集体”“全市林业建设红旗县”“全市城乡绿化先进县”“全市森林防火先进县”等市级以上荣誉称号20多项。2016年。

造林绿化

截至2016年年底，完成营造林1.41万公顷，其中造林8040公顷，义务植树600余万株，全县林业用地面积达10.1万公顷，其中有林地面积达5.41万公顷，森林覆盖率36.74%，林木绿化率50.46%，活立木蓄积量达200万立方米，实现了森林面积和森林蓄积的“双增长”。

产业发展

截至2016年年底，全县经济林总面积增加到7370公顷，其中山楂基地面积发展到2010公顷，苗木花卉基地面积由五年前的335公顷发展到2016年的1461公顷，核桃由零星种植向规模化、优良化发展，基地面积达3350公顷，涌现出了以绿成林果、绿丰园和永辉等为代表的林业专业合作社60余个。开发建成了以珏山、山里泉、龙王山、聚寿山、可寒山等为主的一大批森林生态旅游区。林产品加工初具规模，以彤康食品为主的龙头企业逐步壮大，山楂林产品有机管理日益加强，通过有机产品认证，山楂果酒、山楂果铺系列被认定为山西省林木优良品种。林业投入的逐年加大，带动林业产值的逐年提高。

森林防火

截至2016年年底，建成了县森林防火指挥中心和森林防火远程监控系统；开展了森林防火“122羊八百”工程；修订了《泽州县森林火灾扑救预案》，认真落实防火值班和领导带班制度，实行网格化管理，从严落实“七包”(县长包县、乡镇长包乡镇、村主任包村、组长包组、场长包场、校长包校、护林人员包山头)责任。开展森林防火大检查，排查森林防火隐患。倡导文明祭祀，县、乡、村、户(施工企业)层层签订了防火责任书，严格实行了“十不准，六不烧”制度。坚持做到“四个不放过”，即事故原因查不清不放过、责任人员未处理不放过、整改措施未落实不放过、有关人员未收到教育不放过。同时，经常性组织开展森林防火演习。在重点路口、地段和林区新建防火检查站25个，防火巡查点30处，森林防火隔离带50千米，驻扎在伊侯山林场、柳树口、山河的三支森林专业灭火队24小时处于临战状态，为全县森林火情及时、有效处置提供了坚强的保证。多年来，全县未发生大的森林火灾。

灾害防治

在森林病虫害防治工作中，重视森林病虫害预测预报、监测和防治工作，重点对松材线虫病疫情进行了监测和防治。及时修订了《泽州县预防林业外来有害生物应急预案》，对油松毛虫、红脂大小蠹、白蚁等检疫性林业有害生物进行了全面普查和监测，完成疫区除治1541公顷，检疫苗木180余万株，森林病虫害发生率控制在0.5%以下。以防控禽流感、甲型H1N1流感等重大动物疫情为重点，下发了《野生动物疫源疫病防控紧急通知》及禽流感宣传材料、制定了禽流感防控方案，与县畜牧中心联合下乡进行了重大动物疫情检查，有效防范了重大疫情的发生。

资源保护

在把森林防火工作纳入政府目标考核的基础上，把森林资源管理工作纳入了政府目标管理，层层签订目标管理责任书，出台考核办法，进一步明确了乡镇政府对森林资源管理的责任，明确了乡镇党政一把手对辖区森林资源安全负总责；认真执行森林采伐限额管理、林木凭证采伐、木材凭证运输、林地用途管制等制度，不断加强生态公益林管护工作，全县征占用林地审核审批率达95%以上，伐区内林木凭证采伐和办证合格率达90%以上；在县森林扑火专业大队的基础上，又相继组建山河、柳树口森林扑火中队，做到了专业队伍前移；先后组织开展了代号为“绿盾一号、二号、三号”“春季行动”等林业专项严打行动，严厉打击乱砍滥挖林木、私拉乱运木材、乱捕滥猎野生动物等涉林违法行为。五年来，累计查处林业行政案件68起，案件查处率达98%以上，基本上做到无积案。全县森林火灾受害率控制在0.3‰以下；林产品产地检疫率由88%提高到95%以上，林木病虫害测报准确率由81%提高到90%以上，无公害防治率由82%提高到85%以上，有害生物成灾率由9‰降到5‰以下，森林资源得到了有效保护。

林业改革

认真贯彻落实《中共中央国务院关于全面推进集体林权制度改革的意见》精神，在2008年试点的基础上，全面开展了集体林权制度改革工作，截至2016年年底，林改确权村数401个，占林改村总数的96.4%，确权面积9.41公顷，占集体林地总面积95.3%。其中实行家庭承包33个村，面积3912.8公顷，占确权面积的4.16%；联户经营207个村，面积4.81万公顷，占确权面积的51.15%；均股到户122个村，面积1.99万公顷，占确权面积的21.10%；大户承包56户，0.84万公顷，占确权面积的8.95%，集体保留林地193个村，1.32万公顷，占确权面积的14.06%，其他形式556公顷，占确权面积的0.58%。发证7206余本，发证率占100%（除去自然保护区和森林公园、开发区共计面积为2.13万公顷），确权到户率为71.4%。待《林木采伐管理办法》《森林资源保护办法》《全县营造林管理办法》《荒山造林、经济林项目直补办法》《生态公益林补偿办法》《林权抵押贷款意见》等配套措施陆续出台后，将进一步增强林业发展活力，极大激发社会各界投资办林业的热情。同时，根据《中共中央国务院关于印发〈国有林场改革方案〉和〈国有林区改革指导意见〉的通知》和《山西省国有林场改革实施方案》精神，启动了国有林场改革，改革完成后，国有林场的功能将更加凸显，可持续发展能力将明显增强。

机制建设

在长期的实际工作和不断地创新完善中，形成了“以政府投资为主、社会投资和市场运作为辅、民间融资为补充”的生态林业投入体系。建立了长期的公共财政投入机制，发挥财政投资主导作用，加大对林业建设的扶持力度。同时，进一步解放思想，开阔视野，积极探索林业转型跨越发展的新体制、新机制、新办法。有计划、有步骤地拿出了一部分宜林荒山，鼓励社会上有实力、有能力的公司、企业和个人认领认养、合作造林，或先造林成林、后开发利用。大力推行工程化造林，实行市场化运作，对于政府投资和集体投资的造林工程严格招投标制、合同制、监理制、验收报账制，做到规范有序、监督有力，确保了资金使用效益。

水　务

概述

2016年，全县完成水利投资1.53亿元，任庄水库大坝改建除险加固工程和丹河河道综合整治工程全面完工；建成农村饮水安全工程17处，解决了24个村，1.48万人的饮水安全问题；建成农田水利工程20处，完成实灌面积1.14公顷；完成水保综合治理面积2010公顷，全县累计治理面积达896平方千米，治理度达60.2%；加强了山洪灾害预警预报系统整合运用，成功应对了“7·19”强降雨袭击，实现全县安全度汛。全年小水发电量达到6400万千瓦时；完成成鱼捕捞655吨，实现产值630万元；深入贯彻落实最严格水资源管理制度，万元工业增加值耗水量比2015年下降2.76%，重要水功能区水质达标率达到88%，农田灌溉水有效利用系数0.59，完成地下水压采量360万立方米，在全市组织的落实最严格水资源管理制度工作考核中，综合排名全市第二。

重点工程

2016年完成重点水利工程投资2245万元。任庄水库大坝改建除险加固工程：是该县重要的应急抢险工程和新水源工程，总投资10245万元，2014年11月开工建设，2016年完成了交通桥和扫尾工程等，完成投资945万元。丹河河道综合整治工程：是丹河龙门湿地公园建设的重要组成部分，该县重要的水生态和景观工程，工程治理河段从高都伏堂到金村水北，全长2.4千米，2016年完成全部扫尾工程，完成投资300万元。圪套水库提水工程是该县周村工业园区重要的供水保障工程，工程总投资1620万元，2016年5月开工建设，完成了水池、主管道等工程，完成投资1000万元。

水务改革

2016年，规范涉水权力和责任清单60项，县水务局设立了行政审批股，成立了长河、丹河河库管理站，全县所有小型水库和主要河道都落实了管理主体和管护人员。水利财政投入、土地出让收益计提、金融信贷支持、鼓励社会资本投入等政策措施进一步完善，成立了丹峰供水公司、长河鼎泰供水公司，在张峰水库泽州供水工程和圪套水库提水工程建设中引入了股份制模式，拓宽了水利多元化投资渠道。全面深化水利工程建设管理体制改革和小型水利工程管理体制改革，制定出台了《泽州县小型农村水利工程建设管理办法》和《泽州县农村供水工程管理办法》，水利工程全面实行了项目法人制、招标投标制、建设监理制、施工合同制的“四制”管理。基层水利服务体系建设全面加强，全县基层水利服务机构达48家。

农村饮水安全

完成农村饮水安全工程17处，完成投资923万元，解决了24个村，1.48万人的饮水安全问题。泽州县农村饮水安全水质检测中心全面建设。落实补贴资金187万元，农村集中供水工程水价降到了2.9元/立方米以下，实现了城乡同价。全县农村自来水普及率达95.5%，农村集中连片供水受益人口比例达58%。基本建成了水质合格，取用方便，维护到位，群众受益的农村饮水安全网络。

水库、河流综合整治

投资450万元，对全县17座中小型水库进行了维修养护；巴公河巴公段河道治理工程完成了1.65千米河道的堤防建设和清淤，完成投资530万元。白水河河道治理工程完成主要前期工作。实施了中小河流沟道治理，开展了河道沟道集中清障，清障、疏浚河道14.8千米，全县水库、河道防洪标准普遍达到了10~20年一遇以上。

水生态建设

完成了国家农业综合开发沁河流域山河项目区、刘村小流域等重点水保工程建设，全年完成水保综合治理面2010公顷，完成水生态建设投入3000万元。全县累计水保治理面积达896平方千米，治理度达60.2%，为改善农村人居环境，建设美丽泽州作出了贡献。

农田水利建设

投资456万元，重点实施了新增粮食产

能、小型农田水利设施维修、移民后期扶持、“五小”水利等工程，完成20处小型农田水利工程，新增水地面积194.3公顷，节水灌溉面积140.7公顷，改善水地1065.3公顷，完成实灌面积11390公顷，获全省农田水利基本建设“禹王杯”。

防汛抗旱

切实加强了覆盖全县17个乡镇的山洪灾害预警预报系统的管理运用，县级防汛抗旱物资储备库建成并投入运行。全面加强防汛安全管理，严格按照各项防汛责任制和“五到位”要求，水库、河道、集镇、淤地坝、边山峪口村庄等关键环节做到防汛责任到人，严防死守，确保了全县安全度汛。切实发挥水利设施抗旱主渠道作用，晋庙铺、柳口、山河等抗旱应急水源工程全面投入使用，可有效解决3个乡镇、2.7万余人遇严重干旱时的基本用水问题。

水资源管理

全面推进节水型社会建设，深入贯彻落实最严格水资源管理制度，深入贯彻落实最严格水资源管理制度，万元工业增加值耗水量比2015年下降2.76%，重要水功能区水质达标率达88%，农田灌溉水有效利用系数0.59，完成地下水压采量360万立方米。

农村水电电气化

完成了三姑泉二级水电站、拴驴泉水电站增效扩容工程全部建设任务。投资159万元，对孔庄、正圪水电站和山河、南岭、李寨水电自供区进行了维修改造升级，完成小水电发电量6400万千瓦时，水电自供区供电保障率达95%以上。

水产品养殖与监管

以结构调整升级为主线，扩大绿色养殖、健康养殖规模，全县水产养殖企业和养殖户达到了20家，1家养殖场被评为山西省水产健康养殖示范场，全年完成成鱼产量655吨，产值突破630万元。建成水产品药残检测实验室，实现水产品药残检测常态化。

机构设置和领导人名录

县农委主任：宋乐明（2016年）
县新农办主任：秦怀生（6月离）
　　　　　　　王钰军（6月任）
县扶贫办主任：原家龙
县蔬菜办主任：鄢晋
农业综合开发局局长：王俊宏
畜牧兽医局局长：岳建军
农机局局长：石建明
林业局局长：赵亮福
水务局局长：张良善

住房和城乡建设
环境保护

住房保障和城乡建设

新型城镇化建设

2016年，按照市政府下达泽州县的城乡建设目标任务，扎扎实实地予以推进。(一) 规划编制：始终把规划工作放在突出位置，充分发挥规划在特色城镇化和新农村建设中的引领作用。牵头制定了《泽州县城乡规划编制及建设项目规划管理办法（暂行）》并经县政府常务会议讨论通过；对全县17个乡镇总体规划修编进行了摸底调查。截至2016年年底，犁川镇和北义城镇已将修编总体规划的请示报送县政府，川底乡总体规划修编获得县政府批复并已修编完成，准备进行评审；完成了大东沟镇控制性详细规划，大阳镇控制性详细规划已经编制完成并报省住建厅准备评审；完成了周村镇苇町村、高都镇泊南村、下村镇下村村、金村镇东六庄村、大阳镇一分街、大东沟镇峪南村和西王庄村7个村的美丽宜居示范村规划。截至年底，全县有402个村完成了新农村建设规划，村庄规划覆盖率达64%。2016年还对巴公镇古洞墕村、大阳镇王家庄村等15村的采煤沉陷区治理项目进行了户数认定并办理了规划选址手续；对南村、金村、山河、南岭4个乡镇贫困户异地扶贫搬迁暨配套基础设施工程，根据各乡镇提供的搬迁户数办理了规划选址手续。全年共办理选址意见书63份、建设用地规划许可证20份、建设工程规划许可证18份、乡村建设规划许可证14份，对8个建设项目进行了规划条件核实。(二) 传统村落保护和历史文化名镇（村）申报：2016年组织高都镇、晋庙铺镇天井关村、周村镇石淙头村、大东沟镇东沟村、李寨乡陟椒村申报了第七批中国历史文化名镇（村），组织巴公镇渠头村、山河镇洞八岭村、南岭乡段河村、大东沟镇贾泉村申报了第五批省级历史文化名村，所有申报资料已上报省住建厅。大东沟镇贺坡村、犁川镇成庄村、晋庙铺镇窑掌村、高都镇善获村、大阳镇金汤寨村、李寨乡陟椒村、南岭乡葛万村、大箕镇南沟村和秋木洼村9个村被列入第四批中国传统村落名录，到年底，全县中国传统村落已达20个。在历史文化名镇（村）方面，已有3镇11村跻身中国和山西历史文化名镇（村）之列，其中大阳镇、周村镇、北义城镇西黄石村、南村镇冶底村、晋庙铺镇拦车村分别为中国历史文化名镇、名村，其他为省级历史文化名镇名村，14个历史文化名镇（村）有3镇5村编制完成了保护规划。（三）小城镇建设：巴公镇、周村镇被列入全国重点镇，巴公镇被列入全省"百镇建设"名单，巴公镇已成功申报国家园林城镇，南村镇被省政府命名为山西省园林城镇，周村镇正在申报省级园林城镇，金村镇被列入山西省首批开展的建制镇示范试点镇。（四）乡村清洁工程：根据2016年市住建局下达泽州县的目标任务，2016年委托太原中方规划设计有限公司编制了泽州县县域农村生活垃圾治理专项规划，市住建局已评审通过；2016年省级乡村清洁工程补助资金611万元、市级补助资金648万元和县级配套资金648万元均已下达各乡镇；对照乡村清洁工程达标村考核验收标准在组织管理、环境卫生、村容村貌、人员设备、长效机制五方面的具体要求，认真落实创建工作，完成了231个达标村的创建工作。

金村新区城建重点工程建设

（一）府城街道路工程：府城街在完成粗粒式沥青砼铺设的基础上，2016年全线细粒式沥青砼的铺设、路灯工程全部安装完毕。于4月完成了全部工程，完成总投资约5500万元。5月组织完成了竣工验收。（二）丹河西路道路工程：丹河西路2016年完成了一标段龙头段约50米的路基土石方工程、水稳层工程、沥青混凝面工程。整个工程除三标段2号桥和四标段绿化外，其余工程全部完工，完成总投资约13000万元。（三）丹河龙门湿地公园入口广场：丹河龙门湿地公园入口广场及连接线道路工程在调整修改设计和附着物拆迁补偿的基础上，通过几个月的紧张施工，总面积33000平方米的广场施工，其中石材铺装面积14670平方米、绿化面积10000平方米、木铺装面积780平方米、露骨料面积960平方米、散铺碎石1030平方米、停车场2200平方米、连接线道路3360平方米。共完成投资约2600万元。正在进行苗木养护补栽、连接线路灯施工及竣工资料整理工作。（四）太岳街道路工程：为确保项目按市政府要求如期建设，将太岳街道路项目分为三块进行初设批复并分步实施，分别是：道路工程，采空区治理工程和桥梁工程（上跨晋煤集团铁路专用线隧道）。当年1月采空区治理工程从武庄村进场开始施工，截至年底，累计完成了钻孔495个，总进尺25592米，下放注浆管9646米。道路工程完成清表外运12000余立方米。上跨桥方案已经与晋煤集团达成一致意见，正在对方案进行优化以降低投资，预计投资约2000万元。（五）碧水街西段道路工程：碧水街西段道路西起现状金村大道，东至规划小路，全长约208米，总投资约279万元。碧水街在去年完成招投标前等前期手续的基础上，于2015年年底开工，2016年年底完成路基土石方工程、给水工程、排水工程、水稳层、路沿石等工程，正在准备进行竣工验收。(六) 学苑街道路工程：学苑街项目已完成了项目选址、土地上报审批、环评批复、能评批复、抗震设防批复、可行性研究报告批复、初步设计批复等手续，正在进行施工图设计。

建筑市场管理

充分发挥建设部门职能管理作用，大力推进城乡建设监管水平，有效地规范了建筑市场秩序。一是建立和完善了外来企业信誉档案，外地建筑企业、中介机构入晋备案登记，强化外来企业的准入和清出制度。二是对所有新建、扩建、改建项目，各方业主的资料进行严格审查。重点在建设工程项目施工阶段，严查项目经理、项目管理人员是否到位，对违规的、人证不符的、未履行岗位职责的企业、项目和个人严肃查处。三是扎实开展打非治违专项行动。通过宣传发动、排查摸底和集中整治，重点就违章建筑、特种机械设备、商品混凝土、现场质量安全隐患和油气管道等持续开展“打非治违”专项行动，非法违法生产行为得到了有效遏制。四是大力开展专项治理扬尘污染工作。根据省、市、县建筑施工扬尘污染专项行动方案，对城乡接合部、金村镇、南村镇的所有施工企业进行检查，对每个施工企业下发了《建筑工地扬尘污染防治规范及验收标准》及《泽州县住建局关于进一步加强泽州县建筑工地扬尘污染专项整治工作的通知》，并组织所有建筑工程项目负责人参观该县的扬尘污染专项整治模范工地——南洋花城，对不能按照建筑工地扬尘污染防治规范及验收标准进行的企业项目，一律责令停工，限期整改，确保扬尘污染得到有效治理。五是建立了农民工工资保障应急措施。建立了农民工保障金制度，切实维护了农民工的合法权益。截至年底，共追回农民工工资150万元，涉及农民工500余人。六是严格执行国家现行建筑节能标准和要求，逐步规范了该县的建筑节能管理工作。共办理建筑节能设计认定57项工程，总建筑面积45万平方米。

安全生产监督管理

2016年，以宣传教育为主线，以督促检查为手段，以安全生产专项整治为重点，全面落实企业安全生产主体责任及各相关单位的安全监管责任，强化安全生产各项措施，加大隐患排查治理力度，全县住建系统保持了安全平稳发展的态势。(一) 建筑施工方面：全年共监督工程84项，总建筑面积约112万平方米，总造价约26亿元。质量监督覆盖率达100%，监理备案率达100%，安全监督备案100%，对招标工程的安全监管率达到了100%。共检查起重机设备85余台次，累计发现各类问题和隐患1500余条，现场整改1360余条，下发隐患整改通知书55份。对现场未能及时整改的安全隐患都在规定期限内已经全部整改完毕。(二) 燃气安全方面：根据省、市、县有关安全生产的会议精神，及时召开了燃气安全工作会议，和全县燃气企业签订了安全承诺书和安全目标责任书，进一步强化了企业安全生产主体责任。同时积极督促煤层气利用工程完善前期建设手续，加强工程质量监管和煤层气使用安全管理，把安全隐患降到最低。针对燃气管道、煤层气储供站、调压站、液化气供气站点等重点环节加大排查力度和实时监控。对排查出的问题和隐患，及时下达隐患通知书，并督促其整改到位，有力地确保了煤层气的安全运行。

煤层气推广利用和集中供热

2016年，继续稳步推进煤层气推广利用和集中供热工作。煤层气利用情况：1—10月全县新增煤层气用户7个村5025户。截至年底，全县煤层气累计达204个村，村庄覆盖率达33%，受益户数达64989户，惠及人口约22万余人，占全县总人口的41%，涉及巴公、南村、下村等13个乡镇。全县燃气供气站、点33家，其中煤层气供气站17家，工业驰放气储供站2家，石油液化气储供站2家，石油液化气供气点12家；全县境内汽车加气站6家，燃气中压管道总里程达250余千米。集中供热方面：在2015年完成集中供热180万平方米的基础上，2016年全县新增供热面积30万平方米，新增供热管网32千米，总投资1.04亿元。截至年底，全县小城镇集中供热面积达210万平方米，受益户数达2.1万户，惠及农村居民7.4万人，占全县总人口的13%。

保障性住房

2016年市保障性安居工程领导组下达泽州县的保障房建设目标任务为新开工1260套，完成投资4亿元，全部是城市棚户区改造项目（含城中村改造项目）。2016年主要安排了3个新建项目，另有2个续建项目。截至年底，城中村改造新开工1538套，超额完成年度目标任务22%，累计完成投资3.5亿元，年底可完成投资4亿元。（一）新建项目：杨洼城市棚户区改造项目：该项目位于晋城市中原街北侧，凤城路东侧，2016年为第三期改造，改造面积6770平方米，安置房建筑面积10153平方米，共2栋楼，108套，预计总投资2538万元，该项目于当年5月开工建设，到年底22号、23号楼主体已封顶，完成投资1400万元。金村镇大岭头村城中村改造回迁安置小区建设项目：该项目位于晋城市北环路南、规划枣园路西，改造户数421户，改造面积6万平方米，安置房建筑面积5.2997平方米，共4栋，1014套，项目投资为3.6亿元。该项目于2016年8月开工建设，两栋楼（512套）桩基础施工已完成，修建至地上二层。另两栋楼（502套）正在完善手续，年底开挖基槽。共完成投资13850万元。金村镇枣园村城中村改造回迁安置楼项目：该项目位于晋城市兰花路东、规划晓庄街南。改造户数421户，改造面积3.5万平方米，安置房建筑面积51000平方米，共2栋，416套，项目投资为17000万元。该项目于2016年9月开工建设，正在进行桩基施工，完成投资1140万元。（二）续建项目：南村镇裴圪塔城中村改造A2地块回迁安置楼项目：该项目2015年9月开工建设，建筑面积108600平方米，共913套，2016年需完成投资15000万元。项目正在进行紧张施工，5号楼已封顶，6号楼修建至15层，4号楼正开挖基槽。完成投资17220万元。南村限价房项目：该项目于2014年3月开工建设，共10栋，556套。该项目已竣工验收并交付使用。共完成投资1400万元。

危房改造和公租房建设

2016年，市住建局、财政局、发改委下达泽州县农村危房改造任务为210户。为了完成全县农村危房改造任务，将任务及时分解至各乡镇，并制定了相关配套文件，严格确定补助对象和规范申报程序。实行“一申二议三审四核”，即个人申请、村委评议公示、乡镇审查、县级核准。同时健全了公示制度，村委和乡政府严格按规定对确定的保障对象进行公示。同时，组织技术人员，基本做到户户现场检查、技术指导和进度督促，并做了检查记录，对不符合改造要求和存在安全隐患的农户，下达整改通知书，坚决要求采取整改措施，确保了房屋质量安全。到年底，210户任务已经全部改造完毕。泽州县公租房货币补贴的申报、审核、发放工作已是该县保障性安居工程中一项常态化工作。2016年，全县共有30户申请家庭符合申报条件并被确定为2016年的保障对象，享受货币补贴。目前正准备在相关媒体上公示，待公示完毕后，对无异议的保障对象将发放货币补贴。

房地产市场管理

2016年，房地产市场受宏观经济的影响，投资增速放缓，各种矛盾和问题不断涌现。为做好新常态下的房地产工作，一是严格商品房预售与预售资金监管工作。为进一步加强房地产市场监管，完善商品房预售制度，规范商品房预售资金的监督管理，根据《城市商品房预售管理办法》和《晋城市商品房预售资金监督管理实施细则》的规定，对商品房预售许可、预售资金的监管使用和预售合同备案进行了具体规范。办理商品房预售许可证7件，商品房预（销）售面积15.83万平方米，监管预售资金3.4亿元；监管住房维修基金36769371.33元，共涉及29个单位。有效地遏制了在房地产交易环节中违法违规行为事件的发生，切实维护了消费者的合法权益。二是做好房地产交易与权属登记工作。当年完成房屋产权登记1062件，25.28万平方米；完成房地产交易77件，交易面积0.89万平方米；完成商品房合同备案1767套，备案面积19.1万平方米。三是积极开展了矛盾化解工作。为认真做好信访维稳工作，按照信访受理程序，采取多方协调、认真落实督促有关房地产开发企业、物业服务企业进行处理，对每一起投诉的处理情况都进行督促落实，以确保群众反映的问题得以最大限度解决，做到群众利益无小事，事事有回声。截至年底，受理信访案件2起。四是认真开展小区环境综合整治工作。为了改善小区环境，给居民提供一个良好的居住生活环境，积极对小区环境进行综合整治。彻底清除辖区内常年死角垃圾5处，清理垃圾带1500余平方米，受到了小区居民的称赞。五是完成不动产登记职责调整划转工作。按照全县统一安排，在广泛民主征求意见的基础上，顺利实现了职责理顺、人员调整的平稳过渡。

环境保护

概述

2016年，县环保局紧紧围绕全县“161”

发展战略，深入学习贯彻中共十八届三中、四中、五中、六中全会精神和习近平总书记关于生态文明建设的重要讲话精神，牢固树立创新、协调、绿色、开放、共享的发展理念，以强化党政同责、一岗双责，创新环境保护管理体制为举措，以提高环境质量为核心，实行最严格的环境保护制度，采取最为得力的环境治理措施，推动全县大气、水环境质量明显改善，为县域经济的发展提供环境保障。

主要环境指标

（一）空气质量状况：截至2016年12月31日，全年空气环境质量综合指数7.48(2015年为7.77)，同比下降3.7%；二级以上优良天数为208天，较2015年同期增加了50天，PM10浓度值下降比例为6%，PM2.5浓度值下降比例为17%。虽然入冬以来泽州县按照省市要求连续启动重污染天气橙色预警，但是全县环境空气质量较2015年相比有明显改善。（二）水环境质量状况：全县主要河流5个考核监测断面水环境质量保持稳定，17个乡镇集中式饮用水水源水质保持稳定。2016年全市扣缴各县市区地表水水质生态补偿款达1570万元，该县未被扣缴且奖励了20万元。（三）非税收入方面：2016年，该局积极拓展污染源征收面，通过管理来促进收费，完成排污费征收1282万元。（四）环境安全方面：依据《泽州县环保系统处置突发环境事件应急预案》开展了一次环境突发事件应急演练，及时处置了3起道路交通危化品运输应急事故。全年未发生环境污染事故。

重要工作

（一）以专项行动为载体，持续发力改善环境。2016年以来，县环保局严格按照县委、县政府“党政同责、一岗双责”的要求，相继开展了“治污降霾、守护蓝天”、“铁腕斩污”、环境空气质量改善、改善环境质量“百日攻坚战”以及12月20日又启动了新一轮的“铁腕治污行动”等专项行动。通过这些专项行动的开展以及省委、省政府环境保护晋城督察组的进驻，有力地促进了泽州县的环境保护工作，县域环境质量得到明显改善。市考核县的三个环保指标（“4+2”主要污染物减排指标、环境空气质量指标和地表水质量指标）可完成。一是狠抓大气治理，空气质量改观明显。重点围绕“五大领域”进行治理，全力打赢改善环境空气质量攻坚战。在集中整治工业企业污染方面。采取了在线监测与人工监测相结合、定期监测与不定期监测相结合、日常检查与节假日突查相结合，持续推进了工业企业达标排放。取缔各类国家明令禁止的土小企业121家。全县所有涉及达新标改造的水泥窑、炼铁高炉、炼钢转炉、发电机组、锅炉、烧结机（共51座）全部改造完成，34家技改后未变更审批手续的铸造厂全部停产整改；巴公镇政府对60余家不能实现稳定达标排放的小型洗煤、洗矸、铸造、制砖、建材等小规模企业分批实施断电，工业企业违法排污和超标排污行为得到了有效遏制。VOCs挥发性气体治理试点工作正在进行，引进第三方把脉会诊解决企业长期遗留环境问题正在晋城福盛钢铁等重点企业试行。列入清理整改范围的37个“未批先建”项目和18个“久试不验”项目全部按期完成。全县四家集中供热站均完成了在线监控设备的安装，并与市、县污染源监控平台联网。4家建设抑尘喷洒站的煤矿，3家完成整体进度的80%，西陈庄煤矿已完成建设并投入试运行。在集中整治粉尘扬尘污染方面。采取了“专项整治+联合执法”的方式，环保、住建、交警等部门协同作战，对易产生扬尘的物料堆场进行苫盖，对运输车辆清洗车身、覆盖货物，严厉查处沿途丢、撒、漏、扬现象。全县185家涉煤企业、石灰窑、采石场、城乡接合部在建房地产项目和混凝土搅拌站等，117家按环保要求完成整改，其余正在整改中；查处道路扬散、抛洒的货运车辆1382辆，处罚金额15.96万元。在集中整治煤矸石堆场自燃方面。全县共有矸石山堆场86处，这也是当前环保治理的重点。主要措施有两个，一是变废为宝实现综合利用，通过制砖、新型建材等途径，每年可实现综合利用约100万吨；二是黄土覆盖进行生态恢复，完成8处煤矸石堆场灭燃工作，7处正在生态修复，晋普山煤矸石堆场因存量大完成第二阶段筑坝工程。在整治原煤散烧污染方面。大力发展集中供热，积极推广使用清洁能源，坚持调整燃料结构，有效削减了烟尘排放。至年底，全县集中供热面积达210万平方米，涉及5个乡镇、2.1万户，受益群众7万余人；煤层气用户达62188户，涉及13个乡镇、197个村；18台10蒸吨以下燃煤锅炉全部淘汰停用；市禁燃区和建成区涉及该县的154家小餐饮业，全部改用液化气、煤层气等清洁能源；积极协调煤源，政府补贴353万元，对禁燃区1020户供应生活用优质型煤、2320户供应冬季取暖优质煤。在整治机动车污染方面。组织环保、经信、交警及各乡镇，走村进户、逐辆排查、逐机检测，清理黄标车、老旧车，严查“低标油”。淘汰黄标车、老旧车1683辆，完成省定任务；对辖区内83个油站进行油品质控，全部供应国Ⅳ车用油品，2017年起全部供应国Ⅴ车用油品；同时，积极拓展县域公交车覆盖范围，购置了10余辆电动公交车，公交线路新覆盖50个村，方便群众低碳环保出行。通过上述措施，各项污染物因子大幅度下降，环境空气质量明显好转。二是狠抓水污染治理，水体水质总体保持稳定。重点围绕工业废水、城镇生活污水、畜禽养殖污水，建立源头防控体系，强化水循环利用，严格监控废水排放。在狠抓工业废水治理方面。丹河流域内，将巴公工业园区内工业废水集中纳入兰花污水处理厂；长河流域内，正常生产的9家煤矿全部安装污水处理设施。到年底，全县钢铁冶铸行业、涉煤企业（除煤矿）基本实现循环利用不外排；辖区内12家生产矿井均按照环评要求进行了治理，治理后的矿井水得到综合利用，利用率为76.6%；辖区内9家煤化工企业全部达标排放，中水回用率为31.1%。在狠抓城镇生活污水治理方面。不断加大污水处理设施建设，加快污水管网铺设，努力实现污水集中收集、处理达标后排放。截至年底，共有3个乡镇污水处理工程、4个村级污水处理站，铺设污水管网21.4千米。大东沟镇、北义城镇污水处理工程已完工、初步具备处理能力；下村镇污水处理工程主体已完成，上村、中村等5个村庄的污水管网建设全部完成；开工建设金村镇污水处理厂。在狠抓养殖污水处理方面。针对规模以上和规模以下散小养殖场，分别采取不同的整治措施。对196个规模以上养殖场开展粪污治理，建设雨污分流、暗沟布设污水收送系统，已完成153个；对规模以下散养户养殖粪便做到日清日运，逐步搬迁至养殖小区集中处理养殖污水。禁养区、限养区划定工作及建设养殖小区配套办法正在推进，将全面实施，逐渐削减农村养殖对河流的污染量。三是狠抓面源污染，持续改善农村人居环境。大力实施农村清洁工程。持续开展“三边、三线、三地”为重点的环境大改善活动，县政府每年拨出专款500万元用于保洁工作。投资3688万元建成巴公、南村、下村等8个镇级生活垃圾卫生填埋场，农村改厕任务已基本完成；加强丹河流域河道垃圾清理。对河道沿线500米范围内的36个村庄共清理各类垃圾1.56万立方，镇区景区周边、公路河道沿线以及饮用水源地保护区等环境明显改善。加强土壤环境恢复治理。安排234万元资金，用于购买土壤检测仪器设备，积极筹备县级土壤监测实验室，推行农田测土配方，对农业生产超量使用化肥、农药进行严格监管和整治。加大病死畜禽处理力度。新建病死畜禽无害化处理厂和13个乡镇病死畜禽收集点，全部完工并投入使用，实现了县域全覆盖。完成了全县3个定点生猪屠宰场的污水处理项目建设。积极推进工矿废弃地复垦。对1102宗工矿废弃地编制了复垦利用专项规划，拨付9000万元复垦专项资金，已完成三期工矿废弃地的复垦面积4468亩，占到可复垦面积的61.2%。

（二）以查办案件为突破，铁腕治污形成震慑。一是充分利用《中华人民共和国环境保护法》及4个配套办法赋予的查封扣押、限产停产、行政拘留、按日计罚等执法新手段，严厉打击各种环境违法行为。截至2016年年底，共出动各类执法人员1.5万人次，排查企业500余家，立案查处环境违法行为105起，处罚金额691万元，历年最高。其中包括依据新环保法的四个配套办法处罚的按日计罚2起，行政处罚并实施停产整治案件5起，行政处罚并限制生产案件2起，查封扣押案件1起，向公安部门移送案件并实施行政拘留案件1起。二是持续加大“督政督企”网格化监管追责处罚力度。后半年，在县电视台分5批公开曝光了129件环保问题及违法企业，形成了广泛的震慑力；按照网格化监管相关规定共约谈企业21家，处理相关责任人27人，其中：对二、三级网格党内警告2人，诫勉谈话9人；降级、开除、罚款企业相关责任人16人。三是有效落实省委、省政府环保督察组交办案件。按照省委、省政府环境保护晋城督察组的督察反馈意见和约谈内容，对各类问题进行了梳理归纳，逐条细化，共建立问题台账182件，其中：省督察组交办的信访举报案件86件，自查自纠问题96件。对这些问题都逐一对号入座，明确了责任单位、责任人、整改时限、整改措施，实行动态销账式管理。截至2016年年底，省交办86件信访案件（重复19件，实际落办67件）5件因未到办结时限正在办理过程中，其余全部办结。自查自纠的96起问题，全部办结完毕。这些案件的及时查处、曝光和追责，有效遏制了环保违法违规的多发势头，在全县保持了环境监管执法的高压态势，对环境违法行为形成了强有力的震慑作用。

（三）以岗位练兵为重点，提升素质强化队伍。根据省市环境执法大练兵相关要求，积极开展环境执法大练兵活动。泽州县作为全市唯一参加全省参赛评比的县，积极作为，自加压力，按时完成了各项规定动作，向公安部门移送行政拘留案件1起，向法院移送强制执行1起，按日计罚1起，行政处罚并实施停产整治案件3起。同时以“聚焦作风建设，解决突出问题”为抓手，紧密结合全县改善环境质量“百日攻坚战”专项行动，在全局开展了“岗位大练兵活动”。具体活动内容包括：以提高本职工作水平的“五个应知”、“五个应会”为基本要求，结合环保工作实际，在全局干部职工中开展“五个一”活动（分别组织一次“集体登山比赛”“党建知识竞赛”“环保公益活动”“业务技能竞赛”“机关环境卫生评比”）；由各下属单位自行组织实施的环境执法大练兵活动，监测能力大比拼活动，服务能力大展示活动。岗位大练兵活动期间，涌现了一批工作先进，解决了一批长期存在的老大难问题，进一步提升了队伍素质，提高了行政效能，提振了工作士气，改进了工作作风，切实增强了队伍的凝聚力、公信力和执行力，塑造了县环保局干部职工良好形象。（四）以网格化监管为抓手，齐抓共管形成合力。在全县基本建立三级网格化监管体系的基础上，为充分发挥网格化监管体系的作用，泽州县“百日攻坚战”期间创新建设了泽州县网格化信息监管平台，依据《泽州县环境保护工作职责规定（暂行）》，配套出台了《泽州县政府职能部门环境保护工作考核暂行办法》，率先在17个乡镇建立了环保工作站，实现了“五有”（有场地、有人员、有经费、有制度、有牌子）。结合泽州县实际，将全县网格化环境监管工作职责汇编成册并发至各相关单位部门及各乡镇，将全县环境保护工作制度化。同时，在县委、县政府的坚强领导下，各乡镇和各职能部门的环保责任意识得到大幅提升，已经把环保工作纳入各自乡镇和各自部门日常工作体系和责任体系，每月至少召开一次环保工作专题会议和网格化监管工作例会。公安、交警、路政、住建等执法部门也加大了执法力度，移送公安机关执行行政拘留案件一起；交警共查处机动车载物行驶抛洒漏交通违法行为906起、不按规定密闭或苫盖违法行为24起，查处已注销黄标车非法上路行驶违法行为5起；交通局共收缴43辆已注销非法营运黄标车的道路运输营运证；住建局对扬尘污染整治工作不到位的项目合计处罚30.87万元。县工商质检局共检查定点型煤销售点1处，加油站13个，并对4个销售不合格成品油油站依法进行处罚。进一步在全县形成部门之间齐抓共管的工作合力，对各类环境违法行为起到强力震慑作用。

机构设置和领导人名录

住建局局长：庞培芳（8月离）
车树文（8月任）

环保局局长：葛福兴（8月离）
张建平（8月任）

交通运输·邮电

交通运输

概述

2016年，县交通运输局紧紧围绕县委、县政府“打造新型城镇化示范县、率先全面建成小康社会”的总要求，进一步完善全县“四纵四横”主骨架和“两辐射两循环”公路路网结构，形成以高速公路和国省干线公路为主动脉、县乡村公路为毛细血管、各级运输场站为结点，四通八达、快捷便畅、服务高效的交通运输体系，有力地促进了全县经济发展和社会全面进步。截至2016年年底，全县公路网总规模为2381千米，公路网面积密度为117千米／百平方千米；公路网人口密度为49.6千米/万人。从公路技术等级来看，高速公路134千米、一级公路35千米、二级公路97千米、三级公路512千米、四级公路1497千米、等外公路106千米，等级里程占总里程的95.6%。从公路行政等级来看，全县境内共有国道147千米、省道156千米、县道204千米、乡道986千米、村道868千米、专用公路20千米。

重点工程建设和惠民实事

一是周村工业园区环园区道路建设工程已完成施工图设计批复。全长6.575千米，一级公路总用地面积约42.86公顷，2016年底正在进行工程施工及监理招投标准备工作。二是西岭街建设工程已完成项目建议书编制工作和工程可行性报告。项目预计总投资7687万元，土地预审已完成，现在正在进行勘察设计招投标工作。三是山里泉景区旅游公路、大阳镇域内旅游公路两个项目已完成建议书编制及评审工作，其中大阳古镇项目选址申请已报县住建局等待批复。四是农村公路建设改造工程共计20条100.5千米，完成投资5008万元。其中完成成边道路建设工程（十件惠民实事之一）11项共75千米，完成总投资3993万元；完成窄路面加宽工程24.1千米，完成投资956万元；完成撤并建制村公路硬化1.4千米，完成投资59万元。五是生命安保工程（十件惠民实事之一）完成总里程112.3千米，总投资1683万元。六是加快磨滩沁河大桥建设工程（十件惠民实事之一）。2016年正在协助南岭乡政府进行前期各项准备工作。七是完成了省运公司泽州县惠安公共交通有限公司的组建工作，已完成67个村的村村通公交车任务（十件惠民实事之一）。共开通公交线路4条，其中，晋城—陵川公交线路，涉及金村、高都2个乡镇26个行政村；晋城—珏山公交线路，涉及金村、柳口2个乡镇18个行政村；晋城—晋普山公交线路，涉及南村、大箕2个乡镇14个行政村；晋城—铺头公交线路，涉及金村镇铺头片9个行政村。柳口镇镇村公交环线和南村镇镇村公交环线正在进行试运营前期工作。其中柳口镇镇村公交环线有2条，东石瓮—柳树口，途经5个村，全程5千米，东南庄—柳树口，途经6个村，全程16千米；南村镇镇村公交环线有2条，南村—锐锡精铸厂，途经7个村7个铸造厂，全程10千米，南村—科裕达铸造厂，途经5个村6个铸造厂，全程10千米。

公路养护

2016年，全县公路总里程2314千米，其中国、省干线303千米，农村公路2011千米，其中：县道204千米；乡道958千米；专用道20千米；村道829千米。截至年底，该县列养县公路好路率达83.9%、综合值79.3；列养乡公路路面完好率达78.9%，综合值75.5。集中开展对主要县乡公路的日常养护和地质灾害隐患处理。主要完成了对晋张、大东、南小等县乡道路高边坡裂缝、松石及时清理和路面维修等工程，共计清理塌方3095立方米，浆砌挡土墙445.3立方米，浆砌片石路基1118.85立方米，削坡挂网4750平方米，填补坑槽28000余平方米，沥青灌缝36800余米，更换桥梁护栏两处，浆砌片石加固路基145立方米，维修加固涵洞2处，新增、更换标志牌22块，爆闪灯7处，疏通公路两侧边沟约589千米，铲除杂草160千米，完成投资723.2万元。“7·19”水毁发生后，及时启动应急预案，在局领导组的统一协调下，积极组织力量，完成了晋张线、夺柳线、马巴线、南小线、神陟线、南牛线、牛东线等主要水毁抢修工程工作，共清理土石方26182立方米，浆砌挡墙2349立方米，铺装路面6422平方米，硬化路肩204立方米，完成投资720万元。巩固完善了农村公路管理养护年活动，创建文明县道29.6千米，文明乡道12千米。

运输管理

深刻汲取岩后隧道“3·1”事故教训及京港澳高速“3·19”湖南段汽车爆炸事故教训，始终把安全工作放在首位，全力开展道路运输安全生产隐患大排查大整治专项行动，累计排查生产经营单位11家次，排查隐患18条，整改完善18条，打击危化品非法运输案件4起，结案4起，打击非法客运行为立案27起，结案27起；对重点单位明察暗访27次，在“打非治违”工作中立案201起，结案201起，为全县运输行业的健康发展夯实了安全基础。2016年，全县纳管道路普通货物运输经营业户共2036户，纳管运输车辆4014辆，其中新增经营业户188户，新增车辆219辆，合计吨位39002吨；道路运输相关业户125户，其中驾校7所，维修企业117家，检测机构1家。全年共办理车辆年度审验3475辆，报停602辆，过户251辆；清理无车业户1427户，注销车辆1557辆；补发换发IC卡579个，新发换发经营许可证正副本942个。在开展对全县驾驶员培训机构、机动车维修企业、道路货物运输企业进行质量信誉考核及车辆检测审核的同时，集中开展了打击道路旅客运输、危货运输、非法违规经营行为等专项行动，截至目前，共派出稽查执法人员2605人次，出动车辆709辆次，立案328起，结案293起，结案率为96%，其中处理“12328”运政热线交办、移交案件8起，处理上级交办、转办案件4起，处罚金额804600元，道路运输驾驶员诚信考核扣分953起，确保了全县道路运输市场安全平稳运行。完成了省运公司泽州县惠安公共交通有限公司的组建工作。开通了805路晋城—陵川的公交线路，每天对开28辆车共56趟次，既为促进泽州、陵川两县经济发展创造了条件，也极大地方便了泽州县金村、高都等沿线近30个行政村群众出行。开通了晋城至珏山的公交，为珏山景区旅游发展提供了便利的交通。12月将在柳树口镇北石瓮村举行路通车通暨村村通班车仪式。全年共完成货运量1890万吨，货运周转量77490万吨/千米，完成客运量516万人次，周转量12910万人/千米。

路政管理

加强路域环境综合治理，以保护路产路权，立案查处路政案件为突破口，坚持路政巡查不放松，规范执法行为，大力查处易扬尘货物未遮盖篷布和运输车辆抛洒、滴漏造成公路污染，查处涉路施工、非公路标志设置、建筑控制区内的非法建筑物、占用公路堆放垃圾杂物、设置障碍、随意占道停车，查处损坏行道树、公路标志、公路设施等影响公路畅通行为，及时有效地发现并制止，打造了畅安舒美的通行环境，确保了公路的完好、安全和畅通。另外，对全县17条县乡道、122条乡村道和500多条村道的标志进行全面普查，执法人员发扬吃苦、耐劳、敢打硬仗的精神，克服层层困难，保质保量地完成了公路普查任务。全年共查处路政案件64起，结案62起，2起已立案正在走法律程序。受理行政许可18起，已办结13起。清理路障27处，共计355.3平方米，拆除非公路标志牌101块，清理加水点35处，拆除违章建筑1处，发现问题并上报36起。通过这些举措，使路政管理迈上了新的台阶。

治超工作

强力推进源头治超工作，将治超任务层层分解，确保任务落实，责任到人。一是完善了治超各岗位工作制度，明确了治超人员的岗位职责，并严格督促落实；二是对政府公示的58家源头企业进行了合理分片，实行季度轮岗，既便于监督管理，又防止长期固定巡查产生麻痹思想；三是完善了源头企业治超管理档案，严格执行日报公示制度，做实了源头治超基础管理工作；四是在3月份完成了源头治超承诺保证书的签订；五是重点对7家危货源头企业进行了监督巡查，要求企业严格按行车证核定质量装载。全年共巡查源头企业1624次，出动巡查车辆672辆次，其中对省运公司无证运输铁水行为处罚金10万元，并将超载车辆列入源头治超“黑名单”。2016年，大阳和宫岭两超限检测站共检测车辆59899辆，检测查处非法超限超载车辆44辆，路面检查车辆13辆；流动稽查大队路面检查车辆35辆，受理群众举报案件14起，结案率100%；受理高速公路移交案件39起，都已严格按照处罚程序结案；落实省、市督办案件3起；责任倒查84起；检查煤场、沙石料厂6处，同时，全县治超工作在组织保障机制、制度保障机制、责任倒查机制、源头治理机制、站点规范机制、路面管控机制等方面均取得新的重大突破和进展，实现了全县治超工作总体推进、纵深发展、科技引领，长效治理的阶段性预期目标，车辆超载率控制到了0.01%以下。

海事管理

2016年，全县未发生一起水上交通安全事故，海事工作走在了全省前列。2016年4月被省地方海事局授予“2015年全省水上交通安全监管工作先进单位”称号，被市地方海事局授予“完成年度目标优秀单位”称号。一是开展多种形式的宣传教育工作，使船员时刻绷紧“安全”这根弦，牢固树立交通安全意识、责任意识和事故防范意识，遵章航行，确保航行安全。二是同时抓好巡查和专项排查，确保水上安全。按照省局部署开展了水上交通安全隐患大排查、打非治违等专项整治活动，在“五一”“十一”等节假日，实行24小时值班，在重点水域严防死守，共出动海事执法人员109人次，进行了安全检查，现场纠正不安全因素4项，整改隐患36项。三是开展应急演练，提高救援能力。加强水上交通事故应急救援演练，检验水上交通突发事件的快速反应能力和《水上交通事故应急救援预案》的实用性和可操作性，形成了及时、快速、准确、安全、有效的应急响应机制。四是加强码头建设，完善基础设施。投资103万元的李寨赵良1号、3号码头及管理用房建设任务，已经全部完成。

安全管理

深刻汲取“3·1”事故血的教训，牢固树立安全“红线”意识，始终以如履薄冰的态度狠抓安全，全局安全生产工作得到了有效保障。一是加强领导，健全制度。高度重视安全生产工作，进一步健全了交通运输系统安全生产管理制度，年初作为重要工作安排部署制定工作目标，明确重点，层层落实安全生产责任，确保了安全生产工作有序开展。二是认真开展隐患排查治理。加大道路水路运输安全监督，对道路、水路运输行业进行拉网式检查、排查，横到边，竖到底，出动人员2900人次、出动检查车辆709辆次、检查企业128家、排查安全隐患64条，整改销号64条，有力促进了交通运输安全形势持续稳定好转。三是加大县乡公路建养安全监管。通过不断加大巡查力度和安全监管，及时发现排除隐患，保障了公路通行能力。累计组织40组次，检查管养公路153条，排查整治隐患68处，消除隐患68处，确保了我县公路安全畅通。四是深入推进“打非治违”。严格贯彻落实上级有关“打非治违”的要求，组织开展“打非治违”工作。运政方面：打击各项违规案件328起，结案293起。其中打击危化品违规案件5起，立案5起，结案4起；打击客运违规案件35起，立案35起，结案32起；打击证照超期案件288起，立案288起，结案288起。路政方面：超限检测站共检测车辆59899台、查处超限车辆47台。五是认真开展安全生产宣传教育。组织开展“安全生产月”活动和“安全咨询日”活动，为职工和群众提供安全生产、应急救援、交通运输和消防安全等方面的安全宣传及咨询服务；组织开展了安全生产隐患大排查活动，共排查生产经营单位15家次，排查养护线路17条次，排查出隐患12条，全部整改完毕；组织开展了警示教育活动，通过安全教育培训、安全知识答题和观看警示教育片等方式，提高了全员安全意识和安全水平。六是强化应急管理，严防重大节日、活动、汛期生产事故发生。按照“安全第一，以防为主，全力抢险”的防汛方针和上级的安排部署，坚持24小时值班制度，并储备必要的防汛器材、雨具和救生、照明等设备，车、船、物资等都全部具体落实到了各部门，随时待命，保证抢险救灾工作随时“拉得出、用得上、打得赢”。

依法行政

县交通运输局高度重视交通运输法治建设工作，根据人事变动和工作需要，年初调整了以局长为组长，分管领导为副组长，相关职能科室、所负责人为成员的交通运输依法行政工作领导小组，将依法行政与交通运输业务工作同步研究部署、同步督办落实、同步检查验收、同步考核奖惩，形成了“一把手负总责全面抓，分管领导严把关具体抓”的工作机制。组织一线执法人员参加上级主管部门和我局组织的执法培训，将执法人员的业务知识学习作为一项长期任务持续推进，共计100余人参加了培训和考试，通过率100%；加大治理公路“三乱”力度，全县交通运输行业未发生一起公路“三乱”行为；开展法治宣传教育，利用“4·15”国家安全教育日、“安全生产月”、“依法行政宣传月”和“12·4”法治宣传日活动以及重大节日等，在单位办公楼前、重点乡镇、人员集散地悬挂宣传标语、展出宣传展板、设立咨询台、印发宣传单向广大群众宣传咨询外，还利用新闻媒体、网络电视、法治专栏等进行大力宣传；开展法律、法规“六进”活动和“送法下乡”活动，把与交通运输行业相关的法律、法规汇编成小册子和宣传单，利用办事窗口、基层站点、路检路查、下乡执法等机会发放给经营业户和广大群众。累计发放各类宣传资料及相关法律、法规宣传单3000余份；推进交通运输执法形象“四统一”建设和基层执法队伍“三基三化”建设，提高新形势下交通运输行政执法能力和服务水平；加强路面治理和源头治理，路政管理和治超工作不断加强，非法车辆超限超载率控制到了0.01%以下。

节能低碳环境治理

加大运输行业节能低碳环境治理力度，要求辖区内所有货运、场站、维修企业、驾校等都要严格按节能低碳治理目标，做好本企业节能减排工作。引导运输企业选购车辆时遵循“技术先进、经济合理、生产适用、维修方便”的基本原则；督促驾驶员做好车辆“日常三检”，把车辆的日常例检，及时检查、清洁、紧固、润滑、调校，作为车辆技术维护的基础。一是严格执行《运输车辆燃料消耗量检测和监督管理办法》，切实提升营运黄标车淘汰速度。二是加快推广新能源车辆，确保全县不新增营运性黄标车辆；三是对在籍的营运黄标车进行梳理分类，目前已全面完成1347辆营运黄标车的注销工作，并与网站上予以公示，老旧车辆38辆，已淘汰黄标车776辆。四是加快推广新能源车辆，积极引导红海岗、金诺通等相关运输企业，进行“油改气”车辆600余辆；完善机动车维修业，全县机动车维修企业废机油、废轮胎、废电瓶、废配件及货运废包装实现回收率达97%，废水、废气较往年下降18%，水电消耗同比下降3%；在公路养护中积极引进新工艺、新材料，大力开展技术创新活动；在重点工程建设中，严格按照环境报告批复要求，从设计、招标和施工各个阶段落实环境质量保护措施，科学施工，合理控制机械耗能，控制施工扬尘污染发生。

邮　政

概述

2016年，泽州邮政（即晋城邮政城郊分公司）分公司紧紧围绕年初确定的工作目标和保障措施，领导班子团结协作，以科学的发展观统领全公司，带领广大职工艰苦奋斗，奋力拼搏，外拓市场，内抓管理，大力加强党风廉政建设，各项业务取得了新成绩。

目标完成

2016年，是分公司深入转型、持续发力的一年。面对市场竞争日益激烈，发展任务艰巨而又繁重的困难和挑战，公司领导班子和广大干部职工牢固树立创新意识，沉着应对，干事创业。当年，扭转了“塌方式”的下滑局面，各项业务稳步上升，全年收入累计完成3328万元，完成计划的95.74%，较2015年同期增长了8.76%，高于全市平均增幅5.7个百分点。其中代理金融类业务收入累计2333.67万元，完成计划的98.09%；包裹快递业务收入累计208.35万元，完成计划93.43%；其他业务收入累计785.98万元，完成计划的89.93%。主要做法是:(一)统一思想聚人心。面对收入下滑的局势，公司领导深知“众人拾柴火焰高”的道理，在发展转型的过程中，思想统一显得尤为重要。一是凝聚人心。以“敬业成就卓越”的企业文化引导员工积极奉献，领导班子及各部室管理人员，深入基层、服务一线，凝聚人心促发展。二是贴近基层。领导班子带头深入一线，从关心、关爱职工着手，倾听员工的心声，了解员工的需求，解决员工的顾虑，让员工感受到企业的温暖。三是狠抓落实。扎实开展“三严三实”“两学一做”等教育学习活动，以“分组包片”的形式进行帮扶，深入一线与员工进行面对面地交流，重点解决工作中、生活中、业务发展存在的问题，为网点发展、员工生活提供全力支撑。对省、市公司各项业务发展政策或办法及时传达，通过周例会、各种培训会议、下乡分组落实等方式，解读上级各项政策办法，并不定期开展“政策回头看”，温故而知新，确保让职工吃透政策，灵活运用政策为公司增收，为自己谋生。(二) 扎实推进快增长。储蓄业务以农村网点为根基、以城市网点为依托，通过全方位的业务宣传，实现业务的平稳步增长，全年平均综合收益率达 1.1592%。公司长期坚持“存款送积分、积分兑好礼”活动，扭转了余额下滑局面。2016 年储蓄余额净增 14444 万元；2016 年期限性理财 1529 万元，理财保有量 8887 万元。保险业务以开展活动竞赛、特训营、客户答谢会等方式，调动职工积极性，激发了网点人员的积极性。当年公司实现累计实现保费规模 13965.76 万元。电子渠道业务以开展“手机银行转账免费”“网银手拉手”等活动，有效了提高了网点注册率和替代率，在减少柜面交易的同时，优化客户存款结构、增加了客户黏度、提升企业效益。2016 年网上银行全年累计新增注册客户数 5118 户，新增有效户数 3547 户，网银激活率达 69.3%；手机银行年累计新增注册客户数 7701 户，新增有效户数 6100 户，手机银行激活率达 79.21%。卡类业务以全市开展的“刷卡中大奖”等主题营销活动进行了有效宣传，2016 年共发入绿卡 21960 张，卡均余额为 31121 万元。产能提升工作扎实推进。一是网点开展以“三个转变”促转型，即：从“以产品为中心”转变为“以客户为中心”；从“以企业效益为中心”转变为“以客户利益为中心”；从“短期的利己思维”转变“长期的利他思维”。牢牢树立“以客户为中心”的服务理念，将用户服务意识作为企业文化的一部分，贯穿到企业员工的日常行业规范中去，加强客户资源的管理，有针对性地根据客户需求开展各类营销工作，做到有的放矢。二是利用“个人营销系统”认真落实好分户管户工作，做好客户维系；在区域营销上，引导营业员、投递员、客户经理、支局长等利用感情维护、亲情维护，巩固并不断扩大外拓市场。三是围绕“月月有主题、周周有活动”，开展节日渲染气氛，给客户形成优惠互动接连不断的轰炸效果，吸引客户眼球，城市和农村网点针对不同的目标客户群体，开展个性化宣传，进一步扩大业务宣传的深度和广度。在一年中我们开展类似于“幸运大抽奖”“高端客户一日游”“生日会”“优惠购”，同时结合特色节日开展个性活动，2016 年累计开展活动 300 余场，发放宣传折页 40000 万余份，累计净增余额 2000 多万。四是严格按照省、市公司精神，从绩效考办法宣贯、网点一点一策制定、分户管户等方面进行了多频次、多层面的指导与宣贯，并实时进行抽查与通报，截至年底，公司分户管户率为 96.53%。管户余额占比为 78.15%。营销项目活动有序开展。一是各类常年重点营销项目分阶级分频次有序进行。在二三季度持续开展商务 POS、特色卡发放、ETC、代发工资、代扣电费、代开发票等特色营销活动。二是相继开展了刷卡消费、提高代发工资沉淀、助农取款等项目营销活动，收集客户信息 3569 份，实现余额净增 5196 余万元，宣传走访共发展意向客户 231 户。(三) 创新模式求发展。2016 年，始终遵循着集团公司“一体两翼”的经营发展战略和省公司“三件大事”的发展思路，2016 年报刊业务收入累计完成 205.29 万元，完成计划 107.48%，与 2015 年同比增长 3.78%；集邮业务收入累计完成 71.91 万元，完成计划 102.73%，与 2015 年同比增长 19.57%；电子商务收入累计完成 223.67 万元，完成计划 105.01%，与 2015

年同比增长30.67%；圆满完成了市公司下达的经营目标。寄递业务收入累计完成208.35万元，完成计划208.35%，与2015年同比增长29.52%；分销业务收入累计完成242.25万元，完成计划的80.75%，与2015年同比增长70.35%；函件业务收入累计完成42.86万元，完成计划42.86%，与2015年同比负增长62.22%。2016年，积极他新速递业务。认真贯彻落实市公司邮速合体发展决策部署，推动寄递业务超常规跨越式发展，依靠便捷可靠的服务及优惠政策，重现邮政寄递的风采。对内：结合市分培训，转变思想观念，学习业务知识，掌握营销技能，强化人员素质，提升窗口服务；对外：发展协议客户，深挖电商企业，拓展社会渠道，开发公文市场。在业务发展方面对内制定了相关奖励考核制度，有效的激励的各级人员的揽投积极性。在客户开发方面制定完善了相关的客户开发奖励维护机制，促使员工积极地走出去开发客户，维护客户。2016年，积极开展渠道平台建设。首力打造站点建设，朝着借助便民（“三农”）服务站这个平台，推广多项综合业务发展。按照“先上规模、再求发展、强化支撑、加强管理、夯实基础”的原则，加快三农便民（“三农”）服务站建设。一是做好服务，推动发展。以邮乐购平台扫码入库，为抓手主动上门做好服务，增加客户对平台的使用量，从单纯的开发客户变为主动的教客户使用，确保开发一户使用一户。二是选好人用好人。城郊分公司邮政局所比较分散，覆盖面大，店铺维护比较困难，对此，城郊分公司在人员和车辆短缺的情况下，抽调专业负责人在内的两名专人及一辆微型面包车作为渠道平台建设的专人专车，进行店铺开发、安装、使用指导及业务叠加工作，全力打造站点建设与维护。其次由当地局所负责人和投递员作为站点后期维护及业务宣传的责任人，按频次每周对所辖范围内的站点进行巡视，及时帮助店主解决问题。两组人员加强合作、紧密联系，保证各站点的持续发展。2016年累计站点126个，其中邮掌柜95个，A类掌柜19个，B类掌柜53个。站点除日常的代收代缴各类费用以外，全年晋邮惠民生成订单160笔，累计金额1.5万元。代收邮件443件，金额1.23万元；代售农资肥料38.6吨；代理车险11.31万元。

党风廉政建设

2016年，按照上级党委和纪检监察部门的部署要求，认真贯彻党风廉政建设责任制，落实各项规章制度，标本兼治，突出重点，以负责的态度、务实的作风，扎扎实实地开展了反腐倡廉工作，使党风廉政建设和反腐败斗争与各项事业同步进行，协调发展。在具体工作中，着重抓了“四个坚持”：即坚持落实党风廉政建设责任制，加大监督力度；坚持加强思想教育，加大党员干部廉洁自律的自觉性；坚持各项规章制度的落实，铲除腐败滋生的土壤；坚持改进机关作风，努力增强勤政意识。党风廉政建设取得了丰硕成果。

移　动

通信能力建设

2016年年底，小微市场集团信息化收入367万元，完成全年挑战目标298.37%；流量统付完成175万元，完成全年挑战目标530.3%；

公开市场渠道新增集团信息化收入35万元，完成全年指标的134.6%；集团信息化收入完成660万元，完成全年挑战目标138.95%。2016年，累计新增客户份额69.79%，全市第一。4G用户达101463户，全年累计净增55514户，完成四季度挑战目标的84.07%；38元及以上4G套餐达69362户，全年累计净增31864户，普及率34.84%，完成全年挑战目标。宽带全网达32213户、份额达47.2%、全市第一，全年新增10813户、包年资费净增7111户。2016年建设GPON小区131个、新建端口2.2万个，累计GPON小区272个，端口6.2万个。改造小区（或村庄）共计82处，改造用户数5896户，全市排名第一。

市场经营

（一）大众市场的经营坚持业务和服务并重，两手抓两手都要硬。业务的发展主要以4G发展、宽带发展和渠道建设为三大抓手，提升收入、扩大用户规模。4G发展：主要围绕“扩规模、提价值”两个方面展开，在扩大4G用户规模方面，主要以提升终端销量、把控4G流失为触点，年底销售终端19225台、后半年较前半年月均销量提升120%，4G流失方面二、三、四季度流失率分别为6.39%、5.07%、4.67%，较一季度提升显著；提升用户价值方面，重点提升38元及以上全网套餐占比，净增31864户，普及率较一季度提升12.1%。宽带发展：2016年改造小区（或村庄）82处、迁改用户5896户。渠道建设：2016年渠道建设思路以商圈重点覆盖、盲区进行补充、末梢渠道能力提升为主线，当年，商圈建设渠道8个、非商圈建设4个、VPN55个（有效性达100%）。客户服务：在业务发展的同时狠抓服务工作。为了改善县分公司整体服务水平低的现状，后半年重点工作：①制定县分公司渠道服务考核办法，做到服务处理有考核、有处罚；②按月组织召开服务分析专题会，对现场服务的标准进行学习，并对服务检查中出现的共性问题、惯性问题进行汇总、分析并提出解决办法；③每月组织县分公司内部服务交叉检查，提前暴露问题并整改；④建立服务错题本，每月对服务中出现的常见问题进行汇总、下发，使得渠道对服务中出现的问题有据可依，有证可查，后半年分公司的服务有了整体的改善。（二）集客市场经营以“提集团成员4G价值”和“增集团信息化收入”为主线，紧盯小微市场，抓集团业务公开市场渠道销售、确保集团业务收入稳步提升。截至12月底，小微市场集团信息化收入完成367万元，完成全年指标的298.37%；流量统付完成175万元，完成全年指标的530.3%；抓集团业务公开市场渠道销售，通过公开市场渠道新增集团信息化收入35万元，完成全年指标的134.6%。根据集团的实际情况利用终端、异网挖转、套餐升档等手段进行精准提升，集团4G用户渗透率由年初的32.34%提升至65.04%；集团信息化收入完成660万元，完成全年指标的138.95%。坚持“清单营销”，坚持项目必争，成功签约万鑫顺达、长治何萍电子、长沙金堤、重庆金豆等集团信息化项目。

网络建设

2016年网络建设方面以GPON网络梳理、

基站建设与维护为重点，有力地支撑了市场工作开展。在固定网络规划、GPON驻地网建设管理工作上，做到“早规划，早部署，早落实”，当年新建小区121个、端口2.1万个，改造小区（村庄）82处、迁改用户5986户，提高了泽州县区GPON网络覆盖水平，满足家客市场发展的需求；实时监督新建基站的开通进度，对开通过程中存在的传输建设、设备安装等问题，做到件件有落实有反馈，2016年全县规划LTE基站124处，截至12月中旬，已累计开通115处，泽州区域内有2G基站435处，3G基站75处，4G基站525处。

队伍建设

业绩发展的好坏，团队的建设至关重要，尤其是在人员岗位的配备方面。2016年，组织关键岗位的21名员工进行述职并展开了竞聘，根据每个员工的个性和特点，将其放置在最合适的岗位，调动了人员的工作积极性，进而提升员工了工作效率。

联　通

市场经营

2016年，泽州联通分公司紧紧围绕“全面落实聚焦战，持续推进组织变革，深化创新合作发展”的目标，深化改革、强化执行，稳步推进各项工作顺利开展。截至12月底，主营业务收入累计完成全年任务的100.45%。通服收入完成全年任务的100.37%，4G用户数达44870户，3G用户数达5730户；2G用户数达58318户；宽带用户数达35961户。

网络运维

2016年宽带网指标完成情况表

表6

指标名称	2016年月平均指标	2015年月平均指标	同比	备注
障碍率	1.43%	1.97%	–0.54%	
宽带修障及时率	99.18%	94.16%	5.02%	
重复障碍率	0.67%	1.50%	–0.83%	
未修先销障碍率	0.00%	0.02%	–0.02%	
宽带装移机撤单率	1.23%	3.74%	–2.51%	
装移机及时率	99.52%	98.95%	0.57%	

注：宽带指标同比上升，各项指标排名全部达标

2016年移动网指标完成情况表

表7

指标名称	2016年月平均指标	2015年月平均指标	同比	备注
WCDMA网小区退服率	0.32%	0.22%	0.10%	
GSM网小区退服率	0.30%	0.20%	0.10%	
LTE网小区退服率率	0.18%	0.12%	0.06%	

注：移动网指标同比下降，各项指标排名下降

综合管理

一是夯实基础管理。对孟匠、高都、犁川、川底等老旧房屋进行了维修，确保最大限度保障一线员工的办公环境。截至9月底，合同系统完成审批并签订合同数量129份；合同标准文本使用126份，使用率为97.7%。

二是深入推进基层单元改革。根据市公司《晋城市分公司基层责任单元负责人竞聘（选聘）实施方案》的相关文件精神，积极配合市公司完成基层责任单元优化改革工作。三是加强企业的安全生产工作，落实安全生产责任制。加强消防、网络运行、建设施工、道路交通、营业场所、物质仓储、行政后勤等领域的安全自查自纠工作，并对所查出的隐患追踪、督促、落实整改，从而杜绝安全隐患的发生。四是加强党风廉政建设，健全党风廉政建设制度体系。根据“两学一做”学习教育实践活动的总体安排，将校园作为践行“两学一做”的主战场，把做好校园营销作为不忘初心、继续前进的生动实践。扎实开展“三严三实”等专题教育，切实增强党员干部工作的自觉性和实效性，进一步强化机关作风和效能建设。

机构设置和领导人名录

交通运输局局长：董效义

邮政（即城郊分公司）分公司经理：张虎兵

移动分公司经理：张有陵

联通分公司经理：王　栋

商业·贸易

商　业

概述

2016年，泽州县商业局深入贯彻县委、县政府各项决策部署，紧紧围绕“一心一意谋发展、多措并举惠民生、聚精会神抓党建”的工作思路，团结带领全体党员干部职工，顽强拼搏，戮力同心，共克时艰，积极探索泽州商业科学发展的实现路径，较好地完成了年初确定的各项目标任务。全年共完成业务收入74万元，占年计划的104.23%，利润比同期减亏8万元，其它各项工作也达到了预期目标。

提质增效

牢牢把握发展这个第一要务，深入实施“管理提升、市场拓展、项目带动”三大发展战略，企业呈现逆势发展良好势头。(一)以内部控制为抓手的基础管理得到夯实。生猪屠宰管理严格执行生猪入厂(场)检查验收、屠宰操作规程、肉品品质检验、无害化处理等制度，实现了屠宰检疫率100%、出场肉品检验合格率100%，并逐步完善以副经理以上负责人为核心、层次清晰、分级负责的安全生产责任体系，建立健全与责任体系相配套的工作标准、考核指标和责任追究等管理制度，确保了安全生产局面持续向好。与此同时，进一步完善企业内部经营承包责任制，企业经营运行质量和资产运营效率全面优化。(二)以外拓市场为重点的发展空间得到延伸。充分发挥食品企业平抑生猪肉品市场物价作用，春节期间提供25万余公斤生猪肉品，在全县辖区共设置11个优惠供应点，以低于市场零售价0.5元/公斤的价格向群众优惠供应，企业经济效益和社会效益实现双赢。围绕多元化经营模式拓展市场，突出发展餐饮、美发、金融等服务类项目，企业多点支撑经营格局逐步形成。(三)以升级改造为引擎的项目建设得到突破。重点对大箕、巴公、长河3个生猪定点屠宰厂（场）污水处理设施和红杏洗浴中心进行改造升级，推动了企业可持续发展能力。到年底，3个生猪定点屠宰厂（场）污水处理设施项目已基本完工；红杏洗浴中心项目年底前可全面完工。

惠及民生

牢牢把握改善民生这一根本，始终坚持办实事、解民忧、惠民生并进，全局和谐稳定局面呈现新气象。(一)注重文化引领聚民心。在“三八”“五一”期间，组织党员干部和职工参加了县总工会举行的白马寺绿道步行活动和开展了乒乓球、羽毛球、企鹅漫步、30米颠球等活动。围绕“文明单位创建”活动，深入推进社会主义核心价值观教育，结合“道德讲堂”开展以理想信念、职业道德、普法教育为主题宣讲活动，积极培育和践行社会主义核心价值观，弘扬泽州精神，争做泽州好人。(二)注重扶贫济困解民忧。继续开展“困难职工帮扶基金”募捐活动，募集捐款11050元，为3名困难职工发放救助金9000元；认真组织“两节”慰问活动，对15名老干部、老党员和4名困难职工送去慰问物质和慰问金共计5000余元，并接待县总工会对全系统56名困难职工的慰问，发放慰问金28000元；狠抓大病医疗互助，为151名职工办理了晋城市职工大病医疗互助；不断加大金秋助学力度，为2名困难职工学子发放助学金6000元；实施积极就业创业政策，开发公益性岗位4个，发放小额借款扶持金8000元；努力实现应保尽保，为11户低保户、19名低保职工办理了低保，完成了对10名未享受社会保险待遇退休职工的年度审核工作。(三)注重精准帮扶惠民生。结合脱贫攻坚活动，通过政策向群众宣讲、资金向扶贫倾斜、结对向困难靠拢等系列组合拳，制定南岭乡东风村精准扶贫工作规划，并按照“缺什么补什么、需要什么帮什么”的原则，实施精准滴灌、精准帮扶到户、到人。2016年，先后投入2万余元，用于帮扶村特色农业培育和基础设施建设；组织党员干部对符合标准的9户贫困户进行了走访慰问，送去慰问金共计2900元；组织志愿者服务队开展义务植树活动，受到村民的一致好评。

党建引领

牢牢把握党的建设这一关键，围绕加强党的执政能力建设、先进性和纯洁性建设这条主线，全面推进基层组织和党员干部队伍建设，党组织的创造力、凝聚力、战斗力得到增强。(一)坚持抓基层强保障。压实“书记抓、抓书记”责任，分类细化党建目标，与各党支部签订党建目标责任书，并同步明确考核要点，层层分解任务，层层传导压力，建立起纵向到底、横向到边的党建工作组织网络。圆满完成了3个党支部换届任务，基层班子结构更趋优化。结合基层党建工作实际，从自身建设、规范工作、强化管理、优质服务四方面，补充完善了20余项工作制度，确保了基层组织工作规范运行。严格“三会一课”制度，注重党员管理与监督考核并重，将党员参加组织生活、党课学习等情况纳入考核体系，并同步做好民主评议党员工作，提高组织生活实效性。(二) 坚持抓队伍强素质。多层次组织学习贯彻中共十八届六中全会以及省市县党代会精神，扎实开展“两学一做”学习教育，围绕学党章党规、学系列讲话，依托“四讲四有”专题讨论和开展主题实践活动，在“学、做、改、融”上抓深入、见实效，通过学习教育，坚定了党员干部理想信念，加强了党员干部道德修养，激发了党员干部干事热情。创新选拔培养机制，着力把有能力、有作为、群众公认的优秀分子吸收到党员队伍中来，2016年共发展预备党员1名，按期转正1名。同时，为切实加强党员队伍规范化建设，积极探索建立了“设岗定责、评议定级、服务承诺”为主要内容的党员管理新机制。(三) 坚持抓服务强效能。积极推行“零距离”服务，在党员干部中开展“关爱困难党员”“帮扶困难群众”“服务企业发展”等志愿行主题服务活动，通过建立协调机制、搭建交流平台、搞好服务保障等措施，帮助困难党员和职工群众解决问题2个，面对面为企业解决难题2件。在此基础上，2016年推行机关党员干部网格化管理制度，实现所属5个企业服务全覆盖，着力解决联系服务职工群众“最后一千米”问题。并结合作风纪律整顿活动，在局机关实施“首问负责制、限时办结制”，推进了机关作风建设。(四) 坚持抓源头强治本。着力推进廉政文化进机关、进企业活动，组织党员干部观看《榜样》和《永远在路上》专题片，学习《关于新形势下党内政治生活的若干准则》《中国共产党党内监督条例》，并适时组织开展述职述廉工作和落实谈心谈话制度，不断强化了权力运行的常态化监督。与此同时，先后制定出台了《公务用车管理办法》《差旅费管理办法》《公务接待细则》《财务管理暂行规定》等规章制度，严格规范“三公”经费开支，自觉抵制“车轮上的腐败”和“舌尖上的浪费”，确保了各项规定落实常态化、长效化。

粮　食

概述

2016年，全县粮食系统把抓好粮食收储、维护国家粮食安全作为始终不渝的主业，把保供稳价、维护正常粮食流通秩序作为矢志不移的主责，把推进粮食产业发展、提升粮食经济效能作为始终如一的主攻方向；连续七年粮食购销总量达1亿公斤以上，基本实现了建设粮食购销强县的目标，走在全省、全市前列。

粮食购销

全县共有国有粮食购销企业18家。2016年，全年收购粮食9.8万吨，占目标任务的160%；销售粮食10.3万吨，占目标任务的136%；加工3.2万吨，占目标任务的147%。

价格监测

为及时、准确监测县内外粮食市场信息，科学分析粮油供求形势和市场价格走势，在全县建立了11个粮食价格监测点，按确定的监测内容，监测区域内的粮食价格并及时上报。

应急体系建设

为进一步优化应急监测保障网络，在该县设置应急加工企业3家、应急配送中心2家、应急供应网点18个、粮情监测点11个，对县级储备334万公斤小麦和10万公斤小包装储备食油，按质、按量、按时进行了轮换。

项目建设

为认真贯彻落实国务院领导关于"广积粮、积好粮、好积粮"的指示精神，加快推进"危仓老库"建设，确保粮食储存安全，2016年争取省政府"危仓老库维修专项"资金28万元。完成大阳粮站、南村粮站250万公斤钢筋砼平房仓和100万公斤砖混平房仓屋顶防漏、屋顶门窗隔热保温进行改造升级，提升了该县储粮条件和粮库储粮能力。

储粮安全

根据国务院《关于建立健全粮食安全省长责任制的若干意见》(国发〔2014〕69号）和山西省人民政府《关于贯彻落实粮食安全省长责任制的实施意见》(晋政发〔2015〕26号）晋城市人民政府《关于贯彻落实粮食安全省长责任制的实施意见》任务分解的通知精神，出台了《泽州县人民政府关于粮食安全目标责任分解意见》。对该县的考核共14个事项，27个考核指标，55个考核目标任务进行了考核，考核成绩名列全市前三名。

严格执行国家仓储管理的法规、规章及有关标准和技术规范，认真落实"一符四无"粮仓检查制度，春、秋两季对企业的所储粮食逐仓检查，确保储粮安全的目的。全县粮食仓储"一符四无"(账物相符；无鼠雀、无霉变、无虫害、无事故）合格率连续多年保持100%，全系统科学保粮率达95%。

行业安全生产

按照"管行业就是管安全、管业务必须管安全，管生产经营必须管安全"的要求。完善安全生产相关制度，出台有关安全生产方面的专项工作方案和预案5个，组织安全生产知识培训2次，培训人数30人；组织开展了"消防安全大排查大整治"、安全生产"四责"活动、"安全生产月"活动、"粉尘爆炸危险作业场所专项整治"、"粮油仓储企业消防安全专项整治行动"等专项活动，确保了全系统全年安全生产无事故。

行政执法

在全县范围内开展粮食政策执行情况、食品安全、粮食流通统计制度执行情况、粮食收购资格核查、"放心粮油"经销网络等各种专项监督检查16次，出动人员204人次，重点检查企业95个。开展了以"积极应对气候变化、促进粮食减增效"为主题的粮食科技周和世界粮食日暨"兴粮惠农进万家"宣传活动，共发放宣传资料2200余份，接受现场咨询180余人次。

供　销

概述

泽州县供销合作社联合社是泽州县服务业龙头企业，集商品经销、餐饮服务、旅游接待、农副土特产品收购、物资回收为一体，为全县"三农"经济发展提供服务。承担农村日用消费品、农资、食盐、烟花爆竹等供应和废旧物质回收、农副产品收购等经营业务，承办县政府交办的其他事项。

泽州县供销社机关属参照公务员管理的事业单位，在编干部职工36人，下辖8家直属企业（土产日杂棉麻公司，物资回收公司，盐业公司，太行饭店，易欣达商贸有限公司，鑫农源果品有限公司，农资公司，汽修厂），19个基层供销社，1个国际旅行社，2个专业合作社，全系统现有网点总数281个，其中自有网点138个，收编网点81个，商贸中心3个，综合超市2个，集贸市场1处。在册人数全系统共有在册员工1061人，在岗人员316人，缴纳养老保险人数509人，离退休人员总数934人。全系统固定资产总值3273万元，流动资产1.3亿元，实际可支配流动资产总额539万元。

2016年，全县供销系统共完成销售收入1.52亿元，占计划的101.15%，同比增长11.09%；完成消费品零售额7733万元，占计划103.1%，比同期增长14.61%；完成农副产品收购1809万元，占计划100.49%，比同期增长5.88%；完成生产资料供应总值4293万元，占计划78.95%；实现利润45.4万元；上缴各种税费41.1万元。

加快综合改革进程

按照省政府2016年重点工作任务的要求，泽州县供销社承担落实深化供销合作社综合改革的各项任务。根据中共中央国务院《关于深化供销合作社综合改革的决定》(中发〔2015〕11号）和山西省委、省政府印发《关于深化供销合作社综合改革的实施方案》(晋发〔2016〕8号文件的精神，为加快泽州县供销合作社综合改革的进程，结合该县供销社工作的实际，在综合改革的进程中，供销联社主要做了以下几项工作。一是与省供销社有关领导、有关单位进行了工作对接，了解供销社综合改革的各项要求和任务，并组织有关人员赴山西省的综合改革的试点县陵川、闻喜等县供销社进行了工作调研，初步掌握了供销社综合改革的各项工作内容。二是结合泽州县供销社的实际情况，初步制定了《泽州县深化供销合作社综合改革实施方案》的征求意见稿。三是拟定以泽州县农业生产资料总公司为依托组建泽州县惠农服务中心。并以金村、川底、北义城、巴公供销社为基础筹建4个惠农服务站。同时组织各组建单位领导亲赴闻喜县供销社现场参观，掌握了惠农服务组织建设的各项资料和工作方法。惠农服务中心和惠农服务站的建设工作正在逐步进行。四是与市供销社共同与全国总社的社员网进行工作对接，积极筹建泽州县供销社的电子商务工作。

基层社和直属企业建设

该供销社系统基层社改造采取的主要办法对有利用价值、有区域优势的商业密集区引入社会资金进行联合改造，建成底商住宅楼，供销社获得商铺的方法。2015年下半年，为了盘活企业资产，结合小城镇化建设，东沟供销社结合本镇村镇规划改造，经过东沟供销社支部会议，全体职工会议的充分讨论，决定对第二百货门市部、长河商场，以及机关院西边楼房进行拆迁改造成底商住宅楼，预计总投资1100万元，新建综合商住楼，营业面积将达到1600多平方米，在当地将建成规模最大的农村综合超市。2016年底主体工程已全部完工。

新网工程建设

通过几年时间的建设，农资配送中心和日用品配送中心已初具规模，并建立起了自己的网络体系。全系统现有网点总数287个，其中自有网点138个，收编网点81个，商贸中心3个，综合超市2个，集贸市场1个，对外承包62个。在“万村千乡”市场工程及“新网工程”建设时，全县网点曾达500多个，如今基层门店逐年减少，有店无人经营的情况不断增多。2016年，完成消费品零售额7733万元。农业生产资料经营网络依托泽州县农业生产资料总公司及其经销网点，2016年农资化肥市场价格比往年略有降低，农民购买农资商品的积极性提高，针对市场有利形势，充分发挥供销社农资供应主渠道作用，加大宣传力度，千方百计拓宽货源，做好淡储旺供，强化了农资供应。一是积极做好备耕工作，做到早部署，早落实，做好农资商品储备，发挥市场主导作用，积极组织采购，调整充实库存，力保春耕农资市场货源充足；二是请化肥厂的专家分两批为114名农民进行授课培训，讲解化肥有关方面的知识，为农民合理高效用肥提供服务；三是打紧一切费用开支，力争把化肥供应价格降到最低，采取零利润等措施，把化肥利益让给广大农户；四是完善农资配送网点服务，在供应旺季，所有货运车辆延长配送时间，为农业发展提供物质保障。在2016年农资供应中，供应各种化肥10000余吨、满足了泽州县广大农民群众的需求。

项目建设

大东沟供销社建设改造项目2015年下半年，为了盘活企业资产，结合小城镇化建设，东沟供销社结合本镇村镇规划改造，经过东沟供销社支部会议，全体职工会议的充分讨论，决定对第二百货门市部、长河商场，以及机关院西边楼房进行拆迁改造成底商住宅楼，预计总投资1100万元，新建综合商住楼，营业面积将达1600多平方米，在当地将建成规模最大的农村综合超市。2016年年底主体工程已全部完工。

组织建设

党建工作：认真开展“两学一做”学习教育活动，争做合格党员。2016年，中央决定要在全体党员中开展“学党章党规、学系列讲话、做合格党员”学习教育，为扎实推进“两学一做”学习教育活动的开展，该单位党总支早宣传，早准备，以上率下，层层深化抓学习。安排部署该系统“两学一做”学习教育工作：一是确定供销社系统“两学一做”学习教育工作协调小组的组成人员；二是根据该系统实际，拟定《泽州县供销系统开展“学党章党规、学系列讲话，做合格党员”学习教育实施方案》；三是按照方案要求，发放了《中国共产党章程》《中国共产党廉洁自律准则中国共产党纪律处分条例》《习近平总书记系列重要讲话读本》《习近平关于党风廉政建设和反腐败斗争论述摘编》《习近平关于严明党的纪律和规矩论述摘编》等书籍，并认真制定了学习计划；四是全体党员从5月28日起在专门的笔记本上以每天100字、用100天时间逐字逐句认真抄写《中国共产党章程》，并在7月1日组织全体党员到阳城孙文龙纪念馆进行传统教育，重温了入党誓词。五是针对党费收缴问题，按照上级要求，坚持标准，按照足额收缴，强化了党员对上交党费，执行党纪党规的认识；六是认真贯彻落实省、市、县委决策部署，和县委发展战略和工作目标，统一系统广大党员干部的思想，凝聚共识、振奋精神、推动工作，并结合全系统工作实际，密切与广大农民利益联系为核心要求，狠抓了各项工作。

党风廉政建设：坚持不懈加强廉政教育，认真落实党风廉政建设责任制。在县委、县政府的正确领导下，按照县纪委关于党风廉政建设工作的总体部署和要求，认真贯彻落实中共十八大精神，严格执行中央、省市县关于党风廉政建设的有关规定，切实加强党风廉政建设，推进各项工作落实，保障了供销社事业的健康发展。按照“一岗双责”“谁主管谁负责”的原则，进行责任分解，把年度党风廉政建设和反腐败工作逐项分解、制定责任清单，明确班子成员责任，推动责任落实。同时，党总支主要负责人与班子成员和直属支部签订了党风廉政建设责任书、班子成员与分管科室签订了党风廉政建设责任书。确保了党风廉政建设有人抓、有人管、有人负责，形成领导亲自抓，一级抓一级、层层抓落实的局面。在工作安排上，结合业务工作和该系统实际，突出抓好党风廉政建设和反腐倡廉工作，做到党风廉政建设和反腐倡廉工作与党务、政务、业务工作一起研究，一起部署。同时坚持不懈，持之以恒抓好“八项规定”的贯彻落实和防止“四风”反弹。领导干部坚持杜绝了公车私用，上下班停止了公车接送，公务用车费用明显下降；严格控制了机关一般性费用支出，半年来办公经费比上年同期下降；公务招待实现了零招待，没有召开一次大型会议，一些必须要召开的会议，分片开在了基层。干部下乡做到了基层不招待、不宴请。党员干部基本做到了工作日全天禁酒。无违规发放津补贴或福利，无违规收送礼品礼金。

凝聚力工程：首先是办实事，配合县低保中心对低保对象审计信息认真核查，系统享受低保人员由253户341人减少到32户36人。为低保户发放读书卡253张价值5060元。其次积极开展困难职工申报救助工作。对系统的特、贫困职工和家庭进行调查摸底，2016年向有关部门申报困难职工133人，申请帮扶资金71500元。第三，开展了职工大病医疗互助工作。动员职工参加大病第十期医疗互助。为了缓解困难职工因病致贫的问题，认真进行宣传发动，耐心讲解参加职工大病医疗互助的利弊，先后动员系统14个单位295人参加了医疗互助。同时协助系统参加第九期大病医疗互助的12名符合条件的职工报销医疗费用。通过这些实实在在的举措，大大加强了党组织的凝聚力、战斗力。

烟 草

概述

2016年，泽州县烟草专卖局（营销部）坚持以中共十八大和中共十八届三中、四中、五中、六中全会精神为指导，认真落实国家局、省市局工作会议部署，紧紧围绕卷烟销量关键指标，进一步树立坚定信心，增强责任意识，坚持规范底线，狠抓工作落实，为实现全市烟草系统“十三五”持续健康发展贡献力量。

市场营销

全年实现销售30990.73箱，同期35200.96箱，同比减少4210.23箱，同比下降11.96%，完成年计划进度101.33%；实现销售收入7.96亿元，同期9.42亿元，同比下降15.49%，实现毛利金额1.99亿元，同期2.25亿元，同比下降11.56%；该期单条均价为102.75元/条，同期为107.15元/条，同比下降4.11%，减少4.4元。

终端建设

(一) 多措并举，推进销售目标顺利完成。一是从帮扶中小客户经营上下功夫。客户经理加大市场拜访频率，根据辖区有潜力中小客户的范围与数量，制定精准帮扶措施，帮助客户正确分析市场环境变化，从稳价格、增销量入手，努力提高中小客户经营质量。二是密切关注客户订单。及时查看新商盟和V3数据，督促和指导客户订购卷烟，加强与营销中心就客户卷烟订购情况的信息沟通与意见反馈，及时帮助未成功订购卷烟的客户快速订购卷烟。加强对单次订货量偏低客户的经营指导，实地帮助客户解决经营困难，提振卷烟经营信心。三是协同工业企业组织零售客户培训，提高客户的营销能力、品牌推介能力，由已往的“坐等销售”，努力改变为积极有效的“主动销售”，充分消化社会卷烟存量。(二) 强化品牌培育，全面提升新品成长能力。一是针对重点培育品牌分析目标零售客户，积极开展品牌上市推荐会，让零售客户了解品牌，调动客户积极性，参与到新品牌培育工作中。二是在市场化取向改革的推动下，围绕目标消费群体，继续开展形式多样的品牌文化活动，坚持不懈的引导消费者转变观念尝试新品。不断提高引入新品牌的上柜率、动销率、知晓率、尝试率和再购率。三是继续发挥客户经理的关键作用。进一步加强与各中烟协作配合力度，不断提升培育品牌的市场占有率，通过培育品牌的强力发展，进一步带动销售结构的有效提升。(三) 强化客户服务，全面提升营销管理水平。一是积极转变思维，大力创新营销举措。通过深入推进客户经理均衡拜访工作，结合客户个性特征，制订针对性强、方向性准的差异化的经营指导方案，提高客户盈利水平，促进客户满意度不断提高。二是重点提升客户经理的拜访质量，要求对客户的收入、家庭、性格、健康等一些基本情况进行细致深入的了解，同时建立抽查考核机制并与绩效考核挂钩。三是对偏远客户实行分期拜访，要求客户经理使用划区域分周期的工作方法进行拜访，日常工作中加强与这部分客户的联系。

市场监管

全年共查处各类违法卷烟案件105起，查处违法卷烟100.82件，价值41.62万元。其中查处真品卷烟案件84起，卷烟86.18件，案值35.03万元；查处假冒卷烟案件21起，卷烟14.64件，案值6.59万元，真烟数量占查获总量的80%。移送工商案件13起，收缴罚没款1.6万元，移送公安涉烟刑事案件2起，拘留涉案人员1人，逮捕涉案人员1人。

(一) 挖掘市场潜力，注重线索收集，推进网络案件侦办。一是组织领导得力。坚持把“经营查办大要案件”作为全年的硬性目标，“一把手”为此项工作的第一责任人，分管领导具体跟踪落实。二是注重线索收集。针对微信网络贩假售假线索，我局及时联系公安刑侦、网监、技侦等专业人员，召开联席会议进行辨别、分析，8月25日在兄弟单位支持下成功打掉一名利用微信网络贩假售假不法分子，当场查获各类高档违法假烟118.6条，手机6部，账本4本，涉案金额20余万元，涉案嫌疑人已被刑事拘留，此案由于职能管辖已移交城区局进一步调查。三是强化部门联合。认真落实四部门联合机制，加强了与公安巡警、高速交警等警种的衔接，坚持案情提前沟通。下半年根据联合开展打击物流运输领域涉烟违法活动专项行动的要求，积极联合公安巡警、交通部门开展了以物流仓储、快递和货物运输为主要目标的一系列突击检查和路查路堵。(二) 强化市场监管，注重监督检查，构建良好市场环境。一是全力发挥监管职能。通过划分网格化监管区域，将辖区所有持证户按守法情况分为守法经营户、基本守法户、轻微违法户、严重违法户四类，分别对应四级网格。按照“分级管理、层层履责、责任到人”的原则，明确各级网格监管责任，细化监管服务内容，做到“定格、定员、定责、定标”，实现了监管职责到点、到人的“坐标化管理”。二是专项行动成效明显。在专项清理整顿行动中，采用打乱正常工作时间、交叉调换检查人员等方式，着力净化卷烟市场、规范卷烟经营秩序。期间查获案件101起，查获各类违法卷烟85.11件，涉案金额共计41.83万元。三是突出大要案查处。认真落实片区联动机制，充分发挥错时工作机制，加大卷烟市场监管力度，对发现的违规线索、异常信息，做到“及时梳理、分析到位、锁定目标、精心经营”，全面消除市场监管盲区。(三) 规范行政许可，加强后续监管，提高管理服务水平。一是强化新系统运行。自大专卖系统试运行以来，针对各岗位角色开展了针对性的业务辅导培训，不断提高岗位人员系统操作能力，确保行政许可工作高效、平稳、顺畅运行。二是加强许可后续监管。在许可证办理过程中，简化办理程序，严格落实“5+7”限时办结要求。及时制定措施梳理快到期许可证，制定延续目标分解表，确保了许可证延续工作顺利完成。(四) 强化法治建设，培育法治思维，提升依法办事能力。一是健全学习机制。制定学习计划，丰富学习内容，采取自学和集中授课相结合，坚持中层以上干部轮流授课与内训师授课相结合，授课人参照学习内容进行备课，以PPT为教学载体，充分结合日常实际工作，举例子、摆问题，通俗易懂地进行讲解，把培训活动融入到实际工作中，通过日常测试来检验学习效果。二是严格把好审查关。全年依托法规系统对112份行政处罚案卷进行了合法性审查。参加市局行政处罚案卷评查活动3次，评查面达到100%，参加省局行政处罚案卷评查活动1次，进一步范了行政处罚案卷文书使用，提高了行政处罚案卷的办理质量。三是强化对外宣传力度。年内先后组织开展了“3·15”消费者权益保护日、“6·29”《中华人民共和国烟草专卖法》颁布纪念日、“12·4”全国法制宣传日等活动。期间，通过悬挂宣传条幅，编制宣传资料等方式，积极向消费者讲解真假卷烟基本识别方法。

企业管理

(一) 狠抓党的基层组织建设，扎实开展“两学一做”教育活动。一是组织开展了党员组织关系清查。对2007年以来转出组织关系情况进行了统计和核查，确认全局无失联党员。同时进一步强化了全局党员管理，完善了相关存档资料。二是对局支部2008—2015年度党费收缴工作进行了自查，对需要补交的党费逐人逐月进行了核查落实，上报了自查情况报告，并先行完成了2013—2015年度的党费补交工作。三是7月初组织支部全体党员深入结对村开展了“一对一”帮扶慰问活动，于11月份确保了一万元帮扶捐款及时到位。四是进一步强化了全局廉政建设工作。按照泽州检察院通知要求，及时成立了局预防职务犯罪工作领导小组，拟定了年度工作计划，并与检察机关建立了联系人制度，确保了把廉政建设纳入常态化管理工作中。五是积极组织开展了“两学一做”教育。局党支部成立了党建工作领导小组，加强了全局党建工作的领导组织，对“学党章党规、学系列讲话，做合格党员”(以下简称“两学一做”)学习教育工作做了计划和安排。5月中旬，召开了“两学一做”教育活动动员会，在全局印发了《“两学一做”学习教育实施方案》，同时编制出台了《“两学一做”学习教育工作安排》，细化和明确了集中学习讨论的具体时间、内容、资料准备等要求。同期组织全体党员参加了市直工委“我是党员我带头”主题实践活动之“学习教育百题知识竞赛”，并先后组织开展了“讲规矩有纪律”、“讲担当转作风抓落实”等专题讨论活动，“网格监管我担责，创先争优做表率”主题党日活动等。六是组织开展了迎接中国共产党成立95周年“七一”党建纪念活动。组织党员参加了“土岭事件”爱国主义教育和党史教育基地参观活动，深入帮扶村与村两委党员干部共同开展了“学党章、讲党课、重温入党誓词”纪念活动。(二)认真开展“纪律作风整顿月”活动。为进一步加强队伍作风建设，打牢行业发展基础，巩固“三严三实”专题教育活动成果。4月中旬起，在市局统一部署下，组织全员开展了纪律作风整顿月活动。通过精心制定方案，组织集中学习，认真抓好落实，确保学习活动做到“四有”：即有时间安排、有签到记录、有学习记录、有学习笔记，保证了学习效果。同时重点围绕“抓作风、促行风、整纪律、强责任、提素质、树形象”的活动主题，着力解决作风纪律方面存在的突出问题，着力扭转当前干部员工队伍中存在的纪律松弛、自由散漫等不良风气，激励和动员全局干部员工转变作风，顽强拼搏，干事创业，形成了真抓实干的良好氛围，确保了活动取得实效。(三)高度注重全员思想政治工作，抓好集中学习教育。工作中，根据建设路办公楼正在装修的实际情况，因地制宜，灵活采取了分组学习方式，以股室为单位，统一学习内容、统一学习进度，加强相互交流，确保了在全员思想政治教育方面不欠账、不掉队。在国家局、省局、市局工作会议相继召开后，该局及时组织全员学习领会上级会议精神，引导干部职工切实认清当前行业发展形势，切实把思想统一到国家局、省市局(党组)的要求上来，认真落实“顶住压力、保持定力、精准发力、持续用力”总体部署，全力以赴推动各项工作取得新成效。(四)狠抓全员绩效考核考评，充分激发队伍活力。为进一步加强基础工作管理，持续提升全员工作绩效，最大限度地调动和激发员工的工作积极性、主动性和创造性，推动整体工作目标化、标准化、科学化。该局在市局下达关键指标的基础上，精心调整、不断细化和完善全员绩效考核办法，使方案更具科学性和可操作性。重点强化了对三员走访到位率和市场净化率的实地考核，促进了客户服务工作进一步做好、做实、做到位。以市场净化为核心指标，推动了专卖工作重心的进一步集中和明确。强化车辆管理，加强了车辆用油登记和管理，突出了对“百千米耗油量”关键指标的考核。确保了全局基础管理工作扎实推进，队伍活力和工作热情进一步提升。(五)持续强化县级局(营销部)建设。一是上半年配合市局开展了科级干部暨职业技能岗位聘任工作，其中该局两名正股级聘用人员脱颖而出，分别被聘任为了副科级管理岗位。下半年又有3名同志通过了职业技能聘任初选。二是组织开展了年度评优评先活动。根据上级精神，在公开、公正和公平的原则下，推选出了10名先进个人候选人和一个先进集体候选人，并要求全体员工向先进看齐，向先进学习，扎实做好本职工作。三是根据部分员工劳动合同到期的情况，及时组织开展了综合业绩考评鉴定和合同续签工作，并及时向地方劳动管理部门递交了合同备案。(六)精神文明建设与主体工作相互促进。一是按照市文明办文件要求，3月中旬组织全局干部职工开展了一次学雷锋志愿活动。二是在全局组织开展了“3·28”慈善捐助活动，干部员工踊跃捐款2500余元。三是6月份组织全局干部职工积极参与了全市系统第六届职工文艺节的各项活动。四是10月份通过了市文明委组织的文明创建工作复查，被授予了市级“文明单位”称号。(七)高度注重安全基础管理，不断提升全员防范意识。一是始终坚持“谁主管，谁负责”的工作原则，年初通过与各股室、部门和重点岗位人员层层签订安全目标责任书，明确了各级领导和岗位人员的安全职责。二是紧扣“强化安全发展观念，提升全民安全素质”的活动主题，组织开展了“安全生产月”活动，不断深化安全生产宣传教育行动，全面推动安全生产、隐患排查的深入开展。局班子对安全工作逢会必讲，常抓不懈，教育引导全局干部职工高度重视安全管理工作，认真落实岗位安全目标责任，严格执行安全操作规程，不断完善事故应急机制，做好各类事故防范。全年全局无重大行车事故、无火灾触电事故、无工伤死亡事故。三是进一步加强了公务用车、安全值班、电器线路等重点部位和重点环节的隐患排查治理。特别是在建设路办公楼维修施工期间，在市局安保部门指导下，局工程监督小组及时跟进工程施工进度，进一步明确了安全监管职责，强化了对安全生产细节的关注和管理。针对施工人员的安全资质、作业规范、安全标志、围栏围网等安全防护设施开展了不定期的检查和监督，及时消除了安全隐患，确保了安全施工零事故。

机构设置和领导人名录

商业局局长：卫刘红

供销合作社联合社主任：张保富

烟草公司经理：王书文

财政·税务

财 政

概述

泽州县财政局是管理全县财政收支、实行财政监督、参与国民经济宏观调控的职能部门。局内设14个股室，下设3个局属单位。

收支情况

收入：2016年全县一般公共预算收入12.38亿元，同比增长7.82%，收入总量全市排名第二，增幅全市排名第三。其中：国税系统完成3.07亿元，同比增长62.83%；地税系统完成4.00亿元，同比下降23.14%；财政系统完成5.40亿元，同比增长21.28%。

支出：2016年全县一般公共预算支出27.94亿元，同比下降10.75%。其中：教育支出59519万元，同比下降9.49%；农林水支出50762万元，同比下降8.73%；科学技术支出547万元，同比下降82.85%；医疗卫生与计划生育支出41043万元，同比增长4.84%；社会保障和就业支出39024万元，同比下降9.15%；文化体育与传媒支出7588万元，同比增长23.32%；公共安全支出14032万元，同比增长12.12%；节能环保支出5297万元，同比下降23.46%；交通运输支出7459万元，同比下降3.47%。

财源建设

以供给侧结构性改革为抓手，不断增强县域经济内生增长动力。围绕“三去一降一补”五大任务，积极发挥财政资金的引导和激励作用，逐步化解钢铁、冶铸等产业的过剩产能，提升了产业竞争力。拨付中小企业发展专项资金、外经贸发展资金、创新基金等1000余万元，支持了中小企业发展。拨付中央财政保障性安居工程专项资金2966万元，用于南村镇裴圪塔村城市棚户区改造，带动了房地产市场发展。化解政府债务3333万元，争取专项债券2.5亿元，转换政府债务1.15亿元，防范了债务风险，减轻了政府举债压力。积极落实“营改增”改革，为企业降成本提供了财力支持。严格执行中央、省清费减税政策，规范政府性基金项目、涉企行政事业性收费目录清单管理，为企业减负提供了政策和制度保障。

以“中小企业还贷周转金”增资上规为亮点，不断促进银企合作共赢、共同发展。增资5000万元使中小企业还贷周转金规模达1亿元，共为34家企业倒贷8.52亿元。继续支持“助保金”“聚力贷”业务开展，共为20家民营企业解决资金4.2亿元。支持县金诺担保公司开展融资担保业务，在保企业22家，在保金额4535万元。支持创业贷款担保业务开展，共为83家企业提供创业贷款担保1078万元。随着融资担保平台“上规提效”，有效缓解了中小企业融资难贷款难的压力，促进了企业持续健康发展。

改革管理

深化预算管理制度改革。实行中期财政规划管理，在全口径预算管理的基础上，全面启动编制三年滚动财政规划和部门三年支出规划。推进财政预决算公开，通过县政府信息网、财政信息网等平台，部门预算和“三公”经费公开实现了除涉密部门之外的全覆盖。完善预算管理机制，建立有部门预算执行分析制度、预算执行与预算编制挂钩制度，逐步提高了预算编制的科学化精细化水平。加快盘活财政存量改革。初步构建“年初及时批预算、年中大力抓进度、年底严格清结余”全程动态管理机制，通过提前下达上级专项、清理结转结余、建立存量资金定期报告制度等有力措施，把“零”变“整”，“死”变“活”，全县盘活财政存量资金5500余万元，并全部统筹用于发展急需的重点领域和薄弱环节。积极推进绩效财政建设。加强财政资金管理，出台财政专户资金存放商业银行管理办法，规范财政资金拨付程序，构建了较为健全、安全的财政资金监管体系。加强预算绩效管理，安装使用绩效管理系统，开展绩效评价业务培训，重点评价项目21个，涉及财政资金3.41亿元。加大乡级财力保障力度，在全市乡级财力绩效评价工作中，泽州县被评为优秀等级。强化财政内部控制制度体系建设，开展内部控制评价，推进“两随机一公开”工作，实施财政内部“一对一”检查，切实厘清了责任与权力边界，有效防范了财政业务风险。确保“三公”经费只减不增，全年支出788万元，同比下降46.84%。

政府采购

按照“规范采购行为、提高采购效率、促进廉政建设”的目标要求，从严执行政府采购法律法规，开展政府采购代理机构专项检查，建立政府采购投诉机制，组织政府采购专管员和从业人员业务培训，打造了阳光采购、效能采购、廉洁采购。2016年全县政府采购金额7617.07万元，节约资金1579.80万元，节资率17.17%。

民生支出

办实事，兑现政府承诺。统筹财力，加强监管，全力支持十件惠民实事。完成25个日间照料中心建设；解决了1.48万人饮水安全问题，自来水入户率达95.5%；新开通公交线路4条，新增通公交村67个；为130个村安装室外健身器材；建成11条75千米的戍边道路，完成农村公路生命安保工程143.4千米；对全县6.58万名60岁以上农村老人免费体检；完成210户农村危房改造；为1.44万名残疾人发放补贴；5个采煤沉陷区搬迁安置项目全部开工。保根基，加大“三农”投入。积极支持粮食、油料产业发展，泽州县被财政部授予产粮产油大县。全面推进农业“三项补贴”改革，提高补贴政策的指向性、精准性和实效性。继续落实一事一议财政奖补政策，惠及424个村、27万群众。加快推进农村气化工程建设，惠及13个乡镇、3571户农户。随着政策倾向“三农”、资金投向“三农”、措施逐步到位，进一步促进了农业升级、农村发展、农民增收。促公平，维护社会稳定。义务教育均衡发展得到巩固，晋城市示范性综合实践基地主体完工。继续深化县级公立医院改革，加强县乡卫生医疗机构基础设施建设，加大村卫生室日常运转补助力度，实现了县乡村三级公共卫生服务全覆盖。城乡低保保障标准每人每月统一提高30元，新型农村合作医疗县财政补贴标准达55元，低收入农户冬季取暖用煤货币化补贴标准达每户230元，机关事业单位养老保险制度改革全面完成，提高了社会保障水平，完善了社会保障体系。打硬仗，致力脱贫攻坚。紧紧抓住脱贫攻坚这个“第一民生工程”，发挥职能作用，力争抓出成效。提供财力保障，全年预算专项扶贫资金4791万元，同比增长131.9%。完善监管机制，制定易地扶贫搬迁项目资金管理办法、产业扶贫项目实施办法等制度，严格执行扶贫资金项目公示公告制度、“阳光扶贫廉洁扶贫”相关规定，实现了全程监管、阳光运作。

国　税

概述

泽州县国家税务局成立于1994年8月，机关内设9个股室（办公室、人事教育股、监察室、政策法规股、征收管理股、收入核算股、纳税服务股、税源管理一股、二股），下设3个税务分局（巴公、东沟、犁川）和1个事业单位（信息中心），担负着全县17个乡镇，3690余户纳税人的纳税服务和征收管理工作。

2016年，全县累计完成国税收入137843万元（含车辆购置税9270万元），若按剔除车辆购置税后的累计收入128573万元，和2015年同期相比，则同比增收2154万元，增长1.70%。其中：县级公共预算收入累计完成30726万元（含预算分配比例变更以后国库调库的县级收入2016万元），同比增收11828万元，占原计划（18718万元）的164.15%，超收12008万元。

泽州县国税局完成71536万元（含车辆购置税9270万元），若按剔除车辆购置税后的累计收入62266万元和2015年同期相比，同比增收8586万元，增长15.99%；开发区国税局完成56888万元，同比减收4711万元，下降7.65%；市国税直属分局完成9419万元，同比减收1719万元，下降15.43%。

分税种看：增值税完成119339万元，同比增长4.03%，增收4620万元。其中："营改增"完成9440万元，同比增收7844万元，是2015年同期完成数的5.91倍。消费税完成272万元，同比下降52.20%，减收297万元；企业所得税完成8962万元，同比下降19.48%，减收2168万元，车辆购置税完成9270万元。

税收工作

2016年，全局共完成税收收入71536万元，占市局下达计划57700万元的129.38%，超收16246万元。一是认真落实小微企业税收优惠政策。拓宽宣传平台。通过办税服务厅公告栏、电子显示屏、宣传手册、短信、税企QQ群等宣传平台，开展小微企业税收优惠政策宣传。对新办企业主动上门服务，确保纳税人第一时间享受税收优惠。强化辅导培训。对辖区1000余户小微企业开展培训，现场授课集中答疑，管理部门加强对小微企业申报优惠数额复核；机关股室进行相关数据筛选，对筛查出未按规定享受优惠政策的小微企业逐户辅导，确保政策落实到位。建立服务机制。联合县中小企业局制定了服务小微企业工作机制，并梳理相关税收优惠政策，编写了《小微企业税收优惠政策指南》，提高纳税人自主办税能力。2016年1—9月份为8128户次小微企业，减免增值税163.31万元。2016年1—9月为271户次小型微利企业，减免企业所得税43.83万元，政策受惠面100%。该局根据泽州县实际情况，积极与地税、财政、工商、人社等部门沟通协调，信息交换机制正在筹划建立中。二是加大增值税发票系统升级版推行力度。该局于5月6日制定下发了存量纳税人增值税发票系统升级版推行工作实施方案。明确二季度完成存量纳税人中一般纳税人的推行工作；三季度完成存量纳税人中起征点以上小规模纳税人的推行工作；四季度完成新"营改增"行业纳税人的推行工作。为使推行工作有序进行，成立领导组，多次召开专题会议，研究部署各环节工作。5月份制定下发了《实施方案》及相关流程、公告，提出4项工作要求，明确了13个主要环节的操作方法。通过强化落实，完成纳税人培训八期992户，在办税服务厅设置咨询岗。截至2016年底全县已推行升级版企业956户，其中2015年新办户升级231户，存量户升级725户。截至2016年全县存量户一般纳税人升级完成进度99.17%。三是强化企业所得税汇算清缴管理。举办了5期税企人员培训，加强申报前的纳税辅导，实行税源管理部门和办税服务厅两级申报辅导，调增应纳税所得额4500万元，增加税款230万元，极大降低了税收申报环节的涉税风险。内资企业977户，外资企业2户，盈利企业849户（其中零申报户268户），亏损企业133户。实际应纳所得税额9966万元，累计预缴所得税9338万元，汇算清缴企业所得税额627万元。四是认真开展《出口退税规范》的落实。组织人员积极参加了市局组织的《全国税务机关出口退（免）税管理工作规范（1.0版）》培训。对重点部门重点岗位人员开展了有针对性的专门培训。其中对纳税服务股开展了工作规范要求、审核系统操作的专门培训。对基础管理部门和纳税评估部门，开展了法治和评估等方面的培训。通过开展培训，进一步提高了大家对工作规范的认识。通过对重点岗位人员的培训，促进了规范的认真落实。工作中，严格执行生产企业免抵退审批权限，明确工作权限、岗位职责及工作流程，合理设置各业务岗位。目前该局共17户出口退（免）税资格的企业，其中外贸企业1户，生产企业16户。按照出口退税《企业分类管理办法》的规定，其中被评定为二类的企业4户，三类企业13户。截至2016年年底免、抵、调123万元，出口退税1064万元。

依法治税，优惠政策应享尽享。将税收管理事前防范、事中控管和事后查纠有效结合，加强税务行政审批制度改革后的事中事后监管工作，增强征管质效，提高税法遵从，防范税收风险，构建"放、管、服"体系。严格执行省局规范税务行政处罚裁量权实施办法，进一步规范执法行为，严格执法督查。不折不扣落实小微企业税收优惠政策，累计为8128户（次）小微企业免征增值税300余万元，为133户（次）小型微利企业减免企业所得税29.49万元，政策受惠面100%，为大众创业，万众创新提供坚强的税收支持。

税收征管

全面落实国家税务总局纳税服务规范和征管规范，全面提升服务质效。2016年共代开增值税专用发票2123份，征收税款468万元，代开增值税普通发票9221份，征收税款987万元。共为纳税人发售发票8187户次，746万份。

全面落实国、地税合作规范，稳步推进合作事项，与泽州地税互驻大厅，实现了进一家门，办两家事，提高了征管效率。加强纳税评估，开展管户核实，维护市场秩序。对纳税人进行分类管理，科学划分A、B、C、D四个等级，充分运用纳税信用登记评定结果，服务税收征管。加强对出口企业和非居民企业分类管理，保证出口退税函调回函率100%。加强综合治税工作，借助综合治税平台，形成立体化的治税格局，为促进组织收入增长奠定了坚实基础。加强信息管税，积极开展风险应对，全年共派发风险应对任务25期，涉及风险纳税人537户次，评估入库税款2038万元，进项税款转出191万元。大力推行网上申报、网上认证、网上抄报税和联网扣税，积极引导纳税人通过网上办税服务厅办理业务，运用信息化手段，提升了办税效率。

税收服务

依托"便民办税春风行动"，扎实开展"便民办税年"活动，不折不扣落实《纳税服务规范》，认真落实全市通办。提升办税硬实力，自助办税区增加设备，配备专门人员，组织400多户纳税人参加培训，切实方便了纳税人。积极推广"e税客"，营改增申报指引"二维码"，全力推行网上申报平台升级版，实现了办税方式多样性。在纳税人满意度测评中，国税局在全省排名第四，受到了省局表扬。推行社会化办税，会同泽州地税与浦发村镇银行签订了战略合作协议，为该局6户企业发放税易贷信用贷款350万元。2016年年底，浦发银行已在巴公、南村等5个地方设立发票代开点，在2016年7—12月份共为纳税人代开发票1300余份，征收税款82万余元。国税局社会化办税的成功经验先后在《中国税务报》《山西经济日报》《山西市场导报》等媒体进行刊载，获得广泛好评。

面对时间紧、任务重、要求高的营改增攻坚战，全局上下戮力同心，知难而进，连续打赢了“开好票”“报好税”“分析好”“改进好”4场战役，顺利实现税制平稳过渡。对916户营改增纳税人进行了确认迁移，进度100%。完成212户“营改增”个体工商户定期定额核定工作，确保纳税人顺利领购、开具发票。全面实施新政策培训工作，对税务干部及纳税人分别进行了“营改增”政策培训。全方位部署，分6个小组提前进驻企业监控辅导，确保了5月1日零点顺利开票6份。全面推行营改增试点税负分析工作，确保企业税负只减不增。9月，该局又迅速投身到金税三期优化版上线的战役中。其间，充分发挥“营改增”亲密无间的合作精神、勇于牺牲的奉献精神，先后完成系统初始化、数据迁移、人员培训、双轨运行、压力测试、预约办税、单轨切换等各项工作，确保了金税三优化版成功换版，并在10月8日稳步上线运行。从10月开始，以“二次创业内涵发展”精神为引领，建立了党建展厅、文化长廊及“二次创业内涵发展”展厅，充分展示了国税局税务干部干事创业的新面貌，组织现场观摩会，邀请市、县局领导来该局参观交流，受到了充分肯定。

活动开展

组织全体税务干部认真学习、贯彻落实中共十八届六中全会、省、市、县党代会精神。认真开展“两学一做”学习教育，制定了学习教育实施方案，组织开展了“百日抄党章”、“四讲四有”专题讨论、支部书记讲党课等一系列活动。为培养该局干部职工精神风貌，开展了以“敬业奉献，争做合格党员”为主题的道德宣讲、“一名党员一面旗、我是党员我带头”主题实践活动、“传承好家风、带动好税风”系列活动。组织参观慰问工作，学习了犁川镇崔河村全国优秀共产党员崔晓满的先进事迹，并为村里的老人带去了慰问。开展扶贫结对工作，国税局21名党员领导干部与大箕镇孔庄村贫困户一对一结对子，党员个人自愿捐款帮扶，单位帮扶实物合计2万余元，完成孔庄村脱贫工作，确定山河镇蓄粮掌村成为新的帮扶点，与25户贫困户一一对接成功。

开展廉政文化教育，筹建品牌基地建设，举办预防职务犯罪专题讲座，组织观看《权力不可任性》警示教育片，举办县局“三学六守换届九严禁”警示教育月“八个一”活动。

队伍建设

积极做好党建工作，建设党建展厅，多角度展示党建工作取得的成效。组织全体税务干部认真学习、贯彻落实中共十八届六中全会、省、市、县党代会精神。积极做好党建工作，建设党建展厅，多角度展示党建工作取得的成效。开展各类培训活动，对青年干部、中层干部、老税干部有针对性地开展分类教育培训，举办应用文讲座、预防职务犯罪讲座、每周一期书法培训、岗位大练兵等活动，组织税务干部做工间操，锻炼身体，兴趣小组活动开展多种多样，该局干部张国平自2010年以来多次参加马拉松比赛，共获得10多项荣誉，张云强同志从2004年-2015年积极参加无偿献血活动，获得多张荣誉证书，车晋波同志在第13届香港国际武术套路大奖赛中一次获得两项荣誉。在“营改增”期间成立了党员先锋队和青年志愿者突击队，冲锋在前、奋勇争先，圆满完成了组织下达的工作任务，交出了成果斐然的答卷。借“数字人事”上线之机，完善管人用人制度体系，实行痕迹化管理，全面激发干部活力。关心关爱老干部，组织慰问活动，开展重阳节老干部座谈会，充分发挥老干部余热。将“两个责任”贯穿税收工作全过程，层层传导压力。层层签订“两个责任”任务书，分解目标任务，细化班子成员、职能部门“一岗双责”，做好分管范围内的党风廉政建设工作。开展税收违法“一案双查”工作，成立“一案双查”工作领导和协调小组，科学筛选案源，按照监督执纪问责“四种形态”进行处置。按照“提升站位、依法治税、深化改革、亲情带队”的工作思路，根据总局绩效管理4.0版的要求，制定了组织绩效和个人绩效实施细则、考评规则。合理承接并制定指标，实现对组织和个人绩效管理的全覆盖，确定市考县33项考评指标，绩效办、机关股室等9个被考部门。确定了县局考评指标160项，其中，共性指标18项，个性指标142项，覆盖了县局全部13个部门。增加营改增专项考核指标，努力实现“考核内容标准化、考核标准数字化”。进一步积极探索制定符合国税局实际的绩效考核和激励奖惩机制，促进了内生动力、提高了工作效能。在全市国税系统绩效考评中，该局已连续两年进入第一段。

纳税服务

（一）积极推行山西国税网上申报平台升级版。4月、9月，共注册成功近3000余户，为纳税人正常申报奠定了一定的基础。（二）二维码一次性告知。把常用业务的二维码图标做成展板、打印成册，由导税人员引导纳税人通过手机扫描相应业务的二维码图标，帮助纳税人理解和使用二维码图标，真正方便纳税人。（三）e税客、QQ群推行情况。截至2016年年底，该局注册已绑定企业户2572户，约占总户数的46.6%。并多次在e税客上发布通知提醒、税信等，把税收政策及时送到纳税人手中。税企QQ交流平台规模逐年扩大，不断完善，至年底，一般纳税人QQ群群成员702人，小规模QQ群群成员1026人。“营改增”QQ群105人，为税企交流搭建了一个很好的平台，同时也方便了企业与企业之间的交流，使办税更加公平、公正、公开。（四）国地税联合办税。地税于2015年7月16日进驻国税局国税大厅，2016年全年共征收教育附加、地方教育附加、城建及印花税共计504万元。国税局于2016年4月25日进驻地税大厅，共征收增值税13万元。（五）银税互动战略合作。2016年年底银行已为该局6户企业发放税易贷信用贷款350万元。4月19日，泽州县国税局、泽州县地税局与泽州县浦发村镇银行股份有限公司、山西泽州农村商业银行股份有限公司，签订了银税互动战略合作框架协议。6月30日，泽州县国税局、泽州县地税局与泽州浦发村镇银行签订委托代征、代开及银税互动服务项目合作协议。7月1日在泽州浦发村镇银行代开普通发票测试成功，8月10，泽州浦发村镇银行自助代开专用发票测试成功，8月11日在泽州浦发村镇银行巴公支行及三家店代开点开票成功。11月9日，在泽州浦发村镇银行大东沟支行及南村支行开票成功。(六) 简并申报次数。2016年3月底，对1931户存量小规模纳税人集中进行了简并征期，“营改增”后，又及时对635户营改增户的小规模纳税人进行了简并征期。新办证户在补录信息时及时进行了简并申报次数认定。(七) 12366短信平台。2016年共使用12366短信平台发送信息以来，已发送信息104条次，20余万条。短信平台越来越发挥出重要的作用。(八) 纳税人信用等级评定。经国地税双方联合评价，2015年度国地税均参评户477户，其中：A级纳税人70户，B级纳税人358户，C级纳税人23户，D级纳税人26户。(九) 全市通办。从4月1日起全面实行“全市通办”服务模式，为给纳税人提供更加方便、快捷的办税服务。(十) 网上申领及邮寄配送发票。(十一) 认真做好金税三期工程优化版应用软件的演练、测试、补录工作，确保了金税三期优化版单轨上线平稳运行。(十二) 做好浦发银行的委托代征工作。截至2016年底浦发银行已有5个发票代开点，分布在泽州县各个乡镇内，共为纳税人代开发票1300余份，征收税款82万余元。

地　税

概述

2016年，泽州县地方税务局内设8个股室(办公室、人教股、监察室、计会股、税政股、征管股、信息化管理股、票证所)，下辖2个直属分局(直属一分局、直属二分局)、10个税务所(第一税务所、巴公税务所、高都税务所、金村税务所、南村税务所、犁川税务所、周村税务所、川底税务所、东沟税务所、下村税务所)。2016年，完成地方税收104966万元，同比减少32126万元，完成县级公共财政预算收入40011万元。2016年被税务总局授予“全国税务系统法治基地”荣誉称号。

税收征管

企业所得税管理突出一个“严”字。汇算各种经济类型的地方企业260户，补缴所得税1262.16万元。受理5户企业备案减免所得税额328.07万元，为小型微利企业减免税额2.87万元。个人所得税管理突出一个“精”字。加强政策宣传辅导，完成年所得12万元以上个人所得税自行纳税申报115人，年应纳税所得额2502.93万元，应纳税额373.54万元。组织纳税人开展代扣代缴操作培训，新软件上线后首月申报率达97.14%。小税种管理突出一个“细”字。对重点税源单设小税种管理台账，动态控制，重点控管，注重基础，强化管理，征收房产税和土地税6500.1万元，较上年同期5817.48万元增收628.62万元。规费管理突出一个“准”字。集中处理并完成原规费系统中申报未开票、开票未在途、在途未入库等遗留问题，完成金税三期系统中的税费种认定，实现各项规费在金税三期系统中与税款同申报，同征收。

执法督察

结合风控指标、执法督察涉疑数据的排

查工作，深入开展纳税评估，通过评估征收自查补报税款及滞纳金21.05万元。对已实现税款未按时申报的企业，2次采取税收强制执行措施，扣缴入库税款830.09万元，维护税法刚性。对"赖税企业"坚决实施强制执行措施，确保国家税款不受损失。2016年以来共清理欠税及滞纳金180万元。

深化合作

在成功派驻国税办税服务厅的基础上，完成派驻巴公、南村两个代开票服务点的前期准备工作，全年派驻国税办税服务厅窗口累计征收税费421.75万元。国税派驻地税办税服务厅窗口顺利设立，于5月1日顺利开出全市第一张个人出租不动产增值税发票的代开，全年累计为国税代征增值税14.7万元。联合组织对全县符合评价条件的1096户纳税人进行了一次全面体检，最终评定出A级纳税人78户、B级纳税人782户、C级纳税人189户、D级纳税户47户。"税银互动战略合作"，帮助8户小微企业提供贷款累计金额850万元。联合推动涉税信息共享，相互交换信息3517条，联合核定212户双定户税款的核定。联合发文对19户欠税纳税人进行欠税公告，有力地促进欠税的清缴。采取与国税部门联合发放宣传资料、联合接收纳税人咨询、联合现场解答纳税人问题的方式，接收纳税人咨询500余次，解决纳税人问题200余个。

综合治税

积极建言，促成县政府主导出台《泽州县综合治税工作实施方案》，在涉税成员单位建立起涉税信息共享制度，方案出台以来，通过工商、发改、国土、建设4部门先后采集涉税信息12407条，累计增收4150万元。紧紧抓住泽州作为农村集体经营性建设用地入市试点的契机，在不动产交易大厅设立办税窗口，对土地交易过程中的纳税人应提供的资料、税收征收、操作程序及部门配合四个方面进行规范，强化耕契两税的源泉和协作控管，2016年以来，下达税务事项通知书33户次，征收耕地占用税和契税1050.94万元。

党建工作

随着党员队伍的壮大，地税局已具备成立机关党委的条件。10月份，经泽州县直属机关工委报请县委组织部批准同意设立中共泽州县地税局机关委员会，下设13个党支部。11月，地税局机关党委正式成立，通过差额选举产生了第一届党委委员和各支部委员，更好地促进全体党员围绕中心任务开展好机关党建工作。全体党员集中利用100天时间，每天100字，逐字逐句抄党章，逐句逐段学深悟透。5月和6月领导班子、党支部开展"讲政治、有信念"和"讲规矩、有纪律"专题讨论，找准存在的突出问题，认真加以整改和解决。领导干部带头讲党课，支部书记和支部委员率先讲党课，全体党员干部积极参与讲党课，增强党课的吸引力和感染力。组织党员每月15日开展主题党日活动，引导党员在密切联系服务群众中锤炼党性、提升能力，树立"忠诚干净担当"的良好形象。

队伍建设

以提高综合素质为突破口，提升岗位工作能力为重点，努力建设一支高素质的干部队伍。紧紧围绕实现税收现代化的主题，坚持改革创新，实施“人才兴税”战略，制定下发《2016年干部教育培训计划》，以提高干部素质能力、促进干部全面发展为目标，以职业素质和岗位技能为主线，顺应税收新常态，构建培训新体系，加强和改进干部教育培训，为实现税收现代化提供坚强的人才保障和智力支持。组织行政管理、征管评估、纳税服务、税务稽查和信息技术5个岗位30余人封闭两周培训，积极参加市局组织的副科以上干部培训和干部职工综合业务能力培训，都促进了干部队伍素质的有效提升。

文明创建

认真落实创建文明单位2016年工作计划，深入开展群众性的精神文明创建活动，提高全局干部职工整体素质及文明程度，推动该局物质文明、精神文明的协调发展。4月下旬，80后干部集中展示青年才艺，通过自编自演诗朗诵、健身操、小品等节目，充分展示个人特长，提升自身才能，形式多样的才艺展示，不断激发出青年税干积极学习、爱岗敬业、热爱生活的正能量。5月初，举办“庆五一、迎五四”体育竞赛活动，毽球、飞镖、华牌、斗地主等九个项目的趣味比赛，把全局干部职工紧紧凝聚在一起，在活跃文化生活的同时，强健了员工体魄，振奋了工作精神，营造了活力、向上的良好工作氛围。

机构设置和领导人名录

县财政局局长：翟玮平（女，8月离）

贺爱军（8月任）

国家税务局局长：温永忠

地方税务局局长：贾向东

金融·银行·保险

金 融

概述

2016年，泽州县人民政府金融工作办公室在县委、县政府和市金融办的正确领导下，主动创新作为，务实改革担当，积极开展金融改革创新工作。全年金融形势总体向好，各项工作取得积极进展。截至12月底，驻县6家银行业金融机构本外币各项存款余额196.66亿元，比年初增加16.16亿元，各项贷款余额99.19亿元，比年初下降3.05亿元；经批准设立的小额贷款公司6家，12月末贷款余额2.5亿元，贷款累计发放18.2亿元；县“还贷周转金”业务资本规模由原来的5000万元增至1亿元，为34家企业累计额提供搭桥资金79笔，帮助企业周转贷款11.2亿元；“助保金”“聚力贷”两项业务共为20家企业9020万元贷款提供增信，累计为23家民营企业累计解决资金约4.3亿元；县金诺担保公司，为县域21家企业提供担保，在保金额4265万元。

企业帮扶

2016年，该办根据县委、县政府及市办的要求，认真开展“冬季行动”“干部入企”等帮扶工作，对有融资需求的企业进行摸底调查，相继召开“政银企融资座谈会”，在做好“助保金”“聚力贷”两项业务的基础上，鼓励各大驻县金融机构，针对县域中小微企业的经营特点和融资需求特征，创新金融产品，加大信贷支持，确保合作银行对有流动资金需求的民营企业不抽贷、不压贷，有效化解企业融资矛盾。就晋城市兴达铸件有限公司等13家企业所存在的融资需求进行初步的摸底，有12家企业存在融资需求，资金缺口约11.5亿元，该办协调驻县各金融机构积极与相关企业对接。年底，有关金融机构已根据企业的融资需求制定了相应的授信方案。

业务指标

2016年年末，驻县6家银行业金融机构本外币各项存款余额196.66亿元，比年初增加16.16亿元，各项贷款余额99.19亿元，比年初下降3.05亿元；经批准设立的6家小额贷款公司，12月末贷款余额2.5亿元，贷款累计发放18.2亿元；县政府设立的“还贷周转金”筹集规模由原来的5000万元增至1亿元，先后为34家企业额提供搭桥资金99笔，帮助企业周转贷款14.7亿元；“助保金”“聚力贷”两项业务共为20家企业9020万元贷款提供增信，累计为23家民营企业累计解决资金约4.3亿元；县金诺担保公司，为县域21家企业提供担保，在保金额4265万元。

金融改革

认真贯彻省、市关于发展和应用资本市场的相关文件精神，积极引导县域中小企业规范化改制，积极对接资本市场，全面提高中小企业的整体实力和竞争优势。一是落实金融政策。在省社科院金融中心吴晓峰主任支持下，广泛借鉴山东、重庆等地民营企业改制的经验和做法，制定出台了《泽州县人民政府关于加快推动民营企业规范化改制上市的实施意见》(泽政发〔2016〕83号)，拟建立1.5亿元的改制基金（其中：县政府出资5000万元的作为种子基金，吸收投资公司和社会资本1亿元)，9月27日，县政府与中国银河证券签署全面战略协议，从政策和体制上为中小企业规范化改制及上市(挂牌）提供金融支持。二是建立激励机制。健全完善“上市企业后备资源培育库”和“规范改制企业目标库”，用好用活省市两级激励企业改制上市的优惠政策，积极帮助推进企业争取相应的扶持资金；进一步明确重点推进企业的时间表和路线图，形成了有目标、有进度、有举措的工作机制。三是强化专题培训。科学实施中小企业规范化改制“五年行动计划”，积极组织年度重点培育对象参加“上市挂牌、股权融资、投资基金”等系列内容的直接融资操作实务培训，促使企业掌握基本股改流程和相关知识。四是开展分类指导。采取多部门合作机制，优先解决改制企业在资金、土地、环保、节能、安全等方面的存在的突出问题，为改制企业打通“绿色通道”。截至2016年年末，华明纳米、国晨生物、中国青年城、爱窝商贸4家企业分别在北京“新三板”、上海“Q板”、山西“青创版”挂牌上市；清慧胜凯、兴达铸件等一批潜力企业正在加快上市进程。

金融创新

一是创新金融产品。泽州农商行、建设银行泽州支行等6家驻县金融机构针对县域产业特征和发展需求，分别推出了“创业贷”“信用贷”“POS贷”“循环贷”“光福贷”等系列产品，及时为更多小微企业提供便捷的融资服务。二是强化精准对接。结合“冬季行动”“干部入企服务”等系列活动，对有融资需求的企业进行摸底调查，两次召开“政银企融资座谈会”，在做好“助保金”“聚力贷”两项业务的基础上，积极引导驻县金融机构持续加大对重点项目、重点企业的支持力度，制定相应的授信方案，确保合作银行对有流动资金需求的民营企业不抽贷、不压贷，有效化解企业融资矛盾。三是开展普惠金融。根据驻县各金融机构特点，积极推进各类农村金融综合服务站的建设，形成了以物理网点、ATM机、POS机等多方式并举的农村金融服务网络，实现农村金融服务全覆盖，满足农村地区多样化金融需求。截至2016年末，全县在建和建成的金融服务站点已逾上千个，基本覆盖了全县80%以上的行政村。

金融管理

一是强化行业自律。坚持做好小贷公司和担保机构等地方金融组织的现场和非现场监管，开展定期或不定期现场检查，督促其规范业务流程和建立健全各项制度。建立金融机构和小贷公司报表报送考核制度，及时对有关数据进行分析，强化监管指导，防范金融风险。二是完善工作机制。根据上级有关要求，制定出台了《泽州县非法集资举报奖励办法（试行）》，鼓励社会组织和人民群众积极参与防范和处置非法集资工作。与此同时，积极推进多部门合作机制，协调工商、农委、公安等成员单位，对从事金融活动的市场主体，按照“谁审批谁负责”的原则，联合开展巡查检查，对巡查中发现的违规行为，由相关职能部门及时予以处置。三是加大宣传力度。处置非法集资和互联网金融风险专项整治的宣传力度，通过电视、报纸、网络等宣传媒体广泛宣传防范和打击非法集资与互联网金融风险专项整治的重要性，采取宣传专栏、发放资料、知识讲座、案例讲解、进村走企等形式，重点做好农村地区防范和处置非法集资工作，进一步提高知晓度。通过开展系列活动，规范了行业企业经营行为，保证了金融市场健康运行。

银　行

泽州县农商银行

概述

山西泽州农商银行股份有限公司（原泽州县农村信用社）创建于1950年，2014年经中国银行业监督管理委员会批准成立，是具有独立法人资格的地方性金融机构。成为了晋城地区“成立最早的金融机构、规模最大的农金机构、首家国有持股的地方银行、首家改制开业的农商银行”。“安心银行、放心托付”也成为该行发展的核心定位与品牌。2016年，该行在泽州县委、县政府的正确领导下，在行管、监管部门的有效监管下，牢固树立和牢牢坚持稳健经营、创新发展的经营理念，把改革创新作为第一要务，把服务县域经济作为首要职责，持续完善普惠金融体系，强化案件防控治理，彰显出了改革、稳定、转型、创新、发展的新态势、新魅力，开创了泽州农商银行转型发展的新局面，推动全县金融产业的健康、有序、长足发展。

业务指标

2016年年底，该行主要指标体现为“一升三增两降一保持”。一是监管评级提升。监管评级改制前6A提升为3B，2016年提升为2C，是全市农金机构中，第一家二级行，标志该行的综合竞争力得到明显提高。同时，人民网、全国农商联盟联合在对全国1000余家农商银行综合竞争力评选中，该行排名30名，位于全省第一。二是存款增。各项存款110.40亿元，较年初净增9.8亿元，增幅9.74%。三是贷款增。各项贷款余额55.51亿元，较年初净增2.4亿元，增幅4.49%；累放各类贷款51.82亿元。四是利润增。各项收入达8.48亿元，实现净利润1.87亿元，同比增加1138万元，增幅6.49%。五是纳税增。全年累计上缴税收7939万元，较2015年增加1900万元。其中，国税6951万元，地税988万元，预计股东分红比例为13%。全年向县政府上缴税收和分红预计1亿元。六是不良贷款、不良贷款率降。不良贷款率为2.23%，较年初下降0.16个百分点，信用风险有效遏制。

创新发展

(一)2016年，该行以监管评级晋级为核心，夯实了振兴崛起的泽行基础。成为全市第一家达到二级监管评级的机构，标志着该行在经营管理水平上有了长足的提高，在追求做好银行的道路上有了显著的进步，为该行在扩大业务经营范围和机构外延等方面打下了重要的基础。(二)2016年，该行以宏观审慎评估为抓手，迈出了转型创新的泽行步伐。成为市场利率定价自律成员单位，信用评级被评为A+级，并在全市率先发行1.5亿元同业存单，这些意味着该行主动负债能力(存款营销能力)将得到跨越式提升。(三)2016年，该行以恪守稳健经营为统领，明晰了行稳致远的泽行路径。恪守稳健经营、创新发展的发展理念，结合“四个第一”，提出了全新的企业品牌——“安心银行、放心托付”。这是对行管监管、党政部门、股东客户、社会各界的庄严承诺，也是该行对审慎稳健经营、铭记股东重托、不踩不压红线、完善价值取向的自我约束和提醒，并上升为全行上下的集体意志、价值取向和行动指南。(四)2016年，该行以同业股权投资为切入，探索了资本输出的泽行新路。成功对高平、洪洞两家农信社进行股权投资，三个百亿行的强强联合和战略结盟，成为了全省最重要的农村金融战斗集群。这迈出了该行战略性走出去和资本输出的关键一步，在探索价值银行转型、引领效益提升等方面将产生极大的影响。(五)2016年，该行以综合服务平台为依托，创造了集群建设的泽行速度。建立162个金融综合服务站，成立“晋界”俱乐部，成功开通手机银行、微信银行以及支付宝、微信等第三方支付借口，自主研发上线了P2P安心融E贷平台，生态体系不断完善，大胆而又努力地缩小与股份制金融机构的差距。(六)2016年，该行以推进依法治行为根本，营造了和谐共进的泽行温暖。严格按照股东大会、董事会的授权开展各项工作，先后召开7次董事会、1次股东大会，共审议22个重要议案，体现了该行对法治精神的追崇。还回访了全部股东，慰问了每一个离退休老同志，问候了所有在岗员工，泽行“家”文化在此过程中更加鲜明，也更浓更亲。(七)2016年，该行以严守风险底线为基础，践行了从严治行的泽行担当。更加敬畏市场、敬畏新常态，更加冷静看待、沉着应对新常态，开展了前所未有的隐患排查，成功克服了信用风险带来的资产质量下行压力，成功躲过了金融市场中的票据、债券的颠覆式动荡，牢牢守住了零风险、零案件、零事故的底线，尽心竭力保护每一个股东的投资安全。这也是该行连续七年保持该项良好纪录。

综合管理

(一)全力支持全县重大改革和工程。一是

参与全县试点改革，紧紧围绕泽州县作为全国农村集体经营性土地入市试点县的政治大局，新开通了农村集体经营性土地入市贷款流程，近期将完成对大泉河加气站100万元的信贷投放，将成为全国首笔农村集体土地入市贷款。二是支持全县重点经济。对实体经济坚持不抽贷、不断贷、不停贷，与地方企业抱团取暖、共渡难关。全年贷款余额为55.51亿元，较年初净增2.38亿元，增幅4.49%；累放各类贷款51.82亿元，保证全县99%的农户和90%以上企业的信贷需求，先后支持能源企业10.03亿元、装备制造业4.94亿元、骨干农业企业1.3亿元。三是支持“古韵泽州、全域旅游”，先后配合中小企业局、金村镇参加中小企业名优特产品展销会，与李寨乡、北义城乡联合举办了栖龙湾首届山地车越野赛、最美乡村摄影展等活动，还加大了对旅游文化产业的支持力度，今年先后对珏山景区、二十八宿等重点景区及第三产业投放信贷资金4.8亿元。四是提升全县公职人员消费能力。从9月开始，大力开展公职循环授信业务，已授信241户2863万元，用信户数87户907万元。同时，围绕巴公清慧装备制造园区建设，该行与天泰、天泽等多相关企业进行了多次沟通洽谈，紧锣密鼓进行贷款前期准备。（二）全力降低实体企业运行成本。一是积极落实上级部门关于减轻企业负担促进工业稳定运行的若干措施的通知要求，扩大免费项目达91项，平均每年为企业、“三农”减负100余万元。二是依托央行资源，近两年累计申请4.4亿元支农支小再贷款，对190户农户、109户小微企业降低了利率、实现贷款优化，预计全年客户减少利息支出1000万元。三是利用地方政府建立还贷周转金，累计为20多户企业提供了资金周转服务。四是与省联社沟通开通“续贷通”，累计为11户企业提供了5.8亿元的资金周转和便捷服务。五是积极与第三方机构沟通合作，先后与3家担保公司、2家保险公司、12家行业协会搭建多边合作平台，累计为辖区19户企业提供担保及融资服务。（三）全力加大金融扶贫攻坚。一是通过调查摸底建档立有信贷需求的贫困户数为380户，信贷规模预计2000万元；二是重点支持建档立卡的贫困户50户，发放扶贫小额贷款金额为209万元；三是支持具有带动作用的龙头企业2户，预计投放金额3500万元，带动贫困户的户数约为100户。特别是，针对全县光伏扶贫工作，发放农户光伏贷款180万元，企业光伏贷款990万元。在金融扶贫工作的过程中，探索了“五个合作”。一是推进银政合作。积极与经贸、中小企业局等部门合作，主动对接重点工程。二是加强银社合作。积极改变为贫困户直接输血的传统模式，利用扶持农民专业合作社友情新型农村组织的方式，大力推广农户小额信用贷款，2016年累计支持新型农村组织12个。三是探索银村合作。加强与村两委、基层妇会等基层机构合作，调动村级力量参与信用工程建设的积极性，打牢金融扶贫的信用基础。巴公支行在全县率先与基层妇会进行合作，通过各类资源向妇女主任倾斜，既推进了金融下乡，又有效提升了基层妇会的履职和执政能力。四是密切银企合作。通过与兄弟行社成立债权人委员会，重点坚持服务实体，防止抽贷、断贷行为，为企业正常运行营造良好金融生态环境。继续通过信贷扶持新型农民经营主体扩大生产经营，帮助贫困户。五是深化银税合作。通过与税务机关建立银税合作机制，改进对小微企业的金融服务，开通办理银税通累放4笔1500万元。(四) 建立普惠金融生态圈。一是完成了居民健康卡工程。认真落实全市2015年“为民办的十件实事之一”的居民健康卡工作，累计发放37万居民健康卡的发行工作，并在泽州县人民医院布放12台自助终端，标志着泽州县顺利完成全省居民健康卡试点的政治任务。二是电子银行快速发展。新开通了手机银行、微信银行、第三方快捷支付，有效提升了“三农”对金融获得感。三是加快客户群体建设平台。建立企业家“晋界”客户俱乐部和中小企业“千马荟”俱乐部，致力将其打造成为客户的资源共享平台、思维碰撞沟通平台、业务合作撮合平台以及投融资供给需求平台。四是加快探索互联网金融。实现“安心融e贷”P2P网络产品的成功上线；结合网络消费与区域消费需求，与福旺多超市联合推出了“叮咚街”网上商城，重点解决农村地区农产品销售难，与市区商家和市场信息不对称矛盾，推进农产品进城。(五) 全力加快总部经济建设，打造现代银行。一是以监管评级提升为引领，以合格审慎评估为切入，坚持稳健经营，成为全市第一个二级行和全国市场利率定价自律机制成员单位，标志该行综合竞争力有效提升。同时，还在全国金融市场上，成功发行了1.5亿元同业存单。二是积极探索走出去，成功参股高平、洪洞改制工作，对引领效益提升、推进经营转型有着积极的促进作用。三是引进全国银行业最先进的管理考核方式——FTP模式，并在13个城内网点试运行，效果良好。四是成功引入、落地德国IPC微贷技术，发放贷款430笔8207万元，无一笔不良。五是对全国服务标杆网点建立战略合作伙伴关系，对部门优秀人员进行跟班学习，推进全行零售银行转型。(六) 全力化解风险维护金融稳定。一是密切关注经济下行带来的信贷风险，对所有贷款进行“支持、维护、退出”分类和“一对一”管理，推进客户管理精细化。二是密切跟踪不良贷款动态，建立监测台账，通过诉讼清收、拍卖清收、风险代理清收、行政清收、借用第三方产权交易平台等多种手段大力压降不良贷款。受宏观经济影响，该行不良贷款较年初仅下降1万元，与2015年持平，压降难度较大大，收效甚微，还希望县政府在新的一年中给予更大支持。三是积极防范金融诈骗活动，通过文化下乡、服务下沉、工作下移等方式措施，广泛开展老百姓喜闻乐见的方式，推动金融知识下乡活动。全县45个网点平均每个网点每月至少开展了2次以上的金融下乡活动。

中国建设银行泽州县支行

概述

2016年，中国建设银行泽州县支行认真贯彻晋城市分行年初工作会议精神，以“抓大资产与大负债、抓客户与账户、抓结算与产品、抓优质服务，强基础、调结构、重质量、提能力、增效益，加快推进晋城分行转型发展，打造最具价值创造力的当地最优银行”的工作指导思想统领全行工作，认真落实以客户为中心的经营理念，以推动泽州县经济发展和服务泽州县民生为目标，重点抓好社保卡、助农POS、离行自助、企业信贷、扶贫等工作。全行员工群策群力，奋力拼搏，支行工作全面健康发展，经营效益稳中有升。2016年，该行荣获全市旺季营销综合进步第四名，对公有效客户奖第二名，连续四年荣获泽州县人民政府颁发的“服务经济建设特别贡献奖”，荣获“建网通天下、转型创未来”活动多项奖（个人客户拓展领域第一名、对公客户资金承接第五名、银医银校通第一名、善融商务第五名），荣获个人业务市场竞争力“提比进位”活动1~6期阶段赛中均为第二名，综合奖第二名。

工作成效

（一）扎根泽州，不弃“小农”“小微”，携手泽州农保、金融办，推出一系列便民措施。泽州县共有行政村627个，人口53万，作为国有大行，服务好全县广大群众是基本责任。2016年，支行全体员工艰苦奋斗，顽强拼搏，建行社会保障卡全面推行，将优质金融服务延伸和覆盖到全县每一个村庄、每一户人家。采取的主要措施有：①4月泽州支行与泽州县城乡居保正式启动，直连系统扣收保费以来，泽州支行全员努力，柜面连续加班置换、补办、激活社保卡；协助社保所做基础数据整理、核对、录入等大量细致、艰苦的前期准备工作。全年累计代扣代发人数30万余人。②新布置55台助农POS机，累计布放553台助农POS机。专门派遣业务经理进村入户开通助农POS，每一台POS机都需要与泽州农保及时核对沟通，线路方面要与联通公司协调，人员方面要与乡镇农保员和村协管员联系，安装一台POS机平均需要来回跑三四趟。为了让村里的社保协管员尽快熟练掌握使用助农POS机的相关业务，连续6个月每天派遣专人下乡，培训指导、排查处理问题，踏遍17个乡镇，行程数万里。③在巴公、高都、金村、川底、下村、大阳、南村7个乡镇安装了离行式自助存取款一体机，在及时加钞的同时，机器升级维护、周边环境卫生清理、内部设施修理、电费缴纳等等一系列耗时耗力耗经费的问题随之而来。尽管支行人手和经费都捉襟见肘，可是，为了百姓的方便，泽州建行人在班后任劳任怨、加班加点，迎难而上向市分行申请经费等，多种措施、呕心沥血，确保了离行式自助机的正常运营。通过离行式自助机、助农POS机的安装维护和社保卡的推广，百姓们足不出村就能进行缴费和取款，既方便又安全，为泽州县的老百姓带来了实实在在的好处。（二）扎实推进扶贫工作。柳树口镇新庄村是泽州支行2016年驻点扶贫村，该村由4个自然村组成，有贫困户14户，人口36人。12月15日，根据泽州县脱贫攻坚领导组的工作安排，支行行长带领扶贫小组成员到该镇、村进行扶贫对接工作，张行长拜访了该镇的党政负责人，对新庄村进行了解摸底，并走访了部分贫困户。时值支行进行低柜区的改造，部分退下来的桌子经联系赠送了扶贫村，使闲置物品得到了利用，同时支行组织开展了党员、贫困户一对一的结对子扶贫活动，将各尽所能为扶贫村的贫困人员做力所能及的贡献。（三）多种金融创新产品相继推出，小微企业融资更为便捷。从“助保贷”到“五贷一透”，该行用实际行动全力支持泽州中小微企业茁壮成长。至年底，已累计发放贷款给兴达铸件、伊健食品、鲁村小米、金马机管等30余家中小企业，有效缓解了中小微企业资金短缺的现状，有力支持了地方经济的发展。（四）互通信息，上下联动，把握先机，借力太焦高铁项目助推经济发展。得知“太焦城际铁路项目”已被国家发改委批复的消息后，支行行长主动快速出击，积极与政府职能部门联系，多次到项目企业走访，上下联动、沟通，成功使该项目落户该行。随后尽快申报授信，解决资金短缺难题，通过上门提供金融服务等措施，使项目人员打消后顾之忧，全力推进高铁项目。（五）对公业务多渠道拓展，为泽州县经济飞速发展打下良好基础。①与泽州工商局签订了代理工商注册协议，对接中介公司、印章制作中心，打通了渠道，泽州县的个体工商户再也不用发愁注册难问题，有力地推动了个人创业办企业，也为该行公司账户开立和资金结算产品的营销做了良好铺垫。②为配合公积金国管系统上线运行，该行派遣专人到市分行参与测试系统，确保系统上线后能平稳运行。③利用该行银医直连系统的先进性，大力推进与泽州医院的全面合作，使泽州医院银医一卡通项目成功上线。泽州百姓持该行社保卡在泽州医院就医，将百无一碍，从挂号到付费一卡通。④泽州华电风电有限公司是总行A类总战差别化集团客户中国华电集团公司的成员单位，在泽州山河镇9.8万千瓦风电项目建设即将动工，该行已成功为其申报授信，将于该公司取得土地证和电网入网批复后，为其发放贷款。⑤晋普山煤矿和王坡煤业是当地的龙头大户，是泽州县经济稳步发展的有力支撑，该行与之建立了良好的合作关系，为其投产扩建等申报授信，解决企业资金缺口问题的同时，也推动了企业持续做大做强，为泽州县经济发展提供更多能量。（六）多举措抓转型、促发展，取得了一定成效。转型发展是该行2016年的重点工作，市分行转型方案下发后，该行认真研究，积极部署，转型初见成效。利用班后时间对网点的物理环境进行整改，加强厅堂管理，充实客户经理队伍，转型工作得到了进一步推进。2016年，该行大厅合理安排有智能服务区、产品展示销售区、客户体验互动服务区、客户交流咨询服务区，各区域井然有序，整齐划一，为客户提供“一站式、自助化、智能化”服务。该行通过“减高减低”重新分配人员和岗位职责，充实了营销力量，强化了客户分层管理。通过渠道分流、提升柜面人员综合业务素质、整合服务流程等方式，已释放2人充实到客户经理和大堂经理队伍。同时支行强化以大堂经理为核心的客户体验相关人员配备，安排专人将非现金业务引导至智慧柜员机上快速办理，缩减了百姓等待时间，有效提升了服务效率和满意度。（七）推进贴现业务，提供低成本快速融资。面对经济低迷，企业多持有银行承兑汇票，而缺乏现金，支行行长筛选当地的客户，安排支行人员精准营销，通过合理布局，成功使票据贴现业务大踏步发展，创造了佳绩，为该行中收作出巨大贡献的同时，也为企业提供了低成本融资渠道。

党建工作

继续深入开展“两学一做”学习教育活动，使每位党员在学习中，能紧紧围绕主题，结合实际工作，做到把自己摆进去，把思想作风摆进去，真正提高认识，找到差距，以知促行，争取把理想信念时时处处体现为行动的力量。

在日常工作中，发挥出党员的先锋模范作用。按照上级要求，扎实贯彻执行“八项规定”和推动党风廉政建设，积极组织主题党日活动。从加强党建，巩固党的执政基础的高度出发，支行党支部把党员活动阵地建设作为重点工作来抓，通过建设规范化和标准化的党员活动阵地，开展多种形式活动，不断增强支行党组织的凝聚力和战斗力，提升基层党员素质，切实落实了“三亮、六有、八上墙”。

中国农业发展银行泽州县支行

概述

2016年，中国农业发展银行泽州县支行深入贯彻落实年初省市分支行行长会议精神，紧紧围绕“谋发展、抓营销；防风险、保盈利”的总目标，多方寻找项目线索、全力开展项目营销，拓宽存款组织和中间业务渠道，扎实开展“两学一做”学习教育活动，基础管理成效显著，基建项目顺利完成，各项工作稳步运行。

经营指标

履职与发展指标：截至年底，贷款余额3811万元，当年人均贷款累放累收额0万元。农发重点建设基金余额10000万元；人均特定政策性专项业务旬均余额645万元。日人均存款1515.91万元，同比增加371.26万元；各项存款利息支出52.66万元，存款付息率0.51%，同比增加0.09%。

经营效益类指标：人均利润0.69万元，同比减少9.5万元；资产利润率0.09%，同比减少2.17；贷款费用率8.32%，同比增加0.09%；成本收入比95.02%，同比增加32.56%；非利息收入0.53万元，同比增加0.23万元。

员工成长类指标：省分行培训计划确定人数8人，参加培训人数8人，培训计划完成率100%。持证员工占比100%，同比持平。学历状况改善情况53%，同比增加3%。

主要做法

主动担当，积极作为，业务经营向好发展。粮油信贷业务扎实开展。一是认真对粮油企业开展了评级授信业务；二是积极支持泽州县粮食储备库开展储备粮油轮换工作，对334.23万公斤小麦，10万公斤小包装食用油进行了轮换；三是按规定要求对粮油库存进行了定期检查，确保库存粮油质量良好和数量充足；四是对6笔储备粮油贷款1913.8万元办理了展期业务。项目营销开启破冰之旅。贷款规模小是该行业务发展之瓶颈，虽然付出了诸多努力，但收效甚微，与泽州县经济大县及区位优势不相适应，更无法与兄弟行相比。面对现状，该行全体员工正视现实，发扬“不甘人后”的泽州精神，主动全面出击，在经营管理好存量贷款的同时，不放弃每条线索，积极对接政府各个部门营销项目。在市、县两级行，特别是市分行陆行长的亲自营销下，泽州县政府开始与该行试探性接触，指定相关职能部门和专人对周村工业园区道路建设3.7亿元、南村铸造工业园区基础设施建设1.16亿元、丹河湿地公园二、三期3.5亿元等项目按照农发行信贷政策要求进行准备精准对接。9月初，在该行的积极推动下，县政府组织财政、住建、交通、水务、林业、国土、经信等部门负责人先后赴文水县和沁水县学习借鉴政府投融资公司利用农发行信贷资金进行基础设施建设的先进经验，取得了良好效果。随之，该行及时调整营销思路，在取得县政府主要领导的支持下，密切配合相关部门，将项目分类储备、培育，前期条件成熟的项目抓紧资料收集年内完全初步调查高质量储备、前期条件较差的项目指导相关部门逐步完善、全程跟踪、精心培育。农发建设基金科学“投管”。一是成功投放晋城市水务发展有限公司投放3000万元，用于杜河提水项目，该项目是晋城市“井”字形大水网建设重要组成部分，基金的投放到位解决了水利建设资本金不足的“瓶颈”问题，推动了项目的快速建设；二是顺利上报晋城市巴公镇巴公河段综合治理工程3500万元基金项目，获得省行批复；三是基金支付顺畅，累计支付8722.04万元，支付率达87.22%，超过全国平均水平；四是科学管理，针对基金的政治性和特殊性，该行在基金的申报、批复、投放、支付、监管等方面都严格把关，切实发挥基金“看得准、有回报、不新增过剩产能、不形成重复建设、不产生挤出效应”，在“稳增长、调结构、惠民生”中的重要作用。存款组织成效显著。年末各项存款余额22738.67万元，较2015年增长12875.94万元，增幅130.55%，日均余额1515.91万元，较2015年增长371.26万元，增幅32.43%。存款一直是该行业务经营中的短板，贷款规模小、无信贷项目支撑、结算手段落后、区位同业竞争激烈等客观因素很难在短时间内改变。为了尽快改善该行存款低迷的现状，提升存款在经营效益中的占比，一是积极努力促成财政支农资金主办行向主存行发展，在当年财政状况低迷的情况下，实现了财政性存款小幅增长；二是向基金投放要存款，续存市水务公司定期存款2000万元；三是向项目要存款，抓住与各级政府合作的有利时机，促成项目和关联客户在该行开立账户，将项目资本金和前期资金引存；四是“用活”易地扶贫搬迁资金共管账户，主动上门服务维系泽州县扶贫开发中心这一重要客户，引导其将全县扶贫资金回笼该行；五是用优质服务盘活存量客户，成功营销李寨粮站定期存款100万元。中间业务稳步发展。全年共实现中间业务收入9万元，较上年持平。一是狠抓存量客户续保工作，续保率达100%；二是创新产品开展全员营销，将中保财险和太平洋财险的电销产品作为营销重点，在充分保障客户权益的基础上扩大营销、提高手续费收入；三是积极开展咨询顾问类业务，充分利用该行支持棚户区和城中村改造的政策优势，为客户提供切实可行的融资和财务咨询服务方案，争取咨询顾问费，创收7.5万元。四是紧盯国际业务，全年结汇14笔，结汇金额36万美元。

统筹兼顾，点面结合，重点工作扎实推进。挂账贷款顺利承接利息全部收回。由于泽州县行政机构改革，粮食局合并到经信局（挂商务粮食局牌子），为了不让该行政策性粮食财务挂账贷款债权悬空，该行积极与经信局协调，最终将政策性粮食挂账债务承接到泽州县粮食服务中心，并依法合规办理贷款展期手续，保障是该行的债权。在政策挂账贷款利息催收方面，一是提前谋划，做到心中有数。在2015年末，按利率变化综合因素法进行仔细测算，提前督请县财政纳入跨年度财政预算，做到了心中有数；二是积极主动，做到同步进行。打破常规做法，与经信局积极协调配合，提前联合发文请示县政府及时拨付，全年利息于9月30日一次到账；三是精心核算，做到应收尽收。严格执行上级行相关政策，精细核算挂账贷款利息，及时足额入账。经营利润超出预期。全年实现账面盈利10万元。贷款规模小、利率下调、利差收窄三大因素制约着我行的经营利润，为了完成保盈利的总目标，一是抓收息，收息率达100%；二是抓创收，积极创新中间业务产品，通过全员营销扩宽增收渠道，全年中间业务手续费收入达9万元；三是抓节支，严肃财经纪律，严格财务开支，把有限的财务费用真正用到业务营销中。基建项目如期完成。在上级行鼎力支持下，基建小组和工程监理严格监督把关，装修装饰工程按照设计要求和合同约定如期顺利完成，我行依法合规通过消防、公安、银监等部门验收，按规定更换营业执照等相关证件，于11月8日正式迁入新址营业办公，结束了建行二十年来一直租房营业办公的历史，彻底改善了办公条件，提升了社会形象。"两学一做"教育扎实开展。一是制定教育计划缜密组织学习。11月，支委集中学习8次，召开5次全体党员会议；二是专题学习贯彻习近平总书记在中国共产党成立95周年纪念大会讲话精神；三是制定整改计划，将问题落实到具体部门、具体岗位，提出切实可行的整改措施；四是党支部担负起了从严教育管理党员的主体责任，对照党性要求和合格党员标准，查找差距，边整边改、务求实效。案防工作有序进行。一是责任到岗到人，同全体员工签订案防工作责任书，做到令行禁止；二是确保案防工作常态化，将案防工作列入支委会、行务会、行长办公会以及部门晨会，与业务经营同抓共管；三是未雨绸缪教育为先，定期组织全体员工进行学习，掌握案防工作的特性；四是以点带面，促进业务经营合规运行，确保全体员工能够守住底线、不踩红线；五是构建案防工作长效机制，建立案防工作台账、确定案防工作责任人，做到常抓不懈抓出成效。基础管理逐步完善。强化经营管理，以电子化建设为龙头，确保综合办公系统、CM2006信贷管理系统、会计综合业务系统的安全运行。强化责任，提高全体员工的工作积极性和创造性，合规经营，形成良好工作氛围。首先强化安全保卫工作。认真落实《安全保卫工作制度》，成立了以行长为组长、副行长为副组长的安全保卫领导组，开展学习教育，定期召开安全保卫会议，对安全保卫工作分析、安排部署。完善《突发事件应急预案》《安全保卫工作实施细则》，按照"谁主管、谁负责"原则，把防盗窃、防抢劫、防诈骗、防火、防车辆交通事故作为安全防范的重点；把保人员、保单位、保车辆、保计算机安全作为安全防范工作的首要目标，促进日常安全保卫工作的顺利开展。二是加强信息宣传报道，落实"下乡帮扶"工作。把开展信息宣传调研作为一项重要工作。全年共编发信息1期、简报7期；党建通讯2期；调研报告1期；报送《每日要情》218期。尽心尽责，开展综合宣传报道工作。同时，按照县委、县政府以及市、县文明办、下乡办的部署，搞好省级"文明和谐单位"的检查汇报以及"下乡包村帮扶"等工作。领导带头，共同努力，文明建设和下乡帮扶等工作取得良好成效。三是强化档案管理，促进档案管理上新台阶。加强档案组织领导，建立管理体系。将档案管理工作当作一项重要内容，给予高度重视。学习《中华人民共和国档案法》和《档案管理条例》，强化档案文秘人员的执法守法意识和岗位职责意识，提高员工对档案管理工作重要性的认识。按规定要求，配齐了档案管理人员，明确分管领导和机构。每个部室都把档案管理工作列为重要工作，分析研究，解决问题，确保档案安全。健全各项档案管理制度。学习贯彻落实《中华人民共和国档案法》，在上级指导下，制定完善了《档案管理制度汇编》，从档案人员的岗位职责，到档案的保管、查询、移交、保密、鉴定、销毁、接收、利用等各方面，建立了比较系统完善的制度。落实各种登记制度，从收藏、借阅、利用，到保管交接，统一实行严格的登记签字制度，有效杜绝了丢失、泄密、损毁等各类事故的发生，初步实现了档案的规范化、程序化和制度化。已拥有独立完善的档案室，管理员将进一步完善管理，争取通过档案管理二级行申报验收。

制度先行，规范操作，基础工作不断夯实。规范管理，信贷工作得以夯实。一是以“深化基础管理年”活动为契机，认真梳理信贷基础工作方面的各项规章制度，组织信贷人员进行学习，全面提高政策理论水平；二是以各类检查为抓手，及时发现解决问题；三是信贷业务实行首办负责制，对信贷业务全程跟踪办结；四是加强资金计划管理。资金申请、调拨、支付早沟通、早计划、早安排，确保资金调拨及时高效，严格把握利率政策，确保利率执行正确无误，高质量上报各类报表，确保经营状况精确反馈。五是加强库存监管，坚持客户经理定期查库，动态监测企业库存，确保信贷资金安全运行。合规操作，财会工作提以提升。财会工作紧紧围绕强素质、抓管理、精核算、促服务四方面循序渐进扎实开展。一是灵活运用“坐班主任异地交流”制度，交流学习兄弟行财会管理方面好的经验做法，提升管理水平；二是坚持会计晨会制度，提高柜面服务质量和服务水平；三是发挥“传、帮、带”作用，提高财会人员操作技能，打造一支业务精良服务一流的财会队伍；四是树立核算意识，优化财务资源，努力增收节支。五是加强会计从业人员素质教育，会计证持证率达100%；六是强化会计档案管理，严格按“十化标准”来规范归档。制度先行，基础管理逐步加强。一是加强劳动纪律，用制度约束行为。重新制定完善了《请销假、休假制度》《工作期间劳动纪律管理办法》《值班制度》等规章制度，安装了指纹签到机；二是提升晨会质量，改进工作作风。整体开放式办公环境为开好晨会提供了场所，三个部门的晨会质量有了质的提升，通过有效的晨会不仅提高了工作效率，而且营营造了团结和谐的局面；三是明确岗位职责，强化责任意识。重新梳理出台了部门及岗位职责，实行“首问负责制”和全流程跟踪服务，避免推诿扯皮现象；四是加强综合保障，制定出台了办公办事、印章使用、车辆使用和档案管理等日常事务管理办法，规范了办事流程，提高了办公效率；五是配合完成上级行年度序时审计工作，对审计发现的问题线索列出清单限时整改；六是加强案防体系建设，把案防工作细化量化到每个部室、每位员工，定期开展风险排查、应急预案演练，全员案防意识和能力不断加强，案防工作有序开展，全年安全经营无事故。学以致用，社会影响显著提高。一是加强学习，提高履职能力。把每周二下午定为“集体学习日”，每个部门指定一名业务骨干，制定学习计划、收集学习题材、组织员工学习；二是深入开展“一加强、两遏制”活动，对各项工作进行了全面深入地查问题、找根源、对发现的问题和存在的隐患逐一制定切实可行的整改方案，立行立改，达到了规范经营、严防风险的目的；三是加大宣传力度，扩大农发行知名度。组织参加“金融知识宣传月”“中小企业名特优产品展销会”“金融知识下乡”“央行支付”主题宣传活动，利用该行LED宣传屏滚动宣传该行信贷产品和政策优势，从而扩大该行社会认知度和影响力。

晋城银行泽州县支行

概述

2016年，是晋城银行泽州县支行的战略升级和专业化转型之年，也是同业竞争最为激烈的一年。一年来，面对严峻的经济金融形势，该支行紧紧围绕总行的战略、方针和决策，以“五进战略”为核心，以变革和创新为手段，积极适应、认识、引领“社区型草根银行新常态”，努力探索“互联网思维”并加以实践，以强烈的历史使命感和社会责任感，致力于地方经济和中小企业的发展，严格履行起作为一个企业公民的责任，该支行紧紧围绕年初制定的工作计划和指标，抓发展、抓服务、抓合规，精心组织，积极行动，落实目标责任，较好地完成了各项目标任务。

指标完成情况

截至2016年末，该行各项存款余额为13.48亿元，较年初增加0.78亿元；各项贷款余额8.38亿元，较年初增加0.61亿元，全年累计发放贷款6.06亿元，累计收回贷款5.54亿元。

业务工作

第一，2016年，在监管部门的指导和总行的领导下，该支行严格按照总部的工作思路及会议精神，首先制定该支行内部制度和激励政策，并传达到每一位员工，抓业务发展，抓落实，并就研究市场、研究客户、研究同业，解放思想、创新思路，抓好队伍建设，全面落实零售银行工作，与该行专业化转型的战略目标保持一致，抓团队建设，同时跟踪各项业务指标的进展。第二，统一思想，制定方案，目标明确，责任分工，努力做好各项业务。面对新形势、新变化，在总行的带领下，该支行多次召开会议，传达上级精神，统一思想，并进一步明确工作重点，合理分工，制定工作计划和目标，制定员工激励方案，定期进行总结和分析，研究下一步客户维护、产品推广、优质服务等工作，保证了该支行各项指标的稳定、持续增长。第三，深入开展文明优质服务工作，不断提升员工的服务水平和能力，加强团队建设。为有效提升员工的服务水平，该支行邀请总、分行服务指导中心相关人员进行了服务专题讨论和指导会，并结合支行实际情况，及时制定支行的服务管理办法和各项具体实施规定，并认真贯彻落实，将服务工作的重要性传达给每位员工，提升员工的思想认识，使员工深刻认识到提升服务质量对全行改革与发展的重要意义，进一步增强工作的责任感和使命感。第四，开展各项活动，进社区、进商圈，增强与居民的黏合度，促进各项业务的发展。支行根据存量客户的提升及定期存款、理财产品等开展了各项活动，主要有“年货会活动”“压岁钱福宝存单”“情人节”“元宵节”“三八节”“端午节”“风筝节”“植树节”等专题活动，形式多样，满足了不同群体客户，同时，为有效推动此项活动，重点对社区居民展开宣传，与社区居委对接，让居民了解了该行的相关金融产品，受到了小区居民的欢迎，为居民提供了更好的金融服务。第五，全力支持小微企业发展。该行坚定草根定位，明确客户导向，坚持“五进”战略部署。明确提出了“主攻小微客户，择优中型客户，不傍大客户”客户准入政策。同时，以线上线下平台为依托，强调“五进”工作，强调“银行生活化、生活银行化”，充分运用互联网思维、市场思维、专业思维和协同思维，推进“社区型草根银行”战略落地。优化业务流程，提高授信效率。针对小微企业资金使用短、频、急的特点，先后推出了循环贷、快速贷、快续贷等产品，在贷款到期之前给客户预授信，客户随借随还，不需要通过其他形式进行“过桥”，确保了其资金使用的连续性。同时，引导客户根据现金流情况，设置合理的分期还款计划。随着本金的逐期归还，客户的利息支出也在减少。创新产品和业务模式，有效解决小微企业抵押难问题。担保难、缺乏有效抵（质）押品长期以来一直是小微企业融资难的关键。为此，该行积极探索以专业性市场、商会为主的集群化业务发展模式，同时，通过现场调查、家访、交叉验证、自编报表、分析现金流量等方式，及时准确真实地把握客户信息，大力推广信用、保证类贷款，采取联保等多种手段，有效地解决了小微企业因缺乏抵质押品而贷款难的问题。第六，全力支持“三农”业务发展。2016年继续坚持“有保有压、有扶有控、区别对待”的信贷要求。在充分调研农村需求的基础上，增加农户贷款的投放，确保涉农贷款的占比高于往年同期。为加强农村微小客户金融产品和服务方式创新，进一步推进涉农业务发展，出台了《晋城银行涉农微小贷款业务指引》，进一步加大对涉农信贷业务的支持力度，在控制和防范信贷风险的基础上简化操作流程，拓宽贷款用途，加快审批，及时投放。为进一步拓展农村金融市场、延伸金融服务打下基础。

中国农业银行泽州县支行

概述

2016年，中国农业银行泽州县支行努力克服经济下行、竞争加剧带来的不利影响，坚持业务经营与风险防范两手抓，强化内部管理，优化客户结构，加强队伍建设，加大市场营销力度，全行各项业务均有了稳步发展。

工作业绩

（一）核心存款稳步净增。截至12月31日，该行各项存款余额36.40亿元；较年初增长5574万元。其中：个人存款余额17.68亿元，较年初增长1.05亿元；对公存款余额18.72亿元，较年初下降4948万元。本外币各项存款日均余额35.13亿元，较年初增长2.63亿元，同比净增3.65亿元；其中，个人存款日均17.23亿元，较年初净增1.11亿元，完成年度计划的85.38%；对公存款日均17.90亿元，较年初净增1.52亿元，完成年度计划的101.33%。除对公时点较年初有所下降以外，两项存款日均数已逐步回升。(二) 资产业务转型稳中有进。截至12月31日，该行各项贷款余额10.68亿元，较年初下降4.99亿元，其中：法人贷款余额10.14亿元，较年初下降5.72亿元；个贷余额4892万元；个贷较年初净增4238万元，完成年初计划6230万元的68.02%。其中个人住房贷款4080万元，较年初净增4073万元，完成年初计划3930万元的103.64%。(三) 国际业务发展势头良好。截至12月31日，该行国际业务结算量45834万美元，完成年初计划40000万美元的114.59%，全市稳居第一，全省排名第二。结售汇业务量7.25万美元，累计为富士康集团公司办理跨境人民币61860万元，购买对公理财产品12亿元人民币，代发工资6000户，出口商票融资13130万美元，发放委托贷款3500万美元，促成1.66亿日元海外代付业务。(四) 服务“三农”深入推进。截至12月31日，该行惠农卡有效客户净增3190户，完成全年计划2500户的127.60%，与泽州县安洁煤层气服务管理有限公司签订代收燃气费协议，成功代理泽州县川底乡22个行政村、4800户代收燃气费等安洁公司收费项目。切实推进农村金融改革，提高服务水平，加大农村“金融综合服务站”建设力度，2016年底完成验收77户，16户在建。(五) 党风廉政建设不断提升。一年来，该行严格执行党员领导干部“一岗双责”制和党风廉政建设责任制，严格遵守中央“八项规定”，通过开展“两学一做”学习教育活动，“知法守法敬法”专题学习和落实“党员示范岗”、“党员示范区”以及“三亮四比三评”等一系列活动，全行员工精神风貌进一步改善。

主要措施

(一) 立足实际，认真研究，确立发展新思路。面对经济下行的趋势，行党委在认真分析形势、统一思想认识的基础上，经过认真研究，结合实际提出了2016年各项工作总体目标：以党建为统领，以日均存款增长为核心，以强化内部管理为抓手，以客户建设为依托，加大不良贷款清收核销力度，重点支持个贷业务发展，践行服务“三农”社会责任，深入晋庙铺实行精准扶贫。(二) 面对困难，精准出击，确保两项存款上台阶。始终坚持“存款立行”的经营理念，将“抢市场、争份额”摆上重要位置，实施争先发展。一是抓好“春天行动”各项指标，真正做到了“开门红”。多次召开“春天行动”推进会，通过正确分析形势，动员全行员工凝心聚力、知难而进、抢占先机，在全行上下统一认识，树立信心。首季各项存款时点净增40411万元，完成“春天行动”计划的197.1%，全行各项存款日均净增60506万元，完成“春天行动”计划的361.2%，为全年的业务经营打下坚实的基础。二是制定切实可行举措，开辟定期储蓄存款新的增长点。分管行长分赴各包片网点具体抓落实，确保存款时点及日均完成计划；同时发动全员投入到业务经营中去。12月，全体党员签订军令状，发挥党员带头作用，全力做好个人存款营销工作。三是狠抓营业网点6S标准化建设。将进社区、进市场等营销宣传活动常态化，积极鼓励并创造条件让网点柜面人员走向市场、走向客户，进行更深层次的营销，增强存款增长后劲，有力地促进了全行存款工作的扎实有效开展。(三) 大力营销重点项目，提升资产业务竞争力。资产业务是支行长期发展的生命线，贷款作为资产业务的重中之重，是该行收入的主要来源之一。作为资产的基础产品，一是着力抓好楼盘项目准入和个人住房按揭贷款、公积金贷款等营销。2016年共营销准入星湖湾地产等楼盘10个，个贷业务实现了“零”的重大突破。二是攻坚克难发展票据池业务。在时间紧、任务大的形式下，知难而上，将票据贴现业务作为全行业务工作的重点，深入企业营销贴现业务、发现相关需求。累计为天泰和瑞煤业、天安润宏煤业、天安海天煤业等企业办理贴现2605万元，及时缓解客户资金所需。(四) 强化风险防控管理，提高加快发展的保障力。一是严格落实贷后管理例会制度和贷后巡检制度，严控新增风险。在加快贷款业务特别是个贷业务发展过程中，一贯坚持合规操作，坚决杜绝假按揭、冒名贷款等违规行为，严防新增信用风险，确保信贷资金安全。二是扎实开展财务基础工作，降低资金管理风险。全面推行费用预算管理，提高费用执行水平。三是强化基础管理工作，杜绝安全生产风险。严守安全生产底线，认真落实安全生产责任制，扎实开展安全隐患排查工作，对全员进行安全生产暨消防培训，把安全保卫工作作为日常经营管理的重要内容，保证“两节”期间安全生产无事故。四是严格开展风险排查工作，加强案件防控风险。高度重视案件防控工作，向案件宣战，确保不发案、无大案。做好重点部门和人员的思想排查工作，未发生影响全行声誉、社会形象的风险事件和重大案件，确保全年安全经营无事故。(五) 以人为本，开展多种活动，增强员工的归属感。2016年，该行在全力开展业务的同时，从改善员工就餐条件、健康保障条件、文体活动条件等方面入手，扎实开展职工生活后勤保障建设。基层网点脏、乱、差现象全部整改。支行党委不仅注重外环境的打造，而且注重团队文化建设。通过开展迎“三八”“关爱健康、美丽绽放”女性专场健康沙龙、“我运动我健康我快乐”迎“五一”趣味运动会、“筑梦青春圆梦农行”庆“五四”演讲比赛、青年员工读书撰写心得等一系列丰富多彩的活动，使广大员工感觉到自己时刻被尊重、被关怀，体会到集体的温暖，增强了全行员工的凝聚力。(六) 认真抓好党建工作，落实从严治党从严治行。该行以党风廉政建设责任制为龙头，以“两学一做”专题学习教育为契机，以落实“两个责任”为抓手，深入推进党风廉政建设。以全面从严治党带动从严治行，以从严治行带动合规经营，以合规经营带动防控风险、保障该行稳健发展。一是加强组织建设，提升党组织的战斗力和凝聚力。建立党员活动室，党建制度公示上墙，定期召开党员大会，开展党建知识学习、党员发展表决、支部班子换届选举等工作，2016年党组织接纳2名预备党员转正，同时新发展2名预备党员。同时根据网点分布实际，对党支部及支委会成员进行调整，加强阵地建设。二是坚持发挥党员干部的先进带头作用。通过设立"党员示范岗"、明确"党员示范区"，开展党员公开承诺以及"三亮四比三评"等一系列活动，全行工作作风进一步改善。三是抓好"两学一做"、"知法·守法·敬法"等专题教育活动，认真学习领会《中国共产党章程》《中国共产党廉洁自律准则》《中国共产党纪律处分条例》等内容，撰写学习心得，交流工作体会。组织党委中心组学习4次，全体党员集中学习3次，落实党委班子讲党课制度，切实履行党委主体责任。四是突出抓好党风廉政建设的重点事项和关键环节，坚持民主集中制和"三重一大"制度，在重点领域、重大事项上坚持集体决策、阳光操作。五是严格执行"八项规定"精神和该行出台的各项制度规定，特别在履职待遇、商务活动、公务接待等方面，严格按制度、标准执行，巩固良好作风。此外，党员干部组成的扶贫工作队深入晋庙铺村与贫困户一对一开展精准扶贫工作，工作队员尽心尽责，先后深入基层4次，在增加农民收入、增加村党支部活力、增加农村发展后劲方面出谋划策，确保打好脱贫攻坚战。通过一系列学习教育活动的开展，班子建设、基层党组织建设、党员队伍和干部队伍建设取得了新进展，初步形成党建、业务、队伍齐抓共管的良好局面。

泽州浦发村镇银行

概述

2016年，泽州浦发村镇银行积极应对因地方煤炭、铸造支柱产业持续低迷而带来的经济下行压力，坚定"支农助小"市场定位，在持续加大县域经济的金融扶持力度方面开展了各项经营管理工作。

业务指标

截至2016年12月31日，全行总资产18.34亿元，各项存款余额为14.59亿元，比年初上升0.2亿元；贷款（含贴现）余额10.95亿元，比年初减少0.1亿元。其中正常类8.61亿元，关注类1.87亿元，后三类0.47亿元。户均贷款79万元，比年初降低4万元；资本充足率为27%；不良贷款率4.32%。全行共有1372个贷款户，各项贷款中，中小微企业贷款余额为8.78亿元，占比80.11%；涉农贷款余额9.51亿元，占比86.66%，户数为1158户，占贷款总户数的84.4%；农户贷款余额3.64亿元，户数为1080户，占贷款总户数的78.72%。

经营管理

按照年初既定的工作部署，2016年主要是打好转型发展之战、不良清收之战和合规建设之战的"三大战役"，落实好"坚持定位调结构、稳中有升增储蓄、压旧控新降不良"等几方面工作。（一）存款保卫战。该行存款规模近三年的走势情况是2014年初20.1亿元，2015年初16.4亿元，2016年初14.4亿元，前两年存款总量一直是逐年下降，2016年末为14.6亿元，较年初略有所增，全年存款日均维持年初时点的水平，基本遏制住了存款连年下跌的态势，存款基础得到了进一步夯实，存款结构得到了进一步优化。存款工作采取三项主要措施：一是制定了回馈储户的奖励机制；二是开展全方位的宣传影响；三是组织员工进村入户地一对一宣传。（二）不良贷款清收战。从2010年6月开业到2014年6月，该行成功保持并坚持了四年时间零不良、零逾期，2014年后半年，出现了第一笔不良贷款后，一下子，不良贷款的清收成为了该行业务经营压倒一切的阶段性重点和难点。从业务顺风顺水、高歌猛进到排名落后、被动清收，员工团队有短时间的不适和阵痛，通过及时转换思想、调整思路、加紧适应，分门别类地制定了一户一策的清收计划，并尝试了专职清收和在岗清收两种工作模式，组织了专门团队对欠息逾期贷款进行专门管理和经营，清收方法上除了用自身力量进行清收外，还加强了依法清收的力度，最大限度地保全了诉讼时效，扩大了清收效果。(三)全面提升信贷业务的规范化水平，积极创新农村信贷产品。提升方面，一是认真组织员工学习总行村管中心的信贷产品手册，对新增项目积极按信贷手册的要求进行额度控制、提供保证，以及审核时的交叉验证。二是积极派员参加村管中心第二批微贷技术推广学习和内部转培训，专门组建了微贷团队，9月起，按微贷技术已经开始在市场上进行宣传和信贷业务的落地。创新方面，一是开发农户分布式光伏发电贷款项目，作为2016年的一项重点工作，为了稳妥推进、控制风险，进行了深入调研，各级政府补贴、并网发电条件要求、器材设备损耗、四季光电效能测试、遭遇意外可能情况等等，在认真测算的基础上，本着谨慎保守的原则，创新了对应回款来源的“两步走、七年期”农户光伏贷新品种。并认真筛选了有实体厂房、有经济实力、符合申领政府补贴条件的安装公司来合作，通过散户单个、整村批量两种模式来推进。二是积极创新与国税合作代开增值税发票的中间业务，在山西省是首创，合作模式在国家税务报上进行了报道。三个支行网点均已开展代开业务，多功能服务客户的同时，无形增加了该行的社会认可度和获客能力。同时该行还积极比照产品手册，创新出台了浦税通、浦易贷、红白贷、房抵贷、综合消费贷等信贷产品。(四)尝试推进合规计分的管理工作。2016年，该行开始试行合规计分的管理工作，风险合规部每季度安排一个条线的合规检查，每个条线指定一名兼职合规员进行日常业务的对接，合规计分运用到每个季度的综合考评中，不仅与绩效挂钩，还要对本季度合规计分情况在一定范围进行提示或公开，将管理和整改工作做到平时。(五)提升柜台服务技能和运营规范化水平。辖属四家网点坚持每个季度组织业务技能比赛，督促全体运营员工三项技能的岗位练兵和提升，在全辖推进6S管理的理念和要求，积极参加银协组织的争创示范文明服务窗口活动等活动。2016年浦发银行技能比赛中，该行员工王欣然光荣地代表浦发村镇银行去参赛，并以翻打传票项目技能最好的特长担任该项目的组长。(六)积极开展支行网点和轻型网点建设工作。村镇银行市场定位、经营定位、客户定位要求将实体网点的经营触角延伸到农村，并扎根到农村。2016年该行在监管部门以及董事会批准的计划之内，投入了相对大的精力，积极筹建了两家综合性支行网点以及三个在村里的金融服务站，大东沟支行于3月份试营业，南村支行和三家轻型网点于9月份试营业。

党建和企业文化

为了扎实搞好“两学一做”学习教育活动，制定了《泽州浦发村镇银行全体党员中开展“学党章党规、学系列讲话、做合格党员”学习教育的实施方案》，组织全体党员和中层骨干共同学习了《中国共产党章程》《中国共产党廉洁自律准则》《中国共产党纪律处分条例》《习近平总书记系列重要讲话读本》《习近平谈治国理政》等。组织全体党员观看纪念党建95周年暨红军长征胜利80周年《长征组歌》大型合唱音乐会。3月24日又在孙文龙纪念馆挂牌成立了该行的红色教育基地，为全体员工创建了一个思想洗礼的平台。

2016年，该行组织了五个系列培训实践活动，努力打造企业文化，其中，“我的梦、村镇梦”演讲比赛激发了全行员工二次创业的斗志；慰问大阳环卫工人活动得到了媒体转发，获得了广大客户和网友的好评；户外拓展训练又一次把大家拉到了“打造精英团队”的氛围中来；“星火夜校”“悦读会”的成立开拓了员工视野，为该行的业务发展增加了正能量。

履行社会责任

该行秉承“立足县域，服务‘三农’与中小微企业”的市场定位这条主线，在信贷政策方面，主动让利于民，只要是纯农贷款，条件掌握从宽，利率执行从低、利率仅是正常市场利率的7折、8折。积极履行反哺“三农”的社会责任，让农民真正受益，失去的可能是一些利润，但收获的则是百姓的口碑和社会的认可。面对炎炎夏日辛苦工作的环卫工人，该行发起了“关爱环卫工人慰问活动”，向环卫工人表达一份爱心、一份温情，并呼吁全社会都来关注和重视环卫工作，尊重和理解环卫工人的辛勤劳动。利用网点在村镇的优势，及时掌握了支行、金融服务站驻地村的新入学的大学生情况，举办了大学生爱心捐赠活动，其中涉及3个乡镇10个村68位大学生，共计发放34000元的爱心赠款。

保　险

人保财险泽州支公司

概述

2016年，面对商车费改全面落地，市场竞争日趋复杂的新形势，人保财险泽州支公司，坚定对标市场，聚焦发展，抢早争先，务实进取的工作方向，全体员工上下同心，团结协作，努力拼搏，在困境中谋求发展，在攻坚中蓄势薄发，实现了对标跑赢的年度目标，开创了公司精品建设的新局面。

经营指标完成情况

2016年公司实现保费收入3439.12万元，较上年增长275万元，增速8.69%，其中，车险完成2935.44万元，同比增长8.21%；增量222.21万元，非车险完成98.5万元，同比增长12.79%；增量11.17万元，农业险完成405.18万元，同比增长11.32%。增量41.21万元。

主要工作与做法

第一，统一思想，共同担当，坚定发展的信心。2016年，公司领导班子把统一思想认识放在首位，积极开展政治思想工作，认真分析面临的经济形势、市场环境、竞争对手、目标任务、存量与增量等。确立了“全力以赴，共同担当，对标市场，有所作为”的指导思想。班子成员带头通过多种形式，积极学习保险前沿理念，主动融入经济社会发展，奋力改变和解决业务发展中出现的各种各样的局面和困难；倡导“积极、敬业、担当”的工作理念，树立“无功是过，平庸是错”的思想观念，全面打造积极的工作心态。坚持以人为本，践诺精品内涵，凝聚智慧力量，提升工作士气，调动全体员工的积极性。上下同心，同舟共济，紧盯企划目标不放松，寻找市场，开拓进取。争先进、创一流，谋事干事的氛围日渐浓厚，为实现全年各项任务指标奠定了坚实的基础。第二，以车险发展为核心，其他险种均衡发展、齐头并进。首先是紧盯市场，利用政策驱动，车险业务实现正增长。扭住车险这个牛鼻子，重点组织，重点对标，重点考核。车险是公司的晴雨表，是业务发展的核心，必须持之以恒，紧抓不放。2016年，在上年存量基数上，按科学合理的增长比例确定每月的任务目标，将目标下达到各展业部门，层层落实，时时督导。着力发展私家车险，按照政策驱动，充分利用好市公司车险费用政策，将有限的费用用在刀刃上，积极推导和鼓励发展家自车。利用“金猴迎春，人保送福”“家自车攻坚战、扫村扫街三进入”“决战五十天，大打车险翻身仗”等车险活动为契机，借势用力，突出早快抢，不遗余力，鼓足士气，掀起拼市场、夺增量的发展热潮。全年家自车实现承保6750辆，增加1600余辆，保费完成1051万元，增量161万元，增速达18%。开拓新渠道，寻找新的增长点。首先，面对激烈的市场环境，公司已有的大客户（神通、祥联、安富达等运输公司）保证不摇摆、不掉链，业务量企稳有升，大业务的稳定，保证了公司规模与市场份额的不动摇，维护了公司在区域市场的优势地位。同时多管齐下，鼓励引导开发新渠道，挖潜拓新，新渠道产生了新增量。当年开拓了许多新渠道，和2家代理公司、1个修理厂、4家二网销售商建立合作关系。其次是及早规划，统筹安排，非车险实现突破。充分运用市公司在非车险上的各种支持政策，在非车险发展上下大功夫。及早动手、及早安排部署，制定激励政策，出台一系列非车险竞赛方案，加大了考核力度，明确了发展目标。为了提高员工的非车险展业意识，公司利用各种场合、会议、活动，反复加强非车险业务的宣导，以及政策解读，形成政策导向和舆论氛围，使员工真正确立发展非车险的意识。由于非车险条款繁多，展业难度大，员工普遍存在畏难情绪，为解决这些难题，公司一方面反复宣导，出台引导措施，一方面加强非车险的系统培训和学习，公司每周组织员工学习一个非车险险种，并结合实际工作进行演练，员工的非车险服务水平和服务质量得到了提高。当年公司的非车险取得了较好的发展，不仅完成了年度企划，还在一些险种上取得了突破，例如完成两笔工程险的签单，收取保费13.5万元，这也是公司历史上史无前例的；同时积极应对竞争，高平泫氏家居公司的财产险，在其他公司低费率的竞争下，客户态度模糊，续保有难度，该公司沉着应对，加强沟通与公关，经过多次努力，最后以正常费率承保，收取保费7.2万元。在做好传统非车险的基础上，公司也大力推广一系列新的小险种，比如“个人资金账户险”“诉讼财产保全责任险”“家责险”等，迎合了市场的需求，提高产品渗透率。再次就是齐头并进，百花齐放，农险业务放异彩。在政策性农险方面，公司加强和各级政府联系，积极应对农险竞争，巩固政策性险种市场份额，采取多种措施努力提高承保率和覆盖率。首先落实协保员和专兼干的考核激励制度，提高他们工作积极性。为不断提高基层农网人员的政策水平和业务能力，推动农险工作持续健康发展。公司持续推进农网人员培训。2016年先后在金村镇、南岭乡、山河镇、晋庙铺镇等乡镇举办了农网人员培训班，计有180多名协保员和乡镇工作人员参加了培训，不仅拓宽了基层农网人员的知识面，提高了协保员的业务能力，增加了感情黏度，进一步提升了“三农”服务水平，同时扩大了人保公司在当地的影响力。2016年政策性种植业完成保费210.47万元，较2015年增长33.47万元，承保面积增加0.13万公顷，承保率也从上年的60.39%提升到当年的85%。公司扎实推进和完善三农保险服务体系建设，激发网点发展活力，提高农网销售产能，打造农村地区统一规范的销售及服务窗口，晋庙铺“三农”营销服务部被评为山西省唯一的星级而且是五星级营销服务部后，当年在机构建设、业务产能方面都在全系统遥遥领先，晋庙铺“三农”营销服务部作为总公司在山西省的共建共享试点单位也在7月通过了省公司的验收。金村“三农”营销服务部的建设和验收也通过省公司的考核。同时南村服务部的规划建设也在积极酝酿中。按照“一县一业”开展特色农业保险的要求，公司和县相关部门对育肥猪和设施蔬菜以及蔬菜价格指数保险争取政策性支持进行了积极的运作，并多次和相关部门积极调研，沟通协调，做了大量的基础性的工作。2016年10月经泽州县第7次常务会研究通过了《泽州县设施蔬菜保险试点方案》，公司地方政策性特色保险取得了突破性的进展。试点工作收取保费12.9万元。同时蔬菜价格指数保险经过前期运作也引起县政府浓厚的兴趣，各项工作也在不断完善中，此外泽州县政策性育肥猪保险也在县政府获得通过，并将在2017年正式实施。另外，公司的商业性农险，经过全员努力取得了令人瞩目的成绩，承保险种最多，位居全市第一，保费规模全市第二，可谓百花齐放，争奇斗艳，许多险种填补了公司甚至是晋城市场的空白。引起了市公司和省公司的关注。第三，以“三严三实”专题教育为抓手，思想作风转变为根本，持续加强领导班子建设。强化履职尽责。履职尽责是对党忠诚的重要体现。公司领导班子认真对照学习，全面加强思想教育，通过加强党的宗旨教育和优良作风教育等工作，引导班子成员及党员干部端正工作指导思想，认清自己在公司中的作用，充分发挥自己的才能。在工作中严格要求，主动担当，履职尽责。坚持纪律在前。纪律建设是从严治党的根本保障。要坚持纪严于法，严格执行《中国共产党廉洁自律准则》和《中国共产党纪律处分条例》，逐条对照，时时警醒，心中有畏，守住底线。坚定理想追求，树立正确的利益观。当个人利益与整体利益发生冲突时，做到个人利益服从整体利益；增强局部利益服从全局利益的观念，自觉站在党和公司全体员工的立场上，从全局的高度观察、思考和处理问题。加强领导班子建设，发挥集体作战优势。对涉及公司业务发展、管理措施、经营决策、重大开支等重要问题上认真倾听各方面的意见，坚持“三重一大”决策制度，决策民主化、科学化。班子成员做到相互尊重、理解、协助、包容、奋进，共同维护公司的整体声誉。第四，加强企业文化建设，全面推进精品战略。2016年，是公司全面推进精品战略的起步之年，泽州公司作为精品公司，在加强公司管理，确保业务发展和效益提高的同时，在职工队伍建设、合规经营、服务能力提升以及巩固精品公司建设成果等方面做了大量的工作。职工队伍建设，一是员工素质与业务水平得到不断提升，根据建立学习型党组织、学习型公司的要求，公司大力加强了员工队伍培训工作，建立了定期学习制度，开展了业务技能培训，对销售队伍开展了相应的展业技巧、业务险种的培训；二是常年的展业工作，使广大从业人员倍感艰辛。公司深知“经营队伍就是经营士气”的道理，不断激励员工，为其树立长远目标，规划发展人生，并采用精神加物质的手段，将公司飞速发展的成果与全员共享。三是继续培育风清气正的企业文化氛围。坚持实施“以业务为导向”“靠业绩吃饭”的思想主流，队伍建设取得令人瞩目的成就，员工精神面貌焕然一新。依法合规经营方面，根据公司依法合规建设要求，对公司员工进行培训教育，认真领会依法合规精神，在反洗钱，特别是在政策性农险方面严格要求，严格不越界。同时加强了制度管控，根据依法合规要求，制定了相应的规章制度，确保依法合规工作落实到实处。提升服务水平，让服务成为公司最好的名片，随着保险市场的不断发展，保险业内竞争日益激烈，单纯的价格之争虽有一时之功，但绝非长久之计。公司通过不断完善各项客户服务制度，取得了广大客户对保险公司的信任和支持。公司始终把“以服务求发展、服务求生存”作为公司发展的宗旨，从多方面加强服务质量的建设。公开服务承诺，公布服务监督电话，自觉接受客户的监督。重点突出“方便快捷”，用耐心、周到、热情的服务赢得了客户的普遍好评。强化精品公司建设，巩固精品公司建设成果，自2013年泽州公司获得了“精品服务窗口”的光荣称号以来，公司始终坚持精品标准、领会精品内涵、进一步提高认识，加强领导，在巩固已有成果的基础上，再掀一个学先进，赶先进的高潮，将全面推进精品建设融入到促进业务发展和提高经营管理水平的全过程中，在管理质量、对标发展、经营效益和服务能力上取得进一步的提高。

机构设置和领导人名录

泽州农商银行行长：孙永斌

中国建设银行泽州县支行行长：张道强

中国农业发展银行泽州县支行行长：杨国峰

晋城银行泽州县支行行长：时丽娟（女）

中国农业银行泽州县支行行长：王瑞军

泽州浦发村镇银行行长：王绍宏

人保财险泽州支公司经理：李忠卿

教育·科技

教 育

概述

2016年是“十三五”开局之年，更是泽州教育发展史上继往开来、开拓创新的重要一年。全县教育系统在县委、县政府的正确领导下，以习近平总书记系列重要讲话精神为指引，认真贯彻落实中共十八大和中共十八届三中、四中、五中、六中全会精神，牢固树立创新、协调、绿色、开放、共享的教育发展理念，坚持教育工作“高品位、精内涵、强特色”的总体定位，紧紧围绕“11138”年度教育重点工作，大力实施教育惠民工程，积极开展教育扶贫工作，推进依法治教，深入实施素质教育，提高教育质量，维护安全稳定，提升教育现代化水平，稳步推进全县各级各类教育协调健康发展，促进教育公平，圆满完成了全年工作任务。

经费投入

各级党委、政府始终坚持优先发展教育，出台了各种优惠政策，持续加大教育投入，每年教育经费的支出都占到了财政总支出的约五分之一，实现了“三个增长”。特别是从2012年起，泽州县在“九年义务教育”全免费的基础上，对学前教育先后实施“民办公助”和“农村学前三年全免费”，对高中教育实施“两免一补”政策，基本实现了“十五年免费教育”，走在了全省的前列。2016年，全县学前教育“民办公助”和免学费，每年投入资金约700万元。义务教育生均公用经费，每年投入资金约3300万元。普通高中“两免一补”每年投入约2000万元。职业高中免学费和助学金每年投入约450万元。实施了普通高校生源地信用助学贷款和新生入学路途补助政策。2016年，全县有3344名贫困生获取助学贷款，贷款金额达2069万元。大学新生路途补助78人，发放资金5.8万元。同时，泽州县每年投入2000多万元用于义务教育学生“营养改善计划”、贫困生资助、冬季取暖补助、寄宿制学校炊管和生活教师生活补助、班主任津贴、校车运营和学校保安工资等。可以说，该县教育经费投入覆盖了教育教学的所有环节，体现了倾斜农村山区、倾斜薄弱学校的均衡发展理念，有力保障了全县学校的正常、健康、高效运转，促进了教育公平。

学前教育

全县在实施了两期“学前教育三年行动计划”的基础上，2016年，新改扩建3所幼儿园（金村镇铺头幼儿园、金村镇上辛安幼儿园和晋庙铺镇拦车幼儿园），新改扩建面积2823平方米，规划投资概算总计1049万元。同时，为17个幼儿园配备了电脑、电钢琴、电视机等设施设备，投入44万元。制定出台了《泽州县关于省级示范园等优质幼儿园帮扶工作方案》，建立幼儿园帮扶制度，充分发挥示范园的引领和带动作用，组织开展幼儿园片际研训活动，推动了全县幼儿园协调健康发展。2016年5月，凤城幼儿园、大阳中心园、下村中心园顺利通过市级验收。2016年，泽州县3～6周岁幼儿入园率达93%。

义务教育

教育局在2015年创建完成“全国义务教育发展基本均衡县”的基础上，不断巩固义务教育均衡发展水平，确立2016年为“教育资源管理应用年”，制定了《中小学教育资源管理应用年活动实施方案》，开展了一系列教学技能竞赛活动，获得国家级奖项15人次、省级奖项13人次、市级奖项30人次。其中“一师一优课”网上晒课数量6735节，位居全市第一。投资近2000万元，装备了网络教室、网络教研系统、电子白板、信息技术考试计算机、实验教学仪器等设备，153所学校、4113名教师、18167名学生建立了网络学习空间，实现了“校校通、班班通、人人通”的目标。2016年，全县小学、初中生均公用经费达1013元和1276元，高于省定标准，义务教育阶段中小学综合差异系数为小学0.599、初中0.484，分别比上一年度降低0.002和0.017，初中学生学业水平城乡比例大体相当，均衡水平进一步提高。截至2016年年底，全县小学、初中适龄儿童少年入学率均达100%，小学、初中在校生年巩固率分别达99.9%、99.7%，三类残疾儿童少年入学率达98.7%。

高中阶段教育

全县普通高中不断加强基础设施建设，启动了泽州县第一中学、泽州县第二中学、泽州县第三中学3所高中学校办学条件标准化建设工程，不断深化学校内涵发展，教育教学质量不断提升。全县普通高中生均公用经费达1554元（其中包括省级公用经费300元/生）。2016年高考，二本B以上达线近900人，其中泽州县第一中学722人，泽州县第二中学101人，泽州县第三中学56人。特别是泽州三中学的理科生杨超超同学高考取得了605分的好成绩，被厦门大学录取。

全县职业教育快速发展，基础设施建设、师资水平和专业建设进一步提升。县职中投资400余万元，加强了重点专业和实训基地建设，配备了实训设备，被评为“山西省重点职业高中”，计算机及应用专业被评为省级“示范专业”，每年输送技能型人才500名左右，就业率达95%以上。完成两职校春秋两季所有在校生共5000余人次的助学金及免学费资格网上审核和入校实查工作，下拨助学金238万元，免学费资金382万元，实现了中职生资助全覆盖和免学费全覆盖，受益学生达5435人次。2016年，全县2所中等职业教育学校学生达1395人，年度招生计划完成率达94%，占高中阶段教育招生人数比例超过48%。2016年对口升学成绩再创佳绩，泽州县高级职业中学31人参考，达二本线23人。

成人教育

泽州县坚持全力推进全民终身学习和学习型社会建设，全县10%以上家庭、20%以上行政村建成学习型家庭和学习型村，金村镇建成学习型乡镇。举办了2016年全民终身学习活动周，参与了县政府组织的文化、教育、卫生“三下乡”活动，发放书刊300余册，资料2000余份。不断加强农科教“三教统筹”，完成各类培训8万余人次。组织各成教中心编印了12期《科技期刊》，2套《乡土教材》，印发1000余份（套）。

民办教育

教育局重点加强对民办教育机构的监管，出台了《泽州县民办幼儿园规范管理实施办法》，明确了教学区校长第一责任，成教主任主要责任的属地管理责任制，成教主任、成教教师每半月一次巡查，每月上报。2016年，整改取缔3所无证民办园，对全县18所民办园2140名在园幼儿和80余名有资质教师进行逐园逐人审核，建立专项档案，确保了民办公助工作零失误。对全县民办教育机构非法集资情况进行了逐校排查，全县民办教育机构无非法集资现象。

科技事业

实施高新技术企业培育工程，帮助晶奇软件公司完成了高新技术企业认定工作，通过了国家级审核，正式成为高新技术企业。强化科技项目的申报和实施，2016年，分两批下达了科技项目研发资金，有80个项目享受扶持资金400万元。培育和发展农业科技示范企业，加强“一地一站四院”建设，“一地”是小麦优质高产综合示范基地，新建尹西村试验基地，建设各类示范大田共计1100余亩。“一站”是核桃产业科技推广站，引进抗晚霜核桃新品种寒丰和元林，推广先进实用的核桃早果丰产技术。“四院”是谷子产业专家大院、生猪产业专家大院、蔬菜产业专家大院、肉羊产业专家大院，积极推广新品种、新技术。推进农村地区光伏发电工作，为全县1000余户农村光伏发电项目申请了实际建设安装费补助，补助资金2580万元。积极推进知识产权工作，2016年完成专利申请27件。其中，晋城市宏创源耐磨材料有限公司“一种湿式矿磨机衬板机及其制备方法”列为2016年市级专利推广资助项目。加强《山西省建设工程抗震设防条例》的宣传，进一步落实抗震设防审批，全面加强防震减灾工作，2016年，共审批15项，基本做到了有建设工程，就有抗震设防审批。排查地质灾害隐患64处，工程隐患20处，滑坡隐患41处，地面隐患3处。除20处工程隐患正在治理外，其他隐患基本排除。全县燃气管网总长218千米，基本没有安全隐患。水库共24个，23个水库已加固完成，任庄水库正在进行加固。桥梁共106座没有安全隐患。各种企业易发地震次生灾害隐患也得到有效治理。

教育科研

全县教研人员认真履行“指导、研究、管理、服务”职责，积极探索创新教研方式，有效开展各种教研活动，圆满完成了年初制定的目标计划。一是推进课题研究与课堂教学改革融合。组织全县300余名骨干教师参与了国家级课题“语文主题学习”与省级课题“培养小学生数学素养的实践研究”的课题研究工作，取得良好效果。2016年9月份完成了省级课题《结构化备课策略与方法的研究》结题工作，撰写了结题报告，梳理课题成果30余项，涌现出课题先进校9所：泽州县第一中学、泽州县第二中学、南村镇中、水东中学、周村镇中、铺头中学、晋普山小学、成庄矿小学、周村小学。泽州县课题研究的不断推进与总结推广，进一步推动了泽州县课堂教学改革向纵深发展。二是积极组织开展教研活动。组织开展了公开课教学展示、教学能手送教下乡、教学开放周、中小学课堂教学改革观摩等多项学科教研活动。开展了“一师一优课、一课一名师”活动和“三优”评选活动。评选上报评优课25节，网上赛课6435节，县教研室教研员网上点评1300余节。获市优质课13节，省优质课9节。向市级推送优质课58节、优秀评价方案和优秀教研活动案例各12个。此外，组织参加了山西省化学优质课、论文、微课评选活动、第十七届“华人少年作文比赛”国内征文活动、小学生“畅游书海、享受阅读”读书交流会、中小学语文数学教学团体赛活动、县级教学能手评选等活动。通过一系列活动的开展，为一线教师搭建了教学比武、岗位练兵的舞台，进一步提高了一线教师的专业能力，促进了教师的专业发展。三是教学常规管理与指导进一步加强。严格落实省教育厅“以考改促课改”的精神，精心组织试题命制工作，把好质量关，严密组织各年级期末质量检测，定期召开全县中小学教学质量分析会。严格落实“一推五查”制度，规范教学常规管理检查工作，重点对教学常规管理过程及教研活动进行督导检查，有效促进规范管理。加强中高考备考调研指导工作，及时召开中高考备考动员会，组织“中高考复习备考的策略与方法”讲座，开展中高考经验交流和信息分享座谈会，促进全县中高考质量的提升。2016年，在中考考生大幅减少的情况下，中考成绩较2015年有所提高，晋城市第一中学、晋城市第二中学、泽州县第一中学三所重点高中的统招率分别较2015年提升了0.11、0.29、1.83个百分点，优质高中录取率提升了1.72个百分点，优生率提升了6.9个百分点。

素质教育

全县中小学校全面贯彻落实国家课程标准和计划，坚持德育为首，五育并举，推进教育内涵发展。一是严格规范办学行为。严格执行省教育厅规范办学行为“十二条规定”，规范学校课程设置，开全课程，开足课时，减轻学生课业负担。实行阳光招生、均衡编班、均衡配备教师制度，严格控制班容量。实施优质高中指标分配到校，2016年全县优质高中指标分配率达80%。建立了全社会共同参与的“控辍保学”机制，设置“七彩小屋”、“留守儿童之家”等帮扶场所，杜绝学生流失，保证了每一位适龄少年儿童接受九年义务教育。认真落实县政府2014—2016年特殊教育提升计划，建成县特殊教育中心，已面向全县招收了25名适龄三类残疾儿童入学就读。同时，实施了特殊教育随班就读工作，落实相关补助政策，并对重度残疾儿童，实行送教上门服务。强化法治宣传教育，2016年该局荣获市级“六五”普法先进单位，泽州县第二中学、南村中学等12所学校获得县级法治宣传教育先进校。二是积极开展学校体卫艺工作。认真贯彻落实《学校艺体工作条例》《学校卫生工作条例》，全面开启了体育、艺术“2＋1”项目，确保学生每天集体锻炼时间不少于1小时，组织开展了各类中小学运动会和艺术节活动。2016年4月，举办了全县第二十届中学生田径运动会，组织参加了全市第二十八届中小学运动会，取得了高中组第二名，初中组第四名的好成绩。组织开展了国民体质健康监测工作，完成了全县38658名中小学生的国家学生体质健康标准测试数据的上报，2016年11月，接受了教育部体卫艺司的抽查复核，获得肯定。三是加强学校德育工作。牢固树立德育为首理念，加强德育队伍建设，开展了班主任培训工作。组织开展了“网上祭英烈”、“向国旗敬礼”签名寄语活动、“童心向党”童谣传唱活动、“践行核心价值观、凝聚中华正能量”征文比赛等主题教育活动。推进“一宫一堂一中心”建设，完成了大东沟小学、南村小学、成庄矿小学、犁川中学和苇町小学5所国家公益金支持建设的少年宫项目。2016年，全县已有10所学校的乡村少年宫建设通过了市督查组的检查验收，20所学校建立了“道德讲堂”和“心理健康辅导室”，80余名教师分别取得了国家二、三级心理健康咨询师证书。2016年，组织全县10名心理健康教师参加了全市家长学校的“家庭教育”讲师团，部分教师已在泽州县中小学校积极开展了家庭教育专题讲座，获得了学生家长的充分认可，取得了良好的培训效果。四是强化教育教学督导。充分发挥“督政督学督教”作用，进一步加强教育教学督导，建立了10个责任督学区，聘任了50名责任督学，在全县中小学实行挂牌督导制度，把督导结果作为政府决策和考核职能部门、学校的依据。2016年，建立和完善了督学责任区建设，组织全县督学开展了“校园欺凌”整治、学校安全督察、中小学心理健康教育督导评估等督导工作。

学校安全

教育局始终把学校安全稳定工作作为头等大事来抓，积极创建平安校园，创优学校安全发展环境。一是严格落实安全责任。先后出台了《关于调整泽州县教育系统学校安全领导组暨安全工作责任分解意见的通知》《泽州县教育系统公共安全应急实施方案》《泽州县学校安全管理制度》等一系列管理制度和方案，建立了局机关领导干部蹲点包校责任制，各教学区、各学校都结合具体实际健全了安全工作组织机构，实行网格化管理。层层签订安全工作“知责履责”目标责任书，规范了管理职能，构建了安全工作长效机制，并严格按照“党政同责，一岗双责，失责追责”及“谁主管、谁负责”的原则，认真落实责任。二是认真开展隐患排查治理。制定了《泽州县教育局关于开展全县学校安全工作大检查专项行动的通知》，按照“全覆盖、零容忍、严执法、重实效”的总要求，坚持一天一排查，一周一反馈，一月一小结，每月召开一次安全工作会议，报送一次安全工作信息，交一份安全隐患整改报告，做到隐患早发现，早整改。开展了“百日排查整治”及校车安全专项排查集中行动，加强了学校安全管理，强化了学校及周边环境综合治理，全县中小学重大安全责任事故为零。三是持续加强安全教育。坚持安全教育进教材、进课堂、进头脑，校校建立了安全教育信息平台，学生人人建立了注册账号，网上安全教育工作扎实有效。注重安全应急演练，每月开展一次安全应急演练，演练做到有计划、有总结、学生有体会。持续加强安全业务知识培训，组织开展了“安全教育日”“安全生产月”“119消防日”等安全教育活动，提高了广大师生的安全素养和自我防范能力。2016年6月，晋普山学校车彩霞老师参加了全县安全忠诚卫士演讲比赛，获得了二等奖和最佳语言表达奖。四是不断强化“三防”建设。各学校认真落实人防、物防、技防“三位一体”的防控措施，校园重点区域监控做到全覆盖，学区所在地中心小学以上学校建立了警务室，教学点都建立了门卫室，校校有专兼职安保人员。2016年县政府投资610.2万元，为学校配备了263名专职保安，安装了5747监控探头，购置保卫器件3375件。三防建设总计投资1615万元。泽州县第一中学等7所学校评为省级平安校园，巴公中学等15所学校评为市级平安校园；县职业中学、南村中学、成庄矿小学、晋庙铺中学被评为省级防震减灾示范校。县教育局被市、县两级政府评为“综合治理先进单位”。

师资队伍

教育局始终把立德树人、人才强教作为提高教育竞争力的核心工程来抓，打造了一支师德高尚、业务精湛、结构合理、充满活力的教师队伍。师德建设持续深入开展。2016年2月在全县教职工中开展了师德师风集中教育整顿活动，解决了个别教职工中存在的思想涣散、工作飘浮、纪律松弛等问题。组织开展了校长教师专业标准专题学习和师德师风专项整治活动，引导广大教师践行社会主义核心价值观，争做有理想信念、有道德情操、有扎实学识、有仁爱之心的“四有”老师。不断加强师德考核工作，教职工年度考核实行师德一票否决。教师队伍管理不断强化。有序推进县管校聘改革工作，进行了新一轮岗位设置，实现了由身份管理向岗位管理转变，将教师专业技术结构比例核实到中小学校，做到了城乡比例基本相当。开展面向社会教师资格认定工作，83人取得教师资格，拓宽了师资来源渠道，为3107名在职、离退休教师申报了乡村学校从教30年教师荣誉证书，为在乡镇工作的教师发放了每人每月300元乡镇工作补，为市级特级教师、省学科带头人、省教学能手和骨干教师发放了每人每月150~300元岗位津，为县备案代课教师每人每月增加300元工资，审批发放了原民办代课教师教龄补贴。健全教师长效补充机制，在泽州县村官中招聘31名教师，接受了3名免费师范生和8名“三支一扶”大学生，安排了15名基层购买服务岗位，全部补充到农村中小学校任教。接受了巴化、大煤、莒山、六〇一三厂所厂矿子弟校移交教职工人员102名，其中在职教职工74名，退休教职工28名。积极开展校长教师交流工作，全县初中、小学教师，交流比例分别达11.2%、14.9%，初中、小学校长交流比例分别达到53.9%、23.7%，泽州县第一中学派出70名教师到农村高中学校兼职支教，东下村、南河西、大箕等教学区派出了115名教师到缺编学校全职支教。改进校长教师考核工作，采取平时考核和阶段性考核相结合的办法，加大过程考核力度，突出工作实绩考核。严格实行查岗制度，开展“吃空饷”问题集中治理活动，杜绝了“吃空饷”现象发生。师资培养培训全面加强。全县4517名教师参加了继续教育远程网络培训，91名教师参加了“国培计划”，42名教师参加了岗前培训。支持和鼓励教师参加自考、函授等多种形式的学历补偿教育。2016年全县小学、幼儿园教师专科以上学历分别达96.5%和98.5%；初中教师本科以上学历达74.5%；高中教师本科学历达99%，研究生学历达10%以上。扎实开展语言文字工作，调整和完善了语言文字工作领导机构，并对相关学校拨付了专项补助资金21万元。启动了语言文字规范化示范乡镇创建工作，为李寨乡划拨创建培训经费5万元。组织全县师生开展了“推普周”宣传活动，不断提高广大师生讲普通话、用规范字的水平。晋普山学校创建成为省级语言文字规范化示范校，县职中创建成为省级规范汉字书写教育特色学校。

党建工作

教育局把抓好党建作为最大政绩，以高度的政治自觉和政治担当，推动“两个责任”落地生根。一是以开展“两学一做”学习教育活动为抓手，抓班子，带队伍。把开展学习教育作为一项重大政治任务，高标杆定位，高起点谋划，高标准开展，高质量推进。认真学习贯彻习近平总书记系列重要讲话精神和中共十八届三中、四中、五中、六中全会精神，切实增强党员干部的“政治意识、大局意识、核心意识和看齐意识”。通过开展学习教育，引导党员自觉按照党员标准规范言行，坚定正确政治方向，严守政治纪律政治规矩，勇于担当作为，在工作、学习和社会生活中起先锋模范作用。二是以加强基层党组织建设为基本保障，推动党风廉洁建设抓在日常、严在经常。把党风廉政建设和教育工作相结合，做到了同部署、同落实、同检查、同考核。坚持标本兼治、综合治理、惩防并举、注重预防的方针，深入开展了“四讲四有”专题研讨会和民主生活会，组织开展了党风廉政教育、警示教育、政风行风评议、干部廉洁自律承诺等活动，广泛接受群众监督。认真学习贯彻市七次党代会和县党代会精神，局领导对机关党员干部进行了专题辅导，并参加县委宣讲团赴沁水宣讲，在全县教育系统掀起“学习党代会精神，争做大发展标兵”的热潮，着力营造政治生态的“绿水青山”。三是以强化机关效能建设为切入点，转变作风，优化教育行风。按照“规范、高效、便民”的要求，进一步推进了学习型机关、服务型机关和节约型机关建设。局领导深入各科室和广大干部职工交心谈心，为机关修缮了厨房、厕所、会议室和党员活动中心，美化了办公环境，调动了广大干部职工的工作积极性。积极化解信访案件，做到事事有落实，件件有回复。2016年，办理政协、人大代表提案议案共43件，其中政协提案21件，人大建议22件，办理满意度达100%。进一步加强教育宣传工作，创建了“泽州县教育局”微信平台，并充分利用各类媒体，大力宣传教育政策，传达正能量，营造了风清气正的教育行风。2016年，教育局机关荣获市级文明单位称号。一年来，通过全县上下的共同努力，顺利完成了创建“全国义务教育发展基本均衡县”的任务，实现了泽州教育发展史上具有里程碑意义的目标，为泽州经济社会发展做出了积极贡献。在新的征程中，将继续锐意进取、改革创新，不断创造更加辉煌的成绩，办好人民满意的教育，为泽州经济社会发展做出更大贡献。

教师进修校

2016年，泽州县教师进修学校主要做了以下工作：

(一) 加强理论学习，强化“两学一做”，党建工作再上新台阶。①加强政治理论学习，全面提升党员干部和教职员工的政治素养。②强化“两学一做”教育，全校党员干部教职员工“四个意识”明显增强。③完善责任追究机制，党风廉政建设取得新成效。④多措并举，齐头并进，党建工作有序开展。

(二) 加强科学管理，完善激励机制，业务工作再创新成效。①培训工作。根据《泽州县教育局关于举办新任教师培训的通知》(泽教发〔2016〕60号)，于9月26日至9月29日，对村官转教师岗位的人员、“三支一扶”人员、免费师范生共40人进行了为期一周的培训；根据《泽州县教育局关于举办2016年普通话培训工作的通知》(泽教函〔2016〕86号)，于11月15日—17日、11月23日—25日、11月30日—12月2日举办了三期460名教师参加的普通话培训工作；1月18日通过了省考核组对2015年泽州县中小学幼儿园教师信息技术应用能力提升工程的验收，受到与会专家、学者的一致好评；“国培计划(2016)”——山西省乡村中小学教师培训项目，共48人：中小学校长10人、村小教师访名校19人、初中骨干教师访名校16人、特教短期集中培训2人、国培项目培训管理者1人；“幼师国培(2016)”——山西省乡村幼儿园教师培训项目，共计28人，其中：幼儿园实践指导教师培训1人、幼儿园实践基地园园长培训1人、幼儿转岗教师培训2人、幼儿园园长短期集中培训4人、幼儿园骨干教师访名校20人；“国培计划(2016)”——示范性项目学员选派工作安排，共16人参加培训：专职培训团队研修项目2人、紧缺领域骨干教师培训2人(学前教育骨干教师培训项目1人、体育美育骨干教师培训项目1人)、教师工作坊高端研修项目12人(小学语文6人、小学数学6人)；完成“国培计划”(2015)——中小学信息技术应用能力提升工程线下研修和实践测评。全县有3578名教师参加此项活动，最后3576人合格，合格率达99.9%；

全县中小学幼儿园教师继续教育全员培训工作。②学科带头人、骨干教师考核工作。根据《晋城市教育局关于对2016年任职期满的省级学科带头人、骨干教师续聘考核的通知》(晋市教师字〔2016〕号),于11月23日对符合条件的教师进行了考核,并将考核结果报送市教育局师训科。③语言文字推普工作。④后勤管理工作。

泽州县第一中学

概述

2016年,泽州县第一中学按照县委、县政府"双一双五"年度工作重点以及教育部和省市县教育部门的年度工作要点,全面贯彻党的教育方针,依法治校、民主管理、立德树人、改革创新,大力实施"一三四三"年度工作计划,"十三五"规划编制基本完成、校园环境全面改观、办学条件明显改善、课堂教学改革创新推进、教育教学质量节节提升,当年高考二本B以上达线人数再创新高,达到722人(其中达一本线160人)。教师专业素养不断提高,全年发表、获奖论文达30多人次,参加省基础教育"三优工程"评选等活动荣获各类表彰43项,特别是当年11月,地理、物理、英语三个学科参加市示范高中课堂教学团体赛,荣获总分一等奖、地理和英语学科一等奖、物理学科二等奖、个人获得4个一等奖、5个二等奖。学生参加县市运动会、演讲比赛、征文比赛等活动斩获各类荣誉30多个。学校被共青团中央表彰为"全国'五四'红旗团委",先后获得"中科教育"杯晋城市青少年中华经典古诗词挑战大赛优秀组织奖、晋城市第三届中小学生足球比赛高中组第六名和体育道德风尚奖、泽州县艺体工作先进集体、"中华魂"主题演讲比赛优秀组织奖等荣誉,经过全校师生一年的辛勤努力,学校办学水平更具"高质量、有特色、现代化、多样化、示范性"。

队伍建设

2016年9月19日,学校新一届领导班子正式建齐,五名班子成员从自身做起,率先垂范、精诚团结、服务大局,带领全校3000多名师生员工,"讲人本、讲秩序、讲师德、讲品位、讲境界、讲实绩",牢固树立"大局意识、发展意识、责任意识、结果意识",严谨、细致、认真、扎实地推进了学校的各项工作,开启了学校发展的新纪元。11月4日,学校党总支召开了党员大会,选举产生了第二届党总支委员会,12月9日,4个党支部也分别完成了换届选举工作,完善了组织建设,强化了党组织在学校发展中的组织保证和政治保证作用。学校党总支在坚持"三会一课""党务公开"等组织制度的基础上,组织全校党员开展了"两学一做"教育活动,采取集中学习与个人学习相结合、座谈交流与民主生活会相结合的形式,学习了《中国共产党章程》、习近平总书记的系列重要讲话、中共十八届六中全会精神和省市党代会精神,增强了党员的理论素养和政治素养;学习了《习近平关于严明党的纪律和规矩的论述摘编》,参加了"三学六守九严禁"警示教育月活动,开展了"党总支书记讲一次党课、召开一次警示教育月活动、开展一次专题学习、观看一部领导干部违纪违法典型案例警示教育片、记一条廉政箴言、开展一次廉政谈话"等"六个一"活动,增强了党员的纪律意识和廉政意识;3月19日组织全校党员牺牲周末休息时间到207国道原家段上行线开展了“清一片垃圾”活动，彰显了党员的大局意识和奉献精神。

教学改革

一年来，学校牢固树立质量意识，紧抓提升质量的牛鼻子，落实教学常规、继续实施课堂教学改革，教师的常规意识明显增强，课堂教学模式应用更趋学科化，各年级段教学质量显著提高，高考成绩再创新高，圆满完成了年初制定的教学任务。落实教学常规是提升教学质量的根本保障。泽州县第一中学主要从六方面强化教学常规：一是坚决夯实常规意识，学校在寒暑假培训会、月例会、周教研等各级各类会议上多次反复强调常规的重要性，学校领导多次深入课堂听课、评课，查看教师的教案等常规资料，在教师的潜意识中烙上了“常规必须做、认真做”的印痕，逐渐把做常规变成了一种自觉行动；二是加强常规检查力量，学务处专门增加了1名副主任和1名干事协调各学部主抓教案、课堂记录本、作业批改等教学常规检查登记，督促教师把常规工作落在平时、落在实处；学评处坚持做好常规督课，每天不定时检查教师到课情况，坚决杜绝上课迟到、早退、缺课现象发生，确保课堂40分钟时间高效利用；三是规范常规检查标准，学务处牵头结合学校目前课堂教学实际，出台了《泽州一中教学常规工作管理考核方案（试行）》，规范了常规工作要求，完善了常规检查标准，为教师做好常规提供了参考和指导，促进了学校的教学常规工作进一步制度化、科学化、规范化；四是常态开展教研活动，学研处组织各备课组每周定时开展集体备课活动，各学科组每周五围绕教学进行“两课一议”集体教研，教研活动真正做到了有计划、有任务、有过程、有记录、有实效；五是重视学生评教效益，学务处每学段都要组织学生评教活动，对教师的教、辅、批等常规落实情况进行民意调查，并及时将结果反馈教师，并作为教师评模晋级的考核数据之一，进一步促进了教师做好常规工作的自觉性；六是注重教学质量监控，高一、高二年级实行段考制，高三年级实行月考制，学校逢考必评，认真组织教师进行教学质量分析和反思，修订出台了《教师及班级教学成绩综合指数计算办法》。组织从事过多年高三教学的高级教师成立了高三年级课堂教学质量监测和调研专家组，全程参与指导高三年级复习备考工作。实施课堂教学改革是实现高效课堂的重要途径。泽州一中作为山西省高中课改名校，不仅要秉承课改精神，更需要有创新、有突破。围绕课改，主要做了六方面的工作：一是尝试教学模式学科化，每个学科结合各自学科的课程特点，对“学导螺旋发展大课堂”教学模式的环节进行了整合、优化，3月各学科组利用两周的时间开展了学科研讨课，通过观课议课，基本商讨形成了实用、精炼、高效的学科教学模式，实现了教学模式学科化，学科模式特色化；二是教师课堂晋级持续推进，4月18日至4月28日组织了“达标课”评比活动，5月24日~5月26日进行了高一、高二教师“二星级课”评比。最终评出了25名“达标课”教师，8名“一星级课”教师，19名“二星级课”教师，12月8日又举行了上届高三教师的“二星级课”评比。晋级活动中，每位教师紧扣课程标准，认真进行课堂设计，细化三维目标，依照学科教学模式进行授课，既发挥了教师个人教学特长，凸显了学科教学特色，更推进了学校课堂教学模式的突破与创新；三是定期开展校内公开课，9月组织开展了学部“好课观摩研讨”活动，每个学部九大学科教师进行讲课晒课，学部主任带领团队观课议课学习，进一步提升了学部教学团队力量。研究生教师是学校一股新生力量，为了引导研究生教师刻苦钻研教学基本功，进一步提高职业技能和综合素质，学校在10月中旬举办了研究生教师教学基本功大赛活动，对在岗的68位研究生从教学理念、教学设计、课堂组织、语言表达、板书板图、信息技术应用、说课等方面进行了考察、评比，最后评出了一等奖9人，二等奖13人，三等奖20人。以评促学，促进了学校青年教师的专业发展；四是重视参加校外公开课，11月组织地理、物理、英语三科教师组队参加了市教学团体赛，学校承办了地理学科团体赛，各参赛教师充分发挥学科团队的集体智慧，在讲课、说课、评课等环节精心设计，认真参赛，最终地理和英语学科荣获一等奖，物理学科荣获二等奖，向全市展示了学校教师的实力和风采。学校教师参加“一师一优课、一课一名师”活动，10位教师获得县优，1位获得市优，5位获得省优，3位获得部优；五是积极组织培训交流，校内，在寒暑假期间，集中教师举行了师德师风教育暨教育教学业务工作校本培训大会，加强了教师的工作作风和业务能力。校外，先后受中国教师报邀请派张志鹏、刘瑞琴、张颖等教师到内蒙古乌兰察布市做了课改中期诊断交流，受河南省巩义市中学邀请派吉跃芳、任素云等6人参加了“晋冀豫课型共创”活动，9月中旬原海香、刘强强2位老师参加了晋城市教育援疆团赴新疆生产建设兵团第六师芳草湖总场中学进行了教学交流，11月10日芳草湖农场22名教师到学校做了回访观课。另外还多次派各学科教师到太原、长治参加了高考备考培训、学科年会，组织教师参加了2016年继续教育培训，多次邀请备考专家、心理专家来校给学生培训，与教师交流。经过培训交流，开阔了教师视野、更新了教育理念、增强了教学能力，也为学校课改如何突破瓶颈提供了很多借鉴；六是注重课题引领，10月24日，省电教馆组织专家对学校承担的教育部“以学生为中心的‘组组通’教学模式探索”和山西省“基于‘人人通’环境下的中小学生学习模式实践研究”两个课题进行了验收，省电教馆郝新春馆长对学校课题实践取得的成绩表示肯定，又针对两节“人人通”课程汇报课提出了自己独到的见解和建议。该课题经过三年多的探索实践，师生信息素养明显提升，将信息技术应用于课程学习的智慧课堂已现雏形，校本资源库建设初具规模，当年，学校又积极准备在2016级高一开设两个“人人通”实验班，继续推进课题深入开展，顺势、应时、识变加大教育信息化、校园智慧化建设步伐，加快信息化助推学生学习方式转变的探索，为深度推进课堂教学改革提供信息化支撑。另外，学校承担的山西省跨学科、跨课程项目学习的研究和基于学生自主学习的微课（视频）资源建设与实践应用两大课题也正在积极推进，新组建了课题组，将进一步扎实、高效地推进课题研究。

立德树人

泽州县第一中学按照“104262”德育总思路，切实把立德树人作为教育的根本任务，坚持“规范+养成、自律+诚信”特色，全面实施“123”德育工作计划，基本完成了“抓好两支队伍，办好三所学校，开展五项教育，增强五种能力（意识）”工作任务。①抓好两支队伍：一是教师德育队伍，班主任是德育工作主力军，班主任整体素质的高低直接决定着学校教育水平的高低。学校高度重视班主任队伍建设，从督促班主任做好常规工作着手，修改了班主任常规考核制度，坚持每周召开一次学部德育教研，每月召开一次学校德育研讨会，每学期至少举行一次班主任专业化发展汇报交流活动、魅力班会评比或班主任工作论坛，让班主任在探索、研究、展示、分享、反思中把握了班主任工作重点，明确了班主任工作方向，提高了班主任工作效果；二是学生德育队伍，学生会、团组织、班委是德育工作的生力军，学校按照“学校搭台，学生唱戏”的思路，举行了学生会换届选举、学生干部培训大会，增强了学生自我管理能力，工作中充分调动学生自我管理意识，出色地完成了校园广播、班会策划、达人秀活动和社团活动组织、校园文明监督等工作，有效地提升了德育工作效益。②办好家长学校、学生团校和学生党校三所校中校。家长与学校形成合力是办人民满意教育的重要保障。泽州县第一中学坚持做到每年组织一次家长心理教育讲座，4月23日，“知心姐姐”卢勤应邀在学校操场为学生和家长作了《如何把孩子培养成财富》的主题讲座，帮助家长了解了孩子的成长规律，指导家长如何以孩子为本，培养出有责任心、有爱心、自立自主的孩子，提高了家长的家庭教育水平。11月25日召开了家长委员会换届选举大会，产生了第十届家长委员会，形成了监督学校运行的新机制。学校坚持每年开展一次家长开放日活动，每学期召开一次班级理事会，建言学校发展，每学段召开一次家长会，沟通学生教育，汇报学校工作，增强了家长与学校的互信、互联、互通。学生团校对新入团学生进行了团员意识教育，举行了团干业务培训，双周组织召开主题团会，加强了青年团员的政治教育和健康成长意识。学生党校在5月12日，举行了第十一期129名学员结业暨第十二期90名学员开班典礼，对优秀团员进行了党的基本知识和最新政治动态培训，为党的事业输送了一大批德才兼备、品学兼优的合格人才。③开展五项教育，增强五种能力（意识）。一是重视开展理想信念教育，组织学生广泛举行了“让志愿者与雷锋同行，走进晋城福利院”活动、“清明节扫墓活动”、“成人宣誓仪式”、“中华魂”主题教育活动、“践行社会主义核心价值观”征文比赛等，激发了学生爱党、爱国、爱校的情感，增强了学生的思想道德素养和“中国梦”意识；二是重视开展感恩教育，先后举行了以“师生情、父母恩、同窗谊、远航梦”为主题的2016届毕业典礼仪式，庆祝建校22周年“新征程、展风貌、迎校庆”主题手抄报比赛，母亲节、父亲节系列活动，增强了学生的奉献精神和责任意识；三是重视开展法制教育，举行了高一新生军训教育、学生“一日常规”教育、

"学宪法、讲宪法"活动，增强了学生的尊法守纪意识；四是重视开展安全教育，认真落实安全一日常规，牢固树立"安全 × 工作成绩 = 工作绩效"的理念，完善安全制度，健全安全预案，强化值班制度，人人签订安全目标责任书，定期举行了应急防震避震逃生疏散演练活动和消防安全教育系列活动，增强了师生的安全意识和自救能力；五是重视素质教育，常态开展了社团活动，举行了春季田径运动会、"明信片设计大赛"、"叶圣陶杯征文比赛"、"班歌、校歌合唱比赛"、"百科知识竞赛"、"主持人选拔赛"、"迎新系列活动"、"科普进校园"等活动，为学生搭建了展示平台，增强了学生的综合能力。泽州县第一中学在注重办学效益提升的同时，也积极参与扶危救困、帮扶弱势群体工作。泽州县第一中学根据政府、社会、家庭的需要，积极开展了五项帮扶工作：一是关爱贫困生，做好了慈爱阳光班、国家助学金、"两免一补"、贫困大学新生、中央专项彩票公益金滋蕙计划等资助工作，全年受助学生2388人次，受助金额总计24632.5万元，保障了贫困生的受教育权；二是帮扶贫困校，根据省市教育部门关于省级示范高中对口帮扶贫困县普通高中工作要求，泽州县第一中学从2016年起，集中三年时间，帮助陵川县平城中学教育脱贫，帮助平城中学在多样化人才培养、教育研究、队伍建设、学校管理和文化创建等方面上一个新台阶；三是帮扶贫困村，根据县委下乡办党员干部驻村精准扶贫工作安排，2016年学校重点帮扶了南岭乡安岭村，通过学校领导和村两委的辛勤努力，安岭村顺利完成了水池修建和入村道路路基拓宽工程，并开通了村里到磨滩水库景区的道路，为今后村民脱贫致富拓宽了渠道。四是落实干部入企工作，9月至11月，泽州县第一中学积极响应县委、县政府干部入企服务工作安排，选派张前亮副校长参加入企服务小组，深入县重点企业天巨重工，力所能及为企业解决了交通运输等限制企业生产运营的问题，帮助企业优化了发展环境；五是教职工积极参与"送温暖、献爱心"等社会慈善事业，共捐款12750元，为该县2016年遭受严重风雹、洪涝等自然灾害地区的人们奉献了一份爱心。

标准化建设

2016年，泽州县第一中学积极推进普通高中标准化建设，对照《山西省中小学后勤装备基本标准（试行）》（晋教基〔2014〕23号）和《山西省普通高级中学办学基本标准（试行）》（晋教基〔2014〕48号），认真整改落实，着力做了三方面工作：一是实施了功能室升级改造工程，完成了物理、化学、生物实验仪器的分类整理，在实验楼重新建立了图书室、阅览室，建设了音乐、美术、舞蹈等功能室，装配了通用技术实验室、视频会议室，把旧餐厅改造成了文体中心，改善了教学条件；二是实施了校园环境整治工程，对逸夫楼和前院地面进行了整修，重新粉刷了原有楼群墙体，封闭了逸夫楼阳台，改造了逸夫楼和宿舍楼的暖气，完善了逸夫楼的消防系统，为学生处、学部办公室配备了沙发，改善了育人环境；三是实施了校园文化提升工程，规范整理了档案室，建立了荣誉室，新教学楼前安装了校园宣传橱窗，前院竖起了大电子屏，创建了学校微信公众号，线上线下多途径拓展了学校宣传窗口。经过一年的努力，学校在校园环境、设施设备等方面有了重大改观，办学条件向现代化、标准化迈进了一大步。12月15日，市教育局专家组对学校高中办学条件标准化建设情况进行了评估验收。

泽州县第二中学

2016年，泽州县第二中学认真贯彻落实党的教育方针，准确把握新时代教育改革的方向，坚持“高标准、有品位、有内涵、有新意”的工作思路，勇于创新、不断奋进，各项工作都取得了优异成绩。一是加强队伍建设，强化师德建设。建立一支组织有力，雷厉风行，执行力强的管理队伍是该校2016年的第一要务。经过调研，针对学校管理队伍中存在的问题，提高工作效率，首先改组了校委会和校务委员会，理顺了校长－副校长－中层领导－年级组的管理体制，校级领导分管各处室工作，做到了分工明确，权力下放，落实及时到位。其次，为发现新人，培养新人，从班主任队伍中启用了一批年轻有为、敢于担当、肯吃苦又能干的教师吸收到管理岗位上来，充实到各处室，为学校管理注进了新鲜的血液，提高了服务能力，使管理队伍向年轻化、专业化转变。第三，为了加强政治和业务学习，领导班子成员积极参加“两学一做”学习教育活动，基础在学，关键在做，学要带着问题学，做要带着问题改，坚持学用结合，知行合一，着力提升管理人员的思想作风、工作作风、纪律作风等方面的素养。第四，在师德师风方面，大力开展师德师风教育主题活动，“铸师魂，转作风 守纪律 提效率”，着力解决教师队伍中存在的突出问题，进一步规范了全体教师的从教行为，使全体教职员工端正思想、务实工作、慎行守纪，形成了风清气正、乐于奉献、积极向上的育人氛围。第五，减少学校不必要的会议，转变会风，坚持定期汇报制度，分管校长和各处室主任在管理人员会议上汇报当月工作，及时总结在学校管理和教学教研中的做法和存在问题，及时改进工作，切实解决了管理人员中思想涣散、工作漂浮、纪律松弛等问题，确保了各项工作稳定有序的开展。二是注重检查落实，规范常规管理。常规管理是全面提高教学质量的基本保证。为此，学校首先完善学校的各项规章制度，实行责任追究，重新修订了《教职工请销假制度》《中高考奖励制度》《中高级职务评审的有关规定》等制度，做到有章可依，依法治校。在工作上真抓实干，实行领导包组，求真务实，重结果，要效果，注重检查落实，反对形式主义，对教学的每一个环节，备课、上课、辅导、作业批改、质量检测等工作都落到实处，采用多种形式，定期不定期对常规工作进行检查评估。为此，学校成立了督导组，由三个副校长带队，抽调认真负责的中层领导，三人一组，轮流对教学工作进行督查，做到每周一公布，每月一小结，促使教师改进工作作风。进一步加大考核力度，建立激励机制，提高办事效率，奖惩分明，奖勤罚懒，对守纪律，讲规矩的老师进行表彰，对工作不负责任，不遵守纪律的老师进行个别谈心，使精细化管理落实到了学校管理的各个层面，学校管理工作上了一个新的台阶。三是深化教学改革，提升教学质量。教学质量是学校的生命线，而教学工作是学校的中心工作，一刻也不能放松。第一，校长深入教学一线，和老师们一起参加听评课和教学研究，以研促教，以研促改，通过每周一次教研，积极探索新教法、精心设计教案、反复研修讨论，不断创新教研活动的新模式，大力开展公开教学活动，要求人人讲公开课，采用同课异构方式，进行教学交流，提高课堂效率，促进了教师的专业成长。第二、加强校际交流。2016年，该校与晋城一中结成友好帮扶学校，每学期派出5–8名骨干教师到一中交流学习一学期，还先后派出近百名教师去参加晋城一中的听评课活动，一中每月派老师到该校举办讲座，对师生进行培训，“走出去、请进来”，教师受益匪浅，极大提高了教师的教学水平。第三、实行文化课班和艺术班捆绑评价的模式。为便于教学管理，同时保证专业课学习，重新组合艺术班，一套老师代一个文化课班和一个艺术班，按照成绩平行分班，实行捆绑评价，极大提高教师的工作积极性，也拓宽了艺体特色之路。第四、加大教育信息化建设，定制了学科网和组卷网，推行电子备课，大力开展“一师一优课，一科一名师”晒课活动。进行微课培训，开展微课制作比赛，探索网络教研的新路子，实现资源共享，进一步灵活运用教学模式，继续深化“四清教学法”，改革日清、周清方法，抓重点生和目标生，重过程，抓落实，力求实效，课改不断深入，学校的微课晒课数量在全县名列第一，得到了县教育局的表扬。经过师生的奋力拼搏和不懈努力，该校2016年高考二本B以上达线101人，其中一本43人，二本58人，达线人数首次突破百人大关，创历史新高，取得了十多年来最好的成绩，获得了泽州县“教学质量进步奖”“课堂教学改革先进集体”“艺体工作先进集体”等荣誉。四是创新德育教育，创建平安和谐校园。坚守正确的育人方向，坚持“一切为了学生”的教育理念，大力推行素质教育，以立德树人为己任，狠抓养成教育，注重对学生思想品德的培养，养成健全的人格，使学生树立正确的人生观和世界观。扎实开展各项活动，潜移默化，寓教于乐，润物无声，在学生中开展了“安全在我心中”、“网上祭英烈”、“我的中国梦”“古诗词大赛”“汉字听写大赛”等主题教育活动。该校还开展为身患骨癌的孙祁悦同学的爱心募捐活动，师生总计捐款2.75余万元，为她献上一份爱心。大力开展学生社团和兴趣小组建设，学生体育队、合唱队、舞蹈队、管弦乐队，美术班、书法班、校园广播之声等，为学生的发展提供了广阔的舞台。成功举办了第十三届田径运动会，紧张筹备庆祝建校60周年元旦文艺汇演。在市第十八届学生艺术节上，该校的合唱取得了二等奖，体育队在县运会上连续十多年夺冠，在市篮球运动会获第三名。该校学生参加县关工委组织的“中华魂”演讲赛，三名学生分别获得一、二、三等奖，还被晋城市人民政府评为“低碳示范校”，为建设低碳环保社会贡献出了自己的一份力量。学校安全稳定关系到师生的生命财产安全，是一项长期性、经常性的工作。本着“安全第一，预防为主”的原则，时刻保持高度的警惕，警钟长鸣，常抓不懈，利用每周一的升旗仪式、主题班会和班主任例会，对学生进行安全教育，学校与班主任、家长层层签订了安全责任书，实现安全教育和管理经常化，安全检查和演练常态化。通过每月一次的安全演练，切实提高了师生的安全防范意识和防灾避险能力，树立了“阳光自己每一刻，关爱他人每一天，健康幸福过一生”的意识，做到防患于未然，确保了学校的和谐平安。五是关注教工民生，改善办学条件。在学校工作中，对教职工要严格要求，在生活上、情感上给予教职工关怀。时时处处为师生着想，全心全意为师生服务，2016年的重点工程是师生宿舍、厨房装修和配套工程，投入上百万元，改善师生的生活、学习和办公条件，维修教师宿舍，全部更换了教学楼和综合楼的照明设施，安装了十套电子白板，更新了40台笔记本电脑。提高师生饭菜质量，年级组配备饮水机，免费分发纯净水，解决了教师的后顾之忧，浓浓的人文关怀，使学校人际关系和谐，师生的精神面貌也发生了质的变化。

泽州县高级职业中学

2016年，泽州县高级职业中学在县委、县政府和县教育局的关心指导下，领导班子开拓进取，团结协作，紧紧围绕年初工作目标，恪尽职守，努力工作，圆满完成了各项工作目标和任务。(一)强化制度建设，成立工会，实现人性化管理。1.建立健全各项规章制度。为了深入贯彻落实科学发展观，全面贯彻党的教育方针，以服务和促进教育科学发展为目标，制定新的《泽州县高级职业中学校教学常规管理细则》、《泽州县高级职业中学校教师考勤管理细则》、《泽州县高级职业中学校顶岗实习教师管理细则》、《泽州县高级职业中学校顶岗实习学生管理办法》等系列制度，充分调动了广大教师的工作积极性、主动性和创造性，促进学校教育教学科学发展。2.成立工会，实现人性化管理。为了让学校的管理更加公开、透明，让老师们的切身利益得到公平、公正地对待，真正体现以人为本，10月，通过民主选举，成立了教代会。11月举行了工会换届选举。这两项工作的完成，有利于学校各项管理工作的开展，比如教师评聘职称和量化考核，教工代表全程参与，整个过程公开、透明，确保结果公平、公正。(二)推进课堂教学改革，提高教育教学质量。2016年，该校进一步深化课堂教学改革，积极搭建交流平台，构建和谐高效课堂。一是以教研组为单位大力开展集体备课、听课、说课、评课等教研活动，推出各学科的“优质课”；二是开展全校性的公开课和示范课活动，充分调动了广大教师苦练教学基本功的积极性，课堂效率得到普遍提高；三是积极承担片际教研活动，由各兄弟学校教师听该校教师作课后进行点评，促进教师讲课水平进一步提高。通过这些活动，教师们一起学习，互相交流，共同进步。教学方法大有转变，教学效果明显提高。四是积极召开高考、中考百日冲刺誓师大会和质量分析会，进一步营造学习氛围，鼓舞师生士气，赢得高考、中考的新胜利。53人参加对口升学，本科达线45人，升学率在全市同类学校名列榜首。139人参加中考，被晋城一中录取13人，晋城二中4人，泽州一中20人，成绩居全县前茅。同时，在山西省第十届中等职业学校技能大赛中，取得优异成绩。(三)抓好教师队伍建设，推进教育转型发展。1.加强师德师风建设。本学年，学校分春、秋两季召开“师德师风集中教育整顿动员大会”并制定《泽州职中师德师风教育整顿活动方案》，以领导包干到组的形式，深入细致地开展师德师风自查整顿活动。通过自查，反思，强化全体教师为师者身示范的职业素养，提升教师们爱岗敬业、服务学生、奉献教育的道德修养。同时组织全体教师学习上级部门的文件精神及教育政策、法规等，让教师深刻领会上级部门的文件精神，提高教师的政治觉悟，进一步加强教师职业道德建设，强化教师的法律法规意识，做到依法执教。通过师德师风教育，学校打造出一支敬业爱岗、乐于奉献的教师队伍。2. 积极推进教师队伍转型。学校多举措推进专业教师建设。一是实行“请进来、走出去”的方式，不断加强教师专业能力培训。二是从“以人为本”“可持续”科学发展的高度，学校坚持走“教师专业化发展”的道路，大力推进文化课教师向专业教师转型，提升教师业务能力，全力打造一支专业化、年轻化、能吃苦、能奉献的学习型、研究型教师队伍。(四) 丰富校园文化活动，促进学生良好行为习惯养成。1 . 狠抓养成教育，加强学生管理。利用升旗、班会、晨夕会，积极开展养成教育，让学生养成遵纪守法的习惯；抓好学生日常行为习惯的养成教育，从小事入手，从一点一滴做起，培养良好的行为习惯，注重个性化、人格化的教育。形成一大批看得见，摸得着，做得好的习惯，确实外化在学生的行动上，内化到学生的素质中。同时，结合学校德育工作，以创建“和谐校园”、“文明班级”为抓手，结合重大节日、纪念日，开展诚信教育、社会主义价值观教育、集体主义教育，开展法制教育等系列主题教育活动，让学生在锻炼中接受教育，在活动中展现自我，增强爱祖国、爱家乡、爱学校的热情。2 . 开展社团活动，丰富校园文化活动。学校继续开展以体育、艺术、技能为主的第二课堂活动，开展社团活动。成立了机电、烹饪、管乐、篮球、书画、舞蹈等兴趣小组，组建了学校礼仪队、田径队、篮球队，开展了篮球赛、书画赛、手抄报比赛。还组织参加了县级征文评选活动和市、县中学生田径运动会。各种活动地开展极大地满足学生个性化学习需要和兴趣，丰富了校园文化生活，陶冶了情操，使学生各方面的能力得到了锻炼和发展。(五) 突出安全工作重点，杜绝安全事故的发生。1. 成立安全工作领导小组。加强管理，统一指挥，统一安排，统一组织，做到每项安全工作有人管，人人都承担安全责任，形成群防群治的良好局面。同时加强检查督促，定期对学校的建筑、教学设备、电器线路、活动场所，体育设施等进行全面的检查清除安全隐患，发现问题及时处理。2. 建立安全责任和管理机制，制定了年度安全管理和安全教育计划，将安全教育纳入学校教学内容，定期不定期开展安全教育活动，如举行“反校园欺凌”动员会、邀请县交警大队开展“交通安全常识讲座”、邀请县检察院进行“法制安全知识教育”、开展应急疏散演练等活动，同时通过学校 LED 显示宣传标语、各班黑板报和学校宣传栏定期出安全知识专栏、通过每周的晨会讲话、主题班会等形式，向师生宣传交通、用电、食品卫生、防溺水、防火、防震等安全知识，这一系列宣传活动，有效地丰富了我校师生的安全知识，使安全工作深入人心，提高了全校师生应对危机的能力。(六) 结合市场调整专业设置，广开渠道促职教宣传。1. 线上、线下多效结合，广开职教宣传渠道。上半年，学校为了加大招生工作宣传力度，组织成立了泽州职中校园编辑部，开办《泽州职中校报》，开通泽州职中微信平台，利用传统与新媒体结合宣传该校专业特色，并组织教师分片宣传、入村招生等多种形式宣传职教政策，多渠道促进招生。2. 调整专业设置，加强校企合作。3月下旬，校长亲自带队先后到太原、温州进行专业考察，针对市场需求，对学校专业设置进行适当调整。先后和滁州立讯电子有限公司、昆山联滔电子有限公司、苏州佳士达电子有限公司、康伟汽车服务有限公司等企业签定校企合作协议。坚持产学结合，以就业为导向，从实际出发，想方设法拉近学生与岗位，学生与企业的距离，为企业和社会输送真正有能力、有价值的合格毕业生。(七) 改善校园环境，做好后勤保障。1. 加强校园网建设。3月，学校在原有校园网的基础上，将学校微信公众号与校园网绑定，强化信息更新投放，校园网站成为展示学校风采和外界了解学校的重要窗口。2. 加强校园文化墙建设。为进一步加强了校园文化墙建设，学校开展了“政策法规进校园”、“廉政文化进校园”等文化宣传活动，并组织各专业教师设计“专业技能文化墙”。校园文化墙融知识性、教育性、艺术性于一体，达到了“润物细无声”的教育目的。3. 加强基础建设。一是改善教师办公条件。上半年将教学楼、办公楼房间进行整合，设立班主任集体办公室、教师集体休息室，暑假期间又投资25万元维修了教学楼、实训楼楼顶，改造教研组内墙并粉刷装修办公楼和实训楼茶艺室，整体改善教师办公和住宿条件。二是加强实训基地建设。积极投入实训建设，先是投资135万元新建计算机网络实训实验室，后又重点投资建设机电实训基地。机电实训基地预设投资230万元，到年底已投资88万元。4. 财产清查工作做细做实。为加强学校公物财产管理，做好学校资产清查工作，制定了《财务支出管理办法》和《办公用品的管理及规定》等制度，并定期召开财产管理员会议，加强责任意识，在管好物的同时，发挥周转使用率，为教育教学工作提供服务和保障。

科　技

概述

2016年，泽州县科技局以中共十八大和中共十八届三中、四中、五中、六中全会精神为指针，着力实施创新驱动战略，紧紧围绕县委、县政府的中心工作，以科技需求为导向、以科技创新为主线、以科技项目为核心、以科技服务为抓手，不断优化科技创新环境、健全科技创新机制、完善科技创新体系、搭建科技创新平台、加大科技创新投入，使得泽州县产业科技创新能力显著提升，科技事业呈现蓬勃发展之势。

项目建设

2016年，该局通过发布科技项目申报指南，对科技项目资源做到早摸排、深挖掘，采取电话联系、走访企业、组织调研、召开座谈会等多种形式，近距离与工、农企业沟通和询问，深入了解企业需求。对企业的项目申报材料，安排专人逐项精细指导、认真审查，力求甄选的科技项目技术创新强、科技含量高、产品附加值高、市场前景广阔，切实对全县经济发展起到推动和促进作用。

进一步加大科技计划项目过程管理，严格按照《泽州县科技计划项目管理办法》规定，规范项目的申报和管理，及时组织专家组进行评审，做好项目资金的使用监督管理，提高科技资金使用效率，确保科技项目出成果、出效益。2016年下达了科技项目研发资金260万元，共44个项目。其中，工业新技术新产品推广项目5项，扶持资金70万元；林果种植基地建设及栽培技术示范推广项目15项，扶持资金69万元；综合养殖技术示范推广项目17项，扶持资金96万元；作物栽培种植及加工技术推广项目7项，扶持资金25万元。

科技创新

截至2016年年底，全县认定高新技术企业3家，认定省级民营科技企业3家。7家企业建立了技术研发机构，2家研发机构通过省级企业技术研发中心认定。其中，清慧机械制造有限公司通过技术装备制造产业服务窗口平台，形成了“一个网络，四大中心”，建立了检验检测中心、研发设计中心、模具制造中心、人才培育中心和制造业服务平台网络，为全县乃至全市装备制造业提供产品检验检测、研发设计、模具制造、职业培训等技术创新服务。

专利工作

加大知识产权宣传力度。以“4·26”知识产权周、科技活动周等活动为载体，在全县对知识产权方面的知识进行宣传。通过科技赶场、摆摊设点、印发资料等方式，重点宣传了《中华人民共和国专利法》、《专利法实施细则》以及知识产权在经济发展中的地位和作用、申报专利的方法、如何保护知识产权等，多层次、多角度地向广大群众普及有关知识产权方面的知识，在全县倡导尊重知识、崇尚创新的社会风尚。

专利工作取得新成绩。积极引导辖区内企事业单位、个人的专利申请，促进了专利申请量的有效提升。2016年完成专利申请27件。为专利企业申报了市级专利推广实施资助项目。其中，晋城市宏创源耐磨材料有限公司“一种湿式矿磨机衬板机及其制备方法”列为2016年市级专利推广实施资助项目。同时严格按照《晋城市企业研究开发费用认定管理办法》规定，为相关企业申请研究开发费用加计扣除认定，努力为企业技术创新和技术开发提供一个良好的政策环境。

科技合作

2016年，该局在“一地一站四院”基础上，进行了加深和扩展，新增了肉羊产业专家大院。小麦优质高产综合示范基地，在原有基地基础上新建尹西村试验基地，建设各类示范大田共计1100余亩。核桃产业科技推广站，引进抗晚霜核桃新品种寒丰和元林，推广先进实用的核桃早果丰产技术。谷子产业专家大院，推广长生07、长农35、张杂11号等谷子新品种，推广精播免少间苗、病虫害综合防治、收割脱粒机械化等技术，新增4处示范园区。生猪产业专家大院，在保福康鑫和小庙岭种猪场分别推广100头以上纯种晋汾白猪，推广纳米液体维生素保健技术。蔬菜产业专家大院，推广优质丰产高抗蔬菜品种10多个，推广椰糠栽培技术、水肥一体化、光合菌肥等技术，推广绿色蔬菜标准化生产技术模式。肉羊产业专家大院，在丰牧源养殖场推广人工授精技术、羊场专用消毒制度，制定并推广羊场免疫程序。2016年发放各类技术资料共计6000余册，同时每个大院都建立了微信群，实现了远程技术指导交流，方便了校企间的交流互动。

新能源推广

严格按照晋城市人民政府办公厅关于《促进农村地区分布式光伏发电示范应用财政扶持意见》和《晋城市农村地区分布式光伏发电示范应用项目和财政扶持资金试行办法》文件要求，认真落实市县农村地区分布式光伏发电优惠政策，极大地促进了全县农村家庭式光伏发电的发展。2016年，全县农户光伏发电共申请安装用户1035户，总装机规模8897.9千瓦，发电量304390千瓦时，累计申请市县装机补贴和电量补贴共26722830.7元，已全部下拨到农户手中。其中，2016年第一批装机规模为283.94千瓦，市装机补贴830820元，发电量107284千瓦时，县电量补贴10728.4元。2016年第二批装机规模8613.96千瓦，市装机补贴25841865元，发电量197086.5千瓦时，市发电量补贴39417.3元。同时，早安排、早实施，于2016年12月底，完成了2017年第一批光伏发电项目申报工作。

科普宣传

积极开展“科技下乡”“‘六五’普法”“3·15”等面向“三农”的科普宣传和科技培训，广泛宣传科技法律法规和科技知识。制定泽州县2016年“科技活动周”工作方案，5月14日至21日，县科技局与县委宣传部、县科协等部门通力协作，开展了以“创新引领·共享发展”为主题的科技活动周。5月19日，科技局在泽州县知名古镇周村镇举办全县科技活动周启动仪式。抓住乡镇赶集日，人口集中的契机，开展了系列宣传活动，并向群众分发了《科技进步法》《科技转化法》《农村科技知识实用手册》等系列丛书。在科普宣传咨询活动中，该局通过发放科普资料、赠送科普读物、现场科技咨询等方式，回应社会关切的空气质量、食品安全、应急避险、低碳节能、健康生活等热点问题，帮助广大农民群众解决技术难题，普及科学知识和技术方法，提高公众科学素质和依靠科技致富能力。科技活动周期间，县科技局邀请山西农大专家进行生猪养殖技术、养羊技术、蔬菜种植技术、食用菌种植技术、核桃园林管理技术等实用技术培训。通过系列专题培训，进一步增强公众科技意识、激发创新创造兴趣，提高了广大群众的科学素养。

防震减灾

(一) 经费落实、编制“十三五”规划情况。2016年，泽州县已将防震减灾事业经费纳入了年度财政预算，2016年的事业经费达5万元。完成了泽州县“十三五”防震减灾规划编制工作。(二) 辖区地震台网运行情况。金村镇地震遥测子台运转正常，为晋城市地震监测数字提供了第一手资料。2016年，泽州县完成了伊侯山地震电磁波观测台站的建设，通过了省地震局的专家验收，运转正常。(三) 进一步落实抗震设防审批工作。加强《山西省建设工程抗震设防条例》的宣传，提高群众抗震设防意识。2016年，共审批15项，基本做到了有建设工程，就有抗震设防审批。(四) 建设农村居民地震安全示范点。在住建局的配合下宣传农村民居抗震设防，申报泽州县川底乡焦河村为市级农村居民地震安全示范点。在教育局的配合下申报泽州县川底乡初级中学为省级防震减灾示范学校，泽州县凤城小学为市级防震减灾示范学校。(五) 开展防震减灾科普知识宣传活动。利用科技活动宣传周、“安全生产月”“5·12”“7·28”等活动，深入各乡镇所在地进行宣传。在全县重点中学进行了多次抗震科普宣传和地震应急演练，在学校、农村、企业发展了一批“宣传员”，采取设立宣传墙报、宣传橱窗、播放防震减灾科普宣传声像资料片、发放防震减灾科普资料、集市宣传、科普讲座等形式，宣传防灾减灾相关知识。据统计，2016年全县共发放各类防震减灾知识宣传资料近10万余份，现场解答群众咨询三千多人次。⑥境内地震次生灾害隐患排查和治理情况。2016年以来排查地质灾害隐患64处，工程隐患20处，滑坡隐患41处，地面隐患3处；除20处工程隐患正在治理外，其他隐患基本排除。全县燃气管网总长218千米，基本没有安全隐患；水库共24个，23个水库已加固完成，任庄水库正在进行加固；桥梁共106座没有安全隐患；各种企业易发生地震次生灾害隐患也得到有效治理。

科技研究

为充分发挥科技创新在全面创新及社会经济发展中的支撑引领作用，以促进我县经济又好又快发展和社会全面进步，科技局深入实施“科教兴县”和“可持续发展”战略，与时俱进，开拓创新，大力推进传统优势产业上档升级，打造科技合作交流平台，提升科技服务水平，扎实推进各项科技管理工作，把推动发展的立足点转到提高质量和效益上来。

科技推广

2016年，该县主要依托“一地一站五院”，与山西农业大学签订合作项目合同书，进行了新品种和新技术的推广应用。其中包括：①在小麦优质高产综合技术示范基地原有基础上新建了尹西村试验基地；建设了原种繁育大田6.7公顷、试验示范基地2.01公顷、沟播示范大田67公顷。②在核桃产业化科技示范推广站推广了抗晚霜核桃新品种——寒丰、元林；推广了新技术——核桃早果丰产技术、防晚霜技术、追肥管理技术、基肥管理技术和病虫害防治技术。③谷子产业科技专家大院在谷子(杂粮) 产业专家大院推广了新品种——长生07、长农35、张杂10号、张杂11号、晋谷21号等；推广了新技术——精播免少间苗技术、病虫害综合防治技术、化学除草技术、收割脱粒机械化技术。④在食用菌产业科技专家大院推广了新品种——香菇808、灵香1号、杏鲍菇2号、银耳Tr21、海鲜菇1号、晋灵芝1号和晋猴头96；推广了新技术——香菇周年化栽培技术、杏鲍菇工厂化生产技术、银耳工厂化高效生产新技术、海鲜菇工厂化生产技术、灵芝和猴头菇高产栽培新技术。⑤在生猪产业科技专家大院推广了新品种——晋汾白猪；推广了推广纳米液体维生素保健技术；建立1个试验群，通过高产仔品种和保健技术应用，整体提高母猪的PSY。⑥在蔬菜产业科技专家大院推广了新品种——高抗番茄、辣椒、黄瓜、西葫芦等品种10个以上；推广了新技术——椰糠栽培技术、水肥一体化、培育壮苗、地膜覆盖、高效液态肥、光合菌肥、二氧化碳施肥、病虫害绿色防控、夏季温室、大棚遮阳、温室大棚轻简化栽培、新型服务等；推广了新装备——杀虫灯、臭氧发生器、环境监测设备、智慧设施园艺云平台等；推广了新产品——液态肥、专用膜、温室大棚遮阳降温剂等；推广了新模式——绿色蔬菜标准化生产技术模式。⑦在丰牧源养殖场推广了人工授精技术、羊场专用消毒制度、适于羊场不同寄生虫病的防控药物、用药方法和程序；制定并推广了羊场免疫程序。

基地建设

2016年，该县依托专家大院建设和山西农业大学的专家的技术力量，把专家大院作为新技术、新品种的推广基地，取得了显著成效。主要包括：小麦优质高产综合技术示范基地建在泽州县农作物原种场；核桃产业化科技示范推广站建在祥鑫元农林开发有限公司；谷子产业科技专家大院建在山西彤康食品有限公司；食用菌产业科技专家大院建在泽地萃绿农开发有限公司；生猪产业科技专家大院建在保福康鑫农牧有限公司和川底乡马坪头村小庙岭种猪场；蔬菜产业科技专家大院建在绿之丰农业发展有限公司和益丰园农产品开发有限公司；养羊产业专家大院建在丰牧源养殖场。

科技服务

2016年，科技局主要还是从专家大院建设工作出发，从三个方面着手，搭建科技创新服务平台，完善我县科技创新服务体系。①山西农业大学专家组定期赴大院或基地进行技术指导、服务及专业技术培训，首席专家每季度至少到基地服务1次，每季度专家团队对进行技术培训一次，专家团队每月到基地服务1次以上。协助科技局建立专家科技信息系统，及时提供科技经济信息，同时在商标注册、基地建设、产品认证、品牌培育和标准化生产等方面给予支持帮助。(二)专家大院搭建平台进行组织，由农业大学专家每年为泽州县开展技术培训及讲座2期以上，并积极引进新品种、推广新技术，重点开展技术示范，针对性进行技术课题研究，每年辐射带动及新增一批科技养殖示范户。(三)积极挖掘各行业的科研、产业化发展和技术推广项目，争取国家、省、市相关部门对项目的支持，促进全县各产业的发展。以项目带基地，以基地带养殖户，促进全县养猪产业发展，促进农民增收致富。(四)依托泽州县科技信息网，建立科技信息资源共享平台，为中小企业技术创新提供便利。

机构设置和领导人名录

县教育局局长：李国生（2016年8月离）

冯文涛（2016年8月任）

县教师进修学校校长：武光明

县第一中学校主要领导：常春艳

县第二中学校长：马冠军

县高级职业中国校长：庞生才

县科技局局长：冯文涛，分管副局长：郭拽同

文化·媒体·体育·医卫

文　化

概述

2009年12月，文化体制改革过程中，在合并原文化体育局和广播电视局的职能基础上组建了县文体广电新闻出版局，2014年12月，《泽州县人民政府职能转变和机构改革方案》中，将县文体广电新闻出版局名称调整为县文化局。2016年12月，根据《关于组建泽州县旅游发展委员会有关事项的通知》(泽编字〔2016〕20号) 文件，组建泽州县旅游发展委员会 (挂泽州县文化局牌子)。

行政职责

贯彻执行党和国家关于发展旅游文物、文化艺术、体育运动、新闻出版、广播电视、外事、侨务、港澳的法律、法规和方针、政策，指导全县旅游文物事业、社会文化事业、体育事业、广播电视事业、新闻出版事业、外事侨务事业、港澳事业的发展，研究制定发展规划，并协调组织实施；推进相关领域的体制机制改革等。

行政执法

泽州县文化市场行政综合执法队于2009年12月挂牌成立，副科级建制。为县文化体育广电新闻出版局直属的事业单位，参照国家公务员制度管理，所需经费列入全额财政拨款。县文化市场行政综合执法队的主要职责包括：承担旅游、文物、体育、文化、广播电视、新闻出版等法律、法规规定的行政处罚权。贯彻执行文化市场有关法律法规，查处演出娱乐、网吧及互联网上网服务、电子游戏、美术品销售等活动中的违法行为；查处违法安装和设置卫星电视广播地面接收设施、违法接收和传送境外卫星电视节目和走私盗版影片放映行为；查处图书、报纸、期刊、音像制品、电子出版、网络出版、计算机软件等方面的违法违规出版活动和印刷、复制、出版物发行中的违法经营活动；查处盗版侵权行为；承担“扫黄”“打非”有关工作任务等。2016年开展了“净网2016”专项行动、“护苗2016”专项行动、“秋风2016”专项行动。加大中小学校校园周边出版物市场的检查，重点查处有害“口袋本”图书、卡通画册和游戏软件等。开展了网上传播政治性有害出版物集中整治。举办全县文化市场经营、消防安全培训会1期，并组织全县98家文化经营单位法人以及主要负责人进行集中消防安全应急演练1次。开展了安全生产月“守护平安、火灾防控”专项行动，整改消除安全隐患17处，下达安全隐患限期整改通知书5份，约谈经营单位责任人5人，依法取缔证照不全经营单位3家。2016年，执法队共开展突击检查10次，日常巡查72次，夜间突查5次，累计出动执法人员994人次，检查经营单位306家次，收缴各类非法音像制品100余张，收缴非法及盗版图书230册。取缔无证摊点3处，无证KTV娱乐场所2家，无证漂流场所2家。查处违规经营单位3家，行政处罚5家，收缴违法音像制品100余盘，图书200余册。

文化宣传

组织举办了2016年春节、元宵节系列庆祝活动，特别是在凤西广场组织的灯展、泽州县第七届民间八音会大赛、非物质文化遗产项目展演、剪纸、面塑展览等群众文化活动，在全市反响热烈，市委张九萍书记到凤西广场与民同乐，对活动的组织给予了高度评价。县图书馆春节期间举办了“同筑中国梦、共度书香年——楹联文化展”。展出了不同行业及节日楹联40幅，展期共30天，为广大读者献上了一道精美的“文化大餐”。“五一”国际劳动节期间，以“中国梦·劳动美·建功‘十三五’”为主题，组织了泽州县成立以来规模最大的一次职工歌咏大赛。来自全县26支代表队、包括县四大班子领导在内的3000多名干部职工在风景如画的丹河岸畔讴歌劳动者、赞颂创业者，唱出了干事创业的精气神，唱出了建成小康的正能量，极大地鼓舞了全县干部群众干在实处、走在前列的信心和决心。同时，该局还组织举办了特色鲜明的各类文化活动，完成了县政协茶话会文艺演出，创作选送的快板书《抗战阅兵两英豪》参加了2016年晋城市春节联欢晚会。组织举办了泽州县庆“八一”双拥晚会，晋城市第四届“最炫太行风”健身广场舞电视大赛“泽州赛区”的比赛等。2016年初，成立文艺宣传小分队，创作编排了音乐快板《五中全会号角扬》、配乐诗朗诗《五项活动谱华章》、泽州古书《婚礼上的风波》等节目到各乡镇巡演，把中共十八届五中全会精神传入千家万户。立足泽州文化特色，找准泽州文化优势和发展的切入点，着力打造具有泽州符号的文化品牌，提高泽州的知名度和美誉度。2012年以来，泽州县连续在李寨乡陟椒村、周村镇石淙头村、大阳古镇、丹河湿地公园、北义城镇西黄石村举办了五届泽州县乡村摄影展，在全市、全省乃至周边县市，享有了很高的知名度。2016年“五一”期间，在金村丹河龙门湿地公园以“太行神韵·山水金村”为主题，举办了第五届泽州县乡村摄影展暨丹河龙门湿地公园油菜花文化旅游节，共有180人参展，展出作品1683幅。“十一”期间，在北义城镇西黄石村以“太行神韵·人文义城”为主题，举办了第五届泽州县乡村摄影展暨走进“中国历史文化名村”西黄石文化旅游节，共有120人参展，展出作品1120幅。通过乡村摄影展这一品牌，全面展示了泽州的自然风光、民俗民风和人文景观，使人们更深入地了解泽州这片热土，感受到泽州丰富的风土人情和深厚的文化底蕴。9月13日至10月8日，由县委、县政府主办，该局和县旅游文物局主要承办的泽州2016“秋风古韵·畅游泽州”首届文化旅游节隆重举行。此次活动以“8+1”为主要内容：一是9月13日至15日举行的泽州2016首届文化旅游节暨珏山第十六届中秋赏月文化节开幕式；二是9月30日至10月8日举行的“太行神韵·人文义城”第五届泽州县乡村摄影展暨走进“中国历史文化名村”西黄石文化旅游节；三是9月25日上午在李寨乡栖龙湾景区举行的以“生态栖龙湾，绿色健康行”为主题的泽州“栖龙湾”首届山地车越野赛；四是9月27日至10月8日在晋城市美术馆举行的以“翰墨扬泽州，丹青寄乡愁”为主题的“书泽州·画泽州”名家精品展；五是9月22日至25日在晋庙铺镇聚寿山景区举行的以“灵动聚寿山景，传承国学文化”为主题的聚寿山国学讲座；六是9月30日至10月8日在丹河龙门湿地公园举行的以“游丹河湿地、树泽州品牌”为主题的泽州名优产品展销会；七是9月24日举行的2016“奥美林”杯中原12市泽州绿道半程马拉松邀请赛；八是9月30日至10月8日在周村镇石淙头村举行的以“食在泽州，快乐旅游”为主题的乡村美食节；另有9月22日至25日在晋庙铺镇天井关村举行的泽州2016首届文化旅游节暨晋庙铺镇天井关纪念孔子系列活动。泽州2016首届文化旅游节通过举办摄影展、书画展、山地自行车越野赛、绿道马拉松邀请赛、名优产品展销会、乡村美食节等多种活动，充分展示了泽州悠久的历史文化传承和丰富的自然人文景观，激发了全县干部群众“热爱泽州、赞美泽州、宣传泽州”的热情，带动了全县旅游宣传大升温，旅游环境大改善，旅游服务大提升，实现了以节兴旅，使美丽泽州建设大放异彩。为进一步挖掘泽州悠久历史文化资源，弘扬优秀传统文化，该局还依托大阳古镇旅游开发，积极打造具有泽州特色的优秀上党梆子剧目《阳阿燕舞》。此剧由该县本土剧作家李小猫和山西省著名剧作家姚宝瑄共同创作，经过多方征求意见已完成了剧本定稿、导演组签约，即将进入排练阶段，年前搬上舞台。

公共服务

县级“两馆”建设：泽州县早在1999年就荣获了“全国文化先进县”的殊荣。多年来，县委、县政府高度重视文化建设，不断完善公共文化设施。将县级“两馆”（文化馆、图书馆）和乡镇综合文化站建设列入县政府为民办实事之一。2012年，县政府投入600余万元装修改造了县文化馆、县图书馆；2014年，又投入300万元，解决县级“两馆”的配套设施建设问题。2015年，县文化馆、图书馆均达到国家三级馆标准，文化馆接受了国家二级馆验收，图书馆正等待国家三级馆验收。县“两馆”位于市区新市西街下元巷155号，总建筑面积5000平方米，开放人群主要是我县所有居民，特别是市区工作人员。开放时间为正常工作日。县文化馆接待能力为280人，县图书馆接待能力为300人，县“两馆”已全部实现免费开放。县文化馆现有馆舍面积2200平方米，内设多功能排练厅、非遗传习所、非物质文化遗产展厅、书画室、音乐室、琴房、合唱室、舞蹈室等。机构设置为一室、两部、四组、一中心（即办公室、培训部、社会活动部、音乐组、舞蹈组、声乐组、书画组和非物质文化遗产保护中心）。泽州县图书馆是泽州县重要的公共文化服务窗口单位，馆舍面积约2800平方米，现内设机构有：办公室、采编室、藏书室、综合阅览室、少儿阅览室、文化资源共享支中心、培训室、多媒体教室、电子阅览室、咨询室、馆长室、地方史志资料史室、自习室、档案室等；新旧两馆都在使用中，旧馆使用面积约为400平方米，总藏书量4.5万册（73万元图书正在采购中），报纸杂志200余种，馆内现有各类图书架近30个，资料柜15个，报刊柜20组，用于服务读者的电脑60台，宽带网络全部接通；可供读者席位300余个，其中成人阅览席位近220个，儿童阅览席位80个。年接待读者3000余人，年平均图书期刊借阅8000余册次。另外设有3个流动图书室（金村部队、县妇幼保健院和县警民图书室）。乡镇综合文化站及行政村文化大院情况：2015年全县17个乡镇综合文化站总计新建、改扩建完成16个，每个乡镇综合文化站建筑面积均达500平方米以上，文化体育广场均达1000平方米以上，并且达到“五室一场”的标准。正在新建的下村镇综合文化站是集乡镇综合文化站与大剧院为一体的综合性文化大楼，主体工程已经完工，内部建设正在进行中，工程总预算为1400万元，全部资金由乡镇自筹。全县共建有以高都镇保福村文化大院为代表的村级文化大院290余个，建有352个农家书屋，每个农家书屋配备有1500册图书和音像制品，建有252个村级文化活动室，极大地满足了农村群众农闲时的业余文化生活。(一)2016年图书馆接待到馆读者约3960人次，借阅图书约12907册，与往年相比极大地提高了借阅率，在充分汲取读者意见之后，该馆新进图书73.2万元；新购进超星歌德电子借阅机一台（每月持续更新3000本电子书），充分满足了读者的借阅需求。(二)2016年2月1日到2月29日，举办了由国家图书馆主办、中国图书馆学会协办、泽州县图书馆承办的“同筑中国梦、共度书香年——楹联文化展”。此次展览共分楹联的概述、楹联的分类、楹联的形式、楹联的创作四个内容，展出了楹联的起源、不同行业及节日楹联40幅，展期共30天，展览人数约为500余人，为广大读者献上了一道精美的节日“文化大餐”。通过举办“楹联文化展”春节活动，进一步提高了群众对中国楹联文化的了解，普及了楹联及中国年俗文化，让楹联文化、春节习俗等中国传统得到更大范围、更多层次地创新与传承，并于2016年4月被山西省图书馆学会授予“泽州县图书馆在2016年‘同筑中国梦，共度书香年’活动中表现突出奖”称号。(三)3月4日，泽州县文化局、泽州县图书馆共同举办了以“学雷锋献爱心、捐图书、讲故事”为主题的活动。副局长范云红，馆长翟先青和其他5名同志共同参加了这次活动，首先为泽州县特殊学校近30名学生捐赠了少儿图书1000余册，受到了师生们的欢迎和喜爱。随后，泽州县图书馆“少儿阅读推广人”李锦霞和唐园园还为孩子们讲述了“小企鹅去温暖的国度喽！”和“微笑的鱼”两个小故事，使这些特殊的孩子感受到了社会对他们的关爱，希望他们能微笑面对生活，使他们与人沟通和交流能力得以提升，此次活动得到了师生们的一致好评。(四) 3月，通过政府采购招标73.2万元图书，12月底，图书全部到位。(五)4月21日至23日，组织了“知识随身携带悦读无处不在——超星歌德电子借阅机宣传体验活动”，此次活动在馆内举行，重点宣传体验掌上阅读的绚丽多彩。微信直接扫描二维码就可以在手机上进行阅读图书，让读者零距离参与到图书馆的阅读活动中来，最大限度地满足读者的阅读需求，让广大群众逐步养成“自觉阅读、喜爱阅读”的良好习惯。活动圆满结束，接待市民近200人，现场办理读者证近百人，收到良好的效果。(六) 5月5日下午，在三楼大厅举行了关于《我与读书——信仰的力量》的讲座。此次讲座邀请到了有30多年教学经验的泽州县委党校纪检组长、高级讲师赵晋丽老师主讲，50多人聆听了这次讲座。通过此次讲座，让大家对于信仰精神有了更为清晰的认识，提高了大家思想的高度，促进正能量的传播。使大家对于革命精神有了更为真切的认识，也对自身的信仰和未来的方向产生了全新思考。(七) 6月16日上午，在晋城影剧院门口组织了“安全生产月”宣传活动，悬挂有关安全生产的宣传标语并放置了版面让人观看，向来往行人散发有关安全知识的宣传资料，宣传安全生产有关法律、法规及政策。通过这一活动的开展，有力地提高了全民安全意识，营造了浓厚的安全生产氛围，达到了预期的效果。(八)“八一”前夕，为中国人民解放军63988部队和中国人民武装警察部队泽州县中队两个流动图书室更换图书各300多册，包含官兵喜爱的政治、军事、文化等图书，收到广大官兵一致好评。(九) 下乡辅导。扶持基层图书室的业务建设工作，是该馆的业务之一。2016年9月19日到9月23日，该馆对南村文化站进行了业务辅导，业务辅导工作从图书登记、分类、书标粘贴、上架、借还管理等进行了详细讲解和示范，整理图书共计1000余册，经过业务指导后的图书室焕然一新，规范有序，借还方便。(十) 为适应新时期的图书馆工作，积极克服人手少，培养职工的多方面的业务工作能力。2016年安排主要对外服务部门的业务骨干参加了中国图书馆学会举办的“图书馆参考咨询服务规范”培训和晋城市图书馆举办的两期“公共图书馆总分馆业务培训”学习；安排共享工程支中心人员参加“山西省基层文化队伍示范性培训暨全省基层公共数字文化建设”培训班和“山西省视障文化服务与阅读推行”培训班；馆长还参加了山西省公共图书馆馆长培训，进一步提升了图书馆人员业务管理水平。(十一) 11月18日和25日分别举行两期农家书屋管理员培训活动。来自全县的170多个农家书屋管理员参加了培训。通过培训，基层管理人员对图书管理的具体业务流程有了进一步的了解，参训人员的业务管理水平得到进一步提高。

群众文化

泽州县文化馆始终坚持主旋律和多样化并重，坚持围绕中心、服务大局，开展形式多样的群众文化体育活动，满足群众多样化的文化需求。利用春节、元宵节、国庆节等重要节日，举办灯会、乡村民俗展演、八音会擂台赛、专题文艺晚会、上党梆子巡演等农民喜闻乐见的活动，极大地丰富了广大群众的精神文化生活。2016年春节、元宵节期间，该馆按照市春节文化活动领导组的安排部署，参加了各项活动。一是凤西广场灯展活动；二是组织了泽州县第七届民间八音会大赛；三是组织了泽州县非物质文化遗产项目展演；四是组织了泽州县民间艺术“面塑、剪纸”展。在全市引起很好反响。2016年，组织和参与的群众文化和培训有：(一)组织参与了“中国梦·劳动美·建功‘十三五’”泽州县庆“五一”职工歌咏比赛；参加了“最炫民族风”晋城市第四届健身广场舞大赛泽州赛区的组织辅导工作；组织参与了泽州县庆“八一”双拥军晚会；参加了2016年“秋风古韵·畅游泽州”首届文化旅游节暨珏山第十六届中秋赏月文化节开幕式；组织参与了泽州县2016年“秋风古韵·畅游泽州”首届文化旅游节活动之一的“太行神韵·人文义城”第五届泽州乡村摄影展暨走进中国历史文化名村——北义城镇西黄石文化旅游节；组织参与了泽州县非物质文化遗产项目展演暨传统民间社火表演。(二)组织人员创编以反映构建和谐社会和县委中心工作为主要内容的文艺节目，开展公益性文化下乡活动，并通过文艺演出形式给农村群众送去精神食粮。(三)充分利用和调动各类文艺骨干的特长和积极性，灵活安排活动时间，完成了各类群众文化辅导、培训和指导性工作。走出文化馆，进入泽州县妇幼院进行了免费声乐培训；每周日开展了非物质文化遗产“泽州四弦书”免费传承活动；免费开放培训，开设有合唱、美术、舞蹈、器乐演奏等免费培训班，培训学员达600余人次。辅导巴公镇、南村镇、金村镇、高都镇等乡镇文艺演出人员500余人。有效地促进了全县机关文化、农村文化、企业文化和校园文化的发展。

文化资料工作

首先完成文化先进县验收资料搜集准备任务，其次，组织协助泽州电视台完成《非遗泽州》栏目；第三，继续收集、整理、保护非物质文化遗产项目。

文化产业

泽州县为古泽州府所在地，历史悠久，文化底蕴丰厚，传统文化资源众多。在党和政府的政策引导和市场经济条件下，文化产业初露头角。主要有：一龙头一公司：珏山文化产业园区、二十八宿影视公司；市场办备案企业：有网吧27家，歌舞厅2家，KTV15家，印刷企业6家；局下属单位：影剧院，剧团，曲艺队，文化馆，图书馆；文化特色点：唐兰兰剪纸，大阳打铁花，大阳馔面，高都书画裱糊，北义城雕塑，根雕等；八音会：一百余家。

泽州县影剧院

位于晋城市新市西街795号，占地面积3432平方米，剧院有影厅四个，座位数总计1080个。县影剧院是在2010年6月与九州院线正式签订入线合同的，面对强劲的市场竞争，影剧院领导班子带领全体职工克服重重困难，想方设法坚持做好电影宣传和放映工作。2016年电影放映2700余场，预计毛票房82万余元，比2015年同期增长约5个百分点；接待各机关团体、企事业单位各类活动50余场，毛收入47万余元。电影放映工作始终为影剧院工作中的重点工作，在局领导的大力扶持下，影剧院领导班子带领全体职工集思广益，克服多方困难，在充分利用现有资源的基础上，全力打造2016年工作新亮点：(一) 利用网络信息平台加大电影放映宣传。影剧院2010年3月加盟北京九州数字电影院线，实现了国际国内档期大片同步上映，为适应新的市场经济发展形势，影剧院建立了自己的微信平台，利用微信平台及时发布影城资讯及排片信息，让观众第一时间了解影院的信息资讯，大力提高了群众对影剧院的关注度。面对强大的的市场竞争，影剧院与美团，猫眼电影等网络电商平台合作，实现了网络在线选座购票，提高了观众上座率也提高了票房收入。(二) 和美团、淘宝、蜘蛛、糯米、时光、指点、微影等各大网站进行合作，在保证国家规定的最低票价基础上，观众只需9.9元、12元等优惠价就可观看一场电影，差价由各网站补给。(三) 强化软硬件建设，打造剧场新形象。由于单位资金匮乏，除大厅外，2号、3号、4号厅建成后一直都是使用1.3K数字放映设备，无法满足电影市场的正常需要。为了改变这一现状，单位领导班子积极想办法筹措资金，与2016年初首先为4厅配备了一台2K数字电影放映设备，又与11月为2号厅配备一台2K机，两台小2K数字放映机共投资40余万元；对3个小厅进行了重新装修；为保证遇到火灾隐情消防设备能够正常使用，极力完善新建消防工程建设，及时维修了影剧院老化消防设备，更换了一台消防控制柜；在一楼配备了候场观众休息长座椅，二楼设置了休息厅，为观众提供一个舒适的观影环境。(四) 落实目标责任，针对年初制定的全年十二场高雅艺术舞台剧演出任务，经过几年的高雅艺术演出推广，建立了全国范围的业务群，加入了全国演出联盟。2016年已演出儿童剧6场，芭蕾舞剧2场，话剧2场，共计10场。另在11月26日和12月10日分别上演《嘻哈包袱铺》和《再现邓丽君——罗斓演唱会》。(五) 农村公益电影方面：为了进一步提高农村公益电影放映的服务标准，保障农村公益电影放映的质量，在2015年标准化方应要求的基础上，加强了硬件设施的改善。每套放映设备都配备了双音响、音箱架、银幕架和放映机架。放映员的服务意识也有了明显改善，得到了广大村民的认可和好评。全年共完成农村电影公益放映7512场，文化低保放映288场，消夏广场放映20场，寄宿制学校放映513场，观众总人数达近百万人次。为全市最先进、最舒适、最有竞争力的影院。

上党梆子剧团

泽州县上党梆子剧团成立于1945年，是该县唯一一支专业从事戏剧表演的演出团体。2011年8月转企改制为企业，撤销了其事业机构编制，改制后成立了泽州县文华传媒有限公司，常年在县域广大农村和周边县市（区）演出传统戏剧和新编现代戏剧40余个台口。

在戏剧创作上，2016年在晋城、长治十几个县区演出170余场，观众人数达7万多人，经常听到戏迷朋友对泽州剧团的好评，良好的演出效果，不仅有助于剧团扩大演出市场，更有助于剧团的发展。按照上级“送戏下乡、文化惠民”的通知精神，泽州县剧团连续六年坚持贯彻落实文化下乡，推进文化惠民工程的开展，2016年送戏下乡遍及泽州县十多个乡镇，演出200多场，观众人数达11万多人，众多经典传统剧目，使观众们过足了戏瘾，受到了人民群众热烈欢迎，感受到党和政府致力于文化事业大发展大繁荣带来的各种成果。为了提高效益，保证演出质量和剧目的数量，该团先后创作出了《孙安动本》《成败萧何》《狸猫换太子》《妈妈啊好妈妈》等一大批优秀上党梆子剧目，不仅在观众中引起了强烈的反响，更接连获得晋城市第六、第七届凤鸣春晓优秀剧目奖，第一、二、三届“紫薇奖”优秀剧目奖，并在2012年8月参加中宣部在阳城蟒河风景区调研演出中，受到中宣部、省市县各级领导的好评，2016年在上级部门的支持下，该团组建了实力雄厚的主创班子，创作出了反腐倡廉剧目《钟声》，全体演员全身心投入排练，大家克服了种种困难，追求细节上的完美。全体演职人员的辛苦付出，提高了泽州剧团社会影响力和美誉度。

广播电视

概述

泽州县广播电视台为正科级事业单位。设有电台、电视台、广电网络公司，下辖17个乡镇广播电视站，承担着全县的广播电视新闻宣传、网络建设等职责任务。泽州有线电视台2016年自办节目以《泽州新闻》为主，设有《非遗泽州》《一村一故事》《青年创客访谈》等专题栏目，全年电视播出总时间为5475小时，自制电视节目播出时间为730小时，有线电视用户1.7万户，数字电视用户5.8万户，传输干线总长度为2070千米，电视综合覆盖率为96.37%。泽州人民广播电台频率为FM102.1，发射功率为0.3千瓦。电台设有《泽州新闻》《古韵泽州》《法进农家》《科普泽州》等节目，全年广播播出总时间为5840小时，自制广播节目播出时间为4902小时，广播综合覆盖率为98.99%。晋城电视台《县区时间》，县电视台《泽州新闻》节目周一至周六每晚19：30至19：40在市电视台《晋城导视》频道播出，次日早8：10至8：20重播。新媒体运营平台的建设和新媒体部的成立，使电台、电视台、网站的节目可全部上传至手机和网络上，全面提升节目质量的同时，拓宽了宣传的渠道，扩大了宣传的效果。泽州县广播电视网络有限责任公司组建于2001年2月28日，经营范围包括：广播电视传输网络的建设经营管理及增值开发；与网络有关的技术及产品的开发；设备及产品的销售；远程信息传递服务，广播电视设备的销售；广播电视节目的制作、发行、销售；是泽州县唯一具有广播电视网络建设和管理的运营商。2016年，县广播电视台适应新形势的发展需要，紧紧围绕县委、县政府的中心工作，做好《县区时间》《泽州新闻》《一村一故事》《青年创客访谈》等栏目的同时，按照《泽州2016“秋风古韵·畅游泽州”首届文化旅游节活动方案》精神，将这一工作定为宣传工作的重点，在县委宣传部的正确领导下，经过全台同志的不懈努力，圆满完成了宣传任务。电视台、电台、市台县区时间、新媒体运营平台等宣传平台一起抓一起上，全面提升了广播电视宣传水平。所创作品及专业论文荣获山西广播电视奖4个，国家级奖5个。全年在五个宣传平台上共发稿7848件次，无一差错。其中电视台自采播出新闻1855件，电台自采播出新闻2028件，乡镇通讯员来稿用稿364电视稿33件。全年共制作完成《泽州新闻》264期、《县区时间》271期、《泽州周刊》64期。广播电视专题节目共制作播出200期，其中《非遗泽州》12期、《一村一故事》46期、《青年创客访谈》48期、《金村新区起宏图》、《大校村官肝胆为民》、《乡村游带火小山庄》、《城乡一体建设新农村》、《四大班子军事训练日》、《秋风古韵畅游泽州》《古韵泽州惊艳华夏》、《古韵泽州》、《法进农家》。在做好对内宣传的同时，对外宣传也稳步推进。到2016年年底，该台在市电视台完成上投稿件500多条，在市电台完成上投稿件500多条。在中央电视台《新闻联播》发稿3篇，《山西新闻联播》发稿50余条，特别是中央电视台财经频道，还对泽州县的鲁村小米和泽州特产红果进行了专题报道，为泽州县在全国叫响叫亮泽州品牌起到了积极的作用。

2016年10月9日县广播电视台被山西省精神文明建设指导委员会表彰为“2014—2015年度山西省文明单位”。2016年6月，被中共晋城市委员会表彰为“全市先进基层党组织”。2016年2月被县委、县政府表彰为“2015年度目标责任考核优秀单位”“党风廉政建设先进集体”。2016年4月县广播电视台团支部被共青团泽州县委员会表彰为“五四红旗团支部”。

重大主题宣传

2016年，大力弘扬主旋律，新闻宣传工作亮点频现。一是始终把新闻立台作为全台工作的一条主线来抓。全年紧紧围绕县委、县政府中心工作，面对新形势及时设置新栏目，为泽州县全面建成小康社会提供了坚强的舆论支持。在新闻节目中先后开办了《“双一双五”展宏图》《美丽乡村》《学讲话、促发展》《务实清廉、春满泽州“六个一”主题活动》《古韵泽州》《不忘初心、继续前进》《乡镇书记谈党建》《落实纪委五届一次全会精神访谈》《劳模风采》《泽州工匠》《泽州好人》《学党章守纪律促三转做表率》《学习贯彻〈准则〉〈条例〉访谈》《冬季行动》《走基层》《“两学一做”强基固本》《空气质量攻坚在行动》等栏目。二是全力抓好换届的新闻宣传报道工作。首先，抓好了县五次党代会、县人大政协第六届一次会议的报道。会议召开前，结合实际，对全县五年来的发展状况进行了全面报道，为会议胜利召开营造了浓厚的舆论氛围。其次，在省、市党代会召开时，及时拍摄了全县各企事业单位和乡村群众集体组织收看盛会的实况。会议期间对泽州县代表的参会情况进行了跟踪报道。会后又及时报道了各部门学习贯彻落实会议精神的具体做法，省、市党代会代表到基层宣讲会议精神的情况。三是紧紧围绕全县重点工程、民生事业、社会保障、扶贫攻坚等开展了相关的主题宣传报道。四是进一步抓好了《青年创客访谈》《一村一故事》《非遗泽州》《科普泽州》《法进农家》等品牌栏目建设。通过这些栏目，让更多的人认识泽州、了解泽州、建设泽州。

公益宣传

2016年电视台、电台围绕社会主义核心价值观、倡廉洁树新风、城乡一体绿化创建国家森林城市、未成年保护、孝老爱老、疾病预防、护林防火、地质灾害、动植物检验检疫、食品安全、志愿者服务等主题，共制播公益广告28条，每天在电视台、电台循环播出，每天平均播出时长36分钟。公益广告的播出，有效地促进了泽州县社会道德行为规范、生态文明建设与人民群众生活的和谐发展，营造了该县和谐的浓厚氛围，进一步推进了社会正风正气的形成。

文风改进

台里坚持开展“走基层、转作风、改文风”活动，开办《记者走基层》专栏，专题报道记者深入基层一线，倾听民声、反映民意的新闻消息，除在该台播出外，一些精品稿件还在市电视台、电台采用播出，共播出有关民生新闻90余期。2016年在中央电视台播出3条新闻，在省电视台播出50条新闻，在市电视台播出500多条新闻，取得了全市排名“三个第一”的好成绩。在“走基层、转作风、改文风”活动中，记者得到了锻炼，受到了教育，广大基层群众的民意呼声得以反映，成为泽州县构建和谐社会的良好平台。台里荣获“晋城市新闻战线‘走转改’活动先进集体”，《记者走基层》栏目荣获“优秀栏目”奖。

队伍建设

(一) 认真开展“两学一做”活动。根据中共泽州县委《关于在全县深入开展学习讨论落实活动的工作方案》精神及要求，结合广电工作实际，在全台掀起了以“深入学习贯彻习近平总书记系列重要讲话精神，净化政治生态，实现弊革风清，重塑山西形象，促进富民强省”为主题的学习讨论落实活动的高潮。通过认真学习习近平总书记系列重要讲话精神，观看《作风建设永远在路上》专题片，广大党员干部普遍经受了一次深刻的思想洗礼。通过深入大讨论，认真剖析反思，从严管党治党意识进一步增强。通过合力谋发展，实现“弊革风清、争先发展”的举措更加扎实。(二) 认真开展“双学双严”党纪条规警示教育月活动。为全面贯彻落实党要管党、从严治党要求，进一步强化全台广大党员干部的政治纪律和规矩意识，按照县委办公室《印发〈关于开展“双学双严”党纪条规警示教育月活动的实施方案〉的通知》(泽办发〔2015〕9号) 精神，该台在广大党员干部中深入开展了“双学双严”党纪条规警示教育月活动。4月9日，县委宣传部副部长、台党支部书记、台长马才富紧紧围绕“双学双严”党纪条规内容进行了详细解读，给全体党员干部上了一堂生动的党课，对推进活动的深入开展给予了有力指导。随后将讲课稿进行了整理，以《双学双严，干净做事，当一名合格的党员领导干部》为题下发，全体党员干部通过认真学习，写出了心得体会。(三)对领导干部顶风大操大办婚丧喜庆等借机敛财问题开展了专项整治。从3月6日开始到5月底结束。一是强化组织领导，制定整治方案，引起高度重视。二是领导干部带头，执行有关规定、带头做出承诺，以身作则、主动抵制歪风邪气，以上率下、发挥了示范作用。三是确保取得实效。结合广电工作实际，广泛听取社会各界和广大人民群众的意见和建议，及时纠正存在问题，确保了专项整治工作取得实效。(四)认真开展“三严三实”专题教育活动。按照县委《关于开展深化县级“三严三实”专题教育着力解决基层干部不作为乱作为等损害群众利益问题专项整治的实施方案》的要求，该台党支部高度重视，精心组织，紧紧围绕中央“四个排查”确定的17种查找重点，开展了全面自查，不存在不作为、乱作为和贪腐谋私、执法不公问题。结合“三严三实”专题教育活动，在全台掀起了学习贯彻中共十八届五中全会精神、学习《中国共产党纪律处分条例》和《中国共产党廉洁自律准则》的热潮，邀请县委宣讲团成员牛军梅到台里为干部职工作了中共十八届五中全会精神专题报告，副科以上领导干部积极参加了县里组织的培训活动，进一步统一了思想，凝聚了正能量。(五)深入开展“五项活动”。按照县委、县政府要求，在全台深入开展了以思想大解放、纪律大整顿、环境大改善、矛盾大排查、项目大发展为主要内容的“五项”活动，认真整治“庸”“懒”“散”“空”“玩”“奢”六种风气，提振精气神，为推动大发展提供了动力保障。在项目发展上，新闻宣传工作、数字电视整转工程、动漫产业发展都圆满完成了年初制定的各项目标任务。自2015年8月实施项目包联制度以来，该台负责聚寿山文化旅游项目和晋城市栖龙湾旅游开发项目。包联领导马才富、马胜利多次深入景区调研座谈，了解情况，建言献策，并想方设法利用广电优势资源帮助景区解决实际问题。对聚寿山项目内教室的音响设备进行了配套调试。在“首届国际航拍大赛暨栖龙湾景区开工奠基仪式”上帮助项目单位成功承办了“江山多娇·栖龙湾(中国晋城)首届国际航拍摄影大赛”，此举不但扩大了栖龙湾景区的知名度，而且通过摄影作品展现了景区的秀美景色，为吸引游客到景区旅游起到了宣传和推广作用。

栏目创新

2016年，县广播电视台以集聚正能量为目标，狠抓栏目建设，开设了《青年创客访谈》《一村一故事》《科普泽州》《法进农家》等品牌栏目。《青年创客访谈》栏目，以“展示青年创业故事，解读青年创业思维，引领泽州争先发展”为宗旨，宣传了一大批大众创业、万众创新的典型，为全县经济社会发展培树了典型、树立了标杆。《一村一故事》栏目，以说百姓话、讲百姓事为宗旨，把百姓之间的家长里短搬上荧屏，架起党和政府与群众之间的桥梁和纽带。《科普泽州》栏目，以传播科技知识，解决百姓生产生活中现实问题。《法进农家》栏目，通过多种形式的法治宣传，使依法治县的理念深入人心。

基础建设

在县政府的支持下，顺应大数据、互联

网、新媒体的发展趋势，继续对台里的设施配备进行了规划升级。拿出了一个融摄录设施、制作设施、音视频设施、播出设施、演播室设施、现场录制设施、双回路供电设施、自媒体融合设施、检测设施于一体的平台升级改造方案，总投资600余万元。2013年投资60万元购买了摄像设备，2014年投资75万元购置了播出系统，2015年投资80万元建设了双回路供电系统，2016年投资80余万元添置了6台索尼摄像机，建设了新媒体运营平台。新媒体运营平台的建设和新媒体部的成立，使电台、电视台、网站的节目可全部上传至手机和网络上，全面提升节目质量的同时，拓宽了宣传的渠道，扩大了宣传的效果。

产业发展

一是数字电视发展取得可喜成绩。按照全市数字电视整转先市区、再县城、再农村的三步走方案，前些年，泽州县的数字电视整转侧重于在市区周边。2016年，继续把农村数字电视的整转列为“一号工程”“六整治六提升”的重要内容来抓。按照县里的要求，在深入调研的基础上，制定了《全县农村数字电视整转方案》，并制定了南部欠发达乡村“三免费四优惠”的数字电视整转政策，通过公司免一点、村里补一点、用户出一点等办法筹集资金，通过加大工程进度、质检力度、发展速度等办法，完成全年的整转任务，基本实现数字电视全覆盖。二是“村村通”工程管理取得显著成效。为使“村村通”工程管理更加有效，确保“全覆盖”用户的网络信号时时通、户户通、长期通，建立健全了“村村通”管理维护的长效机制，使“村村通”工程在长期通中为全县新农村建设发挥了更大、更广泛的作用。一是明确责任。建立了以公司为中心、以乡镇广电站为主体服务山区农户的广播电视公共服务体系。由乡镇站指定专人负责，公司免费配置维修工具以及维修配件，对所有涉及的用户进行建档、备案。各乡镇广播电视站站长为第一责任人，并指定专人进行管理，定期维护检修，对有用户投诉、维修不及时等情况直接纳入到乡镇站年度目标任务考核的一项重要内容。二是提高技能。网络公司举办了直播卫星设备管理与维修技术培训班，对全县所有维护人员进行了系统的培训，并利用每月的乡镇例会时间，相互交流，答疑解惑，进一步提高了基层服务人员的技术水平。三是实行服务人员公示制。把投诉电话、维护维修电话、包村人姓名、承诺内容进行公示，接受用户监督。同时建立用户回访制度，不定时对用户进行回访，征求用户对服务人员的建议和意见，并把意见和建议作为年终对管理人员绩效考核的一项重要内容，从而增强了管理人员的责任心。

《泽州报》

概述

泽州报社成立于1997年3月，为县委直属全额事业单位，归口县委宣传部，正科级建制。1996年10月1日，《泽州报》作为中共泽州县委机关报正式发行，周一刊，四开四版。2000年9月，由周一刊改为周二刊。2004年1月，《泽州报》改为《泽州新闻》。2012年1月，一、四版改为彩版。2014年4月，四开四版改为对开四版，周一刊。2015年初，在中国泽州网开通了《泽州新闻》数字报。2013年获山西省县市报协会“先进集体”荣誉称号；2014年获山西省县市报协会“编校印质量评比金牌奖”；2015年在晋冀鲁豫县市报版面设计质量评比中荣获“金牌奖”；2016年荣获山西省县市报协会“山西省先进报社金牌奖”和晋冀鲁豫优秀版面设计质量评比“金牌奖”。

主题宣传

2016年，报社把新闻宣传的重点，主要放在“冬季行动”、“两学一做”、“务实清廉，春满泽州”“六个一”活动、县乡换届、全域旅游、脱贫攻坚、泽州好人、重点工程环保攻坚、学习宣传中共十八届六中全会精神等十个方面。在2016年初为期四个月的“冬季行动”宣传报道中，开设专版专栏，深入一线，写出了一批接地气、有分量的稿件，同时配发评论，加强舆论引导，发表各类稿件百余篇，较好地完成了任务。“务实清廉，春满泽州”为主题的“六个一”活动的报道，也做得有声有色。突出栏目安排。比如按照2016年县委、县政府提出“古韵泽州·全域旅游”的思路，围绕这一重点突出了《游遍泽州》栏目的报道。比如为了搞好脱贫攻坚报道，专门设置了《脱贫攻坚进行时》《坚决打赢脱贫攻坚硬仗》等栏目，并选择不同类型的脱贫典型及帮扶工作的典型进行宣传。中共十八届六中全会和省市党代会后，该报社把三会的宣传作为重中之重，不仅报道各地学习贯彻情况动态，还专门设立专栏进行解读，设立《交流园地》刊登广大党员干部学习体会。实现了宣传效果的最大化最优化。一是开设《新开局新思路新作为》栏目，由该报记者集中采写了部分县直单位和乡镇2016年工作思路和计划，报道简明扼要，抓住了各单位新的一年的工作重点。二是以《全面打响“冬季行动”攻坚战》为栏目，并配发评论员文章，对“冬季行动”进行解读、报道。《图说“冬季行动”》等小栏目，对该县“冬季行动”进行报道。《扶贫攻坚一线传真》《改善环境空气质量攻坚行动》《乡镇党委书记谈落实县党代会县“两会”精神》《“两学一做”在基层》《做合格党员》等栏目，及时反映各乡镇、县直各单位贯彻落实上级和县委、县政府重要工作、重要会议的动态。六是继续办好《重点项目摄影报道》栏目，持续性地对全县重点工程、重点项目以图片形式进行报道。三是讲好泽州故事，宣传大美大善泽州。在该县“秋风古韵、畅游泽州”首届文化旅游节活动期间，前期造势，活动中大张旗鼓报道，活动结束后及时总结反映，较好地完成了县委、县政府和县委宣传部的工作任务。从8月31日第1679期开始，到第1684期，连续六期，进行了重点宣传和报道。其中：第1679期，四版整版刊登《西黄石大观记》《黄石古村咏》；第1680期，四版整版刊登《中国·泽州2016“秋风古韵·畅游泽州”首届文化旅游节活动即将盛大开启》对八项主要活动进行全面预告；第1681期，头版头条刊登消息《泽州2016“秋风古韵·畅游泽州”文化旅游节暨珏山第十六届中秋赏月文化节隆重开启》。同时在四版底部以广告条的形式，继续对文化旅游节活动进行宣传造势；第1682期，二版以四张组图，反映了周村镇石淙头景区备战乡村美食节的情况。同时，在一版以重点工程摄影报导的形式，对大阳古镇旅游景区开区建设情况进行报道；第1683期，一版以三分之二的版面，在《大幕次第拉开精彩纷至沓来——我县2016“秋风古韵·畅游泽州”首届文化旅游节活动逐项开启》总标题下，图文结合的方式，分别报道了晋庙铺镇聚寿山景区“中华孝道”国学讲座、“栖龙湾”首届山地车越野赛、“奥美林”杯中原12市泽州绿道半程马拉松邀请赛、“书泽州·画泽州”名家精品展等四项活动。同时在四版整版刊登了《中国历史文化名村、首批中国传统村落——西黄石》摄影图片17张；第1683期，在头版综合报道文化旅游节活动的主要成果，并对“太行神韵·人文义城”第五届泽州县乡村摄影展、泽州名优产品展销会、周村镇石淙头村乡村美食节等三项活动进行全面报道。

在文艺副刊版，除了继续办好《读匾谈故》《史海探微》外，该报社2016年推出了《游遍泽州》栏目，宣传泽州旅游，为“古韵泽州、全域旅游”造势，刊登的是泽州县及泽州县以外的作家和文学爱好者关于泽州旅游的相关游记、随笔、散文、诗歌等作品。

民生报道

泽州报社坚持把二版作为民生经济专版，用大量图片、图文结合、专栏等形式，全年对全县民生经济情况进行及时报道。2016年以来，报社继续开设《泽州好人身边好人》栏目，以身边好人的故事影响和感染身边人，广大干部群众中形成崇善向德、见贤思齐的良好风尚。先后刊发了《奉献在金色夕阳里——记七旬村医任来红》《德善者之歌——记我县退休干部崔天明》《刘全林：善行铸就“环丹山庄”》《不是亲人胜似亲人——韩广志助人为乐的故事》等。较好地弘扬了正能量。

“走转改”活动

2016年以来，报社积极组织记者深入基层深入一线，采写了大量带着“泥土气息”的好稿件，如《石青：空壳村变身休闲旅游村》《走近“千百度”品味“海贝思”》《尚利云：“全鱼宴”火了农家乐》《母亲河的一次华丽转身》，切实做到了新闻工作“走、转、改”。同时，报社还积极向省市重点媒体投稿，扩大宣传面和宣传效果，《山西彤康食品有限公司：将企业发展与产业扶贫完美结合》《建起致富棚，摘掉贫困帽——泽州县柳树口镇圪针掌村产业扶贫调查》两个脱贫攻坚长篇典型报道，反映企业科技创新的典型报道《山西清慧机械制造有限公司：依靠科技创新，驰骋国际市场》，反映金融创新的《不弃“小农”“小微”扎根热土勇担当——建设银行泽州支行金融改革创新纪实》等6篇报道先后在《山西经济日报》刊登。反映泽州县全域旅游的长篇通讯《全域旅游引客来，古韵泽州展新姿——从首届文化旅游节看泽州县如何走旅游兴县之路》在《山西农民报》头版刊登。还有更多的新闻报道刊发于《太行日报》《太行晚报》。在脱贫攻坚上，泽州报社一是针对该村贫困人口多数是因年老或因病因伤致贫的情况，联系县人民医院、县妇幼院，对全村80多位老年人，全年进行了一对一的义诊，对存在疾病的开出处分，提出诊疗建，同时，宣传了国家在医疗保健方面的相关优惠政策；二是因贫困户多，而报社党员人数少的情况，采取全体干部职工全部分包贫困户的办法，所有人员都积极为贫困户伸出温暖的手，班子成员、党员干部带头，全体人员全部参与，共为贫困户捐款2600元；三是根据坚水村已规划为栖龙湾景区的一部分，旅游业发展成为其产业发展主攻方向的情况，村两委计划修建抗日战争纪念馆，或坚水惨案纪念馆。报社联系文体新闻界和县政协各委员会主任到坚水进行考察调研，对该村旅游发展提出了方方面面的建议，利用各种渠道，积极为纪念馆的筹建收集了大量的相关史料。

旅游　文物

旅游

旅游营销

2016年，县旅游文物局充分发挥“泽州旅游微信”公众号的新媒体平台作用，推出了过新年、游泽州7个系列，开办了美女主播带你游泽州、泽州攻略、倾听泽州等栏目，吸引粉丝近10万人，转发量达20多万次。山西电视台公共频道《我的旅游攻略》栏目，走进大阳镇和李寨乡，进行了专题宣传报道。特别是西黄石民俗活动在中央电视台《新闻直播间》《午夜新闻》《中国新闻》中循环播出后，使西黄石一举成名，极大提高了泽州的知名度和美誉度。积极开拓对外宣传平台。完成《秋风古韵 · 畅游泽州》电视专题片制作。推出30″、15″的形象宣传片，在山西、河南、河北3个省15个地级台进行了投放。

旅游活动

2016年，成功举办“秋风古韵、畅游泽州”文化旅游节。在黄金周期间，以文化旅游牵头，在县直各部门和各乡镇的大力配合和直接参与下，通过“8+1”活动，全县接待游客100.4万人次，同比增长102.1%；旅游总收入4.02亿元，同比增长310%，均创历史之最，实现了旅客接待和旅游收入“双突破”。

旅游线路

一日游线路：珏山—关帝庙—水东湿地公园—大阳古镇，冶底岱庙—李寨—石淙头，石淙头—山里泉，石淙头—聚寿山，大阳—乾明寺，大阳—李寨，珏山—道宝河，水东湿地公园—山里泉，水东湿地公园—岱庙—石淙头。

旅游服务

2016年泽州县共有3家四星级旅游饭店，1家三星级旅游饭店，4家旅行社，182家农家乐。

旅游规划

近年来，该局陆续编制了《泽州县旅游发展规划》《泽州县珏山景区总体规划暨近期重点开发区块修建性详细规划》《珏山旅游区控制性详细规划》《泽州县山里泉旅游核心区域规划》《泽州县山里泉旅游景区总体规划》《泽州县李寨景区沁河大湾规划》《泽州县李寨沁河峡谷旅游区规划》《泽州县大阳镇建设规划》《山西省泽州县柳树口镇旅游发展总体规划、泽州县愚公山旅游景区修建性详细规划》《泽州县晋庙铺镇旅游修建性详细规划》《山西省泽州县高都镇总体规划》《泽州县丹河围滩景区规划》《聚寿山养生休闲旅游区总体规划》《山西省泽州县可寒山乾明寺风景旅游区规划》《太行三圣生态旅游区规划》《山西省泽州县丹河龙门景区旅游发展总体规划》。

景区建设

2016年年底，泽州县共有国家AAAA级旅游景区1个，国家AAA级旅游景区2个，国家AA级旅游景区1个。栖龙湾景区投资6000余万元，完成了游客中心、旅游厕所、停车场、玻璃栈道和漂流河道清淤等。

旅游行业管理

为进一步营造平安有序的旅游消费环境，制定了突发事件应急预案、旅游安全属地管理、文明旅游行动方案等一系列措施和办法。开展旅游市场秩序专项整顿工作，强化联合执法机制，加大了对零负团费、黑车黑导、欺客宰客等突出问题的查处力度。建立旅游信息联合发布机制，节假日和旅游节庆期间不间断发布气象、交通、景区容量信息预报，确保了全县旅游安全“零”事故。全天候受理旅游咨询投诉，实行投诉案件限时转办、限时办结、限时回复机制，实现了旅游工作安全、秩序、质量、效益“四统一”目标。2016年底全县旅游从业人员约1133人，队伍不断壮大，结构框架初步建立，人员素质不断提高。

旅游行业执法检查

自《中华人民共和国旅游法》颁布实施以来，严格按照《中华人民共和国旅游法》的规定和要求，认真部署，扎实工作。深化普法宣传教育，增强全社会知法守法意识；完善综合管理机制，推进旅游环境治理体系建设；加强市场监管执法，规范旅游市场秩序；健全资源保护和开发机制，促进旅游业可持续发展；大力推进游客合法权益，进一步提升游客满意度；改进和完善公共服务体系，营造良好旅游环境。始终坚持把平安工作放在首位，局牢固树立“平安是旅游业的生命线”这一科学发展理念。严格落实平安生产“一岗双责”各项平安工作做到有部署、有计划（布置）有行动（检查）有总结。切实把旅行社租用车辆和团队运行平安、旅游道路交通平安、食品卫生平安、消防平安、假日旅游平安、水上平安和特种设施设备平安等作为检查重点，落实责任、强化监管、治理隐患、完善制度等方面加大了工作力度，确保全市旅游平安工作督察到位，万无一失。

文物

概述

泽州县历史悠久，文化底蕴丰厚，是中国人类开发较早的地区之一。境内文物资源分布广、品种全、档次高，仅登记在册的文物资源点达1611处，是晋城市乃至山西省的文物大县。其中，全国重点文物保护单位19处，省级文物保护单位9处，市级文物保护单位保94处、县级文物保护单位35处。除此之外，该县还有历史文化名镇、名村及中国传统村落29处，其中国家级历史文化名镇2处、省级历史文化名镇1处、国家级历史文化名村3处、省级历史文化名村8处、国家级中国传统村落6处、省级中国传统村落9处。

文物保护

（一）争取资金完成文物保护修缮工程。旅

游局主要完成了国保单位北义城玉皇庙、川底佛堂的文物本体修缮和环境整治项目；完成了省保单位李寨三教堂、市县保单位西四义普觉寺、东黄石都城隍庙、岭上三教堂等文保单位抢修工程。截至2016年年底，泽州县大阳汤帝庙、周村东岳庙、晋城二仙庙等12处国保单位已修缮完毕；尹西东岳庙、坛岭头岱庙等3处国保单位正在修缮中；剩余4处国保单位已经全部列入国家项目库，2017年相继完成修缮任务。(二) 科学编制文物保护工程修缮设计方案。该局编制完成了坪上汤帝庙、尹西东岳庙、薛庄玉皇庙等全国重点文物保护单位的修缮设计方案。截至2016年，旅游局已经编制完成了泽州县所有国保和省保单位的修缮设计方案。(三) 扎实开展全国第一次可移动文物普查工作。完成了全县545家国有单位的数据统计和上报工作。(四) 加大文保单位的管理力度。完成了第七批全国重点文物保护单位的“四有”档案工作，对所有新增国保单位划定了保护范围，17个乡镇的市保以上文保单位安装了统一的保护标志碑。全县省保以上文保单位安装了视频监控设施，实行了“一键报警”管理模式。(五) 配合完成了“太焦高铁”泽州段的踏勘工作；完成了“万里茶路”资源点的调查工作。为贯彻《中华人民共和国文物保护法》中“县、乡政府要切实担负起本行政区域内文物保护的职责”的规定，在2013年，就出台了《泽州县人民政府关于加强文物古迹保护管理的意见》，用“三步走”来逐步完善全县文物保护管理机制。第一步，建立和完善乡（镇）文物管理机构。为充分发挥乡镇文物管理机构的监督和管理职能，全县17个乡镇成立了不单独列编的文物管理所，各村确定了不可移动文物的村级联络员，建立健全了“县—乡—村”三级文物安全管理体系。该局与各文保单位安全负责人签订了安全责任状。第二步，省保以上文保单位成立单独的文管处。根据《中华人民共和国文物保护法》和5月28日全省文物局长会议精神，在该县原有文物保护管理机构的基础上，全县省保以上文保单位设置了不单独列编的文物管理处。第三步，合理调配看护人员，规范文保安全制度。为了确保泽州县的文物安全，该局召开了全县文物保护工作会议，对文保单位的看护员进行了合理的调配，制定了统一的“管理制度”“消防制度”“一键报警制度”等，并要求各项制度上墙，看护人员24小时在岗值班和认真执行“零报告”制度。2015年，该县各文管所（处）严格按照《中华人民共和国安全生产法》《中华人民共和国消防法》《中华人民共和国文物法》和管理部门的要求，按“分级负责、属地管理”“谁主管谁负责”“一岗双责”责任制的原则，真抓实干，分解细化任务，责任落到实处，切实做好文物安全工作，确保全县文物系统安全无事故。

体　育

全民健身运动

泽州县体育事业为该县社会经济的发展和人民生活水平的不断提高作出了积极的贡献。(一) 认真贯彻实施《全民健身条例》，不断提高群众的健康意识，培养群众的健身习惯，在全社会营造浓厚的体育氛围，推进群众体育活动社会化、生活化、多样化、科学化、制度化。每年县级体育竞赛超过10项（次），群众体质明显提高，体育人口稳步增加。（二）广泛开展健身活动。把贯彻《全民健身条例》精神贯穿到全民健身实践的各个环节，落实到健身活动组织、场地设施建设、健身技能指导等各方面，纳入创先争优活动内容，以饱满的热情、务实的作风，推动全民健身事业步入快发展、大发展的良性轨道。一年来，泽州县群众体育活动蓬勃开展。共举办、协办各类运动会、单项赛事10余次，以“强健体魄·阳光生活·共享青运”为主题，实现人人热爱体育，全民健身强体的宗旨。

群众体育

7月10日，在巴公东四义公园开展“泽州县环城生态圈二期绿道及伊侯山森林绿道开放仪式暨千人健步走与自行车环保骑行活动”。8月8日至30日，组织举办了泽州县第一届农民运动会，历时23天，共17支代表队1000余人参加，使农民群众的健身热情得到了空前的高涨。9月24日，举办了“2016‘奥美林’中原12市泽州绿道半程马拉松邀请赛”，参赛运动员约1500余人，扩展了泽州县农民群众的健身视野。9月25日，举办了泽州2016年“栖龙湾”首届山地车越野赛，来自11个省467名运动员参加了比赛，此次活动提升了泽州县的知名度，促进了山地自行车运动在泽州县的广泛推广。10月14日，组队参加了晋城市第十六届武术锦标赛，取得了集体拳和集团器械的第一名。10月19日在川底乡举办了“润宏杯”健身广场舞大赛，20支代表队和2支展演队近400名农民群众参加了此次活动，丰富了当地农民群众的文化体育生活。

学校体育

4月7日至10日，在泽州县第一中学举办了泽州县第20届中学生田径运动会，共34支代表队约400名运动员在72个小项中展开角逐。4月22日，组队参加了晋城市第二十八届中小学生田径运动会，并取得了不错的成绩。

协会体育

5月6日至8日，太极拳协会举办了第一期全县城乡骨干队员培训“第一套太极功夫扇”。7月16至18日，组队参加了市文化局举办的山西·晋城“巨人净水杯”全国传统武术邀请赛暨山西省第三十届传统武术、推手锦标赛。7月26日至29日，组队参加省里举办的山西省第五届老年人体育健身大会“太极拳（剑）”的比赛。

场地建设

2016年，该局积极开展“体育三下乡”工作，对130个行政村（社区）的室外健身设施进行了更新和提升，对24个贫困村的体育活动广场进行了场地建设和器材配发，解决了贫困村体育设施“空心化”的问题，使农民群众的健身活动得到了保障，实现了贫困村体育服务达到全县平均水平，为实现全面建设小康社会目标作出了贡献。

体育组织

泽州县群众体育组织不断健全，先后成立了太极拳协会、乒乓球协会、体育运动舞蹈协会、自行车联盟协会、老年体育协会、门球协会、围棋协会、县直机关老年人体育协会共8个单项体育协会，尚未成立县级体育总会和社会体育指导员协会。因经费、人员等问题，体育社会组织发展参差不齐，较为活跃的有老年人体育协会、乒乓球协会、太极拳协会和自行车联盟协会。

青少年活动

2016年，按照全面推进素质教育的要求，认真贯彻实施《全民健身条例》和《学校体育工作条例》，县各级各类学校按照国家标准和要求建设体育设施，配齐配强体育教师，在提高体育课教学质量的基础上，积极组织学生参加课外体育锻炼，使他们掌握两门以上的体育运动技能，养成终身锻炼习惯，学生体质得到明显的增强，普遍达到《国家体质锻炼标准》的基本要求，优秀比例达30%。

体育设施

"十三五"期间，泽州县体育设施建设得到了空前发展。2011年底，完成农民体育健身工程393个，实现农村体育健身工程"全覆盖"。2014年底，17个乡(镇)实现了全民健身广场"全覆盖"，使得该县所有乡镇、行政村和社区都拥有了至少一个专门的体育活动场所。2014年和2015年利用体彩公益金采购体育健身器材34套，2016年更新130个村的体育健身器材，帮助困难村改善场地和设施建设，推进了该县全民健身的发展。

竞技体育

进一步巩固田径、乒乓球、羽毛球、篮球等优势项目，4月，同县教育局组队参加了晋城市中学生田径运动会。8月，同县总工会组队参加了晋城市第五届职工运动会。9月，同县自行车协会在栖龙湾举办了全国自行车爬坡赛。

赛事承办

2016年以来，该局承办的赛事有：县中学生田径运动会、县职工乒乓球比赛、县职工篮球比赛、县职工羽毛球比赛、县直机关工会运动会、县职工登山比赛等各类体育赛事，进一步推进了该县体育事业全面协调可持续发展，提高了广大群众的身体素质和健康水平。

体育人才

泽州县不断加强体育教育结合，加大投入，巩固体育教育联合办训成果。按照"从小培养、打好基础、系统训练、积极提高"的要求，充分利用学校资源，建立体育网点，形成自身优势项目，大力创建青少年体育俱乐部、体育传统项目校和体育后备人才培养基地，使校办运动队、俱乐部、传统项目学校、后备人才基地融为一体并真正办出效益。2016年底，全县有社会体育指导员923人，其中：国家级3人，一级3人，二级128人，三级789人；全民健身站点430个，每千人公益社会体育指导人员比例1.65名，每万人社会体育组织数0.35个。

体彩销售

2012年泽州县彩票管理站成立以来，县管理站在省、市彩票管理中心及上级部门的帮助和带领下销量不断提升。体育彩票公益金被用于三个主要方面：即社会公益金事业，全国健身计划和奥运争计划。以体育彩票公益金为重票组成部分的中央彩票公益金中，每年有60%的用于补充全国社会保障基金，此外，在红十字人道主义救助事业、教育助学、医疗救实和灾区重建、基层文化建设、扶贫等社会公益事业中，也都有体育彩票的公益金的支持。泽州县体育彩票管理站2012年销量500万元、2013年销量800万元、2014年销量1500万元、2015年销量1550万元。2016年销量1600万元。泽州县彩票管理站，公益金原来的几万元增加到几十万元，为泽州县文化事业提高了公益金，填补了体育器材。截至2016年年底，泽州县有彩票管理站网点43家，业主和销售员上百名。每年免费培训销售员和业务员数十名。

卫 生

概述

2016年，在县委、县政府的正确领导和市卫计委的业务指导下，全县卫计系统深入贯彻中共十八大精神，紧紧围绕大局和中心工作，真抓实干、开拓创新，各项工作稳步推进，成效明显，开创了全县卫生和计生工作新局面。很大程度上缓解了群众“看病难、看病贵”问题，人民群众的健康水平和生活质量进一步提升。全县卫计系统共有县、乡卫生和计生单位36个，其中：县直单位10个（县人民医院、县妇幼保健院、县疾病预防控制中心、县卫生局卫生监督所、县卫生学校、县宣教馆、县计生协会、县计生服务中心、县计生督调队、计生大箕中心站）、乡镇卫生院26个（中心卫生院7个、一般卫生院10个、卫生院分院9个）；村级卫生所627个，个体诊所33个，厂矿医务室14个。系统在编人员共计2261人，县直单位1174人，乡镇卫生院实有人员1087人。

新型农村合作医疗

新型农村合作医疗制度全面推进。2016年全县参合人数391541人，参合率99.58%，人均筹资标准达541元，全年应筹资总额21182.37万元，各级补助金到位共21327.26万元（含利息），筹资率达100.68%。截至10月底，累计办理补偿466351人次。累计发放补偿金额12256.8万元，同比增加8.42%，基金使用率61.78%。2015年大病补偿全部结束，补偿1532人次，补偿金额818.19万元。2016年大病保险补偿工作全面开始，拨付资金919.01万元。推进按人头付费、按病种付费、总额预付为主的复合支付方式改革。

基本药物制度

药品的供应保障体系逐步完善。全县两家县级公立医院、26家乡镇卫生院和627个村卫生室全部实施基本药物制度。实行基本药物集中采购、统一配送、零差率销售和政府购买服务，药品配送到货率保持在90%以上。截至2016年10月底，两家县级公立医院采购基本药物5681.9万元，药品占业务收入的37.2%；网上采购高值耗材1053.18万元；乡村两级采购基本药物1978.54万元。

公共卫生服务

基本公共卫生服务项目不断强化。完善基本公卫服务项目绩效考核方案，全县人均基本公共卫生服务经费达45元，以基本公共卫生服务项目为主线，进一步细化各项公共卫生工作。泽州县共建纸质档案462786份，纸质建档率94.3%，电子档案373026份，电子建档率76%。2016年，该县基本公共卫生服务工作还代表晋城市迎接了国家、省级考核，在全省名列第一，在全国排名靠前，取得了骄人的成绩。

卫生网络建设

（一）县人民医院完成新建门诊楼内部装修，对感染性疾病科进行了装修改造，对急诊楼进行重新布局，按规范要求分区设置，与影像楼廊桥联通，增加急诊彩超、放射、CT，完善功能布局；对重症医学科进行扩建搬迁。投资2000余万元购置直线加速器、彩超、超声刀、胸腔镜、CT等。县妇幼院投资569万元对产一、二科及手术室进行改造，对原东城信用社的办公地点进行装修改造为产前门诊，投入227万元先后购进了彩超、麻醉机、可视人流仪、冰冻切片机、正置三人共览显微镜等设备。（二）北义城卫生院新建门诊楼投入使用，衙道卫生院住院楼及附属工程建设项目，建设面积750平方米，预计总投资380万元，已完成立项、项目选址、可研批复、环评报告、地质勘探、抗震设防、节能评估、初设，于11月开工建设。新建川底卫生院门诊楼建设项目，建设面积1200平方米，预计总投资360万元，已完成科研、规划、选址工作，现进行初步设计。开工建设大阳镇卫生院门诊楼维修改造工程和川底乡卫生院门诊楼危房改造工程。为全县村卫生室配备电脑200台、健康一体机72台，进一步提高了乡村两级医疗机构为群众服务的能力，使全县的就医环境得到极大的改善。（三）为参合农民办理就医便民结算一卡通。县医院、县妇幼院、26家乡镇卫生院和17家新农合管理站移动网络全部接通。村卫生室应接通网络共计627家，已接通移动网络590家（其中移动委托联通接网74个），剩余37家村卫生室正在调试安装中。开展居民健康卡应用环境建设。在硬件设备方面，县人民医院、县妇幼院为门诊科室、住院科室、医技科室、药房、挂号服务窗口等配置了电脑和银行POS机，配备172台读卡器和172张SAM卡，为县人民医院配置自助受理终端10余台。乡镇卫生院为主要服务窗口配置了电脑320余台，配置读卡器400余台，SAM卡400余张。为627家村卫生室配齐了台式电脑，配备了读卡器和SAM卡。在软件系统方面，对县人民医院、县妇幼院和26家乡镇卫生院的HIS系统进行了改造，完成了HIS系统和易联众软件的对接，确保了HIS系统、易联众软件、自助终端系统对居民健康卡的信息读写，使原有系统支持居民健康卡的操作，各级医疗机构居民健康卡应用环境改造基本完成。

队伍建设

加强卫生人才队伍建设，提高卫生人员技术水平。为了改善农村医生短缺现象，从2014年至2016年，由县财政出资，分三批，每批70人，按照每年每人5000元标准免费培养乡村医生，由晋中卫校负责实施。在学生毕业后，按照“村来村去”的原则，回协议村卫生所工作，享受农村医生待遇。2016年又选派70名大中专毕业生到晋中卫校学习。

中医药建设

由于历史原因，泽州县无一家中医专科医院，全县中医服务水平已不能满足全县群众对中医药服务的需求，很大程度影响了全县卫生事业的快速发展步伐。为优化医疗资源配置，推动中医药事业发展，在县委县政府的大力支持下，决定筹建县中医院。选址在金村镇孟匠村，占地4.67公顷，按二级甲等中医院标准建设，规划床位200张。采用PPP模式，计划总投资2.15亿元。其中：县中医院基本建设1.35亿元，设备购置5000万元；医养中心建设3000万元。主要建设内容为县中医院和养老中心，其中，中医院建设内容主要包括急诊部、综合楼、住院楼、药剂楼、职工宿舍楼、室外工程及相关配套附属设施；医养中心建设内容主要为老年公寓、活动中心、餐厅、澡堂及相关配套附属设施。建设项目进行了前期预审，完成《泽州县中医院建设项目项目建议书》的编制工作，县发改局在2016年12月底立项。组建了泽州县中医院和医养中心项目筹备工作领导组，正在办理县中医院选址、规划等手续。

卫生应急

储备卫生应急物资10万元，对全县100名卫生应急业务骨干进行了培训，补充更新6支卫生应急队伍，组织参加多次应急救援演练，锻炼了应急队伍，提高了卫生应急水平。

卫生监督

加强卫生综合监督，开展医疗秩序整顿。2016年对全县722家医疗机构进行监督，监督覆盖率100%。取缔非法行医6家，对公共场所212家、职业健康3家、放射26家、学校178家、饮用水35家、餐具消毒2家进行了监督检查，监督覆盖率100%，行政处罚案件13件，罚款13500元。

卫生惠民实事

改善民生，卫生惠民实事进一步落实。对60周岁及以上老年人进行免费体检，是2016年县委、县政府为民办惠民事实之一。在体检过程中，乡镇卫生院开通绿色通道，为老年人准备免费早餐，为行动不便老人提供上门体检服务。在体检结束后，医护人员上门发放健康体检反馈单，开展“一对一”健康服务指导，全面提升了该县老年人的健康水平。全年共计完成体检65852人，完成总任务数的89.6%，超额完成体检任务。

县级公立医院改革和分级诊疗

稳步推进县级公立医院综合改革，群众受益面更广。2016年县人民医院重新委托山东康佳管理公司对绩效管理方案进行了评估修订，按照多劳多得、优绩优酬原则进行绩效管理。县财政落实了各项投入政策，加强了呼吸内科和消化内科两个重点科室建设。县医院与山西迪安医学检验中心有限公司合作共建检验病理学科项目。落实优质资源下沉，省肿瘤医院和市人民医院派出3位知名专家在县人民医院常年坐诊，县人民医院定期派出医师到乡镇卫生院坐诊和住院指导。2016年县财政为县人民医院预算人员经费1565.42万元、发改项目经费500万元、重点学科建设和人才培养经费10万元，合计2075.42万元。为县妇幼保健院预算人员经费1191.63万元、发改项目经费179万元、专项业务经费164.1万元，合计1534.73万元。分级诊疗制度持续巩固。2016年乡镇病种数由35种增加到65种，县级由70种增加到93种。加大对分级诊疗制度的宣传，在医疗机构导医台、医保办等窗口向患者发放宣传资料，力求让分级诊疗政策家喻户晓，深入民心。2016年全县县、乡医疗机构住院人次同比增加3271人次，同比增长15.1%；县、乡分级诊疗病种受益人次同比增加8424人次，县乡就诊率达到76.00%，较2015年同期上升4.3个百分点。

泽州县人民医院

泽州县人民医院是一所集医疗、教学、科研、预防、保健为一体的综合性县级医院。1995年获卫生部“爱婴医院”称号，1997年首次通过了“二甲医院”评审，2005年再次通过了“二甲医院”评审。是长治医学院、晋东南卫校的教学医院。医院占地面积24532.64平方米，建筑面积51200平方米。开放床位500张。主要建筑有门诊楼、住院楼、影像楼、放射楼等，实现了硬化、美化和绿化，给病人提供了一个优美、舒适的医疗环境。为了适应医疗市场竞争需求，先后购置和引进了GE1.5T核磁共振，飞利浦128层螺旋CT、直线加速器、DR、美国惠普彩超、碎石机、美国贝克曼全自动微粒化学发光免疫分析仪等设备。

2016年，县人民医院通过开展质量月评会，强化医疗质量和传染病管理，加强学术研究、人才引进、队伍建设、便民服务、医疗合作与对口支援和新技术、新学科建设等，各项业务工作走向程序化、合理化、法制化轨道，医疗质量明显提高，工作作风明显好转。全年门诊实现22万余人次，住院2.1万人次。

泽州县妇幼保健院

泽州县妇幼保健院是一所集保健、医疗、教学、科研为一体的综合性县级妇幼保健机构，地处晋城市瑞丰路1566号。多次获省市“三八红旗单位”、市县卫生系统先进集体等荣誉称号，是泽州县、城区新农合、城镇职工医疗保险及晋城市市直职工医疗保险定点医院。截至2015年底，全院固定资产3700万元；占地总面积6411平方米，建筑总面积10762平方米；由4栋住院楼、1栋门诊保健综合楼组成主要业务用房。全院编制床位103张，实际开放床位140张；2016年有职工339人（合同工61人），其中专业技术人员308人，占全院职工总人数的90.9%；有本科学历135名，专科学历128名，大专以上学历占85.4%；有主任医师8名，副主任医师33名，中级职称89名，初级职称178名；年门诊总人数15万余人，住院总人数7800余人，其中住院分娩数近4000例，居全省妇幼系统前列。全院共设有保健一级科室5个：妇女保健科、儿童保健科、健康教育科、信息资料科、重大公共卫生项目科；临床一级科室4个：妇产科、儿科、麻醉科、急诊科；行政职能科室17个：院办室（人事科）、党办室、医务科、护理部、质控科、科教科、院感科、信息科、医疗纠纷科、门诊部、保健部、预防保健科、设备科、总务科、财务科、医保科、保卫科；医技科室10个：检验科、放射科、超声医学科、心电图室、病理科、药剂科、手术室、消毒供应室、病案室、图书室。全院二级专业组28个，其中保健二级专业组19个，包括青春期保健、围产期保健、更年期保健、妇女营养保健、妇女心理卫生保健、婚前医学检查、妇女病普查普治、乳腺保健、产后保健、孕妇学校、儿童生长发育、儿童营养、儿童心理卫生、儿童五官保健、儿童康复、儿童早期教育、新生儿疾病筛查、儿童铅防治、新生儿黄疸测定；临床二级专业组9个，包括产科一组、产科二组、产科三组、妇科组、计划生育组、儿内科消化组、儿内科呼吸组、新生儿科、儿外科。此外门诊部还设有中医科、软伤科、皮肤科、针灸科等特色门诊。全院主要设备有螺旋CTG125、DR数字成像机、四维彩超、乳腺钼靶机、全自动血液细胞分析仪、全自动生化分析仪、红外线乳腺诊断仪、波姆光治疗仪、蓝氧治疗仪、产后康复仪、盆底肌肉康复治疗仪、三导联心电图机、电子阴道镜、全自动麻醉机、多参数监护仪、腹腔镜、宫腔镜、胎心监护仪、婴儿培养箱、液基细胞学检验系统、HPV基因分型检测仪、小儿高压氧舱、经皮黄疸测定仪、微量元素测定仪、新生儿听力筛查仪、骨密度分析仪、康复理疗系列设备等。2016年业务工作成绩显著，全年全县活产2946人，产妇2907人，产前建卡2854人，建卡率98.18%，产前检查2840人，产妇保健覆盖率96.04%；孕早期产前检查2571人，早检率为87.27%，系统管理2540人，系统管理率为86.22%。共筛查出高危孕产妇427人，高危占总产妇数的14.69%，高危管理427人，高危管理率为100%。高危产妇住院分娩427人，高危产妇住院分娩率为100%。全县活产2946人，住院分娩率为100%。孕产妇死亡0例，新法接生2946人，新法接生率100%，产后访视2751人，访视率93.38%。7岁以下儿童21891人，5岁以下儿童15846人，3岁以下儿童9416人，7岁以下儿童健康体检20488人，儿童保健覆盖率为93.59%。3岁以下儿童保健系统管理8551人，管理率90.81%。全县5岁以下儿童死亡20人，死亡率为6.79‰；婴儿死亡16人，死亡率为5.43‰；新生儿死亡11人，死亡率为3.73‰。母乳喂养实查人数为2719人，母乳喂养2519人，母乳喂养率92.64%，纯母乳喂养1948人，纯母乳喂养率71.64%。新生儿访视2803人，访视率95.15%。20~64岁全县妇女143860人，应查47953人，实查11318人，检查率23.60%，查出各种疾病2557人，疾病发生率为22.59；阴道炎1449人，患病率12.80%；宫颈炎1024人，患病率9.05%；子宫肌瘤82人，患病率0.72%；宫颈癌5人，宫颈癌患病率48.66/10万；乳腺癌2人，乳腺癌患病率48.66/10万。在普查的同时及时进行了咨询指导和有效的治疗处理。

泽州县第二人民医院

泽州县第二人民医院（泽州县巴公中心卫生院），是一所集医疗、预防、康复、保健于一体的综合性医院。是泽州县新型农村合作医疗定点医院；是晋城市市直企业职工、城镇居民、职工医保工伤定点医院和泽州县职工医保定点医院；是省级职业健康检查机构。医院位于晋城市北郊的巴公镇巴原街057号，占地10000余平方米，建筑面积约9384平方米、固定资产2049万元。主体建筑有门诊楼、住院楼、放射楼、办公楼等。设置床位99张，设有内（儿）科、内2科、外科、妇产科以及中西门诊、急诊科、五官科、公共卫生科、检验科、放射（CT）科、彩（B）超室、心电图室、医务科、护理部、医保（新农合）科等30多个科室。拥有飞利浦双排螺旋CT、日立全自动生化仪、潘泰克斯电子胃肠镜、德国STORz腹腔镜、DR、富士CR、飞利浦C型臂、大型健康体检车和进口彩超等大中型医疗设备50余台件。2016年有职工161名，专业技术人员140名，专科以上学历96名，具有中级以上职称的45名。可开展颅脑、显微、骨科、普外、妇产科等多学科大中型手术。与晋煤集团总医院及晋城市医院建立长期协作关系。服务巴公镇及周边多个乡镇群众以及晋城市装备与制造工业园区的各类企业职工20余万人，年总诊疗人次约12万人次，在周边乡镇中享有较高的声誉。

疾病防控

概述

泽州县疾控中心2016年根据职能调整为13个科室，即办公室、党办、财务科、慢病科、传染病科、卫生科、结核病科、健教科、性艾科、免疫规划科、体检科、检验科、地病科。2016年该县疾病预防控制工作在县委、县政府的正确领导和上级业务部门的指导下，竭力做好疾病预防控制工作，坚持以人为本、更新观念、求真务实，认真落实各项工作、目标，重点抓好结核病、艾滋病等重大传染病防治、防控，传染病疫情网络直报及突发公共卫生事件报告管理，健康教育与健康促进及儿童免疫规划、基本公共卫生服务等工作，加快突发公共卫生事件应急处理能力建设，取得了较好的成绩。基本公共卫生服务项目：经过省、国家考核取得了全省第一，全国第十的好成绩，为泽州县争得了荣誉；在市疾控中心的精心组织下，在泽州县大阳镇成功组织了一次“突发公共卫生应急演练”，该中心获得了全市排名第一的好成绩，充分体现了泽州人民“不甘人后，永争第一”的精神风貌。完成了预防接种规范化门诊建设，统一制作了相关制度及网络化管理平面图。率先安装启动了数字化门诊系统，已投入使用；在县政府的大力支持下，上项目解决了实验室污水处理系统，隐患彻底解决。

传染病防控

（一）县级医疗机构传染病网络直报覆盖率达100%；乡（镇）卫生院传染病网络直报覆盖率达100%；（二）县疾控中心传染病网络直报审核每天不少于4次，每次审核后都有记录，审核及时率达100%；（三）突发卫生公共事件在2小时以内进行网络直报，事件处置科学规范、措施得力；应急预案和专项技术方案及时进行修订；应急储备物资及时进行更新；以月为单位开展突发公共卫生事件日常风险评估，适时开展突发公共卫生事件专题风险评估;(四)传染病自动预警单例预警信息在2小时内按要求处理，其余预警(时间序列预警)信息均在24小时内按要求处理完成;(五)严格按照《手足口病预防控制指南(2009版)》和《全国流感监测方案(2010版)》要求，认真开展手足口病、流感的病例监测工作，处置到位，资料齐全。

艾滋病防治

(一)有规范的自愿咨询室，全年自愿咨询HIV和梅毒检测服务人数为367人;(二)对所有新入监人员开展HIV抗体检测，完成396人;(三)艾滋病病例传染病病报卡及时率达100%，报告地负责完成首次随访，及时率100%，现住址管理HIV/AIDS随访完成率、结核病筛查率、非阳性配偶HIV抗体检测率、CD4检测率达96%;(四)开展高危干预防培训工作。更新高危人群的分布图，高危人群月均干预覆盖率达98%，高危人群HIV抗体检测率达100%，性病门诊就诊者HIV抗体检测率达100%，男性接触者HIV抗体检测率达100%。全年男性接触者HIV抗体检测率达100%，全年高危人群干预105人;(五)符合治疗标准的病人治疗覆盖率达87%，治疗病人100%按规范要求完成随访、CD4检测和病毒载量标本送检。药品实际库存与药品管理系统保持一致;(六)指导辖区医疗机构的梅毒病例报告，开展了梅毒报告准确性核查工作，现场核查准确率达97.75%。性病漏报控制率在3%以内，性病诊疗机构首次就诊者梅毒筛查率达100%。加强对辖区内医疗机构性病报告的督导。

结核病防治

(一)以县为单位，保持现代结核病控制策略(DOTS)覆盖率在100%;(二)活动性肺结核患者发现并治疗管理1201例，发现、治疗、管理新涂阳肺结核患者260例;(三)新涂阳肺结核病人治愈率保持达92.68%;(四)医院肺结核病人报告率达100%;(五)医院转诊肺结核可疑病人及肺结核病人的转诊率达98%;(六)结防机构追踪转诊未到位肺结核病病人的追踪率100%;(七)结防机构追踪转诊未到位肺结核病病人的追踪到位率达95%;(八)涂阳肺结核病病人家庭密切接触者筛查率达95%;(九)病人系统管理率达到95%;(十)总体到位率达95%;(十一)开展学校结核病防治工作，对学校结核病疫情处置率达100%，及时开展流调、追踪、筛查工作;协助教育部门开展学校结核病防治知识的健康教育;(十二)全民结核病防治知识知晓率达85%。

地方病与寄生虫病防控

(一)开展碘缺乏病、煤烟型氟中毒等地方病防控监测工作;碘盐监测覆盖率达100%;(二)开展布病防控工作，有效控制布病的发生与流行，建立健全了布病病人档案。

慢性非传染性疾病防控

(一)死因监测：进一步做好全人群死因监测工作，乡镇以上医疗机构除南村外，每月未出现零报告;(二)脑卒中、心肌梗死监测：积极开展脑卒中、心肌梗死新发病例报告工作，各级各类医疗机构每月将收集到的信息，及时上报县疾控中心。病例漏报率0%，报告信息完整率100%，报告信息准确率达90%；(三)老年人管理：辖区内65岁以上老年人口数量为44368人，老年居民健康管理38287人，健康体检表完整率达86%；(四)全民健康生活方式行动：该县积极开展全民健康生活方式行动示范创建活动，2016年新创建“健康村”1个、“健康步道”1个。

监测、检验能力

(一)达到除放射性指标外的所有水质常规指标；(二)上级质量考核成绩达到合格以上(艾滋病、地病、水质等)；(三)进一步完善实验室质量管理体系建设(质量手册、程序文件、质量记录文件)，所有开展的检验项目已纳入实验室质量管理体系，并按照体系要求运行。

爱卫工作

概述

2016年，在县委、县政府的正确领导下，在上级主管部门的精心指导下，爱卫办以改善农村人居环境为主线，以农村环境整治为突破口，稳步推进农村环卫体制改革，全面开展城乡爱国卫生清洁运动，较好地完成了各项爱国卫生工作任务。

农村清洁工程

全力推进城乡爱国卫生清洁运动，是省政府组织实施的惠民工程之一。全县上下坚持突出重点抓关键，突破难点抓推进的工作思路，紧盯城乡接合部、公路沿线、集镇区域等十个方面重点，瞄准裸露地硬化、道路沿线绿化、可视处净化、主墙体美化、店铺规范化、垃圾无害化目标，持续开展了爱国卫生清洁运动。一是不惜投资集中清除四堆八乱，全县上下把清除集镇驻地、村里村外、公路沿线和公共场所四堆八乱作为集中整治的重中之重。据不完全统计全县5万人次，10000台辆机械参加了集中整治，清除垃圾6万吨，清理煤土堆10000余处；二是集中开展硬化绿化，全县公路两侧绿化工作，主街道人行道和老街旧巷硬化工作成效明，据不完全统计，全县硬化面积5万平米，种植各种树木3万株；三是集中拆除违章建筑。按照县委、县政府要求，国道、省道沿线乡镇不惜投资拆除破烂房屋200余间，清除违章建筑500余处，拆除残墙断壁1000余处；四是集中进行墙体美化，各乡村分别对可视处墙体进行了石灰消杀和美化，并在部分路段刷写了卫生文明标语，从而营造了良好的农村环境整治氛围。

农村环境卫生体制改革

农村环卫体制改革，是县政府确定的2016年重点工程之一，也是全省唯一的创新型工作。按照“市场化、减量化、资源化、无害化”的环卫体制改革目标，选定了试点乡镇，成立了领导组、制定了实施方案、组织了外出参观、召开了推进会、严格了招投标程序。2016年，南岭乡、金村镇、巴公镇、大阳镇、周村镇改革工作已进入冲刺阶段，年底前全面进行巩固完善。其他乡镇的环卫体制改革也进行了前期准备，正在按程序稳步推进。同时，按照县政府要求，采取班子成员包乡镇、工作人员包案件的办法，全面完成了8件环保督察案件督办工作，并促进了全县环境整治工作的提档升级。

爱国卫生运动

一是广泛进行宣传发动。2016年，全面加大了爱国卫生组织和宣传力度，进一步引深第28个爱卫月宣传，用一个月时间组织该办人员分别深入17个乡镇和100余个行政村，进行广泛宣传，先后发放资料10000余份，刷写标语100余条，媒体宣传30余次。二是集中整治成效明显。爱卫办以清除四堆八乱，粉刷墙体树木、修补残墙断壁、拆除破烂建筑、铲除根茬秸秆、修建卫生厕所、规范经营店铺等为重点，组织和引导各乡镇因地制宜开展了环境卫生集中整治。据不完全统计，全县累计投入资金4000万元，配备环卫人员3000余人、配备环卫设施3000件。三是组织开展了“务实清廉，春满泽州”为主题的“六个一”活动。县直机关3000余人参加了义务清理垃圾活动。四是长效机制稳步前进。2016年该办重点抓了机制建设、队伍建设、制度建设和设施配备工作。提质环卫站17个、规范环卫队100支、环卫人员达3600名。五是各项工作有序开展。积极开展创建卫生乡村和卫生单位工作，顺利通过了省级卫生创建验收；全面开展病媒生物防制工作，农村改厕任务全面完成。“四害”密度控制在国家要求的标准之内。同时，开展了环卫安全知识培训、环卫知识宣传和环卫工人慰问，受到了社会各界的一致好评。

机构设置和领导人名录

县文体广电新闻出版局局长（主任）：李广林

县广播电视台台长：张利

泽州报社总编：刘国亮

县旅游文物局局长：王天明

县卫计委局长：秦会林

泽州县人民医院院长：杜玉喜

州县妇幼保健院院长：刘秀萍

泽州县疾控中心主任：崔晋平

爱卫办主任：崔小占

社会生活

民　政

概述

泽州县民政局是县政府主管社会行政事务的职能部门，履行着“上为政府分忧，下为群众解愁”的重要职能，负责全县救灾救济、双拥优抚安置、社会组织管理、基层政权建设、城市农村居民最低生活保障、区划地名等工作。2016年，县民政局按以保障民生、优化服务为目标，坚持“以民为本、为民解困、为民服务”的民政工作宗旨，科学谋划、精心组织、狠抓落实，各项工作扎实有效推进，取得了明显成效。

城乡低保

国务院《社会救助暂行办法》明确要求“国家对共同生活的家庭成员人均收入低于当地最低生活保障标准，且符合当地最低生活保障家庭财产状况规定的家庭，给予最低生活保障”。2016年泽州县农村低保共为578个村，5495户，8102人，发放低保金4343.3万元，人均月补差220元。低保标准由2015年的每人每年2916元提高到2016年的每人每年3276元。城市低保共为28个单位，850户968人，发放低保金843.5万元，人均月补差447元。低保标准由2015年的每人每年5580元提高到2016年的每人每年5940元。2016年低保工作主要做法：一是5月19日，根据省审计厅提供关于该县部分城乡低保户是财政供养人员及缴纳公积金和注册工商企业的情况，经调查核实，共有338户。对此次审计提出了存在问题、整改措施和今后打算，截至年前共有8户12人，上缴国库6.3485万元。二是对全县所有城乡低保对象进行一次全面复核。重点复核：①有抚养人（赡养人）但无正当理由抚养人（赡养人）不尽抚养（赡养）义务而造成生活困难的。②在法定劳动年龄内，有劳动能力，无正当理由不就业的。③近两年内有新购建商品住房，高标准装修现有住房的。④因赌博、斗殴、嫖娼、吸毒等行为造成家庭生活困难的。⑤低保对象死亡不及时申报的。⑥当时申请低保，家庭主要劳动力因病造成支出明显超出收入或子女正在上大学，现家庭明显无支出超出收入现象或子女已就业有工作的。⑦离异时申请低保，现已重新组合家庭的。⑧经常出入餐饮、娱乐场所等高消费场所消费的。三是继续完善核对工作条件。2016年共核对5495户，8102人，人社局核对出有养老保险的3户，交警核对有车辆的4户。

五保供养

根据国务院《农村五保供养工作条例》第三条规定“县级以上地方各级人民政府民政部门主管本行政区域内的农村五保供养工作”之要求，2016年，泽州县共有五保对象1073人，其中分散供养627人，集中供养446人，集中供养率为41.6%，共发放五保供养资金615.8万元。其中，分散供养标准由2015年的每人每年3300元提高到2016年的每人每年3800元；集中供养标准由2015年的每人每年5700元提高到2016年的每人每年6200元。全县共有敬老院10所，其中乡镇敬老院9所，民办敬老院1所。在五保工作中，县民政局狠抓敬老院安全责任管理，一是强化教育，提高安全意识。在县民政局的工作指导和监督下，各乡镇民政办和敬老院做好安全防范的宣传教育工作，采用多种方式加强对安全防范工作的教育和引导。二是完善制度，加强安全管理。按照“安全第一，预防为主”的方针，建立健全日常安全管理制度和突发事件应急工作预案，切实加强敬老院安全管理工作。三是加强值班，落实安全责任。健全值班值宿以及定时查房制度，敬老院院长及工作人员每月在院时间不得少于22天，特别是节假日和夜间，安排值班人员不得少于2人。实行24小时值班制度，值班人员要定期进行巡查，及时掌握安全动态，及时消除安全隐患，同时要保持信息畅通，及时报告各类安全信息，确保各项安全措施落到实处。

医疗救助

根据国务院《社会救助暂行办法》第二十七条“国家建立健全医疗救助制度，保障医疗救助对象获得基本医疗卫生服务”和第三十条“申请医疗救助的，应当向乡镇人民政府、街道办事处提出，经审核、公示后，由县级人民政府民政部门审批。最低生活保障家庭成员和特困供养人员的医疗救助，由县级人民政府民政部门直接办理”的精神，2016年，全县城乡医疗救助2987人，发放救助资金857.5万元，其中资助参合209.3万元，资助参保20.2万元。县民政局加强“参保”“参合”资助。每年9—12月份，是城乡居民基本医疗保险（城镇居民基本医疗保险、新型农村合作医疗）缴费期，县民政局会同财政、人力资源社会保障、卫生计生等部门对重点救助对象“参保”“参合”进行审核、确定，对其个人缴费部分进行补贴，对城乡低保对象、特困供养人员给予全额资助；进一步规范门诊救助。门诊救助的重点是因患慢性病需长期服药或者患重特大疾病需要长期门诊治疗，导致自负费用较高的医疗救助对象。“五保”对象门诊最高限额3000元；低保对象救助最高限额1500元；健全完善住院救助。重点救助对象在定点医疗机构发生的政策范围内住院费用，经基本医疗保险、城乡居民大病保险和各类补充医疗保险、商业保险报销以及优抚对象医疗补助后，扣除社会互助帮困等因素，农村分散供养的五保对象救助比例100%，最高限额3万元，集中供养对象救助比例100%，最高限额3万元；城乡低保对象按个人负担的合规费用的80%救助，最高不超过1.5万元。

临时救助

根据国务院《社会救助暂行办法》第四十七条“国家对因火灾、交通事故等意外事件，家庭成员突发重大疾病等原因，导致基本生活暂时出现严重困难的家庭，或者因生活必需支出突然增加超出家庭承受能力，导致基本生活暂时出现严重困难的最低生活保障家庭，以及遭遇其他特殊困难的家庭，给予临时救助”之规定，2016年，该县城乡临时救助632户，发放临时救助金273.6万元。一是明确对象，救助政策全部公开透明。2016年泽州县临时救助主要针对在最低生活保障和其他专项社会救助制度覆盖范围之外的低保边缘户、低收入家庭，由于突发性、临时性原因导致基本生活暂时出现较大困难的家庭。积极开展救助政策宣传，通过印发宣传资料和借助电视、广播、报纸等媒体，送救助政策下农村进社区、入家庭进万户，使群众能够掌握救助政策，明白救助条件、办理程序。二是公开公正，救助程序逐步规范。临时救助程序采取个人书面申请、镇组织村协助入户调查、张榜公示、县民政部门审批、发放救助金的程序，确保了公开、公平、公正。在临时救助程序上，明确规定审核审批时限，并定期检查，做到规范与快捷相统一。三是便捷惠民，救助资金全部实行社会化发放。救助资金委托泽州县农业银行代理发放，全县临时救助资金全部实行了社会化发放，进一步简化了办事程序，减少了中间环节，方便了各类对象，提高了工作效率。四是应救尽救，不漏一人。确保困难群众求助有门，并按规定得到及时救助。同时坚持适度救助原则。着眼于解决基本生活困难、摆脱临时困境，既要尽力而为，又要量力而行。

灾害应急

根据省、市民政部门要求，结合该县实际，扎实做好受灾群众生活救助工作。2016年，泽州县部分乡镇先后遭受了较严重的洪涝和风雹灾害，部分乡镇受灾群众生产生活困难。为此，县民政局积极向上级申请救灾资金，当年共发放救灾款35.3万元，救助人数997人，有效保障了受灾群众的基本生活。根据晋城市自然灾害救助资金管理办法及社会化发放有关要求，2016年全县自然灾害救助资金全面实行了社会化发放。自然灾害发生后，受灾户先向村委会提出救助申请，村委会进行评议、公示，公示结束后将结果上报乡镇审核，乡镇审核后将结果上报县民政局，由县民政局将救助资金直接打入受灾群众“一卡通”账户。减少了中间环节，确保救灾资金及时有效发放到位。2016年5月12日是中国第八个“防灾减灾日”，5月9日至15日为防灾减灾宣传周。

为做好2016年“防灾减灾日”的各项工作，不断增强全社会综合减灾能力，最大程度减轻灾害损失，县民政局认真准备，积极参与。5月12日在南村镇政府集中开展了防灾减灾宣传，发放宣传资料5000余份，各乡镇也同时开展了各种形式的宣传活动。

养老事业

大力发展养老服务业是社会发展的需要。2016年，根据省、市民政部门的安排部署，泽州县积极采取多项措施发展养老服务业。一是对2016年以前已建成的老年日间照料中心运行情况进行了评估，下拨运营经费287万元。二是对2016年申请建设农村老年日间照料中心的行政村进行了实地调查和检查验收。全年新建老年日间照料中心25个，下拨建设补助175万元。三是鼓励和扶持民办养老服务机构建设。为泽州县晋宏老年公寓申请省级建设补助资金60万元，下拨运营补助资金2.88万元。四是根据县消委会安排，在全县福利机构中开展了夏季消防检查，对6个乡镇敬老院进行了消防设施建设、安装自动报警系统，确保各福利机构安全运行，并下拨消防建设补助经费60万元。五是组织各养老服务机构服务人员参加养老护理员培训，不断提高服务技能和保障能力。

孤儿救助

根据国务院办公厅《关于加强孤儿保障工作的意见》和省、市有关文件要求，泽州县于2010年开始建立孤儿保障体系。一是做好孤儿的认定工作。认真对全县孤儿进行了审核认定和上报，为资金发放打好基础。二是做好资金发放工作。对认定为孤儿的儿童按时足额发放生活保障资金，确保孤儿的生活不受影响。2016年12月，全县共登记孤儿59名，发放孤儿生活保障经费40.509万元。

优抚安置

2016年，在县委、县政府的正确领导下，在上级民政部门的具体指导下，泽州县优抚工作转变作风，服务大局，脚踏实地、扎实工作，紧紧围绕为优抚对象服务这个重点，全面落实各项优抚安置政策，各项工作都取得了显著的成绩。(一) 以维护优抚对象合法权益为重点，全面落实各项优抚政策。一是按照省市有关文件精神，及时调整提高了“三属”、残疾军人、老复员军人、带病回乡以及参战涉核等人员抚恤补助标准，发放金额19995075元，按时足额发放到优抚对象手中；二是根据国务院《军人抚恤优待条例》和《山西省军人抚恤优待实施办法》有关评残、提残优抚业务工作程序的要求，本着客观公正、尊重事实、实事求是、高度负责的态度，对要求评残、提残人员的4名残疾军人在市手外科医院进行了认真、细致、科学的医疗鉴定，及时上报了有关资料并按规定进行了公示。三是为重点优抚对象大病医疗补助855106万元，报销一至六级残疾军人药费522371.63万元。四是根据民政部、国家卫生计生委、总后勤部《关于印发〈原8023部队及其他参加核试验部队服役人员评残病种范围〉的通知》(民发〔2013〕208号) 和民政部《伤残抚恤管理办法》(民政部令第50号)、《军人残疾等级评定标准 (试行)》(民发〔2011〕218号）等文件精神，该县组织94名原8023部队和其他参加核试验部队服役人员在市医院健康体检中进行残疾等级评定。五是全面兑现义务兵家属优待金为确保2016年义务兵家庭优待金发放工作及时准确，泽州县政局严格政策定标准。根据上级文件要求，农村义务兵家属优待金标准为每户每年22514元；城镇义务兵家属优待金标准为每户每年47556元。进藏（疆）部队义务兵家属优待金按城镇优务兵标准的1.5倍发放，经县民政、财政、人武等部门认真核对，确定确定2016年享受义务兵家庭优待金480人，共需发放优待金12216418万元。（二）以开展"党的群众路线教育实践活动"为契机，扎实开展双拥务实活动。一是坚持走访慰问优良传统。2016年春节、"八一"等重大节日期间，县委、县政府主要领导开展走访、慰问、座谈等形式多样的拥军优属活动，为辖区基层部队赠送慰问品共27万元，为全县在册优抚对象发放节日慰问品约43万元。二是开展重点优抚对象短期疗养活动。10月20日，组织19名残疾军人到省疗养院进行为期一个月的疗养，使他们切身感受党和政府对他们的关怀，增强了优抚对象的自豪感与荣誉感。三是根据《全国人民代表大会常务委员会关于设立烈士纪念日的决定》，依据民政部《烈士公祭办法》，为弘扬烈士精神，缅怀烈士功绩，9月30日上午9时30分，在泽州县烈士陵园举行向烈士纪念碑敬献花篮仪式。参加人员为县委、县人大、县政府、县政协、县人武部领导，县直机关各单位负责人，各乡镇书记、乡镇长，烈属代表、老战士代表，公安、武警、消防代表，少先队员代表共计430人。（三）退伍军人安置工作。2016年认真贯彻落实退役士兵优抚安置政策，确保安置工作全部到位，技能教育培训到位，保证退役士兵安置工作顺利完成。全县为202名自主择业退役士兵发放一次性经济补助282.6万元；对2015年接收的16名符合安置工作的退役士兵进行了妥善安置、并为他们发放待安置生活补助7.9万元，同时组织108名退役士兵到驾校学习驾驶技术。针对2016年接收的11名转业士官，该局已对转业士官按新的服役表现量化评分办法进行了档案评分公示，并圆满完成了安置工作。（四）建立完善优抚对象信息数据库，全力做好涉军维稳工作。2016年按照市民政局优抚工作要求，该局狠抓优抚对象信息数据库建设工作，专门配置了一台电脑，对所有重点优抚对象信息资料重新逐一进行核对，更新了重点优抚对象数据库信息，纠正了存在问题，确保了录入人员信息的真实性、准确性。

在全省涉军问题非常突出的情况下，泽州县的涉军群体保持相对的稳定。在涉军维稳工作中，该局制定了涉军维稳工作预案，层层落实了稳控工作责任，针对各个时期涉军上访人员，能耐心细致地做好他们的思想工作，千方百计帮助他们解决生产生活中的实际困难和问题。有效缓解了社会矛盾，维护了社会大局的稳定。

村务公开

按照县村务公开领导组的工作安排，全县村务公开工作每半年检查一次，每次检查验收由县村务公开领导组办公室协调财政、民政、农委三部门的专业人员，对全县17个乡镇村务公开展开检查验收工作；村务公开的检查以“问”“查”“看”的方式进行，以每个乡(镇)抽查三个村(居)的方式展开，并将检查结果作为年终考评成绩备案。2016年，按照《泽州县村务公开验收细则》认真落实，通过两次检查验收，全县村务公开工作开展情况良好，全县627个行政村(居)村务公开率达100%，80%的行政村都能够认真按照《泽州县村务公开验收细则》贯彻落实，公开形式多样化，公开内容全面，公开的时间及时，得到了群众的信任。同时，对村务监督委员会工作进行了检查验收，就其能否认真按照职责所在监督村委会严格落实村务公开制度，能否向村支部或村委会正确反映村民的个人诉求和解决群众对村务所关心的问题等等进行了督查检查。总体来说，由于各级领导的高度重视和村务公开职能部门的努力工作，泽州县村务公开、民主管理工作在多年的运行中，取得了很大成效，有力推进了全县村务公开工作的规范化、标准化。

社区建设

泽州县共有4个社区，分别是杨洼社区、晋北社区、晋普山社区、迎宾社区。其中，杨洼社区于2011年由行政村改制而成，也是泽州县首例“村改居”试点成功的一个村。2016年，在杨洼社区的行政管理、公共服务等方面，重点强调以社区居民自我管理、自我服务为主体，政府部门做好衔接互动，加强引导。对新成立的南村镇迎宾社区，在社区组建，筹划社区机构的设立、工作职责的制定，以及建设经费的筹集等，都做了大量工作。加强对晋北社区和晋普山社区企业类型社区的管理与服务，一方面协调企业自身加强管理，另一方面通过当地政府给予支持与帮助，有力促进了企业社区的建设和发展。2016年，省级财政下拨的15万元和县财政预算的20万元社区专项工作经费全部落实到位，全县社区建设健康发展，社区居民和谐稳定。

社团管理

根据国务院《社会团体登记管理条例》和《民办非企业单位登记管理暂行条例》规定，严格做好社会组织的登记管理工作。一是根据社会组织登记管理有关规定，严格依法登记。截至2016年底，全县共登记社会组织59个(社团32个，民非27个)，其中新增3个(社团)。二是根据年初工作安排，按时组织开展社会组织2015年度年检。三是根据市民政局安排，按时组织开展三证合一工作，利用年检、变更等时机对社会组织证书进行换发。

界线管理

根据国务院《行政区域界线管理条例》、《山西省行政区域界线管理办法》，2016年，继续认真开展平安边界建设活动，以“两图一责”的管理模式落实到最基层单位，即绘制任务示意图、网络图并上墙，民政部门与土地所有权的村签订责任书，责任落实到人。努力使创建活动做到领导职责明确、责任落实，形成主要领导负总责、分管领导具体抓、民政业务科室组织实施、边界地区干部群众广泛参与的组织协调工作机制。同时，重点加强了对省界的管控，按照省民政厅的要求，将行政区域界线管理工作所需经费列入县财政预算，除省里每年下拨的25万元之外，县财政配套经费50万元。2016年底，分两批全额拨付到金村镇、柳树口镇、大箕镇、山河镇、晋庙铺镇，加强了省界界线标志建设，提高了省界管护人员待遇保障工作，做到了守土有责、守土尽责。

地名管理

2016年年初，全县第二次全国地名普查进入实施阶段，包括入户调查、群众走访、主管单位征集、史料查阅、实地勘测、地名登记表填写、地名经纬度信息、标准工作草图、多媒体等详细信息的收集、整理；对实地采集的记录、照片、录像、录音等进行检查、整理、编撰；根据实地核实情况、室内收集的资料对地名登记表进行整理、修改和完善，对国家下发的1∶5万电子矢量图进行标绘，并将县级行政区域界线需标绘到国家地名数据库1∶5万矢量地形图上；等等。该项工作任务紧、工作重、标准高，县普查办按照要求顺利完成技术服务外包，技术业务由外包公司承担业务，内务工作由普查办与普查成员单位负责；同时，民政局从县里聘请了4名地名方面专家，成立专家审核组，专门负责对外包公司完成任务情况进行监督和审核，保证各类信息的完整性、准确性、有效性。根据目前进度，初步计划在2017年1月初完成专家组审核，并完成纸质成果的上报。一系列第二次全国地名普查工作正在有序进行，力争做到保质保量，按期完成，并严格遵守国家保密规定。

婚姻登记

2016年，县民政局婚姻登记处坚持以“依法行政、为民服务”为宗旨，以创建文明窗口为载体，以优质文明服务为目标，圆满完成婚姻登记的各项工作。一是婚姻登记工作再上新台阶。婚姻登记是一项关系百姓、稳定社会、服务经济的工作，随着婚姻登记工作在社会发展中所体现的作用越来越大，其所带来的工作任务也越来越重。2016年，共办理结婚登记3589对，离婚登记651对，补发婚姻证件697份，合法结婚率和登记合格率均达到100%。二是创建婚姻登记机关规范化建设成效显著。为贯彻落实《中华人民共和国婚姻法》《婚姻登记条例》和《婚姻登记工作暂行规范》，对照规范化检查内容，在原有制度的基础上制定并完善了《婚姻登记处岗位责任制度》《婚姻登记员岗位职责》《婚姻登记办理流程制度》《档案管理和保密制度》《学习制度》等各项规章制度，全部达到规范化建设标准。三是不断加强政务公开工作，提高依法行政水平。根据规范化建设的要求，该处对工作人员的照片、工作守则、服务承诺、办公时间、办理时限、办公地点、办事依据、收费标准、咨询电话、监督电话等内容进行公开，进一步提高了依法行政的水平和婚姻登记质量，广泛接受社会监督。

殡葬改革

2016年，根据《晋城市人民政府办公厅〈关于重新划定全市火葬区的通知〉的通知》的精神，下发了《泽州县每个行政村设立“红白理事会”的通知》，要求村村必须组建，并由各乡（镇）对村“红白理事会”进行登记，在县民政局进行备案。9月底组织了检查验收，全县成立“红白理事会”的行政村有550个，部分偏远山村、人口稀少的村占未组建，但乡（镇）政府对“红白理事会”的设立都能够做到全力支持，各项制度建设和管理工作也在不断完善过程之中。为此，一方面“红白理事会”明确工作人员的职责，规范其工作程序；另一方面依托乡镇及时开展业务培训，提高理事会成员的政策水平和工作能力，更好地开展理事会工作；同时，充分利用广播、电视、报纸、网络等媒体进行大力宣传，印发宣传单5000余份、标语800余条，在各村（居）采取发放倡议书、张贴宣传标语、设立版报专栏等形式，广泛宣传成立“红白理事会”的重要意义，倡导文明、绿色、节俭新风尚，不断增强村（居）民对“红白理事会”认同感，在全县营造革除陋习、共建文明的良好社会氛围。

人力资源和社会保障

概述

泽州县人力资源和社会保障局承担着就业创业、社会保险、人才队伍建设、人事制度改革、公务员管理和构建和谐劳动关系六大块业务工作。下设机关股室18个，局属单位15个，乡镇派驻机构13个，在职职工共366人。2016年，该局积极作为，主动创新，使人社工作迈上新台阶、取得新成果。

就业再就业

（一）城镇新增就业：截至12月底，全县城镇新增就业岗位5940人。城镇登记失业率控制在0.34%内，远低于市控目标。（二）农村劳动力输出与转移：截至12月底，全县共输出与就地转移农村剩余劳动力4540人次。（三）再就业工作：超额完成市里考核目标任务，失业人员再就业784人；困难人员再就业280人。“4050”公益性岗位当年安排了16人，现共在岗69人。用人单位近58家，涉及岗位主要以门卫和保洁为主。截至2016年共办理了1908个就业失业登记证，其中就业337个、失业209个、求职1362个，每个都严格按照《实施细则》的规定登记和办理，年审工作也在按部就班进行，办证材料归档，信息录入规范。（四）公益性岗位：2016年在岗的80人，在管理上按照“谁用人谁管理的原则”并通过用人单位季报考勤，县再就业服务中心每月不定时、不定点的检查来规范和管理。2016年，组织了6次检查，未发现挂岗、冒名顶替等现象发生。经常和各用人单位沟通联系、互通信息，做到上岗人员安心上岗服务，用人单位称心满意用人。（五）创业担保贷款：得到上级领导的高度重视，2016年为符合条件的63户申请人贷出615万元创业担保贷款。直接扶持63人创业成功，带动了200多人就业，充分发挥了创业担保贷款对创业的支持促进作用，发挥出了倍增效应，真正起到了构建社会和谐的“稳定器”，调整经济结构的“调节器”，创业人员脱困致富的“加速器”。

职业技能培训

（一）创业培训：截至12月底，共举办SYB培训班14期，GBO培训3期，共培训学员510人，占任务510人的100%，培训合格率达100%。培训后成功创业和企业改善经营142人，创业带动就业1400人。(二) 新成长劳动力培训 (劳动预备制培训)：2016年共招收劳动预备制学员1182人，占年度总任务1000人的118%。(三) 技能提升培训：截至12月底，该局共对5646名农村劳动者和企业在岗员工进行了技能提升培训，占年度任务5100人的111%。(四) 城镇失业人员再就业培训：截至12月底，培训城镇失业人员480人，占年度任务440人的109%。(五) 技能人才培养：全年共培养各类技能人才697人，占任务600人的116%。其中新增高技能人才高技能人才85人，占全年任务50人的170%。

创建创业型城市工作

(一) 积极深化商事制度改革。一是加强宣传，继续推行“三证合一、一照一码”工作，共办理“三证合一”登记2421件。二是稳步实施“先照后证”，认真做好“双告知”工作。三是推进工商登记便利化。对依法核准的内资企业名称实行了全程电子化办理，对登记新设的内资企业实行了网上注册，共办理网上名称核准92件，网上注册企业25户。四是简化住所 (经营场所) 登记手续，降低登记门槛。商事制度改革的深化，最大限度释放了改革红利，有效地激发了市场活力和全民创业激情。2016年，泽州县共登记各类市场主体累计达12756户，其中企业3210户，个体户8000户，农民专业合作社1545户，集团公司1户。2016年全县新登记各类市场主体共计1455户，比2015年同期市场主体增长5.74%。(二) 积极围绕“两带四板块”建设规划，适应经济发展新常态，加快重点项目建设，进一步增加创业投资机遇。2016年以来，面对经济下行的压力，根据国家产业政策及环保政策，加快重点项目建设：上半年，清瑞能源煤层气排采设备项目、科通电子不锈钢管道项目、锐锡铸造工程机械多功能属具及铸钢件等12个项目，1—6月份累计完成投资5.55亿元，总体进展良好，全部项目完成后，可安排就业3000余人。加快南村铸造工业园建设，南村铸造工业园区规划面积约163.1公顷，规划定位以高档铸管、市政铸件为主，规划目标为“冶铸一体化”协作区和循环经济示范区；拟建年产100万吨铸管项目，规划区年工业总产值100亿元，工业增加值20亿元，安排就业9900人。(三) 农业经济蓬勃发展。农业生产投入大，周期长，见效慢，为了提高农民发展生产的积极性，两年来县政府投入900余万元，积极争取上级资金扶持发展“一村一品、一县一业”的企业、合作社、规模养殖场 (户)，来引领带动该县“一村一品、一县一业”的发展。重点对该县知名度较高的鲁村小米、泽州红山楂、巴公大葱、南义城红薯、南岭酥梨等地方特色产品加以培育和提升。依托龙头企业和农民专业合作社，在专业村建立示范基地，带动发展。2016年，全县共培训农民2500人次，为种养大户和返乡农民工创业提供了技术保障。(四) 创业项目征集顺利。2016年成功征集有效创业项目20余个；积极组织我县山西清慧制造、鲁村小米酒、艾斯木环保材料、盘松蜂业等16家企业参加2016年晋城市创业成果展，取得了较好的经济效益和社会效益。另外，晋城市益丰园农产品开发有限公司被授予“泽州县农民工返乡创业园”称号。

社会保险

2016年，在制度改革方面，于2016年11月整体接收了新型农村合作医疗机构，为该县城乡居民医保制度整合工作奠定了基础；在提升服务方面，为方便城乡居民就近就地参保缴费并领取待遇，在全县627个行政村安装POS机近700部，出色的城乡居民养老保险社会化征缴与发放工作被省人社厅授予“全省城乡居民社会养老保险经办管理服务示范县”荣誉称号；在化解矛盾方面，积极与市里协调，使坤达、锦辰、岳南三家欠费国有企业的退休职工正常享受医保待遇，有效化解了信访压力。同时，深入开展社会保险专项稽核工作，规范了用人单位参保缴费行为；降低养老、失业、生育保险费率，为用人单位直接减轻负担1200余万元；强化社保应用服务工作，累计发放社保卡达36.5万张。企业养老、机关事业养老、城乡居民养老、医保、工伤、失业、生育参保人数分别完成1.87万人、1.57万人、29.78万人、5.05万人、6.4万人、2.4万人、2.8万人，基金征缴分别完成11200、万元17000万元、2905万元、8600万元、2140万元、751万元、542万元，全部超额完成任务。

信息化建设

2016年5月，泽州县被列为全省24个社会保障卡综合试点示范县之一，按照《关于开展全省社会保障卡综合应用试点示范县(区)工作的通知》《2016年全省人力资源和社会保障信息化工作要点》等相关文件的要求，在社会保障卡基础记录和查询、就医、养老、就业、政府其他公共服务等方面与上级部门积极配合，如期完成各项目标任务。2016年累计发放社会保障卡35.6万张，占年度目标任务的98.9%。其中为城乡居民更换和补办社保保障卡7200张，使广大城乡居民能够及时使用社会保障卡缴纳城乡居民养老保险。

公务员管理

2016年，全面实施了职务与职级并行制度，最大限度地调动广大基层公务员的积极性。招聘了7名行政公务员，并对全县800余名副科级以下公务员和参公人员进行了知识更新培训。

事业单位管理

事业单位改革稳步实施，对146家事业单位进行了考核备案，65家事业单位重新设置了岗位，随着岗位结构进一步优化，“人人有事干、事事有人干”的良好局面基本形成。

招才引智

围绕该县产业发展实际，加强引进“高精尖”人才，为路宝公司对接了一名法国专家，在短时间内解决了企业技术难题，提升了产品竞争力；深入实施高层次人才服务基层计划，邀请省“千人百县”专家服务团到基层开展服务活动，果树专家亲临李寨、南岭进行果树栽培技术现场指导，并为金园农业合作社、绿成林果专业合作社和广大李寨乡果农进行果树栽培技术培训。

人事培训

（一）公务员继续教育培训工作开展情况。为全面提高公务员能力素质，按照《中华人民共和国公务员法》和《公务员培训规定》要求，结合省、市关于开展公务员培训的安排部署和泽州县公务员培训工作实际，开展了公务员知识更新培训工作。通过培训，进一步提高了公务员的能力素质，为全县适应经济新常态提供了智力支持和人才保障。（二）加快培养当地高层次人才步伐，全年共开展教育系统专业技术人员公需科目培训12期，受训2400人。通过做好“外引、内挖、上争”三篇文章，充分调动了各类人才的积极性和创造性，为服务泽州经济社会发展提供了人才支撑。

收入分配

一是从2016年1月起，机关工作人员正常晋升级别及工资档次，共涉及1925人；事业单位工作人员正常增加薪级工资，共涉及11217人。二是2016年4月份，泽州县职务与职级并行工作已经全面完成。全县符合晋升副科级人员526人，正科级127人，副处级96人，正处级11人，共计760人。三是2016年4月，对泽州县人民警察警衔津贴提高标准进行了审批。从2015年1月1日起执行，并补发兑现。涉及公安局333人，法院11人，检察院3人，共347人。四是2016年5月，圆满完成了2016年度工人技术等级报名工作，共计264人。其中：技师、高工162人，中级工、初级工102人，并为2015年度考试合格人员发放了资格证书。五是2016年5月对晋城市2016年度人力资源市场工资指导价位进行了发布，共涉及14个行业126个工种。六是对机关事业单位遗属生活困难补助进行了审批，包括新享受人员的审批以及原有人员提高标准。从2016年1月1日起每月提高为396元。七是2016年11月份，完成泽州县2016年乡镇机关事业单位工作人员乡镇工作补贴的审批工作。八是机关事业单位工作人员调整基本工资标准和离休人员增加离休费，已做了测算，平均每人每月增资300元，从2016年7月1日起执行。

2016年泽州县城镇调查户共有5个点49户，分布在成庄矿、晋普山矿（2个点）、大阳镇四分街、下村镇柳树底村。根据统计部门公布的数据，2016年全县城镇居民人均可支配收入29333元，增幅7.1%。

执法检查

泽州县劳动监察大队以中共十八大精神和习总书记的系列讲话为指导，以专项检查行动和日常巡视检查相结合，共检查各类用人单位316户次，共涉及职工人数7409人次。接待群众来信来访28起，涉及人数196人，受理群众投诉、举报53起，涉及人数486人，涉及金额472.84万元，已结案23起，法定期结案率100%，截至2016年底共为171名劳动者追发被拖欠克扣的工资175.86万元，其他案件正在进一步调查处理中，移交因涉嫌非法转包而引起的拖欠工资问题2起；另外，为逐步建立覆盖城乡的劳动保障监察网格化管理体系，并结合泽州县实际，共划分了14个二级网格。52个三级网格，共聘任630名劳动保障协管员；2016年底共采集和录入信息3154多家，涉及劳动者6.69万人。劳动保障监察网格化，网络化管理的工作制度已建立，协助乡镇劳动保障所督促21家企业建立了劳动用工备案制度，为700名劳动者办理了就业登记备案手续，协助各乡镇劳动保障所为800名劳动者办理了劳动合同手续，劳动合同签订率、就业登记备案率均达90%以上；查处33起违法案件，共下达限期改正指令书33份，对14家有严重违法行为的企业给予了行政处理或处罚，其中，申请法院执行案件0件，应办处罚案件应申请法院执行案件达100%。办理上级交办案件2起，已办理2起，完成率达100%，发放各类宣传材料0.6万余份，有效地规范了用人单位的用工行为，维护了广大劳动者的合法权益。

信访仲裁

截至2016年年底，共设乡镇基层调解组织14家，企业调解组织6家，行业调解组织8家，逐步构成了以仲裁院为依托、乡镇调解组织为前沿、企业和行业调解组织为两翼的集维权和服务为一体的网络格局。2016年，在综合治理六大隐患排查工作中，共排查出各类矛盾纠纷39起，除1起属于公共安全类外，其余38起，全部按程序处理完毕。在县两会和上级会议召开期间，积极同县信访局配合，安排了期间在会场外的值班工作，按时签到签退，并协同信访局处置两起信访案件。全年未发生越级上访问题。

人才服务

根据省、市、县有关文件精神和要求，2016年泽州县人才交流服务中心主要承担做了以下工作：

（一）服务平台建设：人才公共服务工作正面临着有效推动人才资源流动配置和有效解决人才资源供需矛盾的紧迫任务。面对人才就业难和企业用工荒的现状人才公共服务应重点解决供需双方信息不对称、对接渠道不畅通的问题为人才求职和单位用人搭建有效的公共服务平台。（二）就业服务：为切实做好高校毕业生就业指导工作，还积极开展人事代理、就业见习、实名登记等基础性工作，有力促进了高校毕业生就业创业工作有序开展。①进一步拓宽人事代理服务范围。为更好的服务各类引进人才和大中专毕业生，2016年，县人才交流服务中心进一步健全和完善了人事代理工作。2016年底，，人事代理服务范围，已从大中专毕业生扩大到了集体企业、民营企业等，代理服务项目从保管档案、开具相关证明扩展到党组织关系挂靠、户口挂靠等。除免费为大学生村官提供人事代理服务外，还为未就业大中专毕业生提供人事代理，并为县人民医院员工办理了单位委托人事代理，截至2016年年底，共代理大中专毕业生档案914份，户口挂靠85户。②积极开展离校未就业高校毕业生实名登记及促进就业工作。2016年，为812名应届毕业生进行了实名登记，其中自主登记388名，为289名应届毕业生办理了就业失业登记证，其后为其提供高校毕业生专场招聘会、就业见习、服务基层公共岗位等多种促进就业服务。③积极组织开展就业见习活动。根据省、市关于做好2016年高校毕业生就业见习工作有关精神要求，积极开展了大中专毕业生就业见习活动。2016年下达泽州县的高校毕业生就业见习指标为80人，为切实做好2016届高校毕业生就业见习管理工作，积极深入企业进行调研，搜集就业见习岗位，开展就业见习工作。2016年年底前，共搜集就业见习岗位270个，进行就业见习申报211人。④积极组织实施了公共服务岗位工作。根据省政府办公厅下发的42号文件要求，泽州县在17个乡镇和4个社区共安排高校毕业生到省级购买的基层公共服务岗位工作，2016年在岗人数为61人，相关待遇由省级财政承担。2014年和2015年安排县政府购买的基层公共服务岗位工作人员2016年在岗人数为293名，2016年的县政府购买基层公共服务岗位工作人员在岗人数为148名，其工资保险待遇由县级财政承担。(三) 规范化建设：为进一步加强档案规范化管理，更好地为各类人才提供优质的档案服务，加强大学生档案管理工作，使大学生档案管理工作走上规范化、科学化的轨道。高校毕业生人事档案是人才信息的重要载体，真实、齐全、完整的毕业生档案，全面的记载着高校毕业生的学习经历、政治思想、品德作风、实践能力及个人特长等信息，是毕业生综合素质的集中反映。为方便高校毕业生和社会用人单位对毕业生档案的查询、调取和利用，中心在确保顺利接收毕业生档案的基础上，加强大学生档案管理。(四) 服务工作：①积极为企事业单位搞好人才服务。按照“引得来、用得好”的原则，依托市人才市场，围绕泽州县支柱产业、重点项目，我们多次深入到全县各类企事业单位中搜集人才就业信息，同时，利用市、县人才政策信息，努力为企事业单位提供人才服务，切实搭建起了人才与企业交流沟通的桥梁。许多企业也专程要求帮助他们引进人才、进行技能培训。2016年，县人才交流服务中心多次深入到清慧制造和泽地苹率农开发有限公司等企业，开展技能培训。②积极开展高层次人才暖企关爱活动。努力为企业引进各类高层次人才架桥搭台。当前，泽州县各类企业严重短缺高层次人才，为切实推动企业技术升级改造，帮助企业解决人才问题。积极与省、市外专局等引智部门取得联系，努力搭建高层次人才、项目对接平台。③继续深入开展了“千人百县”高层次人才服务基层活动。按照全省“千人百县”高层次人才服务基层活动的要求，2016年，继续扎实开展了高层次人才服务基层活动。果树专家亲临李寨、南岭进行果树栽培技术现场指导，为金园农业合作社、绿成林果专业合作社、李寨乡果农举办了技术培训；为路宝铝部件有限公司邀请法国专家多米尼克·弗尼尔进行现场指导；市卫生专家深入李寨乡卫生院为村民提供免费义诊服务，并为大家发放由晋城市级高层次人才医卫专家组编制的《健康手册》。

人口和计划生育

人口计生综合治理取得明显成效。全县总人口495697人，其中农业人口444608人，已婚育龄妇女93264人，出生2748人，其中男1360人、女1388人，出生率为0.55‰，自增率为2.18‰；性别比97.98；农村独生子女中考加分计划生育审核，全县共审核562例；入党，提干计划生育审核，共审核383例；评先评模计划生育审核，共审核先进个人15例、先进厂矿集体2个、市级文明单位23个、市级文明乡镇3个、市级文明村26个；个人计划生育情况表的审核，共审核875例；开具各类计划生育证明329份。2016年计划生育的办证业务全部下放到乡镇一级，并且简化生育服务证的办理程序，提高办事效率，切实解决群众反映的计划生育“办证难”问题。

计划生育家庭奖励政策顺利兑现。2016年全县共确认计划生育奖励扶助金2089.114万元，奖励人次达29101人，奖励户数达18774户。其中省四项奖励对象扶助金额为1648.09万元；国家两项奖励金额为441.024万元。(其中：领证独生子女父母奖励金额为1422.515万元，奖励人次达24727，奖励户数达14653户；退二孩指标独生子女父母奖励金额为180.45万元，奖励户数达371户；双女绝育家庭奖励金额为44.375万元，奖励户数达164户；计划生育特别扶助一次性5000元补助对象奖励金额0.75万元，奖励户数2户；独生子女死亡或伤、病残后未再生育或收养子女家庭且女方年满49周岁的扶助对象金额为25.44万元，奖励人数达45人，奖励户数达28户；农村部分计划生育家庭奖励扶助金额为415.584万元，奖励人次达4329人，奖励户数3556户)。2016年全县救助计划生育困难家庭166户，救助资金达54.53万元；救助失独家庭2户，救助资金达2.4万元。为45人特殊计划生育家庭办理了住院护理保险。(包含：意外身故5万元，疾病身故1万，疾病住院补贴100/天，意外伤害住院补贴100/天，意外伤残1万元)。同时利用“5·29”“7·11”等活动日，广泛开展“生育关怀行动”和“幸福家庭创建”活动，组织了多次大型义诊活动，使群众和计划生育家庭优先享受到改革开放的成果。

流动人口计生基本公共服务均等化。2016年泽州县流动人口3874人，流入人口2547人，其中跨省流入1443人，省内流入1104人，流入已婚育龄妇女831人，免费服务789人，免费服务率95%；持有婚育证明747人，持证率90%。流出人口1327人，流出已婚育龄妇女476人，流出已婚育龄妇女办证404人，办证率为85%。全县的跨省协查共计接收98条，按时反馈86条，反馈率为87.7%；跨省流动人口婚育证明查验情况，应查720条，查验491条，查验率68.2%。

民族宗教

概述

泽州县民族宗教事务局是全县工作的重要组成部分，履行民族宗教事务管理职能。为县政府组成部门，正科级建制。内设办公室和民族宗教股。

民族基本情况

泽州县有20个少数民族，310余名少数民族群众。主要有回族、蒙古族、满族、壮族等。回族相对较多的村有大阳镇大阳一分街，全村共有708户2370人，其中回族10户50余人，其他均分散居住在17个乡镇。

宗教基本情况

全县有佛教、道教、伊斯兰教、天主教、基督教五大宗教，有佛教协会、基督教协会两个宗教团体。经批准开放的宗教活动场所49处，其中佛教39处、道教3处、天主教2处、基督教4处、伊斯兰教1处。有宗教教职人员13人。全县信教群众约5万余人，约占全县总人口的10%。

民族宗教法规政策学习宣传活动

组织进行“民族宗教法规政策宣传月”活动，总计编印、发放3000套学习手册份和单行活页彩色资料；制作50块宣传版面；同时，还组织了民族宗教法规政策和有关知识的咨询周活动，县委、县政府分管领导多次参加了活动周，总计到重点乡镇和宗教活动场所宣传咨询50余次。举办了信教群众参加的民族宗教知识竞赛。通过宣传学习活动，为广大群众了解民族宗教政策、法规，正确理解和对待民族宗教奠定了基础。

和谐寺观教堂创建活动

为了进一步推动《宗教事务条例》及相关配套规章的贯彻落实，提高宗教活动场所规范化、制度化管理水平，发挥宗教界人士和信教群众在促进经济社会发展中的积极作用，在宗教界深入开展“和谐寺观教堂”创建活动。组织各宗教团体、宗教活动场所，按照“和谐寺观教堂”的八项标准，10个宗教活动场所被评为“和谐寺观教堂”，活动场所的规范化、制度化水平也得到进一步提高。

公益慈善活动

按照国家和省、市宗教局的统一部署，在宗教界组织开展了由2个宗教团体、49个宗教活动场所及信教群众参加的“宗教慈善周”活动。全县宗教界围绕敬老、助学、助残、帮困等慈善主题，坚持自愿参与、民间运作、量力而行、规范管理的原则，集中进行了公益慈善活动，高质量推进完成了“宗教慈善周”活动，以实际行动展现了宗教界大爱无疆的宽广情怀，以独特的方式丰富了参与公益慈善事业的形式，以最大的力量帮助了最需要帮助的困难群体。“宗教慈善周”期间，全县宗教界共募捐善款10万余元。在全年的其他公益慈善活动中，宗教界信教群众在扶贫济困、支持教育、维护寺庙建设、保护文物和宗教文化遗产等方面出资近100余万元。

矛盾纠纷排查

在进行依法依规管理的基础上，把维护宗教界的和谐稳定作为重中之重。对存在的各个矛盾和纠纷进行了调查研究、分类梳理，认真分析其原因、根源、和特点，找准切入点，根据不同类型的矛盾纠纷采取不同的办法逐个化解，取得了明显的成效。解决因煤矿开采造成寺庙塌陷矛盾纠纷2件、群众举报反应宗教教职人员行为问题2件、宗教活动场所和当地村委及村民发生纠纷2件、宗教内部信教群众纠纷2件。

宗教活动场所财务监督

在宗教活动场所的财务监督管理工作中，采取多种形式加强对宗教活动场所财务的规范化建设。一是加强财务督导，建立健全了宗教活动场所财务督导制度，成立了由宗教团体负责人为组长的财务督导小组，全面加强对各宗教活动场所的财务监督和指导。二是加强财务制度建设，按照《宗教事务条例》《宗教活动场所财务监督管理办法（试行）》的规定，宗教活动场所建立健全财务和会计制度，不定期对各场所的账务资料进行检查，进一步加强对宗教活动场所的财务管理，同时加强对较大宗教活动场所财务的监督。三是加强财务人员业务培训，加强对宗教活动场所财务人员的培训，提高了他们的财经知识，动员有条件的场所财务人员要持证上岗，尽量聘用有会计资质的专业人员担任，对会计科目设置和记账方法进行规范。四是坚持财务收支公开，按照《宗教事务条例》和《宗教活动场所财务监督管理办法（试行）》有关规定，场所的财务收支和接受捐赠情况向信教群众公开，接受监督。

宗教团体建设

为了加强宗教团体建设，使其在构建和谐社会方面发挥积极的作用，在为宗教团体提供人才支持的同时，工作上予以支持，生活上给予帮助，办公条件上帮助改善，维护宗教团体的合法权益。各个宗教团体在办理教务、组织宗教活动、兴办公益服务事业等工作中，发挥了重大作用，宗教团体在信教群众中的威信和信誉得到了进一步提高，起到了正确引导广大信教群众的作用。一年来，各宗教团体按照各自教派的教规教义，指导规范活动场所的各项宗教活动，积极帮助并推动活动场所建立健全了规范的财务管理制度。宗教团体的有效工作，极大提高了对宗教活动场所的管理和服务水平。

清真食品监管

组织人员对全县17个乡镇生产经营清真食品点进行了全面监督检查，对少数存在问题的限期整改。

应急管理

对各个宗教活动场所有关人员进行了消防应急专题培训；同时，春冬两次配合公安、消防部门深入宗教活动场所进行防火防盗安全检查，及时消除了各种隐患；各宗教活动场所建立健全了消防安全制度，配备了灭火器材、水缸、沙袋等。同时各个场所成立了防火安全领导小组，安排值班人员，并对各个活动场所负责人和有关人员，进行了防火知识培训，使宗教活动场所管理人员消防安全意识达到提高，消防安全能力明显提升。

老龄工作

2016年，泽州县老龄工作委员会以中共十八届六中全会精神为指导，按照“党政主导、社会参与、全民关怀”的老龄工作方针，创新思路、真抓实干，认真落实有关老年优待优惠政策，各项工作取得了新发展。

（一）为全县80岁以上老人发放了尊老金。县老龄委以高度的责任感，对全县80岁以上老人进行了统计、审核，尤其对去世和新增的老人力争做到不漏报、不瞒报，一年两次，进行发放，每人每年900元，全年共发放尊老金6208200元。全县6898名80岁以上老人全部足额领取，享受到了党和政府对他们的关爱。

（二）“关爱银龄·助老御险”。2016年加大了宣传力度，协同人寿部门深入基层进行宣传，努力提高广大老年人的抵御风险的能力，召开了全县“关爱银龄·助老御险”工作推进会，收到了较好的效果。

（三）扎实搞好失能、半失能老人工作的摸底调查工作。2016年，组织人员培训、指导，督促做好失能、半失能工作的摸底调查，为县委、政府统筹制定应对人口老龄化的战略、规划和政策提供了科学支撑，为制定泽州县老龄事业发展“十三五”规划提供了基础数据。

（四）开展了走访慰问活动。全县90岁以上老人644人，百岁老人9人。老年节期间，县委书记赵新年、县委副书记刁学武深入到金村镇板头村慰问了百岁老人李桃孩，为老人送去了慰问金3600元。另外几位百岁老人由县老龄办进行了登门慰问。同时，还对全县650名特困老人进行了登门慰问，资助特困金13万元。

（五）开展了为老年人送法律、送健康活动。为把2016年“敬老月”活动开展的有声有色、有新意，县老龄办早动手，翻印了《山西省实施〈中华人民共和国老年人权益保障法〉办法》及《中华人民共和国老年人权益保障法》25000份；于重阳节前后深入乡村，结合慰问活动，及时把《中华人民共和国老年人权益保障法》送到老年活动中心和乡、村敬老院，不仅使广大老年人在节日里享受到物质慰问，而且还享受到精神方面的慰藉，非常受老人们的欢迎。

（六）为全县老年人办理了山西省老年人优待证。2016年办理老年人优待证5000本，受到了广大老年人的好评。

（七）组织了丰富多彩的老年节文艺晚会。为了大力弘扬中华民族尊老敬老的传统美德，让老年人的节日过得丰富多彩，县老龄办和县老干部局共同举办了一场内容精彩的文艺晚会，县委书记赵新年同广大老年人进行了观看。

（八）各乡镇、村积极组织庆祝“敬老节”活动。巴公镇老龄办在南山村开展了“孝亲、长寿、怀旧、文化”敬老活动；晋庙铺镇关坡村在村委大院开展了“九九重阳浓浓敬老情”主题活动；南岭乡开展了一场“南岭风光南岭人”民间艺术表演，举办了主题摄影展，展出了150多位80岁以上老人的照片。

机构设置和领导人名录

民政局局长：成少敏（8月离）
延晋富（8月任）

人力资源和社会保障局局长：牛玉万（8月离）
王晋德（8月任）

民族宗教事务局局长：武和平（8月离）
靳安印（8月任）

县老龄委主任：李国兴，老龄委办公室主任：李保保

乡镇概览

下村镇

概述

下村镇位于泽州县西北部的吾圣山下，距晋城市区21千米。该镇北靠高平，西接沁水，东与大阳镇、巴公镇接壤，南与大东沟镇毗连。全镇总面积94平方千米，辖33个行政村，44个自然村。2016年有总人口38108人，有耕地2035.46公顷。2016年，该镇被市委、市政府评为“安全生产先进乡镇”，被市文明委评为“文明乡镇”，被县委、县政府评为“目标责任考核优秀乡镇”。

综合经济

2016年实现粮食大丰收，粮食生产突破1300万公斤。民营企业增加值完成22.31亿元。在国家宏观政策的调控下，财政税收持续平稳，增减幅度不大。全镇经济总量有所增长，县营以上煤炭企业9座，年生产能力达1600余万吨。在煤矿产业的带动下，全民创业势头持续增长，民营企业数量增幅较大，转型发展取得显著成就。投资1.6亿元的晋宏天兆10万头种猪场项目一期工程建成并投产；中能蓝天、山西瑞地两个型煤公司建成并投产；优博瑞精煤上线销售，网上购物成为新驱动，快递网点增长较快；58户农民家庭率先创办光伏发电。

城镇化建设

全镇煤层气入户安装累计达22个村9013户，使用率达82%。2016年镇区集中供热进一步覆盖镇区各村各户，面积累计达40.5万平方米。群众文化活动中心建设基本建成，为全镇文化活动搭建了一个良好平台。2016年基本建成西陈庄、杨山二村搬迁小区，西陈庄小区6栋楼288户，杨山小区12栋楼360户，积极筹备分房到户工作。裴庄、安楼前期搬迁筹备工作基本完成，上寺头治理经县政府牵头，正在进一步推进中。2016年，累计完成农村危户改造62户，建成了上村、柳树底、刘村、成庄、中村5个老年日间照料中心，累计完成了1800户数字电视整转任务，社会保障机制更加健全，新型农村合作医疗基金连续提升，有效解决了看病难、看病贵的问题，连年农村养老保险全覆盖，60岁以上老人免费体检全部实施，银龄助险、人身保险、安全保险等各种保险覆盖全镇。乡村公路保持整洁，公共场所大有更新，体育健身器材遍及各村，绿化、美化、亮化、便利成为下村新农村建设主题，如设计7660平方米的下村游园松林葱翠，上村村上下两个景观游园雕塑精美大气、花木稀奇珍贵，青石门楼飞檐挑角；上寺头入村游园、门楼新颖别致；关山、李山、瓮山进村楼阁各具特色。新农村面貌发生了质的改变。随着沉陷区治理的推进，该镇镇区人口逐步集聚，治安、环卫、物业、社区、排污、管网等城镇化建设将踏上快车道。

农林牧业

畜牧业持续平稳增长。2016年，全镇累计发展养殖厂203家，累计成立合作社84家，其中：养猪厂103家，规模养猪场50家，存栏33175头；养羊厂60家，规模养羊36家，存栏7680只；养牛厂2家，存栏330头；养鸡厂36家，其中规模养鸡27家，存栏21万羽。发展特种养殖中村梅花鹿80只、张庄野兔6000只，建成粪污处理厂4个、病死畜禽收集点1个。

林果苗圃花草长足发展。2016年该镇着力提升生态环境，平均每年新增荒山绿化面积33.5公顷，种植经济作物20.1公顷，种植林果67公顷。平均每年“四旁”植树6万株左右，建成中村苗圃23.45公顷，截至2016年年底，各村栽种花草面积达16.28公顷，全镇基本形成了5个生态园区，即瓮山香椿园区、吾神山生态园区、杨庄和师庄林果区、西山八村药材区、圣公寺和报佛寺等游览景区。

现代农业趋势向好。2016年下村镇有效利用新建标准化农技推广站适时培训新型农民，认真落实惠农政策。“绿之丰”农业发展有限公司更名为“晋亨瑞”农业发展有限公司，基本形成了集采摘、旅游、观光为一体的生态观光农业园。下村、上村、万里、中村45栋蔬菜大棚运行正常，大南庄100栋蔬菜大棚全部建成投产。农业机械化程度得到提升，由过去半机械化逐步向全部机械化发展，部分村利用一事一议政策积极拓宽硬化田间道路，方便群众机收机耕，2016年全镇两山村庄基本实现联合收割，改变了以往人工收割、机械脱粒的半机械化状态。家庭农场、土地流转等规模化农业生产方式逐步发展，随着土地确权之后，土地作为财产，庄园式农业将成为一场新的农业变革。

安全稳定

2016年，该镇以开展“两学一做”学习教育为契机，全面开展重大矛盾纠纷和积案化解行动，强化安全生产工作。在信访维稳方面，认真学习“枫桥经验”，集中精力、集中力量对交办案和转办案进行了限时办结，积极化解矛盾纠纷和处理信访案件。同时不断创新社会管理，建立了安全、环保等多种社会网格化管理机制，促进了全镇社会稳定。在安全生产方面，牢固树立了安全红线意识，明确安全生产“一岗双责”责任制，对辖区非煤矿山、冶金铸造、交通、建筑、燃气、食药、学校、地质灾害等行业坚持不懈专项检查；狠抓汛期地质灾害防治工作；护林防火工作实行“零报告”，签署了林地防火协议书，增强有林地农民防火责任意识。多措并举确保了全镇安全生产无事故。

基层党建

2016年，下村镇坚持阳光晒权抓党建，坚持从严治党、铁腕反腐，深入开展“两学一做”学习教育工作。一是教育为主，强化学习。深入贯彻中共十八届三中、四中、五中、六中全会精神和习近平总书记重要讲话，突出强调“八项规定”和“四个意识”要求，进一步规范了党组织和党员星级化管理，创建了36支党员志愿服务队。二是依纪依规，配强班子。依照《中国共产党章程》和《中华人民共和国宪法》规定届时换届，4月29日召开了中共下村镇第十二次代表大会，选举产生了新一届党委和纪委班子。6月20日召开了下村镇第十七届人民代表大会第一次会议，选举产生了新一届人大和政府班子。三是严肃查处，正风肃纪。通过查办一些举报案件，对一些支部班子成员和部分党员同志给予了严肃的纪律处分。按照党的“八项规定”原则，在一些超标准开支方面进行了强力遏止，促进了党员干部作风转变，提升了党政机关和各部门的工作效率。2016年，进一步深化“四议两公开”工作方法，压实了“三会一课”制度，清理了一大批“三不”党员，集中整治了“吃拿卡要”不良行为的人和事，彰显了公开、公平和公正，在全镇形成了风清气正的良好政治环境。

大东沟镇

概述

大东沟镇位于泽州县西部，距晋城市区17.5千米。该镇东与巴公镇及城区西上庄办事处相连，西与沁水县交界，南接川底乡，北临下村镇。全镇共辖30个行政村、58个自然村，总面积96.3平方千米。2016年，有耕地36442余亩，总人口3.2万余人。

综合经济

地区生产总值增长6.3%；财税收入完成838万元，占年计划766万元的109.40%（其中，国税完成187万元，占年计划116万元161.21%；地税完成651万元，占年计划650万元的100.15%）；固定资产投资完成14.37亿元，占年计划任务14.37亿元的100%；全社会固定资产投资完成率100%；民营企业增加值11.7308亿元；农民可支配收入增长6.5%以上，粮食总产量稳定在1614万公斤左右；其他各项主要经济社会发展指标均按进度完成，人口自然增长率、社会治安综合治理、环境保护、节能降耗和生态建设等均达县控指标。

特色农业

2016年，该镇以实施农业立镇战略为依托，坚持优化“一体两翼”农业产业布局，科技引导农业发展迈出新步伐。全镇农业产业布局主要以长河沿岸村庄粮食生产为“主体”，建有辛壁、段都、峪南等10个村的优质小麦生产基地和南坪优种培育基地，进一步巩固国家级优质小麦生产基地成果；以东西两山等村为“两翼”，在稳定粮食生产的基础上，重点发展中药材、蚕桑、果品、蔬菜、小杂粮等特色农业产业和粮食加工、畜牧养殖等无公害绿色农业产业，以绿宝盛蔬菜农业合作社、谷丰小杂粮加工厂、段都广兴隆养猪场为引领，高效农业发展迅速，全镇各类专业合作社累计达77家。

现代工业

2016年，该镇依托晋韩路、东大路、下东二级路和正在建设中的晋阳一级路优势，大力发展村村通油路网络，加上晋瑞煤业、天安壁盈煤业、西山润达选煤以及在建中的晋煤宏圣药东沟煤炭物流中心，境内工业和民营企业迅猛发展，国内生产总值、民营企业增加值及农民人均纯收入大幅提高，工业经济产值攀升。

文化艺术

2016年，全镇共有文化大院16个，音乐队18支，老年活动中心8个。农村业余剧团1个（峪南村），马村村民陈旭太组建的“太行八音会”多次参加省、市、县组织的各项八音会比赛。有文化艺术团体1个（太行风韵文化艺术发展有限公司），演职人员40余人，年演出300余场次，观众达15万人次。电影放映员1个，每年放映360场，观众20万人次。有文化站30个，建筑面积3050平方米。有公共图书馆30个，建筑面积1550平方米，藏书5万余册。还有大众舞厅1个，面积400平方米；文体广场30个，面积13820平方米。文化从业人员250人，占全镇社会从业人员的0.5%，实现增加800多万元。

教育事业

2016年，该镇有标准化寄宿制小学5所，村办小学16所，镇办中学1所，村办中学1所，共有教职员工276人，5228名在校学生。全镇普及了九年制义务教育，免除了学生学杂费，所有适龄儿童均能够就近上学，小学生升学率达100%，初中生升学率达52%。

医疗卫生

2016年，全镇拥有注册村卫生所26所，乡村医生32人，达标卫生所12家。镇中心卫生院占地面积4545平方米，拥有医务工作人员97人，其中主治医师16人，配备有640毫安遥控X光机、日本岛晶B超机、血细胞计数仪、电解质分析仪、麻醉机、全自动洗胃机、阴道镜、乳线诊断仪、心电图机等医疗设备，有病床40支，有效解决了全镇3万余群众看病难问题。

广播电视

1972年10月开通东沟有线广播站，到乡镇30杆千米，乡镇到村50杆千米，村以下45杆千米；1985年9月开通东沟广播电台。现在广播喇叭0.2万只，入户率80%，通响率100%。1988年开通调频转播台，1990年开通调频台，2005年11月开通电台第二套节目。2015年，实现村村通加密电视。

文物旅游

2016年，境内有国家级重点文物保护单位1处（河底汤成庙），省级文物重点保护单位3处（峪南乾明寺古遗址、东沟徐家大院、辛壁玉皇庙）、市级文物重点保护单位4家（辛壁太平观、成汤庙、峪南双阁、东沟白龙王庙），已建成的AAA级旅游景点1处（可寒山旅游景区），市级爱国主义教育基地1处（峪南上溪沟革命英雄纪念塔）。

川底乡

概述

川底乡距市区23千米，乡域东西宽13千米，南北长12千米，乡境东与城区和南村镇相邻，南与周村镇相接，西与沁水县交界，北与大东沟镇接壤，总面积约68.6平方千米。辖27个行政村，45个自然村。2016年，户籍人口21938人，其中农业人口20896人。有1921.56公顷耕地。该乡煤铁资源丰富，是泽州县重点产煤乡镇之一。煤炭为主导产业，新兴地面工业和规模化农业发展迅速。乡党委下辖42个基层党组织，其中农村支部27个，机关事业单位支部3个，集体企业支部5个，民营企业党总支1个，民营企业支部6个。全乡有党员1055名，其中女党员160名。川底乡多次受到上级表彰，先后获评国家级“生态乡镇”、省级“特色文化强乡”和“村镇规划建设先进镇”，市级“重点镇”、“教育强乡”、“‘五个好’基层党组织”和“和谐示范乡镇”，县级“创先争优先进基层党组织”等荣誉称号。

综合经济

2016年，川底乡党委、政府努力克服困难，抢抓机遇，紧紧围绕县委“161”发展战略及乡党委“一三五三”年度工作重点，保持了全乡经济平稳发展、新型城镇化建设稳步推进、社会政治安定和谐的良好态势。全乡企业总产值完成270153万元，民营企业增加值完成105664万元，公共财政收入完成3372.6万元，税收完成12531万元。

农业

2016年，该乡继续围绕优质小麦、小杂粮、生猪、家禽四大基地建设，全力推进规模种养业和现代农业发展。全年粮食总产达974.9万公斤，其中小麦总产达644.6万公斤，平均亩产293公斤，总产和单产均为近几年较好的收成。蔬菜大棚保有量54栋，干果经济林99.16公顷，中药材234.5公顷（其中种植连翘201公顷）。畜牧养殖业方面，肉（蛋）鸡存栏12.2万羽，年产鸡蛋640余吨，猪存栏3.45万头，出栏4.47万头，羊存栏1.1万只，出栏4591只，蜂蜜产量达16.5吨。建成了一个病死畜禽无害化处理站，有效杜绝了重大动物疫病蔓延现象。全乡农民专业合作社发展到48家。

工业

2016年，川底乡坚持调结构、促转型、稳增长、保就业的总方针，协调相关部门帮助企业解决困难，使全乡经济发展保持了平稳运行的局面。大通铸业克服铁价持续低迷、铸管销售不畅、资金周转困难等不利因素，深化精细管理、内部节能降耗、控制生产成本，实现了平稳运转。部分企业针对洗选煤炭销售较好的形势，主动进行产业转型，投资兴办精洗煤厂13家。二十里铺连翘综合开发有限公司签约引资10亿元，小庙岭种猪场资金到位2亿元。新发展各类企业10家，全乡小微企业达400余家。

城镇建设

2016年，川底乡严格依照规划，统筹安排，集中财力，重点基础设施建设项目进展顺利。安置建新区（车郭庄整村移民搬迁和山庄卧铺群众）总投资7808万元的12栋住宅楼主体工程已初步通过验收，并完成了分房工作；焦河村和川底村投资4967万元的8栋住宅楼已交付投入使用；投资4500余万元的镇区住宅小区及驻乡单位集中供暖主管道已铺设完成，集中供热项目已完成20%；煤层气入户五期工程，新增煤层气用户380余户；总投资560万元镇区垃圾集中填埋场及配套设施项目，全部工程已完工，目前正在做最后的验收工作；总投资800余万元的乡敬老院建设项目，已完成施工70%，正在做最后的室内外装修，预计年底可建成。

金融保险

2016年，川底乡共有泽州农商行川底分行、泽州农行川底分行、交通银行川底支行、建设银行川底支行、浦发村镇银行和晋城银行川底分行六家金融机构。2016年全乡新农合和新农保参保率均为100%。

教育

2016年，全乡有初中1所，中心小学1所，教学设施和环境全县一流。教改工作有序推进，教育质量稳步提升，乡中心小学顺利通过了省级“平安校园建设”验收，并代表泽州县接受了教育均衡发展国家级验收；乡中心幼儿园进入一级一类幼儿园行列。

文化

乡里建有文化广场和综合文化站，2016年对乡文化广场进行了提档升级改造。全乡有村级文体广场23个，农民书屋实现全覆盖，有线电视覆盖率达94%以上，全乡数字电视用户达3100户。群众性文体活动蓬勃开展，和村舞蹈队获得全市2016年度“最炫太行风”广场舞大赛冠军，2016年10月举办了“海天杯”健身广场舞大赛。

劳动就业

2016年全乡完成700余人次的农民农业生产技术和岗前就业技能培训任务，新增就业580人，转移农村劳动力482余人。

计生

2016年川底乡人口和计生工作任务圆满完成，为529户896名计生奖励对象发放各种奖补资金52万多元。

卫生

川底乡卫生院开设有创伤骨科、显微外科等特色科室，2016年乡卫生院宿舍楼改造主体工程完工，污水设施工程竣工投入运行，乡村公共卫生和防疫工作成效良好，新农村卫生所实现全覆盖。2016年为全乡2500余名60岁以上老人全部进行了免费健康体检。加强了乡环卫站和各村环卫队的建设，健全了环卫队伍，形成了长效机制，2016年底，乡村两级共有环卫工人240人，垃圾清运车辆35辆，洒水车5辆，日均可处理垃圾25吨。

交通

陵沁公路穿乡而过，交通十分便利。乡内主要有天户路、小河路、岳圣路等村际公路，27个行政村实现了村村通、户户通。

旅游

2016年，川底乡以长河生态湿地公园、沙沟水库、绿海苑种植合作社等为依托，大力发展休闲、观光、采摘等乡村旅游业。将以寺河烈士陵园为依托，发展爱国主义教育基地游。以二十里铺万亩连翘主题公园为依托，着力打造十里连翘产业休闲区，成为市民旅游观光、休闲度假、吸氧健身的好去处。2016年国庆期间，二十里铺、吕管够村迎接游客约5000余人，吹响了该乡“农旅一体化”发展的“集结号”。

人民生活

2016年度住院补偿和老年人养老金发放到位，农村低保进行了全面复核评审，优抚政策全面落实，12户农村困难家庭危房改造全部竣工，新建的2个老年日间照料中心投入使用，社保工作较好地发挥了“兜底”作用。充分发挥共青团、妇联、工会、老龄等组织作用，精神文明和平安和谐创建活动进一步引向深入。坚持普法宣传、队伍建设、专项整治和化解矛盾“四轮驱动”方针，大力开展法律、法规宣传，“一村一名法律顾问”全部落实，干部群众学法、守法、用法意识进一步增强。不断健全完善信访工作体制机制，协调各方面为困难信访人员解决生产生活实际问题，矛盾纠纷调处结案率达85%以上。

周村镇

概述

周村镇古称长桥镇，因西晋平西将军周处战死，衣冠冢墓葬于镇西而更名。周村镇位于“鸡鸣一声惊三县”的华阳山脚下，西与阳城县北留镇接壤，北与沁水县郑村镇毗邻，长河由北向南穿镇而过，素有“行山重镇”、“丹水名区”和泽州西大门之称，是国家级历史文化名镇、全国重点镇。周村工业园区列入全省“一市两园”和全市六大产业片区。周村镇交通便利，晋阳高速路、陵沁路、碗周路以及正在建设的晋阳一级路贯穿全镇。辖区69平方千米，2016年，有耕地2613公顷，辖23个行政村，59个自然村，9911户，总人口24475人。

综合经济

2016年，全镇民营企业增加值完成112496万元，完成计划工业总产值198509万元。其中：集体经济28887万元，私营企业103314万元，个体经济66308万元。2016年，财政总收入计划3920万元，完成4172万元，占目标的106.43%，其中国税、地税分别完成1276万元和2896万元。农业生产喜获丰收。

工业

2016年，围绕园区发展，运输、石料、餐饮、零售、住宿等行业欣欣向荣。在中小微企业的指导帮助下，臻固商砼、诚朋洗煤厂、众晶铸业、富景包装分公司已经或正在创建标准化达标企业。以富景公司为代表，苇町综合服务楼、上掌华亚宾馆等三产服务业发展势头良好。同时，在创业辅导、行业指导、项目咨询、技术支持、市场开拓、人才培训等方面，为百姓提供方便、快捷、全方位、一站式面对面、零距离的服务，共接待毕业生、复转军人、下岗工人、农民工等有意愿创业者、个体工商户和小微企业业主等200余人次。狠抓中小微企业的网络服务建设管理，为30家中小微企业建立网络服务平台。开辟了2个信息公示栏，分别是劳动用工信息栏和企业产品价格信息栏，积极为企业劳动用工牵线搭桥，为市场提供产品销售信息。聘请市、县专家、讲师举办了3次比较有规模的政策辅导和专业技能订单式培训，受训人员达到了403人次。推荐了8家具有市场潜力的拳头产品，参加了县中小企业局举办的2016“秋风古韵、畅游泽州”文化旅游节中小企业名优特产品展销会。积极引导鼓励创业企业创办符合国家产业政策和属于非煤焦铁类的新型产业，万鑫顺达新能源有限公司苇町加气站，2015年筹建，项目总投资4500万元，6月份正式投入运营，其中民用气覆盖全镇10个村、4000余户。该镇今年新创办创业企业有3家，分别是：1. 晋城市景长运输有限公司五万吨 / 年煤矸石洗选项目，总投资180万元；2. 泽州县合银石料加工厂五万吨 / 年石子加工项目，总投资70万元；3. 泽州县坂上村诚信型煤厂民用蜂窝煤加工建设项目，投资50万元，年产民用型煤两千吨。以上三家新创办企业均在建设中。

2016年新增百货、烟酒、日杂零售个体经营户20余家；食品、建材等加工个体经营户8家；新增汽车维修、摩托车修配、电焊维修、理发、家电维修等服务个体经营户14家；新增农家乐饭店12家。

2016年，全镇煤矿整合后保留2座60万吨煤矿，分别为煤运华阳煤业和天安苇町煤业，均处于基建，各项工程有序推进。非煤矿山共有4家，除1家正常生产外，其余3家因证照到期关闭。臻固商砼、富景包装厂、两家洗煤厂等非煤企业正常生产，苇町加气站已经完工，正在正常运行。

2016年，建筑施工工地土石方工程、石料加工厂、混凝土搅拌站、洗煤厂等企业全部停产，存在有渣堆、土堆、料堆等各种裸露地面的堆物已全部进行了覆盖，冶金铸造企业也按规定降低了生产负荷，没有焚烧秸秆和各类生活垃圾的现象。

周村工业园区

工业园区内驻两家企业，简介如下：

华昱高硫煤洁净利用循环经济工业园：是省委、省政府确定的“一市两园”项目，规划占地约12平方千米，总投资800亿元，预计实现销售收入650亿元，利税169亿元。按照总体规划、分步实施的原则，分三期实施建设，“十二五”期间先期实施一期项目建设。即高硫煤洁净利用化电热一体化示范项目和百万吨甲醇制清洁燃料（MTG）项目。根据土地供应和村庄搬迁等具体情况，一期项目分两期建设，一期工程先建设50万吨/年MTG工程和120万吨/年甲醇工程，总投资84亿元，其中50万吨/年MTG工程16亿元，120万吨/年甲醇工程68亿元，计划于2016年底建成。按照一期工程建设方案，华昱公司科学制定推进计划，层层分解目标责任到人，并按照“小业主、大监理”的理念充分发挥监理队伍作用，严管理、细考核，实体工程建设完成一半目标建设计划。截至2016年底累计完成投资约60亿元。

天泽煤气化厂：天泽煤气化厂一期工程（“24·40·20”项目）建设规模为年产24万吨合成氨、40万吨尿素、20万吨甲醇，投资14.2亿元，占地面积523亩，是国内目前单系统国产化最大的合成氨、尿素生产装置，也是国内最大的氨醇联合生产装置。于2007年8月开始施工，2008年11月第一袋尿素顺利下线。二期工程（“40·60”项目）建设规模为年产40万吨氨醇、60万吨大颗粒尿素，项目是省、市2014年重点工程，晋城市2014年转型综改重点项目。项目建设总投资21亿元。建成投产后，年可新增销售收入23.6亿元，利税4亿元，新增就业岗位800个。二期“40·60”项目于5月18日试车生产。

依托园区产业集聚优势，以推动大众创业、万众创新为重点，发展运输、石料、餐饮、零售、住宿等行业，实施“互联网+”行动计划，积极搭建电商平台，充分激发三产服务活力。

农业工程

2016年，不断加大政策引导，注重产业帮扶，打造四大黄金区。分别是：以圪套水库为依托，在下町、苇町等村，建设集观光采摘、文化体验等功能于一体的观光休闲农业区；以园区杜河、下河泉提水工程为依托，在苗庄、岸村等园区周边村，建设特色种植观赏区；以李寨一川底绿道为依托，在甲村、杨山等村，建设以林果种植和小杂粮为主的绿道经济辐射区；以稳增粮食产能为依托，在西庄、岭西、上掌等村，连片建设优种繁育和粮食高产区。积极推进农村土地承包经营权确权登记颁证工作，引导土地经营权规范有序流转，发展多种形式的适度规模经营。坪上、南坡借力国家级粮食产能提升项目，农田水利设施极大改善。五行、河村、岸村也紧随其后，投资300余万元开展粮食产能提升工程，1月13日省里已召开项目评审会。同时，在园区西片各村实施“农旅一体、美丽乡村”连片建设工程，打造特色浓香小镇。

水利　2016年，集镇污水管网铺设已完成方案制定，生活污水处理厂可研正在积极编制，集镇供水工程准备立项。坪上村投资39万元为全村接通自来水。投资500万元，以国家级新增粮食产能工程为抓手，在南坡、坪上等村建设201公顷节水灌溉农田。上掌村上掌水库维修工程，投资30万元验收合格。坪上村自来水入户两个自然村已供水，投资30万元。完成铺上村自来水改造工程，投资

10万元。周村村自来水水网改造工程规划设计已完成。圪套水库至煤炼油的饮水工程正在施工。

林业 2016年，南坡村确立了“林果地、花果村”的发展方向，在市林业局的帮扶指导下，逐步建立起“合作社+基地+贫困户”的扶贫模式，投资30余万元，建设500亩核桃园。鼓励村庄周边种植核桃、苹果等经济林，村庄内栽植桃、梨、石榴等开花树种，改善村庄面貌。完成甲村—坪上村的道路绿化，种植毛白杨700余株，蜀桧300余株，香槐花150余株，花草500余平方米。完成苇町村、南坡村村庄绿化工程，每村5万元。投资3万元完成下河村小游园建设，完成上掌村小区绿化。对周村—石淙头，岭西道路两旁数目进行补植补种，投资3万余元。植树造林情况，2016年春季，共种植蜀桧1600余株，毛白杨500余株，侧柏5000余株，全部发放至各村进行绿化。投资5000元对下町村古树进行保护。完成下河银河方圆10.05公顷、南坡沐森林业专业合作社4.02公顷，干果经济林提质增效工程。

畜牧 2016年12月底，全镇生猪存栏达到了41358头，其中能繁母猪4136头，年出栏69823头；牛存栏611头，其中能繁母牛303头，奶牛存栏122头，年出栏肉牛293头，牛奶产量342吨；羊存栏11252只，其中能繁母羊6316只，出栏6424只；鸡存栏216840羽，出栏138970羽，鸡蛋产量2542吨；兔存栏10133只，出栏23483只；蜂存栏1317箱，蜂蜜产量46.1吨。肉类总产量5622.4吨，畜牧业各项经济指标与2015年相比都有了一定的发展，完成了县局布置的各项经济指标。

截至2016年年底，该镇生猪年饲养量100~499头的有26户，500~1999头的有6户，99头以下的有35户，养猪规模户总共72户；存栏鸡5万羽以上的2户，1万羽以上的4户，2000羽以上的8户，规模养鸡户14户；羊出栏100只以上的5户，30只以上的65户，规模养羊户70户。牛出栏10头以上的1户，5头以上的2户，养肉牛规模户达到了3户。奶牛存栏121头的1户，养肉鸡的1户。养兔规模户3户，养蜂30箱以上的29户。规模户总共193户。全镇畜牧业向着规模化、规范化、现代化的方向迈出了新步伐。

农机 2016年完成保护性耕作950亩，完成深松整地981.64亩，引进了1台东方红拖拉机。

合作社 2016年，农业合作社发展在各村齐头并进的同时，为克服以往“单打独斗”、“提篮小卖”的劣势，有针对性的开展品牌培育、引导，鼓励、扶持各村种养大户、致富能人打破地域限制、行业界限，成立各类农业合作社、家庭农场，抱团闯市场，助推全镇农业现代化向纵深发展。到2016年年底，全镇农业专业合作社达68家。天天鲜专业合作社流转土地1500亩，用于发展规模养殖和小杂粮、蔬菜、苗圃等特色种植，投资560余万元用于平整土地、硬化道路、安装节水设备等基础设施建设。旭胜养殖专业合作社采取“公司+合作社+养殖户”模式，坚持走产、供、销、培训、信息服务、有机肥生产一体化发展道路，投资2500余万元，建成蛋鸡养殖场和青年鸡养殖场2个，带动周边村庄120户发展规模养殖。盛之龙专业合作社依托石淙头村旅游资源，建设农业采摘园。富景公司在下町圪套水库周边新建金滩湾农林生态文化园，将现代农业、休闲农业和生态建设相结合，已完成投资1000余万元。“十一”期间，8家合作社产品参加泽州名优产品展销会。“旭胜鲜品”“甲村圣果”等农业品牌在市县乃至全省小有名气。

财政金融贸易

2016年，村级转移支付根据实际情况，一是按照村的大小、人口多少分三类制定出公用、个人和奖励等三部分进行计算；二是对新农村人居环境改善有突出贡献的进行奖励。煤炭补贴方面，全镇9621余户已经全部实行一卡通，发放2210040元。加强财政财务管理，镇农村财务委托代理中心对农村财务进行了统一管理，农村财务进一步规范，收支情况定期公示。严格按照“收支两条线”规定进行规范管理，杜绝乱收费现象，主要表现在银行开户方面：在设立教委、中学、中心小学、财政账户和“农村”“三资”“委托代理中心”账户，按计划、规定和中途正确支付使用，无滥发奖金、津贴现象。

教育

2016年，该镇教学区认真落实县进修校的工作部署，聚焦国培，3月份以中学、中心校为单位，开展了教师信息技术能力提升工程线下测评活动，圆满完成了2015—2016年教师信息技术能力提升工程任务；10月份开始，组织教师开展了中小学幼儿园教师依托中国教师研修网开展了全员培训工作，确保了在职教师100%参与，取得了良好的学习培训成效。四月中旬以中学、中心校为单位开展了微课制作校级培训，前半年积极组织教师完成网上晒课168节，6月份上报优质课“13+9”节、优秀教学评价方案“2+3”篇、优秀教研活动“2+2”个，9月份5节优质课入选泽州县县级优质课。2016年中考全镇参考219人，晋城市第一中学、晋城市第二中学和泽州县第一中学共录取53人，晋城市第一中学分配21完成9人，晋城市第二中学统招6人，泽州县第一中学统招11人，泽州县第一中学分配29人完成27人；小考参考111人，语文均分72.3分，及格率86.5%，数学均分70.9人，及格率80.2%，综合均分57.2分，及格率45.0%（科学均分21.7分，及格率45.9%，英语均分19.4分，及格率64.9%，品社均分16.1分，及格率89.6%）。该镇教学区荣获泽州县“教学成绩进步奖”，周村镇中荣获泽州县“中考成绩进步奖”，下掌中心小学校获“小考成绩优秀奖”。

科技

2016年，周村镇成立了专门的科技工作领导组，镇党委政府多次专题研究、部署科技工作，制定了工作计划和措施。通过科技下乡、科技赶集、制作标语、举办讲座等多种行之有效的方法宣传科技，普及种植、养殖和加工方面的实用知识，各村都建立了科技图书室，组织外出学习参观，加强科技宣传工作，营造了学科技、用科技、科技致富的良好氛围和社会环境。全年各种培训次数累计10余次，参加培训人数达1200余人，培训内容涉及蔬菜种植，温室大棚的前、中、后期管理，病虫害防治，计算机信息技术，信息搜集和发布等方面，取得了一定的效果。还专门设立了科普培训室，并利用政府网站对辖区内各企业的基本情况在网上进行宣传，对各企业的产品信息进行发布。组织实施了一批科技计划，推广了一批农业实用技术，引进了新产品安家落户。

文化

2016年，周村镇积极开展丰富多彩的群众文化活动，在重大节日期间开展丰富多彩的文体活动。春节、元宵节期间，举办了故事、灯展等形式多样的活动，极大丰富了群众精神文化生活。2月，张爱珍等“五朵金花”在周村会堂同台献艺。8月，精心组织全镇运动健儿参加全县第一届农运会。“十一”期间，在石淙头村成功举办了乡村美食节活动。

劳动就业

镇劳保所进行了全镇劳动就业工作布置，把劳动就业工作目标分解，落实到各村各企业，落实责任到人，建立平时监督、半年检查、全年考核的办法，及时了解掌握全镇在就业工作的进展情况。通过多途径大力开发用工岗位，积极组织劳务输出，利用劳务输出的典型及亲靠亲、邻帮邻引导农民“走出去”打工。开展创业培训，针对有创业想法的农民，积极推进本服务区劳动力及高校毕业生进行就业培训，先后举办了转变就业观念、如何创业、就业中如何维护自身权益等培训班，培训对象均受益匪浅。2016年周村任务劳动力转移任务280人，完成287人；新增就业岗位任务310人，完成310人，职业介绍任务230人，完成245人。

卫生

镇党委、政府全面抓好农村医疗卫生和保健工作，执行国家基本药物制度和基本公共卫生服务均等化。卫生院、卫生所统一使用基本药物，统一实行网上集中采购，统一配送，统一实行零差价销售。加强农村卫生所建设，全镇20个卫生所达标。加强农村卫生人员培训，多次聘请上级专家和业务骨干，利用每月村医例会时间，培训卫生所人员对农村常见病、多发病的诊断和慢性病的管理，不断提升乡村卫生人员的医疗技术水平；建立健全居民健康档案。规范管理0~3岁儿童、孕产妇、老年人、高血压、糖尿病、精神疾病六类人群，定期体检随访，观察指导用药和饮食。为全镇所有60岁以上老人免费体检。对周村镇参合农民的基本信息进行了校验更正和完善，信息准确率目前达99%以上。为605名参合农民办理了慢性病就诊补偿卡；为省外住院和慢性病就诊50余人办理了补偿，共发放补偿款20余万元。审核周村镇卫生院门诊补偿19200余人次，96万余元。

交通

2016年，完成石淙头—李寨暴疙瘩道路提质完善工程，全长2.58千米，投资119.81万元。完成环园区道路的可研，工程的设计工作，并对道路红线范围内的附属物及坟墓进行了排查。

旅游

周村镇休闲游开发的总体思路是：开发两座山，治理两条河，连片改善人居环境，巩固六大精品工程，打造一条休闲线路。以“一圈一线”为重点，坚持开发与保护并重，人文与生态并举，进一步完善基础设施建设，全力助推美丽周村建设。石淙头、周村、岭西、苇町、下町、杨山等镇域周边特色村，以休闲游打造为目标，结合全县人居环境改善“一号工程”，在巩固前几年全镇的硬化、净化、绿化基础上，进一步在亮化、美化、文化上下功夫。通过以点带线，以线带面，实现“住在晋城、玩在古镇、吃在周村”的休闲游构想。2016年周村古镇着眼于特色风貌整治，古镇风情更加凸显。岭西着眼于特色农业开发，传承优秀农耕文化。杨山着眼于桃花山庄开发，以漫山遍野的山桃花吸引八方游客。石淙头着眼于休闲旅游，推进潘家大院和老龙隈等人文山水的保护与开发。3月29日专门成立长桥休闲游联村党总支。连通石淙头—李寨暴疙瘩道路，构建旅游环线。石淙头也在积极申报第七批中国历史文化名村。“十一”期间，成功承办了泽州2016年“秋风古韵·畅游泽州”首届文化旅游节暨周村石淙头乡村美食节活动，周村“八八六六”水席在市县叫响叫亮。10月17日，全国农民报协会60余人深入石淙头采风，周村品牌形象进一步得到彰显提升。“东有桃花山庄，西有风情古镇，南有山水民居，北有千村华阳”的乡村旅游蓝图正在绘就；“春有后山桃杏争艳，夏有圪套泉石风清，秋有甲村漫山红叶，冬有石淙头八丈冰瀑”的周村“四季风”格局已经形成，生态周村、美丽周村正成为城郊居民周末休闲游的首选。

人民生活

2016年，持续加大基础设施建设力度。新增煤层气入户1046户，生活垃圾填埋场即将投入使用，集中供热工程与合作企业达成框架协议，投资1100多万元的周村村保护项目正在有序进行，上掌绿色村庄示范村申报已完成，下掌村庄规划正在评审。周村新区岸村小区进入装修阶段。新村建设及旧村搬迁共完成投资1.32亿元。关闭取缔10家非法“土小”企业，及时治理苇町村煤矸石自燃工作，全力推进全镇黄标车及老旧车治理工作，将镇内150家养殖企业全部纳入网络化监管体系，还百姓一个青山绿水。

周村、西庄筹资520余万元补贴煤层气入户、维修地下管网；苇町投资240余万新建公共澡堂、扩建学校厨房；岭西、甲村等村投资80余万元硬化村内道路，下町、下河、石淙头等村投资60余万元维修“7·19”水毁道路、桥梁、涵洞；上掌投资70万余元实现居民小区集中供暖；下掌、坂上、五行、南堰、李堰等村投资30余万元维修村级阵地、文化广场；坪上投资39万为全村接通自来水。各种惠民实事接连不断。新建下河村日间照料中心；完成河村、下掌等6个村室外健身场所建设；完成免费为60岁以上老人体检；完成16户农村危房改造工作；残疾人护理及生活补贴按时足额发放；启动下掌村采煤沉陷区治理搬迁安置工程。投资600余万元完成周村粮站迁址工作。新农保、新农合资金收缴工作按计划完成，爱心煤补贴全部发放到位。

李寨乡

概述

李寨乡位于泽州县西南部，乡政府驻地距市区19千米，东与南村镇相邻，西与阳城县北留镇、东冶镇交界，南毗南岭乡，北接川底乡和周村镇，全乡交通较为便利，周犁路横穿东西，南高线贯通南北，侯月铁路越境而过。李寨乡是著名的上党梨园之乡，是全国中学实践教育的发源地，总面积77平方千米，辖25个行政村，47个自然村。2016年，有4171户，12466口人。耕地面积2.8万亩。全乡共有32个党支部，党员661人。2016年全乡粮食总产量完成1250万公斤，民企增加值完成11745万元，财政收入完成130万元，农村居民人均可支配收入增幅6.5%。

种植业

2016年，李寨乡继续实施了“双万亩”生态农业建设工程，即万亩中药材和万亩干果林建设工程，正逐步成为促进全乡农民增收的主导产业。发展中药材方面：全乡中药材种植面积达335公顷。发展干果林方面：目前全乡干果林总规模已达469公顷，优质红果林总面积达134公顷以上，并进行了绿色认证，是全县最重要的优质红果供应基地。此外，该乡油菜种植面积达到201公顷，成为全市全县盛名的农业景观。以道庄、望头等村为中心的优质小米基地已经建成，核心种植面积达134公顷。

养殖业

以道丰园养殖专业合作社等为龙头发展规模养猪场，存栏980头，年出栏达1300头。总投资230万元的陟椒吕洼村瑞盛康肉鸡养殖项目进一步规范。新建病死畜禽无害化处理暂存点建成并投入使用。全乡已建成规模养羊场9个、养鸡场7个、养猪场7个、养牛场1个、养鱼场3个。

水利工程

全乡基本实现了南北水网对接，自来水普及率达100%，全乡饮水安全问题基本解决。28万元完成了国坨沟水网改造，投资11万元完成高会至西尧、高会至卫山、栖龙至黄河水毁工程，完成水浇地134公顷。

道路街巷建设

2012年实施了南高线南村至西阎庄段道路重建铺设工程。全面完成了25个村街巷硬化和村村通工程，街巷户道硬化工程已全部实现全覆盖，极大地改善了全乡人民的出行条件。2015年南高线西阎庄至高会段三级旅游公路全线竣工通车，高标准实施完成了闫庄至暴圪塔、南高线至冶河、西尧至土岭3条道路路面提质改造工程，积极推进了沿沁河乡村旅游等级公路建设。2016年对赵良至栖龙1.9千米断头路进行贯通改造，完成了罗泉村至石淙头旅游环线改造提升工程；2013年投资230万元，安装太阳能路灯463盏，完成了全乡25个村的街巷亮化工程，街巷亮化工程实现全覆盖。全乡的交通条件得到极大改善。

加工业

新申报省级“一村一品”项目6个。全乡农业专业合作社总数达到了58个，其中新培育盛世梨园加工、更茂盛食用菌等规模以上的农业类项目4个，新增中药材红果营销专业合作社3家，扶持发展桂核、晋李蔬菜等农业采摘观光合作社4家，从业人员达到了500余人。“桂核鸡蛋”“道庄小米”“南岭上黄芩茶”、“暴疙瘩煎饼”等一批优质农产品初步打开了晋城及周边地区市场。

工业

李寨乡属用电自供区，在土岭村建有装机容量3×400千瓦的正圪脑水电站，年发电量320万千瓦时。在与阳城县交界的沁河干流上，建有装机容量4×3200千瓦市杜河水电站。近年来，积极引进资金，在临近周村工业园区的西李寨村投资600万元，新上了鸿晨特种铸造材料有限公司项目，已经正式生产。新上了洗煤工业为主的泽州县鑫德工贸有限公司，一开始运营。

旅游业

李寨栖龙湾景区总面积约35平方千米，由“沁河第一湾”“陟椒三教堂刘家大院”“栖龙村九女湖”“赵良沁河大峡谷”等标志性景观组成，风光景点和人文景观多达40余处。李寨乡有着泽州县最优质、开发潜力最大的综合旅游资源。在泽州县“山、水、湾、古镇”旅游大格局及晋城市“沁河文化旅游带大开发”总体布局中地位重要。依托当地自然生态和历史文化遗产优势，全乡正在谋求旅游业发展的突破。2013年6月《泽州县李寨沁河峡谷旅游区规划》通过评审。同时，引进了晋城市盛世梨园文化开发有限公司，完成了总投资1.2亿元的生态农业旅游观光项目总体规划，总投资1000万元的小杂粮加工基地建设项目基本完成。2015年，乡党委、政府加强旅游市场推介，叫响“观中华奇湾、踏红色足迹、游沁河漂流、品农家文化”的特色品牌，旅游文化招商引资工作取得突破。7月，乡政府与山西国瑞旅游开发有限公司达成开发协议，总投资5.5亿元的栖龙湾风景旅游景区建设全面启动。截至2015年底，在完成陟椒景区、栖龙景区、沁河漂流区等整体设计和施工图设计的基础上，开展了高会、土岭等景点的整体设计和施工设计。栖龙湾景区漂流河道、上下码头、栖龙张家老宅大修、沿九女湖栈道、观景平台、湖区码头改扩建、定情台、玻璃吊桥、景区星级公厕等工程已全面开工建设，陟椒门区、游客中心主体工程已基本完成。2015年10月16日至10月18日，邀请中央电视台纪录频道进行了栖龙湾景区专题片的拍摄工作。成功举行了江山多娇·栖龙湾（中国晋城）首届国际航拍摄影大赛暨陟椒古村乡村摄影展活动。2016年完成总投资2200余万元，主要完成了玻璃吊桥定情台、陟椒门区生态停车场、旅游公厕和游客中心主体工程建设、栖龙村拆迁改造工程。景区漂流河道、上下码头、栖龙公共场所等工程建设基本完成，完成了杜河拦河大坝改建、栖龙山庄装修设计修改工程。9月25日，中国·泽州“栖龙湾”首届全国山地车越野赛在栖龙湾旅游风景区成功举办。完成南高公路沿线各村10个乡村文化旅游景点规划，布设了警示牌和候车点。新增和上档升级了陟椒、西尧、高会等村14家星级农家乐的示范建设，促进了农民增收。陟椒三教堂高标准保护性维修工程基本完工，正在积极筹资启动竖水事件纪念碑和抗日战争纪念馆建设工程。同时深度挖掘和有效整合梨园之乡、戏祖文化等历史人文资源，启动了梨园戏曲文化长廊建设工程，促进了文化旅游的深度融合，全面推进了全乡旅游业的大发展大繁荣。

教育

2016有乡办中学1所，寄宿制中心小学2所，中心幼儿园1所，共有中小学生717人（其中中学生360人、小学生357人）、幼儿105名，教职工127人。近年来，投资550万元进行了李寨中学教学楼及综合活动基地建设；投资1100余万元，完成了李寨寄宿制中心小学工程建设。投资75万元进行了标准化中心幼儿园建设。李寨中学是全国中学实践教育活动的老典型、发源地，是山西省素质教育示范校和全省八所劳动技术教育示范校之一。1984年5月，团中央在晋城召开全国部分省市农村中学调研观摩会议，李克强通过在晋城的调研讨论，将李寨中学开展的特色“第二课堂”活动命名为“实践教育活动”，并积极推动这一经验在全国大力推广。李寨中学坚持建设实践教育活动特色校的做法得到了中国教育学会专家和各级领导的支持和认可，2013年12月团中央书记处书记傅振邦调研后给予了充分肯定。2013年5月23日，李寨中学全体师生向李克强总理写信，汇报了30年来开展“实践教育活动”的丰硕成果。6月12日，李克强总理给李寨中学全体师生回信。李寨中学的经验得到了社会的认可，特别是得到了总理的高度评价。省市县研究决定，要大力宣传李寨中学多年来坚持实践教育活动的做法，以更好地引导全省中学生注重实践，在学好书本知识的基础上，广泛开展各种实践活动，全面贯彻党的教育方针，促进学生更好地成长、成才。李寨中学校园环境等基础设施建设和实践教育改革步伐加大，“小平科技创新实验室”建成并投入使用。投资400万元的硬件设施提升和塑胶跑道工程基本完工。在南京举办的2015亚太青少年科技创新大赛上，李寨中学学生获得了机器人搬运全国第一名的好成绩。李寨中心小学校园配套和绿化美化工程立项实施，教学质量取得了全县第一名的好成绩。

2013年11月，总投资6900余万元的晋城市国家级示范性综合实践基地市发改委批复正式立项，项目选址李寨正在进行前期工作。晋城市李寨示范性综合实践基地作为全国仅有的100家国家级示范性实践教育基地，被列为晋城市2015年市级重点工程，完成所有前期工作，于12月29日正式开工建设，已完成投资4000余万元。

文化

李寨乡有着厚重的历史文化积淀，望头村是上党梆子的重要发源地，是晋城市的梨园之乡，特别是自清代以来，望头村先后有锁锁戏“复聚班”、牤牤戏“昌盛班”等19个戏班，戏曲世家29户，戏曲史实记载知名艺人125名，村中祖传剧目有梆子戏、黄戏、昆曲等总计140余出。村中“开元宫”创建于道光四年（1824年），后经同治十三年（1874年）晋城、长治“州五处府八县”戏班共同募资重建。“开元宫”是专因祭祀戏剧鼻祖李隆基的地方，也是戏剧艺人传承文化的一个阵地，全国只此一处，河北永年西调剧团、山东枣梆剧团，曾经多次回娘家慰问演出到“开元宫”祭祀，在中国戏曲史上有着重要影响。2012年、2013年连续两年举办了“太行神韵·沁河风情”泽州乡村摄影展暨金秋梨园文化周活动，成为晋城市有重要影响的文化活动盛事。特别是梨园文化周期间，举行了晋冀鲁嫡亲剧种会演活动，一百多年前从李寨走出的山东枣梆、河北西调两大剧种与市上党梆子剧团同台演出，实现了历史性的文化大团圆，还举行了名家荟萃的“千年宫调出晋城暨上党梆子继承与发展研讨会”，李寨梨园之乡的历史文化地位得到宣传和认可，望头开元宫修复正式提上日程。多方筹资500余万元完成了陟椒三教堂、望头开元宫、坚水玄帝庙、罗泉宏乐寺、秋泉汤帝庙等7处文物保护和维修工程。全乡拥有文化艺术团体10个，文化行业从业人员48人。2012年建成总占地面积4500平方米的李寨乡文体广场，是一个集休闲、运动、健身、娱乐于一体的综合性文化体育活动场所。截至2016年年底，全乡文化健身场所、农家书屋、农村活动场所已实施了全覆盖。

医疗卫生

李寨乡卫生院是全省农村卫生战线的老典型，痔瘘专科填充了晋城市痔瘘专科的空白，赢得广大患者的好评，市内建有分院。25个行政村建立了新农村达标卫生所。

社会保障

全乡2016年有低保户243户254人；“五保户”供养54人，优抚对象39人，基本实现了应保尽保。2016年全乡新型农村合作医疗参合人数达10966人，参合率达99%。2016年完成农保征收任务60.13万元，参加新型农村社会养老保险参保人数达5763人。

南岭乡

概述

南岭乡位于泽州县西南部山区，距县政府驻地31.4千米，总面积62.94平方千米，辖27个行政村，29个自然村，有耕地12098亩，2016年底全乡总人口9678人。2016年，该乡紧紧围绕县委、县政府总体安排部署，以建设纯农山区特色示范乡，打造“林果之乡、小康家园、人文福地”为引领，以全面推进南岭转型综改为主线，继续以促增收、创环境、提质量、保民生为抓手，全乡各项工作保持良好的发展态势。全乡财税收入完成223万元，其中国税44万元，地税179万元；公共财政95.1万元（国税6.1万元、地税89万元）；粮食总产量完成461.32万公斤；全年固定资产投入3.46亿元。

林果产业

“一乡一特”发展取得新突破。把干鲜果种植作为农业特色主导产业，创新发展方式和经营理念，以规模、特色、优质为导向，促进农旅一体发展。投资50万元，扶持林果产业规模发展，新植梨园300亩。投资10万元，强化技术指导服务，培训果农210人次。组织较大规模合作社、园区负责人到河南、安徽、浙江等地就体验农业、休闲农业、观光农业、农产品精深加工等考察学习，引导他们转变思路，依托林果产业发展庄园经济，各园区都在围绕“农业＋旅游”上项目，谋发展，葛万农业庄园在农旅一体发展上走出新路子，2016年梨花节吸引游客5万人。培塑了晋香岭南品牌，并申报了省级无公害农产品。依托“泽州坊”电子商务平台，积极与合作社、农户开展对接，统一商标，对外销售。国庆节期间在丹河龙门湿地公园组织了农产品展销会，向外推销展示南岭酥梨、蜂蜜、核桃、福饼等名优土特产品，取得了销量、口碑双丰收。

项目建设

“五个一”重点工程进展顺利。红花底至磨滩段12千米长，8.5米宽的路基拓宽改造工程全面完成。磨滩沁河大桥可研已批复，地质勘查、防洪评价、初步设计已基本完成，上报专家评审，2017年5月可开工建设。万芳文化展览馆已对外开放。“泽州坊”在工信部备案，和南岭酥梨、彤康、盛世梨园等名优产品进行了对接，线上线下试运营，销售额达200万元，正积极在市区筹建线下体验店和物流配送中心。爱物学校与黄冈中学联合办学项目正在积极对接。

转型综改

用好贫困山区转型综改各项政策，敢于先行先试，实施了三项改革试点。一是深化“宅基地”改革试点。按照中央《关于引导农村土地经营权有序流转发展农业适度规模经营的意见》精神，着力做好农村各类土地确权登记发证工作，2016年已完成全乡各类土地确权登记发证工作任务的90%。在安岭村试点了空心村宅基地集体回收、有偿转让，通过开发、再利用，使“沉睡的资产”变成“流动的活资本”，增加了农民的财产性收入。二是深化综合服务体系改革。设立了党政办公室、综合改革办公室、社会管理办公室、财政办公室、安全生产办公室等“五办”，建立起人员编制精干、管理直接高效、运行灵活方便的新制度体系。三是积极开展环卫体制改革试点。制定了试点方案，将环卫服务进行外包，通过招投标程序后由晋城市奥美林公司运营管理，成为晋城市环卫体制改革市场化运作“第一乡”。

乡村旅游

把生态旅游作为全乡产业转型的重要方向，一切发展为了旅游，一切围绕旅游服务，把生态农业、林果产业与庄园经济、乡村旅游紧密结合，着力打响叫亮“台铭老家、生态南岭”旅游品牌。一是全方位宣传南岭。呼应“古韵泽州·全域旅游”，在泽州旅游、晋广论坛等平台推出26期宣传专栏；《美女主播带你游泽州》栏目播出南岭特辑“生态南岭、少年锦时”；先后在人民广场、白马寺广场举办了“回南岭看看咱爹咱妈”和“台铭老家、生态南岭”主题摄影展；邀请南岭籍文化名人创作编排了“南岭风光南岭人”综艺晚会，在晋城富士康、凤西广场、市文体宫等地巡回展演5场，生态南岭的知名度和影响力进一步扩大。网络电影《茅山邪道》剧组在黄砂底村取景拍摄，博联社、晋城诗社、晋城摄影协会、天狼户外等团体多次到南岭采风、游玩。二是积极对外招商引资。先后5次到河南、安徽、浙江、太原等地参观考察和招商引资，与山西农牧科技有限公司签约了“葛万生态农业文化旅游”开发项目，已完成投资1000万元，实施了村庄环境整治、采摘园环形步道、阿里山小火车、婚纱摄影基地、游客接待中心等项目，与河南目的地旅游发展有限公司签约了磨滩山里泉景区开发建设项目。三是大力发展步道经济。建成了后河—曹河—段河20千米健身步道和白背—安岭—磨滩20千米登山步道，带动发展农家乐23家，段河村单日最多接待游客达700人。四是积极推进古村落保护开发。葛万村被列入第四批中国传统古村落。段河村投资300万元完善了古村基础设施，成功申报中国历史文化名村。

民生改善

社会民生事业得到新改善。脱贫攻坚初见成效。坚持以脱贫攻坚统揽全乡经济社会发展。聚焦精准，对贫困人口进行了重新识别。李沟村光伏发电项目并网发电。通过贫困户入股合作社发展林果产业，实现全乡117户户均年保底收益500元。奥美林公司保洁岗位及护林员岗位共解决贫困人口13人就业。53户贫困户享受教育扶贫政策，其中10人享受雨露计划扶贫政策，2016年全乡共脱贫408户635人。同时，各项惠民扶贫资金发放到户。实施农村困难家庭危房改造9户。培训新型职业农民450余人。投资60余万元，完成段峪、元沟等村自来水提升工程，解决370户，949人安全饮水问题。新建东沟村农村老年日间照料中心，全乡10家老年日间照料中心全部运转正常。不断提升中小学教育质量，南岭爱物学校与晋城市星河学校开展结对帮扶，邀请市级名师到南岭指导教学。新农保、新农合全面完成县里下达的目标任务。乡卫生院为全乡60岁以上的农村老人1744人次进行了免费健康体检。举办多场次群众喜闻乐见的群众性文艺活动，乡广场舞代表队在全县广场舞比赛中获得三等奖。建设“平安南岭”，完成“六五”普法验收，打造了南岭“法治文化一条街”“南岭法治文化广场”，为“七五”普法奠定基础。此外，抓好安全生产和环境保护工作，通过实施“一岗双责、党政同责”“谁分管、谁负责”“管业务必须管安全”的办法，全面开展了道路交通、食品安全、森林防火等安全隐患大排查，确保了全乡安全稳定。

犁川镇

概述

犁川镇位于泽州县南部山区，距晋城市区20千米，总面积42.3平方千米，辖23个行政村，4357户。2016年年底，有16800口人，耕地1271.66公顷。全镇32个党支部，1个党总支，637名党员。犁川镇乃泽州八大古镇之一，龙蟠南太行之奥，虎踞晋普山之麓。史称三晋屏翰，名赫晋豫，声闻陕鲁。国道207、碗周线贯穿全镇，二广高速在天水岭村有进出口，历来为南下北上的咽喉要道，交通非常便利。

综合经济

2016年，全镇民营企业增加值完成

15532万元；财政总收入完成593万元，其中：国税93万元，地税500万元；固定资产投资3.6亿元；新型农村合作医疗参合率达到99.7%；农村养老保险参加人数10437人；人口自然增长率控制在3.5‰以下。各项指标顺利完成。

农业

2016年，犁川镇大力发展养蜂产业，与山西太行明珠生物科技有限公司合作，以山里泉蜂业合作社为依托，结合扶贫攻坚工作，先期以该镇6个贫困村和2个含贫困人口的村整村推进脱贫项目为主，大力发展养蜂产业。在此基础上，不断探索总结经验，随后在全镇推广，逐步形成“一乡一特”产业规模。二是积极推动“两区三基地”建设。有效整合崔河及其周边7个村农业资源，规划形成了崔河中心村“两区三基地”产业发展布局。(两区：崔河—横道头规模养殖区、崔河—杜家河生态观光、采摘、体验综合农业示范区；三基地：崔河、南河—杏树村蚕桑产业基地、崔河—东岭口、新房洼中药材种植基地、崔河—八良掌小米、辣椒种植基地)，目前“两区三基地”建设已全面启动，八良掌村土质肥沃、小米品种优良，八良掌村种植优质小米67公顷，崔河—八良掌小米种植基地初步形成；与山西国晨生物科技有限公司达成协议，流转土地67公顷，打造辣椒种植基地，2016年已试种辣椒品种。

工业

2016年，该镇继续大力工业招商引资，以项目建设聚集人气、提升档次、增加品位，实现了经济提速、群众增收的目标。LNG、CNG加气站项，由山西兰花煤层气有限公司投资4000万元，在天水岭、水城建LNG、CNG加气站，项目占地0.533公顷，项目建设已全部完工，开始试运营；铁南上村LNG加气站项目，与国新天然气利用有限公司合作，投资2000万元，项目已经选址，正在办理前期手续；强基新型建材有限公司、久基砖厂改建项目，按环保要求，共投入100多万元积极改进环保工艺，完善环保设；水城久丰铸造项目，位于犁川镇水城村与新房洼村交界处、207国道旁，总投资1.25亿元。一期工程占地2公顷，投资4500万元，年生产球墨铸铁井盖1万吨，截至2016年年底，一期项目已完工，二期工程正在筹备，该项目建成后年产铸件、铸管6万吨，实现年收益5000万元左右；光伏发电项目，下犁川村30兆瓦光伏发电项目，总投资2.5亿元，年平均发电量3900万千瓦时，现国土、林业手续已办理，正在经发改部门审批；上犁川村50兆瓦光伏电站中心，由中电投山西新能源有限公司投资5亿元，建设50兆瓦光伏电站，正在准备办理手续；崔河50兆瓦荒山光伏电站中心，位于泽州县崔河村，由山西红安浩月能源有限公司投资5亿元，建设50兆瓦光伏电站，县发改局已经批复，国土、林业、水利、安监、建设、旅游、武装部8家单位的前期手续已经全部办理结束。

交通

犁川镇镇区是四面环山的丘陵小盆地，弯多路窄，通行能力差的交通条件严重限制小城镇的发展。为进一步打破小城镇建设瓶颈，经过充分调研，广泛征求群众意见，由市规划院完成设计，镇党委、政府经过近两年的筹划、施工，总投资1500万元的犁川街已经顺利通车。同时，该镇还对整条街道规划了标志标线，安装了防护设施，对街道两侧全程两千米进行了绿化，并安装了50盏太阳能路灯实现了亮化。犁川街开通后现有镇区由4个村扩展为6个村，镇区面积由原来的3.5平方千米扩展为5平方千米；从国道207到犁川的距离也从原来的5千米缩短到1.7千米，极大地改善了该镇的交通发展环境。

卫生

一是采购一辆垃圾车，组建了40人的环卫队伍，形成了环境整治长效机制。二是大力开展河道沟渠整治工作。杜家河村、西沟村、中庄村、下犁川村对杜河、犁川河河道进行清淤治理，加固河岸；三是搞好镇村绿化工作。补种树木2万余株，对全镇所有行政村、部分村庄道路沿线重点绿化；四是搞好道路沿线及关键地带景观带规划建设工作。上犁川村和铁南上村对犁川街沿线的绿化带进行补种，新房洼村购置盆景树，对道路沿线的花池绿化带进行整治，天水岭村新建150米文化墙；五是开展村庄美化亮化工作。对“八村联建”8个村进行村庄亮化提质工程，做好农村人居环境示范片建设，崔河村被评为市级“美丽宜居示范村”；六是农村改厕工作。完成了天水岭村、水城村、横道头村、新房洼村、八良掌村、司街村、马寨村、下铁南村的改厕工作。通过与晋城市奥美林保洁服务有限公司合作，对全镇23个行政村农村环境卫生和镇区环境卫生（包含公路沿线和连村路）实施市场化托管全覆盖。已经完成对接，工作已经全面展开。

旅游

该镇以晋普山为主峰形成高低不平、错落有致的山川盆地，境内有八里坡古官道遗址和保存完好的成庄古村落建筑群，有市级文物保护单位琉璃八角井和玉皇庙，有风光秀丽的晋普山自然林等许多自然景观，旅游资源丰富。该镇十字河幽谷怡园项目，位于横道头村，属于农业旅游项目，项目规划设计已完成，计划投资4600万元。位于上犁川村的八里坡生态农业示范园区，属于农业旅游项目，发展集种植、养殖、观光、采摘于一体的农业生态农庄。总投资2.5亿元。成庄古村落保护开发项目，成庄村2016年已被住房城乡建设部列入第四批中国传统古村落名录。2016年正在进行保护性规划。

人民生活

该镇铁南上村2016年被确定为搬迁村，前期所有手续均已上报县发改局，搬迁新区可研报告已完成，新区规划已经由建设部门组织专家进行评审，2016年正积极与项目建设部门制定房屋分配方案，建成后，依托新建小区集中供暖向镇区延伸，实现镇区集中供暖，人口向镇区集聚；在煤层气全覆盖的基础上，进一步完善和巩固了煤层气配套设施和运营保障，让群众切实感受到了清洁能源带来的便利和实惠，促进了全镇的环境质量改善；马寨村投资10多万元的老年日间照料中心已经竣工，横道头老年日间照料中心已改建完成；从广大群众上学就医、生产生活、文化娱乐等方面的现实需求入手，加大了资金投入和保障力度，完善了全镇农村中小学寄宿制学校、村级卫生所，农村广场建设。

山河镇

概述

山河镇位于县境南部，是2000年12月由追山、土河、衙道三个乡合并而成的，镇政府驻马街村，距晋城市区31千米。该镇东与晋庙铺镇相邻，西与阳城县交界，南接河南省济源、沁阳市，北靠犁川镇、南岭乡。总面积218.05平方千米。2016底，有耕地2258.57公顷，人口23247人。国道207、晋济高速公路穿越境内，纵贯南北。2016年，该镇在县委、县政府的坚强领导下，紧紧围绕县委、县政府“161”发展战略和“双一双五”年度工作重点，坚持“打好生态牌、走出转型路，创建特色镇”的工作思路，着力抓改革、惠民生、保稳定，全年经济社会发展主要目标任务圆满完成，“十三五”实现了良好开局。

经济指标

截至12月底，全镇民营企业增加值完成16210万元，占年度目标16053万元的100.98%；财政总收入完成379万元，占年度目标330万元的114.85%（其中：其中国税完成238万元，占任务的132.22%，地税完成141万元，占任务的94%）；社会固定资产投资完成3.5亿元，占任务3.03亿元的115.5%；粮食总产量完成1420万公斤，占年度目标任务1300万公斤的109.2%；城乡居民人均可支配收入同比增长6.1%；城乡居民社会养老保险保费实行银行代扣，全年完成15666人次，银行代扣8868人次，总金额136.29万元，圆满完成年初下达指标。

产业结构

2016年，山河镇立足山河纯农山区的实际，一手抓粮食生产，一手抓特色种养，农业生产得到稳步推进。全镇小麦总产量达到了763万公斤，单产达326公斤，创历史新高。在特色种植养殖方面，继续实施了万亩小杂粮、万亩核桃树、万亩中药材和万头生态猪养殖“四个万”工程。2016年全镇种植大豆1407公顷，播种玉米268公顷，谷子134公顷。全镇核桃树种植面积达到了603公顷，挂果面积达201公顷，截至2016年底，开展培训班5期，培训人员800余人次，同时大力发展林下经济，汇苑核桃种植专业合作社在2015年试点种植13.4公顷彩色辣椒的基础上，2016年套种彩色辣椒33.5公顷；中药材方面，全镇连翘面积达到603公顷，万枕、洞八岭等村种植桔梗、芍药、防风等中药材33.5公顷。在养殖方面，时时兴万头生猪养殖园区投资200余万元改善生产条件、扩大养殖规模，以此为龙头，全镇涌现出了追山隆德养殖园区、毛街顶盛和养殖专业合作社、道宝河你我他养殖专业合作社等一批养殖园区。东土河、西土河等村与河南双汇集团签署收购合同（饲料和销售统一由双汇集团负责）的小规模散养户达到了40余户。截至2016年年底，全镇出栏生猪9000余头。另外，全镇的晚秋黄梨和中蜂养殖也初具规模，晚秋黄梨的种植面积稳定在134公顷，且有67公顷通过了绿色基地认证；中蜂养殖稳定在3500箱左右，年产土蜂蜜5000公斤以上。

土地确权

该镇在土地确权工作中，重点做了三项工作：一是精心组织，制定方案。根据实际情况制定工作方案，成立农村土地承包经营权确权登记颁证工作领导小组。二是广泛宣传。利用标语、板报、宣传栏、大喇叭广播以及通过召开村两委会、党员会和村民代表会议等方式积极宣传农村土地承包经营权确权登记颁证工作的意义及重要性。三是强化责任。严格按照操作程序，确保公开透明，按照“不反复、不折腾、真办证、办真证”的原则开展工作。农村土地承包经营权确权登记颁证工作正在进行，年底完成75%的村。

招商引资

2016年，山河镇招商引资取得可喜的成绩，一是与河南目的地旅游发展有限公司合作开发山里泉磨滩景区，打造沁河15千米水上乐园，已与该公司签约，项目总投资6亿元，景区总体规划已经完成，沿水步道已开工建设。该项目的建成将成为泽州县乃至晋城市的旅游龙头，带动周边旅游景区的发展，为泽州县的旅游增添新的亮点；二是国新能源山河镇LNG加气站（东凰头）项目和山河镇LNG加气站（衙道）项目，该项目预计总投资0.5亿元，前期手续正在办理中。

重点工程

2016年，华电风电有限公司山河镇400兆瓦风电项目，总投资32亿元，建设地点为山河镇南部山区，由于受猕猴保护区限制，该项目现调整为第三期实施，等待猕猴保护区进行调整；山里泉景区旅游公路建设，计划总投资3.6亿元，已完成路线勘测，建成后将极大地推动山里泉景区的发展，增加游客的接待量；山河镇国道207衙道至省界瓶颈路段改造项目，总投资6.5亿元，长约14.5千米，已进入全面施工阶段；谢氏城堡旅游开发项目，谢氏城堡列入第三批古村落后，积极向上级争取资金，现总体规划已经完成。

全民创业

2016年，该镇充分发挥传统产业优势，积极抢抓发展机遇，点燃民众创业激情。年底，全镇共办各类种养殖专业合作社87余家，注册资本达210余万元，带动就业3210余人。积极鼓励外出务工人员回村创业，带动农民增收。如西土河村务工返乡人员在富庄、白河村核桃树下套种用于提取色素的辣椒20.1公顷，喜获丰收。

人居环境改善

2016年，该镇集中精力打好公路建设攻坚战，完成了罗河、竹林沟两条成边道路建设。在改善人居环境上，按照清除四堆八乱，修缮路面边沟，修整残垣断壁，绿化裸露渣土，补植断档林带，整治广告路牌，规范临街店铺的总体要求，在全镇开展了环境大整治活动，出动车辆300余辆次，其中大型机器16台次，共清理垃圾852吨，修整残垣断壁20余处，绿化6700平方米，粉刷墙壁5万平方米，对环镇路进行了高标准绿化。

脱贫攻坚

2016年，该镇把脱贫攻坚作为民生工程、富民工程、德政工程来抓，作为一项重要政治任务来抓。在全镇严格把握贫困户识别标准，按照“八不进”原则，进行了贫困户的申报、识别、信息采集、结对帮扶等一系列工作。2016年全镇建档立卡贫困户为732户1663人，其中，一般贫困户448户1083人，低保贫困户252户545人，五保贫困户32户35人，切实做到了底数清、问题清、任务清、对策清、责任清。2016年该镇脱贫任务是800人，实际脱贫820人，其中，通过发展生产脱贫措施脱贫607人，通过教育扶贫脱贫措施脱贫80人，通过生态补偿脱贫措施脱贫49人，社会保障兜底84人。2016年该镇确认搬迁户：306户829人，其中：集中搬迁271户730人［金村15户54人；南村146户465人；镇区72户121人；行政村内（万欠）安置38户90人］；分散安置35户99人；同步搬迁33户78人（万欠）。

乡村旅游

始终坚持“农旅一体”发展之路，按照“守土有责、沿边开发、合作共赢”的原则，提出了国道207以东，以仙神河大峡谷为龙头，北联谢氏城堡、大月寺，南接道宝河，组团发展，打造以“古寺、古村、峡谷、奇石”为主的南太行自然风光游；西线以山里泉大景区创建为契机，联合开发窑河、竹林沟、漕河等自然生态景观，积极打造沁河15千米水上乐园的发展思路；以西土河、前李河、西山、堆金洼等村的晋沁抗日县政府旧址、党史教育基地和朱德出太行等红色资源，谋划集红色革命教育和休闲观光旅游于一体的发展之路。全镇已初步建成了月湖泉、道宝河、青龛、竹林沟等乡村休闲旅游景点，发展星级“农家乐”45家，使山河逐渐成为旅游爱好者、徒步登山者、户外运动者旅游观光、休闲度假、吸氧健身的首选之地。

社会事业

在保障和改善民生上，一是按照“保民生、兜底线”的原则，开展低保提标扩面工作和低保复核工作，杜绝“人情保、关系保”，实现了低保工作动态化管理。二是抓好建设类民生工程，完成了53个村的“一事一议”财政奖补项目和1个村“一村一品”上报工作；建成了青龛村和龙门村2个日间照料中心；完成危房改造户12户，已通过验收。三是规范发放各类民生资金，各种政策性补贴、社会保障、扶贫救济、贫困残疾补助、冬季供煤补贴等工作正常开展，均100%打卡发放到户、到人头；新农保、新农合工作圆满完成。在信访稳定和平安建设工作上，该镇每季度召开综治、公安、信访、司法等部门负责人、村综治专干、信息员座谈会，进行维稳工作排查，认真分析形势。2016年信访总量、集体访、重复访虽有所下降，但仍然存在遗留问题、解决难度较大等问题。主要原因是有些问题积蓄时间太长以及群众存在“大闹大解决、小闹闹小解决，不闹不解决”的心理。为此，党委、政府专门制定针对性方案，细化维稳措施，严格落实信访首问负责、领导包案、矛盾纠纷排查等工作制度，通过抓包保、抓督办、抓奖惩，促信访积案化解处理到位，真正做到小事不出村，大事不出镇。同时，加强了矛盾纠纷的化解调处。在排查过程中，一旦发现不稳定因素、矛盾纠纷，就地解决处理，将不稳定因素化解在萌芽状态。2016年，共接待群众来访40余人次，已全部办结，办结率100%。在安全生产工作上，始终坚持把安全生产工作作为各项工作的重中之重。制定了安全生产“一岗双责”实施方案，做好日常安全生产和检查工作，组织开展安全生产大排查和生产安全月宣传工作，对存在的安全隐患予以限期整改，当年，全镇未发生任何安全事故。同时，工会、共青团、妇女、民兵、老龄、残联等事业也得到全面发展。

晋庙铺镇

概述

晋庙铺镇位于泽州县南部，地处太行山巅，距晋城市区25千米。西与山河镇毗邻，北与犁川、大箕镇相邻，东、南与河南省沁阳市、博爱县相接，是山西东南之门户，素有“晋南屏翰”之称。碗周公路纵贯全镇27千米，晋济高速穿境而过，交通便利，“太行第一运输大镇”的美誉享誉华北。全镇国土总面积148平方千米，辖29个行政村、79个自然村。2016年底，有6515户，18472口人。有耕地24645亩。

农业

2016年，全镇粮食生产喜获丰收，总产量完成963万公斤（其中，夏粮总产量达520万公斤，秋粮总产量达443万公斤）。投资800万元完成了东洞水智能提水工程，完成了王汉掌、韩家庄2个村自来水入户改造；积极推进巩固退耕还林、中药材种植项目。全年新种植连翘87.1公顷，全镇连翘种植规模达301.5公顷。狠抓农业园区建设，形成了万家旺、太行田园等龙头，带动作用初步显现。

财税保险

2016年，全镇税收完成144万元，完成率102.86%，其中国税44万元，地税100万元；公共财政预算收入完成76.1万元，完成率100%，其中国税6.1万元，地税70万元；固定资产投资完成3.8亿元，完成率100%；民营企业增加值完成5.28亿元，完成率100%；“新农保”、“新农合”等其他各项指标任务也都圆满完成。

教育

围绕“基础设施建设”，全力改善办学条件。一是主动介入，帮助学校协调关系，争取资金，推动项目建设。先后筹资45.5万元完成了拦幼改造、拦中围墙新建和教师宿舍暖气改造、晋中教学楼楼顶维修、晋小综合楼护栏改造工程和晋庙铺中心幼儿园教学设施设备添加。二是启动了晋幼、天小围墙维修前期工程。2016年中考小考，晋庙铺中学和拦车中学均获中考进步奖，晋庙铺小学荣获小考优秀奖。

劳动就业

该镇积极扶持全民就业创业。一是鼓励新建各种专业合作社发展，鼓励能人返乡创业，鼓励组织适龄青年劳动力输出，多渠道开发就业岗位，完成城镇就业170人。二是完成新型农民培训1000人次，转移农村劳动力270人。三是扶持农家乐发展。2016年，镇党委、政府以聚寿山景区为依托，力促范谷坨村农家乐提档升级，创建星级农家乐，并通过验收。

卫生

2016年，全镇医卫工作上了一个新台阶。基本公共卫生服务方面，一是预防接种工作：一类疫苗接种1078人，二类疫苗接种482人，无接种异常反应发生。二是妇女儿童保健工作：早孕建卡44人，建卡率86.2%，产后访视率97%。0~6岁儿童规范管理497人，管理率95%。三是规范管理高血压、糖尿病1823人，控制满意率比上一年明显提高。四是60岁以上老年人免费体检2270人，体检率88.6%基本医疗方面，全年共接诊门诊急诊患者20915人，住院406人。比2015年同比增长50%、20%.共抢救危重病人100余人次。全年业务比2015年增长35万元。2016年度被评为省级群众满意的乡镇卫生院。

交通

投资160万元完成了碗子城4.7千米戍边路铺设；投资44万元完成了北罗西1.6千米进村道路的窄道加宽工程。

旅游

晋庙铺历史文化底蕴深厚，旅游资源十分丰富。晋城四大景观之一的南有“孔子回车”车辙遗迹，千古流传；“天下九大关之一”的天井关，雄奇险峻，观古见今；堪称世界最小之城的碗子城，别具一格，闻名遐迩；古朴清幽的窑掌大中小月寺、鬼斧神工的化布施天然溶洞等旅游景点，星罗棋布，举不胜举。特别是聚寿山景区，已完成一期工程12个景点主体建设，并对外开放。在壮大文化旅游业上，提出了“文化聚寿山，幽静月院寺，九折茶马道，烽火碗子城，孔子回车处，太行天井关”景点文化名片，组建了聚寿山大景区筹备组，太行陉—聚寿山大景区规划初稿已经完成，5月进行评审。天井关村投资500万元完成了街道修缮和孔子回车保护工程，拦车村投资300万元完成了污水管网改造工程，窑掌村已列入第四批中国传统村落名录。特别是在全县“秋风古韵·畅游泽州”首届文化旅游节中，成功举办了以“灵动聚寿山景，传承国学文化”为主题的国学讲座，开展了以“亲近孔子·弘扬国学”为主题的系列活动，节日期间游客达3万人次，晋庙铺的知名度和美誉度进一步提升。

人民生活

2016年，该镇紧扣“八大工程、二十项行动”，推进产业“带”、政策“推”、党员“联”、股金“补”、民政“保”五大措施，韩家庄、北罗西2个建档立卡贫困村实现了整村脱贫，全镇244户683人已经稳步脱贫，超额完成了县里下达的550人脱贫任务。完成13户困难群众危房改造，新建成1个老年日间照料中心等民生工程。人居环境持续改善，投资230万元持续开展以景区周边、公路干线等为重点的农村环境十项整治。改造户厕200个、新建公厕4个，粉刷墙壁10万平方米，完成了聚寿山景区道路绿化带工程，完成了拦车等11个村的人居环境示范片、美丽宜居示范村联创工作，确保了街巷清、沿线净、周边绿。生态建设力度加大，率先组建了晋庙铺镇环保工作站，建立健全镇村两级环保网格化监管体系。淘汰老旧黄标车39辆，完成宇鸿铸造厂7吨冲天炉改造升级，取缔土小企业2家，让镇域辖区的天更蓝，山更绿，水更清！惠农政策落实到位，确保农村转移支付、粮食直补、粮种补贴、农机具补贴等及时发放到位。新农合参合率始终保持在99%以上，新农保参保率不断增长，农村低保、五保、民政优抚、计生奖扶等均实现了应保尽保、应奖尽奖，服务基层的能力和水平实现了新提升。

大箕镇

概述

大箕镇位于泽州县境南部，距晋城市区15千米。镇境东南与河南省沁阳市和泽州县晋庙铺镇交界，西南与犁川镇、南村镇相邻，西北与南村镇相连，东北与城区钟农庄办事处和泽州县金村镇接壤。全镇总面积131.88平方千米。2016年底，全镇有耕地26520亩，有人口20300人。2016年，镇党委、政府坚持以中共十八大和中共十八届三中、四中、五中、六中全会精神为指导，紧紧围绕全县“双一双五”发展战略，认真实施本镇“1261”总体工作思路，全镇经济和社会各项事业实现稳步发展。

综合经济

2016年，民营企业增加值达53105万元，完成计划指标；财政收入达288万元，比计划增长44%。一般预算收入完成76.2万元，比计划增长18.73%；固定资产投资完成3.32亿元，比计划增长16.6%；粮食产量完成1200万公斤，比计划增长0.4%；计划生育长效措施落实率达85%；新型农村合作医疗参合率达99%；农村社会养老保险参保率达100%。

农业

2016年，以佳宇、宏宇、宏惠合金等为主的22家地面工业企业和以绿丰禾、绿丰园、晋盛园合作社为主的58家农业企业在经济下行压力不断加大、环保要求不断提高的情况下，经营销售稳中有进，保持了良好的安全生产形势，未发生大的安全责任事故。

工业

安全工作事关经济社会发展，事关全镇大局稳定，为了确保全镇工农业生产安全稳定，该镇高度重视安全生产工作，对已有的相关安全制度进行修订完善，镇村两级严格落实安全生产责任制，严格落实主体责任和监管责任，严格按制度办事；认真开展隐患排查，杜绝事故发生，各村各企业对可能存在的安全隐患定期进行排查，尽最大可能消除事故隐患；深刻汲取各类事故教训，切实下功夫整改。对发现的问题，明确责任和整改时限，及时予以整改。

乡村旅游

按照全县全域旅游总体规划，大箕镇充分利用和发挥临城近郊优势、地理位置优势、交通便利优势和旅游资源丰富等优势，启动了全域旅游规划编制，积极挖掘整合“松林积雪”、王泰来故居、小寨天主教堂、老翁山圣翁寺、五松顶天然氧吧、牛皋寨、仙人洞等旅游景点，先后出版了由作家葛水平作序的《印象大箕》宣传画册，举办了“诗意山水·人文大箕”摄影采风和文学采风等活动，制作了“诗意山水·人文大箕”宣传画册和影视资料，参加了省电视台“谁不说俺泽州好”魅力乡镇电视竞演活动，通过广播电视、微博微信等现代传媒技术，加大对发展全域旅游的宣传力度和招商引资力度，把大箕的旅游景点、人文地理、历史传说等推向市场，动员社会力量和民间资本，多管齐下发展全域旅游，秋木洼、南沟被成功评为中国传统古村落，老翁山正在积极申报升级自然名胜风景区，孔庄、东坡、两谷坨等村的农家乐旅游业不断发展壮大，全镇上下形成了发展全域旅游的浓厚氛围。

脱贫攻坚

为了认真落实脱贫攻坚责任，切实抓好抓实脱贫攻坚工程，该镇从打基础、利长远、惠民生入手，不断加大扶贫攻坚力度，主要领导带头包村包户，成立了全镇脱贫攻坚领导组，针对各村和贫困户、贫困人口特别是空巢老人的具体情况，采取了一系列扶贫措施：一是干部驻村精准帮扶，镇机关和镇直单位128名干部职工实行了包村包户扶贫责任制，230余名村两委干部实行了联户扶贫责任制，镇村两级分别建立了扶贫台账，制定出台了扶贫年度计划和两年规划，下发了扶贫手册，机关干部和村级两委主干坚持每周深入贫困户家中了解生产生活情况，及时帮助解决实际问题和困难，做到了帮扶责任人和扶贫对象、帮扶政策与扶贫对象有效对接。二是落实教育政策帮扶，大力宣传和实施雨露计划，为后圪套贫困大学生孔新安发放助学金5000元；其他涉及中专、职高、技校的雨露计划申报工作正在有序进行(全镇约有16名贫困生子女符合条件)。三是落实民政政策帮扶，为低保、“五保”、贫困残疾人口等共发放低保及补助补贴资金246.18万元。四是落实卫生政策帮扶，认真开展健康扶贫“六个一”活动，全镇已成立签约团队22个，签约人数达56户114人，建立健康档案114人，并逐月进行疾病筛查。2016年，全镇合作医疗报销补贴款已达620余万元，有效杜绝了因病返贫现象。五是落实农业、林业政策帮扶，下发粮食直补款260余万元，小麦保险赔偿款2万余元。对9个涉及有公益林村的贫困户共发放43人，3976.6元。六是积极推进户用光伏扶贫工程帮扶，带头在全县开展户用光伏扶贫试点工程，目前，秋木洼、岗河、坡头、泉头、冶头、江匠、南峪七个村的户用光伏发电安装工程已经基本完成。七是因地制宜发展产业帮扶，依托秋木山庄商贸有限公司，将全镇贫困户、留守老人纳入会员，采取“政府＋公司＋农户＋互联网”模式，努力做大做强做实以散养土鸡为主的产业扶贫项目，为发展产业扶贫进行了积极的尝试和有益的探索。干司村、马苇村计划借鉴司徒小镇模式，整合土地资源，发展休闲采摘农业；孔庄、两谷坨等村先后发展农家乐旅游业30余家，每家年收入近10万元。全镇脱贫攻坚工作初见成效。

交通

针对全镇部分乡村公路等级低、路面窄、安全隐患大，缺少必要的安全防护、排水等设施的实际情况，该镇紧密结合实际，及时制定方案，决定利用3~5年时间，逐步完成乡村公路的提质完善工程。2016年，投资400万元、长10.7千米的贾寨—坂头乡村道路和投资200万元、长5.6千米的两谷坨—部疙塔戍边道路提质完善主体工程全面完成，在大大改善山区群众的出行条件同时，也为助推脱贫攻坚、发展全域旅游业奠定了坚实基础。

生态环境

在生态改善工程中，以207国道、江左路、西大路、金河路沿线村庄为重点，以点带线，以线促面，狠抓人居环境改善工作。2016年，镇村两级进一步完善了环境卫生管理长效机制，规范了公路主干道两旁商铺秩序，拆除了乱搭乱建，清理了乱堆乱放、乱贴乱挂，清除路边杂草、白色垃圾，取缔了国道207沿线可视范围内的垃圾池、垃圾场，公路沿线保洁人员在24名的基础上又新增了12名，环卫力量得到进一步增强；完成大箕河、白水河、申匠河等镇村主河道清淤1.5万余方；抓新能源建设：坡头欣阳光伏发电项目已完成地下电缆铺设和地桩安装工程，正在筹备输电线路架设和太阳板安装工程；大箕煤层气入户工程已完成大箕气站建设和输气主管道安装工程，正在实施新建小区入户管道安装工程；应广大群众要求，高标准完成了五指山休闲生态公园的规划设计，并完成了公园内水电路以及广场、管理房的土建工程，在强化镇区功能、提升镇区品位、改善生态环境、促进中心城镇经济社会发展上迈出了坚实一步。

组织建设

按照县委的战略部署，以“两学一做”学习教育和“一带三创五化”活动为契机，认真实施镇党委在全镇推出的“党员民主日”活动暨“集结号”行动：各支部每月27日前后，用一天时间组织党员学习党的有关知识和各级会议精神、总结汇报当月和安排下月工作、通报本月财务收支情况和有关重点工作重点项目进展情况、通报当月党务村务有关工作、组织开展“比幸福、晒家风”活动、组织开展村级矛盾化解工作和义务劳动做好事等主题实践活动。同时，通过全镇“领头雁”大微信群和各村的“主阵地”“党旗飘飘”等43个小微信群，与村级组织和党员干部形成了良性互动，在加强基层组织建设的同时，有效地促进了各项工作的开展。

南村镇

概述

南村镇位于晋城市区西南7.5千米处，东与晋城市城区钟家庄办事处接壤，西与李寨乡、川底乡为邻，北靠市区和城区西上庄办事处，南临大箕、犁川、南岭三个乡镇。207国道纵穿南北，晋阳高速横贯东西。该镇总面积88.25平方千米，全镇38个行政村，51个自然村。2016年年底，有耕地24868亩，居民18234户，共42855人。

综合经济

2016年，全镇财政总收入完成10338万元，占全年计划8952万元的115.48%。其中：国税完成5733万元，占年计划的131.73%；地税完成4605万元，占年计划的100.11%；公共财政预算收入完成3202.7万元，占年计划3019万元的106.08%。固定资产投资完成18.69亿元，占全年计划18.56亿元的100.7%。其他招商引资完成率、“新农合”参合率、“农保”参保率均圆满完成序时指标，综合实力保持了稳步提升的良好态势。

重点工程

2016年，南村铸造园区一期建设工程奠基开工，7月底达到入驻条件；迎宾北路新铺路面8000平方米，年底全线建成通车；赵树理街新增投资300余万元，于2015年10月底全线已通车；天巨重工、科通衡器和景柏制衣二期项目建设进展顺利；投资5亿元的晶耀新能源20兆瓦光伏发电项目已在发改委备案，当年进行开工建设。

农业生产

2016年，南村镇继续重视农业发展，逐步推进畜禽养殖基地建设，以不断巩固农业的基础地位。立足城郊现代农业，服务城市所需，以北东牧植鑫蔬菜大棚和东常村东鑫旺肉牛养殖为龙头，建设高效农业示范区，为全镇发展规模化、现代化农业奠定良好的基础。全镇各种农业专业合作社达68家，为提高种植、养殖业专业化程度奠定了基础。立足区位优势和交通优势，以牛匠为中心发展物流业和货物仓储中心，全镇的三产服务业得到长足发展，进一步繁荣活跃了村镇消费市场，增加了群众收入。

新型城镇化

惠民工程项目持续推进。杨洼社区城市棚户区改造一期已基本完成，总建筑面积达到24万平方米，二期166套花园洋房已全部完工，近期交付使用。牛匠城中村改造工作进展顺利，回迁区二期项目已完成物探和地质勘探，建设前期工作已准备完毕。裴疙塔村城中村改造项目一期工程已基本完工，新建6栋住宅楼，建筑总面积达18万平方米。水墨福居住宅小区主体已经完工，正在进行内部装修；西峪、浪井、北东约8万平方米的回迁住宅小区都已完成了主体工程。小城镇配套设施建设方面，按照水、电、暖、气、路“五统一”的原则，全镇集中供暖面积达55万平方米，集中供气户数达5100户；新建的镇文化站和便民服务大厅已投入使用，极大地丰富了群众业余文化生活、方便了群众办事；为了方便群众出行，在县政府的支持下，镇政府与县交通居积极协调，在孔匠、张庄、北西、峪口、尚峪、六六井、东常村、西常村、余口等村开通村镇公交线路，2016年12月通车。

人居环境

该镇以农村基础设施建设为重点，以环境综合治理为突破，有效改善了该镇人居生活环境。2016年，镇村两级总投资1500余万元对镇区和35个行政村进行了环境卫生综合整治。其中，修建景观墙150米，粉刷墙壁3000平方米，硬化路面2.5万平方米，改厕550个，新建垃圾池3个，清理四堆八乱30余处，购买文体设施9套，投资100余万元，植树5万余株，生态城镇化建设进一步巩固。2016年，全镇各村及镇区建起了330余人的环卫队伍，荣获市爱卫会颁发的“巩固发展国家卫生城市先进镇”荣誉称号。

五项活动

2016年，镇党委、政府继续对县委提出的开展“五项活动”高度重视，精心组织，通过加强组织领导、细化实施方案、抓好组织实施等措施，确保活动扎实有序开展，取得了实效。一是加强组织领导。镇党委成立了活动领导小组，由许云发书记担任组长，负责整个活动的组织实施，同时成立了活动小组办公室，负责活动的日常工作。各村（社区）也成立了相应的组织机构，制定了方案措施，推动活动开展起来。二是强化宣传引导。各单位、村（社区）通过深入开展宣传发动工作，动员全体党员干部，积极投身到“五项活动”中，通过网络、电子显示屏、墙报、条幅等形式的大力宣传，营造出“五项活动”开展的浓厚氛围。三是加强督促检查。对于“五项活动”的开展，镇党委派出督察组开展督察指导，将活动成效体现在了党员、干部作风转变、抓好各项工作的落实上，体现在为民办实事上。

金村镇

概述

金村镇位于城郊接合部，交通便利、区位优越，是晋城市新一轮“六区联动、组团发展”总体规划中的金村新区、高铁新区、空港新区建设的主战场，是现代物流集聚区、科技文化特色区、低碳发展示范区、城乡一体先行区。全镇总面积212.29平方千米，辖72个行政村，地理位置独特、旅游资源丰富、交通区位优越、城市功能凸显。2015年，被确定为首批国家建制镇示范试点乡镇。2016年是金村发展面临较大困难和严峻挑战的一年。面对错综复杂的宏观经济和严峻的经济形势，面对工程多、项目多、矛盾多的不利因素，在县委、县政府的正确领导下，镇党委、政府团结带领全镇人民合力攻坚，立“赶超”之志，兴“务实”之风，行“跨越”之为，圆满完成了全年各项目标任务。2016年，该镇财政总收入完成8778万元，占计划的123.18%，位居全县17个乡镇第二名；公共财政预算收入完成3495.5

万元，占计划的107.06%；固定资产投资完成35.52亿元，占计划的100.5%；民营企业增加值完成8.376亿元，占计划的100%，同比增长1.6%；民营企业总产值完成8.6亿元，民营企业总收入完成20.9232亿元，占计划的100%，同比增长1%；招商引资项目签约资金完成50亿元，占计划的100%；招商引资到位资金16亿元，占计划的100%；招商引资项目落地15亿元，占计划的100%。

产业发展

产业发展是城镇化建设和全面小康社会建设的基础。结合金村实际，2016年重点抓了现代物流业、生态旅游业和城郊特色农业的发展壮大。一是现代物流业。城东物流园区修建性详规编制和土地收储工作已完成。龙化路通车使用，西岭街加快建设。晋城海关验收挂牌正式运营。中国青年城项目一期40万立方米的土方清运及场地平整已完工，正在进行采空区治理。月星一期运行正常，已发展成为全市最大的家居建材市场。锦绣鑫源仓储物流园项目已形成物流仓储多功能一体化创业园区，二期电商物流项目开工建设。新中原汽车美容城等项目运营正常。兰花国际物流园二期启动建设。二是城郊特色农业。按照丹河西部现代农业园区、水东山区小杂粮种植区、铺头特色种植养殖区的发展规划，重点支持益丰园、丰青园、金园合作社等一批特色农业园区和项目发展壮大。总投资1.6亿元的益丰园，已累计完成投资1亿元，已完成园区土建工程和部分果树种植，引进种猪猪苗500头，鱼塘及柴火农家乐开始营业。丰青源在发展农业的基础上，又引进了汽车影视城项目。金园合作社、丰青源采摘园全面开始营业，国韵农业生态园、融田绿洲农业公司、老乡村农业公司正在建设中。以郭背村为主的香椿特色经济，种植面积已达到500亩，并注册了商标，实施了农产品地理标识认证，规范了包装设计，使香椿生产逐步走上了规范化道路，成为远近闻名的“香椿村”，2016年“五一”，成功举办了郭背香椿采摘节，受到了好评。养殖业方面，该镇生猪存栏达44500头，禽存栏达230200羽，羊存栏达27570只，肉总产达5910吨，蛋总产达2810吨。同时，该镇不断加大农技服务和农民培训力度，推广了秸秆还田、机械深松作业等五项农业生产技术，采取科技下乡、技术讲座、现场指导等形式，不断提高农民的就业技能，充分调动了农民种地的积极性。一年来，共培训农民9000人次，劳动力转移416人，城镇新增就业人数349人。全镇一村一品村达28个，各类合作社达123个，共流转土地536公顷，大大增加了农民收入。三是生态旅游业。丹河湿地公园一期如期开园，成功举办了“太行神韵、山水金村”第五届乡村摄影节暨丹河湿地公园油菜花文化旅游节。通过配合县委、县政府、县宣传部、县总工会等单位举办“中国梦、劳动美、建功‘十三五’”泽州县庆“五一”职工大型歌咏比赛、花海山地自行车赛和郭背香椿采摘节、中国泽州2016年“秋风古韵、畅游泽州”首届文化旅游节和第十六届中秋赏月等多项活动，极大宣传提升了该镇丹河生态旅游带的知名度和吸引力。水西村“环丹山庄”乡村旅游景区项目加快实施，成功举办了首届善文化研究活动艺术节；丰宝禄采摘园、石青休闲庄园等观光休闲园区规模的不断壮大，起到了很好的示范带动效应。总长3.6千米，投资374万元的龙门—东村（女娲窟）旅游公路全面建成通车。投资377万元的围滩—三姑泉旅游公路4千米路面铺设工作已完工。全镇新增旅游农家乐33家，其中有17家完成星级农家乐上档提质工作。“吃在金村、住在金村、乐在金村”的新格局正在逐步建立。四是大力发展民营经济。2016年，新上创业项目40余个，总投资达1.45亿元，全部建成后，可解决就业600余人。山西融城佳合墙体科技有限公司新型轻质隔墙板、宏利来建材厂、金旗汽车服务有限公司、德奥汽修维护等36个项目已建成投产运营，泽州县鑫韵卉农牧专业合作社养羊场建设项目等4个项目正在建设中。

城镇建设

服务金村新区建设方面。总投资约2.3亿元的丹河龙门湿地公园一期工程已经完工，实现了2016年“五一”正式开园；投资1.96亿元的丹河西路已竣工通车；投资200余万元，总长220米的碧水街已全部完工；学苑街已完成可研报告，初步设计已批复，正在进行工程勘察和办理土地预审手续；太岳街东段已完成项目建议书批复，可研报告报批已完成，2016年正在对采空区治理进行施工设计。投资约1.4亿元、长1118米的金村大道南段延伸工程，红线宽60米，租地11.725公顷，已完成可研报告的批复；投资500多万元的府城街、金村大道绿化工程已全部完工。太岳街、207国道改线、西岭街加快建设；县政府驻地变更上报国务院待批，太焦高铁开工建设，柳泉通用机场通过核准。金村镇将迈入高铁时代，经济发展空间进一步拉大。中心镇区建设方面，投资1200万元的金村中心幼儿园，投资162万元的金村小学综合楼主体工程已基本完工；总投资700余万元的镇东陕垃圾填埋场已完工，正在进行整体工程验收，计划年底投入使用；投资6000多万元的污水处理厂项目建议书已上报，正在做建设的前期准备工作，可研已做，环评、勘探、节能物探工作正在进行，厂区勘探、管网沿线勘探已基本结束；投资344余万元的金福苑公园已投入使用；投资660余万元的铺头至寨则等3条乡村公路、铺头至红岭路面改造工程已竣工，并投入使用；镇区集中供水工程，金村镇人民政府与泽州县水务局组建了泽州县金村源森供排水有限公司，投资1500万元，实施金村镇水务一体化暨标准化水厂项目建设，主要解决兰花物流园区、沃尔玛、月星广场等企业和金村镇28个村，约7.9万人的饮水安全问题，并同郭壁供水管理处签订了供水协议，已从郭壁供水工程柳泉分水口铺设直径800毫米供水主管4.2千米，供水支管11千米，供水能力达到1.5万立方米/天。2016年龙化水厂也完成了选址，即将开始建设，赵庄水厂至青山街输水管道工程已完成了招标工作。铺头和上辛安幼儿园，相关手续已办理完毕，地基已开挖，正在准备进行工程招标。中心村建设方面。东六庄村、孟匠村等24个村已建成113栋居民住宅楼，约40万平方米。水西村2栋、水东村2栋住宅楼工程正在办理前期手续；柳泉村3栋住宅楼工程，前期手续已办完，正在做地基工作；赵庄村6栋、崔庄2栋住宅楼工程正在实施中。城中村改造方面。枣园、大岭头、小刘家川等村的城中村改造项目已全面铺开。其中：枣园村已完成土地证、建设用地规划许可证、建设工程规划许可证、发包许可证等，剩余手续正在完善中。回迁安置楼已于2016年4月开工，规划建设6栋住宅和商用楼，总面积约11万平方米，回迁安置600户，其中三栋住宅楼预计2018年年底竣工。南洋花城一期小区于2014年12月开工建设，共建7栋住宅楼，建筑面积129500平方米，共有1125户，其中配备省政府要求廉住房6336平方米，共132，项目已封顶，正在进行装修工程，预计2017年3月交付使用。大岭头村已完成投资9000万元，回迁安置计划共建4栋住宅楼，4号、5号住宅楼基础工程已完成，2号、3号回迁安置住宅楼准备开工建设。小刘家川村修建性详细规划编制经专家评审通过，并通过市规划局批准；《项目申请报告》编制完成，准备报发改部门核准；回迁安置房项目2016年年底已经办理选址意见书；回迁安置房项目供地前准备工作已经完成，准备供地。下一步，缴清供地所需各项费用，完成供地审批，11月完成；《项目申请报告》报发改部门核准，11月完成；编制项目环评报告并经环保部门评审通过，11月完成；编制项目节能评估报告并经发改部门评审通过，11月完成；委托设计单位编制项目修建性规划与设计方案，12月完成，并报规划部门评审并批准，2017年1月完成；项目场地物探与岩土勘察，12月前完成。龙化村手续已基本办好，64套供60以上老人居住的过渡安置房也基本完工，局部拆迁工作正在进行。湛家村于2016年7月15日结束用地规模批复核准，8月报市规划设计院进行该项目的详细规划，详规、修规、物探、勘测定界、地质评估已完成，下步准备进行拆迁工作。黄头村该项目已经县委、县政府批准实施，一期108亩土地置换手续已办理，正在办理建设的前期手续和准备工作。

环境整治

通过公开招标方式引入晋城市奥美林保洁服务有限公司进行社会化保洁服务，对中心城镇范围22个行政村和金部路、金铺路、环镇路、龙化路试点了标准化卫生清扫保洁、垃圾清运作业。成立了镇村建设管理站，组件了镇村建设管理队，进行日常巡逻和监管，接受群众举报，为镇村建设有序进行提供了保障。开展了改善环境质量“百日攻坚战”，主要针对工业企业事项、土小企业取缔、劣质燃煤锅炉、群众举报污染事项、政府集中办理事项等41项进行了整治，取得了较好的效果。

民生事业

惠民实事件件有落实。通过政策扶持、党员干部帮扶结对等方式对全镇22个村81户154人进行精准扶贫；投资1000万元的金村中心幼儿园主体工程和投资162万元的金村小学综合楼主体工程基本完工，铺头、上辛安幼儿园正在施工招投标；投资374万元的龙门至东村旅游公路已完工，投资430万元的三姑泉至青天河旅游公路正在建设中；投资700万元的镇东陕生活垃圾填埋场年底投入使用；总投资3000万元的金村万方污水处理厂正在做开工建设得前期准备工作；完成72个村的卫生村创建，农村改厕600个；建设干果经济林23.115公顷，新碳林420亩；煤气入户800户，2016年年底已入户500余户，背阴村300余户2016年年底正在实施；农村危房改造12户；培训新型职业农民600人，新增就业岗位340人，劳动力转移输出400人。农村饮水工程圆满完成。投资26万元解决了寨则村100余户400多人的农村饮水安全工程，与县水务局联合成立镇源森供排水服务有限公司，建设龙化、赵庄2个水厂，实现对城东物流园区和金村新区的集中连片供水。2016年年底工程正在实施中。文化事业有了新进步。2016年，该镇努力推动农村文化大发展、大繁荣。积极组织队伍参加了县文体局举办的农民运动会，县宣传部组织的歌咏比赛；在县文体局支持下，为该镇铺头一些村配备了篮球架，为其他村配备了体育健身器材达60多套。全镇医疗救助政策、公共卫生服务项目进一步完善。对全镇600名儿童、1200名老人进行了中医药健康管理；规范管理11000名高血压患者、782名糖尿病患者；规范管理了4019名老年人、260名孕妇、770名儿童；为全镇236名贫困精神病患者提供了免费服务，完成国家彩票公益金救助贫困精神病患者132人；对全镇6000名60岁以上老人全部进行了免费体检；实现了全镇居民健康档案全覆盖；协助卫生监督机构对72个村集中供水进行巡查，对22个公共场所和72家医疗卫生机构进行检查；对23所学校、5个个体诊所、3个放射卫生医疗机构进行了巡查。认真落实各项惠农政策。配合县农业局和财政局，完成了全镇10188户，102723.92亩粮食直补兑现工作，补贴金额8021334.53元；为620户797人，发放低保金527964余元；为70户71人“五保户”，发放五保金195850元(其中：集中供养24人，分散供养47人)；为343名对象，发放优抚金715666元；为全镇16196户农户发放供煤补贴3725080元；完成城镇基本医疗保险800人，新型农村合作医疗和城乡居民社会养老保险全覆盖。计生家庭奖扶兑现率达100%，孕前健康检查率达100%。

安全生产

2016年，按照“党政同责、一岗双责、齐抓共管”的原则严格落实各级安全生产责任制，进一步明确细化了各有关单位安全生产监管职责。召开全镇安全生产大会，先后开展了“两节”期间大检查、春季大检查、大排查大整治专项行动、安全月大检查、打非治违专项行动、“十一”黄金周大检查、冬季安全大检查等集中检查，做到了全镇安全生产形势平稳推进，未发生安全生产事故。在护林防火方面。针对工作点多、面宽、工作量大的实际，强化组织领导，制定了全镇森林防火预案；与各村、农户及全镇护林员签订队火责任状；印发张贴封山禁火令1000份、宣传标语120条；防火期间每天组织120人值班巡逻，24小时领导带班，每天进行零报告；严格配备器具，灭火机15台，灭火弹500发，油锯2台，对讲机10台，灭火轮15支，二号工具500把，铁锹200把，斧头100把。由于措施得力，确保全镇平平安安。

组织建设

(一) 深入开展“两学一做”学习教育，全面推进基层基础建设再上新台阶。“两学一做”学习教育是继党的群众路线教育实践活动、“三严三实”专题教育之后，深化党内教育的又一次重要实践，是推动党内教育从“关键少数”向广大党员拓展、从集中性教育向经常性教育延伸的重要举措。一是坚持学字当头，通过学习打牢学习基础，增强学习自觉，强化理论武装。二是坚持以知促行，切实做“四讲四有”合格党员。三是坚持边学边改，切实解决重点问题。四是坚持制度治党，切实规范党内生活。严格坚持民主集中制、“三会一课”、组织生活会、民主评议党员等制度，通过“两学一做”学习教育，真正使党员日常教育管理制度规范起来、执行到位，使党内政治生活更加健全、更加健康。五是坚持履职尽责，切实发挥先锋模范作用。通过开展“我是党员我带头”主题实践活动，教育引导党员在任何岗位、任何地方、任何时候、任何情况下都铭记党员身份，积极为党工作，履职尽责勇挑重担，立足岗位做出贡献，带头争先创造佳绩。六是8月初，结合“两学一做”学习教育，与市联通公司合作开通了金村镇党员干部教育信息平台。短信工作平台开通后，镇党委可以将党的理论知识、方针政策等以短信的形式及时发送给全镇1900名党员干部，在进一步加强党员干部日常性党性教育的同时，有效促进了将镇党委、政府的工作意图变为全镇党员干部的自觉行动。(二) 打好“三个硬仗”，提升党建工作活力。一是打好抓党建夯实基层基础硬仗。就是突出问题导向，针对基层党建工作中存在的矛盾和问题，抓整改、补短板，夯实基层基础。建立健全村两委成员联席会议制度、村委会向村党组织报告工作制度、村“四议两公开”议事规则、村党支部和村委会职权规范、村务监督委员会等制度。进一步规范民主决策、民主管理、民主监督程序，完善议事协商等制度。7月，还开展了近1个月时间的村级组织规范化运行集中调研，通过深入基层走访、设计和发放调查问卷，找准了基层组织运行中需要着力解决的12项突出问题。如对于发现的村级组织会议记录不规范的问题，镇党委及时制定下发了《关于规范村级组织会议记录的通知》，以“两严格、两规范”十余项具体要求对村级组织会议记录进行规范。如对于土地补偿款研究分配不规范引发矛盾高发的问题，镇党委组织课题组与县法院民事庭联合开展了案例分析，调查研究，形成了指导性意见，已在武庄村太岳街、畅安路的补偿款分配方案制定实施中发挥了重要作用。8月初，该镇还制定了《金村镇村级组织规划化运行督导方案》，抽调机关工作经验丰富的老同志成立了督导组，重点对村级组织不规范行为进行督导，发现问题，交办整改，强化工作措施，夯实村级组织各项工作基础。二是打好抓党建推动发展稳定硬仗。就是要把党建工作紧密地同科学谋划发展结合起来，把党建工作同解决群众最关心、社会最关注的问题结合起来，进一步理清加强基层组织建设的思路和措施，以大力实施党建“引领力工程”助推工作全局。特别要通过层层落实责任，层层施加压力，促进全镇党员干部作风转变，强化纪律规矩意识，树立良好形象，不断提高想干事、干成事、干大事的境界，在全镇上下大力营造敢于担当、崇尚实干、一抓到底的好风气，以坚定的信心抓重点、攻难点，以项目为抓手增投资、搞建设，强力推进该镇新型城镇化打造、育新产业发展和美丽乡村建设。三是打好抓党建打赢脱贫攻坚硬仗。就要围绕脱贫攻坚主题，按照“融入扶贫抓党建、抓好党建促扶贫”思路，通过强化组织、阵地、队伍建设，增强基层党组织整体功能，推行“经济合作组织＋支部＋农户”模式，建立一批党员创业致富示范基地，选树一批党员精准带富标兵，带领贫困户脱贫致富，并实施了镇机关党员干部同贫困户一对一结对帮扶，强力推进扶贫攻坚任务落到实处，为全面打赢脱贫攻坚战提供坚强组织保证。(三)严格管理，打造一支敢打硬仗、敢碰矛盾、敢想敢干、敢于担当的基层党员干部队伍。该镇根据金村稳定发展新形势、新任务的要求，及时完善了镇机关各项管理制度，狠抓镇机关作风建设。机关全体人员每日两次集中例会，每天上午八点机关准时召开晨例会，分管领导对相应工作进行安排，主要领导每天亲自参会并做重点工作强调点评，晨会后各工作片再分别开会细化安排落实；每天下午六时召开晚例会，对全天工作进行总结反馈。机关干部对每天的工作都在工作日志中做详细记录，逐一认真落实，对完成情况进行总结和回头看。加强农村党员干部教育管理，健全完善党员干部学习培训制度，充分利用“三会一课”、党员干部现代远程教育等不断拓展学习渠道、丰富学习内容，邀请市委党校教授、部门领导、行业专家分三批开展干部队伍岗位职责、党务知识、致富技能等教育培训，提升村两委班子成员及广大党员的综合素质。(四)营造弊革风清的社会环境。一是不断完善体制机制，狠抓党风廉政建设责任制的落实。认真实行党委书记负总责，班子成员分工负责制。5月，镇党委坚持每月召开一次落实党风廉政主体责任专题会议，多措并举推进党风廉政建设各项工作。镇两委班子成员率先垂范，抓好“一岗双责”，带头转变作风，树立廉洁自律、勤勉担当的良好形象。将纪律作风建设同重点项目推进、为民实事落实、扶贫攻坚、农村矛盾化解等工作相结合，在全镇形成了风清气正保稳定、促发展的良好氛围。二是加大整顿软弱涣散支部和抓实基层党建力度。乡镇换届后，该镇将从严治党主体责任压实到村，及时对背阴、霍秀、杆棚底、赵庄、岳匠、东洼、东属、武庄、浮山街9个村的支部书记进行了调整，其中给予党纪处分5人，另有1人因主体责任不落实、服务重点工程工作不力被给予免职组织处理。三是深入贯彻落实中央“八项规定”，进一步完善了学习、请销假和公车管理等一系列制度。每周一、四组织机关集体学习，保证在行动上与中央、省市县保持一致。严格规范车辆管理，进一步改进了文风、会风，不搞形式主义。不断健全村务监督委员会组织，全方位推进“廉洁乡村、制度乡村”建设，认真实施“4+2”工作法，严格农村财经纪律。着力营造弊革风清、公正公平的良好社会氛围。四是认真落实发展第一要务，紧紧抓住城市东扩、金村新区、高铁新区、空港新区、城东物流园区建设的发展机遇，提出把新型城镇化建设作为全镇工作的主线，化镇为城，大力实施“融城战略”，打造现代物流集聚区、科技文化特色区、低碳发展示范区、城乡一体先行区。在产业发展上同步推进商贸物流、新兴产业、城郊现代农业和丹河生态旅游带建设。根据重点工程建设的要求，先后派驻了枣园工作组、东属工作组、背阴工作组、武庄工作组，全力协调，化解矛盾，确保了太岳街、畅安路、国道207改线、市驾考中心等重点工程顺利推进。全力打造“山水金村、女娲故里”文化旅游品牌，成功举办了第五届泽州乡村摄影展暨丹河龙门湿地公园油菜花文化旅游节等活动，实现了美丽乡村创建和城乡一体化发展的良好开局。

柳树口镇

概述

柳树口镇位于泽州县东南部山区，素有“晋城东大门之称”。是2000年年底撤并乡镇时，原柳树口乡和东下村乡合并而成的。其东、南与河南省交界，北与陵川县相连，西和高都镇、金村镇毗邻。全镇总面积346平方千米，辖38个行政村，128个自然村，总人口1.5万。2016年全镇耕地面积2081.087公顷，林业用地面积2.814万公顷，系泽州县的林业大镇，同时也是典型的山区农业乡镇。2016年全镇粮食总产量达1416.9万公斤，民营企业增加值完成8600万元；财政总收入完成95万元，其中国税15万元，地税80万元。新型农村养老保险覆盖率达100%，参保9374人；新型农村合作医疗保险参合率达99%，参保13029人；计划生育率达97%，各项经济指标均实现预期目标。

产业调整

2016年，该镇始终立足镇情、因地制宜，加大产业结构调整力度，力求在农业发展上突出规模化、特色化，全镇培育了南渠中药材种植、张八苹果、北岭核桃、水果经济林等特色基地；发展种粮大户2家，合作社10家，其中省级示范合作社1家、市级示范社9家，推荐“一村一品”项目村5个，其中省级3个、市级2个。以张八村为主的优质苹果种植达到93.8公顷，以南渠村为主的中药材种植面积达到335公顷，全镇优质核桃种植面积达到469公顷。此外全镇规模养羊、养猪、养鸡、养蜂也得到了较好的发展，全镇共有200只规模养羊户1户，3000羽养鸡户2户，2016年全镇猪存栏13300头，出栏23000头，牛存栏3100头，出栏1500头，羊存栏29000只，出栏16600只，鸡存栏77000羽，出栏46000羽，兔存栏3450只，出栏1840只，蜂319箱。

交通　邮电

2016年，有县乡（镇）级公路3条，总长74.4千米。年末有邮政网点2个。

教育

2016年全镇有幼儿园1所，在园幼儿35人；小学1所，在校生120人；中学1所，在校生110人。现有教职工120人。其中柳树口中学在2016年的中考中，考入晋城市第一中学和泽州县第一中学10人，其中泽州县第一中学统招生4人。

文化

2016年，柳树口镇有镇综合文化站1个，公共图书阅览室38个，各村都修建了公共文化活动场所并配备了各类体育器材。

卫生

柳树口镇现有卫生院2所，村级卫生所38个，其中柳树口中心卫生院现有医务人员15人，其中主治医师3人，医师7人，医技师3人；东下村卫生院现有医务人员13人，主治医师2人，执业医师及执业助理医师6人，执业护士3人。

旅游

2016年，全力实施“12258”工程，具体为：一山二河二村五景八处。即通过玛琅山生态旅游区带动作用，积极推进柳夺路沿线村庄基础设施改善；通过东大河、白洋泉河的良好水质，带动周边村庄特色农家乐发展；通过北石瓮村、圪针掌村两个国家级旅游扶贫村，带动休闲旅游、休闲采摘发展；通过对祈福寺、双林寺、圣王庙、汤帝庙、紫金山大云院的保护性开发，打造“古村古庙”发展模式；通过对合聚庄园、龙亚宇山庄、神达山庄、高老庄鱼庄、白铁河农庄、娲皇文化创意园、张八苹果园、里河一洞十八院崖居探幽这八处特色景点积极宣传和打造。逐步形成白洋泉河、东大河、丹河两岸环形旅游路线，带动沿线村庄发展。当年新发展农家乐9户，新建旅游公厕3个。

劳动就业

2016年，完成新型农民培训600人。

人民生活

2016年年底，街巷硬化工程、便民连锁店建设强力推进，农家书屋和文化体育场所实现全覆盖，安全饮水工程进一步完善，环境卫生整治工作日趋常态化、规范化。同时，镇党委、政府积极实施惠民工程，先后建成了镇文化站、计生服务所、老年照料中心、柳口幼儿园，是全镇的文化、教育等基础设施进一步完善，人民生活幸福指数进一步提高。

高都镇

概述

高都镇位于晋城市区东北约20千米处，历史悠久，人文荟萃，素有“行山重镇”之称。全镇总面积120平方千米，辖60个行政村，1.1万户。2016年年底，有4.1万口人，6.24万亩耕地。曾先后被授予“小康镇”“精神文明先进镇”“山西省历史文化名镇”“中国民间文化艺术之乡”等荣誉称号。2016年，全镇财政收入完成2174万元，其中：地税完成1703万元，国税完成471万元。民营企业增加值完成15亿元。

农业经济

2016年，根据市委、市政府“六区联动、组团发展”——休闲旅游居住区的发展定位，结合高都实际，按照“东粮西菜中休闲”的总体规划，大力发展现代农业。“泽州黄”小米、“泽州红”山楂酒、泊村醋等农产品享誉省内外，蔬菜、养殖、林果、蚕桑“四大基地”初具规模；彤康、康鑫、祥鑫元、东兴源、成晔等龙头企业蓬勃发展。蔬菜种植规模全县第一，东兴源蛋鸡养殖全县第一，生猪存栏全县第三。同时完成植树造林9万株，完成祥鑫元经济林提质增效1150亩；新增农业专业合作社9个，全镇农业专业合作社达141个。

城镇化建设

2016年，持续推广清洁能源利用，实施了“暖冬计划”集中供暖工程，工程分“一二三”期实施，2016年底完成了一期工程，解决了保福、泊南、东顿的供暖问题，供热面积达14万平方米；新增煤层气入户166户，全镇16个村、3500余户用上了煤层气。与此同时，不断提升教育、文化、卫生、环境等公共服务能力，实现人口的合理有序集聚。全镇住宅楼达46栋，约20万平方米，入住1625户。

人居环境

2016年，投资600万元，完成了村庄、荒山绿化等工程，创建卫生先进村7个，达标村18个，改建厕所400个。

社会事业

医疗方面，高都卫生院投资40万元，进行了门诊、病房的改造装修，设备的购置，电子病历和居民健康卡网络的改造升级，率先在全市启动和使用了“一卡通”；大兴卫生院投资30余万元，进行了医疗设备的购置和基础设施的完善；教育方面，共投资100余万元，先后对2所中学、4所小学、2个幼儿园的教学楼、餐厅等基础设施进行了维修改善。危房改造方面，全镇共有15户，涉及14个村，其中低保、五保11户，已全部完成改造；饮水安全方面，投资8万元，完成了丹河供水管主管网改造，解决了镇区4村和27个驻镇单位的饮水问题；节水灌溉工程，投资54万元，完成了李庄和丹河节水灌溉工程，改善水浇地400余亩。新农保方面，参保人数达到16337人，基金征缴达207万元，享受养老金人数达6000余人，参保率达98%。新农合方面，参合人数32658人，参合率99.93%；新建伏堂、麻峪2个老年日间照料中心，全镇老年日间照料中心达12个；对全镇6000余名60岁以上农村老人进行了免费体检。

活动开展

2016年，在“两学一做”学习教育中，先后开展了“两学一做”有你我，“党员先锋”谱新歌——争做先锋模范党员主题活动、“支部承诺践诺、党员承诺践诺”活动和千人重温入党誓词、“手抄党章”和优秀书画作品展示、佩戴党徽、观看红色教育片等“十个一”系列活动，以及“讲政治、有信念，讲规矩、有纪律，讲道德、有品行，讲奉献、有作为”四次专题讨论。通过一系列活动，进一步增强了全镇广大党员政治意识、大局意识、核心意识、看齐意识，大大提升了党员干部的服务能力与水平，促进了作风建设的持续好转。在党建提升年活动中，按照县五次党代会和“一带三创五化”方案要求，开展了基层党组织和党员“争先夺标”活动，制定了设星定标、公开承诺、督察考核、激励保障等一系列制度措施，并且从“两代表一委员”和普通群众中，选取了11名人员作为全镇星级管理义务监督员，对党组织、党员进行有效的监督，进一步缩短了党群、干群距离，融洽了党群、干群关系。在农村文化活动上，开展了“三八卡拉OK”大赛、“舞青春”广场舞大赛等文体活动，积极组织参加了泽州县首届农民运动会，并获得了团体比赛2个一等奖、1个二等奖、2个三等奖、1个四等奖的好成绩，丰富了群众文化生活，繁荣了农村文化事业，增进了社会和谐。

北义城镇

概述

北义城镇位于泽州县境东北部，距晋城市区25千米。为泽州县的北大门。东与陵川县相连，西和巴公镇为邻，南接高都镇，北同高平市交界。总面积为73.6平方千米。全镇下辖33个行政村。2016年全镇共有9479户28750口人，有耕地面积3258公顷。

综合经济

2016年，完成财政税收753万元，占年计划的107.57%，其中：国税完成251万元，地税完成502万元；全社会固定资产投资完成6.67亿元，占年计划的100%；民营企业增加值完成43750万元，占年计划的101.75%，同比增长3.38%。

农业

北义城镇共有耕地面积3135.6公顷，人均0.113公顷；2016年农业总产值达2.43亿元，比上年增加4.7%，农业增加值0.8亿元，占国内生产总值的比重是90%。该镇粮食作物以小麦、玉米、谷子、大豆为主，2016年，生产粮食2342.53万公斤，人均814.79公斤，其中小麦173.91公斤，玉米535.20公斤，谷子34.80公斤，大豆70.88公斤。主要经济作物有蔬菜及食用菌等。2016年，蔬菜及食用菌种植面积0.11万亩，产量240.00万公斤。畜牧业以养猪和养鸡为主，2016年生猪饲养量10.50万头，年末存栏4.43万头；鸡饲养量48.76万羽，年末存栏32.8万羽。年生产肉类4298吨、蛋2800吨，畜牧业总产值1.18亿元，占农业总产值的48.56%。2016年，累计造林1139公顷，其中防护林804公顷，经济林167.5公顷，农民住宅四旁树木0.4万株，林木覆盖率21%。当年水果种植面积46.9公顷，产量754.12吨，苹果种植面积占70%以上，主要品种为红富士。

2016年，拥有大型农业机械495台（辆），基本实现农业机械化。

工业

2016年，晋煤集团天安朝阳煤业有限公司累计投资30380.25万元，矿建全部认证，建设完成了原煤储煤棚、油脂库、主井空气加热室、工业场地生活给水系统、消防材料库、生产消防给水系统、矿井水处理站、生活污水处理站、主井井口房、汽车衡、转载站、主斜井至转载站栈桥、转载站至储煤棚栈桥、卸载点等土建工程和井下9#煤集中胶带大巷带式输送机安装工程、架空乘人器安装工程、采掘机械设备安装工程、主斜井带式输送机安装工程等设备安装工程，按工程进度安排，2017年7月底可实现联合试运转；晋城市兴创农机配件制造有限公司20万台大马力拖拉机前桥总成、变速箱项目，2016年5月实现试生产；泽州县同盟铸造有限公司，2016年完成产量1839吨、增加值168万元、税金60万元。

财政、金融贸易、保险

2016年财政总收入0.0753亿元，人均财政收入261.91元。当年泽州农商银行在境内开设了分行，各类存款余额2.8亿元，人均储蓄9739.13元；各项贷款余额0.16亿元。2016年，农村最低生活保障户数306户，人数436人，支出115.1万元，月人均220元，比上年增长25%；农村“五保”集中供养52人，支出37.62万元；农村医疗救助33人次，民政部门资助参加合作医疗870人次，共支出26.25万元，比上年增长168%；农村临时救济215人次，支出9.2万元，比上年增长112%。2016年，全镇自然灾害受灾人口749人，农作物受灾面积2100亩，倒塌房屋8间，直接经济损失5万元，救灾支出29.15万元。当年，国家抚恤、补助各类优抚对象312人，抚恤事业费支出208.66万元。社会福利费支出81万元，有社会福利单位1个，床位80张。

交通　邮电

G55二广高速公路过境，境内长9.5千米，双向4车道，有南义城出口。国道207过境，境内长度9.5千米，双向4车道。环城高速经过本镇张庄村、蔡河村、王沟村、小河西等村。有县乡（镇）级公路1条，总长14千米。2016年年末，有邮政网点2个，投递路线单程总长度84千米，投递点86个，乡村通邮率100%。征订报纸43万份、杂志3.9万册，业务收入22万元。

教育

2016年，全镇共辖2个教学区，有幼儿园4所，在园幼儿614人，专任教师22人；小学8所，在校生1288人，专任教师109人，小学适龄儿童入学率100%；初中2所，在校生822人，专任教师75人，初中适龄人口入学率100%，小升初升学率100%，九年义务教育覆盖率达100%。当年教育经费达0.27亿元，财政预算内教育经费0.26亿元。

科学技术

2016年末，拥有各类科技人才0.8万人，其中专业技术人才0.1万人，经营管理人才0.05万人，技能人才0.13万人，农村实用人才0.5万人。

文化

2016年末有文化艺术团体6个，会员50个，其中团体会员23个，个人会员27个。各类艺术表演团体15个，演职人员数量不固定，演出场所不固定，人员、场地流动性大。文化站1个，建筑面积1600平方米，公共图书室44个，建筑面积530平方米，藏书11万册；档案馆1个，建筑面积600平方米。文化从业人员350人，占全社会从业人员的2%，其中事业单位从业人员19人。地方特色民间艺术有八音会、剪纸、书画等，2008年被晋城市老年书画协会命名为“老年书画之乡（镇）”。2016年荣获泽州县“五一”合唱大赛二等奖、泽州县广场舞优秀奖。

卫生

2016年年末，有各级各类医疗卫生机构2家，其中一级甲等医院1家，一级乙等医院1家；病床60张，其中公立卫生机构床位60张，每千人拥有医疗床位2张，固定资产总值1259万元。专业卫生人员53人，其中执业医师20人，执业助理医师7人，注册护士12人，平均每千人拥有卫生技术人员1.84人，平均每千人拥有执业（助理）医师0.93人，平均每千人拥有注册护士0.42人。2016年医疗机构（门诊部以上）完成诊疗5.68万人次，住院手术90台次，全院人数1031人次。重点医院有2所，其中包括北义城卫生院和鲁村卫生院。2016年法定报告传染病发病率为476.52/10万，农村安全饮用水普及率100%，农村卫生厕所普及率80%，新农合参保人数24069人，参保率99.51%；居民人口平均期望寿命73岁，其中男性69岁，女性74岁；孕产妇死亡率0/10万人。

旅游

北义城镇旅游资源十分丰富。莒山景点：莒山属太行山脉，位于晋城市中部，泽州高平之界山，地跨北义城、巴公、河西三镇、东西走向，莒山极顶三千尺，方圆面积50千米，从北义城镇门楼处乘车可直达山顶。莒山是块风水宝地，人杰地灵，中华民族的祖先三皇五帝都曾在这一带活动过。三皇庙、炎帝庙保护完好，千古名相蔺相如的故里——莒山村，就在此地，山顶有他的庙堂陵墓，是祭拜他的必然去处，他是完美的中国人的代表，他的精神，正气堂堂、忠肝烈烈、相度休休、永垂不朽，是当今精神文明建设的理想基地。莒山是块旅游胜地，站立山顶，极目四顾，峰峦翠叠，风景秀丽，令人心旷神怡，历史就为古晋城三大名山（莒山、珏山、浮山）之首，1993年被开发为晋城市莒山旅游区。莒山自然人文景观处处可见，比比皆是，东西南北有四大景观：东有银河落丹川，西有夕阳照群山，南有雾海驾龙王，北有长平古战场。主要景点有：蔺公庙、蔺公墓、三皇庙、炎帝庙、大乘寺、毗庐院、千年老槐树、万年睡和尚、大风口双塪拱月、沟崖处姿态万千。蔺相如的传说：约公元前305年正月初三，火炮声声，“莒山村”这块风水宝地诞生了一位卓识深见神勇无比的千古名人蔺相如。两千多年来，他因“护家园少年学艺蔺家庄”“灭草寇廉颇引荐下太行”“劝缪贤斧质请罪得赦免”“斗秦王不辱使命完璧归”“卫尊严秦王击缶渑池会”“知已错负荆请罪将相和”“病床上长平之战谏赵王”“悼襄王奸臣当道退朝岗”“追小帅魂归故里垂千古”等事迹和传说受到了当地群众的崇拜和尊敬，当地每年正月初三和三月十八两个庙会都是为了纪念他而设，他勇敢正直，不畏强暴、卫护正义、疾恶如仇、忠肝烈烈、视死如归、热爱国家、顾全大局、相度休休、团结同仁的“蔺公精神”永远值得后人学习。农业生态观光园：晋城市莒山生态农业观光园区位于泽州县北义城镇刘轩窑村，坐落在风景秀丽的莒山。该项目由晋城市刘轩窑农业发展有限公司负责，计划投入资金1亿元，开发面积

2500亩。园区采用“公司＋合作社＋农户”的运作模式，共有5个分区，即采摘区：种植干果林、蔬菜地67公顷；观光旅游区：依托蔺相如庙、蔺相如墓碑等景区开发建设休闲旅游业；森林氧吧区：修建6个休息凉亭、公厕、铺设林间小道3000米；自耕园区：计划在山中平整20.1公顷土地，铺设灌溉管网，让游人自耕自乐；管理服务区：修建住宿、餐饮、办公、停车场等场所。2016年采摘园已经建成，其他园区正在建设中。寿山：位于北义城镇东北6千米处，河底村正南，海拔1000米左右，山下丹河环绕，山上绿树成荫，北坡近百亩天然白皮松蔚然成林，其树枝优美、树形奇特，极具观赏价值，从北面看去，犹如一道绿色屏障，守护着丹河和河底山村；西坡种有100余亩各色果树，主要品种有梨、红果、苹果等，春来红白相间，秋至硕果累累，为消夏避暑、观光采摘之好去。九江台：九江古台据太行谷地，扼丹蒲交汇，呈二龙戏珠之势，以天然巨石为基而筑，传为九天玄女落凡之处，据考建于明胜在清其傍河连水气势磅礴，一方独尊。据高瞰下，势若虎踞，蔚为壮观，远眺太行耸翠，近察丹蒲叠彩，步步入景、处处堪画，尽显广博深邃之文化底蕴。每遇阳春三月初三，大地复苏，柳杨吐绿，庙会数日内，香客逾万，香火极盛，百姓远道前来参拜九天玄女，祈求民安物阜，历经岁月沧桑，而为后人崇仰。1963年任庄水库水位蔓延至九江台，堪遭长期浸泡，最终倾塌而毁，自此，庙会移至村中。为弘扬民族文化，传承历史文明，开发旅游资源，使这一文脉得以延续，河底村委归从众望，顺应民心，决定筹资修复丹河各台，以尽守土之责，经广泛活动，义捐高潮迭起，两委率先、户户响应，邻村善男信女踊跃解囊，在外人员眷恋丹蒲养育之恩，怀及古公情结，施以真情相报，有仰圣母之忠义，慕玄女之仁德者自发捐资募工，鼎力相助，遂于原址处动工起建重建九江台于丹蒲之畔，始于2006年3月，2007年3月竣工，历时一年整，花费计百万元。台分两院，占地999平方米，垣高19.9米，周259米，面南背北砖木构架，石阶明廊，内供神像，雕梁画栋，飞檐斗栱金碧辉煌、气韵无穷，坛内植以牡丹，台周布以翠松，门悬匾额，由省文联主席李才旺欣然所书，2007年三月初二告竣开光，古台几经沧桑，今又光复似明珠璀璨，祥光普照遐迩相闻，依施财功德为序列于碑刻以志之。西黄石村景点：地处泽州县东北，高平、陵川县交界处的北义城镇境内，该村始建于唐朝，历代晋商积累的大量财富使得此处逐步形成大规模村落，是山西省晋东南地区明清民居保存十分完整的古村落之一，包括杜家大院、成家大院等共72院、约1.5万平方米的古建筑，类型丰富，装饰精致，院落与街道丰富多变，具有较高历史文化价值。2010年被命名为“中国历史文化名村”，2012年被列入中国传统村落保护名单，2015年成功申请上级文化和自然遗产保护设施建设项目资金495万元。截至2016年年底，相关项目手续已办理完成，正在建设中。国家级文物保护单位有①北义城玉皇庙：位于泽州县北义城镇北义城村西北，居村落民居之间，而进院落，形制规整。始建年代不详，正殿檐柱有宋大观四年（1110年）重修题记，可见其在北宋就已颇具规模。现存建筑有正殿、献殿、耳殿、东西配殿、舞楼、厢房等，除正殿尚为宋代遗物外，其余均为后世风格。正殿玉皇殿，殿宇深广各三间，平面呈正方形，单檐九脊顶，琉璃剪边，檐出如翼，外观庄重稳健。玉皇殿建于高1.2米的砖砌台基之上，前立面正中设台阶，四周出檐，形成围廊。前檐柱四根，青石质，八棱，侧角生起明显，方形柱顶石与地面平。内柱仅前两柱，内柱以前之面积则作为殿之前廊。斗栱四铺作，但施于柱头，无补间铺作。华栱后尾即檐栿，压于上一架梁头之下，结构至为简洁。殿内彻上露明造，所有梁架斗栱结构毕露，条理井然。柱梁及其他节点处多以斗栱联结，平梁之上挟以粗壮的叉手以承脊槫。庙内现存除正殿檐柱题记，再无碑刻记录可寻，因此其历史沿革和历代修缮情况不甚明朗。②坛岭头岱庙：位于北义城镇坛岭头村。创建年代不详，庙内现存最早有金大定二十年（1180年）重修题记。南北中轴线上依次建有山门、月台、拜殿、中殿、后殿（已毁）。中殿（天齐殿）建于砂石台基上，正面设九级台阶。单檐歇山顶，飞檐如翼。面阔进深各三间，檐柱有收份、侧角，明间两柱上均有金大定二十年（1180年）重修时的题记。檐下斗栱五铺作，但施于柱头，无补间铺作。下碱部分仍可见宋代薄形水磨砖。是一座极富宋金意味的建筑。中殿前有长方形月台一座。庙内其余附属建筑均系清代所遗存。③尹西东岳庙：位于北义城镇尹西村。创建于金明昌五年（1194年），整个建筑分上下两院，集金、元、明、清各个时代建筑于一体。正殿三间呈方形，面阔三间，进深六椽。殿前檐柱四根，为八棱抹角石柱，侧角分明，柱上有金明昌五年题记。柱头各施七铺作斗栱一朵，单抄单下昂，耍头作昂形。殿顶为悬山式，覆灰筒瓦，琉璃脊。东西角殿各三间，重檐悬山顶，门及门框、贴花均为元代原物，窗户为破子棂窗。另有山门三间、东西配殿各三间为双层式，左右厢房各七间。明清时增建东偏院和马房院。

劳动就业

2016年，新增城镇就业310人，培训新型农民600人，转移农村劳动力260人。

人民生活

2016年，移动电话已经在全镇普及，成为大部分人必备的通信工具。电脑网络和汽车已经走进寻常百姓之家。农村建房不仅采用钢筋混凝土框架结构，而且也讲究室内室外装修。新型合作医疗和大病救助制度，解决了群众看病的问题，保障了人民群众的身体健康。农业税免除、粮食直补、农机补贴等政策件件落实，农民减轻了负担，增加了实惠。全镇农村居民生活如芝麻开花节节高。

巴公镇

概述

巴公镇位于泽州县北部，距晋城市区19千米，东与高都镇、北义城镇毗邻，西与大阳镇交界，南接晋城市城区北石店镇，北靠高平市。全镇总面积112平方千米，2016年底有人口61228人，耕地4041.98公顷。当年全镇社会总产值完成126亿元，财政收入完成2.51亿元，公共财政预算收入完成1.05亿元，全社会固定资产投资完成48.07亿元。

“两个试点”建设

在推进巴公新型城镇化和转型综改扩权强镇工作已取得阶段性成果的基础上，通过进一步梳理完善，明确了试点工作“八个一”工作思路，即一个规划引领、一枚印章审批、一站式集中服务、一支队伍执法、一个平台助推、一批项目惠民、一条路径强镇、一套名片叫亮。截至2016年底，试点各项工作有序推进。坚持规划先行，邀请晋城市城镇协会相关专家对“五规合一”规划进行把脉支招，并启动编制巴公新型城镇化近期发展实施规划；深化行政管理体制改革，巴公行政执法中队挂牌成立，一支队伍执法迈出可喜一步；深化行政审批制度改革，启用发展改革部印章，初步建立起“一枚印章管审批”的机制。2016年共办理项目备案17个，可研批复3个；深化土地管理改革，大力推进集体经营性建设用地入市试点工作，兰花醋厂项目落户东四义村，国新能源气站落户巴公二村，同时积极承接土地管理职能，土地管理体制改革迈出了坚实的步伐。

项目建设

坚持贯彻稳中求进总基调，主动适应和把握经济新常态，着力强基础、兴产业、惠民生、促和谐，经济实力不断增强。工业建设方面，年产20万吨己内酰胺一期项目投料试车；年产50万吨纳米碳酸钙一期项目正式投产达效，华明纳米成功上市新三板；清慧公司承建的泽州装备制造产业服务窗口平台投入运行；清慧与世界500强企业德纳公司合作的5000万件轨道交通新型材料结构件项目奠基开工；以福盛为龙头筹建的晋钢百万吨铸造产业园开始规划设计；来村中小微企业孵化基地项目招商中心竣工并投入使用。城镇建设方面，积极筹划畅安路直线北延项目，列入市政府2017年重点工程；龙司线升级改造项目开工建设；巴公河道综合治理项目完成深度前期，申请国家专项建设基金3500万元；东部和李村堡等搬迁项目有序推进。农业产业化方面，伊健食品主食产业化项目，在晋城建设放心早餐供应网点近百个，已成为该镇农业产业化和三产服务业方面的排头兵；柏杨坪87.1公顷荒山农业生态园项目启动。

生态建设

认真开展改善环境质量“百日攻坚战”，狠抓脱硫高效除尘改造、扬尘污染防治、无证五小企业取缔等重点工作。投入资金500余万元，深入开展人居环境改善工作，实施镇区街道和主干道美化工程，对龙司线、巴马路、渠南路等主干道的苗木进行管护和清理，补植补种侧柏10000余株，进一步提升了绿化档次。完成山耳东、南山等绿道连接线工程，进一步完善了环城绿道基础设施配套建设。积极推进全域旅游，2016年7月成功承办了泽州县环城生态圈二期绿道开放仪式暨全民健步走与环保骑行活动和晋城市第二届绿道徒步大会，吸引2000余人参加。在国庆、重阳两节期间，成功举办南山村首届“孝亲·长寿·怀旧”文化旅游节活动，吸纳旅游人数达3万余人次。

民生改善

严格按照精准扶贫的要求，深入开展脱贫攻坚工作，认真落实教育、民政、卫生医疗三项政策，完成257户、532人脱贫任务。积极办好惠民实事工程，新建二仙掌老年日间照料中心，圆满完成为60岁以上老人免费体检任务，完成巴公中学、陈沟中学等学校公共基础设施改造任务，李裕庄、柳坡掌、三家店等9个村的村级室外健身设施安装投用，山耳东污水处理站建成并投入使用，完成农村危房改造12户，在柏杨坪、郭家庄、甘润等6个村实施“一事一议”奖补项目。进一步扩大供气、供热范围，为南山、双南庄、双王庄3个村接通煤层气，新增煤层气用户500余户；完成北板桥、西板桥供热改造任务，新增供热面积12万平方米，百姓福祉持续改善。渠头村被省政府授予“省级历史文化名村”称号。东四义村、巴公三村、南山村等村被省文明委授予“省级文明村”。

大阳镇

概述

大阳镇位于县境西北部，距晋城市区22千米。东和南与巴公镇为邻，西与下村镇毗连，北和高平市马村镇接壤。行政区域总面积为52.58平方千米，占泽州县总面积的2.38%。国土面积52.58平方千米。辖28个村街，2016年底，有人口27123人（其中农业人口23524人，集镇人口3599人）。镇政府驻大阳三分街。

综合经济

2016年全镇民营企业增加值完成73260万元，占年度任务的100.16%；财政总收入完成499万元（其中国税完成219万元，地税完成280万元），占年度计划的114.4%；公共财政预算收入完成179.4万元，占年度任务的99.5%；社会固定资产投资完成5.65亿元，占年度目标的100%。

农业

特色农业平稳增长，坚定不移地发展“一乡一特”“一村一品”特色经济，坚持“合作社引领、绿色崛起”的发展思路，因村制宜，形成了各具特色的经济发展路子。2016年该镇粮食产量达9259.8吨，占预产任务的102.89%，完成了马头山1.34公顷以杏为主，包括葡萄、桃的采摘农业；完成了大南沟3.35公顷以杏、红果为主，包括苹果、大枣的采摘农业；积极推进特色种植，发展中药材154.1公顷，核桃77.05公顷，杏园13.4公顷，小杂粮134公顷，特色规模农业已现雏形，同时新建全自动化养猪场1处。2016年全镇猪存栏16000头、出栏27000头，鸡存栏210000羽、出栏119573羽，羊存栏6000只、出栏3600只。

工业

除麒麟机械工程配件有限公司外，还有国盛、牛贵、良佳、志鑫、群虎、晋圣华铸造企业6家，中昊工贸、臻岩建材、荣盛线材厂等企业。2016年该镇传统工业加快上档升级，8个铸造厂环保技改项目顺利实施。新兴产业发展加快，兰花加气站项目已进行试营业，太行荣盛菌业正在积极寻求合作伙伴，飞羽服饰在扩大规模的基础上注册了针都商标，南环铸造群5个铸造厂进行规范化建设，实行集群规模发展。

交通

大阳镇交通便利，通有铁路和公路。铁路为煤炭专用线，自东向西横穿镇区，向东至巴公镇与长（治）焦（作）铁路接轨。公路均为县乡级公路，一条为东大路（至大东沟），横贯镇区，一条为巴马路（至高平市马村镇），一条为2015年完成翻修改造的大甘路。2016年全镇概算投资1.66亿元9.2千米的巴公路、东大路旅游公路建设工程已确定线路走向，完成了前期相关手续和资料上报工作。同时完成2个村出村道路维修、3个村巷道硬化和7个村田间道路拓宽工程，累计完成10.5千米破损路面硬化，整修田间道路35千米。

教育

2016年，全镇共有中学2所，小学8所，公立幼儿园5所。中学在校学生582名，小学在校学生897名，幼儿园在校学生464名。2016年主要完善了一分街幼儿园集中供暖工程及完成大阳中学塑胶操场建设项目的排水系统施工及跑道硬化工作。

文化

悠久的历史蕴藉了丰富的文化，大阳镇的群众文化活动历史悠久，其歌舞在汉代《淮南子》和三国时名篇《中都赋》中都能找到文字记载。2016年，全镇有文化站1处，可容纳千余人的影剧院1座。镇文化站和民乐团不但活跃了该镇农民群众的文化生活，还多次赴外地演出并获奖。以黄一宝、苏富全、杨香俊等人物推动大阳群众文化事业不断向前。八音会、面塑、剪纸、根雕等文化产品精彩纷呈。2016年组织了大阳镇庆元宵、大阳镇三月二十八传统庙会非物质文化遗产展演；组织参加了泽州县第七届八音会大赛、组织参加了泽州县首届农民运动会；精心组织了两个月群众自编自导的大阳镇消夏晚会；完成了一分街、四分街、西街、翟沟、大南沟、李家庄六村室外健身设施更新等。

卫生　环保

卫生方面完成了卫生院门诊大楼二、三、四楼塑钢门窗、顶棚采光板安装及墙体、地面瓷砖铺设工程，改好消防管道；环保方面完成道路绿化15千米，植树7.6万株，村庄绿化2个。清运垃圾10040余方，新建和整修围墙2350米，粉刷墙壁16800平方米，改厕200个，新建公厕6个，规范垃圾点34个，完成9个清洁工程达标村和6个卫生村创建工作，并与晋城市奥美林保洁有限公司签订了协议，完成了农村环境卫生管理体制（试点）改革。

旅游

大阳镇有丰富的人文旅游资源，且以古遗址、古街道、古民居、古建筑及传统非物质文化遗产类的人文旅游资源占主导地位。现存多处历史文物古迹如天柱塔、汤帝庙、天齐庙、关公庙等，其中汤帝庙为国家级文物保护单位。2016年大阳旅游开发有了突破性进展。完成了大阳古镇景区旅游总体规划，召开了旅游开发工作动员大会和旅游景区建设启动大会；完成了东大阳老街街面房回收并铺开了整修工程，同时完成了东西街2个传统古村落保护工程；配合完成了《记住乡愁》、《远方的家》和《我的旅游攻略》等栏目组的拍摄，播出了《文明密码——大阳古镇话传奇》和《美女主播带你游泽州：大阳古镇“针”爱之旅》；完成了2个市级文明村和市级文明镇的申报、泽州县群众性精神文明创建先进集体的申报以及最美乡村的评选活动。

社会保障

突出精准施策，脱贫攻坚成效明显，集中捆绑使用15万元产业扶贫资金，带动14户30个贫困人口稳定脱贫，落实教育扶贫资金3.6万元，落实残疾人贫困救助资金2.69万元，补偿贫困户医药费13.8万元，全年圆满完成了150人的脱贫任务；完成城乡低保320户655人、五保30户复核任务，临时救助困难户21户8万余元；对60岁以上农村老人进行免费体检，完成率达90%以上；为906名残疾人发放护理补贴29.88万元。

机构设置和领导人名录

下村镇党委书记：杨鸿飞（4月离）、樊武斌（4月任），镇长：李俊文（4月离）、牛强（4月任）

大东沟镇党委书记：许云发（4月离）、李俊文（4月任），镇长：李瑾卿（4月离）、宋海东（4月任）

川底乡党委书记：陈仲会（4月离）、牛天明（4月任），乡长：樊曙钰

周村镇党委书记：郎军芳（4月离），焦志成（4月任），镇长：焦志成（4月离）、田建刚（4月任）。

李寨乡党委书记：阎晓阳（4月离）、郭华英（4月任），乡长：原林林（4月离）、许俊（4月任）

南岭乡党委书记：董建军（4月离）、史坤国（4月任），乡长：王红军（4月离）、张建军（4月任）

犁川镇党委书记：原吉雷（4月离）、刘小虎（4月任），镇长：刘小虎（4月离）、张志兵（4月任）

山河镇党委书记：车树文（4月离）、郭海军（4月任），镇长：郭海军（4月离）、吕焱（4月任）

晋庙铺镇党委书记：樊武斌（4月离）、邢剑虹（4月任），镇长：段丑丑（4月任）

大箕镇党委书记：王江元（4月离）、刘晋宇（4月任），镇长：邢剑虹（4月离），刘江波（4月任）

南村镇党委书记：李雪山（4月离）、许云发（4月任），镇长：刘晋宇（4月离）、赵毅鹏（4月任）

金村镇党委书记：李池堆（4月离）、阎晓阳（4月任），镇长：韩剑英（4月离）、王红军（4月任）

柳树口镇党委书记：赵亮福（4月离）、李瑾卿（4月任），镇长：赵毅鹏（4月离）、毋忧（4月任）

高都镇党委书记：牛天明（4月离）、李云波（4月任），镇长：史坤国（4月离）、晋云霞

（女，4月任）

北义城镇党委书记：李云波（4月离）、李斌（4月任），镇长：郭华英（4月离）、韩燕敏（4月任）

巴公镇党委书记：侯贵宝（兼，4月离）、郎军芳（4月任），镇长：李斌（4月离）、韩安阳（4月任）

大阳镇党委书记：刘建云（女，4月离）、刘廷兵（4月任），镇长：刘廷兵（4月离）、马剑华（4月任）